한일 교류 2천 년, 새로운 미래를 향하여

일본 지식인 23인과의 대화

나남
nanam

나남신서 1795

한일 교류 2천 년, 새로운 미래를 향하여
일본 지식인 23인과의 대화

2015년 3월 23일 발행
2015년 5월 1일   3쇄

지은이   鄭求宗
발행자   趙相浩
발행처   (주) 나남
주소   413-120 경기도 파주시 회동길 193
전화   (031) 955-4601(代)
FAX   (031) 955-4555
등록   제 1-71호(1979.5.12)
홈페이지   http://www.nanam.net
전자우편   post@nanam.net

ISBN 978-89-300-8795-7
ISBN 978-89-300-8001-9 (세트)

책값은 뒤표지에 있습니다.

나남신서 1795

한일 교류 2천 년, 새로운 미래를 향하여

일본 지식인 23인과의 대화

정구종 지음

한국과 일본이 진정한 협력 동반자로 발전하길

김수한 한일친선협회 중앙회 회장·전 국회의장

2015년은 한일국교정상화 50주년을 맞는 의미 있는 해이다. 하지만 양국 관계는 극히 경색돼 있는 것이 사실이다. 한국과 일본의 국제적 위상과 기대 역할에 비추어 볼 때 이는 결코 바람직하지 않다. 역지사지의 슬기와 초극적 용기를 발휘해 하루 속히 새로운 미래를 향해 나가야 할 것이다.

정부 간의 관계는 서먹하지만 민간의 교류와 소통은 끊임없이 이어지고 있다. 국민이 희망의 끈이 되고 민간이 소망의 다리가 되고 있는 것이다. 실제로 대다수 국민들은 한일 양국이 동북아의 평화와 번영을 함께 열어 가기를 바라고 있다. 양국의 민간 차원에서는 빈번한 문화의 교류를 통해 서로 마음을 열고 신뢰의 공감대를 넓혀가고 있다. 양국 간에는 하루 95편의 항공기가 왕래하며, 연간 550만 명 이상의 사람들이 오고간다. 특히 여러 분야에서 갈수록 활발해지는 젊은이들의 교류 증진은 고무적인 일이 아닐 수 없다.

이번 정구종 교수의 역저를 통해 이를 재확인할 수 있음을 나는 매우 다행스럽게 생각한다. 문화가 철로라면 정치는 그 철로 위를 달려가는 기관차이다. 양국의 정치지도자들은 이미 가시화된 국민들의 여망과 문화적 토대에 유념해 한국과 일본이 진정한 협력 동반자로 발전할 수 있도록 심기일전의 리더십을 발휘해줄 것을 간곡히 당부한다.

특히 이 기회에 나는 정구종 교수의 노고를 각별히 평가하고자 한다. 정 교수는 〈동아일보〉 편집국장, 동아닷컴 사장 등을 역임한 중진 언론인 출신으로서 지금은 동서대 일본연구센터 소장으로서, 또 1999년 한일 정상회담의 합의에 따라 발족된 교류회의 위원장으로서 한일 교류를 위해 활발히 활동하고 있다. 이는 남다른 열정과 사명감으로 한일관계 연구와 발전을 위해 천착해온 각고의 노력의 결과로서, 사회적으로도 큰 귀감이 된다고 믿는다. 일본의 대표적 지식인들과의 인터뷰를 통해 '산 증언'(oral history)을 모은 이번 저서 역시 정 교수의 성실성과 현장 정신을 생생히 보여주는 소중한 업적으로서 많은 분들이 꼭 일독해주시기를 충심으로 바라 마지않는다.

착한 이웃은 서로를 아는 데서 출발한다

최서면 국제한국연구원 원장

일본에는 현재 전국에 8만 8천 사 이상의 신토 신사(神道 神社)가 있다고 한다. 일본이 문화적으로는 서구 국가로 보이나 일본의 본질을 알려주는 숫자이다. 그런 일본에서 매년 10월에 이 많은 신사에서 신이 없어진다. 그래서 10월을 '신은 없다'는 의미의 '간나쓰기'(神無月)라고 부른다. 그와 반대로 일본의 서북의 시마네 현 일대에서는 '신이 있다'고 해서 '가미아리쓰기'(神有月)라고 한다. 북쪽에서 오는 신을 맞기 위해 전국의 신이 이곳에 모였기 때문이라고 한다. 고대 한국과의 관계를 말하는 이런 신화에서 인간시대에 들어와서의 역사, 즉 그 후의 한일관계의 역사를 이해하는 데 크게 도움이 되는 책이 나왔다. 《한일 교류 2천 년, 새로운 미래를 향하여: 일본 지식인 23인과의 대화》란 책이다.

오랫동안 남을 지켜보는 신문기자로서 감정 없이 공정하게 사실만을 보도한 것으로 잘 알려진 정구종 교수가 쓴 것이어서 현재의 상황에서 정리한 '한국과 일본의 같은 문화・다른 의식, 함께 가는 지혜'를 이해하고자 원고를 읽어보았다.

이 책의 인터뷰 내용들에는 한일 양국 관계를 생각할 때 정치와 외교에 앞서 역사와 문화 등 꼭 알아두어야 얘기들이 담겨 있어 현재에는 물론 미래에도 참고해야 할 일이라고 생각되어 감히 추천의 글을 쓰게 되었다. 남을 헐뜯기보다는 알고자 하는 글의 품격이 묻어 있는 작품이다. 한때 일본에서 한류 붐이 일더니, 요새는 혐한이니 반한이라는 말이 유행처럼 늘어나고 있다. 한편 이대로 두어서 되겠느냐 하는 반성론도 느는 것이 사실이다. 이 두 흐름이 현재의 한일관계를 대변하고 있는데, 역사적 안목과 식견을 가진 사람은 이대로 두어서 되겠는가를 걱정하게 된다.

이러한 때 이 책이 가르쳐주는 것이 있다. 착한 이웃을 갖는다는 것은 행복의 첫째임을 알려준다. 착한 이웃을 만들기 위해서는 그 근원부터를 새길 때 토대가 생긴다. 착한 이웃은 이웃을 서로 아는 데서 출발한다고 생각한다.

역사적 균형감각을 제시해주는 길잡이

공로명 동아시아재단 이사장 · 전 외무장관

이 책은 내가 10년 가까이 이사로 관여했던 아시아연구기금의 프로젝트 중 하나로, 한일 양국의 과거와 현재 그리고 미래를 진단하는 시리즈의 사회문화 부분을 다룬 것이다. 저자인 정구종 교수는 〈동아일보〉에서 주일 특파원 및 지국장과 편집국장을 역임하고, 근래에는 한일포럼 대표간사 및 한일문화교류회의 위원장으로 한일 교류에 깊숙이 관여해왔다. 이 책은 일본 사계(斯界)의 대표적인 지성인, 문화인 23인과의 대담을 엮어 한일관계를 조명한 역작이다.

요 근래 한일관계에는 암운이 드리워져 3, 4년 전까지 일본 사회에서 널리 회자되던 한류 붐이 머나먼 옛날이야기같이 되어버렸고, 반한, 혐한 감정이 요동치고 있어 민심이 뜨도는 구름과 같다는 말을 실감하는 상황이다. 이럴 때일수록 우리는 역사안(歷史眼)으로 양국관계를 조망할 필요가 있다.

인터뷰에 등장하는 일본 인사의 한 사람인 쓰지하라 노보루 작가가 "한일관계사에서는 7 대 3의 비율로 명암이 교차한다"고 얘기했지만, 한국인의 눈에는 14세기의 왜구(倭寇) 창궐과 16세기의 임진왜란, 그리고 20세기 일본 식민통치의 쓰라린 역사가 양국관계의 밝은 면을 적지 않게 가리고 있는 것이 사실이다. 그러나 그럴수록 우리는 균형감각을 잃지 않는 것이 중요하다고 생각한다.

케네디 행정부 때 주일미국대사를 지낸 고 에드윈 라이샤워 박사는 그의 박사논문 주제로 엔닌(円仁, 일본 천태종 연력사 제3대 좌주였던 자각대사)과 장보고(張保皐) 장군과의 관계를 다루었다. 엔닌은 당(唐)에 들어가 9년간 수행하다가 귀국에 앞서 중국 산둥성 적산(赤山)에 있던 장보고 장군의 신라방(新羅坊) 적산원(赤山院)에서 거했고, 귀국길에는 장보고 선단의 배로 귀국하기도 하여 장보고 장군을 기려서 적산명신(赤山明神)으로 떠받들었다. 2천 년이라는 유구한 양국 관계사 속에 부침과 기복이 있는 것은 세상 이치다. 이를 우리가 어떻게 인식할 것인지가 중요하다.

이 책은 이러한 관점에서 역사적 균형감각을 제시해주는 길잡이가 될 것으로 믿는다. 그리고 그 과정 속에서 가해자는 역사를 직시하고 반성하는 자세가 필요하고, 피해자는 관용의 마음을 갖고 미래를 내다보아야 한다는 이치를 한일 양국 국민이 깨달을 때, 참다운 선린관계가 생긴다는 것을 우리 모두가 느끼기를 바란다.

책머리에

일본열도의 문화와 역사를 말함에 있어서 한반도와 한국인을 떼어 놓을 수 없다. 2천 년 이상을 거슬러 올라가는 한일 교류의 역사 속에는 한반도로부터 갖가지 연유로 일본에 건너가 정착한 도래인(渡來人)의 역사가 있고, 그 같은 유민(流民)에 의해 전래된 한일 간 문물과 문화의 만남이 있다. 일본 공영방송 NHK는 일본에 의한 한일병합 100년을 앞두고 역사 특집프로그램을 제작, 2009년 4월부터 매달 1회씩 10회에 걸쳐 교육 TV를 통해 방송했다. "일본과 조선반도 2,000년"이라는 제하의 이 프로그램에서 한일 양국의 역사학자들은 일본의 곳곳에서 발굴된 석기시대의 유물, 특히 야요이(弥生) 시대의 유적 등으로 미루어 한일 교류의 역사는 2천여 년 이상을 거슬러 올라간다고 밝혔다.

한국과 일본은 이처럼 길고 오랜 역사 속에서 상호교류하면서 생활관습, 문화, 언어 등 서로의 문화적 유산이 각각의 시민의 삶을 규정짓는 중요한 요소로서 영향을 끼쳐왔으며, 이 같은 현상은 현재의 한일 양국 국민의 삶 속에 내재해 있다.

두 나라의 문화는 만남과 소통과 융합을 통하여 새로운 장르가 재창조되었고 새로운 문화로 태어났다. 그러나 결코 우연한 만남에서 이문화(異

11

文化)의 동질화가 형성된 것은 아니다. 치열한 우생학적 경쟁과 화학적 재결합을 통하여 보다 나은 문화가 만들어졌으며, 두 나라 문화의 과거와 현재가 그 속에 있다. 한일 문화의 하이브리드(異種融合)와 콜라보레이션(再創造)은 현재도 진행 중이다.

한국과 일본은 이처럼 문화의 원류를 함께하고 있으면서도 지정학적으로 대륙과 열도라는 거리감, 그리고 역사적으로 교류와 침략의 반복이 가져다준 상호인식의 차이로 인하여 마찰과 갈등을 일으켜왔다.

이 책에서는 한일 양국 상호교류가 쌓아온 문화적 유산이 오늘날 일본 사회에서 어떠한 양태로 존재하는지, 역사 속 교류의 산물이 일본인의 삶과 의식 속에 어떻게 반영되어 나타나고 있는지를 살피고자 했다. 과거부터 현재까지 교류의 역사가 이어져 내려오는, 일본화한 문화의 현장을 탐방하여 양국 문화의 재창조를 실천하고 지켜 내려온 일본의 문화계 인사와 대표적 유식자(有識者)들과 묻고 답한, 이른바 산 증언(oral history)을 모은 기록이다.

이는 그러한 상호인식의 프로세스가 각각의 국가와 국민에 대한 이미지를 형성하는 데 어떻게 작용하였으며, 현재 한일 간의 시민교류에 어떠한 영향을 끼치고 있는지를 파악하려는 시도이다. 또한 일본 사회의 현상을 진단하고 이 같은 현상이 한일관계에 끼치는 영향에 대해 분석해 보았으며 한일의 밝은 미래를 향해 나아갈 길을 모색하고자 하였다.

인터뷰 작업을 기획하고 진행하는 과정에서 많은 일본의 사회, 언론, 문화계 인사들과 만났고, 그들의 제언과 추천을 바탕으로 23명의 대상자를 선정하여 인터뷰하고 취재하였다. 필자가 만난 일본의 사회·문화계 인사들, 아마도 그들의 선조 가운데는 도래인의 발자취가 남아 있는 이들도 있을 것이다. 모든 분들이 솔직하고 기탄없는 심경으로 선조의 역사와 한일 간 교류의 과거와 현재를 말해주었다. 면담자들은 그들이 속한 사회, 문화, 생활의 많은 부문에 한반도와 한국인과의 교류의 역사가 관련되고 내재하여 있음을 들려주었다. 그리고 그 같은 교류의 결과가 오늘날 일본의 사회·문화 속에 새로운 문명으로 꽃피워진 현실에 대해 만족해하면서 기꺼이 대화에 응해주었으며 그에 대해 깊이 감사드린다.

인터뷰에 응해준 분들 가운데에는 직접적으로 한반도와 오랜 인연은 없지만 새로운 한일관계를 구축하는 교류의 일선에서 또는 사회 및 문화 각 분야와 미디어의 세계를 통하여 한국과의 교류 협력의 필연적인 만남을 갖게 된 분들도 있다. 그런 인사들은 오늘의 한일관계를 어떻게 보고 있으며 글로벌화한 세계를 향하여 양국이 어떻게 협력하고 노력해야 할지를 물어보고 그 해법을 들어보았다.

오늘날 한일 간에는 양국 국민의 연간 상호왕래 500만 명 시대를 맞아 정치외교와는 별도의 차원으로, 갈수록 일상화되는 문화·인적 교류의 투 트랙 현상이 공존하고 있다. 활발한 국민 교류는 양국 문화의 오랜 역사가 바탕이 되고 있다. 이 책에서는 양국 국민이 다방면에 걸친 교류를 통하여 상호이해의 폭을 확대하는 현상을 분석함으로써 시민사회가 지향하는 '한일의 미래'에 관한 일본 지식인의 의견을 들어보고자 하였다.

그리고 드라마, 연극, 스포츠, 케이팝 등 하나의 현상으로 나타나고 있는 서브컬처의 교류가 조성한 일본 사회 '한류 붐'의 실체와 전망을 수용과 혐한론의 상대적 입장에서 파악해 보았다. 국경 없이 넘나드는 양국 문화의 상호수용과 융화, 융화를 넘어선 재창조 현상이 두 나라 시민사회, 나아가서 정치외교에 끼치는 영향을 일본의 문화인, 지성인을 통하여 평가하고 진단해봄으로써, 사회문화적 자산을 공유하는 시대에 '함께 가는 한일의 미래' 로드맵을 그려보고자 하였다.

한일 간에는 임진왜란과 정유재란으로 대표되는 일본의 조선 침략이 있었고, 일제 식민지 지배의 암울한 시대가 아직도 꼬리를 물고 있다. 그러나 2천여 년의 긴 역사 속에는 우호 친선으로 교류하던 시대가 더 길었다고들 말한다.

이 책은 오늘날 한일 양측의 지도자와 국민들에게 한일 양국이 교류와 협력관계를 쌓아온, 과거로부터의 메시지에 귀 기울이라며, "응답하라!

한일 교류 원년(元年)!"을 외치고 있다. 이 책의 기록에는 그 같은 역사로 부터의 질문과 질책이 담겨 있으며, 그 질문에 회답하는 이정표로서 미래를 향한 한일 공존·공생의 길을 모색하고 있다. 한반도의 옛 국가 백제와 신라, 그리고 일본과의 2천 년의 대화가 전하는 교류의 발자취와 오늘의 만남, 그리고 미래를 향한 한일 양국민의 동행을 권하고 있다.

책의 구성과 전개

이 책에 수록된 인터뷰는 다음과 같은 단계적 작업으로 나뉘어 진행되었다. 우선 인터뷰 대상 인사에게 이메일을 통해 인터뷰 요청서와 질문서를 보내고, 수락하면 방문 일정을 협의해서 결정하였다.

인터뷰는 대부분 필자가 방문하여 일본에서 이루어졌으며 인터뷰 대상 인사가 심포지엄, 교류행사 등으로 한국을 방문할 경우에는 국내에서 인터뷰를 진행하였다. 인터뷰 내용은 일본어 녹취록으로 정리한 뒤에 본인에게 보내어 교정과 감수를 받았으며 이를 한국어로 번역하여 최종원고로 삼는 순서로 원고가 완성되었다.

이 책에는 일본인사 23명의 인터뷰가 실려 있다. 주제별로 6부로 나누어 관련 인사들의 인터뷰를 소개하였으며, 22장으로 구성된 각 장마다 인터뷰의 배경과 취지에 대한 이해를 돕기 위해 필자가 간단한 해설을 붙였다. 수록된 인터뷰 대상자의 사진 및 현장 관련 사진은 대부분 필자가 직접 찍은 것이다.

제 1부의 1장부터 3장까지는 2천 년의 한일 교류사를 상징적으로 말해 주는 역사적 사건들, 곧 7세기에 규슈(九州)에 정착한 한반도의 고대국가 백제왕족의 전설을 1,300여 년이 흐른 오늘에 재현하여 축제로 기리는 난고손(南郷村) 주민들의 '백제마을 복원운동'을 다루었다. 제 4장과 제 5장에서는 임진왜란과 정유재란 때 도요토미 히데요시 휘하의 왜장들에게 포

로로 끌려갔던 조선 도공들, 그 후예의 한 많은 삶과 일본의 도자기 문화에 기여한 영광의 발자취를 들어보았다.

제 2부 "한일 문화유산의 오늘"에서는 광화문 존속에 기여한 야나기 무네요시의 민중민예운동과 그가 설립한 일본민예관에 전시된 조선민예품들에 대하여 제 6, 7장에서 정리하였다. 제 8장에서는 일본 내 문화재 반환운동에 앞장선 아라이 신이치 대표의 증언을 통해 100년 만에 돌아온 조선왕실의궤의 사연 등을 들었다.

제 3부에서는 문학, 연극, 스포츠 등 다방면에 걸친 한일 문화교류 가운데 새로운 교류의 네트워크를 구축하고 있는 장르와 그 주인공들의 얘기를 엮었다.

제 4부 제 13장은 〈겨울연가〉의 일본 TV 방송 10년째를 맞아 2013년 일본 엔터테인먼트 업계가 중심이 되었던 한류 재점화 운동에 대해 들어보았다. 제 14장에서는 그동안 '한류전도사'로 케이팝의 일본 내 소개에 힘을 기울여온 대중문화평론가 후루야 마사유키의 활동상을 소개하였다. 특히 제 15장에서는 문화인류학자 오구라 기조 교수가 정의하는 일본에서의 한류의 의미를 재조명하였다.

제 5부에서는 역사의 갈등을 넘어서 한일 양국 국민의 인식 공유를 모색하는 방법론에 대해서 들어보았다. 제 16장에서는 국제정치학자 후지와라 기이치 교수가 진단하는 한일관계의 현상과 전망에 대해서, 제 17장에서는 일본의 정치학자 고바야시 요시아키 교수와 만나 아베 정권의 향방과 한일관계 전망에 대하여 들어보았다. 제 18장에서는 일본의 저명한 저널리스트인 와카미야 요시부미 전 〈아사히신문〉 주필이 말하는 역사화해와 미디어의 역할에 대하여 정리하였다.

이 책의 결론 부분이라 할 제 6부는 아시아의 밝은 미래를 위하여 풀뿌리 교류의 활성화를 호소하면서 이를 직접 실천에 옮기고 있는 일본의 대표적인 지식인들의 제언을 모은 것이다. 제 19장에서는 한중일에 공통된 차 문화를 테마로 일생을 동아시아, 나아가서 세계의 평화 구축에 매진하는 우라센케 센 겐시쓰 대종장의 차도(茶道) 일념을 들어보았다. 제 20장에서는 주한일본대사를 지낸 오구라 가즈오 일본 국제교류재단 이사장이 제시하는 글로벌시대의 한일관계에 대하여, 제 21장에서는 후쿠오카와 부산을 연계하는 민간교류 네트워크가 진행하는 지역발 한일 교류협력의 사례를, 그리고 마지막의 제 22장에서는 한중일 3국 대학생들이 지난 수년간 참여하고 있는 한중일 캠퍼스 아시아 프로그램을 통해 그려보는 동아시아 차세대 젊은이들의 미래 비전에 대한 기대와 성원을 함께 생각해 보고자 하였다.

'역사의 증언'들을 한일국교정상화 50주년에 살려서

《한일 교류 2천 년, 새로운 미래를 향하여》는 아시아연구기금의 연중기획 연구프로그램으로서, 외교안보·경제·사회문화 등 세 부문으로 나누어 각각의 연구자들이 취재, 면담과 대화를 통하여 상호 격의 없는 생각을 듣고 책으로 집필하도록 기회를 마련해주었다. 필자가 맡은 사회문화 부문의 기획, 연구, 집필 기회를 준 아시아연구기금 김학은 전 이사장과 문정인 현 이사장 및 연구과정 기획에서부터 세부항목 진행 등에 대해 협의와 조정에 응해준 프로그램 위원장인 김기정 연세대 교수에게 감사드린다. 그리고 필자의 취재와 면담이 확대되어 최종보고서 작성 및 제출이 늦어졌을 때에도 이를 받아들여서 매듭짓게 해준 기금의 유명환 이사(전 외통부 장관)를 비롯한 이사회 여러분께도 감사드린다. 필자에 앞서 이 프로그램의 외교안보 부문을 맡아 훌륭한 최종보고서를 단행본으로 펴낸 연세대 문정인 교수와 고려대 서승원 교수 두 분의 조언과 친절한 안내는 필자가 이 기획을 착수하고 진행하는 데 큰 힘이 되었다. 기획, 취재, 제작을 도와주신 분들께 대한 감사의 인사는 별도로 자세히 기록했다.

이 인터뷰 시리즈의 대화록에는 한일 교류의 오랜 역사를 되새기면서 안정적인 우호관계 속의 한일 교류가 한일 양국 발전에 기여해왔음을 말해주는 증언들이 담겨 있다. 작가 쓰지하라 노보루는 "한일의 긴 역사 가운데서 7 대 3의 비율로, 우호친선관계가 지속되었던 시대가 훨씬 더 길었을 것"이라고 말한다. 그리고 일본의 모든 인터뷰 대담인사들이 지금의 냉각된 한일관계를 극복하고 상생협력의 길을 찾아 나설 것을 희망하면서 구체적인 방법까지 제시하고 있다. 한류 재점화의 열망이나 새로운 한일 문화협력협정 체결에 대한 제언, 한일연극 합동공연과 케이팝&제이팝(K-pop & J-pop) 페스티벌 2015의 한일 교차공연, 한중일 평화기원 헌차식(獻茶式), 캠퍼스 아시아 프로그램 확대 실시 등 한일관계 회복과 안정적인 지속을 위한 제언들은 인터뷰의 각 장에 상세히 담겨 있다. 당장이라도 실현가능한 문화협력과 교류의 가이드라인도 제시되어 있어 한일국교정상화 50주년의 기념사업과 행사로 실현되었으면 하는 바람이다.

2015년 한일국교정상화 50주년의 기념할 만한 역사적 전환점을 맞아서 이 《한일 교류 2천 년, 새로운 미래를 향하여》가 출판되는 것은 큰 의미가 있으며, 한일관계 회복과 정상화에 지렛대의 역할을 하게 되기를 바라는 마음 간절하다.

2015년 3월
정 구 종

나남신서 1795

한일 교류 2천 년, 새로운 미래를 향하여
일본 지식인 23인과의 대화

차 례

제1부 한일 교류 2천 년, 과거로부터의 메시지

제6부 우리들은 아시아 시민

한일교류 2천 년, 과거로부터의 메시지

신관의 후예 하라다 스미오(原田須美雄)

백제왕 1,300년 전설과 축제

일시: 2014년 1월 24일
장소: 미야자키 현 휴가 시 서쪽 정창원·시와스 축제 광장

하라다 스미오는 미카도 신사 신관(神官)의 후손으로 1946년 난고손에서
태어났다. 난고손 백제마을 조성 당시 마을사무소 기획관광과장으로서 백
제마을 복원의 기획, 섭외, 실행에 앞장섰다. 2007년 퇴직 후에도 미사토 문
화재보존조사위원, 관광해설사 등으로 활약 중이다.

백제왕 전설과 축제: 난고손의 백제마을 되살리기

일본 규슈는 예부터 한반도와의 인연이 깊은 곳이다. 미야자키 현(宮崎縣) 히가시우스키 군(東臼杵郡)의 깊은 산골마을 난고손(南鄕村)에는 1,300여 년 전 백제왕 일가가 이곳에 정착해 살았다는 '백제왕 전설'이 전해져 내려온다. 백제왕을 모시는 미카도 신사(神門神社)가 1천여 년 이상 마을 중앙에 자리 잡고 있으며 백제왕들의 만남을 기리는 축제인 '시와스마쓰리'(師走祭り)가 매년 구정을 앞두고 지금도 열리고 있다. 또한 한반도로부터 건너간 도래인(渡來人) 전유의 보물인 구리거울이 24점이나 보존되어 백제왕족의 전설을 뒷받침하고 있다.

이 전설과 축제와 신사, 그리고 백제왕의 유물을 테마로 하여 1980년대 후반부터 1990년대 중반에 이르기까지 '백제마을(百濟の里) 만들기' 운동이 난고손 마을을 중심으로 전개되었다. 인구 3천 명밖에 안 되는 산골마을은 주민이 차츰 줄어드는 데다 이렇다 할 자랑거리도 없고 물산을 일으킬 만한 생산 활동도 약하여, 모두들 어떻게 하면 이농을 막고 마을을 부흥시킬 수 있을까 고민하고 있었다.

그러던 중 1986년 수의사 출신으로 촌장에 취임한 다바르 마사토(田原正人)는 백제를 테마로 한 마을부흥 아이디어를 착안해내었다. "우리 마을에 백제왕 전설이 있지 않은가, 1천 년 이상 지켜온 백제왕을 모시는 신사가 있고, 백제왕을 기리는 축제가 해마다 열리고 있지 않은가, 유물로 보존해오고 있는 동경(銅鏡)도 24개나 있지 않은가 …!"

당시 60대 초반의 촌장은 마을부흥회의에서 '백제왕의 전설과 유물'을 테마로 한 '백제마을 재현'을 통하여 마을부흥을 꾀하면 어떨까 하는 제안을 내놓았다. 다바르 촌장은 어릴 때부터 백제왕 축제 속에서 자라왔다. 그의 자택이 백제왕 전설에 얽힌 시와스마쓰리의 현장 가운데 하나였기 때문이다. 언어와 민족이 다른 이웃나라 왕족들이 이 마을에 망명해 와서 살았다는 전설에 따라 1천여 년이 지난 오늘에 이르기까지 축제와 유물이 전해져 내려온다는 사실 자체만으로도 이 마을의 역사와 문화와 특성을 살려 새삼 외부에 알릴 수 있는 '지적 자산'이 아니겠는가. 마을부흥회 회원 모두가 촌장의 제안에 탄복하며 동의했다. 마을과 함께 촌민들의 생활 속에서 숨 쉬는 역사에 문득 눈뜨게 된 것이다. 백제왕가의 유물과 함께 마을 축제인 시와스마쓰리의 역사와 문화적 의미를 재조명하여 마을 재건의 테마로 삼은, 일본에서도 극히 이례적인 마을부흥 운동은 이렇게 탄생했다.

백제마을 재현운동은 먼저 백제왕족의 뿌리를 찾아 나서는 데서부터 시작되었다. 당시 난고손 동사무소 문화기획과 주간이었던 하라다 스미오(原田須美雄)를 비롯한 난고손의 주민대표 3명이 마을 전설의 뿌리를 찾아서 백제의 옛 도읍이었던 한국 부여로 파견되었다. 작은 시골마을에서 해외로 조사단을 보내는 것은 드문 일이다. 한국어도 모르고 전문지식도 없는 조사단이었지만 '백제마을 구상'을 향한 집념의 첫걸음이었다.

난고손 주민들은 그 후 수년간에 걸쳐 억척같이 매달려서 백제마을 재현을 실현하였다. 백제와의 인연의 역사를 기리기 위해 백제관(百濟館)을 건립하였고, 백제왕족의 유물인 동경을 보존하기 위한 보물창고인 정창

원(西の正倉院)을 건설하였으며, 백제왕족 상봉축제인 시와스마쓰리를 더욱 다채로운 행사로 되살렸다. 또한 한국과의 인연을 소중히 간직하고 재현하기 위한 일한 교류와 우정의 상징으로서 마을의 이정표와 교통표지판에 한글을 병기하였고 한글공부방도 만들었으며, 마을에서 주고받는 인사는 '안녕하십니까' 등의 한국어를 사용했다. 또한 주부들은 김치를 특산품으로 만들고자 김치공장을 설립했고, 중학생들은 수학여행으로 부여를 찾았다. 그저 백제마을의 재현에 그치지 않고 한국과의 활발한 교류를 몸소 실천해 보인 것이다.

그 결과 국내외에서 많은 이들의 관심을 모은 가운데 관광객이 늘어나면서 마을이 활성화되었다. 〈아사히신문〉을 비롯한 일본의 미디어들이 백제마을 만들기를 특집보도 하였다. NHK는 〈역사발견〉이라는 프로그램을 통하여 백제마을 재현의 모태가 된 백제왕 전설과 백제마을 재현의 실상을 소개하였다. 백제마을 만들기 운동은 일본 전국 행정기관의 문화예술 전통 되살리기 운동에 주는 산토리문화상을 비롯하여 22개의 지역발전공로상을 수상하였다.

1990년 백제관 낙성식 때에는 한국 문화사절단이 난고손을 방문, 김덕수 일행의 사물놀이 공연이 난고손 주민들을 황홀하게 하였다. 사물놀이를 꼭 배우고 싶다는 주민들의 열망에 따라 1991년 9월 사물놀이 지도자 4명이 난고손에 와서 한 달간 마을 젊은이들에게 사물놀이를 가르친 결과 마을에는 훌륭한 사물놀이 공연단이 생겼고, 마을축제나 문화행사 때마다 사물놀이가 공연되었다. 1991년 9월 2일 부여읍과 자매결연한 이래 수학여행 등 학생들의 상호 방문, 문화사절단 교류, 민속연구가들의 방문이 이어졌다.

난고손은 백제마을 재현운동을 통하여 부여와 더욱 활발한 교류를 이루었고, 부여뿐 아니라 한국의 민속학자, 국제교류단원 등 많은 사람의 자연스러운 협력 속에 백제마을 만들기에 성공하였다. 마을부흥에 참여했던 관계자들의 증언을 엮어 일본어와 한국어로 동시 수록하여 편찬한 《백

제로 그리고 미래로: 백제마을의 도전》에서 그 주역들은 "'백제마을 만들기'는 일한 양국의 민간 차원에서 마음의 왕래가 만들어낸 전혀 새로운 형태의 지역부흥의 모델"이라고 말한다.

1,300년 전의 백제왕 전설은 백제마을 재현에 그치지 않고, '백제왕족의 고향방문'이라는, 역사를 뛰어넘는 한일 간의 교류를 실현시켰다. 1993년 1월 난고손을 방문한 오재희 주일한국대사는 그해 10월 대전에서 개최될 엑스포에 난고손 백제마을의 참가를 제의했다. 이 제의를 받아들여서 난고손 사람들은 엑스포 참가와 함께 '1,300년 만의 백제왕족 고향방문'의 실현에 나섰다. 전설의 주인공인 백제왕의 신체(神体)를 미카도 신사에서 일시적으로 고향인 부여로 모셔간 것이다. 주민들은 미야자키 공항에서 특별 전세기를 내어 백제왕의 신체를 한국으로 봉송한 뒤 부여로 내려갔고 부여 능산리(陵山里)에 자리한 역대 백제왕들의 묘역에 인사하는 귀향제를 올렸다. 당시 〈동아일보〉는 "백제왕족 신위의 귀향"이라는 제하에 1면 머리기사로 백제왕의 고국방문을 보도했다. 대전엑스포 전시장에는 "백제왕족 고국방문"이라는 대형 현수막이 걸린 가운데 개막식 때는 난고손 주민들의 사물놀이 공연도 선보였다.

백제마을 부흥운동은 난고손 촌민들의 역사를 향한 열린 마음 없이는 성공하지 못했을 것이다. 언어와 풍습이 다른 이국 출신 왕족의 도래를 서슴없이 받아주었던 1,300년 전의 옛 난고손 주민들의 따뜻한 마음과, 그 같은 선조들의 뜻을 되새겨서 전설과 축제와 유물의 가치를 재발견한 주민들의 열정은 마을부흥을 넘어서 한일 간 교류 역사의 소중함을 일깨운, 국경을 넘어선 우정과 협력의 결실이다.

이와 같은 백제마을 만들기에 앞장섰던 주역들과 그들의 증언을 엮었다. 작은 산골마을의 '큰 도전'을 직접 실현한 이들을 만나서 당시의 증언을 생생히 들어보았다. 인터뷰는 ① 백제마을 부흥운동의 기획과 실행을 처음부터 진행한 당시 난고손사무소 기획관광과장 하라다 스미오(原田須美雄), ② 백제마을 만들기를 앞장서 지휘한 다바르 마사토 당시 난고손 촌장, ③일한 양쪽의 백제마을 만들기 주역들을 취재하여 증언록을 편찬, 발간한 마쓰나가 도시오 〈니시니혼신문〉(西日本新聞) 미야자키 총국장 등 3명을 각각 만나서 이루어졌다.

난고손의 백제왕 전설과 백제왕과 왕자 상봉의 시와스마쓰리, 국보급 가치가 처음 확인된 동경을 비롯한 백제왕 유물을 보존하기 위해 주민들이 세운 일본의 두 번째 보물 수장고인 서쪽 정창원 건립에 얽힌 애환 및 제신(諸神)의 고향 휴가(日向) 그리고 백제왕의 난고손 등에 대한 간단한 해설을 따로 정리하였다.

난고손의 백제왕 전설과 시와스마쓰리

난고손 마을에 전해 내려오는 주민들의 증언을 종합하면 백제왕 전설은 이러하다. 서기 660년 한반도의 고대국가 백제는 당(唐)과 신라에 의한 나당 연합군의 침공을 받고 백천강전투에서 패배, 3년 후인 663년 백제 재흥(再興)의 싸움에서도 졌다. 쫓기던 왕족 및 부족들은 일본으로 망명하여 한동안 기나이(畿內) 지방에 정주하였다. 그러나 일본 야마토(大和) 정권의 분란이 일어나자 다시 난을 피하여 뱃길로 지쿠시노쿠니(筑紫の國)를 향해 가던 중, 세토나이카이(瀬戸內海)에서 태풍을 만나 아버지 정가왕(禎嘉王)은 가네가하마(현재 미야자키 현 휴가 시)에, 아들 복지왕(福智王)은 가구치우라(蚊口浦)에 표류하여 정착했다. 그 후 정가왕은 현재의 난고손에, 복지왕은 90킬로미터 떨어진 히키(比木)에 살게 되었다.

백제왕족 일행은 각각 정착한 곳에서 생애를 마감하였으나 생전에 백제 왕족을 존경하던 주민들에 의해 제사가 올려져왔다. 제사와 함께 왕과 아들의 영혼이 만나는 의식인 시와스마쓰리가 주민들에 의해 시작되어 1천여 년이 지난 오늘날까지 이어져 내려오는 것이다.

시와스마쓰리는 형식상으로는 매년 한 차례, 아들 복지왕의 신체가 히

2014년 1월 24일, 백제왕 전설을 바탕으로 치러진 시와스마쓰리의 축제 현장.

키 마을에서 난고손에 있는 아버지 정가왕의 신체를 만나러 오는 형식으로 행해진다. 90킬로미터 떨어진 산길을 걸어오기 때문에 9박 10일간에 걸쳐 이루어진다. 아들 복지왕의 영혼을 모신 일행은 18명, 도중에 '왕의 묘'라고 전해지는 고분에서 제사 지낼 때에 연주하는 음악인 가구라(神樂)를 바치고, 마을 앞 개천에서 목욕재계 한 후에 밤이 되면 들판 곳곳에 쌓여 있는 높이 5~6미터의 장작더미에 놓은 들불이 밤하늘을 붉게 물들이는 마중불(迎え火) 사이를 지나서 미카도 신사에 도착, 아버지 정가왕의 혼령과 만난다는 의식이다. 백제왕 부자의 만남의 기쁨과 축제의 즐거움이 지나면 헤어짐의 슬픔을 연출하는 퍼포먼스가 이루어진다.

제사와 축제에는 과거 백제왕족과 주민들이 사용했다는 여러 가지 도구가 동원되고 옛 풍습이 재현된다. 곳곳마다 옛날 지명이 그대로 남겨진 곳에서는 지명과 관련된 퍼포먼스도 이뤄진다. 이 축제의 중심이 되는 미카도 신사는 서기 718년에 창건된 것으로 알려지며 2004년에 국가중요무형문화재로 지정되었다. 중세 이전의 건축기법을 알 수 있는 독특한 구조이다. 이와 함께 보존된 각종 유물은 백제왕 전설을 뒷받침하는 물증으로 여겨진다.

이 의식은 1947년까지는 9박 10일간 진행되었으나 그 후부터 2박 3일로 간소화되었다. 필자가 취재를 위해 난고손을 방문한 2014년 1월 24일, 마을주민 외에도 인근 마을 등에서 찾아온 300여 명의 방문객과 한국 부여읍의 한상휘(韓相輝) 부읍장을 비롯한 방문단과 박진웅(朴鎭雄) 후쿠오카 한국총영사 등 한국인 다수가 참가한 가운데 2014년의 시와스마쓰리가 다채로이 전개되었다. 20여 개의 장작더미가 마중불을 밤하늘 높이 피워 올리며 1,300여 년 이어져온 백제왕 부자의 만남이 또 한 차례 이뤄졌다.

국보급 동경의 발견과 서쪽 정창원의 건립

난고손 미카도 신사 가까운 곳에 건립된 서쪽 정창원(西の正倉院)은 나라에 세워진 정창원과 규모와 구조가 똑같은 보물 수장고이다. 서쪽 정창원을 건립한 까닭은 미카도 신사에 보존된 24개의 동경이 국보급의 유물로서 나라의 정창원의 동경과 꼭 같은 동경임이 학술문화조사에서 확인되었기 때문이다. 백제왕족 전래 유물의 가치를 새삼 발견하고 국보급 유물을 소중히 보존하고 전시하려는 의욕에서 비롯되었다.

마을에 보존된 동경의 가치가 확인된 것은 백제마을 만들기를 막 시작하려던 1986년, 귀중한 정보가 난고손 사무소에 날아들면서였다. "얼마 전에 나라국립박물관을 견학했더니 전시되어 있는 구리거울에 '궁기신문 신사'(宮崎神門 神社)라는 문자가 새겨져 있었다"는 얘기였다. 정보제공자는 난고손 출신으로 미야자키 시에서 근무하는 한 공무원이었다. 자신의 고향 난고손이 백제마을 만들기를 시작한다는 신문보도를 읽는 순간, 나라에서 본 구리거울의 문자가 생각난 것이다.

이 같은 정보를 바탕으로 미카도 신사에 보존된 구리거울에 대한 본격적 조사가 시작되었다. 그러자 구리거울 가운데 나라의 정창원에 있는 것과 같은 당화육화경(唐花六花鏡)이 있음이 확인되었다. 나라의 것은 출토품이었으나 난고손 미카도의 구리거울은 흙에 묻힌 적이 없이 깨끗이 보존되어왔음도 확인되었다.

난고손의 구리거울은 그 후 고고학 전문가들의 평가 등으로 문화재적·학술적 가치가 있음이 차츰 확인되었다. 나라국립박물관에서 펴낸 "야마토 문화연구: 신문경(神門鏡)과 동문양경(同文樣鏡)에 관하여"라는 보고서에는 "미카도의 거울은 나라 동대사불태좌(東大寺仏台座)에서 나온 국보급 거울과 같다"고 기록되었다. 1987년 3월 〈아사히신문〉에서 출판된 《새 일본역사(新日本史)로의 여행》은 난고손의 구리거울을 표지사진으로 사용하기도 했다.

마을의 미카도 신사에 보존되어온 이 구리거울이 나라시대의 것으로서는 열 손가락에 들 정도의 귀중한 것으로서 나라 정창원의 보물이나 동대사 불좌 아래의 거울과 동일품임이 확인되자 다바르 촌장이나 하라다 주간은 '우리도 나라의 정창원과 같은 서쪽 정창원을 만들어서 이 보물들을 소중히 보존, 전시하자'는 데 뜻을 모았다.

그러나 국가가 나서서 건립하여도 만만치 않은 이 같은 장대한 프로젝트를 인구 3천 명이 채 안 되는 산골마을에서 시작한다는 것은 문자 그대로 '작은 마을의 커다란 도전'이었다. 난고손 주민들은 다바르 촌장과 하라다 기획과장을 중심으로 고집스러운, 그러나 실현을 향한 열정과 집념으로 수많은 어려움을 무릅쓰고 정창원 건립에 정성과 힘을 쏟았다.

우선 나라국립문화재연구소를 찾아가 난고손 정창원 건립의 당위성과 필요성을 역설하고, 정창원 건립 설계를 위한 문화·학술지원을 요청하였다. 학술지원 결정은 3년 만에 이루어졌다. 그 다음에는 나라 정창원의 설계도를 보관하고 있는 궁내청(宮內廳)을 찾아가 복원을 위한 설계도면의 복사를 요청하였다. 완고한 궁내청 관계자들을 설득하여 〈정창원도〉(正倉院図)의 사진촬영과 복사에 성공하고, 그 후에는 이 거대한 보물창고를 지을 목재를 구하기 위해 전국을 돌아다녔다.

목재 조사 개시 5년 만에 일본 최대의 삼림이 있는 목재집적지인 나가노(長野) 현의 대형목재상에서 정창원 건립에 적합한 길이 최고 8미터의 재목 800그루의 조달이 가능함이 확인되었다.

그러나 거목을 살 돈도, 거목을 가져다 정창원을 세울 돈도 이 작은 마을이 감당하기에는 터무니없었다. 결국은 자치성을 설득하여 정부의 금고를 열게 함으로써 정부의 재정지원을 이끌어냈다. 백제마을 만들기에 열정을 쏟은 촌민들의 염원이 결실을 맺을 수 있게 된 것이다.

정창원 건립의 목수 일을 맡게 된 도편수의 이야기도 흥미롭다. 7세기 초 쇼토쿠(聖德) 태자가 일본 최고의 사천왕사(四天王寺)를 건립하기 위해 백제에서 3명의 목수를 불렀다. 그때 일본에 온 목수 중 한 사람이 사천왕사 건립 후에도 일본에 남아서 정착했고, 그 후 1,300년 남짓이나 대대로 도편수를 이어온 39대 후손이 난고손의 서쪽 정창원 공사를 지휘하는 도편수가 된 것이다. 이를 두고 마쓰나가(松永年生)는 "마치 미카도 신사에 잠들어 있는 백제왕이 이 도편수를 불러들인 것과 같은 이상한 인연이 아니겠는가?"라고 그의 편저 《백제로, 그리고 미래로》에서 적었다.

서쪽 정창원은 이렇게 해서 10년의 세월을 거쳐 1996년에 완공되었다. 정창원 안에는 구리거울과 미카도 신사에서 발견된 1,600개의 창날, 그림 33점 등 백제왕 전설을 뒷받침하는 유물들이 전시되어 백제마을 1,300년의 역사를 느끼게 한다.

제신의 고향 휴가 그리고 백제왕 전설의 남향촌

백제마을이 형성되어 있는 난고손은 현재는 미야자키 현 히가시우스키 군 미사토 정의 난고구(南鄉區)로 행정구역이 개편되었다. 난고손을 비롯한 부근의 3개 촌이 합쳐져서 미사토 정(美鄉町)이 되었고 그 중심이 난고손, 곧 난고구이다.

난고손으로 들어가는 육로는 후쿠오카 또는 미야자키에서 열차를 타고 휴가 시로 가서 하루에 몇 편 안 되는 시외버스를 타거나 택시로 1시간여 들어가야 한다. 40여 킬로미터 떨어진 거리이다.

휴가는 옛적에 천신(天神)이 내려왔다는 '휴가 신화'가 《일본서기》(日本書記)에 기록되어 있는 제신(諸神)의 고향이다. 홍원탁(洪元卓) 교수의 《백제와 야마토 일본의 기원》(구라다인터내셔널, 1994)에 의하면 일본신화의 근원인 아마테라스(天照大神)는 자기의 외손자 니니기(瓊瓊杵尊)를 내려 보내 일본을 다스리도록 했는바 그가 내려온 곳이 휴가라는 기록이 있다.

《일본서기》에 의하면, 아마테라스가 니니기에게 세 가지 보물(三種寶物), 즉 큰 곡옥(曲玉), 야하타의 큰 거울(八咫鏡), 구사나기의 큰 칼을 주고 … 나카토미(中臣)의 시조 … 임베(忌部)의 시조 … 사루메(猿女)의 시조 … 거울 만드는 장인의 시조 … 보석 만드는 시조, 모두 합해 5부의 신(五部神)들로 하여금 그를 수행하게 했다고 한다.

《일본서기》에 의하면, 니니가가 "강림한 곳은 휴가의 소(襲)에 있는 다카치호(高千穗)의 소호리 산(添山) 봉우리('소호리'는 한국어로 '서울'이라는 뜻이다―필자 주)였으며 … 그는 거기서 나아가 … 아타의 가사사 곳에 이르러 마침내 나가야의 다카시마 섬에 상륙하게 되었다. 이 이야기는 실로 《일본서기》 제1권과 제2권의 핵심으로, 신대(神代)의 설화의 절정이 되는 것이다. 이것은 또 바로 뒤에 전개되는 인대(人代)에 관한 설화의 선행(先行) 구실을 하는 것이다. 인간 시대의 이야기는 진무(神武)가 규슈를 거쳐 중앙 평원을 정복하는 데서 시작하는 공식적인 사이비 역사가 되는 것이다.

― 홍원탁, 《백제와 야마토 일본의 기원》

즉, 난고손과 가까운 휴가 지역은 일본신화에 나오는 천조대신의 외손자가 내려와 이 일대를 통치했다는 전설 속의 고향이다. 과거 일본 왕족과 휴가와의 관련성은 라이샤워의 저서에서도 지적되고 있다. 홍원탁 교수가 그의 저서에서 인용하는 라이샤워의 지적은 휴가와 현재의 난고손의 백제마을과의 연관성으로까지 이어진다.

라이샤워도 의문을 제기한다. "황족과 휴가노쿠니(日向國)와의 사이에 어떤 관계가 정말로 있었을까? 아니면 아마테라스의 자손들이라고 주장하는, 천손들이 강림한 곳이라고 말하기에 논리적으로 맞아떨어지기 때문에, 그 지방(쿠니, 國)이 니니기에 관한 이야기를 전개하기 위해 나중에 선택된 것일까?" 흥미로운 사실은 옛 휴가노쿠니에 해당하는, 현재의 미야자키 현의 휴가 시로부터 규슈산맥 안쪽으로 40킬로미터쯤 들어간 곳에 백제마을이라 부르는 고장이 있는데, 이곳 주민 대부분인 3천여 명이 자신들을 백제후손이라고 믿고 있는 것이다.

홍원탁 교수에 의하면 일본신화의 근원에 대하여 연구해온 오바야시 다로(大林太郎)는 일본신화의 여러 가지 주제에 관해 논하면서 특히 진무의 동방원정전설에 초점을 맞추어 왕권의 기원에 대한 일본신화를 상세하게 비교연구하고 있다(앞의 책 134쪽).

진무의 동방원정에 관한 신화와 그에 앞선 휴가 신화를 살펴보면 일본신화와 고구려 및 백제왕족의 건국신화 사이에 놀라운 일대일 대응관계가 드러난다. 이것은 일본의 지배계급문화의 구원에 대한 실마리를 제공한다.
— 오바야시 다로, "The origins of Japanese mythology", *Acta Asiatica*, 31, Jan., 1977〔홍원탁(1994)에서 재인용〕

휴가에 천신(天神)의 명령에 의해 그 자손이 강림해왔다는 천손 강림설에 대해서는 일본의 저명한 사학자인 에가미 나미오(江上波夫) 도쿄대 명예교수의 논문에도 밝혀져 있다.

기업 경영을 하면서도 규슈 지방 유적에 대해 깊은 관심을 갖고 현지를 직접 탐방하여 한일 고대관계사의 유사점을 대조해서《일본은 한국이더라》(문학수첩, 1995년)라는 학술서적에 가까운 저서를 낸 김향수 씨에 의하면, 에가미 교수는 83세 때인 1991년 봄 한국에 와서 김해의 가야 유물 유적을 답사한 뒤에 〈아사히신문〉에서 발간하는 월간 〈아사히〉 1991년 6월호에 발표한 글에서 다음과 같이 적고 있다.

나는 《일본서기》, 《고사기》가 전하는 일본의 건국신화와 《가락국기》라는 책이 전하는 가야의 건국신화에서 도저히 우연이라고 말할 수 없는 일치된 점을 일찍이 발견했던 사학자 미시나 아키히데(三品彰英, 오사카시립박물관장 역임) 씨의 설에 동의한다. 그 건국신화를 보면 일본에서도 가야에서도 우선 국토를 지배하라는 천신의 명령에 의해 그 자손이 강림할 때, 강림한 곳에 대해서 《고사기》는 츠쿠시(筑紫) 히므카(日向) 다카치호(高千穗) 구지후루 타케(久土布流多氣)라든가, 휴가소 다카치호의 소호리노야마노타케(添山峯) 라고 되어 있다.

이처럼 난고손이 속한 미야자키 현에 천신강림신화가 전해져 내려오는 휴가 시가 있고, 난고손의 백제왕전설이나 휴가 신화가 모두 한반도, 특히 백제와의 연관성을 갖고 있다는 역사의 기록은 우연이라고 볼 수만은 없을 것 같다. 현재의 난고손 주민들에게 전해 내려오는 백제왕족신화처럼 난고손 전설 속의 옛 백제왕족이 7세기경 백제 멸망 때에 망명해온 백제인일 수도 있고, 그 이전에 이미 규슈를 지배했다는 '백제국가' 왕족의 후손일 수도 있을 것이다. 백제마을 부흥운동 때 이를 기획하고 앞장서온 하라다 스미오 마을 기획과장의 말처럼 "아직도 풀리지 않는 수수께끼"로 남아 있다.

그러나 《일본서기》 등의 기록이나 마을에 전해 내려오는 전설이 오늘날 백제마을 형성의 정신적 근거가 되었다는 데에는 이의가 없다. 백제마을의 근원을 거슬러 올라가면 이처럼 면면히 이어져온 한일관계의 과거와 현재를 읽을 수 있다.

축제의 광장에서 : 백제왕의 전설

— 백제 전설을 뒷받침하는 두 가지 증거로서 이 마을에 전해 내려오는 구리거울과 축제가 있다고 들었습니다.
"시와스마쓰리라고 하는 축제입니다."

— 축제는 언제부터 시작되었습니까?
"축제의 모습 등을 보면 중세 이전으로 거슬러 올라간다고 합니다. 전문가들은 미카도 신사에서 발견된 창(槍)에 새겨진 글이나 에도 시대의 기록 등으로 1천여 년 정도는 되지 않았을까 추측합니다."

— 축제를 마을 사람들이 줄곧 이어서 해왔습니까?
"그렇지요. 한 번도 쉰 적이 없다고 합니다. 제 2차 세계대전 때에도 그만둔 적이 없다고 합니다. 식량난 때에도 했다고 하지요."

— 예전에는 축제가 9일간 이어졌다고 들었습니다.
"그렇습니다. 9박 10일 동안."

— 신기한 것은 난고손의 주민들이 어째서 말도 통하지 않는 외국의 왕족을 신으로 모시게 되었는가 하는 것입니다.
"아마 말은 통하지 않았겠지만 상당히 존경할 만한, 놀랄 정도의 문화적 격차 같은 것을 이 마을에 가지고 오지 않았을까 합니다. 어쨌든 신으로 모셨으니까 말이지요."

— 옛 선조들이 이 마을에 온 백제의 왕족들을 존경하고 신기하게 생각했던 것 같군요. 여러 선진문물을 가지고 온 것이 아닌가 생각됩니다.
"그렇습니다. 그렇지 않고서는 신으로 모시는 일은 있을 수 없지요."

― 그것이 마을의 문화에도 기여한 부분이 있을 것이라고 생각합니다. 축제는 옛 왕인 아버지가 떨어져서 살고 있는 아들과의 만남을 축하하는 행사라고 들었습니다.

"훌륭한 문화를 가지고 있지 않았을까요. 상당히 놀랄 만한 것이 있었을 겁니다. 더군다나 90킬로미터나 떨어져 있는 곳과 함께 축제를 할 정도이니까요. 지금처럼 교통편이 좋지도 않은 시대에도 축제를 해왔으니까 말입니다. 상당히 큰 행사였을 것입니다."

― 요즘은 어느 정도의 거리입니까?

"지금도 90킬로미터 떨어져 있는 것은 마찬가지입니다. 예전에는 산길을 넘어 오는 것이니까 지금보다 멀었을 겁니다. 지금은 길이 좋아졌지요."

― 90킬로미터를 걸어서 오는 것입니까?

"지금은 시작해서 어느 정도 걷고 나서 그 뒤에 버스로 옵니다. 그래서 요소요소를 들러 행사를 하면서 오지요. 지금도 마지막 8킬로미터 정도는 걷습니다."

― 마을 한가운데에 있는 미카도 신사는 1,300년 전부터 있던 신사입니까?

"그렇습니다. 새로 발견된 사료 등에 요로(養老) 2년(718)이라는 기술이 있습니다. 미야자키 현 고문서관의 오래된 문서에 미야자키 현의 특별히 오래된 신사 27곳을 기술하고 있는데, 그중 첫 번째로 이 미카도 신사가 쓰여 있습니다."

― 선생의 저서에서 "이 전설과 미카도 신사에 대한 수수께끼가 있다"고 하셨습니다. 그것은 어떠한 의미입니까?

"수수께끼라는 것은 우선 왕족들이 국보급의 보물을 가지고 왔다는 것입니다. 전문가들의 이야기를 들어보면 백제왕족의 혈통을 잇는 사람들 중에 문화부 장관급의 인물도 있었습니다. 그가 구체적으로 누구였는가, 그리고 축제가 일본에서도 극히 오래되었다는 점, 이러한 다양한 사실들이 아직 파헤쳐지지 않았습니다. 꼭 찾아내고 싶습니다."

서쪽 정창원, 백제의 전설과 그 증거

— 이 건물이 백제마을 만들기의 대표적이고 상징적 결과인 서쪽 정창원이군요.
"백제 전설을 뒷받침하기 위해서는 필요한 것이 크게 두 가지였습니다. 하나는 오늘 하고 있는 시와스마쓰리. 이것이 역시 매우 귀중한 것입니다. 그리고 또 하나가 고대의 거울입니다. 이 거울 중에 나라에 있는 정창원의 보물과 똑같은 거울이 있습니다. 이러한 산간벽지에도 화제성이 가득한 거울이 있다는 것이 우리가 마을부흥에 앞세웠던 바였습니다. 나라의 정창원과 같은 보물이 있다는 것에서 거울의 전시박물관으로 정창원을 만드는 프로젝트를 생각해내고 시작하게 되었습니다."

— 여기에 전시된 것이 1,006자루의 창입니까?
"그렇습니다. 1,006자루의 창이지요. 이것이 신사 본전의 지붕 밑에 있었습니다. 시와스마쓰리에 대한 일본문화청의 조사에서 이 축제는 매우 귀중한 것이라는 평을 들었습니다. 보통 일본의 축제라면 신을 모시는 가마인 신여(神輿)가 있습니다만 이곳의 축제에는 그것이 없습니다. 창에 묶은 작은 것을 메고 옵니다. 이 모습이 일본에 신여가 등장하기 이전의 모습, 신여의 원형이라고 일컬어집니다. 이 형태로 인해 일본에서도 극히 오래되고 희귀한 축제라고 불리고 있습니다. 이 1,006자루의 창 가운데 16개 정도에 글자가 쓰여 있습니다. 그 글자 중에 가장 오래된 것이 약 600년 전의 것으로, 지금도 이어지는 축제의 날짜가 남겨져 있습니다. 디자인적으로도 오래되었고 이러한 거울의 기록으로 봐도 오래되었다는 것이 증명되었지요. 문화청은 한국에서 연구자 임동권(任東權) 선생을 조사에 초청하였습니다. 임 선생님도 깜짝 놀란 듯합니다. 한국에서도 끊어진지 오래된 고대의 풍습 등이 남아 있다는 것이었지요."

— 이 창은 무엇에 쓰는 것입니까?
"이것은 실제로 쓰기 위한 창이 아니라 신에게 봉납하는 물건입니다. 축제 때마다 옆 마을의 기죠(木城) 신사에서 한 자루 가져옵니다. 그러한 의미에서는 1,006자루가 있다면 축제가 1,006번 있었다는 뜻이 됩니다."

— 1,006자루의 창을 어디에서 발견하셨습니까?
"신사 본전입니다. 신사의 가장 깊은 곳에 신이 앉는 자리가 있습니다. 그 속에 있었습니다. 이것도 여기에 서쪽 정창원을 세우기 위해 학술지원으로 나라에 있는 국립문화재연구소의 연구자가 왔었는데, 그 연구자들은 이 건물은 굉장히 귀중한 건물이니 내부조사를 위해 안으로 들어가고 싶다고 했습니다. 저도 발견 당시 함께 있었습니다. 왼쪽 지붕 밑에는 30수의 가센(歌仙, 36구로 된 시 형식)이 적힌 판화(板繪)가 있었습니다. 아주 깜짝 놀랐지요. 보통은 신을 모시는 방에 누구도 들어가지 않습니다."

— 이 1,006자루의 창과 거울이 백제의 전설을 뒷받침하는 증거가 된다는 것이군요.
"그렇습니다. 뒷받침이라고 할까, 어느 것도 확정적인 증거가 되지는 않지만, 이 거울이 실은 일본에서도 몇 안 되는 것이라고 합니다. 그 특징을 말하자면 일본에 있는 거울은 크게 두 가지로 나누어집니다. 하나는 고분을 발굴해서 나온 출토품입니다. 그리고 또 하나는 한 번도 흙 속에 묻히는 일 없이 지켜진 것, 즉 전래품(傳來品)입니다. 전문가들의 조사에 따르면 이 거울은 후자에 해당한다고 합니다. 더군다나 일본에서 그러한 거울을 가지고 있는 것은 본가인 나라의 정창원이 첫 번째, 그리고 두 번째가 미에(三重) 현 이세신궁(伊勢神宮)의 가미시마(神島)입니다. 세 번째가 이곳 미카도 신사의 거울이지요.

또 하나의 특징은 17면의 당나라 형식 거울이라는 것입니다. 이러한 형식의 거울은 일본 전체의 5.6%가 여기에 있다고 합니다. 이것도 대단하지요. 이를 근거로 우리 마을에 왕족이 가져왔다는 이야기가 되었습니다. 이 거울은 전부 어느 거울과 똑같다든가, 일본의 어디 거울의 계열에 있다든가, 이 거울과 관련된 국내 문화재 현황은 거의 파악하고 있습니다. 아주 귀중한 것이지요."

— 거울은 몇 개가 있습니까?
"24개입니다. 이것이 나라의 정창원에 있는 것과 같은 것이지요. 일본에는 4개밖에 없습니다."

— 그렇다면 나라에 도래한 사람들과 이곳에 온 왕족이 같은 도래인이 아닌가 하는 추정이 가능해지는군요.
"그렇습니다. 그래서 이곳의 전설에서는 난고손에 온 백제의 왕족은 한번 나라 부근까지 도망친 뒤 어떤 사정으로 다시 도망쳐왔다는 이야기이지요. 이 전설을 NHK가 〈역사발견〉이라는 전국 방송 프로그램에서 다루었습니다. 그 배경에 대해 진신의 난(壬申の亂, 672년 텐지 천황의 태자 책봉에 동생이 반발하여 일어난 일본에서 가장 오래된 내란) 때 피난하여 여기까지 온 것이 아니냐고 추정했습니다. 그즈음 신라계의 권력이 강하게 들어오게 됩니다. 그래서 백제계 사람들이 도망간 것이 아닐까 하는 내용의 방송이었습니다.

이 거울은 작년 11월, 후쿠오카(福岡)에 있는 규슈국립박물관에 2개월 동안 전시된 일도 있습니다. 또한 거울이 발견된 본전 지붕 밑에서 30수의 시가 적힌 판화가 발견되었습니다. 제작연대는 1600년이니까 비교적 새로운 것입니다. 구마모토(熊本)에 아소 신사(阿蘇神社)라는 신사가 있습니다. 이것은 아소 가문의 가신인 무라야마 오사카베(村山刑部)라는 사람이 그 신사에 봉납한 것이라고 합니다. 어째서 아소 가문에서 왔는지는 수수께끼입니다.

이것은 도사(土佐)파의 그림인데, 도사파는 예전에 있었던 그림을 그리는 유파입니다. 어느 것이나 에도 시대 초기의 작품이라고 합니다. 고대에서 중세, 근세에 이르기까지의 귀중한 문화재와 전설의 신사가 존재하는 의미를 조사할 필요가 있습니다. 문화재위원으로서 향후 조사를 제안할 계획입니다."

— 이것은 어디에 보존되어 있었습니까?
"아까 보신 신사 본전의 지붕 밑에 있었습니다."

— 귀중한 물건이군요.
"이 말방울은 앞서 보신 거울과 함께 보존되어 있었던 것입니다. 거울과 함께 1993년 한국 대전엑스포 때에 출품 의뢰를 받았습니다. 당시 오재희(吳在熙) 주일한국대사가 그전에 오셔서 꼭 한국에 소개하고 싶다고 하셨지요. 그 후 오재희 대사가 이곳을 세 번 더 방문했습니다. 이것도 실은 나라의 국립문화재연구소에 가지고 가서 적외선카메라 촬영 등 연구조사가 이루어졌습니다."

— 이것은 신문기사를 잘라낸 것이군요.
"그렇습니다. 이곳의 백제 전설을 다룬 기사들이지요. 1996년 9월 〈미야자키일일신문〉(宮崎日日新聞)입니다. 이 말방울의 끈은 대전엑스포에 전시할 때, 전시기획을 세워준 부여의 박물관장이 달아준 것입니다."

백제의 전설로 이룬 마을부흥

— 백제의 전설을 마을부흥으로 연결시키려 한 것이 당시의 다바르 마사토 촌장과 하라다 선생의 생각이었다고 들었습니다. 역사적인 유산을 핵으로 문화부흥에 연결시켜 마을부흥의 철학으로 하고 싶다는 발상이었군요.

"그렇습니다. 당시는 쇼와 60년(1985) 경입니다. 그때 이 마을은 내로라 할 것도 없어서 소개를 하기에도 어려운 곳이었기에, 뭔가 없을까 고민하기 시작했습니다. 마을부흥이나 지역재건의 소재, 특이한 것을 찾아내자는 의견이 있었습니다. 다바르 촌장이 대단하게도 이 마을에 백제 전설과 거울이 있지 않느냐, 축제도 1천 년 이상 계속하고 있지 않느냐는 걸 떠올렸습니다. 전설을 넘어서 깊이 파내려간다는 것이지요. 즉, 무언가 발판 삼을 것이 발견되지 않을까 하는 아카데믹한 도전이었습니다. 지금 돌아보면 비전문가이기 때문에 가능한 일이었습니다만, 백제의 옛 수도인 부여에 조사단을 파견하는 일에서부터 시작했습니다.

거울도 이 마을의 사람들이 보물로서 소중하게 여겨왔지만 거기에는 어떤 깊은 의도는 없었습니다. 이 거울의 이름은 무엇인지, 어느 곳의 것과 같은 것인지, 얼마나 오래된 것인지, 이러한 것을 하나도 규명하지 못한 채 그냥 신의 물건으로서 소중하게 지켜왔을 뿐입니다. 그때 다행히도 나라의 박물관과 문화재연구소로부터 거울을 보여달라는 연락이 왔습니다. 저의 선배가 방문해서, 아직 본 적이 없는 형태이니 거울을 조사하게 해달라고 하는 등의 일이 연속으로 일어났습니다. 유명한 학자와 전문가들이 연이어 와서 깜짝 놀랐지요."

— 서쪽 정창원을 만들 때 건축을 위한 비용이 상당히 필요했을 텐데, 어떻게 충당하셨습니까?

"비용은 여러 가지로 조달했습니다. 직접적인 보조금 같은 것은 없었습니다. 그렇지만 그러한 사업을 하기 위한 자금을 빌려주는 제도가 있습니다. 빌려준 돈의 절반은 국가가 교부세로 준다는 제도입니다. 이른바 국민연금융자였던 것입니다. 처음에는 그렇지 않았지만 마을부흥의 움직임이 긍정적인 평가를 받으면서 더 좋은 지원을 해주자는 식이 되었지요."

— 빌린 돈은 어떻게 갚으셨습니까?
"시설이 완성되어 입장료로 수익이 나면서 갚았습니다. 개장 직후에는 연 1억 엔의 입장료가 들어왔습니다. 현재 상환은 모두 끝났습니다."

— 입장료만으로 수익이 연간 1억 엔입니까?
"그 정도로 입장료가 들어올 때가 있었습니다. 사업을 하면 돈을 갚는 계획을 세우지 않으면 안 됩니다. 10여 년 전에 다 상환했습니다."

— 자금을 위해 주민세를 신설한다든가 하는 일도 있었습니까?
"그런 일은 없었습니다. 주민에게 세 부담을 높이는 일은 없습니다. 이곳은 자주적인 재원(財源)이 적은 곳이니까 그 부분이 아주 어렵습니다. 하지만 그렇게 어려운 상황 속에서 궁리한 것이 지역경영의 우수사례로 관심을 받았습니다. 전국 대학교수들로 구성된 연구기관으로부터 행정학회상 최우수상을 받았습니다."

— 예전에 난고손 주민은 3천 명 정도밖에 없었다고 들었습니다. 작은 마을임에도 불구하고 예전에는 휴가, 아소 등 여기저기로 통하는 가교 역할을 했다는 기록이 있습니다. 꽤 번성했던 것 아닐까 생각합니다만.
"그렇습니다. 그것이 메이지 시대이지요. 메이지 이후 다이쇼, 쇼와 초기까지 주변 마을들의 물자가 모이는 곳으로 번영한 역사가 있습니다. 지리적 조건이 비교적 좋았는지 메이지 36년(1904)에는 이곳에 도로가 개통됩니다. 그 덕에 꽤 번성했지요. 쇼와 9년(1934)에 각자 산을 넘어 이곳에 와야 했던 마을들에 도로가 정비됩니다. 그리하여 그때까지 요충지였던 우리 마을도 1980년대에는 그냥 보통 마을이 되었습니다. 이것이 마을부흥에 대한 열망으로 번지기도 했습니다. 다른 마을에서는 전력개발, 즉 댐을 세워서 발전소를 만드는 특수경기와 같은 것이 있었습니다."

— 본래 난고손의 특산물은 무엇이었습니까?
"표고버섯이나 밤, 목재, 목탄, 육우(肉牛)나 품질 좋은 차(茶)가 만들어집니다. 쌀도 모두 각자 먹을 만큼 먹고도 나머지를 내다 팔아 1억 엔 정도 출하했습니다. 그런 농업 마을이었습니다."

— 농업 산지였군요.
"농업이 점차 쇠퇴하고 목재는 외국의 값싼 목재에 밀리게 되었지요. 쌀도 생산량이 반감하는 등의 구조가 되어버렸습니다."

서쪽 정창원과 백제관을 건립하다

— 서쪽 정창원 건립을 추진했을 때 나라의 정창원의 반응은 어땠습니까?
"처음에는 아주 호의적이라고 하기 어려웠습니다. 나라의 문화재연구소도 나중에 우리의 열의가 결실을 맺어 실현되었을 때 비로소 본심을 들려주었습니다. '당신이 처음 왔을 때 열띤 설명도 다 들었고 그 열정은 알겠지만, 또 하나의 정창원을 세우는 것은 국가 차원의 문제일 텐데, 그러한 프로젝트를 인구 2천여 명의 마을이 한다는 것은 어차피 무리다. 비전문가는 걱정이 없어 좋겠구나' 하고 이야기했다고 합니다. 국가에서 보아도 터무니없는 일입니다. 그런데 이것이 국가를 움직였습니다. 지금 나라의 헤이조 궁전 터(平城宮跡)에 주작문(朱雀門)이 만들어져 있는데, 우리 마을의 프로젝트에 자극을 받았다는 이야기도 있을 정도입니다. 산업이 쇠퇴해서 뚜렷이 내세울 것이 없어진 마을주민들이 긍지로 삼을 만한 것을 만들지 않으면 안 된다는 것이 다바르 씨의 생각이었습니다."

― 처음에 백제 전설을 테마로 해서 마을부흥을 한다는 것에 대해 주민들
은 어떠한 반응을 보였습니까?
"반대는 하지 않았습니다. 계속 전설의 축제를 해오기도 했고 그것을 부정
하는 사람은 없습니다. 다만 그러한 것으로 마을부흥이 가능할까 하는 불
안은 있었다고 봅니다. 일본어로 '재미없다'는 것을 '쿠다라나이'(くだらな
い)라고 합니다만, 처음에는 모두가 '백제의 마을'(쿠다라노사토)을 '재미
없는 마을'(쿠다라누사토)이라고 한다든가, 농담으로 그러한 말을 듣기도
했습니다."

― 서쪽 정창원과 백제관이 건립되었을 때 한국에서도 축하사절단이 왔다
고 들었습니다.
"백제관 낙성식에 한국에서 문화사절단에서 김덕수 사물놀이패를 축하의
의미로 파견했습니다. 그래서 난고손 주민들이 처음으로 사물놀이를 보았
지요."

― 낙성식은 언제였습니까?
"백제관이 세워진 것은 헤이세이(平成) 2년(1990) 11월입니다. 사물놀이
공연을 본 마을의 젊은이들이 꽤 멋있으니 자신들도 하고 싶다고 하는 것
을 한국 분이 듣고, 그 뒤에 우리 마을을 방문한 김종필 씨(당시 민주자유당
최고위원, 부여 출신)가 사물놀이 악기 일체를 보내주었습니다."

― 김종필 씨도 낙성식에 왔습니까?
"김종필 씨는 낙성식 전인 1990년 8월에 방문했습니다. 사물놀이 도구들
이 도착하더니 이번에는 그때부터 친해진 부여에서 사물놀이 지도자를 파
견하게 되었습니다. 김덕수 씨가 지도를 위해 김복만이라는 사람을 보내

서쪽 정창원 내부 모습. 하라다 스미오 씨 뒤로 1,006개의 창 자루가 보인다.

주겠다고 했지요. 그 프로들이 매우 힘든 훈련을 시켜서 마을의 젊은이들에게 사물놀이를 가르쳤습니다. 처음에는 마을 젊은이들이 모두 배우자는 분위기였지만 일도 있고 하루 종일 하고 있을 수 없으니까요. 그리하여 관청 직원들이 배우게 되었습니다. 그래서 우리 마을의 젊은 직원들은 모두 사물놀이를 굉장히 잘합니다.

1993년 대전엑스포에서 김덕수 사물놀이의 공연 전에 우리 마을의 사물놀이패가 공연을 했지요. 사물놀이 세계대회에도 간 일이 있습니다. 꽤 많이 했지요. 초등학생들도 하고 중학생도 합니다. 그리고 고등학교에 가면 학교 축제에서도 공연을 하지요."

— 지금도 하고 있습니까?
"하고 있습니다. 매년 봄의 골든위크(일본의 5월 초 연휴) 때 관광객들에게 사물놀이를 공연합니다. 공연이 끝나고 일본어로 이야기하면 처음 온 사람들은 한국에서 온 줄 알고 '일본어 정말 잘한다'는 말도 합니다."

— 사물놀이를 배우는 것은 어렵지 않았습니까?
"갑자기 어려운 훈련을 시작해서 힘들었을 겁니다. 오이타(大分)에 리츠메이칸 아시아태평양대학이 있는데, 그곳의 사물놀이 동아리 학생들도 골든위크 때에는 이곳에 와서 사물놀이 공연을 하는 것이 연례행사가 되었습니다."

— 저는 리츠메이칸대의 사물놀이 공연을 보고 처음에는 한국 유학생이 아닌가 생각했는데 전부 일본인 학생이라고 하더군요. 실력이 상당했습니다.
"그러한 것이 모두 교류가 되었습니다. 재일한국인으로 조직된 민단이 주최하는 오사카(大阪)의 '시텐노지(四天王寺) 왔소 축제'에 매년 초대받았습니다. 우리는 항상 백제시대의 행렬에 버스 한 대분의 초대를 받았지요. 가나가와(神奈川), 지금의 가와사키(川崎) 시는 전쟁 전에 강제연행 등으로 그 주변에 이주하게 된 사람들과 함께 살아가는 마을 만들기를 지향하고 있었지요. 그리고 시가 현 가모 정(蒲生町)처럼 고대 백제의 역사를 짊어지고 있는 마을이나 시에서도 왔습니다. 그러한 일들이 계속해서 일어나서 큰 원이 만들어졌지요. 이곳저곳에서 대단했습니다."

— 백제관의 편액(扁額) 글자는 김종필 총리의 친필이라고 들었습니다. 백제관에는 현재 무엇이 전시되어 있습니까?
"지금은 백제 무령왕의 고분에서 출토된 유물의 복제품 등을 부여의 박물관에서 보내주어 전시하고 있습니다."

— 무령왕릉의 유물을 전시하고 있군요.

"예를 들면 금관의 복제품이나 고분 속에 깔려 있던 돌, 항아리 같은 것들이지요. 또한 일본에 남아 있는 백제 문화를 소개 및 전시하고 있습니다."

한국과의 교류와 마을부흥

— 부여와의 교류는 마을부흥 전부터 있었습니까?
"처음 마을 차원에서 부여에 간 것이 쇼와 59년(1984)입니다. 그때 처음 갔습니다. 저도 지금까지 합쳐서 18번 갔습니다. 주로 다바르 촌장과 출장차 갔기 때문에 관광명소 같은 것을 둘러보는 일도 없었습니다."

— 지금은 부여와 함께 서로 어떤 행사나 교류를 하고 있습니까?
"우선 아이들의 교류가 있습니다. 여름방학 때 중학교 1학년이 되면 이곳의 아이들은 부여에 갑니다. 수학여행과는 별개이지요. 지금은 학생 수가 적기 때문에 한 학년이 스무 명 정도입니다. 이번 여름방학에는 부여의 임천중학교에서 이곳으로 옵니다. 작은 학교끼리의 교류가 있습니다. 그리고 국제교류원이라는 직책으로 한국에서 박진희 교류원이 파견되었습니다. 그 후 4기부터는 일본 정부의 제트(JET) 프로그램에 따라서 파견되었지요. 현재 10기째일까요. 초대 교류원은 귀국 후에 서울의 일본대사관에서 근무하고 있습니다(박진희 당시 국제교류원은 현재 주일한국대사관 공보문화원 부조사관으로 근무 중임 — 필자 주). 다른 사람들도 서울의 일본문화원이라든가, 모두 귀국 후에 좋은 직장에 취직했습니다."

— 한국에는 식목일이라고 해서 나무를 심는 날이 있습니다. 이때에도 교류를 했다고 들었습니다.
"그렇습니다. 여기에서 묘목을 가지고 한국으로 가기로 했습니다만 흙이 묻은 것은 식물방역법 관계로 통과할 수 없습니다. 식물의 이동은 아주 어려운 일입니다."

― 그냥 한국에 가서 그곳에서 나무를 심는 일은 없습니까?

"그러한 교류가 몇 차례 확실히 있었습니다. 미야자키 현이 기획한 '식목의 날개'라는 사업으로, 주로 청년들의 교류사업입니다. 지금은 중단되었습니다. 첫 청소년 교류는 김집 씨가 한국청소년연맹 총재로 있을 때였습니다. 180명이 이 마을에 왔지요. 마을에서 홈스테이를 받아서 교류가 시작되었습니다. 다음에는 이쪽에서 한국으로 가게 되었지요. 처음에는 서울과 교류를 했습니다. 그러는 동안 부여가 이번에는 우리와 교류를 하자고 하여 오늘날에 이르렀습니다. 한국의 어느 신문사가 주최하는 '일본에 있는 한국문화를 찾아서'라는 투어가 있었을 때는 한 번에 718명이 왔습니다. 아직 정창원도 백제관도 없던 때입니다."

― 이곳의 시와스마쓰리에 맞춰서 왔습니까?

"아니요, 그렇지 않습니다. 대형버스로 19대가 왔지요. 정말 깜짝 놀랐습니다."

― 한국에서 꽤 많은 이들이 오는군요.

"그렇습니다. 삼성전자, 한국 IBM에서 사원연수로 오기도 합니다. 다양한 단체나 개인도 옵니다. 여기저기에 기념식수가 있지요."

― 마을부흥을 추진했을 때에는 마을의 간판이나 도로의 표지판에도 한글이 적혀 있었다고 들었습니다.

"지금도 쓰여 있습니다. 여기에도 한글이 적혀 있지요. 경찰이 있는 파출소에도 한글 표시가 있습니다. 한국어를 할 수 있는 경찰이 배속된 일도 있습니다. 상당한 기세였습니다."

― 재미있는 이야기입니다. 역시 한국인 관광객이 꽤 오고 있군요.

"그렇습니다. 확실히 분위기가 고조되어 있었지요. 일본에서 처음으로 한글 도로표지판이 생긴 것이 이곳입니다. 당시에는 알파벳 표기가 원칙인 시절이었습니다. 그 뒤에 미야자키나 벳푸(別府) 등 이곳저곳에서 하게 되었습니다.

　마을부흥 때의 기록을 읽으면 우리들이 얼마나 역동적이었는지 알 수 있습니다. 《작은 마을의 커다란 도전》(小さな村の大きな挑戰)은 제가 쓴 책입니다. 미야자키 현 지사(知事)가 60권 구입했다고 합니다. 출판사에 물어보면 알 수 있지 않을까 싶습니다만. 고미야쿠샤(鑛脈社)라는 미야자키의 출판사입니다. 이 책에 가장 역동감이 드러나 있다고 생각합니다. 제가 3만 자 정도를 써서 출판사에 넘기고 다시 두드러지지 않게 일부 수정해서 출판했습니다. ”

― 마을부흥 때에 선생은 난고손 문화기획관광과 과장이었다지요.
“그렇습니다. 이례적이라고 생각합니다만 기획관광의 일을 통산 24년 했습니다. 일반 직원에서 과장이 될 때까지 계속 있었던 것이지요. 당시에는 과장이었습니다. ”

― 마을부흥 때에 선두에 선 사람들은 지금도 미사토 정에 살고 있습니까?
“어떤 분은 돌아가셨고 어떤 분은 나이가 많아서 마을 밖의 자녀가 있는 곳에 이주했지요. 현에서 파견된 직원도 있었습니다. 한글을 아주 잘 알고 재미있는 사람이었습니다. 마을부흥 관계자에 의한 기록을 책으로 출간한 〈서일본신문〉의 마쓰나가 도시오 씨와는 몇 년 동안이나 알고 지내는 사이입니다. 마쓰나가 씨가 후쿠오카로 돌아가서 정년퇴직을 한 뒤에도 항상 교류하고 있습니다. ”

― 임동권 선생도 난고손에 여러 차례 오셨다고 들었습니다.
“그렇습니다. 네다섯 번 오시지 않았나 싶습니다. 그때마다 제가 안내를 맡았습니다. 한국의 오재희 대사가 왔을 때도 제가 항상 안내했지요. 서울에서 대전엑스포 관련 회의를 할 때에도 귀국한 오재희 대사가 '도와줄 테니까 서울로 오라'고 해서 갔습니다."

백제 마을과 한일관계

— 다바르 촌장은 원래 수의사였다지요.

"그렇습니다. 마을에 농지개발 사업이 시작되었을 때 반대가 많아서 힘들었습니다. 다바르 씨는 그때 농가로부터 두터운 신뢰를 받고 있었기 때문에 수의사를 하면서 과장직을 맡게 되었지요. 다바르 씨는 성품이 좋은 인물이어서 반감을 가지는 사람이 없었습니다. 그 사업이 완성된 뒤에는 부촌장에 취임했습니다. 수의사였기 때문에 프로 행정가는 할 수 없는 대담한 일을 해냈다고 저는 생각하고 있습니다."

— 본래 관청에서 일하던 사람이 아니었군요.

"그렇습니다. 일반적으로 공무원이라고 하면 손쉽게 하려 하고 실패를 두려워하지 않습니까? 그 사람은 실패를 두려워하지 않았습니다."

— 마을부흥을 통해 전과 달라진 것은 서쪽 정창원과 백제관이지요? 그리고 시와스마쓰리에는 활기가 생겼군요. 그렇게 해서 일단 문화를 테마로 한 마을부흥은 성공했고, 수입 면에서는 어떻습니까?

"시와스마쓰리 때에는 료칸도 전부 만실이니까 긍정적인 영향은 있습니다. 몇억 엔을 벌었다든가 그런 일은 없지만요. 고속도로 휴게소에서 나눠주는 지도가 있습니다. 거기에 미사토 정, 우리 마을 주변에서는 '백제마을'만이 표시되어 있습니다. 그 지도에는 시와스마쓰리가 컬러 사진으로도 소개되어 있습니다. 지금도 미야자키 현 안팎에서 '그 백제마을'이라는 말을 들을 정도가 되었습니다."

— 마을주민들에게 이익을 돌려주는 일은 어떻게 되고 있습니까?

"그 부분은 직접적이지는 않더라도 진행이 되었습니다. 예를 들어 마을부흥이 속도를 올리던 시기에 도로정비 등의 인프라 투자에 집중되었습니다. 김종필 씨가 왔을 때에는 현(縣)의 지사가 안내를 했습니다. 지사와 김종필 씨가 회식을 하고 있을 때, 마을로 오는 도로사정이 나쁘다는 것이 화제가 되어, 그 후 도로정비로 이어지게 되었습니다. 한때 백제마을은 한국에 응원단이 있다는 말도 들었지요.

지역 부흥이 기세를 올리기 시작하면서 돈이 들어오는가의 문제와는 별개로 전국적으로 화제가 되었습니다. 그렇게 되면서 여러 제도가 도입되어 농림사업 등에도 탄력이 붙었습니다. 지금 있는 온천도 국가가 보조해서 팠습니다. 일본에서 이곳뿐이지요. 도로가 좋아졌다든가 무언가가 좋아졌다 등은 전부 제도가 총동원된 결과입니다. 이러한 수혜를 마을주민들이 어느 정도 인식하는지는 잘 모르겠습니다만 그것이 효과입니다."

— 여러 상도 수상하셨지요.

"그렇습니다. 산토리문화상 외에 전부 21개의 표창을 받았습니다. 산토리문화상은 '지역 만들기의 노벨상'이라고 불리는 것입니다. 규슈에서는 후쿠오카 한 곳과 사가(佐賀), 그리고 유후인(湯布院), 우리 마을까지 네 곳입니다. 대학교수들의 연구기관이 표창하는 '지역행정학회상 그랑프리'라는 것이 있습니다. 그렇다고 한번에 부자가 된다든가 하지는 않았습니다. 지금은 세 개의 마을을 병합하여 '미사토 정'이라는 하나의 마을이 되었습니다만, 일 년 내내 손님이 오는 곳은 우리 마을뿐입니다. 여기가 가장 활기 있다고 자부합니다."

— 예부터 이어져온 축제라든가 이러한 백제마을 만들기가 가능했다는 것은 단순히 어느 시대만의 마을 만들기가 아니라 미래에도 이어져 후세에 큰 보물이 될 것이라고 생각합니다.

"한국의 박근혜 대통령이나 일본의 아베 신조 총리 사이에서 여러 가지 일들이 있지요. 그러한 국가 차원의 문제에 대해 이곳에서는 말하지 않습니다. 부여 사람들과도 교류한다든지 하고 있으니까 그러한 일은 말하고 싶지 않지요."

— 한일관계가 삐걱거리고 있는 것도 그다지 영향을 미치지 않는다는 얘기로군요.

"그렇습니다. 그러니까 여기에서는 대개의 사람들은 아베 총리가 어째서 그런 역사인식을 보였느냐고 말합니다."

— 일본인인데도 말입니까?

"그렇습니다. 오래된 일입니다만 미카도 신사가 1913년 미야자키 현 지사에게 제출한 문서가 미야자키 현 고문서관에 남아 있었습니다. 그것은 메이지 천황이 죽고 상을 지낸 지 2년이 지난 뒤, 다이쇼 천황이 즉위하는 대전(大典)을 맞이하여 미카도 신사를 현사(縣社, 현 내의 최고 신사)로 승격시켜 달라고 요청하는 문서였습니다.

그 연유는 메이지 36년(1910) 일본이 조선을 병탄했는데, 병탄된 나라의 왕족을 모시는 미카도 신사의 격이 향사(鄕社, 마을의 최고 신사)여서는 조선 귀족에 대해 면목이 서지 않는다는 것입니다. 다이쇼 천황의 '즉위 대전'이라는 천재일우의 기회를 맞아서 미카도 신사를 미야자키 현 첫째가는 신사로 승격해달라고 요청했습니다. 이 구신서(具申書)는 당시 지사의 결재까지 받았지만 내무성 관할이어서 무산되었을 것입니다."

— 부여와 자매결연을 맺고 교류도 계속하고 있지요. 부여가 좀더 활기 넘치는 도시가 되면 교류도 더 활성화될 텐데요.

"둘 다 작은 도시이니까요. 사실 서울 송파구에서도 자매결연을 맺자는 이야기가 있었습니다. 그곳도 옛 백제의 지역이었다고 해서요."

ㅡ 그곳에 예전 백제의 수도가 있었다고 하지요. 그래서 지금도 유적이 남
아 있습니다.

"자매도시가 되었으면 한다는 이야기였습니다만 우리는 부여와 겨우 관계
를 맺은 단계여서 부담이 되었기에 거절했습니다."

ㅡ 이제 곧 시와스마쓰리가 시작되는 것 같습니다. 오늘은 정말로 감사했
습니다.

복원 당시 촌장 다바르 마사토(田原正人)

백제마을 복원으로 마을 중흥을

일시: 2014년 1월
장소: 미야자키 현 시와스 축제 광장

다바르 마사토는 1925년 난고손에서 태어나 다카나베농업학교를 졸업한
뒤 1949년 수의사 면허를 취득했다. 1961년 4월 난고손 사무소에 임용되어
경제과장, 농업진흥과장 등을 거쳐 난고손 촌장이 되었다. 하라다 과장과
함께 백제마을 복원에 앞장선 주역이다.

— 다바르 마사토 선생이 난고손 촌장으로서 마을부흥의 선두에 서서 백제마을을 재현한 지 20여 년이 지났습니다. 지금도 전통의 시와스마쓰리가 행해지고 있지요. 촌장 시절, 백제마을 만들기로 마을부흥을 처음 생각한 이유는 무엇이었습니까?

"본래 저의 집은 히키리(ひきり) 신사에서 사람이 왔을 때 묵는 숙소이기도 했습니다. 어렸을 때부터 백제에 대해서는 다른 사람보다 잘 알고 있다는 자부심이 있었지요. 제 생각에 마을부흥을 한다면 이것밖에 없지 않느냐고 생각해서 결심했습니다. 백제 전통을 살려서 마을부흥을 하자, 그러한 마음이 있었습니다. 우리 마을에 천 년 이상 소중히 여겨온 백제의 축제도 있고 옛 거울도 있으니, 이것이야말로 보물이라고 생각했습니다."

— 다바르 촌장께서는 이곳저곳을 돌아다니면서 서쪽 정창원 건립 허가를 위해 힘썼다고 들었습니다.

"열정이라고 할까, 앞뒤 안 보고 뛰어다녔어요. 나는 원래 수의사입니다. 그런데 촌장을 하고 있었지요. 지금까지 백제관을 만든다든지 시와스마쓰리의 분위기를 돋우는 일도 했고 시설 면에서도 여러 가지를 해왔습니다. 그중 하나 상징적인 것이 서쪽 정창원을 만들자는 것이었습니다.

정창원이라는 것은 일본에서 말하자면 천황계의 보물이 안에 들어찬 창고입니다. 이것과 완전히 똑같은 것을 만들자는 이야기가 되었지요. 나라에 대불(大仏)이 있는 도다이지라는 절이 있는데, 일본 유일의 정창원은 거기에 있습니다. 난고손 미카도 신사에서 나온 출토품 중에 그곳에서 나온 출토품과 완전히 똑같은 것이 있었습니다. 둘 사이의 유사성은 학술적으로 좀처럼 증명할 수 없는 것 같습니다만, 똑같은 물건이 실재한다는 것은 틀림이 없습니다. 실물이 있는 것입니다.

그렇다면 난고손도 그러한 것이 나왔으니까 나라에 정창원이 있다면 난고손에 '서쪽 정창원'이 있어도 좋지 않겠느냐고 해서 이곳에 정창원을 만들자는 것이 되었지요. 생각해보면 아무나 쉽게 할 수 없는 발상입니다."

— 백제마을 만들기의 상징적인 기념물로 훌륭한 서쪽 정창원이 건립되어 전 일본의 관심을 모으게 되었군요. 정창원 건립 때에 천황가의 황실을 담당하는 관청인 궁내청으로부터 여러 가지 말을 들었다고 알고 있습니다.

"그렇습니다. 궁내청에 나라의 정창원 설계도가 보관되어 있었기 때문에, 1988년 궁내청 교토 사무소에 갔습니다. 그리하여 소장에게 정창원 설계도를 빌려주지 않겠느냐, 그게 안 된다면 한번 보게만 해달라고 부탁했습니다. 그 설계도를 기반으로 하여 정창원을 완전히 원래와 같은 크기의 것으로 만들겠다는 것이었지요. 목재도 같은 노송나무를 써서 만들자고 결심해서 전문가들에게 여러 가지 지혜를 빌려가면서 건설하려고 했습니다. 그래서 궁내청에 가서 '사실 우리 마을에 정창원을 세우고 싶은데 진짜 정창원의 설계도를 보여주지 않겠느냐'고 나라의 궁내청 소장에게 상담한 것이었지요. 궁내청 소장은 깜짝 놀랐습니다. '당신, 지금 스스로 무슨 말을 하고 있는지 알고 있습니까?' 하고 말이지요."

— 권위에 도전하는 것 아니냐는 말이군요.

"그렇습니다. 처음에는 당신이 무슨 말을 하는지 알고 있느냐는 말을 들었습니다. 그러니까 말하자면 문전박대를 당한 거지요. 첫 번째는 그랬습니다만 저는 바보 같은 척을 했습니다. '아니, 미안합니다. 저는 세상일을 아무 것도 모르는 시골 마을의 촌장이라 잘 모릅니다. 제가 터무니없는 말을 했을지도 모르겠습니다만 어떻게든 한번 봐주십시오.' 이렇게 이야기를 진행해나갔습니다. 그러니까 바보처럼 매달리고 매달려서 다시 방문을 하고 부탁해서 겨우 설계도를 손에 넣었습니다."

— 설계도를 빌려서 건립할 때까지 여러 가지 어려운 일들이 있었군요.

"물론입니다. 설계도가 있어도 문화적이고 학문적인 검토와 지원이 없으면 안 되지요. 그래서 나라국립문화재연구소의 지원을 받아서 본격적인 건립에 들어갔습니다. 그러나 필요한 건축 재료가 적지 않았습니다. 정창

원을 지탱하는 동자기둥은 모두 40개가 필요했습니다. 한 개당 직경 50~
60센티미터, 높이는 약 3미터, 총 160그루의 나무로, 가장 긴 것이 약 8미
터, 폭은 약 40센티미터여야 했습니다. 모두 노송나무가 아니면 안 되지
요. 이것을 모두 갖추는 것은 지난한 일입니다. 마을 사람들 모두가 목재
를 구하기 위해서 전국을 찾아다녔습니다. 당시 난고손 부촌장이었던 구
로다 가즈오(黑田和雄) 씨는 재목을 찾아서 혼슈(本州) 북단의 쓰가루(津
輕) 반도까지 갔습니다. 1993년, 모두의 고생 끝에 일본 최대의 노송나무
산지인 나가노 현 기소(木曾)로부터 800킬로미터를 옮겨와, 노송나무가
난고손에 겨우 도착했습니다. 노송나무가 도착한 날에는 마을사람들 모두
가 달려와서 끌어당겨 함께 날랐습니다."

— 백제의 전설과 연결시켜서 마을부흥을 추진하고 백제마을을 만든 아이
디어는 매우 좋았습니다. 그래서 당시 주민들의 반응은 어땠습니까?
"모두 기뻐하며 열심히 한마음이 되어 마을부흥에 힘써주었습니다."

— 일본에서도 보기 드문 마을부흥, 게다가 다른 나라의 옛 왕족을 모신다
는 것에 대해 반발은 없었습니까?
"네, 없었습니다."

— 다바르 촌장은 올해 88세로 미수(米壽)를 맞으셨다고 들었습니다만 여
전히 건강하시군요. 20여 년 전의 서쪽 정창원과 백제관을 만들 때 선두
에 서서 설득하고 모두의 힘을 모아 마을부흥을 이끌어낼 수 있었다고 들
었습니다.
"이 일에 도전해 시작할 때는 정말로 고생했습니다. 한때는 모두가 신기해
해서 많은 사람들이 왔었지요."

— 그렇게 해서 마을을 더 좋게 만들기 위해 애쓰셨지요. 실제로 좋아졌습

니까? 어떻습니까?

"한때는 이걸로 난고손이 번영할 수 있다, 이것으로 잘될 수 있다고 생각했습니다. 헤이세이 10년(1998) 경에 대재해가 있어서 밖에서 마을로 들어가는 길이 끊긴 일이 있습니다. 완전히 복구될 때까지 1년 정도 걸렸지요. 그렇게 되고 나서 관광객이 갑자기 감소해버렸습니다. 산을 넘어서 오지 않으면 안 되는 상황이 되었으니까요."

— 산사태가 났습니까?

"그렇습니다. 그래서 다른 곳에서 산을 한 번 넘어서 이곳에 왔었지요. 이것이 가장 안타까운 일이었습니다. 그 뒤에 점차 조용해지게 된 느낌이 듭니다. 예전에는 하루에 300~400명에 이르는 관광객이 왔었습니다만 지금은 20~30명으로 줄어들었으니까요."

— 300~400명이 이 마을에 왔었습니까? 지금은 완전히 줄었군요.

"그렇습니다. 많을 때에는 800명 정도가 왔었으니까요. 관광객은 줄어들었지만 난고손을 포함한 세 마을이 병합하여 미사토 정이 된 뒤에도 그중에 옛 난고손, 그러니까 지금의 미사토 촌(美鄕村)이 가장 발전되었지요."

— 당시 마을부흥에 찬성하여 함께한 주민들 중에 지금은 마을을 떠난 사람들도 있겠군요. 다른 곳으로 간 사람들도 있지 않습니까?

"있습니다."

— 난고손의 백제마을 만들기에는 이 지역뿐만 아니라 일본 정부에서도 관심을 가지고 또 정치가들도 이것이 중요하다고 하여 지원해주었다고 들었습니다. 당시의 마을 만들기에 대해 한국에서 어느 정도 관심을 가졌습니까? 부여와의 교류도 꽤 있었던 듯합니다.

"부여와는 자매결연을 하여서 지금도 교류가 계속되고 있습니다. 매우 인상 깊었던 것은 1993년 대전엑스포였지요. 거기에 미야자키에서 난고손을 주제로 하여 참가했습니다. 사실 그때 우리가 목표로 했던 것은 옛 백제왕인 정가왕의 신체를 고향인 부여로 잠시 모시고 가는 것이었습니다. 난고손 사람들 입장에서 보면 백제 신사의 신체를 부여에 1,300년 만에 귀향시키는 기획을 세운 것이지요.

그러나 신체를 보통 여객기에 실어 보낼 수는 없었기 때문에 미야자키 공항에서 전세기를 조달하고 특별 수용을 해주어서 전세기 안이 꽉 찰 정도로 마을사람들이 타고 갔습니다. 미야자키공항에서 비행기로 신체를 귀향시키러 갔으니 현지에서는 엄청난 대환영을 받았습니다. 일본에서 간 사람들도 정말로 감동을 받았지요. 한국인 입장에서도 과거 백제 왕이 규슈 산속에서 1,300년 동안 소중하게 모셔져오다가 그 신체가 부여로 귀향했다는 이야기였으니까요. 백제왕 전설의 뿌리를 찾아 옛 고향을 방문하게 한 것입니다.

이 행사는 대전엑스포의 큰 이벤트 중 하나가 되었습니다. 상당히 성대한 퍼레이드가 있었지요. 신체가 부여의 마을 전체를 돌아다녔어요. 신체 행렬이 부여의 옛 왕릉군을 찾아서 선조들에게 인사하는 귀환의식도 가졌습니다.

준비하는 과정 중에 재미있는 이야기도 있습니다. 신체는 당시 김포공항에 내리면 엑스레이 검사대를 통과하지 않으면 안 됐습니다. 그러나 신체를 엑스레이로 체크하는 것은 너무 송구스러운 일이라고 해서 모두 망설이고 있었습니다. 그때 오재희 전 주일한국대사가 공항에 나왔습니다. 이분도 난고손에 오신 일이 있어서 저도 만나 뵈었습니다만 당시에는 이미 한국으로 귀국해서 외무부를 정년퇴직하셨다는데, 그분이 관계 부서에 주선하여서 그냥 통과가 되었습니다. 그 뒤에 경호하는 차량들도 붙어서 부여를 방문했고, 그 후에 엑스포 회장까지 갔습니다. 그런 대환영을 받았지요. 그래서 한국분들도 충분히 큰 관심을 보였을 것입니다."

― 오늘도 부여에서 온 방문자들이 있지요. 매년 오고 있습니까?

"그렇습니다. 마을부흥 전부터 한국과 교류가 있었던 것은 역시 백제마을 시와스마쓰리가 매년 행해졌기 때문이 아닌가 생각합니다."

― 마을부흥은 미사토 정을 오늘날과 같은 발전으로 이끌었을 뿐만 아니라 한국과의 만남, 국제교류에도 기여한 것이군요.

"그러한 부분이 컸지요."

― 일본의 다른 마을에서 견학 온다거나 하는 일은 없습니까?

"그런 일은 많이 있습니다. 지금도 오지요."

― 지금 생각해보시면 어떻습니까? 좋았다고 생각하십니까?

"좋았지요. 정말로 좋은 축제이지요."

― 앞서 말씀드렸습니다만 옆 나라의 옛 왕족을 지금까지 모신다는 것은 참으로 드문 일이지요.

"부자 상봉의 축제가 일본의 다른 곳에는 없을 것입니다. 벌써 몇백 년이나 줄곧 이어져오고 있으니까요."

― '서쪽 정창원' 건립을 위해 머리를 잘 쓰셨군요.

"잘하려고 했습니다. 밀고 당기면서 말이지요. 그런 일도 있었습니다."

― 책에서 읽었습니다만 다바르 촌장은 다음 단계를 향해서 조금 더 진전, 발전시키고 싶다고 하셨습니다. 그 전환점에서 이러한 책이 나왔다는 이야기였지요. 다음 단계라는 것은 역시 정창원이 만들어진 뒤의 일입니까?

"그렇습니다. 정창원 완성이 몇 년이었더라….."

— 수 년이 걸렸지요.

"몇 년인가 걸렸습니다. 2000년대, 21세기까지는 가지 않는다고 생각합니다." (서쪽 정창원은 1986년에 착공되어 11년간의 공사 끝에 1996년 완성되었다. — 필자 주)

— 비용도 꽤 들었겠습니다.

"그렇습니다. 돈은 상당히 들었습니다."

— 어떻게 해서 충당하셨습니까?

"당연히 마을은 적은 재정밖에 가지고 있지 않으니까 마을주민들을 비롯하여 여러 가지로 기부를 받았습니다. 저 정창원의 기와가 있지요? 저 기와 뒤쪽에는 전부 사람 이름이 쓰여 있습니다. 저도 썼습니다. 전부 다 해서 몇만 장은 될 겁니다. 그 기와에 자기 이름을 먹으로 써서 그때마다 천 엔도 좋고 만 엔도 좋으니 그 뜻을 정창원을 세우는 자금으로 해주십시오, 라는 것이었지요. 정창원에 오는 사람들에게도 모금을 받았습니다. 그러한 방법도 썼습니다."

— 관련 기록에서는 한국의 여러 사람들로부터도 따뜻한 지원이 있었다고 합니다. 어떠한 것이었습니까? 백제마을 만들기에 한국인이라고 하면 부여사람들 등이 관심을 보였다는 것입니까?

"관심을 보이는 것 이상으로 여러 가지를 도와주셨습니다. 예를 들어 난고손에서 중학교 2학년이 되면 전원 한국에 데리고 갑니다. 3학년이 되면 고등학교 입시 시험이 있지 않습니까? 그렇게 되면 2학년이 가장 자유로운 셈이지요. 중학교 2학년이 되면 전원 데리고 한국에 가는 것입니다."

— 수학여행입니까?

"그러한 것이지요."

— 한국의 부여에 갔습니까?

"그렇습니다. 부여로 갔지요. 그리고 그쪽의 아이들과 교류를 하는 기획을 남고손이 세워서 그 계획을 부여 분들에게 제안했지요. 부여 분들도 '합시다, 아이들의 교류를 만들어갑시다'라고 하였습니다. 그 다음에는 거꾸로 부여의 아이들이 난고손에 왔습니다. 그때 국제교류원으로 있던 박진희 씨가 대활약을 해주었습니다. 그러한 일이 있었지요."

— 아이들의 교류 중 하나가 되었군요. 한국에서는 매년 4월 5일이 나무를 심는 식목일입니다. 한국의 식목일에 한일우호의 식수를 위해 150명의 청소년을 파견했다고 하더군요. 그래서 부여에서 함께 나무를 심었다고 들었습니다. 아주 중요한 이야기라고 생각하는데요. 당시에도 이러한 교류가 있었군요.

"그렇습니다. 아이들의 교류도 있었고, 앞서 말한 임동권 선생은 일본의 연구자와 함께 난고손에 와서 백제왕 이후 난고손의 역사, 그리고 고고학적인 조사도 진행했습니다.

일본의 경우에는 나라국립문화재연구소의 전문가들이 난고손 미카도 신사에 잠들어 있는 여러 유물과 유품이 분명한 진품이라는 것을 증명해주었습니다. 그 뒤에 임동권 선생도 함께 왔지요. 이후로 몇 번이나 오셨을 겁니다. 그러한 학술적인 교류도 있습니다."

— 좋은 말씀 들려주셔서 감사합니다.

마쓰나가 도시오(松永年生)

복원 참가자들의 증언,
"백제에서 미래로"

일시: 2014년 1월 23일
장소: 후쿠오카 시내 호텔

마쓰나가 도시오는 와세다대 정경학부를 졸업하고 1966년 〈서일본신문〉에
입사하여 정치 경제부 기자, 지역보도부장, 편집기획위원장 등을 거쳤다.
현역 기자 시절, 일본의 각 지방에서 일어나던 '지역 부흥'을 취재하던 중
난고손과 인연을 맺었다.

백제 전설과 난고손의 도전

— 옛날에 백제가 멸망하고 그 왕족들이 망명해왔을 때, 당시 난고손 주민들이 백제왕족을 받아들여주어서 정착했다고 들었습니다. 그 뒤에 왕족이 오랫동안 살았고 이를 기념하기 위한 축제가 생겼다고 하지요. 그 축제가 지금도 남아 있습니다. 더군다나 그로부터 1,300년도 지난 1990년대에 현재의 주민들이 옛 마을을 재현한 백제마을을 만들었습니다. 이것은 매우 드문 일이고 천몇백 년의 역사를 가진 중요한 한일 간의 교류가 아닐까 생각합니다.

그러한 의미에서 이 난고손의 마을 만들기에 관여한 분들의 경험을 듣고 《백제로, 그리고 미래로》(百濟へ, そして未來へ) 라는 책을 쓰신 선생으로부터 당시 상황에 대하여 듣고 싶습니다. 1,300년도 전의 백제왕족의 전설이 어떻게 해서 지금까지 잊히지 않고 전해졌습니까? 난고손 주민들에게 백제는 어떠한 존재였습니까?

"그 부분은 여러 전문가들로부터 이야기를 들어도 확실히 설명할 수 없습니다. 다만 난고손 마을 사람들이 옛날에 미카도 신사를 만들고 거기에 백제에서 온 정가왕을 신으로 모시게 된 배경을 보면, 마을 사람들에게는 그들이 무언가 결정적인 존재였다고 생각합니다. 저의 비약일지도 모르겠습니다만, 알기 쉬운 이야기로 예를 들어 기와를 만드는 기술을 살펴보자면, 당시 일본에서 기와는 만들지 못해 한반도에서 수입할 수밖에 없었고 일본만의 기술은 없었습니다. 그러니까 정가왕과 함께 온 사람들 중에 그러한 기술면의 테크노크라트(technocrat)가 있어서 여러 가지로 마을 사람들에게 아주 고마운 역할을 했다는 것이지요.

이른바 정가왕과 그 일행은 당시 일본에서 이렇게 숭상할 정도로 상당히 문화적인 존재, 우러러보는 존재였던 것이 아닌가 합니다. 그것을 뒷받침하는 것이 당시 일본에 없었던 지식이나 문화, 기술 등을 산골마을에 가지고 왔다는 점이 아닐까 싶습니다. 그러니까 마을 사람들의 실생활에 아주 커다란 영향을 준 존재였던 것입니다. 그러한 것이 기반이 되어서 신으로 모시게 되고, 이것을 대대로 축제로 이어온 것이 아닐까요. 저는 그렇게 생각합니다."

― 지금 말씀하신 새로운 기술, 집을 만드는 방법, 그러한 것으로 다른 나라에서 온 도래인임에도 불구하고 숭앙받았다는 것을 뒷받침하는 증거가 마을에 남아 있는 것이지요. 이 책을 기획한 것은 1993년으로 되어 있습니다. 마쓰나가 선생이 《백제로, 그리고 미래로》를 쓰시게 된 계기는 무엇입니까?

"마을부흥에 관여한 사람들을 보고 매우 깊은 감명을 받았습니다. 그래서 이러한 책을 만들게 되었습니다. 당시에는 한국도 마찬가지 상황이었겠지만 일본에서는 지방 마을의 부흥이 활발했습니다. 일본은 여러 의미에서 도쿄 일극 집중이 점차 진행되던 시기였지요. 한국에서도 당시는 서울 일극 집중이 진행되던 시기가 아니었나 생각합니다. 특히 미야자키의 깊은 산골마을은 그러한 시대의 흐름과 물결 속에서 갈 길을 잃고 있었습니다. 망연자실한 상태였지요. 젊은이들은 점점 없어지고 인구는 줄어만 갔습니다. 산업도 쇠퇴했지요. 도쿄는 비대해지는 반면 지방은 점차 말라가고 있는 상황이었습니다.

그 전형적인 예가 난고손이었습니다. 그러나 난고손은 '웃기지 마라, 마을사람들이 스스로 긍지로 삼을 수 있는 마을로 만드는 방법, 우리 주변의 정말로 가까운 곳에 보물이 있지 않느냐'고 했습니다. 그 보물이라는 것은 백제 왕을 1,300년에 걸쳐 모셔왔다는 것입니다. 그리고 함께 살아온 내 마을의 역사가 있습니다. 문화가 있는 것이지요. 이것이야말로 다른 마을 어디도 흉내 낼 수 없는 보물이 아니냐는 것이었습니다. 그렇다면 그 보물을 활용해서 당시 유행하는 말로 하자면 '마을부흥을 하자', 이렇게 된 것이지요. 저는 당시 〈서일본신문〉 미야자키 총국장으로 이 지역을 취재원으로 삼고 있었습니다. 신문인으로서 가능한 한 이 운동을 응원하고 싶었습니다.

　제가 감동했으니까 라고 말씀드린 것은 그러한 일이 있었기 때문입니다. 우리들도 규슈의 신문인으로서, 규슈 전체도 도쿄 일극 중심의 바람에 휩쓸려 활기가 없던 시기였습니다. 그러한 때에 이렇게 작은 마을이 그렇게 큰 꿈을 가지고 거대한 프로젝트를 추진하고 있지 않느냐고 생각하게 되었지요. 여기에 무언가 혹시 응원할 수 있는 일이 있다면 좋겠다는 저의 마음이 있었습니다. 정구종 교수님도 같은 신문인이십니다만, 당시에는 무엇보다도 신문인으로서 앞으로 계속 이어져서 기사가 되면 좋겠다고 생각했습니다."

— 당시 미디어에서 시와스마쓰리나 백제마을 부흥에 대해 관심을 가진 보도가 있었습니까?
"난고손 바로 근처에는 노베오카(延岡)라는 커다란 마을이 있어서 그곳에 각 신문사와 NHK 등이 지국을 두고 있습니다. 그 지국에서 때때로 취재했고, 특히 시와스마쓰리에는 반드시 취재하러 와서 신문에 실었습니다. 당시로서는 미야자키 산속에 조금 특이한 마을이 있다는 느낌이었습니다. 마을 전체가 한국의 옛 왕을 신으로 모시는 시와스마쓰리를 하고 있다, 무언가 독특한 마을이 있다는 정도의 관심을 받았지 않았나 싶습니다."

— 그처럼 백제의 왕을 모시는 축제에 대해 반대나 거부감의 여론은 없었습니까?
"그러한 일은 전혀 없었습니다. 적어도 제가 취재해서 여러 가지로 난고손 사람들과 관련된 와중에 그러한 것을 느낀 적은 전혀 없었습니다. 당시 난고손에는 그러한 것을 느끼지 못할 정도의 기세가 있었다고 생각합니다. 그리고 당시 한국에서 젊은 여성이 난고손에 국제교류원으로 와 있었습니다. 초대 국제교류원으로 난고손에 온 박진희 씨가 아주 열심히 했는데 결과도 매우 훌륭했습니다. 그녀를 선두로 해서 당시 난고손에는 역시 기세가 있었다고 생각합니다."

— 마을부흥을 주도한 당시의 다바르 마사토 촌장은 이곳저곳을 돌아다니면서 서쪽 정창원 건립 허가를 받기 위해 힘썼다고 들었습니다.
"그렇습니다. 그 책에도 썼습니다만 다바르 촌장은 원래 수의사입니다. 그런데 촌장을 하고 있었지요. 지금까지 백제관을 만든다든지 시와스마쓰리의 분위기를 돋우는 일도 했고 시설 면에서도 여러 가지를 해왔습니다. 그중 하나 상징적인 것이 서쪽 정창원을 만들자는 것이었습니다. 정창원이라는 것은 일본에서 말하자면 천황계의 보물이 들어찬 창고입니다. 이것과 완전히 똑같이 만들자고 했지요. 나라에 대불(大仏)이 있는 도다이지(東大寺)라는 절이 있는데, 원래 정창원은 거기 있습니다."

— 일본과 한국을 연결하는 교류의 인연을 전국에 알리는 일이 되어 주목을 받았다고 하지요. 다른 곳의 마을 만들기에도 참고가 되었을 텐데요. 다른 곳에서 와서 배우거나 했습니까?
"앞서 말씀드렸듯이 당시는 일본도 도쿄 일극 중심이어서 지역이 점차 힘을 잃어가고 있을 때에 어떻게든 활기를 되찾자는 여러 움직임이 있던 중이었습니다. 예를 들어 관광개발을 해서 이를 기폭제로 한다든가, 아니면 대학이나 공장을 유치한다든가, 또는 특산품을 개발한다든가. 그렇게 지역부흥에는 여러 가지 방법이 있습니다. 난고손의 경우에는 천 년 이상에 걸친 한국과의 인연, 백제왕을 그곳에 모셔왔다는 자기 마을에 긍지를 가질 수 있는 역사와 문화, 이것으로 마을부흥을 하자는 방법을 썼습니다. 돈이나 물건만이 아니라 그러한 방법도 있다는 것이었지요. 마음, 문화, 그러한 것이 충분히 마을부흥의 힘이 될 수 있다는 것입니다. 그러한 의미에서 주목받았다고 생각합니다."

— 보통 마을부흥, 마을 만들기에서 기대하는 것은 말씀하신 것과 같이 관

광객이 온다든가 대학을 유치해서 지역경제를 활성화한다는 것입니다. 경제적인 면에서는 그렇게 두드러지는 것은 없었습니까?

"그렇습니다. 하지만 그 부분은 난고손 사람들도 염두에 두고 있었습니다. 문화나 역사만으로 먹고살 수는 없으니까요. 그러니까 가능한 한 많은 사람들이 난고손에 와주었으면 해서 여러 가지 특산품도 만들었습니다. 그것을 사가지고 가주었으면 한 것이지요. 레스토랑도 만들어서 제대로 식사를 해주었으면 좋겠다. 이런 식으로 여러 가지 교류가 낳은 경제적인 파급효과는 있었습니다. 당연히 그런 것도 고려해서 추진했지요."

— 한국에서도 박정희 대통령 때 '새마을운동'이라고 해서 마을을 활성화하는 운동이 있었습니다. 1970년대 당시에는 대부분 초가지붕을 기와로 바꾼다든가 하는 것이었습니다만 1990년대에는 자기 마을을 어떻게든 바꿔보지 않겠냐는 운동이 있었습니다. 그 바람을 타고 난고손에 대해 들은 한국의 지방자치단체가 선생을 초대했겠군요.

"그랬을 것입니다."

난고손의 도전은 일본의 마을부흥 운동에 어떤 영향을 주었나

— 일본의 다른 마을에서 난고손과 같은 마을부흥을 참고로 하여 활성화한 곳이 있다고 생각합니다. 다른 곳에서도 견학 왔다고도 들었습니다.

"그럴 만한 이유가 충분합니다. 이 난고손의 도전이 산토리문화상을 받았지요. 산토리 기업에서 1년에 한 번 표창하는 것입니다. 난고손은 백제마을 만들기로 1994년에 상을 받았고 오사카에서 표창식이 있었습니다. 전국에서 세 곳 정도가 표창을 받았는데, 당시 산토리문화상은 상금도 100만엔 정도였던 것으로 기억합니다. 그래서 앞서 말씀드린 다바르 촌장, 하라다 씨, 그리고 저도 추천인 자격으로 세 명이 상을 받으러 오사카까지 갔습니다. 산토리문화상은 지역 만들기에 여러 가지 도전을 하는 곳에 주어지는 상으로 나름 권위 있는 상입니다. 어떤 의미에서는 난고손의 백제마을 만들기 운동이 일본의 여러 지역의 마을부흥 운동 중에서도 일급품이라는 것을 인정받은 것이지요. 산토리문화상은 좀처럼 받기 어려운 상이기 때문에 일종의 인증을 받은 증거라고 생각합니다."

— 산토리문화상은 지역 만들기만 대상으로 합니까, 아니면 다른 문화행사에도 상을 줍니까?

"산토리문화상은 그 이름에서 알 수 있듯이 여러 지역의 특징 있는 문화 활동에 대해 상을 줍니다. 난고손도 마을부흥이라는 형태를 취하고 있지만 무엇보다도 문화를 기폭제로 삼아서 지역 만들기를 했다는 점이 인정받은 것입니다. 게다가 그것이 한국과의 1,300년에 걸친, 국가 간의 교류가 아니라 지방 대 지방의, 마음과 마음의 만남이었기에 주목받았다고 생각합니다. 지금 한국과 일본의 정치적 상황이 아주 순조로운 상황은 아니지만 그런 상황일수록 이러한 풀뿌리 교류, 지방 대 지방, 사람과 사람, 마음과 마음의 교류, 이런 것이 점차 중요해집니다. 작지만 그러한 것들을 많이 쌓아올리는 것이 가장 중요한 일이라고 생각합니다. 난고손은 바로 그러한 것이었다고 생각합니다.

여담입니다만, 한국과 접하고 있는 이키(壹岐)·쓰시마(對馬)에 지금은 돌아가신 나가토미 히사에(永留久惠)라는 분이 있었습니다. 오로지 쓰시마의 향토사를 전문으로 하는 연구자 할아버지셨지요. 그때는 교토대 교수나 작가, 평론가 등 많은 이들이 심포지엄을 종종 열었습니다. 그 심포지엄에서 '한국과 일본'이라기보다는 오히려 '한반도와 일본'의 교류라는 부분으로 이야기가 옮겨갔을 때, 나가토미 씨가 손을 들고 발언을 했습니다. '나는 오랫동안 쓰시마의 향토사를 연구하고 있는데, 쓰시마가 한반도 사람들과 가장 활발히 교류한 적은 2천 년의 역사 속에 두 번 있었다'는 것이었지요. 하나는 야요이 시대, 더 거슬러 올라가면 조몬(繩文) 시대, 그러니까 유사(有史) 이전의 시기이지요. 또 하나는 주로 1500년대,

즉 군웅할거로 일본에 통일된 정부가 없고 각자 흩어져 있던 전국시대에 가장 교류가 활발했다는 것입니다. 그러한 것이 증명가능하다는 말이었습니다. 나가토미 씨가 말하고 싶었던 것은 일본도 한반도도 제대로 된 국가를 세우고 있지 않았을 때 풀뿌리 교류가 가장 왕성했다는 것이었습니다. '아마 당시에는 부산의 닭 울음소리가 쓰시마에 있는 우리들에게도 들렸을 것이다'라는 그의 농담에 회장에 있던 사람들이 모두 웃었습니다. 사람들의 교류에 있어서 국가라는 것이 얼마나 족쇄가 되는가, 그러니까 일본이 제대로 국가를 세우지 않았을 때 한반도 사람들과의 교류가 가장 농밀했다는 이야기를 하였습니다. 과연 그렇구나 하고 감탄하면서 들었습니다."

— 부산에서 쓰시마까지 40킬로미터 정도는 되지요.
"그렇습니다. 40킬로미터 이상일 겁니다."

— 난고손이 마을 만들기를 할 때 주민들은 각자 자신의 일도 있는데 마을 만들기에 꽤 많은 시간을 할애해서 참가했다고 들었습니다. 그들이 보수를 받는 일은 없었습니까?
"그런 일은 없었을 것입니다. 자기 마을을 위한 일이니까요. 그건 곧 자신의 일이기도 하지요. 예를 들어 난고손 김치를 만들어서 그것을 기념품으로 판매하면 수입이 있을 거라고 해서, 난고손 여성들이 그룹을 짜서 김치 만들기를 맹렬하게 공부한 일이 있지요."

— 이번에 제가 휴가에서 난고손으로 간다고 하니까, 와본 사람은 알지만 잘 모르는 보통 사람들은 모두 어째서 그렇게 산간벽지인 난고손까지 가느냐고 묻더군요.
"말 그대로 산간벽지죠. 정말 어처구니없을 정도로 산속이지요. 이런 길을 계속 가면 사람이 살고 있을까 할 정도로요. 지금은 우리가 다니던 때에 비하면 길도 좋아졌지요. 길 옆으로는 강이 따라 흐르고 반대쪽은 절벽이었습니다. 그리고 차 두 대가 지나갈 수도 없는 길이 몇백 미터나 이어져 있었습니다. 그러나 그 부분은 현 지사가 난고손이 이 정도로 열심히 하고 있지 않느냐고 인정해서, 당시 일본의 건설성(建設省)으로부터 돈을 끌어오고 현도 돈을 내서 길을 훌륭하게 넓히는 공사를 했습니다. 그러한 움직임이 있었던 덕분에 과거보다 교통망이 훨씬 좋아졌고 다리도 바꾸는 등 인프라 면에서 하나의 자극이 되었지요. 그것은 틀림없습니다."

— 국가는 보통 마을 만들기에 그렇게까지 많은 돈을 쓰지 않지요.
"그렇습니다. 그렇기 때문에 난고손에 이러한 도전이 없었다면 길을 내는 예산이나 다리를 만드는 예산을 받는 일도 그렇게 잘 박자를 맞추어 진행되지 않았을 거라 생각합니다. 정치가들 입장에서 보면 난고손은 유권자수도 얼마 되지 않으니까요."

— 그러니까 난고손의 마을 만들기에는 현뿐만 아니라 나라에서도 관심을 가지고, 또 정치가들도 이것이 중요하다고 하여 지원해주었다는 것이군요. 당시의 마을 만들기에 대해 한국에서 어느 정도 관심을 가졌습니까? 부여와의 교류도 꽤 있었던 듯합니다만.
"앞서 당시 한국도 서울 일극 중심이었다는 이야기를 했습니다만 그런 부분도 있었습니다. 일본의 여러 마을부흥, 지역 만들기의 움직임이 한국에도 조금씩 알려지게 되어서, 한국에서도 그러한 것을 열심히 해보자는 여러 시도가 생겨났지요. 저는 한 번 한국에서 초청을 받아 일본의 마을부흥에 대해 강연을 했습니다. 전주, 김제, 그리고 고추장의 발상지인 순창, 이렇게 세 곳을 갔지요. 가서 시민회관 같은 곳에서 일본의 마을부흥에는 이러한 움직임이 있다는 것을 말했습니다. 난고손에 대해서도 이야기했던 기억이 납니다. 얼마나 참고가 됐는지는 알 수 없지만 말이지요. 전주에 갔을 때는 전라도지사까지 나와주셨습니다."

— 난고손의 백제마을 만들기는 일본에서 얼마나 높이 평가받았다고 생각하십니까?

"앞서 말씀드린 산토리문화상을 난고손이 받았다는 소식은 결국 일본 전국에 확실하게 퍼지게 되었지요. 그래서 마을 만들기의 증권시장이 있다고 하면 증시 1부에 상장이 된 것과 같습니다. 난고손과 백제마을이라는 이름을 알리는 계기가 되었다고 생각합니다."

백제마을을 만든 사람들

— 제가 난고손 백제마을 만들기를 취재하려는 의도는, 한일 간에 오랜 역사 속에서 삐걱거린 시기도 있었지만 서로 사이좋게 우호친선으로 사귀어 온 시기가 길었다는 것입니다. 역사를 거슬러 올라가보니 난고손 같은, 또는 아리타야키(有田燒)의 이삼평 같은 이들이 있었다는 것이지요. 도쿄에는 일본민예관이 있습니다. 그곳은 야나기 무네요시(柳宗悅)가 모은 조선의 보통 그릇을 지금도 전시하고 있습니다. 한국, 조선의 것만이 아니라 다른 것도 있습니다만. 그것을 소중하게 여기는 일본인과 일본 문화가 있다는 것을 소개하고 싶은 것입니다.

그러한 관점에서 이 마을 만들기와 관련하여 선생의 경험이나 당시의 분위기를 가르쳐주십시오. 이 책을 보면 사진도 정말로 훌륭하더군요. 이렇게 수많은 사람들이 참가했었다는 것을 알 수 있었습니다.

"이것이 아까 제가 말한 '나무 끌기 의식'(御木曳式)입니다. 여기에 쓰여 있습니다만 서쪽 정창원을 세우는 재료를 준비할 때 하는 의식입니다. 일본에서는 이세신궁(伊勢神宮)이나 이즈모대사(出雲大社) 말고는 그런 식전(式典)을 하지 않습니다. 그것을 난고손이 한 것이지요. 특히 하라다 씨가 주도해서 정창원을 세운다면 나무 끌기 의식도 하자고 해서 이루어졌지요. 제가 재미있다고 생각한 것은 이것을 여기에 있는 아이들에게 끌게 한다는 점입니다. 이 건너편에는 정창원을 짓기 위한 목재가 쌓여 있지요."

— 아이들은 어떤 역할로 참여했습니까?

"이러한 수레에 커다란 목재들이 실려 오지요. 아이들은 이것을 줄로 묶어 끌어당깁니다. 이것이 나무 끌기 의식이지요. 나무를 끌어당긴다는 것입니다. 제 책 제목이 《백제로, 그리고 미래로》입니다만, 미래의 난고손을 짊어지는 것은 너희들이라는 것을 실제로 실감해주었으면 한다는 마음이 담겨 있습니다."

— 시와스마쓰리 때에 가장 눈에 띄는 것은 '마중불'입니다. 지금도 마중불이 있다고 들었는데 어떻게 진행됩니까?

"이것은 추수가 끝나면 마을 청년들이 와서 짚을 높이 쌓아올려서 축제 때 태우는 것입니다. 그리고 미카도 신사에 있는 정가왕의 아들인 복지왕이 옆 마을인 기죠 정의 히키 신사에 모셔져 있습니다. 그래서 1년에 한 번 시와스마쓰리 때에 아버지를 만나러 옵니다. 이것을 시와스마쓰리라고 하는 것이지요. 만나러올 때 밤길을 밝힐 수 있도록 짚불을 태우는 것이 마중불입니다. 환영의 의미이지요. 돌아갈 때에는 모두 잘 가라고 손을 흔들면서 돌아가는 길을 배웅합니다. 돌아갈 때도 불을 피우지요. 그때는 얼굴에 숯을 바릅니다. 우는 얼굴로 작별하는 것은 슬프니까 우는 것을 알 수 없게 얼굴에 숯을 바르는 것이지요. 축제 때는 이러한 것을 합니다."

— 옛날부터 그러한 퍼포먼스가 있었겠군요.

"그렇습니다. 그러니까 천몇백 년이나 이어져온 것이 정말로 대단합니다. 일본에서도 그렇지요. 이렇게 백제 왕을 1,300년 동안 계속해서 모셔오고 이것을 마을부흥의 기폭제로 삼은 곳은 일본에서 이곳뿐이라고 생각합니다. 그러한 역사는 다른 곳에는 잘 없지요. 1990년대는 일본에서 자주 언급되는 버블 시기였습니다. 그러니까 돈이나 물건, 정보가 있으면 뭐든지 다 되는 분위기가 팽배했던 시대에, 그것과는 전혀 다른 차원의 소재를 자기 마을의 긍지로 삼고 부흥에 뛰어들었다는 것이 아주 특징적이었습니다. 그것이 우리들을 감동시키는 요소였다고 생각합니다."

— 백제마을을 만들 때 마을사람들 각자에게 역할 분담이 있었다고 들었습니다.

"그렇습니다. 무라타 쓰루에 씨는 와카(和歌, 일본의 전통 시가)를 읊는 분이어서 '매화가 피기 시작한 때, 백제의 마을은 이제 새벽'(梅三分, 百濟の里は今夜明け)이라는 하이쿠(俳句)를 만드셨지요. 이분에게 이야기를 듣고 제가 쓴 내용입니다. 나가타 가즈코라는 분은 김치 만들기에 도전했습니다. 아마 미용실 주인이었을 걸요. 미용실은 미용실대로 하면서 김치 만들기에 도전한 것이지요. 모두 여러 가지 일을 하고 있으니까 자신도 김치 만들기 정도는 힘을 내서 해보겠다고 해서 동료를 모으고 여기저기로 김치 만들기를 공부하러 갔다고 합니다."

— 여러 사람들이 노력하고 계셨군요.
"그렇습니다."

— 난고손, 지금은 미사토 정이 되었습니다만 이 마을의 미카도 신사의 신관(神官)의 후손이 하라다 스미오 씨라고 들었습니다.

"그렇습니다. 어렸을 때 하라다 스미오 씨는 친구들에게 '스미짱'이라고 불렸다고 합니다. 그만큼 어릴 적부터 놀이를 기획하는 것에 발군의 재주를 가진 사람입니다. 마을 만들기의 실질적인 주도자는 하라다 씨입니다. 하라다 씨는 어딘가에 아주 좋은 '놀이를 즐기는 마음'을 갖고 있습니다. 마을 만들기도 아주 진지한 얼굴로 열심히 추진했다기보다는 뭐랄까, 놀기 좋아하는 마음이 있었던 것입니다. 그러니까 이렇게 계속해올 수 있었다고 생각합니다. 너무 진지하게 하면 좀처럼 오래가지 않지요. 그러니까 그는 스스로도 말합니다만, 자신은 어렸을 때부터 놀이 기획을 할 때에는 스미짱이라고 불렸을 정도라고 말입니다."

― 그러한 축제 등의 모임을 좋아하는 분이군요.

"좋아하지요. 축제의 남자입니다. 그가 한번 술을 마시면서 감동적인 이야기를 해준 적이 있습니다. 그에게는 아들이 둘 있습니다. 아이들을 열심히 길러서 학교를 보내서 아이들이 마을을 떠나가지요. 능력이 있는 아이일수록 그렇습니다. 마을에는 그렇게 일할 수 있는 곳이 없으니까요. 일본에는 고각칸대(皇學館大)라고 해서 신사의 신관 학습을 하는 대학이 있습니다. 이 아들이 '아버지, 저는 고교를 졸업하면 고각칸대에 가려고 합니다' 하고 말했답니다. 어째서 그러냐고 물었더니, 우리 마을에는 미카도 신사가 있는데 지금까지 아버지가 이렇게 난고손 백제마을 만들기를 통해 열심히 노력해오지 않았느냐고 했다는 것이지요. 그래서 대학을 졸업하면 마을로 돌아오고 싶다고 말했다고 합니다. 하라다 씨는 그럴 의도가 아니었지만 알게 모르게 아이들은 아버지가 백제마을 만들기에 열심이었던 뒷모습을 보고 있었던 것이겠지요. 그러한 이야기를 차분히 해준 적이 있습니다."

― 지금도 다니고 있습니까?

"지금 아들 중 하나는 돌아와 있는 것 같습니다. 다른 한 명은 간토(關東)에서 취직했다고 합니다. 그래서 모처럼 신관 자격도 가지고 있는데 그 부분은 좀 쓸쓸하지 않느냐고 하라다 씨에게 물었습니다. 신관 자격은 국가시험으로 얻는 자격이지요. 그랬더니 그가 여유 있는 모습으로, '언젠가 신의 목소리가 들려올 테니 그때는 돌아올 것'이라고 말했습니다. 하라다 씨다운 느긋하고 깊은 맛이 있는 발언이지요."

― 마쓰나가 씨는 〈서일본신문〉을 퇴직하고 지금은 후쿠오카 현 무나가타(宗像)로 돌아가서 문화사업에 힘을 쏟고 있다고 들었습니다.

"공익재단법인 무나가타 유릭스의 관장을 맡고 있습니다. 무나가타 시가 전액출자한 공립 문화·스포츠 시설로, 시의 문화행정이나 스포츠, 건강,

평생학습의 거점 기능을 맡고 있습니다. 연간 사업규모는 사업비를 기준으로 약 7억 엔입니다. 무나가타 시는 후쿠오카 시와 기타규슈(北九州) 시라는, 인구 100만 명의 도시 사이의 한가운데 있기 때문에 지리적 이점도 있어서 연간 100만 명이 찾아오고 있습니다.

무나가타 시는 한국의 김해시와 자매도시를 맺고 활발한 교류를 이어와서 올해로 10년째가 됩니다. 유릭스가 그러한 교류사업의 무대가 되는 경우도 있습니다."

― 언론인 출신으로서는 딱 좋은 역할이 아닌가 싶습니다.
"저와 같은 '비문화인'이 관장을 맡는 것은 송구스러운 일입니다만, 언론인 출신이라서였을까요. 4년 전에 예전부터 친교가 있던 다니이 히로미(谷井博美) 시장으로부터 '공무원과는 다른 감각으로 생각하는 대로 해주십시오'라는 말과 함께 지명을 받았습니다.

지금 공을 들여 추진하는 것은 '아웃 리치'(outreach, 지역주민에 대한 기관의 적극적인 봉사 및 지원 활동)입니다. 사람들이 우리 관에 오게 만드는 것도 중요하지만 거꾸로 시민 속에 유릭스가 뛰어드는 것도 중요하지 않느냐는 것이지요. 일류 아티스트의 콘서트를 기획해서 학교나 병원, 복지시설, 상업시설, 경우에 따라서는 길거리까지 나와서 연주를 직접 시민들에게 들려주는 것입니다. 말하자면 '출장 콘서트'이지요. 진짜 음악을 듣고 눈을 빛내는 아이들이나 눈물을 흘리며 기뻐해주는 노인 분들을 보면 '이 노선은 틀리지 않았구나' 하고 실감할 수 있습니다. 그렇게 해서 짐짓 '문화인'으로 활동하고 있다는 것이 솔직한 심정입니다."

― 오늘은 좋은 이야기를 들려주셔서 감사했습니다.

사쓰마야키 15대 심수관(沈寿官)

조선 도공의 후예와
한일 도예의 만남

일시: 2014년 1월 27일
장소: 도쿄 니혼바시 미쓰코시백화점 내 심수관 전시회장 접견실

15대 심수관은 1959년 14대 심수관의 장남으로 태어났다. 와세다대를 졸업한 후 가업을 잇기 위해 교토도공고등기술전문학교, 이탈리아 국립미술도예학교, 김일만 토기공장에서 도예수업을 받았으며, 출품 전시회로는 〈2001 세계도자기엑스포〉, 〈New way of Tea〉, 〈역대 심수관전〉 등이 있다.

고뇌와 영광의 도예의 길 400년, 심수관의 사쓰마야키

오늘날 일본 도자 문화의 도맥(陶脈)을 뚜렷이 드러내면서 조선도예의 기술과 전통이 짙은 색으로 반영되어 있는 것이 바로 심수관가(沈壽官家)의 사쓰마야키이다. 사쓰마야키(薩摩燒)란 가고시마 지방에서 만들어내는 도자기를 뜻한다. 조선 도공 심당길(沈當吉)을 그 출발점으로 한다.

심수관 가문의 기원은 1598년 도요토미 히데요시의 두 번째 조선 침략인 정유재란 때에 전라북도 남원에서 일본군의 포로로 끌려갔던 80여 명의 조선인 도공들, 그 가운데에서도 시마즈 요시히로(島津義弘) 군에 의해 사쓰마로 끌려간 초대 심당길로 거슬러 올라간다.

재일한국인으로서 장편기록영화 제작 등의 활동을 하는 이의칙(李義則) 프로듀서는 임진·정유왜란과 조선 도공의 애환을 정리한 《陶磁器の道》(신칸샤, 2011)에서 가고시마에 정착한 도공의 역사를 다음과 같이 정리했다.

1598년 겨울, 조선 철수 때 후방부대 역을 맡았던 시마즈 군은 납치한 조선인을 세 척의 배에 나눠 태우고 조선수군의 맹렬한 공격을 피해 달아났다. 이 배들은 퇴각 중이던 시마즈 군의 본선(本船)을 놓쳐 그중 20여 명이 탄 한 척이 가고시마(鹿兒島) 만 안의 마에노하마(前之浜)에 표착하여 성 밖의 들판에서 살게 되었다. 이곳에는 아직도 '고려초'(高麗町)라는 지명이 남아 있다. 조선인 포로들은 처음에는 무사나 상인의 집에서 허드렛일을 하면서 도공으로서의 솜씨를 발휘할 수 없었다(영주 시마즈 진영이 세키가하라 전투에 총동원되어 조선인 포로들에 관심을 둘 여유가 없었기 때문이다—필자 주). 그들이 영주 시마즈의 명으로 나에시로가와(苗代川)에 정착한 것은 세월이 한참 지난 후였으며, 이 무리 중에 사쓰마야키 종가(宗家) 15대 심수관의 선조 심당길(沈當吉)이 있었던 것으로 추측된다.

이의칙은 현재 사쓰마 가마가 자리 잡은 나에시로가와에 전해지는 기록(先年朝鮮より被召渡留帳)을 바탕으로 정리했다. 기록에 의하면 또 한 무리의 조선인 도공들은 사쓰마 반도의 동쪽 해안 가미노카와(神之川) 부근에 상륙하였다. 성은 신(申), 김(金), 노(盧) 씨로 전해졌는바, 영주 시마즈의 비호 아래 찻잔을 제작한다. 당시 일본에서는 오늘날 일본의 차 문화의 본가를 이루는 우라센케(裏千家)의 창시자 센노 리큐(千利休)에 의해 확립된 다도(茶道)와 차 문화가 유행이었으며, 영주들은 앞 다투어 조선의 이도(井戶) 다완(茶碗)과 같은 최고 수준의 다기(茶器), 찻잔을 입수하거나 제작하는 데 전력을 기울였다.

또 다른 43명의 조선 포로들은 시마즈의 중신 이슈인(伊集院忠棟)에 의해 연행되어 가미노카와로부터 수십 킬로미터 떨어진 구시키노시마다이라(串木野島平)에 정착하였다. 이 세 번째 조선인들은 서민들이 주로 쓰는 옹기, 그릇, 접시, 잔 등을 만들면서 생계를 도모했다. 천신만고 끝에 현재의 미야마에 정착하여 현재의 사쓰마야키의 심수관요와 함께 나에시로가와야키의 맥으로 남아 있다. 우아하고 따스한 느낌이 드는 생활 잡기가 주생산품이다.

〈표 1〉 임진 · 정유재란 때 끌려간 조선 도공들의 일본 내 도자기 가마*

	가마 이름	현 대표(当主)	선조	연대	출신지
하기	하기야키		이표광(兄)	1593년 이후	조선남부
		12대 판고려좌위문	이경(弟)		
다카도리	다카도리야키		팔산(八山)	1600년 이후	경남(위사)
	고이시하라야키	13대 고취팔산			
히젠	카라즈야키	14대 中里 太郎右衛門	우칠(又七)	1596년 가마 개시	조선북부 또는 조선남부 (김해 · 웅천)
		中里紀元 (11台天祐의 孫)			
		–	윤각청 (彦右衛門) 미작		
	이마리야키 (아리타야키)	14대 이삼평	이삼평 외 155명	1605년 이주	충청도 또는 경상도
		–	深海宗傳 일족 906명	1633년 이주	경남(김해)
히라토	미카와우치야키	–	巨関, 김영구 외 200명	1598년 이후	경상도(웅천)
하사미	하사미야키		이우경 외 다수	1598년	경상도
우에노	우에노야키	–	존해	1633년 가마 개시	경남(사천)
	다카다야키	11대 아가노 (上野才助)			
사쓰마**	다테노야키	–	김해	1598년 이후	경상도 또는 전라도
	나에시로가와계	–	박평의		
		15대 심수관	심당길		
	류몬지계	–	변방중, 하방진		

* 출처는 현해인클럽 · 한일전통문화 교류협회 주최 〈일한 도자기 문화 교류 400년〉 전 도록(1997)이며 현 대표는 현해인클럽의 유화준 대표에게 확인하여 최신 자료(2014년 7월 4일)로 수정하여 한글로 옮겼음.
** 선조 5인 외 22성에 70여 명이 더 있었음.

이처럼 세 무리로 나뉘어 가고시마에 정착한 조선 도공들은 각각 독특한 기술과 재료와 디자인을 살리면서 일본 재래의 도기제조기법과 융합하여 오늘날의 일본 도예문화 형성에 이바지했다. 그 가운데 심당길이 정착한 사쓰마 번은 정치·경제적 정책의 판단에서 조선인 포로의 부락을 만들고 일본어 대신 조선어를 쓰게 했으며 조선 이름도 그대로 쓰도록 했다. 조선의 복장에 전래의 풍습도 지켜나가도록 하는 한편 일본인과의 교제를 금했다. 가라쓰(唐津), 하기(萩) 등 다른 지역에서는 조선 도공들에게 일본 사회에의 융화를 요구한 데 비해 나에시로가와에서는 이화(異化) 정책을 취했다. 이 같은 보호정책 아래 요업(窯業)을 장려했던 사쓰마 번은 당시 유행하던 차 문화에 맞추어 조선인 도공들에게 찻잔 등 우수한 도기의 제조를 독려했다. 조선인 도공들을 거류지구에 살게 한 배경에는 도자기 제조기술의 비밀 유지, 곧 제조기법이 밖으로 새어나가지 않도록 엄격하게 관리하고자 했던 측면이 있다. 그 결과 외부와 격리된 가운데 조선식 도자기 기술과 풍속이 그대로 오늘에 전해진 것이라고 다마카와대(玉川大) 큐레이터 연구활동그룹은 분석하고 있다(2009년 6월 13일, 다마카와대 발표회).

낯선 땅 가고시마의 고려촌에 갇힌 채 외부와 단절된 조선인 도공들의 고난과 한 많은 삶은 역설적으로 그 같은 고립정책의 결과이다. 하지만 그들은 척박한 환경 속에서도 조선의 도예 기술을 바탕으로 하여 색채와 문양이 독특한 도자기 문화를 살리면서, 일본 도자기 문화에 영향을 주는 한편, 세계적인 도자기 예술의 경지라는 평가를 받게 되었다.

심수관 가문의 사쓰마야키는 그 같은 고뇌와 영광의 400년에 걸친 도예의 길을 면면히 지켜오면서 오늘날 한국과 일본의 도자기 문화의 융합과 재창조의 증인의 하나로서 가고시마에, 아니 세계에 건재해 있다.

필자는 심수관의 가마와 전시장 및 거처가 있는 미야마의 수관도원(壽官陶苑)을 1990년대 들어 세 차례 방문했다. 대문에는 '사쓰마야키 종가 14대 심수관'(薩摩燒宗家 14代 沈壽官)이라는 문패와 함께 대문 안쪽에 태극기와 일장기가 나란히 걸려 있었다. 별채의 문 앞 벽면에는 태극문양 아래 '대한민국 명예총영사관'이라고 새겨진 동판이 붙어 있다. 초대 심당길이 이곳에 정착한 이래 15대째 지켜오는 사쓰마야키 원조의 터이다.

필자는 지금의 심수관이 15대를 계승하기 직전, 서울에서 그와 만날 기회가 있었다. 그해는 초대 심수관이 일본에 끌려간 지 400년이 되는 기념할 만한 해로서 "심수관 400년 귀향제"가 심당길 일행이 포로로 잡혀갔던 전북 남원에서 있었고, 기념전시회 〈400년 만의 귀향: 심수관전(沈壽官展)〉이 〈동아일보〉의 후원으로 일민미술관에서 열렸다. 그가 아직 15대를 계승하기 전인 1998년 11월, 주한일본대사관의 소개로 귀향제와 전시회에 온 그를 격려하는 조촐한 저녁모임에서 자리를 함께하여 밤늦도록 대화를 나눴다. 그는 그 이듬해인 1999년 1월 15대 심수관을 이어받았다.

도쿄의 니혼바시 미쓰코시백화점 본점 내 상설갤러리에서는 3년 만에 그의 전시회가 열리고 있었다. 2014년 1월, 전시회장 내의 접견실에서 15대 심수관과 인터뷰했다. 이 갤러리는 일본 미술계에서도 명성이 있는 곳으로, 역대 심수관이 전시를 계속해온 곳이다. 니혼바시 미쓰코시백화점 본점 명의로 된 전시회 안내장의 인사말에서 심수관의 도예세계를 다음과 같이 평가하고 있다.

400년간 역대 당주(쓸主)들이 고뇌와 영광을 거듭해온 심수관요. 임진·정유의 난으로 조선반도(한반도)로부터 끌려온 초대 심당길로부터 지금까지 가고시마의 땅에서 독자적인 미(美)를 만들어내어 현대의 사쓰마야키를 오늘까지 전해왔습니다. … 그 유화(柔和)한 흙의 살결에 담겨 있는, 숨을 삼킬 듯하게 정교한, 투명하게 떠 보이는, 아름답고 품격 있는 색채 위의 금박이 솜씨, 그리고 인물이나 동물의 숨결이 느껴질 듯한 꿈틀거리는 형상은 오랜 연월의 연찬(研鑽)과 거듭된 시행착오로부터 창출되어 지금까지 많은 사람을 매료시켜 왔습니다.

15대 심수관의 이름을 잇기까지

— 저는 가고시마 미야마(美山)의 심수관 선생의 도원(陶苑)이자 사쓰마야
키를 굽는 곳에 세 번 방문한 일이 있습니다. 14대 심수관 선생은 1998년
한국 서울에서 〈400년 만의 귀향: 심수관전〉 때에 처음 뵈었습니다. 또
한 작년 6월 도쿄에 있는 한국대사관의 신관 개관식에도 오셨지요. 서울
에서 400년제를 한 1998년에도 뵙고 인터뷰한 일이 있습니다. 당시 저는
〈동아일보〉 편집국장이었고, 김대중 대통령도 전시회에 오셨습니다.
15대 선생과는 당시 서울에서 몇몇 분과 함께 밤을 지새우며 술잔을 기울
인 일도 있지요. 기억하고 계십니까?
"분명히 1998년의 일이었지요. 그때는 신세 많이 졌습니다."

— 심수관 가문의 본관은 한국의 청송(靑松) 심씨입니다. 선생이 청송군
명예군민이 된 2013년에 한국에 오셨을 때 〈아사히신문〉과의 인터뷰가
'사람'란에 게재되었습니다. 청송군 명예군민이 되셨을 때의 인사말에서
'한국은 선조의 고향, 일본은 길러준 어머니의 고향이다'라고 하셨습니
다. 따라서 사쓰마야키는 두 나라의 존재 없이는 말할 수 없다고 하셨지
요. 아주 깊은 감명을 받았습니다. 몇 가지 중 처음 여쭤보고 싶은 것은,
심수관의 이름을 이어받은 것이 ….
"1999년 1월 15일입니다."

— 15대 심수관으로 습명(襲名, 이름을 잇는다) 받으신 것은 아주 영광스러
운 일이라고 생각합니다만 어떠한 감상이셨습니까?
"습명 받는다는 것을 갑자기 알게 되었기 때문에 조금 놀랐습니다. 그리고
역시 어리둥절했지요."

— '갑자기'라는 것은 어떤 뜻입니까?

"400년제가 끝난 것이 1998년 11월 30일이었을 겁니다. 그리고 제가 아버님으로부터 뒤를 이어달라는 말을 들은 것이 12월 3일 정도였습니다. 12월에 그 말을 듣고 이듬해 1월 15일에 이미 습명을 하게 되었으니까 갑작스러웠지요."

— 그 소감은 어떠했습니까?
"반반입니다. 절반은 아직 14대가 건강하시니까 조금 더 계속하시는 편이 좋지 않은가 하는 생각이었고, 절반은 만약 내가 뒤를 잇는다면 어디까지 해낼 수 있을까 하는 기분이었지요."

— 15대 선생은 와세다대를 졸업하셨지요. 무엇을 전공하셨습니까?
"저는 교육학부 사회과였습니다. 지리나 역사를 가르치는 것이지요."

— 도예 이외에도 청년 시절에는 하고 싶은 것이 여러 가지 있었을 텐데요. 어땠습니까?
"물론 그러한 것은 있었습니다."

— 졸업하고 바로 고향에 돌아오셨습니까?
"졸업한 뒤에는 우선 교토에서 도예 수업을 받았습니다. 처음 찾았던 곳이 교토시립공업시험장이었습니다. 공업시험장에서 1년 동안 유약의 연구를 하고 그 다음해에는 지금 도공고등기술전문학교라 불리는 실기학교에 1년 동안 있었습니다. 그 다음에 이탈리아에서 2년 동안 있었지요. 돌아와서 1년이 지난 뒤 한국에서 연수를 했습니다."

— 〈아사히신문〉과의 인터뷰에 따르면 청년 시절에는 앞으로 평생 도예를 한다는 것에 줄곧 주저하고 있었다고 하더군요. 그것은 어째서입니까?
"'정말로 이 직업이 내 적성에 맞는가' 하는 것도 불안했지요. 그리고 솔직하게 말씀드려서 한국과의 역사를 계속 등에 지고 살아간다는 것이 대체 어떠한 것인지 … ."

— '역사를 짊어진다'는 말의 의미는 어떻게 해석하면 좋겠습니까?
"근세에 우리들의 지역이 아주 슬픈 경험을 해온 역사가 있기에, 역시 거기에는 여러 가지 감정이 있습니다."

— 예를 들면 어떠한 것입니까?
"예를 들어 한국계라는 것, 한국에 뿌리가 있다는 것을 감추고 싶다고 생각하는 사람도 있습니다. 그렇게 생각하지 않을 수 없는 괴로운 체험이 있었다는 것이지요. 재일대한민국민단이나 그러한 것도 없었던 시대였으니까 모두 각자 고독하게 싸웠습니다. 그러한 어둠과 같은 것을 줄곧 짊어진다는 것이 어떠한 일일지에 대해 느끼는 불안도 있었습니다."

— 그러나 와세다를 졸업하고 교토에서 도예 제조 연수를 한 뒤에 바로 사쓰마에서 도자기 작업을 시작한 것이지요.
"이탈리아에 가기 전에 1년 동안 연수를 했습니다."

— 그 뒤에 이탈리아에 가셨습니까?
"그렇습니다."

— 1986년에 이탈리아에 가서서 1988년에 국립미술도예학교를 졸업하셨지요. 이 학교는 어떠한 학교입니까?
"공립의 미술도예학교입니다. 제가 있었던 파엔차(Faenza)라는 마을은 역사적으로 이탈리아 도예의 중심지였습니다. 전문학교와 같은 것이었지요. 대학원은 아닙니다."

— 여러 나라에서 학생들이 왔습니까?

"일본에서는 저 하나뿐이었습니다."

— 다른 나라에서 온 학생도 있었습니까?

"그렇지요, 전 세계에서 모였습니다."

한국과의 만남과 심수관 도예전시관의 설립

— 그 뒤에 1990년에는 경기도의 김일만요(窯)에서 김칫독 만들기를 배우셨다고 하지요. 어째서 김칫독을 택하셨습니까?

"그러한 대형의 도기를 만드는 기술이 우리 지역에도 전통적으로 있었습니다만 그것이 끊어져버렸기 때문입니다. 한국의 김칫독 만드는 방법 그대로는 아니지만 큰 물건을 만드는 것을 경험하고 싶었습니다. 큰 독이 만들어지는 과정에서의 사회구조도 배웠습니다. 그리고 역시 저의 경우에는 이러한 집에 태어났기 때문에 한국이라는 나라를 한번 제 피부로 경험해볼 필요가 있다고 생각했습니다. 또한 큰 독의 형태에도 매력을 느꼈습니다."

— 일본에서는 김칫독은 그다지 사용하지 않지요?

"그렇습니다. 물론 일본도 과거에는 그러한 것을 많이 만들었을 것입니다만 지금은 모두 플라스틱으로 바꾸어버렸지요. 그것은 한국도 마찬가지겠습니다."

— 경기도 이천에서 연수하신 것은 1년 동안이었습니까?

"1년 동안이었습니다."

— 소감은 어떠했습니까?

"좋았습니다. 여러 가지로 힘들긴 했지만 되돌아보면 아주 좋았다고 생각하고 있습니다.”

— 이천의 경관은 사쓰마의 산이나 마을 분위기와는 다릅니까?
“물론 다릅니다.”

— 선생은 청송 심씨이지요. 청송군과의 만남은 어떻게 시작되었습니까?
“25세 때 신혼여행으로 처음 한국에 갔습니다. 그것이 선조의 마을인 청
송, 저의 고향이었습니다.”

— 청송에 가시게 된 것은 본인의 뜻이었습니까? 아니면 아버님인 14대째
의 영향이었습니까?
“14대째의 의지입니다. 신혼여행은 한국으로 갔으면 한다는 것이 아버지
의 희망사항이었습니다. 당시에 한국 청송 심씨의 선조들의 묘에 성묘도
했고 한국의 심씨 일족 친척들과도 만났습니다.”

— 올해에는 ‘청송 심수관 도예전시관’이 건립된다고 들었습니다.
“그렇습니다. 이미 전라북도 남원에는 그리 크지 않지만 전시관이 있습니
다. 이번에 청송에서 만드는 것은 규모가 큽니다. 상설전시관이지요.”

— 전시관은 청송군이 건립하는 것입니까?
“건설의 주체는 청송군이지만 필시 한국 정부의 지원을 받았을 겁니다.”

— 무엇을 전시합니까?
“저의 작품에 더해 가능하면 저 이전의 14대나 13대 등 역대 심수관의 작품
도 전시할 수 있으면 좋겠다고 생각합니다. 기본적으로는 저의 것을 전시
합니다. 제가 차례대로 작품을 전시목록에 넣고 있습니다. 그것이 어느 정
도 모이면 한국의 일반인들께 보여드리게 될 것이라고 생각합니다.” •

불에 담긴 사쓰마야키의 아픈 역사

— 1998년에 400년 만의 귀향제가 남원에서 열렸을 때, 저도 당시 처음 들었습니다만 귀향제에 이어 남원의 불을 가지고 가고시마로 가셨지요.

"초대 심당길 일행이 일본에 연행되었을 때 가지고 온 것은 흙과 유약과 기술이었습니다. 흙과 유약과 도공, 그것이 일본에 건너왔습니다. 불은 일본의 것을 사용해서 도기를 만들었기 때문에 초기의 사쓰마야키를 '히바카리'(火ばかり, 불만 일본 것을 써서 구웠다는 뜻 — 필자 주)라고 불렀습니다. 그러니까 400년이 지난 이번에는 거꾸로 일본의 흙과, 일본의 유약과, 일본의 기술을 사용해서 한국의 불로 도자기를 구워보자고 해서 한국의 불을 가고시마로 가지고 왔습니다."

— 당시 남원에서 얻은 불을 가지고 부산을 경유해서 해협을 건너 미야마의 심수관 도원에 가셨지요.

"그렇습니다. '한나라호'라는 해양대학의 연습선이었습니다."

— 남원은 임진왜란 때 끌려간 선조들의 고향입니다. 지금도 남원과의 교류는 행해지고 있습니까?

"저는 남원시 명예시민이기도 합니다."

— 청송군 명예군민이기도 하시지요. 남원시 명예시민이 된 것은 언제쯤의 일입니까?

"재작년인 2012년입니다."

• 인터뷰 후에 확인한 결과 청송 심수관 도예전시관은 2014년 3월 28일 완료되어 개관식을 갖고 기념전시회를 열었다. 위치는 경북 청송군 부동면 주왕산로 494, 전시실은 102제곱미터의 넓이로 전시작품은 12대 심수관 도자기 2점을 비롯, 14대 4점, 15대 현재의 심수관 작품 24점 등 모두 30점이다(필자 주).

초대 심당길의 도래와 사쓰마야키의 탄생

― 지금 사쓰마의 히오키 시(日置市) 미야마에 선조들이 정착하게 된 계기나 이유에 대해 여러 가지 설이 있지요. 일본 소설가 시바 료타로(司馬遼太郎)의 《고향을 어찌 잊으리이까》(故郷忘じがたく候)를 읽어보면 조선의 옛 고향의 산이나 마을 모습이 당시 정착했던 미야마의 산촌과 아주 닮아 있었다고 나와 있습니다.

"그것은 시바 료타로 선생의 말이지요. 소설이니까요."

― 어째서 그곳에 정착하게 된 것인지는 과거의 일이므로 확인할 수 없겠지요.

"확인할 수 없습니다. 다만 여러 가지 이야기는 있지요. 예를 들어 여기 지역 사람들이 아주 친절하게 대해주었기 때문에 살게 되었다는 이야기도 있습니다. 조선인 기술자들을 관리하기에 사쓰마 번이 지형적으로 편했다는 이야기도 있지요. 확실한 것은 알 수 없습니다."

― 여러 자료를 보면 당시 사쓰마 영주 시마즈(島津) 가문이 도기 제조로 재정을 늘리기 위해 백자를 만들라고 명했다는 설도 있습니다.

"사쓰마의 재정을 위해서는 아니었다고 생각합니다. 사쓰마야키를 만드는 것은 시마즈 가문의 입장에서 경제적으로 적자였습니다. 사쓰마 번은 그 것으로 비즈니스를 하지 않았습니다. 시마즈 가문과 관계있는 사람들에게 선물로 주었지요. 시마즈 가문에 며느리로 들어온 집안이나 그러한 곳에 선물로 보냈습니다. 또한 흰 사쓰마야키를 만드는 것은 저도 실제로 하고 있지만 굉장히 번거로워서 번의 가마로서는 적자입니다. 그러나 적자라도 계속 만들었지요."

― 그것을 팔지 않았다면 모두의 생활은 어떻게 지탱되었습니까?

"당시의 도공들은 번으로부터 급료를 받는 공무원과 같은 것이었습니다."

— 번에 소속된 공무원이라는 것이군요. 그런데도 심수관이라는 이름을 그대로 쓰게 했군요.
"이것 역시 시마즈 가문의 정책이었습니다. 사쓰마 번은 에도 시대에 조선과 줄곧 교역을 행하고 있었습니다. 도쿠가와 막부는 각 번이 자유롭게 무역하는 것을 금지하고 있었습니다. 무역을 할 수 있는 것은 나가사키(長崎)의 데지마(出島)라는 곳뿐이었습니다. 그러나 사쓰마는 마음대로 무역을 하고 있었습니다. 당시 도쿠가와 막부에 대해 사쓰마가 내세운 이유는 조선인들이 사쓰마에 거류하고 있다는 것이었습니다. 사쓰마에 거류하고 있는 조선 사람들이 자기 고향과 거래를 하고 있을 뿐 사쓰마 번의 무역이 아니라는 형태를 취한 것이지요. 그 때문에 조선 도공들에게 '성씨를 바꾸어서는 안 된다', '조선말을 잊어서는 안 된다'고 명한 것입니다."

— 말(言語)까지도 말입니까?
"네. 무역을 하니까 말이 필요하지요. 그리고 축제 때의 옷과 같은 습속을 조선에서의 것 그대로 유지하도록 했습니다. 그것이 시마즈 가문의 지시였지요. 그러니까 심씨도 있고, 이씨, 최씨, 박씨, 김씨도 있는 것입니다."

— 그렇습니까? 지금 사쓰마에 있다는 것입니까?
"아닙니다. 그것이 메이지 시대에 들어서 심하게 괴롭힘을 당한 후손들은 일본의 성씨로 바꿀 수밖에 없었습니다."

— 그러나 심수관은 그대로 이어졌군요.
"그렇습니다. 저도 오사코(オオサコ)라는 일본 이름이 있지만 일을 할 때는 심수관이라는 이름으로 일하고 있습니다. 이 심수관이라는 이름은 12대째부터의 이름입니다."

― 그렇습니까? 초대는 심당길이라는 이름이었지요.

"일본에서는 당길(当吉)이라고 했지만 본명은 심찬(沈讚)입니다. 일본군에게 붙잡힌 것을 부끄럽게 여겨 어렸을 때의 이름을 댔다고 합니다. 12대째부터 15대까지 '수관'(壽官)이라는 이름을 이어가고 있습니다."

― 11대째까지는 어떠한 이름이었습니까?

"11대는 심수장(沈壽藏)입니다. 초대부터 11대까지는 각자 다른 이름이었습니다. 그때까지 우리들은 번의 공무원이었으나 12대째에 번이 사라지고 민영화되었습니다. 민영화가 되었을 때의 사람이 12대 심수관입니다. 13대는 심정언(沈正彦)이라고 합니다.

그렇지만 13대는 가문을 이을 때 아버지의 이름을 이어서 13대 심수관이 되었습니다. 일본에는 이처럼 존경하는 부모나 스승의 이름을 잇는 전통이 있습니다. 예를 들어 가부키(歌舞伎)의 세계에도, 분라쿠(文樂)의 세계에도, 라쿠고(落語)의 세계에도 있습니다. 일본은 전통적인 세계에서 '제 몇 대째 누구누구'라고 해서 자신의 선생이나 선대의 이름을 잇습니다. 이것은 한국에는 없습니다만 그러한 문화가 있지요."

세계에서 일본 도기의 대표가 된 사쓰마야키

― 12대, 13대째부터 번성하기 시작한 이유는 무엇입니까?

"비즈니스 차원에서 13대 시절은 전혀 좋지 않았습니다. 13대가 가계를 이은 것은 메이지 39년(1906)입니다. 메이지 43년(1910)에 한국이 병합되었습니다. 그러니까 심 씨라는 이름으로 살아가는 것도, 한국에 뿌리를 두고 있다는 것 자체도 일본에서는 아주 불리한 것이었습니다. 게다가 일본은 잇따른 전쟁을 치르고 있어서 도자기는 전혀 팔리지 않았지요. 우리 집에서도 도자기로 수류탄을 만들고 있었습니다. 실용화되지는 않았습니다만 군이 그러한 명령을 내렸지요. 13대는 상당한 고생을 했습니다."

— 예전에 제가 심수관 도원을 방문했을 때 들은 설명에 따르면 유럽에 수출한 것이 12대째인가 13대째부터라고 하던데요.

"그것은 12대째의 일입니다. 그러나 일본이 점차 군국주의로 나아가는 속에서 우리 마을은 조금씩 어려운 상황이 되어갔습니다. 그리고 메이지 39년에 12대가 돌아가시고 나서 일거에 상황이 악화되었지요."

— 12대째 당시 어떻게 해서 유럽에 사쓰마야키가 알려지게 되었습니까?

"그것은 1867년에 열린 파리 만국박람회에 사쓰마야키를 단독으로 출품했기 때문입니다. 당시는 아직 에도 시대입니다. 메이지 시대로 들어가기 직전이지요. 사쓰마 번은 앞서 말씀드렸듯이 류큐 국(지금의 오키나와)을 식민지로 두고 있었습니다. 그리고 조선과의 무역도 에도 시대부터 계속해오고 있었지요. 그렇기 때문에 동북아시아의 국제정세에 매우 밝았습니다. 그러한 상황에서 영국군이 중국을 상대로 아편전쟁을 일으킵니다. 여기서 청나라가 패하지요. 이것을 사쓰마는 아주 잘 이해하고 있었습니다. 따라서 근대화를 서두를 필요가 있다, 근대화를 서두르지 않으면 구미열강이라 불리는 곳의 지배를 받게 된다는 분위기가 아주 강했습니다. 거기에서 사쓰마가 일본 근대화의 가장 선두에 선 것입니다.

이때 사쓰마야키에 대해서도 두 가지 주문이 있었습니다. 하나는 내화연와(耐火煉瓦)를 만들라는 것, 즉 용광로나 반사로의 연와, 공업제품을 만들라는 주문이 하나였습니다. 또 하나는 유럽 시장에 팔 수 있는 도자기를 만들어달라는 것입니다. 이것이 두 번째 주문이었습니다. 이 두 가지 주문을 만족시키고 결실을 맺은 것이 1867년의 제 2회 파리 만국박람회였습니다. 당시 세계 사람들이 처음 보는 이 새하얀 도기에 매료되었습니다. 그때까지 유럽 사람들이 알고 있던 아시아의 도자기는 동인도회사가 운반해온 색을 넣은 중국의 자기였습니다. 그러나 그것과는 전혀 다른, 아주 화려하고 그 질감이 자기와는 다른 하얀 도기가 왔을 때 유럽에서 평판이 아주 높아졌습니다. 마침 그때까지는 시누와즈리(Chinoiserie)라고 해서

중국 취미가 유럽을 지배하고 있었지만 이 시기부터 자포니즘(*Japonism*)
이라는 일본 취미가 유럽에서 붐을 일으켰습니다. 일본의 우키요에(浮世
繪)나 다양한 공예품이 유럽에서 높이 평가되기 시작했지요. 이 파도를 타
고 사쓰마야키도 높은 평가를 얻어 일본 도기는 '사쓰마'(SATSUMA), 일본
의 자기는 '이마리'(IMARI)라는 이름으로 불릴 정도가 되었습니다."

— 도기와 자기는 어떻게 다릅니까?
"도기와 자기는 그 원료가 다릅니다."

— 도기는 지금처럼 백토로 만들지요. 이마리에서 유럽으로 전해진 아리
타의 자기는 어떻습니까?
"도석(陶石)이라 불리는 돌로 만듭니다. 당시 일본에는 에도 시대부터 이
른바 국제금융시장에 들어가서 시장원리가 도입되었고, 일본 국내경제가
크게 혼란스러웠습니다. 일본의 여러 가지가 크게 바뀌는 와중에 국내에
서는 좀처럼 수요가 없었기 때문에 모두 해외로 수출하고 있었습니다. 예
를 들어 당시에는 요코하마(橫浜)에 도기 상점만 50개 사 정도가 있었습니
다. 그리고 요코하마에서 도기에 그림을 그리는 곳만도 100개 사 이상 있
었습니다."

— 그렇다면 사쓰마에서 요코하마까지 운반해간 것입니까?
"그렇습니다. 유약을 바르기 전의 도자기(素地)를 요코하마나 도쿄에 보
내고 현지에서 그림을 그려 해외로 보냅니다. 혹은 다른 곳에서 만든 것이
라도 사쓰마가 유럽에서 인기가 있다는 이유로 사쓰마라는 이름을 단 모조
품이 만들어졌습니다. 그렇게 해서 일본 전체에서 사쓰마가 만들어졌지
요. 이시카와, 도쿄, 요코하마, 고베, 오사카, 교토, 나가사키 등에서입
니다."

— 그것은 조선 도공과는 전혀 다른, 관계가 없는 것이었습니까?

"이미 관계가 없다고 할 수 있습니다. 조선 도공이 온 뒤 200년도 더 지났으니까요. 본래는 조선 도공과 관련이 있을지도 모릅니다만."

— 이른바 복제품이지만 이름은 사쓰마야키라고 집어넣은 것이군요.

"네, 영어 알파벳으로 'SATSUMA'라고 했지요. 거기에 시마즈 가문의 문장인 원 안의 십자(⊕)를 붙여서 팔았습니다. 유럽 사람들은 그것을 모두 사쓰마야키라고 생각하고 사는 것이지요."

— 처음 사쓰마야키가 유럽의 파리 만국박람회에 소개되었다는 것은 일본 문화가 도예에 관해서는 사쓰마야키에 의해 유럽에 소개되었다는 이야기가 되지요.

"일본 문화 중의 하나로 사쓰마야키가 소개되었다는 것이지요."

— 그러한 의미에서는 일본 문화를 세계에 알리는 데도 기여했다고 볼 수 있겠군요.

"그럴지도 모릅니다."

사쓰마야키의 특징과 일본 도예에 대한 공헌

— 사쓰마야키는 색, 형태, 문양 등이 왠지 유럽풍의 깨끗한 작품이 많습니다. 더군다나 그 종류도 향로나 화병 등, 조선의 보통 잡기와는 조금 다르지요.

"여러 설이 있습니다. 당시 나가사키도 중국 무역을 하고 있었습니다만 그것은 민간무역이었습니다. 그러나 사쓰마는 류큐를 가지고 있었기 때문에, 청조관요(淸朝官窯)라고 해서 청국 정부 직영 가마에서 만든 것이 류큐를 통해 들어왔습니다. 이것은 현재 교토국립박물관에서 새롭게 나온

설입니다만, 어째서 사쓰마가 당시 그러한 도자기를 만들었는가 하면 사쓰마는 청조관요의 작품을 류큐를 통한 중국 무역 중에 입수할 수 있었기 때문입니다. 그 작품을 사쓰마가 손에 넣을 수 있었다는 것은 저렇게 화려하고 우아한 도자기를 만들기 시작한 실마리가 되었지요.

사쓰마에는 본래 저러한 그림을 그린 도자기의 역사가 없었습니다. 그때까지는 하얀 흙에 투명한 유약을 발랐을 뿐이었습니다. 앞서 말씀드린 대로 사쓰마 번은 여러 분야에서 근대화를 추진하면서 가고시마에 동양 최대의 콤비나트를 건설하려고 했습니다. 그 와중에 사쓰마 번의 도공들에 대해 공업제품인 내화연와를 만들라는 것, 유럽시장에서 팔리는 아름다운 도자기를 만들 것을 주문했지요. 유럽시장에서 팔리는 아름다운 도자기를 만드는 데 참고가 된 것이 이 청조관요가 아니었을까 하는 설이 있습니다."

― 그렇게 본다면 일본 전체에 이 청조관요의 작품이 있었습니까?
"아닙니다. 사쓰마만이 입수할 수 있었지요. 나가사키도 중국 무역을 했지만 민간무역이었기 때문에 이러한 것이 들어오지 않았습니다. 사쓰마밖에 들어오지 않는 것이지요. 이것이 준 영향은 크지 않은가 생각합니다."

― 그렇게 해서 그림을 그린 도자기를 만들었습니까?
"여러 부분에서, 예를 들어 그림이나 전체적인 비율, 세공 등을 보아도 이 청조관요의 영향을 받은 것이 아닌가 하는 평을 듣습니다."

― 그 전에 사쓰마야키에는 전혀 그림을 그린다든지 하지 않았군요.
"그렇습니다. 그림의 기술은 교토에서 들어온 것이지만 그 기술을 써서 어떠한 것을 만들 것인가 할 때 이 영향을 크게 받았다는 것이 가장 새로운 설입니다."

─ 그 전에는 소박한 백자를 만들어온 것이군요.

"네. 하얀 도기에 투명한 유약을 발랐을 뿐인, 말하자면 조선 백자와 같은 질박한 것이었습니다."

─ 사쓰마야키는 처음부터 보통 사람들이 쓸 수 있는 그릇 같은 것을 만든 것이 아니라 이러한 화병 등을 만들었습니까?

"그렇지 않습니다. 사쓰마야키에는 세 가지 종류가 있습니다. 우선 첫째로 처음에 조선 도공들이 만든 것은 다구(茶道具)입니다. 그 다음에 만든 것이 하얀 도자기, 이것은 시마즈 가문을 위한 것입니다. 그러나 하얀 도자기를 만들도록 명령받았지만 조선과 같은 원료가 일본에선 발견되지 않았기 때문에, 다른 원료를 가지고 한 번 더 도전해서 만들었습니다. 그래서 조선 백자와는 조금 다른 하얀 도자기가 만들어졌지요. 이것이 지금의 사쓰마야키의 기초입니다. 또 하나는 서민들의 이른바 민수품입니다. 생활잡기이지요. 이렇게 세 종류를 만들었습니다. 그러나 보통 사쓰마야키라고 하면 이 시마즈 가문을 위한 하얀 도자기를 대표적으로 사쓰마야키라고 합니다."

─ 역대 심수관 선생들에 의해 여러 가지가 쌓아 올려졌다고 생각합니다만, 심수관 도예가 일본 도예의 발전에 기여한 공적은 어떻게 정리할 수 있을까요?

"그것은 역시 12대 심수관의 공이 크다고 생각합니다. 12대 심수관이 1867년 파리 만국박람회에서 높은 평가를 받고, 그 뒤인 메이지 6년(1873)의 빈 만국박람회에서 진보상을 수상했습니다. 이렇게 높은 평가를 받고 유럽에서 사쓰마야키가 주목받은 것을 계기로 해서 일본 도자기에 대한 관점이 만들어졌다고 할 수 있습니다. 당시 전국의 선진적인 도자기 상점은 모두 우선 사쓰마야키를 만들었습니다. 사쓰마야키를 만들어서 해외와 접촉해갔지요. 그러나 메이지 15년(1882)이 되면 유럽 사람들의 취향이 일본의 자포니즘에서 한 번 더 중국 도자기로 돌아갑니다. 이때 도자기를 만드는 사람들은 중국 도자기를 모방한 복제품을 만들기 시작합니다. 다만 최초의 입구가 되는 부분에서 3%의 점유율밖에 가지고 있지 않았던 사쓰마야키가 일본에서 가장 빨리 세계와 접촉했다는 것은 일본 도예에 대해 우리들이 아주 크게 관여한 부분이라고 생각합니다."

— 메이지 시대 이전인 에도 시대에 일본의 여러 곳에서 도자기를 만들었지요. 그것을 비교해서 전시하거나, 어디를 가면 무엇이 있다든가, 그러한 것은 당시에도 대체로 파악되어 있었습니까?
"메이지에 들어서면 일제조사가 시작됩니다만 그즈음에는 지금보다도 가마의 숫자가 많았을 겁니다. 그때까지는 앞서 말씀드렸듯이 도공들은 공무원이었고 여러 도자기의 산지가 있었습니다. 그러나 메이지 시기 들어 독립적인 자기 경영을 요구받게 되었지요. 만든 물건을 스스로 판매하면서 생활하지 않으면 안 되는 것입니다. 그 결과 많은 도자기 산지가 사라졌습니다."

— 역시 민영화되어 경쟁하기 시작한 것이군요. 그 속에서 살아남을 산지는 살아남았다는 것이지요.
"그렇습니다. 살아남을 수 없었던 곳도 많았습니다."

사쓰마야키의 현재와 심수관요의 철학

— 지금 사쓰마야키는 가고시마 일대에 가마를 두었다고 생각됩니다만 몇 개 정도 있습니까?
"도자기를 굽는 곳의 숫자는 200곳 정도 된다고 생각합니다. 다만 실제로 전통적인 일을 하고 있는 곳은 그중 10% 정도, 게다가 그중에서도 정말로 가고시마의 재료를 써서 제대로 된 것을 만드는 곳은 우리들뿐입니다. 전통을 지키는 것은 힘든 일이지요."

─ 제가 심수관 도원에 가보니 가마가 죽 안쪽까지 늘어서 있었습니다. 장작을 쓰는 가마도 있고 가스를 쓰는 가마도 있었지요. 지금은 가스로 만들고 있습니까, 장작으로 만들고 있습니까?
"가스도, 전기도, 장작을 쓰는 가마도 각각의 목적에 따라 모두 사용합니다. 지금 있는 장작 가마는 낡았기 때문에 하나 더 만들려고 합니다."

─ 가스로 만든 도자기가 더 아름답다는 이야기도 있습니다.
"각각의 경우에 따라 다릅니다. 장작을 쓰는 노보리 가마(登り窯)와 가스나 전기 가마의 가장 큰 차이는 노보리 가마의 경우 장작의 재가 제품에 묻는다는 것입니다. 가스나 전기 가마는 이것이 없지요. 우선 이 차이가 하나 있습니다. 그리고 가스나 전기 가마는 강제적으로 온도를 올릴 수 있습니다. 그러나 장작 가마는 그렇게 할 수 없지요. 자연적인 연소로밖에 온도를 올릴 수 없습니다. 그렇기 때문에 가스 쪽이 매끈하게 구워진다는 것을 생각하면 가스나 전기 쪽이 아름답겠지만 특유의 맛은 없지요."

─ 장작 가마 속에 방금 말씀하신 재가 도자기에 묻는 경우가 많지요.
"그렇습니다. 이것이 좋은 경우와 나쁜 경우가 있습니다. 예를 들어 사쓰마야키는 재가 묻으면 곤란합니다. 그래서 사쓰마야키는 현재 전기나 가스 가마로 만듭니다. 그렇지 않은 것, 예를 들어 검은 것은 전부 장작 가마로 만들지요. 그 목적에 따라 가마를 나누어 사용하고 있습니다."

─ '심수관 도자기'라고 하면 일본의 일반 국민들은 무엇을 느낍니까? 그 반응은 어떻습니까?
"객관적인 것은 모릅니다만 심수관이라는 이름으로 도자기를 발표하고 있기 때문에 일본 사람들은 당연히 일본 이름이라고는 생각하지 않겠지요.

한국인가, 중국인가 하고 생각할 것이라고 봅니다."

— 그러나 심수관 도자기를 잘 알고 있는 일본인도 많지 않습니까?
"물론입니다."

— 멀리서도 찾아오지요?
"그렇습니다."

— 실례가 될지도 모르겠습니다만 지금까지 가장 비싼 가격으로 팔린 작품은 얼마 정도였습니까?
"500만 엔입니다."

— 500만 엔입니까? 1천 만 엔은 넘을 거라 생각했는데요.
"최고 500만 엔입니다. 그 대신 제작하는 데 1년이 걸립니다."

— 그렇습니까? 한 작품만으로 말이지요.
"큰 작품이니까요."

— 화병입니까, 향로입니까?
"향로입니다. 그러니까 아까 여기 전시회장에 오신 손님도 지금보다 30% 가격을 올리는 편이 좋지 않느냐고 말씀하셨지요."

— 그렇군요. 1년 걸려서 500만 엔은 조금 아깝습니다.
"거기에서 원재료비와 직원들의 급료를 지불하니까요. 그러니까 별로 돈을 벌지는 못합니다."

— 도기 제조업으로서 일하는 사람들 등의 현재 규모는 어느 정도입니까?

"공장에 23명, 사무소에 4명, 가게 직원이 4명, 미술관이 2명입니다."

— 의외로 적군요.
"네."

— 공장은 하나뿐입니까?
"그렇습니다. 중요한 것은 지방의 문화를 아날로그로 올바르게 지켜나가는 것입니다. 절대로 확대는 하지 않은 채로 말이지요."

— 확대하지 않는다는 철학은 어디에서 온 것입니까?
"실제 일을 하는 데 있어서 필요한 것이 있으면 규모가 늘어나는 것이 자연스럽다고 생각합니다. 그렇지만 양산은 하지 않는다는 것입니다. 어찌됐건 손으로 만든다는 것이지요. 일본은 역시 장인을 중요하게 생각하니까요. 같은 폭, 같은 형태, 같은 무게의 물건을 손으로 만든다, 대체로 같다는 것이 아니라 정말로 같게 만드는 것은 기술을 필요로 합니다. 한국인 직원도 있습니다. 열심히 하고 있지요."

— 공부하러 온 것입니까?
"아닙니다. 직원이니까 프로로서 일하고 있지요. 저는 우리들과 똑같이 열심히 일하는 사람이라면 한국인이든 일본인이든 어느 나라 사람이라도 좋습니다."

한일 문화의 콜라보레이션으로서의 사쓰마야키

— 선생은 전시회 인사 발언 중에서, 과거의 씨앗은 조선으로부터 왔지만 지금은 일본에서, 일본의 흙과 물과 빛으로 일본에서 제조한 것이기에 일본의 도자기라고 말씀하셨습니다.

"그렇습니다. 사쓰마야키는 일본의 도자기겠지요. 다만 그 역사적 뿌리는 한반도에 닿아 있고 좀더 거슬러 올라가면 중국으로 이어지겠지요."

— 저는 도자기를 잘 모릅니다만 조선에서 기술을 가지고 와서 일본에서 만든다는 것은, 그 혼이 왠지 모르게 조선을 떠올리게 하는 일본제 도자기가 된다는 것입니까?
"그것은 잘 모르겠습니다. 아주 정서적입니다만. 그렇지만 조선에서 온 것은 사실이니까 완전히 관계가 없지는 않다고 생각합니다."

— 제가 말하고 싶은 것은 이 도예 문화의 조선과 일본의 콜라보레이션, 역사 속에서의 콜라보레이션, 융화가 되지 않았는가 하는 것입니다.
"그렇습니다. 이것은 역시 중요한 부분이지요. 우리들의 초대 심수관은 조선에서의 인생을 분단 당했습니다. 말도 통하지 않고 좌우분간도 되지 않는 일본에서 일을 하고 살아간다는 의미에서는 인생이 잘린 것이지요. 그것은 매우 가슴 아픈 이야기입니다. 그러나 415년 동안 이 땅에서 도자기를 만들어온 데에는 새로운 이해자(理解者), 조선의 기술이나 조선 사람들을 정당하게 평가하고 이해하는 사람들, 손을 잡고 격려해주는 친구들이 있었다는 것입니다. 그들이 없었다면 '한'(恨)만으로는 415년 동안 이어지지 않았습니다."

— 일본의 보통 주민들, 백성들의 역할이 있었겠군요.
"그들의 뒷받침이 없었다면 조선의 기술이 일본에서 뿌리내리는 일은 없었을 것입니다. 저는 그렇게 생각합니다. 그러한 의미에서도 말씀드렸듯이 이것은 한반도와 일본이라는 열도의 콜라보레이션입니다. 이 두 존재가 없다면 불가능합니다. '한국 발 – 일본 경유 – 세계'라는 흐름이니까요."

— 그렇지요. 유럽 등지에 알려졌으니까요.

"이것은 '한국 발 - 세계'가 아니라 '한국 발 - 일본 경유 - 세계'입니다. 경우에 따라서는 '일본 발 - 한국 경유 - 세계'도 있을 수 있겠지요. 그런 식으로 서로를 인정하는 시점이 없으면 안 된다고 생각합니다."

― 심수관의 사쓰마야키는 이미 일본에 정착했기 때문에 앞으로도 일본에서 세계로 발신하는 도예가 되겠지요. 자녀분들에게도 이 일을 잇게 하실 생각입니까?
"네, 그렇습니다."

― 자녀분은 현재 도예를 공부하고 있습니까?
"네."

도예에 나타난 한일 문화의 차이

― 일본에서, 혹은 세계에서 심수관의 도자기가 높이 평가받는 것이야말로 한국 분들이 우리들에게 보내는 변함없는 마음에 답하는 것이라고 쓰셨습니다.
"그렇지요. 세계라는 것은 조금 과장입니다만 이러한 일을 하고 있으니까요. 우선 제가 분명히 말씀드린 것은 일본인들에게 인정받고 싶다는 것입니다. 훌륭한 도자기를 만들어주었다고 일본인들이 저를 평가해줍니다. 그것이 해협 건너편의 먼 고향에 있는 한국인들에 대한, 제가 할 수 있는 보은(報恩)입니다. 그러니까 제가 한국인들을 직접 기쁘게 하는 것은 불가능하지만 우리들이 일본에서 이렇게 일본인들로부터 인정받고 사랑받고 있다는 것을 한국인들이 기쁘게 생각해주었으면 합니다."

― 역사적으로 보면 한국에서는 고려청자나 조선백자와 같은 독특한 고유의 미를 자랑하는 도자기를 만드는 기술과, 그러한 기술을 가지고 있던 도

공에 의해 도예문화가 계승되었습니다. 그러나 우수한 도공들이 임진왜란으로 일본에 포로로 잡혀가서 기술이나 인재가 일시적으로 끊어질 정도였지요. 또한 식민지 지배를 받은 뒤에는 바로 한국전쟁이 발발하여 도자기 산업이나 도예인재 육성이 타격을 입었습니다. 그러한 역사적인 시련으로 인해 도예문화 부흥에 오랜 세월이 걸렸습니다. 이처럼 도예문화를 소중히 하는 사회적 분위기가 약해진 느낌이 듭니다.

"일본인은 예로부터 역사적으로 본래 도자기를 좋아합니다. 예를 들어 도요토미 히데요시(豊臣秀吉)의 시대, 또는 오다 노부나가(織田信長)의 시대에는 하나의 찻잔과 한 개의 성(城)이 같은 값을 가진다고 할 정도였습니다. 던지면 깨져버리는 것을 말이지요. 깨진 것이라도 금과 옻칠로 붙여서 그 모습이 좋다고 합니다. 한국은 역사적으로 금속의 나라이지요. 깨져버린 것에 그다지 중요성을 가지지 않지 않습니까? 재미있습니다. 옥(玉)이라는 보석은 이 근처 한국인들에게 땅 속에 있는 아름다운 돌이나 금과 같은 것을 가리킵니다. 일본인들의 감각에서 역사적인 차이가 있다고 생각합니다."

— 제가 어렸을 때는 집에도 코발트색 그림이 새겨진 큰 접시라든가 여러 가지 색깔의 그릇이 있었습니다. 그러나 전쟁 중에, 그리고 이사할 때 없어졌지요. 소중하게 보관할 수가 없었습니다. 어느 새인가 거리의 음식점에서는 스테인리스나 플라스틱 그릇을 쓰게 되었습니다. 일반 가정에서도 점차 그렇게 되었지요.

"그렇지요. 깨지지 않으니까요. 그러나 한국에는 훌륭한 감각이 있으므로 자신을 가지고 한국 사람들이 가진 미에 대한 감성을 소중히 여겨주었으면 합니다."

— 조선에서 포로로 연행된 선조들이 조선의 도예문화를 가지고 일본에 씨앗을 뿌린 뒤 오늘날에 이르기까지 노력하여, 새로운 일본의 도예문화를

꽃피움으로써 도예의 콜라보레이션이 이루어졌다고 생각합니다. 오랜 기간 일본에서 나고 자라 일본인으로서 살아가는 속에서 '조선'이라는 무거운 역사를 짊어져오셨습니다. 지금 자신의 정체성에 대해 어떻게 생각하십니까?

"저는 항상 말합니다만 일본인이나 한국인이라는 것은 무엇인가 생각했을 때, 일본인은 여행을 떠나는 사람입니다. 여행을 떠나는 사람. 한반도에서 여행을 떠난 사람들이 일본인입니다. 그리고 이를 배웅한 사람들이 한국인이지요. 여행을 떠난 사람과 배웅한 사람이 있습니다. 그렇지만 살고 있는 장소가 다르고 자연이 다릅니다. 일본은 항상 지진도 있고 태풍도 오지요. 그러한 속에서 생기는 삶의 방식이 있습니다. 그것은 한국에서 살고 있는 사람들과 조금씩 달라질 것이라고 생각합니다. 그렇지만 그 근원을 생각하면 여행을 떠난 사람과 배웅한 사람들이라고 생각합니다. 모두 본래는 그렇겠지요. 금관가야도, 백제도, 고구려도, 모두 일본에 와 있는 것 아닙니까? 신라도 일본에 와 있습니다. 일본은 도래인이 만든 국가이므로 우리들도 그중 하나입니다."

— 앞으로 심수관 도예를 어떻게 발전시켜나갈 계획이십니까?

"지금의 심수관 작품은 조선의 도예를 초석으로 하면서 일본적인 디자인으로 다듬어서 다시 태어났습니다. 앞으로도 우리들은 일본에서 일본 도예의 일각으로 활동할 것입니다. 그리고 앞으로도 세계의 많은 이들로부터 높은 평가를 받도록 정진할 생각입니다. 그러한 평가를 받는 것이야말로 대한민국의 모든 분들이 우리들에게 보내는 변함없는 마음에 답하는 단 하나의 길이 아닐까 생각하고 있습니다.

우리들이 일본에서 살아낸 450년의 세월은 바로 갈등의 역사입니다. 그러나 그 속에서 마음으로부터 애정과 지원을 해준 일본 분들이 많이 있다는 것도 틀림없는 사실입니다. 동시에 400여 년 동안 떨어져 있어도 여전히 우리들을 잊지 않고 생각해주시는 한국 분들이 있습니다.

우리는 일본에서 사쓰마야키가 일본의 자랑이 되도록, 한 사람이라도 많은 일본 분들에게 사쓰마야키의 훌륭함을 전하고자 합니다. 그것이 고생한 선인들에 대한 도리이고 또 450년 전의 조국 한국에 대한 보은이라고 생각합니다."

— 오늘은 정말로 감사했습니다.

아리타야키 14대 이삼평(李三平)

도자기 도시 400년의 전통

일시: 2014년 1월 24일
장소: 큐슈 아리타 시 이삼평 갤러리

1961년 아리타에서 태어난 14대 이삼평은 부친 13대 이삼평이 재점화한 아리타야키 가마에서 도자기 제작 수련을 하던 2005년, 초대 도예공 '이삼평'의 이름을 14대로서 계승하여 400년 전통의 계승자가 되었다. 도자기를 통해 한일 문화교류의 가교 역할을 하고자 한다.

이삼평의 아리타야키, 일본 최초의 백자(白磁) 산업

한국과 일본은 2천 년에 가까운 오랜 교류의 역사 속에서 여러 분야의 문화를 공유하면서 서로 영향을 주고받는 가운데 새로운 문화를 창조해왔다. 특히 도자기 분야에 있어서는 일본의 육고요(六古窯)로 대표되는 중세도(中世陶)도 조선으로부터의 기술 도입 없이는 성립될 수 없었을 것으로 지적된다. 임진왜란과 정유재란 이후, 조선인 도공에 의해 야마구치, 규슈 등 각지에서 요업이 개시되면서 재래의 일본의 요업에 큰 영향을 끼쳤다(2009년 6월 13일, 다마카와대 발표회).

　임진왜란과 정유재란 때 일본군이 철수하면서 수많은 조선인을 포로로 납치해갔는데, 그중에는 도공들이 특히 많았다. 규슈의 아리타(有田)에 정착하여 아리타야키를 바탕으로 아리타도자기의 시조가 된 이삼평(李參平)은 1594년경 도요토미 히데요시의 조선 출병 때 아리타를 포함한 히젠(肥前)의 영주였던 나베시마 나오시게(鍋島直茂) 군에 의해 일본에 끌려갔다. 그때 나베시마군에 끌려갔던 도공은 150여 명, 이삼평이 도공임이 알려지자 나베시마는 도기 제조를 요청. 처음에는 가라쓰(唐津) 근방에서 다쿠고가라쓰(多久古唐津) 도자기를 처음으로 만들었다.

그러나 도공의 원칙에 집념하여 자기가 원하는 도자기를 구울 수 있는 흙을 수년간 찾아 헤맸던 이삼평은 도자기 굽는 일을 소홀히 한다는 영주의 오해를 사기도 했다. 그러는 가운데 1616년 아리타 동부의 이즈미야마(泉山)에서 도자기 제조에 알맞은 백자석(白磁石)이 대량으로 매장되어 있는 백자광(白磁鑛)을 발견한 그는 도공 18명을 데리고 아리타로 이사한 후 시라카와(白川)에 대형가마인 덴구다니료(天狗谷窯)를 짓고 백자기를 만드는 데 성공하였다. 일본 최초의 백자 제조산업을 아리타 땅에서 일으킨 것이다. 이것이 이삼평 아리타야키의 기원이 되었다.

당시 일본에는 백자 제조기술이나 재료가 없었기 때문에 각처에서 도자기 굽는 기술을 배우고자 아리타의 이삼평요에 모여들어 최성기에는 도공만 900여 명이 운집하는 성시를 이루었다. 오늘날 아리타 시에 140여 개에 달하는 도자기 공장(가마)과 140여 곳의 도자기 전문 상점이 생긴 것은 이삼평의 백자광 발견과 백자 제조기술이 근원이 된 것이다.

지금도 아리타의 주민들에 의해 '도자기의 선조(陶祖)'라고 불리는 초대 이삼평은 충청도 금강(현재의 충남 공주시 반포면) 출신으로 알려져 있다. 그를 계획 납치해간 영주 나베시마는 그가 금강 출신임을 새겨서 가네가에 산페이(金ヶ江三兵衛)라는 이름을 내려주었다. 산페이는 '삼평'의 일본명이다. 그러나 가네가에 가문의 문서에서 본래의 성이 '리 씨'임이 밝혀져 메이지 11년(1878) 다니구치(谷口藍田)에 의해 '리참평'으로 명명되었다. 실제로 그의 가계에서는 대대로 이삼평으로 불리면서 14대에 이르렀다.

초대 이삼평이 작고한 해(1655년)가 확인된 것은 아리타의 류센지(龍泉寺)에 보관되어 있던 과거장(過去帳)의 기록에 그의 계명(戒名) "月窓淨心居士·1655年沒"이라는 기록이 발견되었기 때문이다. 또한 덴구다니 가마 부근에서 계명을 새긴 묘석이 아랫부분이 반 토막 난 채로 1959년 발견되었다. 이 묘석은 현재는 시라카와 분지로 옮겨져 아리타 정 지정 사적이 되었다.

아리타에서 생산된 자기와 그릇, 찻잔 등 일용잡기는 에도 시대에 걸쳐 일본 전역에 출하되었다. 아리타야키의 집적지가 가까운 이마리 항(伊万里港)이었다는 점에서 '이마리야키'라고도 불렸다.

17세기 당시에는 중국의 자기들이 세계적으로 평가받았다. 그러나 명에서 청나라로 정권이 바뀌는 내란 속에 중국의 도자기 제조산업이 일시적으로 중단되자 유럽의 수입상들이 중국의 디자인을 도입한 아리타야키를 찾게 됨으로써 유럽 수출의 길이 열렸다. 아리타야키는 네덜란드의 동인도회사를 통하여 1651년부터 유럽으로 수출되기 시작해, 1653년 2,200개, 1664년에는 4만 5천 개의 도자기 수출을 기록하여 사가 현과 아리타에 막대한 수익을 가져다주었다.

에도 시대 중엽부터 후기에 걸쳐서는 수출시대가 끝나면서 아리타야키는 국내 자기시장의 경합시대를 맞았으나 메이지 시대에 다시 활성화, 1867년 파리 만국박람회에는 가고시마의 사쓰마야키와 함께 참가했고, 이를 계기로 유럽에의 수출과 평판이 되살아났다.

초대 이삼평이 아리타에서 일본 최초로 백자 산업을 일으키고 일본 최고의 도자기로 평가받은 공로와, 이마리 항을 통하여 일본 전국은 물론 이탈리아 등 유럽에도 수출하여 일본 도자기의 세계적 명성에 기여했음을 기려서 아리타에서는 이삼평을 도자기의 신으로 모시고 도잔 신사(陶山神社)를 세워 제사지냈다. 1917년에 세워진 '도조(陶祖) 이삼평의 비(碑)'라고 새겨진 대형 기념비가 아리타 시가 내려다보이는 가장 높은 산 위에 우뚝 서 있다. 2016년은 그로부터 400년이 되는 해이다. 현재의 14대 이삼평은 아리타야키 창업 400년을 어떻게 맞을까 고심하고 있다.

필자는 지난 20여 년 동안 아리타를 세 차례 찾아서 이삼평의 발자취와 오늘의 아리타 도자기 문화에 대해 관찰해왔다. 이번(2014년 1월 26일)에는 14대 이삼평을 직접 만나서 인터뷰하여 400년 전의 초대 이삼평이 일으켜 세우고 일본 땅에 정착시킨 아리타 도자기의 역사와 한일 도자기 문화 융합에 그들이 기여해온 공적을 더듬어보았다.

14대 이삼평의 이름을 잇기까지

— 현재 아리타야키는 일본 최고의 도자기 중 하나로 평가받고 있습니다. 그 도기의 발상지인 아리타의 종가에서 14대 이삼평 선생을 만나 뵙게 되어 기쁩니다. 14대로 이삼평의 이름을 계승한 것은 언제쯤이었습니까?

"2005년 8월 11일입니다. 초대 이삼평의 350주기 기일에 맞추어서 아버지인 13대로부터 '14대 가나가에 산베에'(金ヶ江三兵衛, 이삼평의 일본명)의 이름을 잇게 되었습니다. 인연이 있는 스에야마 신사(陶山神社) 본전에서 13대와 잔을 나누어 마시고 14대 습명을 초대에게 보고했습니다. 44세 때였지요."

— 14대를 계승한 것에 긍지를 느끼셨습니까? 소감은 어떠셨습니까?

"긍지도 있었습니다만 역시 압박이 컸습니다. 이름을 계승함과 동시에 일족 대대로 전해져온 '가나에 가문 문서'를 이어받고 선대 역사의 무거움을 통감했습니다. 수년 후인 2016년에 아리타야키는 발상 400주년을 맞게 됩니다만 그 중요한 시기에 당대로서 공헌할 수 있는 아주 명예로운 기회를 얻었다는 무게를 느꼈습니다."

— 그것은 어떠한 책임감이었습니까?

"우리 가문은 4대째까지 도자기를 구웠습니다만 5대째부터 가마의 불이 꺼졌습니다. 그 후 13대째인 아버지가 요업을 부흥시켰습니다. 아버지는 초대 이삼평에 대한 마음을 백자에 담았고 저는 초대 이삼평이 400년 전에 만들었던 기법으로 돌아가고 싶었습니다."

— 5대째에 가마의 불이 끊어진 것은 어째서입니까?

"그것은 300년 정도 전의 일이기에 알 수 없습니다."

— 그 사이에 5대째부터 12대째는 무엇을 하셨습니까?
"5대째는 가키에몬(柿右衛門) 가마에서, 12대째는 고란샤(香蘭社)라고 해서 줄곧 도자기와 관련된 일을 해왔다고 합니다. 각 대에서 도자기의 기술을 지도하거나 그림을 그렸던 듯합니다."

— 이 가마를 새롭게 계승한 것이 아버님 시기였군요.
"그렇습니다. 13대째인 아버지는 전쟁이 있어서 밖에 일을 하러 가게 되었습니다만 퇴직 후부터 도자기업을 다시 일으킨다는 오랜 꿈을 이루었습니다."

— 선생의 청년 시절에는 이 일 말고 무언가 하려고 한 것이 있었습니까?
"아니요, 없었습니다. 이곳 아리타 마을은 도자기밖에 없으니까요. 저 스스로도 아리타에 남을 생각이었기에 역시 도자기를 하려고 생각하고 있었습니다."

— 처음부터 아리타에 남고 싶었다는 것이군요.
"그렇습니다."

— 학교는 어디에서 다니셨습니까?
"지금은 사가현립아리타요업대학교(佐賀縣立有田窯業大學校)라는 이름으로 바뀌었습니다만, 사가현립아리타요업시험장이라는 현의 기관으로 녹로(轆轤)를 배울 수 있는 곳이었기에 처음에는 그곳에 갔습니다."

— 그 뒤에 아리타야키의 가마에서 일하게 되었습니까?
"네, 그렇습니다."

초대 이삼평의 도래와 아리타야키의 탄생, 그리고 발전

— 책과 그 밖의 자료를 읽어보니 초대 이삼평 씨가 돌아가신 것이 1655년
입니다만 언제 태어났는지는 알 수 없다고 하더군요.
"알 수 없습니다. 자료가 없으니까요."

— 출생지는 한국의 충청남도 금강이라는 곳이었다고 하지요?
"그럴 것이라는 추정입니다. 확실하게는 아직 알 수 없습니다."

— 지금의 공주시이지요. 거기에서 끌려왔다고 합니다만.
"그랬을 것이라고 전해집니다. 아무튼 400년 이상 전의 일이어서 한국 측
에조차 자료가 남아 있지 않으니까요."

— 이 부근은 예전 나베시마 번(鍋島藩)의 영지였지요. 나베시마 가문은
조선에서 몇 명의 도공을 데리고 왔습니까?
"약 400명이라고 전해집니다. 도공뿐만 아니라 전문기술을 가진 여러 직
공들을 데리고 왔다고 합니다."

— 그중에 초대 이삼평 씨가 있었다는 것이군요. 처음에는 자기를 만드는
곳에서 일하지 않았던 듯합니다.
"그렇습니다. 처음에는 사가 현 다쿠 시(多久市)에 있는 가로〔家老, 한 영지
에 속한 가신(家臣)의 우두머리〕의 집에 맡겨져서 우선 그곳에서 가마 일을
시작했다고 합니다. 그러나 자신이 생각하는 도자기가 만들어지지 않았던
것 같습니다. 그래서 나베시마 번에 원료를 찾기 위한 허가를 요청했다고
전해집니다."

— 몇 년이나 걸렸다고 하지요?

"허가가 떨어지고 나서 줄곧 사가 현 주변의 이곳저곳을 찾아 다녔던 것 같습니다."

— 한 자료에 따르면 몇 년이나 찾아 다녔지만 찾을 수 없었기 때문에 영주로부터 '너는 도자기를 만들 마음이 없는 것 아니냐'고 오해를 받은 일도 있었다고 합니다. 그렇게 해서 겨우 이즈미야마에 와서 하얀 도자석을 발견했다지요?
"영주가 오해했다는 이야기는 들은 일이 없지만 400년도 전의 일이기 때문에 저로서도 알 수 없습니다. 이것이 그 이즈미야마 도석입니다. 이것을 잘게 부수어서 물과 섞으면 입자가 무겁기 때문에 가라앉지요. 거꾸로 윗물에 섞여 있는 고운 입자가 아리타야키의 원료가 됩니다. 눈이 고운 천이나 거름망 등으로 물을 쳐내고 남은 것이 점토가 됩니다."

— 그것도 하나의 기술이군요. 얼마나 고운 점토를 만드는가 하는 것이지요. 지금도 그 일을 하고 있습니까?
"전문업자가 하고 있습니다. 이제는 상당히 기계화되어 있습니다만."

— 나베시마 번은 초대 이삼평의 백자 덕에 재정상태가 좋아졌다고 하더군요.
"네, 하나의 방법이었다고 생각합니다. 불을 때는 기술이나 도자기를 만들기 위한 녹로 기술은 대부분이 조선 도공으로부터 전승된 것입니다만, 청자의 그림 무늬는 중국 징더전(景德鎭)에서 만든 무늬를 베꼈다고 합니다. 당시 징더전에서 제조한 도자기가 세계에서 가장 양질이어서 인기가 높았기 때문에 이를 아리타가 흉내 내었다는 경위가 있습니다. 그 뒤에 중국의 정세가 명에서 청으로 바뀌는 내란의 시기에 접어들어 도자기 산업이 거의 기능하지 않게 되었습니다. 그 수요에 곧바로 대응할 수 있었던 것이 아리타가 폭발적으로 번영하는 요인이 되었습니다. 그로부터 일본 국내는 물론 유럽에도 수출하게 되었다는 역사가 있습니다."

— 유럽에 진출한 것은 중국에서도 만들 수 없게 되었기 때문입니까?
"그렇습니다. 아리타 쪽으로 전 세계의 주문이 쇄도한 것이지요."

— 당시 중국으로부터도 주문이 왔습니까?
"나중이 되어서는 그렇지만 주로 유럽입니다."

— 유럽의 어떠한 나라에서 주문이 왔습니까?
"영국, 프랑스, 독일, 네덜란드 등입니다. 그 당시 네덜란드의 동인도회
사가 중개해서 아리타의 수요가 높아졌습니다."

— 그렇다면 당시 아리타야키는 상당히 번성하고 있지 않았겠습니까?
"그렇습니다. 점차 유럽으로 수출되었으니까요."

— 그렇다면 유럽에 적합한, 유럽 사람들이 좋아하는 것을 만들지 않으면
안 된다는 부분도 있었겠지요.
"그 당시에는 적색이나 황색 등의 아카에(赤繪)가 나왔기 때문에 유럽 취
향의 것이 많이 만들어졌습니다. 예를 들어 수염을 깎을 때 턱을 받치던 그
릇(髭皿)이나 테이블용 후추, 소금 용기 등이 그렇습니다. 나중에 유럽 쪽
에서도 흉내 내어 만들기도 했습니다."

— '아카에'라는 것은 어떠한 것입니까?
"백자 위에 적색이나 황색의 무늬를 그린 것입니다. 아리타에서는 이것을
아카에라고 합니다."

— 그러나 역시 아리타에서 만든 아리타 고유의 아름다움으로 유명해진 것

이지요.

"그렇습니다. 초반 시기에는 그러한 느낌이었지요. 다완(茶碗, 차를 마시는 그릇)이라든가."

— 지금 오른쪽에 있는 것은 어디에서 인기 있었던 다완입니까?

"이것은 어디였는지 잘 알 수 없습니다만 아리타에서 만든 것입니다. 1655년에서 1670년대라고 쓰여 있네요."

— 그것을 후에 유럽으로 수출한 것입니까?

"당시의 시장은 유럽뿐만이 아니니까요. 일본 국내에 유통되었던 것도 많았습니다. 유럽에 팔린 것은 이러한 느낌이지요."

— 그렇게 해서 유럽에 수출한 뒤에 유럽 사람들이 아리타야키를 알게 되었다는 것이지요. 처음으로 유럽에 수출된 일본의 공예품이 아리타야키라고 하더군요.

"그렇습니다."

— 그때 이미 일본 내에서는 아리타야키가 활발히 보급되고 있었겠군요.

"대체로 그 당시부터 일본 전체에 팔리고 있었던 듯합니다. 배로 실어 날랐다고 합니다."

아리타의 환경과 원료, 그리고 아리타야키

— 도자기를 만드는 기술을 익히는 것은 아주 어렵지 않습니까? 도자석을 찾아서 손에 넣는 일부터 제조하는 것까지 어려움이 있겠지요. 백자의 원료석을 발견했다는 이즈미야마의 도자석은 지금도 남아 있습니까?

"물론 지금도 있습니다."

― 계속해서 만들 수 있는 양입니까?

"네. 그러나 현재 아리타야키의 도자기는 대부분 구마모토 현의 아마쿠사 (天草)라는 곳에서 오는 아마쿠사 도석만 사용하고 있습니다."

― 그것은 어떻게 다릅니까?

"아마쿠사 쪽이 만들 때 찰기가 있습니다. 그 편이 만들기 쉽기 때문에 지금은 대부분 아마쿠사의 재료로 바뀌었습니다."

― 품질은 거의 같습니까?

"대체로 성분은 같습니다만 찰기가 다르다는 것은 도자기를 만드는 과정에서 커다란 차이가 됩니다."

― 도자기라는 것은 흙에 따라서 다르겠지요. 옛날 선조 이삼평이 이곳에서 성공하고 다른 도공들에 앞서 성공한 것은 기술도 있겠지만 역시 흙이 중요하다고 생각하지 않습니까?

"그렇지요. 역시 흙에 따라 만드는 방법도 다르고 굽는 법도 달라집니다. 양쪽 모두를 갖추어 완성품을 만드는 것만도 꽤나 힘든 일이라고 생각합니다. 그리고 주변에 연료가 되는 장작이 필요하지요."

― 주로 어떤 나무를 장작으로 씁니까?

"소나무지요. 소나무가 역시 고온을 내기 쉽고 장작으로 가장 적합합니다."

― 그것은 간단히 손에 넣을 수 있습니까?

"아리타는 산으로 둘러싸여 있기 때문에 그 점에 대해서는 충분했을 거라고 생각합니다."

아리타야키의 제조과정 : 흰 돌을 갈아 만든 점토를 원료로

— 아리타야키를 만드는 방법이나 특징에 대해 설명해주십시오.

"앞서 말했듯이 도석이라는 돌로 점토를 만든다는 것이 가장 큰 특징입니다. 다음으로 초벌구이(素燒き, 도기에 유약을 바르지 않고 저온에 굽는 것)입니다. 초벌구이라 하면 형태를 만들고 나서 900도의 열로 한 번 굽는 공정을 말합니다. 초벌구이를 하면 수분이 날아가서 도자기가 강해집니다. 그렇게 만든 유약을 바르지 않은 상태의 도자기에 오스(吳須)라는 물감으로 그림을 그립니다. 오스의 성분은 '코발트'라 불리는 것으로, 유약(釉藥)이라는 유리질의 성분을 발라서 구우면 푸른빛이 납니다."

— 그림의 원화는 어디에서 구합니까?

"옛 도자기의 도편을 보면서 그립니다. 그린 뒤에는 1,300도 가까이까지 온도를 올려서 굽습니다. 그렇게 하면 이처럼 하얗고 단단한 도자기가 만들어집니다."

— 요즘 연료는 가스를 쓰는 곳이 꽤 많다고 들었습니다. 나무는 좀처럼 화력이 세지 않기 때문입니까?

"그렇습니다."

— 아리타야키는 어떻게 하고 있습니까?

"아리타야키도 거의 가스를 씁니다."

— 가스를 쓰는 편이 가격이 싸지요.

"가스가 불을 때기 쉽고 안정적이어서 같은 것을 만들기 쉬우니까요."

제14대 이삼평이 추구하는 도기의 미(美)

— 14대째가 된 뒤로 내년이면 거의 10년이 되시지요. 지금의 소감은 어떻습니까?
"지금은 만들고 나서 생각한다든지, 그리고 다시 돌아간다든지 하고 있습니다."

— 돌아간다는 것은 어떠한 의미입니까?
"오래된 도자기를 보고 공부한다는 것입니다. 저는 이번에 새롭게 이즈미야마 도석을 사용해서 직접 처음부터 점토를 만들려고 하고 있습니다. 아리타야키의 산업은 분업화가 되고 있습니다. 점토나 유약을 만든다든가, 그림을 그리기 위한 재료(도자기에 무늬를 그릴 때 쓰는 남청색 잿물인 오스를 말함)를 만든다든가, 이러한 것이 전부 세세하게 분업으로 이루어져서 하나의 도자기가 만들어집니다. 지금은 다른 기업으로부터 사와서 그 원재료를 골라서 합치는 식으로 만든다는 느낌입니다. 이것을 초대 이삼평이 했듯이 돌을 점토로 만드는 것부터 시작하려고 합니다."

— 일관작업(一貫作業)이라는 것이군요.
"네, 스스로 해보고 싶다고 생각했습니다."

— 그림도 말입니까?
"그림은 오래된 도자기를 보면서 스케치하고 있습니다."

— 그러한 시도는 이미 시작되었습니까?
"이제까지도 하고 있었습니다만 앞으로도 하려고 합니다."

— 아리타야키가 목표로 하는 아름다움은 어떠한 것이라고 생각하고 계십

니까?

"글쎄요. 초대의 기법도 여러모로 공부하면서 당시 조선 도공들이 어떠한 마음으로 자신의 기술을 다해서 아리타야키를 만들었는지를 더 공부하는 기회가 되었으면 합니다."

한국의 전통기술에서 느낀 도기 제작의 차이

— 일본 분들에게 들어보니 일본에서 가장 일반적으로 알려진 것은 역시 아리타야키이고 모두가 아리타야키를 알고 있다고 말했습니다. 사쓰마야키도 아름답지만 그것은 어딘가 일본풍이 아니라 유럽풍이라는 이야기도 있었습니다.

"그렇습니다. 매우 화려하지요."

— 그래서 일반적으로 일본인이 사용하고 있는 그릇이나 접시는 대체로 아리타야키라고 해서 대중화되었다고 느꼈습니다.

"점차 기계화되었기 때문에 아리타야키의 기술이 다양한 산지로 전해졌습니다."

— 일본인의 일상생활 속에서 대중화한 것은 아리타야키가 가지는 독특한 일본풍이라고 할까, 일본인이 좋아하는 것으로 되고 있지요. 그렇다고 한다면 한국의 옛 도공의 기술이 일본의 흙과 불을 써서 만든 도자기가 일본화한 것입니다. 지금 아리타야키를 보고 한국인이 '아, 이것은 일본의 도자기'라고 느끼는 것은 바로 그러한 원리겠지요.

"일본의 독자적인 감성이 있으니까요. 전통을 지키고 있는 한국의 기술도 좋다고 생각합니다."

— 경기도 이천이나 광주, 그리고 영·호남에도 유명한 가마가 여럿 있습

니다. 한국의 도자기 산업은 16세기 말 임진왜란, 정유재란의 침략과 20세기 초 일본에 의한 식민지 지배로 큰 타격을 입었습니다. 해방 후 1950년의 한국전쟁으로 회복이 늦어지고 지체되었지요. 그러나 1950~1960년대에 도예 부흥이 일어나 전통 도예가 되살아났습니다.

"한국의 도자기는 하나하나 손으로 만들어서 예로부터의 기술을 잇고 있기에 대단하다고 생각했습니다. 전통을 지키는 것의 소중함을 배웠습니다."

— 이천의 어느 가마에 계셨습니까?

"제가 간 곳은 청자 선생님이 계셨습니다."

— 아리타야키에서 청자는 만들지 않습니까?

"저는 만들지 않습니다. 아리타야키를 만드는 사람 중에 본인이 청자를 좋아하여 청자도 만드는 분이 계십니다만."

— 자료에 따르면 선생이 한국에서 연수하신 것은 최인규(崔仁奎) 선생의 장휘도요(奬輝陶窯)이군요.

"네. 그 분은 초대 해강(海剛) 유근형 선생으로부터 배웠습니다."

— 초대를 받으셨습니까?

"아닙니다. 공부할 기회를 얻어서 당시 지인의 소개로 최인규 선생과 만났습니다."

— 이천에 가본 감상은 어떠했습니까?

"처음에는 역시 흙이 달랐습니다. 자기의 흙과 이쪽의 청자의 흙이 다르기 때문에 조금 번거로움이 있었습니다. 특히 도자기의 굽을 깎는 시점이 달랐습니다. 도자기를 완성하는 시점이지요. 아리타야키는 거의 딱딱해진 뒤에 깎습니다만 이천은 도기이기 때문에 부드러운 상태에서 깎습니다. 처음에는 그 타이밍을 알기 어려웠지요."

— 그 차이는 어째서 생기는 것입니까?
"원료의 차이라고 생각합니다. 아리타에서는 돌을 점토로 만들지만 한국에서는 산에서 가져온 흙이지요. 그 흙이 이미 점토질이기 때문에 깎는 타이밍 등이 많이 다릅니다."

— 굽기 전에 깎는 타이밍입니까?
"그렇습니다. 형태를 만들어 완성하는 타이밍이지요."

일본에서의 아리타야키의 현재

— 지금 아리타야키 가마는 몇 군데 정도 있습니까? 가마라고 할까, 공장 말이지요.
"공장 말입니까? 큰 곳, 작은 곳 합쳐서 140곳 정도 있습니다. 큰 곳도 있지만 개인이 하는 곳도 있지요."

— 이름도 서로 다릅니까?
"같은 이름은 없습니다."

— 가마는 다르지만 아리타 마을의 가마에서 구운 것은 전부 아리타야키라고 합니까?
"아리타야키이지요."

— 아리타야키의 누구라든가 그렇게는 부르지 않습니까?
"가마에 속한 것(窯物)과 작가에 속한 것(作家物)이 있습니다."

— 각각의 특색도 있습니까?

"제각각입니다. 하나의 녹로에서 손으로 만드는 곳도 있고 기계로 많이 만드는 곳도 있습니다. 백자만 만들거나 청자만 만드는 곳도 있지요. 여러 가지 형태로 하고 있습니다."

— 140곳의 가마에서 일하고 있는 사람은 몇 명 정도입니까?

"아리타 마을 인구가 2만 1천 명이고 이들 중 어떤 형태로든 도자기와 관련된 사람들이 40% 정도입니다."

— 그 정도로 일본 전국이나 해외로부터의 주문이 많다는 것이군요.

"외국으로부터 오는 주문은 그렇게 많지 않습니다. 외국이 아니라 역시 일본 국내이지요."

— 140곳의 가마의 연 수입과 매출은 어느 정도입니까?

"아리타야키가 가장 잘 팔린 시기에 약 250억 엔 정도였다고 합니다. 지금은 그 10분의 1 이하인 상황입니다."

— 가장 번성했던 것은 언제쯤입니까?

"역시 쇼와에서 헤이세이로 바뀌는 시기였지요."

— 1990년대 초반, 1989년경의 버블 경제 때입니까?

"그렇습니다."

— 지금은 일본 전체 경제가 침체되어 있는 상황이군요.

이삼평 도원(窯元)의 규모와 아리타야키 관련 박물관

— 현재 아리타야키 이삼평 종가에서 관리하는 가마, 공장은 몇 개 있습니까?
"가마는 하나 있습니다."

— 이곳은 살고 계신 댁입니까?
"가게입니다."

— 박물관은 어디에 소속되어 있습니까?
"규슈도자문화관(九州陶磁文化館)은 현에서 소유하고 있습니다. 아리타야키를 만드는 여러 곳으로부터 도자기를 모아 전시합니다. 아리타야키의 역사에 대한 전시물이나 오래된 도자기가 있습니다."

— 아리타 마을은 큰길을 중심으로 좌우에 아리타야키 갤러리와 가게가 늘어서 있지요.
"그렇습니다. 대부분이 갤러리 혹은 가게입니다. 매년 4월 29일부터 5월 5일에 걸쳐서 도자기 시장이 열립니다. 100만 명 이상의 인파가 마을 밖에서 와서 도자기를 사거나 구경하거나 해서 매우 활기찹니다."

— 아리타 마을의 도자기 축제 같은 것이군요.
"그렇습니다. 아리타에서는 매년 5월 4일 '도조 이삼평 비'를 중심으로 도조제가 열립니다. 도조 이삼평 비는 아리타야키 창업 300년째인 1916년에 아리타의 사람들이 중심이 되어 건설한 것입니다. 당시에는 1910년 한일 병탄 6년 뒤였으니까 조선인 도공 선조의 기념비를 건설하는 것에 반대도 있었던 것 같습니다만 이삼평에 대한 감사와 보은의 상징으로, 또 아리타의 미래를 위한다는 신념으로 건립을 결정했다고 합니다. 그 2년 뒤인

아리타 마을에 세워진 '도조 이삼평 비'와 14대 이삼평.

1918년 아리타 마을이 전부 내려다보이는 산 정상에 완성되었습니다."

— 도조제에는 한국에서도 관계자가 찾아옵니까?
"네, 한국 도자기문화진흥협회 관계자도 옵니다. 한국 계룡산에도 1990년 '일본도자 시조 이삼평공 기념비'가 건립되었습니다. 한국 도자기문화진흥협회의 협력을 얻어서 인연의 땅 충남 공주에 있는 계룡산국립공원 입구에 이삼평공 기념비를 건립했습니다. 아리타에 세워져 있는 이삼평비에 대한 보은의 감사를 나타냄과 동시에 한일 친선과 문화교류의 상징으로 건립되었습니다."

— 아리타에는 초대 이삼평의 덴구다니 가마터도 이삼평의 묘석도 그대로 남아 있지요.
"그렇습니다. 덴구다니 가마의 규모를 보면 창업 당시 도자기업의 상황을 추측할 수 있습니다. 또한 1960년대에 아리타의 시라카와(白川) 공동묘지에서 '월창정심거사'(月窓淨心居士)라는 계명(戒名)의 묘비가 발견되었습니다. 그것이 이삼평의 묘비라는 것이 확인된 뒤, 1967년에 아리타 마을 교육위원회가 아리타의 사적으로 지정했습니다."

아리타야키에 대한 일본인의 평가

— 이마리야키에 대해서 설명해주시지요.
"'이마리'는 항구 이름입니다. 여기에서 차로 20분 정도 떨어진 곳에 이마리 항이라는 항구가 있습니다. 거기에서 아리타야키를 배에 실어 내보냈기 때문에 당시에는 이마리야키로 불리었습니다."

— 이마리야키와 아리타야키는 같은 것입니까?
"예전에는 같은 물건이었습니다. 지금은 이마리야키라고 하면 이마리 시 오카와치야마(大川內山)라는 곳이 있습니다. 그곳에 도자기를 굽는 마을이 있어서 이마리야키라고 불리고 있습니다."

— 이마리에도 가마가 있습니까?
"있습니다. 아리타야키가 점차 수출되기 시작한 시대에 재주 좋은 장인들을 모아서 나베시마 번 전용의 가마가 생겼다는 이야기가 전해집니다."

— 아리타야키가 일본의 도자기 산업에 기여한 가장 큰 공적이라고 하면 어떠한 것을 들 수 있습니까?
"일본에서 처음으로 하얀 자기를 만들었다는 것이 우선 첫 번째입니다. 다음으로 수주 생산에 대응하여 일본 전국에 팔리게 된 것도 공적의 하나라고 생각합니다."

— 그리고 유럽에 수출한 것도 있지요. 일본의 도자기가 유럽에 건너간 것

은 아리타야키가 처음이라고 하지요.

"그렇습니다."

— 아리타야키에 대한 일본에서의 반응과 평가는 어떻습니까?

"아리타야키는 브랜드화했기 때문에 손님들로부터 고품질이라는 인상을 받는다는 말을 자주 듣습니다. 그에 따라 다른 도자기에 비해서는 조금 가격이 비싸다는 느낌을 받는 분도 있다고 들었습니다."

— 아리타야키라는 브랜드의 이미지가 있지 않습니까? 일본의 그릇가게에서 '아리타'(有田)라는 이름이 새겨진 그릇을 보게 되면 '아, 이것이 아리타야키인가' 하고 생각합니다. 브랜드 파워가 강하지요.

"그렇습니다."

— 그리고 아리타야키가 일본인의 취향에 맞았다는 것도 있겠지요.

"그런 부분도 있을 겁니다."

— 예전에는 중국의 그림을 흉내 내어 그렸습니다만 그 후에는 일본풍으로 바뀌지 않았습니까?

"그렇습니다."

— 그러한 의미에서는 도자기 산업뿐만 아니라 도자기 문화에 자체에 아리타야키가 기여한 것이지요. 그것은 색입니까, 그림입니까?

"둘 다입니다."

— 아리타야키를 보고 이것은 옛날 조선 도공이 시작한 것이라는 사실을 알고 사는 사람도 있습니까?

"그것을 알고 사는 사람도 있습니다. 역시 도자기를 좋아하는 분은 역사도 찾아보니까요."

— 아리타야키는 보통 가정에서 사용하는 그릇이나 접시에서부터 아주 비
싼 예술품까지 있습니다. 가장 비싼 것은 얼마 정도입니까?
"몇천만 엔 하는 것도 있습니다."

— 어떠한 것입니까?
"아카에 작품으로 사카이다 가키에몬(酒井田柿右衛門) 선생이라는 분이 만
든 작품입니다. 선생의 선조는 아리타야키 아카에를 개발하고 보급한 가
문으로, 현재는 인간 국보이기 때문에 몇천만 엔이라는 가격이 붙어 있습
니다."

끊이지 않는 한국과의 교류

— 가끔 한국에도 가십니까?
"가끔 갑니다."

— 한국에서는 대체로 어떠한 분들과 만나십니까?
"현재 후쿠오카에 '나들이 회'라는 것이 있습니다. 정식으로는 '한일 하카
타 교류회', 통칭 나들이 클럽이라고 합니다. 한국어로 '놀러간다'는 의미
의 나들이입니다. 그 교류로 1년에 한 번 정도는 꼭 한국에 갑니다."

— 한국에서 도자기를 만드는 사람들과의 교류도 있습니까?
"때때로 있습니다."

— 가끔은 한국에서 연수나 공부를 하기 위해 오는 사람도 있습니까?
"있습니다. 한국에서 도자기를 배우고 있는 젊은이들이 오는 일도 있고 아

리타요업대학교에 매년 한 명 정도는 유학을 옵니다."

― 초대 이삼평 선생의 고향인 공주와의 교류나 연락은 있습니까?
"있습니다. 공주 북부에 계룡산이라는 장소가 있지요. 거기에는 초대 이
삼평의 공을 기리는 기념비가 세워져 있어서 때때로 그 관계자들과 교류가
있습니다. 그 밖에도 5월 4일에 도조제라는 것이 있습니다. 초대 이삼평이
모셔진 스에야마 신사(陶山神社)에서 더 올라간 곳에 현창비(顯彰碑)가 있
습니다만 공주에서 오시거나 한국도자기협회 분들이 옵니다."

― 한국의 도자기도 경기도 이천을 비롯하여 여러 가마가 있지만 대중화된
브랜드는 없는 것으로 알고 있습니다.
"글쎄, 뭐랄까요. 일본에서는 아리타야키나 가라쓰야키(唐津燒) 등 각 지
역의 정해진 특색이 있고 그 특색이 지역 브랜드가 되어 유명해진 것 아닐
까요. 한국은 무슨 무슨 도자기가 아니라 지역에서 만들고 지역에서 판매
한다고 들었습니다. 그 점에 차이가 있는 것 아닐까 생각합니다."

― 제 경험을 말하자면 어렸을 때는 집에 아름다운 그릇이나 도자기가 있었
습니다. 그러나 전쟁으로 전부 파괴되거나 이사하면서 다른 곳으로 가버
렸지요. 그 뒤에는 스테인리스가 나와서 그릇도 싸고 편리한 것을 사용하
게 되었습니다. 도자기나 자기를 생활용품으로 쓰는 것은 아주 어려워졌
습니다. 보통 그릇 같은 것은 싸지요. 그러나 이천의 가마에서 나오는 자
기 그릇은 비싸니까 일반적으로는 좀처럼 쓰기 어렵다는 면도 있습니다.
"그렇지만 가정에서 도자기가 사용되는 일은 없습니까?"

― 도자기는 작품으로서 가정에서도 갖고 있는 경우도 있습니다만 보통은
대량생산된 것이 많이 쓰이지요.
"확실히 한국에 가면 보통 밥을 먹을 때 스테인리스나 알루미늄 그릇에 밥

이 나오더군요."

14대째와 그 가족

— 부인과의 만남은 어떠한 것이었습니까? 《도자기의 길》이라는 책을 보니 아리타야키를 잘 이해해주시는 분이라고 들었습니다만.
"그렇습니다. 본래 아리타야키를 만드는 가마 출신으로 도자기에 관해서는 자주 이야기를 나눕니다."

— 이 책에 따르면 부인은 이삼평 선생 댁에 와서야 대대로 14대까지 이어서 이렇게 중요한 일을 하고 있다는 것을 알았다고 하더군요. 그러한 내용이 쓰여 있습니다.
"네, 얼마 전까지는 그다지 밖으로 나서는 일이 없이 지냈으니까요. 자손이 있다는 것을 모르는 사람도 많다고 생각합니다."

— 자제분은 현재 있습니까?
"현재 딸이 하나 있습니다."

— 자제분도 아리타야키 가마에서 앞으로 일하게 될는지요? 어떻습니까?
"지금은 아직 초등학생입니다. 장래의 꿈으로 도예가가 되고 싶다고 하고 있기 때문에 응원해주려고 합니다."

창업 400년을 맞는 이삼평 가문

— 옛날 초대 이삼평 선생이 조선으로부터 끌려와서 일본에서 처음으로 백자를 만들게 되었습니다. 그것이 지금 400년이 이어져서 아리타야키가 일본에 정착했지요. 그렇다면 예전에는 조선의 기술이었지만 지금은 일본

의 도자기 문화가 되었다고 할 수 있겠습니다. 그러니까 아리타야키는 일본과 한국의 도자기 문화의 콜라보레이션, 융합이 되었다는 것입니다. 그렇게 해서 새로운 일본의 도자기가 되었다는 것이지요.

"그렇습니다. 일본의 전통문화가 되었다고 할 수 있습니다."

— 2016년에 아리타야키는 창업 400년을 맞습니다. 무언가 큰 행사는 계획하고 있으십니까?

"자세한 것은 아직 정해지지 않았습니다만 2015년에 한국에서 전시회를 예정하고 있습니다. 개인적인 계획으로는 초대가 발견한 이즈미야마의 흙으로 무언가 만들고 싶습니다. 스스로 흙을 만들어서 그대로 점토로 한 뒤에 새롭게 만들어보고 싶습니다."

— 책임이 무겁겠습니다.

"그렇습니다."

— 3월 도쿄에서 전시회를 하신다는 이야기를 아까 들었습니다만.

"도쿄에 있는 한국문화원 주최로 〈바다를 잇는 도장(陶匠) 400년의 여행〉이라는 전시회가 개최됩니다. 가고시마의 심수관 씨와 함께 400년의 역사를 거슬러서 도자기와 해설이 전시되지요."

— 심수관 씨와 두 분 모두 내용은 서로 논의해서 결정했습니까, 아니면 문화원에서 초대한 것입니까?

"아리타야키의 이삼평과 사쓰마야키의 심수관 씨가 무언가 하지 않겠느냐는 이야기가 문화원으로부터 있었습니다."

— 이번에는 몇 점을 전시 및 출품합니까?

"작품으로서 '이거다'라고 생각할 만한 한 점만 가지고 가게 됩니다." •

2014년 3월 도쿄 한국문화원에서 15대 심수관(우)과 14대 이삼평의 공동전시회가 열렸다.

한국에 대한 보은으로 가마의 불을 되살린 선대 이삼평

— 앞서 말씀하신 아버지, 13대 가나가에 요시토(金ヶ江義人) 선생이 다시 가마를 부활시킨 이유는 무엇이라고 생각하십니까?

"한국과 일본 사이에는 여러 가지 역사가 있습니다. 임진·정유왜란으로 초대 이삼평이 끌려왔다는 역사에는 틀림이 없습니다. 그러나 그 덕분에 지금의 아리타 산업이 있고 일본의 전통문화가 있으며 우리들이 존재한다고 생각했을 때, 무언가 한국 분들에게 은혜를 갚고 싶어졌다고 합니다. 그래서 자신의 대에서 새롭게 가마를 부흥시키려고 했다고 하셨지요. 오늘날의 사람들에게 이삼평의 혈통이 제대로 남아 있다는 것을 전하는 것도 보은의 한 형태라고 생각하셨던 것 같습니다."

• 제15대 심수관과 14대 이삼평 전시회는 "해협을 잇는 도장(陶匠) 400년의 여행"이라는 타이틀로 2014년 3월 5일부터 22일까지 도쿄의 한국문화원 갤러리에서 열렸다. 일본민예관의 협력 등으로 개최된 이 전시회에는 제2대 심수관(심당수)의 작품과 이삼평의 아리타, 덴구다니 가마에서 만들어진 작품 등 약 400년 전의 도자기 25점과 심수관·이삼평 양가의 역사를 되돌아볼 수 있는 해설자료, 고문서, 패널 30점이 전시되었다.

— 선조가 한국에서 왔다는 것이 이유였군요.

"그렇습니다. 그로 인해 아리타야키도 널리 퍼지게 되었고 자기 자신도 태어나게 되었기 때문입니다. 그 다음은 자신이 한국에 은혜를 갚아야 하지 않겠느냐는 것을 항상 말씀하셨습니다. 아버지는 국철 직원이었습니다. 그러나 퇴직한 뒤에 새롭게 도자기를 시작하셨습니다."

아리타야키와 사쓰마야키의 서로 다른 매력

— 아리타야키의 아름다움을 일본인들에게 물어보면 일본인들은 아리타야키에 대해 왠지 모를 친근감을 느낀다고 말합니다. 보통 사람들은 어떻게 느끼고 있을까요?

"그럴 겁니다. 사용하기 위해서는 자기 마음에 드는 것을 쓰기 때문에 그 부분에서 아리타야키의 장점을 인식하게 되는 것이 아닌가 합니다."

— 아리타야키는 일반적으로 표준화, 대중화되어 있지만 사쓰마야키는 일반인들이 쓰기에는 대중화되지는 않은 것 같습니다.

"아리타야키가 분업 체제라는 이야기는 아까 했습니다만 만드는 것만이 아니라 판매도 분업되어 있습니다. 말하자면 상사(商社)라는 전문분야의 업자가 아리타야키를 가지고 전국에 영업하며 돌아다니기 때문에 대중화되었다고 느끼는 것일지도 모르겠습니다."

— 아, 도매상이 있다는 이야기군요.

"그렇습니다. 그러한 구조가 제대로 만들어져 있습니다."

— 전국에 퍼져 있습니까?

"그렇습니다. 그것도 하나의 이유일 것이라고 생각합니다."

— 사쓰마야키는 그러한 방향을 지향하지 않았던 것일까요.
"글쎄요, 뭐랄까요. 사쓰마가 어떤 구조를 하고 있는지 자세히는 모릅니다만 가마의 숫자도 다르고 산업체제나 규모가 크게 다르니까요."

— 거리적으로도 중심 도시에서 멀리 떨어져 있지요.
"그렇지요. 아리타야키는 조직도 유통도 잘되어 있습니다."

— 아리타야키와 사쓰마야키의 특색은 서로 다르지요. 사쓰마야키는 어떠한 것을 지향하고 있습니까? 현재 어떠한 도자기를 만들고자 하고 있습니까?
"책을 읽어보면 하얀 도자기를 추구했던 것 같습니다. 그러나 적합한 재료가 없어 표면을 하얗게 만드는 수법을 썼다고 합니다."

— 저는 가고시마에 있는 심수관 도원을 세 차례 방문했습니다만 사쓰마야키는 유럽풍의 화려한 느낌이었습니다. 보통 가정에서는 쓰지 않는 향로라든가.
"그것은 흰 사쓰마라고 불려서 미술품과 같은 느낌이지요. 보통 사용하는 경우에는 검은 사쓰마라 불리는 분야의 것이 있을 겁니다."

"한일 간의 가교 역할을 할 수 있다면 …"

— 최근 한일관계가 너무나 삐걱거리고 있습니다만 불편함을 느끼지는 않으십니까? 어떻습니까?
"글쎄요. 여러 가지가 있다고 생각합니다만. 나라가 생긴 지 몇 년 정도 지났습니까?"

— 한국은 단기(檀紀)로 4천 년 이상 되었지요.

"그렇지요. 현재와 같은 한일관계는 그 역사 속의 일부이며 전부가 아니라고 생각합니다."

― 저도 그렇게 생각합니다. 한일 교류의 역사는 대체로 2천 년이라고 말합니다. 그 2천 년 속에서 삐걱거리는 관계는 극히 일부였습니다.
"이런 말을 하면 비웃는 사람도 있을지 모르겠습니다만 관계를 결정하는 것은 정치인들이지요. 그러나 주체적으로 민간 차원에서 사이좋게 해나가는 것이 가장 중요하지 않은가 생각합니다."

― 민간 차원에서는 그다지 위화감 같은 것이 없습니다. 저도 여러 일본 분들과 만날 때마다 어째서 이렇게 싸우고 있는지에 대해 이야기를 하고 있습니다.
"저도 그렇게 생각합니다. 13대의 마음가짐은 저도 마찬가지로 갖고 있습니다. 초대가 아리타에 끌려왔기 때문에 아리타야키가 시작되었고, 초대가 아리타에 온 덕분에 우리들이 태어날 수 있었습니다. 그러니까 어떻게든 한일 간의 가교 역할을 할 수 있으면 좋겠습니다."

― 예를 들어 구체적으로 앞으로 어떠한 방향에서 그러한 가교 역할을 하려 하십니까?
"우선은 도자기 분야입니다. 한국에서도 도자기 전시회 등을 해서 문화적 교류가 이루어지면 좋지 않을까 생각하고 있습니다."

― 지금까지 아리타야키의 전시회를 한국에서 한 적은 없습니까?
"3년 전에 부산에서 했습니다."

― 반응은 어떠했습니까?
"한국에도 이삼평에 대해 알고 있는 분들이 있습니다만 그 자손이 아직 일본에 살아 있다는 것을 잘 모르는 경우가 많았습니다. 지금까지의 역사를 제대로 전하면서 현재 자손이 일본에서도 도자기를 계속하고 있고 한국에 돌아왔다는 것을 전하면 역시 감동을 받지요."

— 14대 이삼평 선생은 가끔 한국이나 조선에 대해 말할 때 무언가 연고가 있는 곳과 같은 느낌이 듭니까? 어떻습니까?
"그렇습니다. 저는 한국 요리를 아주 좋아하니까요. (웃음) 한국어를 할 수 있었다면 한국에서 살고 싶다고 생각할 정도입니다."

— 선조의 고향에 가고 싶다는 마음도 있으십니까?
"그렇습니다."

— 초대 이삼평이 예전에 조선에서 살고 있었다던 공주 근처에도 가마가 있었음에 틀림없겠군요.
"그렇습니다. 계룡산 근처에 옛날 분청사기라는 도자기를 만들던 오래된 가마터가 있습니다."

— 앞으로도 아리타야키를 일본에서 발전시키고 한 번 더 붐을 일으키고 싶다는 마음이 지금의 14대 이삼평 선생에게 있습니까?
"그러한 마음은 있습니다."

— 오늘은 정말로 감사했습니다.

2부

한일 문화유산의 오늘

일본민예관 학예부장 스기야마 다카시(杉山亨司)

일본민예관 속의
조선도예 특별전시실

일시: 2013년 7월 18일, 2014년 2월 15일
장소: 도쿄 일본민예관

스기야마 다카시는 와세다대 문학부 졸업 후 일본민예관에서 학예원으로
근무하였고, 2008년부터 학예부장으로 취임하여 민예관 소장품의 보존, 전
시, 홍보업무를 전담하면서 야나기 초대 민예관장의 민예관 철학 등을 일반
에 알리는 강연, 연구저술 활동을 활발히 하고 있다.

들어가며

■ ■ ■ ■

조선을 사랑한 야나기 무네요시와 일본민예관

야나기 무네요시(柳宗悅, 1889~1961)는 민중적인 공예, 곧 '민예'라는 새로운 개념의 창시자로 일생을 통하여 소박한 일용잡기 가운데서 아름다움을 찾아내고 이를 소중히 해온 예술가, 민예운동가이다.

그가 수집한 것들은 일용잡기, 이름 없는 공인(工人)들의 손에 의해 태어난 물건들이다. 생활 속에 쓰임 받는 물건들에서 미적(美的) 참 모습을 발견한 것이다. 그는 청년시절 문예동인지 〈시라카바〉(白樺) 창간에 참여하여 서양 근대미술 평론을 썼으며 중세 그리스도교 신비사상의 연구를 통하여 서양 종교철학 연구에도 심취했다.

그러던 그가 1914년 부서져 땜질한 조선 항아리를 처음 접하고는 조선의 자기와 질그릇, 막사발 같은 일상의 생활공예품에 매료되어 평범한 조선 공예의 수집, 조사, 연구에 전념하게 된다. 조선 민예품에 대한 애정은 조선 민중에의 연민으로 발전하였고, 조선의 3·1 독립운동(1919년) 발발을 계기로 조선 민족 격려를 위한 사회운동에 나섰다. 그 연장선상에서 조선민족미술관을 설립하였으며(1924년) 12년 후인 1936년에 도쿄의 교외에 일본민예관을 설립, 개관하였다. 그가 조선의 투박한 자기화병과의 만남에서 발견한 민속공예의 아름다움은 '민예'라는 신어(新語)를 제창하는 결정적 계기가 되었고, 오늘날 70여 년의 역사를 이어오는 일본민예관 설립의 길잡이가 되었다.

조선민족미술관은 야나기에 의해 경복궁 내 집경당(緝敬堂)을 빌려 개설되었다. 야나기 무네요시가 일본의 민예관 설립에 12년이나 앞서 조선민족미술관을 개장한 것은 조선 민속공예품에 대한 미적 발견과 이를 소중히 보존, 전시하고자 하는 예술적 가치에 대한 집념뿐 아니라 일본의 식민지 지배에 저항하는 조선인을 성원하고자 하는 사회운동의 일환에서였다.

당시 조선총독부는 '조선민족미술관'이라는 명칭에서 '민족'이라는 단어를 뺄 것을 야나기에게 종용했으나 그는 이를 단호히 뿌리쳤다. 또 조선총독부가 조선왕조 궁궐의 정문인 광화문을 철거하려 하자 이에 반대하여 그가 〈개조〉(改造) 지에 기고한 "광화문 철거 반대" 칼럼은 영역(英譯)되어 해외에 알려졌다. 이 글이 곧 〈동아일보〉에 한글 번역되어 게재됨으로써 (1922년 8월 24일) 맹렬한 반대운동이 일어나 결국 총독부가 철거계획을 포기하고 광화문을 경복궁 동쪽으로 옮겨 존속시킨 것도 조선 고유의 전통문화를 옹호하고자 했던 야나기의 강한 결의를 내외에 알린 결과이다.

야나기는 조선민족미술관 개설비 모금을 위해 일본과 조선에서 미술전과 문예강연회를 개최해 수익금을 모았고 성악가인 부인 가네코(兼子) 여사 역시 순회 음악회의 입장료 수익금을 보탰다.

조선민족미술관은 해방과 함께 문을 닫고 소장품은 한국 정부에 귀속되었으나 그가 도쿄에 개설한 일본민예관은 아직도 건재한 가운데 일본 고유의 전통민예품 등과 함께 조선의 자기, 항아리, 막사발 등 민속공예품을 계속 전시하면서 일본 사회에 조선의 일상의 미를 전해주고 있다.

도쿄 변두리의 메구로(目黑) 고마바 공원 부근에 있는 일본민예관은 2층 목조건물에 대전시실을 비롯하여 8개의 전시실이 있어 연중 상설전시하고 있다. 일본민예관 수장품으로는 일본의 전통민예품을 중심으로 2만여 점이 순차 전시되며 조선의 민예품이 1,700여 점, 그 밖에 오키나와 목면직물, 아이누의 민속공예품 등도 있다. 건물이 국가유형문화재로 지정되기도 한 민예관의 건너편에는 야나기 무네요시가 생전에 살았던 사택이 있는데, 그는 자신의 집을 비롯한 소장품 등 전 재산을 민예관에 기증하여 현재는 민예관의 자산이 되었다. 연간 관람객은 4만여 명에 달한다.

일본민예관의 원점은 '조선민족미술관'

― 스기야마 다카시 부장은 일본민예관의 학예원, 그리고 학예부장으로 30여 년간 근무하셨고 야나기 무네요시 선생에 대한 연구를 하면서 많은 논문, 저서, 강연을 통해 야나기 무네요시의 미(美)에 대한 철학과 민예 사상을 널리 전파했습니다. 또한 일본민예관 운영에도 힘을 쏟아오셨습니다. 우선 야나기 무네요시와 조선의 만남에 대해 들려주십시오.

"야나기 무네요시는 청년기에 서양의 중세부터 근대에 이르는 문예사조에 영향을 받아 일본에 새로운 미학을 전달했습니다. 그 뒤에 야나기 무네요시의 관심은 서양으로부터 동양으로, 그리고 미술에서 공예로 옮겨왔습니다. 그 계기가 된 것이 조선 도자기와의 만남입니다. 1914년, 지바 현 (千葉縣) 아비코(我孫子)에 살던 무네요시에게 조선으로부터 아사카와 노리타카(淺川伯敎)라는 인물이 찾아옵니다. 그는 조선의 작은 항아리를 선물로 들고 왔습니다.

무네요시는 부드럽고 온화한 표정을 가진 이 그릇에 완전히 매료되어 조선의 도기에 관심을 쏟게 되었습니다. 뒤에 야나기 자신이 '조선의 그릇을 좋아하게 된 것은 내게 있어 여러 가지 면에서 생애의 방향을 정하게 된 일이기도 해서 갈수록 감개가 무량하다'(《40년의 회상》, 1959)고 술회했듯이 조선의 그릇, 그중에서도 조선 도자기와 만난 것은 야나기에게 있어 그 뒤 인생의 방향성을 결정짓는 커다란 계기가 되었습니다."

― 야나기 무네요시는 조선 도자기의 무엇에 매료되었습니까?

"당시 아사카와 노리타카가 가지고 온 것은 청화 추초문 항아리(染付秋草 文面取壺)로 몸체가 팔각 백자인 작은 항아리인데, 실은 호리병의 아래쪽 반이었습니다. 불완전한 부분의 아름다움에 마음이 끌린 아사카와 노리타 카가 이것을 보수하여 곁에 두고 있었던 것입니다. 야나기는 그 마음에 깊이 공감함과 동시에, 이 불완전하다고도 할 수 있는 그릇에서 인간의 따뜻함, 고귀함, 장엄함과 같은 놀랄 만한 미의 세계를 발견한 것입니다."

— 조선 도자기의 미에 이끌려 야나기 무네요시가 처음으로 한반도에 건너온 것은 1916년이라고 합니다만.
"네, 그렇습니다. 야나기는 시모노세키(下關)에서 부관(釜關) 연락선을 타고 갔습니다. 부산에서 아사카와 노리타카의 마중을 받자마자 부산의 도구점에서 철사설죽분호(鐵砂雪竹分壺)을 발견하고 이것을 샀습니다. 여기에서부터 본격적인 조선 도자기 수집이 시작된 것입니다. 이 시기 조선 도자기에 대한 평가는 일본인뿐만 아니라 조선인들 사이에서조차 실로 낮은 것이었습니다. 당시에는 고려자기, 고려청자의 명성이 아주 높아서 '이조'(李朝)는 말기(末期)의 것이라는 생각이 지배적이었습니다. 그렇기 때문에 야나기는 그 시기에 조선의 것이 도구점 등에 무수히 있었다고 책에서 쓰고 있습니다."

— 야나기 무네요시는 일본민예관을 설립하기 전에 '조선민족미술관'을 당시의 경성에 설립하였습니다. 그 이유와 경위에 대해 가르쳐주십시오.
"야나기는 조선의 해인사나 고도 경주의 고찰 불국사 등을 방문하고, 1922년에는 《조선의 미술》이라는 책을 간행하여 조선의 예술문화에 대한 자신의 깊은 경애의 마음을 피력하였습니다. 또한 야나기는 일반에게 '이조도자'라는 이름으로 알려져 있는 조선시대 도자기의 아름다움을 널리 세상에 알리기 위해 전람회 등을 열어 그 진가를 보여줌과 동시에, 조선 도자기의 아름다움에 촉발된 많은 논고들을 발표하였습니다.
조선민족미술관 설립의 경위는 이렇습니다. 야나기는 1921년에 문예지 〈시라카바〉(白樺)에서 '조선민족미술관 설립에 대해'라는 글을 발표하여 설립을 호소함과 동시에, 개설준비를 위해 조선을 방문하며 활동을 개시하였습니다. 조선 각지에서 강연을 하고 입장 수입과 기부금을 모금하였습니다. 이러한 야나기의 활동을 헌신적으로 지탱해준 것이 아내 가네코(兼子, 1892~1984)였습니다. 가네코는 조선 각지에서 미술관 설립을 위해 음악회를 여는 등, 남편의 일을 도왔습니다.

이러한 준비를 거쳐, 1924년에 경복궁 내 집경당을 빌려서 조선민족미술관이 개관했습니다. 설립 취지는 미술관의 명칭에 '민족'이라는 글자를 넣은 것에서 알 수 있듯이, 조선 사람들이 조선 문화의 독자성과 그 가치를 자각하게 하여 민족의 긍지를 각성하는 것에 있었습니다. 일본 정부는 이 두 글자에 반감을 드러내어 '민족'이라는 글자를 뺄 수 없느냐는 요구를 해왔다고 합니다. 그러나 야나기의 강한 결의와 의지에 의해 이 두 글자는 지켜져 무사히 미술관이 탄생할 수 있었습니다."

— 조선민족미술관에는 어떠한 것이 진열되어 있었습니까?
"거기에 진열되었던 그릇의 대부분은 조선시대 무명의 장인(職人)에 의해 만들어진 민간의 그릇이었습니다. 당시 조선 각지를 방문한 야나기는 아사카와 형제와 함께 조선인의 일용잡기를 매입하여 일상 속에서 '쓰임의 아름다움'을 발견하고 있었습니다. 무네요시는 민중의 생활에 깊게 관련된 실용도구나 공예품 속에 놀랄 만한 미의 모습이 있다는 것을 본 것입니다."

— 조선민족미술관은 언제까지 이어졌습니까?
"조선민족미술관은 1945년 8월 일본의 종전까지 존속하였습니다. 그때 남겨진 소장품은 아사카와 노리타카의 손에 소중하게 보관되었습니다만, 그 뒤 일어난 한국전쟁의 혼란기에 행방을 알 수 없게 되었습니다.

그러나 나중의 조사에서 소장품 일부가 한국 국립중앙박물관에 소장되어 있는 것이 판명되어, 1977년에 미에(三重) 현립미술관에서 열린〈야나기 무네요시 전〉에 소개되었습니다. 야나기 무네요시는 1961년에 세상을 떠났습니다만, 1977년의〈야나기 무네요시 전〉은 조선 잡기나 도자기와 야나기 무네요시의 '해후'였습니다."

― 야나기 무네요시가 일본에서 현재의 일본민예관을 설립한 것은 조선에서 조선민족미술관을 설립한 때로부터 10년 이상 뒤의 일이었다고 들었습니다.

"그렇습니다. 야나기 무네요시는 조선의 자기와 만났을 때의 감격을 계기로 해서 그 뒤 한반도를 몇 번이나 방문해 여러 가지를 발견해갑니다. 그때 조선이라는 이국(異國)의 땅에서 민족 고유의 문화에 눈을 뜨고 그 가치를 발견합니다. 이러한 경위가 있었기에 다시 자신이 태어난 일본 고유의 문화를 발견할 수 있었던 것입니다. 만일 한국, 조선 공예와의 만남이 없었더라면 일본의 민예, 일본 속에 있는 고유의 문화의 발견으로 이어지지 않았을지도 모릅니다. 그러한 의미에서 조선민족미술관은 일본민예관의 원점이었습니다. 조선민족미술관 개설로부터 12년 뒤인 1936년, 새로운 미의 표준을 제시하기 위한 미술관, 즉 일본민예관이 도쿄 고마바(駒場)에 개설됩니다.

일본민예관에는 일본을 중심으로 염직(染織), 목공과 칠공(木漆工), 회화(繪畵) 등 동서고금의 여러 공예품이 약 1만 7천여 점 소장되어 있습니다. 특히 일본의 에도 시대 도자기나 염직품, 오쓰에〔大津繪, 겐로쿠(元祿) 시대에 오우미(近江) 지방 오쓰(大津)에서 팔던 그림〕나 도로에(泥繪, 물감으로 판지에 그린 그림) 등 일본의 민화, 빈가타(紅型, 오키나와에서 나는 다채로운 무늬의 염색천)이나 가스리(絣, 붓으로 살짝 스친 것 같은 잔무늬가 있는 천)를 비롯한 오키나와의 염직물과 도기, 조선시대의 도자기나 민화 등은 일본뿐만 아니라 해외로부터도 높은 평가를 받고 있습니다. 야나기는 초대 관장으로 취임하여 이후 1961년에 72세로 생을 마감할 때까지 이곳을 거점으로 하여 활발한 활동을 전개했습니다."

― 일본민예관이라고 하면 조선의 것만이 아니라 지금 말씀하셨듯이 오키나와나 타이완(台灣), 아이누(홋카이도와 사할린을 중심으로 거주하던 옛 종족)의 민예품도 많이 있군요. 그러나 한국에서의 이미지를 보면 조선의

민예를 소중히 여긴 미술관으로 알려져 있고 또 그렇게 평가를 받고 있지요. 일본에서 지금까지 78년 동안 민예관에서 '조선의 미'를 전시하는 상설전시관을 설치하고 조선 미술을 소중히 해온 일본민예관에 대한 일본인의 반응은 어떻습니까?

"덕분에 현재는 매우 많은 분들이 민예관에 오게 되어 많은 분들이 민예에 흥미를 갖게 되었습니다. 특히 조선 민예와의 관계에서 보면 민예관은 그 가치를 소개하는 데 있어 선구적인 역할을 해온 미술관으로 알려져 있으며, 도자기 중심의 컬렉션은 매우 유명합니다.

아쉽게도 일반적으로 일본인에게는 서양미술, 예를 들어 고흐나 세잔 같은 예술가나 그들의 작품이 주류이고, 이러한 민예라는 세계는 말하자면 마이너한 세계로 취급되고 있는 것이 사실입니다.

그러나 그 속에서도 생활 속의 아름다움에 대한 관심이나 민예관, 민예에 대한 관심은 최근 10년 정도 전부터 많이 높아지고 있다고 봅니다. 그이유 중 하나는 폐색감(閉塞感)이 있는 일본 사회에서 보다 올바른 생활과 정신적인 풍요로움을 찾는 사람들이 늘어나고 있기 때문이라고 생각합니다. 민예의 아름다움은 '건강한 아름다움'이며 '자연의 아름다움'이기에, 거기에는 시대나 지역을 초월한 보편적인 아름다움과 안도감 같은 것이 잠들어 있습니다. 또한 물건을 만드는 사람들에게도 성실한 장인정신이 요구되는데 이러한 사회적 풍조와 민예라는 것에 대한 공감이 겹친 것이라고 생각합니다.

또한 최근에는 디자인에 흥미를 가진 수많은 젊은이들이 민예관을 방문하고 있습니다. 이에 대해서는 후카사와 관장이 잘 알고 있습니다만, 민예라는 것을 과거에서 보는 것이 아니라 지금이라는 시대, 즉 디자인이라는 키워드를 통해서 민예를 본다는 접근법이 젊은이들에게는 이해하기 쉬운 것이 아닌지요."

일본민예관의 현재와 미래

— 그것은 중요한 만남입니다. 민예관에 찾아온 일본인들 중에는 여러 분야의 사람들이 있을 텐데요. 주로 어떠한 사람들이 보러옵니까?

"민예관뿐만 아니라 어떤 미술관도 그렇겠습니다만, 숫자로 보면 여성 관람객이 많습니다. 50대 이상의 여성들이 많을 겁니다. 그리고 다른 미술관과 비교하면 창조적인 일을 하는 사람들의 비율이 비교적 높다고 생각합니다. 공예가나 디자이너 등 스스로 물건을 만드는 사람들이 일의 아이디어나 활력을 얻기 위한 장소로 민예관을 활용하고 있는 것이 아닌가 싶습니다.

또한 외국에서 오시는 분들도 많습니다. 앞서 말씀드렸듯이 일본의 문화를 읽어내는 키워드로 민예라는 것을 의식하고 있지 않나 생각합니다. 동시에 우리들도 한국의 문화를 읽어낼 때에는 역시 한국의 민예라는 것을 키워드로 한국문화를 보고 싶어 하기 때문에, 마찬가지로 외국 분들도 민예관을 통해 일본의 문화를 알고 싶다, 본질을 알고 싶다고 생각하시는 것 아닐까요."

— 학생들이 단체로 오는 경우도 있습니까?
"있습니다."

— 한 해 평균 방문객은 어느 정도입니까?
"현재 연간 4만 5천 명 정도의 관람객이 오고 있습니다. 그중에 학생 관람객이 전체의 10% 정도일까요."

— 그렇게 따지면 매일 100명 이상의 관람객이 온다는 것이군요.
"그렇습니다."

— 운영은 어떠한 방식으로 이루어지고 있습니까?

"운영 모체는 민간재단으로, 국가로부터 공익재단법인으로 설정되어 있습니다. 공익사업에 대한 세금우대는 받고 있습니다만, 국가나 도쿄도로부터 자금적인 지원은 일절 없고 특정 기업으로부터의 지원도 없습니다."

— 그렇게 해서 잘 운영되고 있습니까?

"조금씩 운영해가고 있습니다(웃음)."

— 야나기 무네요시의 유족들 중 민예관과 관련된 분은 없으십니까?

"3대 관장은 야나기 소리 선생이었습니다. 소리 씨는 야나기 무네요시 선생의 아드님이지요. 약 30년간 관장으로서 민예관을 운영하셨습니다만 3년 전에 돌아가셨습니다. 그러니까 지금은 야나기 가문의 사람이 직접 민예관에 관여하는 일은 없습니다. 다만 우리 직원들은 정신적으로 야나기 무네요시라는 사람이 민예관의 영구 관장이라고 생각하고 있고 그 생각은 변함이 없을 거라 봅니다. 민예관은 공적인 성격을 가진 문화시설이기에, 야나기 무네요시의 정신을 이어받으면서도 야나기 가문의 사람이 이곳을 잇는 일은 없습니다."

— 이 집이 있는 일본민예관 서관은 야나기 선생이 예전에 살던 곳이지요?

"그렇습니다. 이곳 야나기 무네요시 저택은 현재 민예관의 일부가 되었습니다. (벽에 걸려 있는 사진을 가리키며) 이 사진은 1950년대 후반의 야나기 무네요시 선생과 가족입니다. 야나기 선생은 72세로 돌아가실 때까지 이곳에서 사셨습니다. 야나기 선생은 1949년 3월 21일, 환갑 기념으로 저서 《미의 방법》을 상재하신 뒤 아이들을 불러, 60세를 기하여 야나기 가문의 토지, 가옥, 세간, 장서, 그리고 자신의 저작권을 포함한 모든 것을 민예관에 기부한다고 선언하셨습니다. 아이들에게 일절 재산을 남기지 않겠다는 것이지요. 아무 것도 주지 않을 테니 자기 스스로의 힘으로 살아가라는 말씀을 하셨다고 합니다. 그러니까 야나기 가문의 자녀들은 부모의 일과는 전혀 관계없이 각자 자신의 길을 걸어간 것입니다."

— 무슨 일을 하고 계십니까?
"장남인 소리 선생은 세계적으로 유명한 디자이너로 활약했습니다. 그 밑의 남동생인 무네모토(宗玄)는 서양미술사 분야를 가르치고 있습니다. 또 한 사람의 아들은 원예로 아주 유명한 분이지요. 모두 각자의 분야에서 일인자가 되었습니다."

가족에게 유산을 남기지 않은 야나기 무네요시

— 그렇게 해서 각자 독립을 한 것이군요.
"각자 아버지와 다른 일을 했습니다. 장남인 야나기 소리 선생은 공업 디자이너로 활약하고 계셨습니다만, 2대 관장이었던 도예가 하마다 쇼지(浜田庄司)의 뒤를 이어 3대 관장으로 취임했습니다. 그때 민예관 관장을 누구로 해야 하는가에 대한 논의가 있었습니다. 민예관 임원과 이사들로부터 야나기 소리 선생이 추천되었다고 합니다. 그 이유는 민예운동을 장래에 발전시키기 위해서는 손으로 하는 일과 디자인을 융합해야 한다. 그렇다면 세계적인 디자이너로 활약하고 있으며 더군다나 민예를 잘 이해하고 있는 야나기 소리 씨가 좋지 않겠냐는 것이었습니다. 그러니까 결과적으로 무네요시의 장남이 3대째를 잇게 되었습니다만, 이것은 그가 무네요시의 아들이라서가 아니었다고 생각합니다."

— 야나기 소리 씨는 디자이너이고 도예가는 아닙니다. 도자기를 만든 일은 없지요?
"없습니다. 그가 한 것은 예를 들면 이러한 디자인 제품입니다. 이것(2011년 NHK와 공동주최한 〈야나기 소리 전〉 도록)이 야나기 소리의 작품입니다. 식기, 나이프 및 포크류, 가구 등의 생활용품은 물론 다리나 터널 등의 공공건축물을 만든다든가. 또는 여기에 나와 있지 않습니다만 삿포로동계 올림픽 성화대 디자인 등 여러 가지를 만들었습니다."

— 삿포로올림픽 때의 성화대 디자인을 이분이 하셨습니까?
"그렇습니다. 이 책은 최근 헤이본샤(平凡社)라는 출판사에서 야나기 소리에 대한 추도호(追悼号)로 간행한 것입니다. 이것이 디자인 사무소의 모습입니다. 이러한 가구의 디자인이나, 이것이 가장 유명한 '버터플라이 의자'입니다."

— 그러니까 디자이너를 민예관장으로 하여 디자인과 민예의 연결고리를 찾은 것이 야나기 소리 때부터 있었다는 것이군요. 그 연장선상에서 세계적인 디자이너인 후카사와 씨가 현재 관장으로 초빙되었다는 것입니까?
"그렇습니다. 가장 중요한 것은 일상생활용구를 좋은 것으로 하고 싶다, 세상을 조금이라도 아름답게 하고 싶다는 바람이라고 생각합니다. 디자인의 세계에서도 인간의 손으로 물건을 만드는 것이 기본이며, 인간의 손의 연장(延長)으로서 인간의 손을 도와주는 것으로 기계가 있다는 사고방식이 중요하다고 생각합니다."

— 이 민예관을 중심으로 무네요시의 가족들이 가끔 모이거나 하는 일은 있습니까?
"정기적으로 민예관에 모이는 일은 없습니다만 5월 3일이 야나기 무네요시 선생의 기일입니다. 매년 이날에는 서관 야나기 저택의 방 하나에 제단을 만들고 야나기 선생의 사진을 놓은 뒤 탱화를 걸고 촛불과 향을 세웁니다. 그리고 간단하게나마 법요(法要)를 합니다. 그때 야나기 가문 분들도 몇 분 오십니다."

— 유족들은 민예관으로부터 손을 떼고 있는 셈이군요. 훌륭한 일입니다.

"그렇습니다. 아내인 야나기 가네코 씨는 남편인 야나기 무네요시 선생이 돌아가신 뒤 잠시 동안 서관 야나기 저택에 살고 있었습니다. 그러나 그 토지와 가옥은 이미 민예관에 기부된 것이기 때문에 언제까지고 여기에 살 수 없다고 하여 남편이 사망한 5년 뒤인 1966년에 이곳을 나가 도쿄 미타카 (三鷹)의 아파트로 이사를 갔습니다. 그대로 쭉 야나기 저택에 살아도 누구 하나 뭐라고 하는 사람이 없었을 텐데도 스스로 판단하여 이곳은 야나기 가문의 것이 아니라는 이유로 나가신 것입니다."

일본민예관 운영도 민간 기반으로

— 민예관 운영은 입장료와 회원들의 참가로 이루어지고 있지요?

"그렇습니다. 주요 수입원은 입장료입니다. 그리고 소장품의 출품료나 뮤지엄 숍의 매상, 그밖에 민예관 '친구들의 모임' (友の會) 회비와 유지회 (維持會)의 회비가 있습니다. 민예관을 지원하는 사람들에게 기부를 받는 것이지요."

— '친구들의 모임'에는 몇 명 정도가 있습니까?

"300명 정도입니다."

— 그렇게 많지는 않군요.

"많지 않습니다. 민예관에는 유지회라고 해서 기업으로부터 지원을 받는 모임이 있어서 한 계좌당 10만 엔으로 복수계좌 회원을 받고 있습니다. 그것도 현재는 17사 정도가 되어 수는 꽤 줄었습니다. 유지회로부터 받은 기부는 민예관 컬렉션 수장품의 수리수복에 쓰고 있습니다. 연간 약 200만 엔 정도의 비용입니다만, 민예관 컬렉션의 유지관리에는 돈이 들기 때문에 아주 감사한 일입니다.

제가 민예관에 근무한 30년 동안, 일본은 경제 버블의 시대도 있었습니다만 거꾸로 버블이 끝난 뒤의 붕괴도 있어서 경제의 부침이 심했지요. 그렇지만 민예관은 예전부터 항상 저공비행으로 경기의 좋고 나쁨에 그다지 상관없이 운영해왔습니다. 가난에는 익숙하다는 말이지요."

야나기 무네요시의 인생과 일본민예관의 역사

— 한국인에게 있어 78년 동안, 한국의 민예만은 아니지만 주로 한국과 조선의 것을 소중히 소장해준 것은 진심으로 감사한 일입니다.

"민예관은 지금 일본 국내에 있는 미술관 중에서도 특수한 미술관이라고 생각합니다. 예를 들어 경제적인 배경이 그렇습니다. 일본의 주요 민간 미술관의 경우, 예를 들어 산토리미술관, 네즈(根津)미술관, 고토(五島)미술관 등은 기본적으로 대부분 기업이 운영한다든지 경제적으로 깊이 연결되어 있는 미술관입니다. 그 속에서도 민예관은 전혀 그러한 기업의 지원이 없습니다. 말 그대로 풀뿌리 문화운동에 의해 세워진 민간의 미술관이지요.

야나기가 민예관을 만들자고 처음으로 생각한 것은 1917년으로, 20대 때입니다. 동료들과 시라카바미술관을 만들기 위해 분주하게 뛰어다녔지요. 시라카바미술관을 만들기 위한 운동을 시작했을 때에도 〈시라카바〉라는 잡지를 통하여 기부를 모았습니다. 그리고 시라카바의 동지들과 전람회나 강연회, 연주회를 열고 그 수익금 등을 기반으로 하여 미술작품을 사거나 했습니다.

두 번째 미술관의 꿈은 조선민족미술관이었습니다. 이때도 역시 잡지 〈시라카바〉를 통해 1921년에 미술관을 만들기 위한 계획을 발표하고 강연회나 연주회를 열어 기부금을 모았습니다. 조선민족미술관은 1924년에 많은 사람들의 기부에 의해 설립되었습니다. 그 뒤 10년 정도 지나 일본민예관이 개설되었습니다만, 이것을 만들기 위한 설립취지서가 1926년에 발표되었습니다. 그 뒤에 여러 곳에서 강연회나 전람회 등을 열었고 많은 분들로부터 기부가 쏟아져 들어왔습니다. 이러한 의미에서 야나기 무네요시가 미술관에 걸었던 꿈은 아주 공공적인 발상에 의한 것이었습니다. 그 첫 번째 특징은 처음부터 나랏돈이나 기업의 돈과 같은 자금에 기대지 않는다는 것입니다. 우선은 스스로의 힘으로 풀뿌리적인 문화운동부터 시작하자는 발상입니다. 오늘날 NPO(비영리조직) 활동이 활발해지고 있습니다만, 그러한 의미에서는 NPO와 같은 설립방식을 취한 최초의 미술관이 민예관이라고 생각합니다."

― 이곳의 토지도 기부를 받은 것입니까?
"서관 야나기 저택의 땅은 야나기 가문이 구입한 것입니다만, 민예관 본관 건물과 토지는 기부금에 의해 충당되었습니다. 그때 야나기에게 커다란 경제적 지원을 해준 분이 오하라 마고사부로(大原孫三郎)라는 실업가입니다. 예전 일본에는 훌륭한 후원자가 있었습니다. 오하라 씨는 구라시키(倉敷)에 있는 대규모 방적회사의 사장으로 일본을 대표하는 실업가였습니다만, 구라시키에 오하라미술관을 만든 인물로도 알려져 있습니다. 실업가이기도 합니다만 문화 사업에도 큰 관심을 가진 분입니다. 물론 오하라미술관은 민간 미술관입니다만, 오하라 씨는 자신의 회사에서 얻은 이익을 사회에 환원하기 위해 유럽에서 미술작품을 수집하여 일본인들에게 진짜 서양미술품을 보여주자고 하여 미술관을 만들었습니다.

그리고 오하라 씨는 구라시키 중앙병원이라는 병원도 만들었습니다. 이것은 방적회사에 근무하는 노동자들을 위한 병원입니다. 당시 일본은 노동자와 자본가 사이의 대립이 아주 심한 시기였고 열악한 노동조건이 사회적인 문제가 되던 시대였습니다. 그런 시대에 오하라 씨는 노동자 편에 서서 노동자의 건강관리를 위해 병원을 만들 정도의 사람이었습니다. 또한 그 밖에도 고아원을 만들거나 '사회문제연구소'라는 연구기관을 만들었습니다. 당시 일본은 군국주의 시대여서 사회주의를 연구하는 연구자는 모두 적대시되어 일자리를 잃고 경우에 따라서는 체포되기도 했습니다. 그러한 시대에 오하라 씨는 학문의 자유를 지키기 위해 자비로 사회문제연구소를 만들어 그들을 연구자로 고용하고 생활 지원과 함께 연구의 장을 제공했습니다. 오로지 자유로운 연구를 위해 돈을 낸 것이지요. 이러한 활동을 한 사람입니다.

그러니까 야나기의 민예사상에도 큰 흥미를 가져서 민예관을 만들기 위해 거액의 기부를 했습니다. 오하라 씨의 기부금 덕택에 민예관 본관의 토지를 구입하고 이 건물을 세울 수 있었습니다. 1935년에 기부한 금액은 10만 엔이라고 합니다. 지금 가치로 환산하면 일본 엔화로 10억 엔 이상의 금액입니다. 그때의 조건도 아주 훌륭한 것이었습니다. '야나기 씨를 신뢰하는 이상, 돈은 내지만 참견은 하지 않겠다'고 말했다고 합니다. 그 덕분에 민예관이 설립되었습니다."

— 야나기 저택은 원래 야나기 선생이 가지고 있었던 사택입니까?

"이 고마바의 야나기 저택은 민예관이 생기기 1년 전인 1935년에 세워졌습니다. 먼저 세워진 것이 나가야몬(長屋門)이라는 현관 부분의 큰 건물입니다. 이것은 본래 도치기(栃木) 현에 있던 오래된 건물로, 야나기 씨가 이것을 1934년에 사서 이축했습니다. 메이지 시대 초기에 만들어진 돌 지붕의 건물로 130년 정도 전의 건물입니다. 이것을 개조해서 자신의 응접실과 부인의 음악실로 썼습니다. 그 뒤편에 2층으로 된 모야(母屋)를 세웠습니다. 야나기 저택이 완성된 다음해에 민예관이 세워집니다.

야나기 선생은 현재 도쿄의 미나토 구에서 태어나서, 결혼한 뒤 신혼시절에는 지바 현 아비코에서 7년 정도 살게 됩니다. 그리고 도쿄에 다시 돌아옵니다만 그때 바로 간토대지진(關東大震災)이 있어서 도쿄도 힘든 상황이 되었기에 교토로 이주하여 10년 정도 사셨습니다. 그리고 1933년에 도쿄로 돌아와서 이듬해부터 고마바에 주거지를 세우기 시작한 것이지요."

일본민예관의 운영 구조

— 제가 오늘 민예관을 다시 방문하기 위해 전화를 걸었더니, 담당자가 "스기야마 부장은 지금 밖에서 눈을 쓸고 있습니다"라고 말해서 깜짝 놀랐습니다. 지금까지 30여 년 동안 학예원 그리고 학예부장으로 민예관을 지키고 운영해온 흐름 속에서 여러 가지 고생도 하셨겠습니다.

"제가 학예부장이 된 것은 5년 정도 전입니다. 대학 졸업 후 학예원으로 취직하여 30년 정도 지났습니다. 처음에 제가 들어왔을 즈음에는 방문객이 적어서 연간 2만 명 정도밖에 오지 않았습니다. 관람객이 하루에 30명, 50명밖에 오지 않는 날이 많았습니다. 또한 민예관에 오는 분들도 연세가 있으신 분이 많고, 젊은이들은 거의 오지 않았지요. 민예관의 수입은 입장료에 의지하는 부분이 컸기 때문에, 경영상으로 어려운 상황이 줄곧 이어졌습니다. 지금도 그렇게 편하지는 않습니다만, 최근 15년 정도 전부터 관람객도 점차 늘어나서 지금은 연간 5만 명 정도로 늘었습니다. 그리고 민예관에 관심을 가지는 젊은이들도 늘었습니다.

그 이유의 하나는 3대 관장이었던 야나기 소리 씨의 존재입니다. 야나기 소리의 디자인, 디자이너로서의 야나기 소리의 작업이 재평가되어 젊은 사람들 중에 야나기 소리의 팬이 많아졌습니다. 그러한 관계로 야나기 소리가 관장을 하고 있는 민예관에 가보자, 야나기 소리가 말하는 디자인의 근원이 되는 민예라는 것이 무엇일까 하는 이유에서 젊은 사람들이 민예에 많은 흥미를 가지게 되었습니다. 젊은 층의 관람객이 늘어났다는 최근의 경향은 감사하게 생각하고 있지요.

그렇다고 해도 민예관은 경제적으로 좀처럼 쉽지 않은 상황입니다. 하지만 그 와중에도 경제적으로 힘들면 힘든 대로 운영방식은 있습니다. 예전부터 민예관은 경제적으로 힘들었으니까 관내 청소나 건물의 유지관리 등 가능한 일은 전부 우리들이 해왔습니다. 상징적인 이야기를 하자면, 민예관 뒤편의 고마바 공원에 예전 도쿄 도가 경영하는 문학박물관이 있었습니다. 문화시설 통폐합 과정에서 결국 폐관됩니다만, 폐관되기 전에 그곳을 관리하는 분이 민예관으로 상담하러 온 일이 있습니다. 그때의 상담이라는 것은 화장실 청소부터 관내 청소, 전구를 갈아 끼우는 등 박물관 전체의 유지보수를 어떻게 하고 있는지에 대한 질문이었습니다. 도쿄의 박물관도 많은 돈이 들기 때문에 싼 업자를 소개받고 싶다는 이야기였지요.

그러나 민예관은 아주 예전부터 전부 스스로 하고 있습니다. 예를 들어 개관이 10시입니다만 우리들은 아침 9시 반에 와서 직원 전원이 장소를 정하여 매일 청소를 합니다. 민예관 안팎의 길 청소는 물론 화장실 청소부터 전구 갈아 끼우기까지, 할 수 있는 일은 전부 스스로 하고 있습니다. 업자에게는 전혀 부탁하고 있지 않지요. 그렇게 말했더니 도쿄 도 시설을 관리하는 사람이 아주 놀라더군요. 기본적인 사고방식이 전혀 다릅니다.

그들은 박물관에 근무하는 직원이지만, 민예관에 있는 직원들은 모두 이곳이 자신들의 집이라고 생각하고 있습니다. 야나기 선생과 여러 사람들로부터 맡아두고 있는 소중한 것들을 이곳에 잘 보관하고 관리하여 스스로 지킨다는 마음을 가지고 있습니다. 공립미술관과는 다른 깊은 애정이 우리들에게 있는 것이지요. 이것이 가장 큰 차이점일지도 모르겠습니다."

― 민예관 운영과 수입을 위해서 기념품을 팔고 있는 것도 아니지요. 다른 미술관은 대체로 여러 가지 기념품이나 복제품을 팔고 있습니다만.
"그러한 것은 없습니다. 다만 뮤지엄 숍은 있기 때문에 그곳에서 여러 가지를 팔고 있습니다. 거기에 있는 것은 기념품이라기보다도, 실제로 사용해줬으면 하는 물건을 민예관의 눈으로 골라서 판매하고 있습니다."

― 2층의 조선 도자기의 방에 대해 말씀해주시지요.
"그 방은 1936년 민예관이 설립된 이래 줄곧 조선 공예실로 쓰였습니다. 전쟁 전, 전쟁 동안, 그리고 전후에서 오늘날에 이르기까지 이어져서, 민예관에 오면 언제라도 반드시 조선 공예품을 볼 수 있습니다. 그것은 조선 도자기와의 만남이 야나기 선생에게 민예라는 새로운 미의 세계를 발견하는 계기가 되었기 때문입니다. 바로 민예의 원점이 이곳에 있습니다. 그러므로 이 조선 공예실은 민예관의 입장에서 가장 소중한 방입니다."

― 내년 2015년은 한일국교정상화 50주년입니다. 보다 큰 규모로 전시회를 계획하고 계십니까? 혹은 어느 쪽인가에서 그러한 전시회를 함께 하자는 요청은 없습니까?
"아직 그러한 요청은 받지 못했습니다. 그러나 민예관으로서는 2015년에 조선 공예전을 열고 싶습니다. 한국 국내에서 전시회가 가능하다면 좋겠습니다만."

한국에서 개최된 〈야나기 무네요시 전〉

― 이번에 한국 국립현대미술관에서 〈야나기 무네요시 전〉이 대성공하여 한국에서도 높은 평가를 받고 있습니다. 이 전시회가 서울에서 열리기까지의 경위와 그 의의에 대해 소감을 여쭙고 싶습니다.
"제가 전람회 담당을 맡았기에 먼저 경위에 대해 설명하겠습니다. 약 1년 반 정도 전에 한국 국립현대미술관의 큐레이터로부터 〈야나기 무네요시 전〉을 개최하고 싶다는 요청을 받았습니다. 저희 민예관으로서도 아주 기쁜 이야기였지요.

한국 국립현대미술관의 생각은 한국은 물론 동양의 미술에 큰 영향을 끼친 야나기 무네요시라는 인물의 전체상을 소개하는 전람회를 열고 싶다는 것이었습니다. 그리고 야나기와 한국의 관계만으로 한정하는 것이 아니라 야나기의 사상을 보다 널리 알리기 위해, 야나기의 젊은 시절부터 만년까지의 작업을 전체적으로 소개하고 싶다는 이야기였습니다. 그것이 처음의 연락이었습니다."

— 그래서 이번 서울전에 출품된 조선의 공예나 민예품은 어떠한 것에 초점을 맞추어 출품되었습니까?

"야나기 무네요시의 전체상을 소개한다는 의도에서 우선 야나기의 시라카바 시절에 접한 서양미술, 그리고 버나드 리치(Bernard Howell Leach)와의 만남에서 출발했습니다. 그 뒤에 조선예술에 대한, 그리고 민족 고유의 공예에 대한 안목이 열려 일본 각지로 수집을 진행하였고, 민예라는 새로운 미의 콘셉트가 야나기 무네요시에 의해 제창되었습니다. 그리고 야나기의 시선은 오키나와나 아이누, 타이완 원주민과 같은 주변 지역으로 넓게 퍼져갑니다. 이러한 모습들을 전체적으로, 그것도 좋은 작품을 선정하여 야나기가 본 미의 정수를 소개하기 위해 노력했습니다.

작품 선정에 관해서는, 우선 한국 측의 희망사항을 듣고 저희 쪽에서 이러한 것을 집어넣으면 어떨까 하는 의견을 냈습니다. 그렇게 몇 번인가 한국 국립현대미술관 큐레이터와 상담을 한 뒤에 출품내용을 결정했습니다."

— 도록에 따르면 이번 서울 덕수궁에서의 전람회는 야나기 무네요시와 관련해서 한국에서 열린 세 번째 전람회라고 합니다.

"그렇습니다. 첫 번째는 2007년에 일민미술관에서 개최된 〈야나기 무네요시 전〉, 두 번째는 서울 역사박물관에서 열린 〈조선민화전〉입니다. 이 전시회는 야나기 무네요시 자체를 테마로 한 것은 아니었습니다만 민예관이 관여한 큰 규모의 전람회였습니다. 세 번째가 이번 서울 덕수궁에서 열린 〈야나기 무네요시 전〉입니다. 그러니까 '야나기 무네요시 전'이라는 의미에서는 이번이 두 번째 전람회가 됩니다."

— 말씀하신 일민미술관은 〈동아일보〉의 전 회장인 일민 김상만(金相万)의 기념관으로, 국내외 유명 작가의 미술 전람회를 개최하고 있습니다.

제가 덕수궁 전람회에 갔을 때는 일본에서 한국으로 온 일본인 관광객도 있었습니다. 역시 야나기 무네요시에 대해서는 일본인들도 관심이 있다는 것을 알게 되었습니다.

"이것은 후카사와 관장도 전람회 개최인사를 할 때 이야기한 것입니다만, 역시 현대미술관에서 〈야나기 무네요시 전〉을 한다는 것에 아주 커다란 의미가 있다고 생각합니다. 굳이 민속박물관이 아니라 현대미술관이라는 장소, 현대의 미술이라는 관점에서 야나기 무네요시와 민예를 본다는 것이 아주 중요했다고 생각합니다. 저는 이번 전람회의 전시와 강의에 관여하여 전람회가 끝날 때까지 지켜보았습니다만, 젊은 분들이 많이 왔고 게다가 모두 열심히 보아주어서 아주 기쁘게 생각합니다."

― 일본민예관에는 조선시대의 여러 민예품이 소장되어 있습니다만 앞서 제가 본 2층의 특별전시실에 조선 시대의 백자 등이 한데 모여 전시되어 있는 것을 보고 깜짝 놀랐습니다. 이렇게 항상 일본민예관에 오면 조선의 옛 민예, 혹은 미술품을 볼 수 있다는 것은 큰 의미가 있습니다. 앞으로도 전시회를 연다든가 하여 일반인들이 조선의 미술품을 관람할 수 있는 기회가 있을까요?

"한국에서 전람회를 할 예정은 아직 구체적으로는 결정되지 않았습니다. 다만 2015년이 한일국교정상화 50주년이 되기 때문에 그해에는 무언가 야나기 무네요시와 한국의 관계를 보여줄 수 있는, 그리고 조선의 훌륭한 공예품을 소개하는 전람회를 열고 싶습니다."

― 2015년의 전람회는 일본에서 할 예정입니까, 아니면 한국에서 열 예정입니까?

"현 단계에서는 이곳 일본민예관에서의 이야기입니다만, 다시 한국에서 전람회를 열 수 있다면 좋겠습니다."

일본민예관 소장의 조선 민예품은 12%, 약 2천 점

— 조선 민예품에는 여러 가지 장르가 있지요. 일본민예관에는 대체로 몇 점 정도 소장되어 있습니까?

"민예관에 있는 한국 민예품은 약 2천 점 정도입니다."

— 그 작품들은 교대로 전시합니까?

"그렇습니다. 연 4회 정도 전시품을 바꾸어 가며 소개하고 있습니다. 민예관에 있는 컬렉션은 전체가 약 1만 7천 점이고 그중에 12% 정도가 조선공예 컬렉션입니다. 그 2천 점 중 600점 정도가 도자기입니다.

앞서 보신 2층의 방은 민예관이 생긴 이후로 오늘날까지 78년 동안 항상 조선공예의 방으로 사용하고 있습니다. 야나기에게 있어서도 민예운동에 있어서도 조선의 공예가 바로 민예의 출발점이기 때문에 기념전시실이라고 해도 좋을 것입니다. 거기에서 항상 조선 공예품을 볼 수 있습니다. 이번에는 백자와 청자가 중심이었습니다만 계절에 따라 목공품으로 바꾼다든가 테마를 바꾸면서 전시하고 있습니다."

— 해외에서 열리는 전시회를 위해 출품작을 수송하는 것도 어려운 일이지요. 전시회 인사말에서 읽었습니다만 이번 전시를 위해 수송할 때 아시아나항공이 도와주었다고 되어 있었습니다. 어떠한 협력을 해주었습니까?

"그 부분은 한국 현대미술관 쪽에서 조정했습니다만, 작품 수송 등의 과정에서 많이 편의를 봐주었다고 생각합니다."

— 저는 최근 한일 문화재에 대해 공부하게 되었습니다. 일전에는 아라이 신이치(荒井信一) 씨라는 분을 뵙고 여러 가지 이야기를 들었습니다. 그분의 책을 통해 20세기의 문화재라는 것을 본래 있던 곳으로 돌려놓으려는 움직임이 있다는 것을 알게 되었습니다. 예전에 저도 대영박물관에 가

보았습니다만, 이집트나 그리스의 유물이 전시된 것을 보고 '이것은 어떻게 해서 여기까지 옮겨진 것일까' 하고 의문을 가진 일이 있습니다. 정식으로 수출되었을 가능성은 낮고, 아마 불법적으로 가지고 온 것도 있을 것이라고 생각했지요.

이렇게 이른바 문화재 반환에 대해서 두 가지 견해가 있는 듯합니다. 예를 들어 페루의 유적을 보존할 수 없으니까 미국에 가지고 와서 소중하게 관리하다가 다시 돌려준다든가, 반대로 역시 원산지로 돌려놓고 문화재를 보도록 해야 한다든가, 여러 가지 의견이 있지요. 지금 일본민예관이 소장하고 있는 것은 제가 아는 한 예전에 야나기 무네요시 선생이 정식으로 구입해서 가지고 왔다든가, 아니면 기증받은 것을 가지고 왔다든가 하는 것이기 때문에 해당하지 않는다고 생각합니다만, 조선 민예품만이 아니라 다른 민예품에 대한 반환요청 같은 것은 있었습니까?

"제가 아는 한 민예관에 문화재 반환요청이 들어온 일은 없습니다. 야나기도 글에서 쓰고 있지만 그 나라의 문화재는 본래 문화재가 태어난 장소에 있어야 한다는 것이 야나기의 근본적인 사고방식입니다. 실제로 야나기 무네요시는 1924년, 아사카와 다쿠미(淺川巧), 아사카와 노리타카와 함께 지금의 경복궁 안에 조선민족미술관을 세웠습니다. 거기에 약 2천 점 정도의 조선 민예품이 수집 및 전시되고 있었다고 합니다. 그 뒤 10년 정도 지나서 일본민예관이 생겼습니다만, 조선 공예의 아름다움을 일본인에게 보여주기 위해 그중 일부인 30~40점 정도를 일본에 가지고 옵니다. 그렇지만 대부분의 컬렉션은 그대로 현지에 두고 전쟁이 끝날 때까지 보존한 것이지요. 야나기에게 있어 조선민족미술관은 이른바 일본민예관의 원점이라고도 할 수 있는 미술관입니다.

야나기는 조선민족미술관에 대해 일제강점기라는 시대 속에서 한국 사람들이 스스로의 힘으로 미술관을 만들어 문화재를 수집하고 보존하는 것이 어려울 테니 지금 그것이 가능한 우리들의 손으로 그 일을 해서 언젠가 이것을 한국 사람들에게 넘겨주고 싶다, 그리고 그 뒤에는 계속 문화재 보존에 힘써주었으면 한다는 바람을 글에 적었습니다. 그러니까 야나기 씨는 문화재 반환과 관련될 만한 부정한 방식으로 물건을 다루지는 않았을 것입니다. 모든 것은 정당한 대가를 치르고 구입한 것이나 뜻 있는 이들이 기증한 것이라고 생각합니다. 앞서 말씀드렸듯이 야나기는 그 나라에 있던 것은 그 나라에 있어야 한다는 근본적인 사상을 가지고 있었습니다. 만일 야나기가 살아 있다면 그도 문화재 반환에 찬성했을 것이라고 생각합니다.

그와 동시에 민예관에는 한국 이외의 여러 나라와 민족의 공예품이 많습니다. 그러한 아름다운 것을 보면 그 나라 문화와 사람에 대한 존경의 마음이 깊어집니다. 그러한 의미에서 문화재는 '얼굴 없는 외교사절'이라고 합니다만, 국제 친선과 문화교류를 하는 데 있어서 아주 큰 역할을 담당하고 있다고 생각합니다."

한 번 더, 한국에서 전시회를 …

— 그와 관련해서 조선에서 유래한 민예품이나 공예품에 대해 일본에서 연구하고 싶다는 분이 있습니까? 또는 그와 관련된 연구는 현재 어느 정도 진행되고 있습니까? 일본민예관에는 타이완이나 오키나와 또는 아이누의 공예, 민예품도 있다고 들었습니다만. 일본 현지에서 조선의 민예 또는 공예에 관한 학술, 문화, 사회 등 여러 가지 면에서의 연구회 같은 것이 앞으로 생길 가능성이 있습니까?
"충분히 있을 수 있습니다. 현대미술관의 〈야나기 무네요시 전〉에서 강의한 이병진(李秉鎭) 교수도 예전에 일본에서 유학했지요. 그때 민예관에서 야나기 무네요시 연구나 민예에 대한 조사를 했습니다. 그러한 의미에서 민예관이 연구자를 받아들이는 것은 이후에도 가능하다고 생각합니다."

— 이번 서울 전시회 도록에도 이병진 교수의 논문이 실렸지요.

"그렇습니다."

— 일본인들 중에서 그러한 연구를 하고 싶은 사람에게는 민예관이 편의를
제공한다든지 합니까?
"물론입니다. 이병진 교수는 도쿄대 대학원생으로 있을 때, 민예관에서 자
료를 조사하면서 연구했습니다. 일본인은 물론이고 국적과 관계없이 야나
기 무네요시나 민예에 대해 연구하고 싶은 분에게는 편의를 제공합니다."

— 민예관에서 그러한 자료를 열람할 수 있는 자료관이 있습니까?
"자료관은 아직 없습니다. 자료를 열람할 수 있는 도서관을 언젠가 민예관
안에 만들고 싶습니다. 그러나 지금도 연구자에 대해서는 필요한 자료를
보여주거나 필요한 작품을 수장고에서 꺼내어 조사에 편의를 제공하는 일
은 하고 있습니다. 예를 들어 민예관에는 오키나와 컬렉션이 많기 때문에
오키나와의 공예품 조사를 위해 오키나와의 대학에서 정기적으로 조사하
러 오십니다. 이러한 일은 박물관의 역할로서도 중요한 것이 아닐까 생각
합니다."

— 앞으로 한국에서 전시회를 열 계획은 없는지요?
"이번 서울에서의 전람회가 끝나고 작품이 일본에 돌아왔을 때, 정식요청
은 아닙니다만 한국 현대미술관의 큐레이터 분으로부터 앞으로도 민예관
과 협력하여 전람회를 하고 싶다는 말을 들었습니다. 미술관 사이의 정식
요청은 아닙니다만, 마음으로는 이후에도 계속해서 한국에서 전람회를
실현하고 싶습니다. 이것은 야나기 무네요시의 바람이기도 하다고 생각
합니다."

— 두 차례에 걸친 인터뷰에 응하여 소중한 이야기를 들려주신 데 대해 감
사드립니다.

제 5대 일본민예관장 후카사와 나오토(深沢直人)

광화문을 지킨 야나기
무네요시의 일본민예관 78년

일시: 2013년 7월 18일
장소: 도쿄 일본민예관

후카사와 나오토는 다마미술대학 미술학부 프로덕트디자인과를 졸업하고
동 대학의 객원교수, 무사시노 미술대학 교수 등을 역임 및 IDEO 도쿄지사
설립. 2012년 일본민예관장에 취임했으며 D&AD상 금상(영국), 오리베상
(일본) 등 국내외 디자인상을 다수 수상했다.

민예와 디자인의 접점을 찾는다

일본민예관은 야나기 무네요시가 초대 관장을 지낸 후 하마다 쇼지(浜田庄司), 야나기 소리(柳宗理, 무네요시의 장남) 등을 거쳐 2012년 7월 세계적인 공업 디자이너인 후카사와 나오토(深澤直人) 무사시노 미술대학 교수를 제5대 관장으로 선임했다. 제3대 관장이었던 야나기 소리 역시 삿포로동계올림픽 성화대를 디자인하는 등 공업 디자이너로서 유명하다.

다마미술대학 프로덕트디자인학과를 졸업한 후카사와는 일찍이 미국 실리콘밸리에서 7년 반 동안 IT산업을 비롯한 공업디자인 연구에 전념했다. '행위에 상응하는 디자인', '의식의 중심', '보통'이라는 개념을 스스로의 디자인철학으로 삼고 실천을 계속해왔다. 디자인을 통하여 대상의 본질에 파고드는 그의 사상과 표현에 대해서는 국가나 영역을 초월하여 높이 평가한다. 그는 탁월한 조형미와 심플함으로 일관하는 디자인으로 세계를 대표하는 공업디자인을 창작해왔으며 일본 내 대기업, 메이커 제품의 디자인 또는 자문에 응해왔다. 1999년부터는 인간의 무의식적인 행위에 착안하여 디자인하는 디자인 강좌 "생각 없이"(WITHOUT THOUGHT)

를 매년 개최하고 있다. 일본 및 해외의 권위 있는 디자인상을 다수 수상하기도 했다.

일본민예관 이사회에서 자신을 관장으로 영입하고자 한다는 연락을 받고 그는 주위에서 '왜 디자이너가 민예관장을?'이라고 의아해할 것 같은 망설임에 한동안 주저하다가 거절하였다. 디자인에 대한 일반적 개념인 '민예의 미학과 철학'의 관점에서 보면 가볍게 보이지 않을까 하는 생각을 떨칠 수 없었다고 한다. 그러나 거듭된 요청을 한동안 숙고한 끝에 '혹시 내가 디자이너라는 이름을 갖고 민예의 세계에 들어감으로써 쌍방의 간격을 없앨 수 있지 않을까. 그래서 디자인에 있어서, 민예에 있어서 서로 간에 응어리진 편견을 녹일 수 있는 힘이 된다면 좋겠다'는 생각이 들어서 관장직을 수락하게 되었다고 그는 밝히고 있다.

과거에 〈동아일보〉 특파원으로 도쿄 근무 때 사명감의 하나처럼 생각하여 찾아간 일본민예관을 이번에는 인터뷰의 일로 다시 찾아가 후카사와 관장과 인터뷰했다. 후카사와 관장은 야나기 무네요시가 추구한 '일용(日用)의 미', '일상의 아름다움'과 디자인의 세계가 지향하는 '보통 속의 아름다움'은 같은 것임을 깨달았으며, 그런 의미에서 야나기가 일생을 걸고 이룩해온 민예와 자신이 하고 있는 공업디자인의 접점을 찾아가는 징검다리 역할을 함으로써 오늘날 디자인의 세계를 연구하는 젊은이들에게 민예를 접목시킨 디자인의 새로운 이정표를 제시하고자 한다고 밝혔다.

2013년 5월 25일부터 7월 21일까지 덕수궁미술관에서 국립현대미술관(관장 정형민 서울대 교수) 주최로 〈야나기 전〉(柳宗悅展)이 열려, 일본민예관 소장의 야나기 컬렉션을 국내에 선보였다. 특히 조선의 민예품을 별도로 전시하여 관심을 끌기도 했다. 3만여 명의 관람객이 찾았다. 개회식에 참석한 후카사와 일본민예관장은 필자와의 인터뷰에서 "국립현대미술관이 〈야나기 전〉을 열어준 데 큰 의의가 있다"고 강조하고 한일국교정상화 50주년째인 2015년에 보다 큰 규모의 전시가 개최될 수 있었으면 하는 기대를 말하기도 했다.

— 일본민예관의 창립자이자 초대 관장인 야나기 무네요시 선생으로 말하자면, 조선총독부 시절에 발표한 "사라지려 하는 하나의 조선 건축을 위하여"(〈개조〉, 1922)라는 글이 조선의 궁궐 경복궁의 정문인 광화문 보존에 결정적인 제언이 된 일로 한국 국민들에게 널리 알려져 있습니다. 조선총독부는 광화문이 조선의 상징이었기 때문에 이 건축물을 철거하고 이축하려 했으나, 야나기 무네요시 선생의 이 글이 한국어로 번역되어 〈동아일보〉(1922년 8월 24일 자)에 실리자 철거에 반대하는 여론이 강해져서 광화문을 부수는 계획을 단념하고 남겨둔 것입니다. 이 글은 뒤에 한국의 중학교 교과서에도 실렸습니다. 저도 읽고 매우 감명을 받았습니다. 조선 건축이나 민예품을 사랑한 일본인으로서 줄곧 야나기 무네요시 선생을 마음속에 기억하고 있었습니다. 당시 '민예'라는 말은 야나기 무네요시 선생이 처음 내세워서 새로운 미(美)의 사상으로 확립시킨 신어라고 하던데요.
"'민예'라는 말은 야나기 무네요시 자신이 제창한 새로운 개념으로, 말 그대로 민중의 공예라고 할 수 있습니다. 작가의 자의식이나 작위(作爲)를 초월한 소박하고 꾸밈없는 미, 거기에 사랑이 담겨져 있는 아름다움, 그가 평소에 얘기하던 '정상(正常)의 미'를 야나기 무네요시는 민예라는 새로운 단어로 제창했습니다.

이것은 권위주의적 미술에 대비되는 서민적인 감각의 미술을 칭하는 것이기도 합니다. 야나기 무네요시는 조선의 일용잡기(日用雜器)를 보는 동안 소박한 미를 발견하였고, 민간에서 사용되는 일상용품의 아름다움에 눈을 떠서 '민중의 예술'이라는 의미의 민예를 제창했다고 생각합니다.

이 부분은 제 스스로 느낀 바를 말씀드리는 수밖에 없겠습니다. 한국에서도, 다른 아시아 국가에서도, 혹은 일본에서도 이 민예라는 말이 없었던 시대에, 일상에서 쓰이고 있던 도구 속에서 미를 잘라서 끄집어낸 것이 야나기 무네요시가 처음 미학에 대한 흥미에서 발견하여 도달한 지점이 아닐까 하고 느끼고 있습니다.

그렇기 때문에, 당연하지만 일본에서도 '일상적으로 쓰이는 도구 속에

미가 있다'는 것을 그의 시점에서 소개함으로써 새로이 '아, 이러한 것이 역시 아름답구나' 하고 생각함과 동시에, 한국에서도 조선시대의 것이나 '잡기'(雜器)로 불리며 쓰이던 것이 실로 아름답다는 점을 깨닫는 계기를 만든 것이 아닌가 생각합니다.

그러니까 이 민예라는 말은 공예라는 말과도 다르고 예술이라는 관점과도 또 다릅니다. 이 말을 만들 수밖에 없었던 새로운 발견이 일반인들에게 공명(共鳴)을 일으킨 것이라고 생각합니다."

― 2013년의 〈야나기 무네요시 전〉은 한국 국립현대미술관이 일본민예관과 함께 공동개최하였습니다. 저도 전람회에 갔습니다만 '조선미술과의 만남'이라고 해서 별도의 전시실을 만들어 소중히 전시하고 있었습니다. 저는 야나기 무네요시라고 하면 한국의 옛 조선 민예품만을 사랑했다고 생각했습니다만, 이번에 보니 중세의 서양미술에 대해서도 깊이 연구하셨더군요. 버나드 리치(Bernard Howell Leach)라든가 말입니다. 그와 만난 시절 이후의 여러 변천 과정을 볼 수 있었습니다. 한국 국립현대미술관의 정형민(鄭馨民) 관장이 쓴 도록의 인사말 속에도 "이번에는 야나기 무네요시의 공예관을 전체적으로 소개하는 기회가 될 것"이라 했습니다. 그것을 읽고 처음으로 야나기 무네요시와 서양미술과의 관계에 대해 공부한 참입니다.

2013년 5월 25일부터 7월 21일까지였지요. 후카사와 관장님은 5월 25일의 개회식에 참석하여 인사를 하셨습니다. 약 2개월 동안 3만여 명의 관람객이 보러 왔습니다. 어떻습니까? 한국의 관람객도 다양한 사람들이 왔을 것이라고 생각합니다만, 그 반응을 어떻게 평가하고 계십니까?
"한국 국립현대미술관에서 〈야나기 무네요시 전〉을 했다는 것은 매우 커다란 의미가 있다고 생각합니다. 굳이 민속박물관이 아니라 현대미술, 현대라는 관점에서 야나기, 그리고 민예를 본다는 것이지요. 그것이 아주 중요한 점이 아닐까 생각합니다."

후카사와 나오토와 일본민예관

— 일본민예관과 후카사와 관장의 인연이랄까 만남에 대해 여쭤보고 싶습니다. 후카사와 관장은 세계적인 공업 디자이너로서 널리 알려져 높은 평가를 받고 있습니다. 민예관과의 관계에 대해 가르쳐주시겠습니까? 후카사와 관장의 취임사를 읽어보니 처음에 관장 취임 요청을 받았을 때에는 몇 번이나 거절하셨다고 하던데요.

"민예라는 것, 혹은 공예라는 것은 인간의 손을 써서 만들어내는 아주 소박한 맛을 가진 것이지요. 그와 동시에 일본에서도 한국에서도 새로운 기술을 사용한 제품이 많이 만들어졌습니다. 이것은 디자인이라는 말로 불리고 있지요. 같은 '물건 만들기'라고 해도 다른 말로 불립니다. 다만 물건을 만든다는 관점에서 말하자면 제 안에서는 기본적인 사고방식에 큰 차이가 없었습니다. 특히 3대 관장이었던 야나기 무네요시 씨의 아들, 야나기 소리(柳宗理) 씨가 말한 '사용하는 아름다움'(用の美), 야나기 소리 씨도 프로덕트 디자이너였습니다만, 야나기 무네요시 씨도 그렇게 말씀하셨습니다. 그러니까 제게는 민예와 디자인은 관계가 깊은 것, 같은 것이라는 개념이 있었습니다.

일반적인 인식으로 보면 민예라는 것에 강한 애착을 갖고 있는 사람들은 어째서 디자이너가 민예관 관장이 되는가 하는(웃음), 비판의 목소리를 실제로 들은 것은 아닙니다만, 그러한 것이 있지 않은가 하고 생각했습니다. 그래서 그러한 큰 역할은 훨씬 민예와 관련 있는 사람이 하는 편이 좋지 않겠는가 하는 의미에서 거절했던 것입니다만, 저로서는 아주 큰 영광이 되는 추천이었다고 받아들이고 있습니다. 민예관 관장이 되어달라는 것은 매우 기쁜 일이었습니다.

그 이유는 전전 대의 관장, 3대 관장이지요, 야나기 소리 씨가 일본 공업디자인의 선구자적인 존재로 디자인이라는 것을 시작하신 분이기 때문입니다. 그 훌륭하신 분이 하시던 관장 자리를 제가 공업 디자이너로서 잇

게 된다는 것을 저 개인적으로는 커다란 가치로 받아들였고 대단한 영광
이라고 생각했습니다. 반대로 그 부분이 연결되지 않는 이들에게는 조금
적합하지 않은 것 아닌가 하는 걱정이 있었던 것도 사실입니다."

— 관장 취임은 작년이었습니까?
"그렇습니다. 2012년 7월입니다."

— 관장으로 취임해서 곧 1년이 지납니다(인터뷰 당시). 2년째를 맞는 소
감은 어떠십니까?
"저는 오랫동안 미국에서 디자이너 일을 하고 있었습니다만, 미국에 가기
전에 일본민예관을 처음 방문하였습니다. 그때 일본민예관이라는 것 자체
에 큰 감명을 받았습니다. 더군다나 거기에 물건 만들기라는 것은, 물건이
라는 것은 이러한 것이라는 야나기 무네요시의 말이 있었습니다. 그것이
저에게는 디자인 그 자체였다는 점도 있어서 매우 인상 깊었던 그 사상을
가지고 미국 생활을 시작했다는 경위가 있습니다. 그것 역시 하나의 큰 인
연이었던 것은 아닐까 하고 느끼고 있습니다."

— 미국에 가기 전에 민예관에 와보고 민예와 디자인의 동질성을 확인하셨
다는 것이군요. 미국에 가신 것은 역시 디자인 공부를 보다 깊이, 본격적
으로 하기 위해서였다고 들었습니다만. 앞서 말씀하셨듯이 떠나기 전에
민예관을 보고 싶다는 마음, 그러한 생각은 어떠한 것이었습니까? 무엇을
느껴서 민예관을 찾았습니까?
"일본, 일본인, 혹은 일본의 미학이라는 것을 일본 안에 있으면 좀처럼 느
끼기 어렵다고 생각했습니다. 일본의 차(茶)에 대해 《'이키'(いき)의 구
조》라는 책을 쓴 구키 슈조(九鬼周造), 차에 대한 책을 쓴 예대(芸大)의 오
카쿠라 덴신(岡倉天心) 같은 분들, 그리고 《무사도》(武土道)를 쓴 니토베
이나조(新渡戶稻造), 대부분의 분들이 일본의 미학을 외국에 처음으로 소

개하기 위해 그러한 철학을 쓰신 경험이 있습니다.

저도 외국에 가는 이상 일본인의 미학은 대체 무엇인지에 대해 깊은 흥미를 갖고 있어서, 그 흥미의 하나로 일본민예관을 찾았습니다. 결국 미국의 생활 속에서 미국을 연구한다기보다는 멀리에서 일본을 연구했다는 것이 아주 큰 수확이었습니다."

미국에서 발견한 일본의 미학

— 미국에 체재하신 것은 7년 반 정도라고 들었습니다.
"그렇습니다."

— 실리콘밸리에서 연구와 생활을 하셨다고요?
"네, 캘리포니아의 샌프란시스코에서 살았습니다. 바로 컴퓨터 산업이 아주 활발해지던 시기였습니다."

— 그곳에서 무엇을 연구하셨습니까? 무엇을 위하여 그곳에서 7년 반가량을 계셨습니까?
"우선은 일본을 벗어나 해외에서 디자인 일을 해보고 싶다는 아주 단순한 바람이 있었습니다. 이것은 가서 느낀 것입니다만, 당시의 실리콘 밸리는 현재 IT산업의 중심이 되는 인터랙션 디자인(interaction design), 인터페이스(interface), 말하자면 사용하는 방식이죠, 물건의 형태나 크기, 모양이 아니라 어떻게 사용하는가에 대한 연구가 아주 활발해지던 시기였습니다. 이것을 보다 깊이 생각하면 인간, 손님, 사용자, 즉 마케팅에서는 고객이고, 유저(user)는 사용자이지요. 그 이전에 인간이라는 것은 대체 물건과 어떻게 엮여가며 생활하는가를 생각하는 분야의 디자인을 인터랙션 디자인이라고 합니다. 이 연구가 가장 활발한 시기였지요. 그것이 현재가 되어 꽃이 피고 세계 IT가 큰 변화를 이루게 된 것입니다. 바로 그것이 발달하기 시작한 시기에 실리콘 밸리에 있었습니다.

물론 한국도 그렇습니다만, 일본인은 원래 물건과 인간의 관계에 대해 섬세한 관계성이 교육되어 있다고 할까요. 문화나 관습 속에 그러한 것이 있었다는 점을 거꾸로 미국에서 발견할 수 있었다고 생각합니다."

— 방금 실리콘 밸리의 IT 산업을 말씀하셨습니다만, 주로 IT 산업이라고 하면 편리하고 간단하며 작은 반도체를 비롯한 여러 가지 것들, 우리들은 아주 작은 기술의 사용자라고 할까요. 그것에 대한 보통 소비자로의 생각은 이렇습니다만, 방금 말씀하신 디자인, 특히 인터랙션 디자인은 어느 쪽의 생각입니까?

"본래 컴퓨터의 사고방식 자체는 특수한 것, 전문적인 것이어서 패스워드라고 할까요, 프로그래밍의 패스워드를 넣어서 문자로 변환하는 것이었습니다. 이를 GUI(Graphic User Interface, 그래픽 기반 사용자 환경)라는, 문자가 아닌 그림으로 바꾸어 사용할 수 있게 하는 것이지요. (스마트폰의 어플을 보여주면서) 이러한 것입니다. 이러한 것을 생각해낸 것 자체가 실제의 물리적인 경험, 인간의 경험, 경험지(経験知)에서 생겨났다고 생각합니다. 현재 가지고 계신 스마트폰 같은 것도 제가 미국에 있던 시기에 이미 그 원형이 만들어져 있었습니다. 다만 기술이 아직 그렇게까지 작게는 할 수 없었기 때문에 거기까지는 가지 못했습니다만.

이것은 역시 인간의 자연스러운 조작, 당연하다(inevitable)고 할까요, 필연적인 조작에 기인하는 것이 아닐까 생각합니다. 이를 기반으로 한 사고방식이 UCM(User Concept Model), 사용자 개념 모델이라고 합니다. 즉 사용자가, 모든 사람들이 어떤 말을 들었을 때 반응하는, 머릿속에 떠오르는 그림을 찾아내면 그것이 기본이 된다고 생각합니다."

— 이 휴대전화 자체의 본체 디자인도 점점 발전하고 변화하겠지요. 이것이 아이콘 하나하나에도 디자인이 들어 있다는 것이군요.

"물론 그렇습니다. 움직이는 방식, 진동이 울리는 방식, 모든 것은 인간이 어딘가에서 체험한 것이 집약되어 있는 것처럼 될 것입니다."

— 이 어플리케이션 하나를 봐도 이것이 어떠한 기능이나 콘텐츠의 창(窓) 인지를 바로 알 수 있는 것처럼 말이지요.
"알 수 있게 하지 않으면 안 된다는 것입니다. 예를 들어 애플사의 제품을 사용해본 적이 없는 사람이 쓰면 쓸 수 없다는 일은 없어야 되지요. 그 사용하는 방법을 생각하는 동안에 찾아낼 수 있다고 해야 할까, 이해할 수 있도록 만든다는 것입니다. 그러니까 한 번 써보면 바로, 하나를 알면 백을 알 수 있는 것과 같은 방식이라고 생각합니다."

— 예를 들어 이 휴대전화에 있는 〈아사히신문〉 어플입니다만, 〈아사히신문〉의 제호(題号)는 디자인하는 쪽이 신문사와 상의해서 만듭니까?
"그것은 〈아사히신문〉사가 어플리케이션을 만드는 팀에서 최종적인 아이콘을 만들고 그것을 애플과 제휴해서 만드는 형태라고 생각합니다."

— 〈아사히신문〉에서 만들고 그것을 제휴한다는 것이군요.
"어플리케이션은 어플리케이션 회사가 만들기 때문에 거기에 〈아사히신문〉이 의뢰했을 것이라고 생각합니다."

— 이것이 〈동아일보〉 어플입니다. 이 마크는 한국에서 보면 〈동아일보〉라고 바로 알 수 있습니다. 벌써 90년 이상의 역사를 가지고 있으니까요.
"그러한 것을 경험적 디자인(experience design)이라고 합니다. 경험을 통해서 이해한다는 뜻이지요. 예전의 전자기기는 조작매뉴얼이나 조작방법을 공부해야 했습니다. 요즘 물건은 사용하면 점차 알게 되지요. 그러한 시대가 되었다고 생각합니다."

후카사와 나오토의 디자인 철학

— 선생의 개인적인 자료도 인터넷에서 찾으면 바로 알 수 있는 시대가 되었습니다만, 여러 자료가 있더군요. 조금 전의 자료에서 선생이 쓰신 문장을 보면 미국에서 세계적인 디자인의 예술, 그 세계에서 일하고 있는 동안 디자인의 첨단 선두주자들과 아직 싸우고 있는 동안에 문득 이 일상의 아름다움, 그 속에서 디자인의 미학을 발견했다고 하면서 아름다움이 가장 중요한 부분이 되었다고 결론처럼 쓰셨습니다. 이것은 어떠한 디자인 철학입니까?

"디자인이라고 하는 것 자체는 물건 그 자체를 사용하고 있을 때, 예를 들어 지금 차를 드시고 계십니다만 인간은 이 찻잔에 대해서는 생각하지 않지요. 즉, 이 찻잔은 아름답다고 생각하면서 마시는 것이 아니라 그냥 차를 마시고 있을 뿐입니다. 인간의 행위라는 것은 대부분 물건 그 자체에 집중하지 않으면서 이루어집니다. 그러므로 일상의 행위라는 것은 생각하지 않는 상태에서 이루어지는 편이 좋다, 자연스럽게 이루어지는 편이 부드럽다는 것이지요. 걷는다는 것을 생각하면서 걷는 사람은 없습니다. 자연스러운 행위라는 것은 이미 인간의 몸이 그렇게 움직이게 되어버리는 것이라고 생각합니다. 그리고 그러한 행위의 집합체가 일상이지요. 거기에 잘되지 않는 부분이 있으면 어딘가가 삐걱거리는 부분이 나타나게 됩니다. 잘되고 있는 상태를 미학이라고 파악하는 것, 일상의 미라는 것은 그러한 것이 아닐까 생각합니다. 이 환경에서는 이 환경에 맞는 접시라든가 사용하는 방식, 앉는 방식, 말하는 방식 등등 여러 가지가 포함되어 있다고 생각합니다."

— 미학에 대해 저는 잘 모르지만 특별한 것, 혹은 반드시 아름다운 것이 아니면 안 된다는 선입견이 있습니다만, 그것과는 완전히 다르군요.
"장식이나 그러한 꾸밈이 아니지요. 오히려 자연스럽게, 필연적으로 잘 조화된 것이 일상 속의 미학이라고 느끼고 있습니다. 그러므로 디자인은 특별한 것이 아니고 그 부분에서 민예와 깊이 관련되는 부분이 있습니다. 공예라는 것은 역시 어떤 종류의 미를 강조한 것이므로, 누군가에게 물건을 선물할 때에는 장식을 붙인다든가 하겠지만 말입니다. 민예가 오히려 디자인의 사고방식에 가깝다고 생각합니다."

— 그것은 보통 생활 속에서 디자인이 가지는 아름다움을 강조한다는 뜻입니까?
"그러한 의미입니다. 지금 사용하고 계시는 전자기기와 같은 것도 점점 작아져서 기능은 남아 있지만 소형이 되어가지요. 텔레비전도 점점 얇아집니다. 즉, 기술적인 진화라는 면에서 보면 전자기기와 같은 물건의 형태는 앞으로 없어져버리는 것이 아닐까 하고 상상하고 있습니다. 예를 들어 텔레비전이 유리창 속에, 휴대전화는 귓속에, 난방은 벽 속에. 한국의 온돌과 같은 것이지요. 여기에는 에어컨이 있다든가 히터가 있다든가 하는 형태는 없어지지 않을까 하는 것이지요."

— 물건의 본체가 보이지 않으면 디자인도 필요 없는 것 아닙니까?
"필요가 없기에 기능을 조작합니다. 그것이 인터랙션이지요. 아무런 형태도 없지만, 예를 들어 이 어플로 난방을 더 따뜻하게 한다든가 소리를 크게 한다든가. 그러한 일이 필요해집니다. 그것을 생각하는 것이 인간의 경험지에서 출발합니다. 디자인은 인간과 물건과 그 환경, 이 세 가지를 잘 엮어내는 관계라고 정의합니다. 물건의 형태만이 디자인인 것도 아니고, 환경을 만드는 인테리어가 디자인인 것만도 아닙니다. 그러한 것은 모두 조화된 하나의 어떤 것으로 통합(integrate) 되지 않을까 하고 상상하고 있습니다."

— 기술적인 진보는 훨씬 앞서가고 있는데 디자인은 일상으로 돌아간다,

일상 속에서 눈에 띄는 것을 떼어낸다고 할 때, 모순되는 것은 없을까요?

"일상에서가 아니라 예를 들어 지금 앉아 있는 의자도, 테이블도, 예전부터 바뀌지 않았지요. 앞으로도 아마 바뀌지 않을 겁니다. 그러나 애플 사의 아이폰도, 아이패드도 아마 바뀌어가겠지요. 그러니까 바뀌는 것과 인간이 필요로 하는 바뀌지 않는 것, 이 두 가지가 있다고 생각합니다. 신체와 관련된 것, 그릇이나 유리잔 같은 것은 앞으로도 바뀌지 않고 남아 있지 않을까 하고 생각합니다."

— 앞서 말씀하신 보통 생활 속의 아름다움, 이것을 디자인의 세계에서 실험했다고 할까요. 그곳에서 도착한 것이 결국 야나기 무네요시가 예전에 생각하고 느낀 보통 생활 속에서의 아름다움, 그것과 마주치게 되었다는 것이군요.

"말씀하신 대로입니다. 디자인은 특별한 것이 아닙니다. 특별하다고 생각하면 안 되지요. 오히려 거기에 흥미를 느끼지 않는 쪽이 좋다고 생각합니다."

— 그러나 최근 패션 디자인과 같은 것은 너무 화려하더군요.

"그렇습니다. 그러한 것이 필요한 경우도 있습니다. 자기 자신을 주장하고 싶다든지 사람들에게 주목받고 싶다는 바람이 있다든지 할 때 말입니다. 이 부분은 디자인 중에서도 분야에 따라 다르다고 생각합니다. 다만 공업 디자인에 관해서는 형태가 점차 사라질 것이라고 상상하고 있습니다."

워크숍 '생각 없이'

— 후카사와 관장은 현재 일본에서 '생각 없이'라는 워크숍을 계속하고 계십니다. 이것은 어떠한 구성인지 알 수 없습니다만 다양한 활동을 하고 계시지요. '생각 없이'는 어떠한 것입니까?

"이것은 앞서 말씀드렸듯이 이야기를 하고 있을 때는 지금 머릿속에서 생각을 하고 있지만, 그때 차도 마시면서 동시에 손으로 찻잔을 꽉 붙잡고 있습니다. '함께 이야기를 하고 있지만 동시에 차를 마신다.' 차를 마시는 일에 대해서는 생각하지 않습니다. 그렇지만 찻잔은 제대로 잡고 있지요. 찻잔 속에 차가 많이 있으면 좀더 윗부분을 잡을지도 모릅니다. 차가 적으면 아랫부분을 잡을지도 모르지요. 그렇지만 이야기에는 집중하고 있습니다. 이렇게 인간은 실수를 저지르지 않습니다. 이것이 '우리는 생각하지 않으면서 차를 마신다'(*We are drinking a tea, without thought*) 라는 사고방식입니다."

— 지금 처음 깨달았습니다만 이야기에 집중하고 있을 때도 음료는 마시고 있네요.
"그렇습니다. 전혀 문제없이 조화될 수 있지요."

— 찻잔의 어느 부분을 잡고 마실 것인가를 생각하지 않아도 잡은 채로 마신다 ….
"예를 들어 여기 찻잔의 둥근 정도도, 들어 올릴 때 이렇게 잡습니다. 그렇다면 이것은 디자인이 아니라 필연적인 것이라는 말입니다. 또는 지금 재킷을 의자 뒤에 걸어놓으신 것도 '생각 없음'이지요."

— 이 워크숍은 정기 강좌입니까? 어떠한 방식으로 운영되고 있습니까?
"기업의 젊은 디자이너를 20명 정도 모아서 매년 1회 워크숍을 합니다. 어떤 테마에 기초해서 최종적으로는 전시회까지 1년에 걸쳐서 진행합니다. 올해로 13회째니까 13년째가 되는군요."

— 예전부터 있었습니까, 아니면 일본에 오셔서 만드셨습니까?
"일본에 돌아온 뒤에 만들었습니다."

— 참가하는 기업이나 디자이너의 반응은 어떻습니까?

"아주 독특하고 재미있다고 합니다. 한국에서도 한 번 했습니다. 교류기금의 지원으로 열렸는데 강연도 했습니다."

— 다채롭게 활동하고 계시는 와중에도 책을 많이 쓰셨습니다. 이 워크숍 이외에도 디자인 관련, 아니면 디자인이 아니라도 여러 관련된 활동을 하고 계시지요. 어떠한 것이 있습니까?

"글쎄요. 지금 말씀드렸듯이 인간 자체가 스스로 어떠한 활동을 하고 있는가, 어떠한 행위를 하고 있는가는 알지 못한다는 것을 전제로 삼고 있기에, 이것을 안다는 것은 매우 흥미로운 일입니다. 그것과 디자인은 매우 깊은 관계가 있습니다. 어떤 의미에서는 심리학과도 연결되며 사회적인 시스템과도 연결되고 사상적인 것과도 연결됩니다. 다양한 곳에 응용할 수 있지요. 물론 경제도 그렇습니다. 이러한 의미에서 지금은 디자인이라는 것을 넘어서 여러 곳에 이러한 이야기를 할 기회를 가지게 되었습니다."

후카사와 나오토의 디자인에 대한 평가와 디자인 교육

— 국제적으로 우수한 디자인 미술에 수여되는 여러 상이 있습니다. 이러한 상을 일본에서뿐만 아니라 국제적으로도 많이 수상하셨지요. 선생이 수상하신 작품들 속에 일관되게 흐르는 철학은 어떠한 것입니까?

"그것은 이미 인간이 어떤 물건을 보기 전부터 그것을 이미 알고 있다고 할까요, 거의 알고 있다는 것입니다. 암묵적으로. 그것이 옳다고 할까요. 인간은 자주 '당신은 무엇이 필요합니까?'라고 물어보면 '모릅니다'라고 대답합니다. 그렇지만 예를 들어 '이것은 어떻습니까?' 하고 물건을 보여주었을 때 인간은 '아, 이것이 가지고 싶었어요' 하고 말합니다. 이것은 모순되지요. 당신은 지금 무엇이 있는지 아직 몰랐습니다. 본 적도 없는데 어째서 그것이 가지고 싶었다고 말하는가 하면, 그것은 암묵지 (暗默知) 라고 해서 여러 경험 속에서 그것이 올바른 것이리라는 답을 필시 공유하는 것이 아닐까 합니다. 그러니까 제가 디자인한 것을 내놓으면 '아, 이런 느낌 알아요' 하고 납득할 수 있는 필연성이 있기에 디자인상도 많이 받을 수 있었다고 생각합니다."

— 작품을 눈으로 보고 평가한다는 것은 받아들이는 쪽의 잠재의식 속에 무언가가 있다는 것이군요.
"그렇습니다. 경험 속에서."

— 그것을 어떻게 끌어내면 사람들의 공감을 얻을 수 있습니까?
"우리들은 같은, 닮은 환경 속에서 생활하고 있으니까 이미 관찰하고 있다고 해야 할까요. 인간이 생각하지 않고 하는 행위 등을 보는 버릇이 들었다고 할까요. 자기 자신이 항상 관찰하고 느끼고 있는 것은 아닐까 생각합니다."

— 그것은 우리들이 생각하는 보통의 상업디자인과는 다릅니까?
"관계도 있습니다만 다른 부분도 있습니다. 오히려 적극적으로 보여주려고 하는 것이 상업디자인이라고 생각합니다. 예를 들어 편의점의 패키지라든가, 음료수라든가. 그러한 내용물을 알 수 없는 것은 '어떤 병이 가장 잘 팔리는가'와 같은 식으로 연구를 하고 있습니다. 그것은 마케팅이라고 하지요. 제가 하고 있는 것은 마케팅이 아니라 오히려 인간이 경험하는 것을 중심으로 합니다."

— 그것은 마케팅과 어떠한 관계를 가질 수도 있습니까?
"물론 그 경험을 많은 이들이 하고 있어서 암묵적이고 잠재적인 것을 끌어낼 수 있다면 많은 이들이 그것을 사니까요. 결과적으로는 많이 팔리게 될 거라고 생각합니다."

— 기업으로부터 주문을 받거나 요청을 받아 만드는 경우도 많습니까? 아니면 이쪽에서 이것은 이렇게 디자인하는 것이 좋다고 제안합니까?
"요청은 받습니다만 거기에 대한 대답은 상대방이 기대하는 대답이라기보다 이렇게 하는 쪽이 낫지 않느냐는 식입니다. 보통 생각하는 것과 조금 다른, 올바른 답을 내놓는 기회가 많다고 생각합니다."

— 기업 측의 반응은 어떻습니까?
"지금은 이름도 꽤 알려졌으니까 기업의 최고경영자 쪽에서도 신용해줍니다만, 아직 젊었을 때는 그러한 의견을 말해도 기업 쪽에서 안 된다고 하는 경우가 있었지요."

— 수상하신 작품 중 하나가 뉴욕의 현대미술관(MoMA)에도 소장되어 있다고 들었습니다. 그것은 어떠한 디자인입니까?
"전시된 것은 하나가 아니라 휴대전화도 있고 무인양품의 벽걸이 CD플레이어도 있습니다. 그리고 도넛 형태를 한 가습기나 의자라든가. 여러 가지가 있습니다."

— 뉴욕 현대미술관에서 그 작품들을 소장하게 된 것은 어떠한 경위에서였습니까?
"미술관 쪽이 선택한 것입니다. 저는 아무 것도 요청하지 않았습니다. 한국과 관련해서도 일을 하고 있습니다. 삼성(三星)과 …."

— 삼성도 여러 가지를 만들고 있습니다만 어떠한 분야를?
"조금 말씀드리기 어렵습니다만 매우 중요한 일을 하고 있습니다."

— 2014년에는 모교인 다마미술대학의 종합디자인대학에서 가르치게 된다지요?

"종합디자인학과입니다. 학과장으로서 일하게 되었지요."

— 현재의 디자인 교육에서 무엇을 바꾸려고 하십니까?
"지금의 디자인은 예를 들어 상품 디자인이라든가, 그래픽 디자인이라든가, 인테리어 디자인이라든가, 여러 가지가 다릅니다. 그것이 전부 하나로, 분할할 수 없게 되었기 때문에 전부 통합해서, 그렇게 통합된 디자인으로, 미디어라든가 동영상과 같은 것도 포함한 교육을 하려는 것이 목적입니다. 그러니까 이것은 필연적인 일이라고 생각합니다."

한일 간의 미학의 동시성과 디자인이라는 시각

— 일본민예관은 그 역사가 깊고, 조선과의 관계도 옛 조선의 일상적인 미술 속에서 그 관계성을 발견한 것이지요. 어떠한 의미에서 조선의 미술과 일본의 사고방식, 일본이 받아들이는 방식과의 하이브리드에 의해 지금까지 77년간 민예관이 계속 지켜져온 것은 아닐까 생각합니다. 야나기 무네요시를 통해서 한국·조선의 미술이 일본에 받아들여지게 된 것은 일본의, 일본인의 마음속에도 '조선 미술의 이것은 인정할 만하다'는 동시성(同時性)이 있었기에 가능하지 않았나 생각합니다.
"말씀하신 대로입니다. 그것은 매우 강력한 동시성이라고 생각합니다. 같은 미학의 감수성을 가지고 있었다고 생각합니다."

— 그 근본은 어디에 있다고 생각하십니까?
"야나기 무네요시가 계속 탐구했던 소박한 것이 아닐까요."

— 눈에 띄지 않는다는 것 말이군요.
"그렇습니다. 약간의 국민성, 마인드가 다르다는 것은 있습니다만 본래 소박하고 성실하며 그다지 기발함을 자랑하지 않는다고 할까요. 장식적이

지 않은 곳에 미학을 가지고 있습니다. 매우 겸허하다는 점을 공유한다고
생각합니다."

— 현재 디자인의 시각에서 옛 민예를 새롭게 본다는 것, 이것은 매우 중
요한 이야기입니다.
"필요뿐만 아니라 역시 인간에게는 만들고 싶다는 욕구가 있다고 생각합
니다. 다만 앞서 말씀드렸듯이 점차 전자화되어 작아지고 물건이 없어져
가면 필요한 것을 만드는 일이 적어지게 되겠지요. 그렇게 되면 점점 오랫
동안, 긴 삶에서 지속가능한, 계속 쓸 수 있는 것을 만들고 싶어지는 것이
인간의 심리라고 봅니다.
　그러한 것에 흥미를 가지기 시작하면 민예관과 같은 장소에 와서 '아,
이러한 것이 오랫동안 사랑받는 것이구나'라는 것을 새롭게 공부할 수 있
게 되겠지요. 젊은 디자이너들의 방문도 크게 늘어나고 있습니다. 한국의
전시회에서도 그러한 분들이 늘어나고 있다고 들었습니다. 오히려 국립
현대미술관에서 열렸다는 점 자체가 의미 있다고 생각합니다. 그러니까
민예는 오랜 시대를 거쳐서 민예를 넘어서는 새로운 디자인이라는 세계에
새롭게 빛을 비추게 되었다고 생각하면 좋을 듯합니다."

— 마지막으로 하나만 여쭈어보겠습니다. 후카사와 관장이 일본민예관장
에 취임함으로써 프로덕트 디자인과 민예의 가교가 될 것이라는 기대감이
높아졌다고 생각합니다. 앞으로 관장은 디자인과 민예의 하이브리드를
어떻게 추진하시겠습니까?
"아주 좋은 질문입니다. 민예라는 것을 디자인이 아니라 단순히 민예로서
만 생각해버리면 자신의 디자인과 다른 것이 있다고 생각하게 됩니다만.
저도 여기에 와서 디자인의 뿌리라고 할까, 원판이 여기에 있었구나 하고
생각했습니다. 아름다움이라든가 사고방식의 힌트, 아이디어의 재료가 많
이 있습니다. 이것을 디자인을 공부하거나 실제로 디자인을 하는 분들이

많이 와서 봐주시고 여기에 있는 명품, 훌륭한 물건과 마찬가지로 장래에 훌륭하다는 말을 듣는 물건을 만드는 데 힘이 되었으면 좋겠습니다.

지금은 아직 그 부분이 이어져 있지 않습니다. 그 부분이 하이브리드가 되어서 잘 들어맞게 하기 위해 여러 가지를 생각하고 있습니다. 이것은 실현될지 어떨지 모릅니다만 예를 들어 디자이너의 눈으로 본, 여기에 있는 민예의 좋은 물건을 골라서 전시회를 한다든가, 그렇게 하면 어떻게 보이게 될 것인가. 그러한 것도 해보고 싶어서 지금 학예부장인 스기야마(杉山) 씨와 이야기하고 있습니다. 그렇게 해서 '아, 이것은 정말로 디자인이구나', '이렇게 아름다운 것을 내가 만들 수 있을까' 하고 생각하게 되면 성공이라고 생각합니다."

— 지금 선생이 설명해주신 디자인 속에서 발견한, 일상 속의 아름다움. 그것과 민예와의 만남이랄까, 공통점과 동질성. 그러한 것이 앞으로 민예를 새롭게 보는 계기가 되지 않을까요?
"그렇게 생각합니다. 환경은 점차 정리되어 쓸데없는 것이 없어지는 시대가 되었습니다. 그때에야 비로소 지금까지 많이 있었던 그릇이, 역시 이것이 가장 좋다는 식으로 흥미를 일으키게 될 것이라고 생각합니다. 주변 환경이 깨끗해지면 이것이 아니라 저것으로 합시다, 하는 식의 시대가 보다 일반화하지 않을까 생각합니다. 그러니까 인간의 눈이 높아진다고 할까요. 보다 물건을 음미하고 좋은 것을 발견하고 만들어낼 수 있는 시대가 올 것이라고 생각합니다."

— 우리 보통 사람들은 그러한 세계를 상상조차 할 수 없습니다만, 꼭 후카사와 관장에 의해 그러한 것이 민예관에서 민예를 통해 꽃피우게 되기를 바라면서 오늘 인터뷰를 마치겠습니다. 오랜 시간 감사합니다.
"감사합니다."

한국·조선 문화재 반환문제 연락회의 대표 아라이 신이치(荒井信一)

조선왕실의궤 '100년 만의 귀향'과 문화재 반환운동

일시: 2013년 5월 28일, 2014년 2월 15일
장소: 도쿄 무사시노 시 제일호텔 커피숍

아라이 신이치는 도쿄대 서양사학부를 졸업하고 이바라키대, 스루가다이
대 교수로서 서양사, 국제관계사를 가르치다 퇴직하여 현재는 스루가다이
대 명예교수, 일본 전쟁책임 자료센터 공동대표, 한국·조선 문화재 반환문
제 연락회의 대표간사 등을 맡고 있다.

문화재 반환운동은 전쟁책임 묻는 역사반성에서

전쟁의 피해 당사국 또는 침략에 의한 식민지 지배를 받은 나라로부터 여러 수단에 의해 강제 반출된 문화재를 원래의 위치로 되돌려놓아야 한다는 문화재 반환운동이 20세기 후반부터 유네스코를 중심으로 활발히 전개되고 있다. 미국, 영국, 프랑스, 독일, 일본, 이탈리아 등 과거의 식민지 종주국들은 식민지 지배 때 강제 반출해간 문화재들을 당사국에 반환하도록 요구받고 있다.

　2010년 4월 이집트 카이로에서 열린 '문화재 반환 국제회의'에서 한국, 이집트, 그리스, 중국 등 16개국 문화재 관련 대표들은 외국에 빼앗긴 문화재의 반환을 촉구하는 한편 반환운동의 국제적 협력을 확인하였다. 이 같은 국제적 움직임에 부응하여 2011년 미국 예일대는 100년 전 페루의 마추픽추 유적에서 반출한 4만 6천 점의 문화재를 반환했다. 2011년 일본의 민주당 정권에 의해 100년 만에 한국에 반환된 조선왕실의궤의 귀환도 그 같은 문화재 반환의 세계적인 추세에 부응한 것이다.

　조선왕실의궤 반환운동에는 민간차원에서 한국에서는 혜문(慧門) 스님을 사무처장으로 하는 문화재 제자리 찾기와 같은 환수운동이 중심이 되었고, 일본에서는 역사학자로 이바라키대 명예교수인 아라이 신이치(荒井信一) 대표가 이끄는 '한국·조선 문화재 반환 문제 연락회의'가 중심적인 역할을 했다. 아라이 교수는 2010년 6월 '한국·조선 문화재 반환 문제를 생각한다'는 제하의 공개 심포지엄을 일본에서 개최한 것을 계기로 '한국·조선 문화재 반환 문제 연락회의'를 발족시켰다. 일본 정부에 대해 과거 한국에서 반출된 문화재 반환을 촉구하는 제언을 전달하는 한편 국회증언 등을 통해서도 한반도 유래 문화재에 대한 종합적인 조사와 포괄적인 반환촉진을 위한 입법 조치를 촉구하였다.

아라이 교수는 《콜로니얼리즘(식민지주의)과 문화재》 등 그의 저서를 통해서 과거 식민지 종주국들의 문화재 약탈의 실상을 지적하고 반환을 향한 이론적인 당위성을 역설하는 한편 실질적으로 반환운동에 앞장서서 실현에 노력해왔다.

그가 왜 문화재 반환운동에 온 힘을 기울이고 있는지를 두 차례 걸친 인터뷰를 통해 물어보았다. 올해 88세의 아라이 교수는 대학 재학 중 징집되었던 제2차 세계대전 체험자로서 제국주의와 전쟁에 대한 책임을 묻는 연구와 저술활동을 계속해왔다. 정년퇴직 후에는 일본의 전쟁책임 자료센터 공동대표를 맡아 구 일본군 위안부 문제에 관한 각종 자료발굴을 통해 일본 정부의 관여와 강제성을 밝히는 작업에 힘써왔다.

그는 과거 일본 제국주의 시대에 한반도에서 약탈되거나 또는 무리하게 일본으로 반출된 조선의 문화재를 한국에 반환해야 한다는 문화재 반환운동에 앞장서게 된 이유를 묻자, "평생을 바쳐서 전쟁책임론을 연구한 학자로서 전쟁책임을 생각할 때 식민지 청산 문제까지 깊이 들어가지 않으면 완결될 수 없다는 것을 느꼈기 때문"이라고 답했다.

그의 저서 가운데는 1·2차 대전의 전쟁 가해국들에 대해 책임을 묻는 연구서들도 많지만 《역사 화해는 가능한가》, 《종군위안부와 역사인식》(공편), 《역사의 벽을 넘어서》(공편) 등 역사청산을 향한 진실규명과 화해에의 길을 모색하는 저술도 많다.

일본 국회에서 2011년 5월 조선왕실의궤 등 1,206권의 문화재 반환에 관한 한일 도서협정 비준이 승인된 것을 계기로 아라이 신이치 대표의 문화재 반환 연락회의는 성명을 내고 "아직도 한국병탄부터 식민지 지배하에서 가져온 한반도 유래의 문화재들이 일본에 다수 존재한다는 것은 틀림없는 사실"이라고 지적했다. 또한 "일본 정부와 국회가 해야 할 일은 문제를 봉인하거나 은폐할 것이 아니라 소유자가 … 자진해서 정보를 공개하도록 조사하여 장기적이면서도 순조로운 반환의 구조나 원칙을 유네스코 등의 권고나 의견도 활용하면서 검토 · 연구해서 만들어갈 것"을 제언하였다.

아라이 교수의 연락회의는 문화재 반환을 통해서 긴장이나 불신을 억누르고 서로 이해를 깊이 하여 선린우호와 연결되도록 한일쌍방이 노력할 것을 호소하면서 한일강제병합 100년을 계기로 이루어진 도서반환협정이 "종착점이 아니라 새로운 100년의 시작"임을 확인하려 한다고 밝혀 앞으로의 지속적인 연구조사와 반환운동에 대한 의욕을 나타냈다.

한편 동 문화재 반환 연락회의는 쓰시마 불상 도난사건에 대해 "불상의 반환이 실현되지 않는 가운데 이 사건을 계기로 한 반한 · 혐한 여론이 침투하여 한반도 유래의 문화재에 대한 조사나 논의를 하는 자체가 어려워지는 등 심각한 사태에 빠져 있다"고 우려하기도 했다. 아라이 대표도 "훔쳐간 불상은 되돌려주는 게 맞다"고 지적한다.

연락회의는 한일국교정상화 50주년을 맞는 2015년은 '문화재 및 문화협력에 관한 일본과 한국 간의 협정' 체결로부터도 50년이 되는 해임을 상기시키면서, 이를 계기로 한일의 문화재를 둘러싼 갈등을 바탕으로 하여 쌍방이 지혜를 모으고 국제적인 식견을 활용해서 순조로운 문화재 반환을 위한 절차와 원칙을 정하는 새로운 협정을 체결할 것을 제안하였다. •

• 〈韓國 · 朝鮮文化財返還問題連絡會議年報〉, 2014.

— 아라이 선생은 서양사와 국제관계사가 전공이시고 《제2차 세계대전》, 《일본의 패전》, 《전쟁책임론》, 《콜로니얼리즘과 문화재》, 《역사화해는 가능한가》 등 전쟁과 제국주의, 또는 문화재나 역사인식 등을 주제로 한 많은 책을 쓰셨습니다. 20세기에 두 차례나 있었던 세계대전의 원인 또는 책임 소재를 밝히고자 하는 연구를 계속하신 것으로 이해하고 있습니다. 선생은 왜 전쟁책임 문제에 관해서 연구하게 되셨습니까?

"저는 1926년 도쿄에서 태어났습니다. 1943년에 구제(旧制) 고등학교, 시즈오카(静岡) 고교에 입학했는데, 전시 중에 단축수업이 돼서 2년 후인 1945년 봄에 졸업하여 4월에 도쿄대에 입학했지요. 소학교 때부터 군국주의 교육을 받았는데 구제고교에서는 전쟁 중이지만 리버럴한 분위기가 상당히 강했었습니다.

제가 다닌 고교에도 전체적으로 리버럴한 분위기가 있었습니다. 예를 들면 4월에 입학하여 전부 기숙사에 넣어졌는데 그때 기숙사 화장실에 가서 깜짝 놀랐습니다. 낙서가 곳곳에 잔뜩 쓰여 있었습니다. 그 가운데 군인을 독일어로 '죠루타 텐'이라고 하는데, 고교생들은 '조루! 조루!'라 부르며 바보 취급했습니다. 낙서는 군인에 대한 험담이 대부분이었지요."

— 그 당시 고교생들은 군인에 대해 약간 싫어했다는 말씀인데 ….

"약간 정도가 아닙니다. 특히 문과계 학생들은요. 이과 친구들도 그랬다고 생각하는데, 결국 주위에 존경할 만한 군인이 없었다는 것도 있지만 …. 그리고 국가에 의해 무리하게 강제로 전쟁에 끌려 나가는 데 대해 반전(反戦)까지는 아니지만 군대나 군인에 대한 저항감과 비판이 대단히 강했습니다."

— 군인이나 군대에 대한 저항감 같은 것이 고교생들 사이에도 공공연했다는 말씀으로 이해됩니다.

"그렇습니다. 그게 대단히 강했어요. 당시 우리 동급생들은 1943년에 고교 1년생이었는데, 옛날에는 구제고교나 대학생의 경우 스무 살이 되어도 군에 징발되는 것을 졸업할 때까지는 유예하는 이른바 징병유예가 있었습니다. 구제고교생은 전부 대학에 진학하므로 스무 살까지는 징병에 해당되지 않았지요. 그렇게 알고 있었는데 제가 고교 1년생 때 수상(首相) 연설로 문과계 학생들에 대해서는 징병유예를 없애고 20세에 실시하는 징병검사를 1년 앞당겨 19세에 실시한다는 정부의 결정을 발표했습니다.

저는 그 따위 존경할 수 없는 군인, 또는 대단히 불합리한 군대에는 적극적으로 입대할 기분이 나지 않았습니다. 그저 소집통지가 오면 이등병으로 가려고 마음먹고 있었기 때문에 군 간부 시험 같은 것을 일절 보지 않았지요. 결국 1945년 3월의 고교 졸업 때에는 대부분의 학생들이 군대에 끌려가서 40여 명 있던 학급에서 졸업식에 간 것은 13명뿐이었습니다. 그런 상태에서 대학에 진학은 하였으나 6월에 소집되어 육군 이등병으로 입대했습니다. 배속된 연대는 새로 편성된 부대로서, 간단히 말하면 미군이 간토(關東) 평야에 상륙해오면 그에 대항하기 위한 부대였습니다.

보병연대였는데 입대해서 깜짝 놀란 것은 대포가 겨우 3문 밖에 없었고 그 가운데 2문은 1905년 러일전쟁 때 쓰던 것이었습니다. 소총도 40명 정도의 분대에 3정 밖에 없어서 이런 상태로는 결국 지고 말 것이다, 이런 상황으로 전쟁한다는 것은 이치에 안 맞는다는 강한 인상이 남았습니다."

— 부대는 어디에 배치돼 있었습니까?
"적의 상륙을 막는 제1선으로서 간토 평야의 해안지대에 배치되어 한 농가에서 머물고 있었습니다. 거기서 패전을 맞았지요. 그때 우리들 신병과 이미 배속된 고참병(古兵)들이 함께 분숙(分宿)하고 있었습니다. 고참병이란 1920년부터 1925년 정도에 군에 소집된 이래 계속 현역으로 남아 있던 노병들입니다. 이들 선임이 중심이 되어 19세인 우리 이등병들이 함께 농가에서 기숙하고 있었으므로 서로 무슨 일을 하는지 뻔히 알게 되었습니다. 1931년 만주사변이나 1937년 중일전쟁의 종군경험이 있는 고참병들이

슬쩍슬쩍 모여서 주고받는 얘기를 듣게 되었습니다. 무엇을 쑥덕이는가 했더니 '점령된다'는 얘기였습니다. '점령'이란 일본의 근대 역사상 처음 있는 일로서 물론 우리들 신병들은 점령이라는 말 자체가 상상조차 할 수 없는 것이었지요. 결국 패전으로 연합군이 일본을 점령하게 된다는 사실은 나중에 8월 15일 이후에야 알게 되었습니다.

그런데 당시 6월의 시점에서 고참병들이 수군대며 긴장하는 것은 자기들이 중국과의 전쟁 때 점령군으로서 여러 가지 나쁜 일을 저질렀던 경험이 있기 때문이었습니다. 그래서 고참병들이 수군대며 상의하는 내용은 미군이 점령할 경우 자신들의 집이나 특히 어린이, 여아, 아내나 딸들을 어떻게 하면 지킬 수 있을까 하는 것이었습니다. 이런 얘기를 듣고 있는 가운데 중일전쟁 때 일본군이 얼마나 나쁜 짓을 했는가를 알게 되었습니다. 그것이 제가 전쟁책임 연구에 집착하게 된 제 1의 원점이지요. 전쟁이 끝나고 저는 도쿄대에서 서양사를 전공하였는데, 서양사의 경우 전쟁책임 문제는 학계의 주요 주제 중 하나가 되어 있었습니다."

― 선생의 저서 《전쟁책임론》을 보면 1930년대에 일본의 대학에서 전쟁책임에 관한 연구가 활발히 전개되었음을 알 수 있는데, 그것은 제 1차 세계대전의 전쟁책임 문제를 주제로 했다는 말씀이고, 그 후 일본이 만주사변이나 중일전쟁에 돌입하고부터는 전쟁책임에 관한 연구나 논의는 꺼낼 수도 없게 되었다고 쓰여 있습니다.
"그렇습니다. 우리가 대학에서 배운 선생들의 대부분은 1930년대 전반에 전쟁책임 문제를 졸업논문으로 쓴 분들이었습니다. 그 졸업논문의 자료는 제 1차 세계대전의 전쟁책임 문제를 계기로 각국이 공개한 외교문서였지요. 따라서 나는 제 2차 세계대전의 경우도 전쟁책임 문제가 당연히 뒤따를 것이라 생각해서 그것을 주제로 전쟁책임에 관한 졸업논문을 쓰겠다고 생각했습니다. 자료적 문제가 있어서 직접적으로 전쟁책임 문제를 다루지는 못했으나 '만주사변에 있어서의 아메리카의 대일정책'에 관하여 졸업논문을 썼습니다. 그런 배경도 있어서 전쟁책임 문제는 일본사, 또는 동양사나 기타 전공자들에게 있어서는 새로운 분야이지만 서양사 전공자들에게는 오래된 주제였습니다. 간단히 말하자면 그것이 제가 전쟁책임 문제를 연구 주제로 하게 된 계기라 하겠습니다."

— 그 전쟁책임 문제 연구 중에서 문화재에 관한 연구는 어떻게 연관되어 오늘날 문화재 반환 등에 대해서 관심을 갖게 되셨습니까?
"문화재에 관해 관심을 갖고 반환운동에 직접 뛰어들게 된 것은 2년 정도 전부터입니다. 그러나 문화재에 관해 관심을 갖기 시작한 것은 오래전부터였습니다. 패전 수개월 전인 1945년 4월 도쿄대 문학부에 입학했을 때, 다른 학부는 거의 모든 대학생들이 근로동원되었는데 문학부만은 수업을 할 수 있었습니다.

4월 한 달뿐이었으나 강의가 있었습니다. 그러나 그 가운데 한 가지 역시 충격을 받은 것이 고고학개론이라는 수업이었지요. 당시 도쿄대에서 가르쳤던 고고학이라는 것은 이른바 '동아(東亞) 고고학', 곧 일본 국내보다도 침략, 또는 전쟁 확대에 따른 아시아 여러 지역의 발굴 같은 것으로서 하나의 인기 과목이었습니다. 그 고고학 주임교수가 고고학개론 시간에 먼저 입을 연 것이 '고고학은 곧 돈'이라는 것입니다. 특히 외지에서의 발굴은 막대한 비용이 들기에 그 발굴 비용을 어떻게 해서 조달할 것인가 하는 얘기가 전부였습니다. 결국 그 돈을 어디에서 염출할 것인가 하면 군의 기밀비입니다. 아주 간단히 말하자면 그 기밀비에 여러 가지 명목을 붙여서 군부로부터 자금을 빼내어 동아고고학을 하고 있다는 것이 수 시간에 걸친 수업의 골자였습니다. 이 일이 제 마음속에 현재에 이르기까지도 강하게 남아 있습니다."

— 문화재에 관심을 기울이게 된 것은 고고학 연구로부터라는 말씀으로 해석됩니다. 전후에도 고고학 연구와 문화재 연구를 계속하셨습니까?

"그렇습니다. 1974년 이바라키(茨城) 대에 교수로 부임했는데 이바라키 주변의 기타간토(北關東) 지방에는 고분이 많았음에도 고고학과가 없었습니다. 그래서 문부성에 가서 담판한 결과 고고학과 자체의 신설은 하지 못했으나 박물관학과를 개설하게 되었습니다. 대학도 모두 도쿄 집중의 경향이 강했으나 저는 학문이라는 것은, 특히 인문계는 지역과의 관계가 중요하다고 생각하여 그 같은 학과를 만들게 되었습니다. 고고학은 지역 연구, 지역 인식을 소중히 하지 않으면 안 됩니다. 그런 점에서 박물관학과에 들어와서 고고학을 연구하고자 하는 학생들도 많이 입학하게 되었습니다.

그 연장선상에서 말한다면 이바라키대학을 정년퇴직한 것이 1989년, 그 후 사이타마(埼玉)에 있는 스루가(駿河) 대학의 교수로 가게 되었습니다. 그 대학은 한노(飯能)에 있는데, 가서 놀란 것은 한노 지역은 사이타마 현의 역사에 의하면 원래 '한나라'(ハンナラ)로 불렸다는 것입니다. 7세기, 8세기경에 고구려가 멸망했을 때 고구려인들이 간토 평야에 와서 정착하였는데, 한노 지방에 와보니 '우리(고구려인) 고향과 대단히 닮았다'는 겁니다. 사이타마 현의 낮은 산들과 평야가 고향 땅과 매우 닮았으므로 도래인들이 이 일대에서 자리 잡고 살면서 토착 호족(豪族)들과 인연을 맺고 정착하게 되었다고 합니다. 고대의 도호쿠(東北) 지방도 그렇지만 그 지역에서는 무사(武士)가 많이 배출되었으며 그러한 지배계층에는 조선계의 피가 많이 흘러들어와 있습니다.

그런 역사적인 배경 위에서 지명도 그렇게 되었던 것으로 알게 되었습니다. 예를 들어 '고구려 군(郡)'이라는 지명도 청일전쟁 때까지는 남아 있었습니다. 지금도 사이타마에 '시키'(志木)라는 지명이 있는데, 이것은 원래 '시라기'(新羅, 신라)라는 뜻으로 신라로부터 사람들이 왔음을 말해줍니다. 한노의 옆에는 고려 신사(神社)가 지금도 있습니다. 그런 연유로 고대의 조선과 일본과의 관계에 대해서 관심을 갖게 된 것이 제가 훗날 한국의 문화재 반환운동에 관계 맺게 된 배경입니다. 이것이 제가 문화재에 관하여 연구하고 관심을 갖게 된 두 번째 이유입니다.

세 번째는, 상당히 지난 뒤의 얘기이지만, 1977년에 중국에서 문화대혁명이 끝나고, 문화대혁명의 경험에서 그때까지 중국과학원 중 한 곳이었던 것이 분리되어 그해 5월에 중국 사회과학원이 발족했습니다.

그곳의 초대로 일본 사회과학자 방중단의 일원으로서 한 달 이상 중국 각지를 보면서 돌아다녔습니다. 베이징에 있을 때 사회과학원의 고고연구소에 윤달(尹達)이라는 분이 있었습니다. 후에 고고연구소 소장이 된 분으로서 중국 근대 고고학의 개척자 중 한 사람인 윤달 씨가 베이징 남서 교외의 저우커우뎬(周口店)에 저를 안내해주었습니다. 저우커우뎬은 잘 알려진 바대로 당시 동아시아 최고(最古)의 인류라고 여겨진 베이징원인(北京原人)의 자료가 발굴되어 출토된 곳입니다.

그때 윤달 씨의 얘기는 이런 것이었습니다. 1937년 8월에 일본군이 베이징을 점령했는데, 그 직후 일본군은 곧 1개 부대를 저우커우뎬에 파견하여 차단하였다고 합니다. 그 후에 도쿄대 인류학 교실 연구자들이 와서 한 달간 파내려갔다고 합니다. 저우커우뎬은 대체로 석회암으로 된 산입니다. 그런데 파내려갔지만 아무것도 나오지 않아서 포기하고 돌아갔다는 것입니다. 그런 얘기를 윤달 씨가 나에게 들려주면서 껄껄 웃었는데 사실은 다음과 같은 얘기가 있었다고 합니다.

즉, 일본군이 저우커우뎬을 발굴할 때 중국의 고고학자가 두 명 지원하여서 발굴 인부로 남아 있었습니다. 그런데 그 두 사람은 낮에는 열심히 팠으나 밤이 되면 몰래 들어가서 3분의 1 정도를 다시 묻어버렸다는 것입니다. 그러니 결국 한 달을 팠어도 아무것도 나오지 않았다는 얘기를 윤달 씨가 제게 들려주었습니다. 이 얘기는 저에게 대단히 깊이 남아서 고고학이라는 것은 역시 전쟁이나 침략이라는 것과 연계되어 발전해온 것이 아닐까 하는 의문이 매우 강하게 있었던 것입니다.

그 얘기를 들었을 때, 역시 그 당시의 일본 고고학이라는 것은 군의 비호와 편의 제공 아래서 행해졌으며 대부분이 일본 제국주의의 업적을 올리기 위해 움직였다는 사실을 알게 되었습니다. 특히 도쿄대의 경우는 동아고고학이라는 이름 아래 발굴을 계속했던 것입니다. 그런 일이 저의 기억 속에 남아 있었기 때문에 고고학과 전쟁책임, 나아가서는 도굴이나 약탈 문화재에 대한 관심으로 연결된 것입니다."

— 일본의 한반도에서의 문화재 약탈과 반출은 역사를 거슬러 올라가면 임진왜란 때에도 있었다고 지적됩니다. 근대사에서도 중일전쟁 이전, 일본이 1875년 조선과의 수교를 요구하면서 강화도를 무력공격하여 강화도 조약을 맺은 직후부터라고 알려져 있습니다.

선생의 2012년 저서 《콜로니얼리즘과 문화재: 근대 일본과 조선으로부터 생각한다》에는 제국화한 일본의 "최초의 조선 문화재 약탈 무대는 강화도이다"라고 쓰여 있습니다.

"강화도 사건은 근대에 일본과 한국이 최초로 조약을 맺은 사건입니다. 당시 급수(給水)를 이유로 침공한 일본군함 운요호(雲揚号)의 함장이었던 이노우에 요시카(井上良馨)의 보고서가 2002년 새로이 발견되었는데, 그 보고서에 문화재 약탈에 관해 언급한 부분이 있습니다. 약탈 문화재 가운데 서적이 포함되어 있지요. 조선왕조는 전국 4개소에 사고(史庫)를 두고 있었는데 강화도 정족산(鼎足山)도 그중 하나였습니다. 1908년 12월 29일에 강화군수가 사고의 피해를 보고한 기록이 있습니다. 한국 측 자료에 따르면 '당일, 강화도의 사고에 일본군 헌병이 진입하여 21권의 서적을 강탈했다. 동양협회전문학교 경성분교 교수 가와이 히로타미(川合弘民)가 헌병을 동원해서 일으킨 사건이었다'고 기록되어 있습니다.

서적뿐이 아닙니다. 조선의 고대 유적을 찾아 헤매던 다나카 만소(田中万宗)의 기록에 의하면 강화도의 고분이나 옛 왕도 개성 부근에서는 '왕릉이 모여 있던 곳의 수많은 분묘가 파헤쳐졌다'는 것입니다. 부장품을 노린 일본인에 의해 분묘가 파헤쳐진 데 대해 분노한 주민들이 도굴범들을 습격하여 살해하는 사건이 발생했다는 기록도 있습니다."

― 일본군은 왜 중국의 유적이나 조선의 서적 또는 고분 부장품 등을 일본에 반출하려 했습니까?

"1901년에 파리 만국박람회를 겨냥하여 편집된 《고본(稿本) 일본제국 미술 약사》의 서문에는 '일본 미술의 핵심은 과거 동양 미술의 총체적 집합으로 구성된 것'이라며 '동양의 보고인 우리 일본제국 국민에 의해 처음으로 완성'될 수 있는 것이라고 쓰여 있습니다. 즉, 중국이나 조선의 문화재를 수집함으로써 일본이 동양의 문화나 학문의 본거지가 된다는 것으로 국가의 위광을 높일 수 있다고 생각한 것입니다. 그래서 전쟁을 절호의 기회로 생각하여, 중국과 조선으로부터 폭력적으로 문화재를 수집하는 것이야말로 문명화의 수단이라고 착각하는 논리였습니다."

― 그 같은 강권적인 수집으로 한반도로부터 일본에 유출된 문화재는 어느 정도가 됩니까?

"한국 국립문화연구소가 2010년 1월 발표한 바에 따르면 6만 1천 49점에 이른다고 합니다. 그러나 문화재 연구가인 임용자(林容子)의 논문에 따르면 일본에 있는 조선문화재는 인지된 것만도 2만 9천 점이라고 하며, 그러나 박물관이나 미술관에 공개된 것은 1할도 안 된다는 것이 전문가의 정설로서 개인 컬렉션에 의해 수집된 한국 문화재는 (중략) 실제로 30만여 점에 이른다고 보고 있습니다. 30만 점이라는 것은 놀랄 만한 숫자이지요.

이를 입증하는 문서가 있습니다. 종전 후에 연합국의 대일 점령정책 가운데 문화재 보호·반환 정책을 일본에 적용하기 위해 참고한 대단히 중요한 자료로서, 1946년 3월경 GHQ(연합군 사령부)의 민간정보교육국에 전송된 서류가 있습니다. 이른바 〈로버트 리포트〉이지요.

이 서류는 극동의 고물, 미술품, 도서, 문서 기타 문화재 반환을 위한 규약입니다. 그 가운데 '예를 들어 일본인은 대량의 조선 미술품, 그리고 1910년(조선병탄) 이래 그 나라에서 실시된 일본에 의한 대규모의 발굴에 의하여 대량의 고고학적 출토품을 일본에 가져간 것으로 알려져 있다.

아마도 이것은 전 세계에서 연합국이 처리해야 할, 위대한 국민으로부터 약탈당한 유산 가운데 최대 규모이며, 또한 장기간에 걸쳐 이루어진 공적 약탈일 것이다'라고 기록되어 있습니다.

이 〈로버트 리포트〉가 일본의 점령기간을 1910년부터라고 한 것은 대단히 중요하며 확실한 것입니다. 당시 미국 내부에서도 약탈의 시기를 1931년부터로 하려 하는 의견이 있었기 때문입니다."

— 일본 제국주의와 일본군이 약탈하여 무리하게 일본으로 반출한 조선의 문화재를 한국에 반환해야 한다는 문화재 반환운동을 결심한 이유는 무엇입니까?
"평생을 바쳐서 전쟁책임론을 연구한 저로서는 전쟁책임을 생각할 때 식민지 청산 문제까지 깊이 들어가지 않으면 완결될 수 없다는 것을 느꼈습니다. 20세기 후반이 되면서 전 세계에 걸쳐서 탈식민지화가 대세가 되어 과거의 식민지가 거의 전부 독립했습니다. 정치적 독립뿐만이 아니고 식민지 지배 아래 빼앗겼던 문화재 반환의 움직임이 활발해졌지요.

저는 정치적 독립에 이어서 이 같은 움직임을 콜로니얼리즘 극복의 새로운 국면이라고 생각했고 우선 일본에 의한 식민지 지배, 곧 한국병탄 후에 문화재가 놓였던 상황에 대하여 검토했습니다.

그래서 일본에 의한 한국병탄 100년째가 되는 2010년을 계기로 재일한국인 및 한국과 북한 연구자와 함께 이 문제를 공동연구하게 되었습니다. 그때 문화재 반환 요구의 세계적인 움직임이 있었습니다. 2010년 4월 이집트 카이로에서 '문화재 반환을 위한 국제회의'가 열렸지요. 이집트, 그리스, 중국, 한국 등 16개국이 참가한바, 이 회의에서는 외국에 빼앗긴 문화재 반환을 위한 국제협력이 확인되었습니다. 일본에는 한반도로부터 온 문화재 및 그 반환에 관한 연구자가 없었습니다. 그래서 저는 2010년 6월 12일, 재일한인역사자료관에서 '한국·조선 문화재 반환 문제를 생각한다'를 테마로 공개 심포지엄을 개최함과 동시에 '한국·조선 문화재 반환 문제를 생각하는 연락회의'를 발족하였습니다."

— 아라이 선생은 현재도 '한국·조선 문화재 반환 문제를 생각하는 연락
회의' 대표로서 힘쓰고 계시는데, 발족 이래의 주요 활동은 어떻게 전개되
었습니까?
"우선은 일본 쪽의 조선왕실의궤 반환운동에 착수하였습니다. 2001년 일
본에서 정보공개법이 실행되어 궁내청에 있는 역사 자료의 일부가 공개되
자 한국의 해외 전적(典籍) 연구회에서 조사에 착수했습니다. 이에 따라
그해 10월에 궁내청 안에 조선왕실의궤가 존재함이 처음으로 판명되었지
요. 그래서 2006년부터 왕실의궤 반환운동이 본격화하였고, 2010년에는
한국 국회가 반환 요구 결의를 채택하였습니다.

국회 결의를 받아서 한국 정부의 외교통상부가 일본 정부에 대해 조선왕
실의궤 반환을 정식으로 요청하였습니다. 한국 측의 강한 반환 요구가 계
속되는 가운데 2010년 8월 10일, 일본의 간 나오토(菅直人) 수상이 담화를
통하여 조선왕실의궤의 '인도'(引渡)를 발표하였습니다. 우리들 '한국·조
선 문화재 반환 문제 연락회의'도 이를 환영하는 성명을 발표했지요.

왕실의궤의 반환은 2010년 11월 14일 요코하마에서 열린 한일외상회담
에서 '한일도서협정'이 조인된 데 이어 국회 비준에 부쳐졌습니다. 이어서
2011년 4월에는 협정의 심의가 중의원 외무위원회에서 열렸는데, 저는 4
월 27일 참고인으로 출석하여 의견을 진술했습니다. 협정이 중의원에서
가결된 후에 의궤환수위원회 대표들과 함께 기자회견에 동석했습니다.

5월 27일에 그 협정이 참의원에서 통과됨으로써 국회 비준이 완료된 것
을 받아서 기자회견을 열고 제언을 발표하였습니다. 제언에서는 한일도
서협정의 국회 승인이 실현된 것을 계기로 '식민지 지배하에 한반도로부
터 갖고 온 문화재에 대한 종합적인 조사와 포괄적인 반환을 촉진하기 위
한 법적 조치를 촉구한다'는 것을 한국·조선 문화재 반환 문제 연락회의
명의로 발표했습니다. 조선왕실의궤 반환에 그치지 않고, 민간 소유를 포

함한 일본 내 한반도 유래 문화재의 전체적인 조사와 반환을 가능케 하기 위한 법적 조치를 촉구한 것입니다. 그 제언에서 우리들 연락회의는 일본 정부와 국회가 해야 할 일은 문제를 봉인하거나 은폐하는 것이 아니라 오히려 소유자가 제기하는 불안감을 해소해주기 위해서도 스스로 정보를 공개하고 조사하여 장기적으로, 또한 순조로운 반환의 구조와 원칙 등을 만드는 것이라고 지적했습니다. 원칙을 만드는 데에는 유네스코 등의 권고를 활용해서 가이드라인을 만들 필요가 있다는 점을 지적한 것입니다.

우리의 목적은 한일 간의 대립이나 갈등을 부추기고자 함이 아니라 상호 긴장이나 불신을 억누르고 상호의 이해를 깊게 해서 참된 선진우호로 이어질 수 있도록 한일 쌍방이 노력할 것을 호소하고자 한 것입니다. 협정의 비준이 종착점이 아니라 오히려 새로운 100년의 시작이라는 것을 확인하고자 했기 때문입니다."

― 왕실의궤는 지금 아라이 선생이 말씀하신 경위를 거쳐서 2011년 10월 19일 한국을 방문한 노다 요시히코(野田佳彦) 일본 수상이 이명박 대통령과의 정상회담 때에 조선왕실의궤 등 5권을 먼저 건네주었고, 그 다음에 궁내청 소장 1,200권이 그해 12월 6일 인천공항에 도착하여 '환국'(還國)하였습니다. 12월 29일부터는 서울 경복궁의 국립고궁박물관에서 〈돌아온 조선왕실의궤와 도서〉 특별전이 개최되어 일반에 공개되었지요. 조선왕실의궤 반환에는 한국에서는 혜문스님이 앞장섰고, 일본에서는 아라이 선생을 중심으로 한 '반환 문제 연락회의' 등 민간 차원의 반환운동이 큰 역할을 한 사실이 높게 평가받았습니다. 혜문스님은 2010년의 문화재 반환운동에서 '조선왕실의궤 환수위원회'의 사무처장으로 선두에 서서 2011년 의궤 환수에 중요한 역할을 하였습니다.

한국에서는 왕실의궤 이외에도 경기도 이천오층석탑 환수위원회와 진주 연지사종(蓮池寺鐘) 환수 국민행동 등이 일본 정부와 소유주들을 상대로 반환을 요구하는 움직임이 계속되고 있는데요.

"연락회의에서 '한일도서협정 후의 한국·조선 문화재 반환 문제를 생각한다'는 주제하에 공개 심포지엄을 2011년 6월 개최했습니다. 또한 2012년 2월에는 일본을 방문한 오층석탑 환수위의 조명호 위원장 등과 의견 교환도 했습니다. 2012년 1월에는 황수영 편《일제기(日帝期) 문화재 피해 자료》의 일본어판을 이양수·이소영 공역으로 간행했습니다. 이처럼 학술회의나 연구조사를 통해서 한국 문화재 반환을 위해 계속해서 힘을 쏟아왔습니다."

― 저는 때로 유럽에 여행가서 대영박물관이나 역사가 오래된 박물관에 가보았습니다만, 그리스나 이집트의 옛 유적이나 유물이 그대로 옮겨져서 전시되어 있었습니다. 자국의 것이 아님에도 불구하고 그 나라와 민족에게 중요한 보물을 가지고 와서 전시하는 것은 자국의 해외침략 역사를 이야기하는 것과 마찬가지이며 부끄러움을 느껴야 하는 게 아닌가 생각했습니다. 이렇게 중요한 유적이나 유물을 소유한 국가에 대해서는 최근 반환을 요구하는 움직임이 있는 듯합니다.

"말씀하신 대로입니다. 2011년 3월 30일에 미국 예일대가 마추픽추 유적 발굴품을 페루에 반환했습니다. 또한 같은 해 4월부터 5월에 걸쳐서는 1866년에 프랑스함대가 강화도에서 약탈한 외규장각(外奎章閣) 도서 296권을 5년마다 갱신 대여하는 방식으로 실질적으로 한국에 반환했습니다. 현재 세계적인 추세는 문화를 원래대로 돌려놓는 움직임이 활발하다는 것입니다. 문화재는 그 민족의 마음과 그 지역과의 깊은 인연이 새겨져 있는 것으로, 그것이 놓여 있던 고향에 돌려놓는 것이 당연합니다. 그러한 의미에서 조선왕조의궤를 한국에 '건넨'(반환한) 것은 문화재에 대한 새로운 사고방식과 세계적인 조류를 반영하는 것이라고 생각합니다. 왕실의궤도 일본의 궁내청 서고에 잠들어 있기보다는 조선 왕실문화의 상징으로서 원래 땅에 두는 것이 좋습니다. 조선왕실의궤는 그림도 많고 세계적으로도 보기 드문 궁중의전 기록입니다. 한국 국민에게는 다른 것과 바꿀 수 없는 문화재인 동시에 인류의 보물이기도 하다는 두 가지 측면이 있습니다. 따라서 일단 돌아온 것을 세계 사람들에게 공개하고, 관심이 있는 다른 나라 학자에게도 연구기회를 주는 것이 바람직합니다."

— 유출된 문화재의 반환도 중요하지만 돌아온 문화재의 공개나 공동연구도 중요하다는 말씀이시네요.
"네, 말씀하신 대로입니다. 현재 국제적으로 문화재 반환과 그 뒤의 공개에 대해 두 가지 의견이 있어서 어떻게 둘 사이의 균형을 취할 것인가가 과제가 되고 있습니다. 스위스의 법학자 존 H. 메리만은 1986년 문화재에 대한 각국의 접근방식을 조사하여 문화재 국제주의와 문화재 내셔널리즘의 두 가지로 정리했습니다. 문화재 내셔널리즘은 문화재의 역사적 의의를 강조하고 자국 내에 보관 및 유지해야 함을 주장하는 입장입니다. 이러한 생각이 강한 나라를 '문화재 원산국'으로 분류했습니다.

한편 문화재 국제주의는 1954년 헤이그조약에 있는 사고방식으로, 문화재는 자국의 중요한 문화유산임과 동시에 '인류의 문화유산'이기도 하다는 사상으로, 원산국 이외의 나라 사람들도 그 보호, 보전, 관람이나 연구를 위해 이용할 수 있어야 한다는 생각입니다. 이렇게 문화재에 대한 국제주의와 내셔널리즘은 분열하기도 하고 충돌하기 쉬운 부분도 있습니다만, 서로 균형을 취하는 것이 요구됩니다. 이를 위해서는 원산국도 해외로부터 문화를 취득한 '시장 국가'(market state)와의 상호이해와 공동의 노력이 필요합니다. 문화재를 원산국에 두면서 인류의 문화적 유산으로서 국제적으로 자유롭게 접근하고 이용하는 것에 대해서도 생각할 필요가 있다는 것입니다. 반환 자료의 공동연구나 경우에 따라서는 공동관리 등도 생각해야 합니다."

— 유출 문화재의 반환에 대해서도 원산국과 시장 국가의 상호협의와 협정 등을 거쳐서 행하는 것이 바람직하겠습니다.

"그렇습니다. 2011년 왕실의궤 반환은 한일 양국 간 협정에 의해 이루어졌습니다. 양국 간 협정에 의한 문화재 반환으로서는 1991년 이방자(李方子) 여사의 복식 반환에 이은 두 번째 사례입니다. 그러나 최근 한일 간에 문제가 되고 있는 쓰시마 간노지(觀音寺)와 가이진 신사(海神神社)의 불상 도난사건을 보면, 2012년 10월 이것이 도난당해 한국의 절도단이 한국으로 가져갔음이 알려졌습니다. 일단 이것은 원래 이를 보존하고 있던 간노지에 돌려놔야 합니다. 이에 대해 우리 연락회의는 성명을 발표하고, 불상 도난사건이 일본 국내의 혐한 감정을 한층 부추기고 있음에 우려를 표명함과 동시에 사건에 대한 냉정한 대처를 촉구했습니다. 연락회의는 성명에서 일본에 대해서는 '도요토미 히데요시의 조선 침략, 한국 합병 등 불행한 시기에 일본인이 사람과 물건을 강탈했다는 역사적 사실을 일본 측은 솔직히 인정해야 한다'고 지적했습니다. 동시에 한일 교류의 오랜 역사 속에서 사람이나 물건의 왕래가 항상 약탈하거나 약탈당하는 관계였다고는 생각하지 않으며, 양도나 매매에 의한 거래도 있었음을 인정하지 않을 수 없다고 설명했습니다. '이번 도난 불상이 일본에 반환되지 않을 경우, 불법적인 문화재 절도를 정당화하게 되며, 새로운 도난의 증가를 부추길 가능성도 있다'고 지적했습니다."

― 한국 부석사 측은 쓰시마 간노지에서 도난당한 불상에 대해서는 '14세기 한국의 사찰에서 제작되어 왜구에 의해 약탈된 것으로 일본에 반환하지 않아도 된다'고 주장해왔습니다. 부석사는 2013년 2월, 불상이 일본에 전해진 경위가 판명될 때까지 한국 정부가 일본에 돌려주지 않도록 요구하는 가처분 신청을 했습니다. 관할 대전지방법원은 이를 인정했고 대법원의 판결이 나올 때까지 불상을 국립문화재연구소에 보관하도록 했습니다.

이 사건에 대해 한국의 언론도 칼럼을 통해 일단 일본에 돌려보내야 한다고 반환을 촉구했습니다. 이 사건으로 쓰시마는 1980년 이래 매년 여름 축제 때 개최해온 조선통신사 행렬 재현행사를 33년 만에 중단하도록 결

정했습니다. 또한 규슈박물관은 한국 국립중앙박물관과의 공동기획으로
진행해온 〈백제 특별순회전 2014~2015〉를 연기했다고 합니다. 단국대
정영호 박물관장은 30년 이상 한국과 쓰시마를 왕래하며 불교미술을 연구
해왔습니다만, 〈아사히신문〉과의 인터뷰에서 "약탈한 것인지, 산 것인
지, 받은 것인지, 근거를 보여주는 것은 없다"면서 "현재 소유주는 간노지
이므로 부석사는 일단 불상을 돌려주고 서로 이야기해야 한다"고 하여 대
화에 의한 해결을 촉구했습니다. 아라이 선생도 〈동아일보〉와의 인터뷰
에서 밀반입된 불상은 일단 쓰시마 간노지로 돌려보내고 약탈 문화재는
따로 논의해야 한다고 지적하셨습니다.

"그렇습니다. 일단 돌려보내고 그 유래의 경위를 한일 공동으로 연구하는
것이 바람직합니다. 일본에는 입수 경로가 명확하지 않은 문화재가 이번
불상 이외에도 다수 존재함에 틀림없으므로 앞으로도 비슷한 사건이 일어
날 가능성이 있습니다. 그러나 왜구가 가져갔다고 해서 마음대로 훔쳐 가
면 엉망진창이 됩니다.

　우리 연락회의는 성명에서 취득 경로가 명백하지 않은 문화재가 도난
되어 국외로 이전된 경우의 대처 방법을 한일 양국이 협의할 필요가 있다
고 제언했습니다. 한일 양국에서 합의에 이르지 못한 경우에는 유네스코
문화재 반환에 관한 정부 간 위원회에서 토의하는 것도 대화에 의한 해결
의 한 방법입니다. 관계자도 언론도 냉정하고 현명한 대처와 보도를 하는
것이 좋습니다. 불상도 문화재가 갖는 반환과 공개의 두 측면을 나타내는
것으로서 서로 연구해야 합니다. 간노지에 돌려보냈다고 해도 한일 간에
공동으로 역사적 조사를 해서 공통의 이해를 확대하고 그 위에 인류의 보
물로서 일반에 공개하고 연구할 필요가 있습니다."

— 수년 전에 일본의 지인으로부터 들었습니다만, 자신은 한국의 옛 도자
기를 가지고 있으나 이를 돌려주고 싶어도 일본 국내법에 의해 금지되어
있다고 했습니다. 일본에서는 개인이 가지고 있는 외국에서 유래한 물건,

예를 들어 문화재가 아니라고 해도 그에 가까운 물건을 돌려주는 것에 장벽이 있습니까?

"그런 일은 없습니다. 1965년 한일기본조약이 성립되어 국교가 정상화되었습니다만, 그 한일회담에서 문화재·문화협력협정이 체결되었습니다. 이 협정에 의해 어느 정도의 국유 문화재가 한국에 인도되었습니다. 사유 문화재에 대해서도 일본 국민이 자발적으로 한국에 기증하는 것을 '장려'한다고 되어 있기 때문에 개인이 가지고 있는 한국 유래 문화재 등의 물건을 한국에 돌려주는 데는 아무 문제도 없습니다. 이에 대해 일본 측이 소극적이었기 때문에 한국에서는 비판이 일었습니다. 다만 일본은 관료주의가 강한 나라이므로 일이 이렇게 되면 싫어하는 일이 있을지도 모르겠습니다.

우리 연락회의 활동도 그처럼 자발적인 반환 등을 추진하고 있습니다. 국유재산이 된 것은 1965년의 문화재 협정을 기반으로 하여 이야기를 잘 진행하면 반환될 가능성은 있는 셈입니다. 그러므로 연락회의에서는 특정 문화재에 대해 반환을 위해 조심스럽게 움직이고 있습니다. 다만 돌려준 이후에도 여러 문제가 일어날 가능성이 있지요. 또한 현재처럼 정치계가 우경화하고 있는 상황에서는 점점 어려워질 것입니다. 그러므로 비공식적인 대화를 추진해가고 싶습니다."

— 아라이 선생이 현재 진행하는 문화재 반환운동은 문화협력의 한 패턴으로 추진되고 있습니다만, 한일 간에 정치적으로도 사회적으로도 분위기가 좋을 때에는 환영받지만 한일관계가 삐걱거리거나 일본이 우경화되어 혐한론이 퍼지게 되면 문화협력도 어려워지지 않을까요?

"네, 바로 그러한 이야기입니다. 1965년 한일청구권협정은 그 자체로도 문제가 있다고 저는 생각합니다만, 이를 개정하려고 하면 대단히 어려운 일이 됩니다. 그러나 문화재의 경우에는 반환이라든가 문화재 문제에 대한 협력이 든든하게 자리 잡고 있으므로 가능하다고 생각합니다. 따라서 가능한 한 할 수 있는 일을 하는 것이 바람직하겠지요. 그리고 한국으로부터 유래된 문화재를 널리 확인하고 그 역사적인 사정을 조사하려고 계획하고 있습니다."

— 선생은 일본의 전쟁책임론을 연구하는 와중에 20년 이상 일본 정부의 과거사 왜곡을 바로잡기 위해 활동하셨다고 들었습니다. 일본군 위안부 문제에 대해서도 일본군의 관여를 명백하게 보여주는 자료를 60점이나 발견하여 일본 정부에 전하셨다고 들었습니다.

"그것은 저 개인이 했다기보다도 제가 공동대표로 있는 '일본의 전쟁책임 자료센터'의 연구자들이 조사한 결과물입니다. 이 센터는 1993년에 발족하여 지금까지 20년 동안 조사활동을 계속해왔습니다. 연구의 결과나 조사 발견물, 내외의 전쟁책임 문제에 대한 활동을 실은 〈전쟁책임연구〉를 계간으로 발행해왔습니다. 57호까지 발행했습니다만 현재는 회원의 고령화와 함께 활동을 축소하여 연 2회 간행하고 있습니다."

— 전쟁책임 자료센터를 발족하신 이유와 배경에 대해 들려주십시오.

"1990년대에 들어 일본은 걸프전을 계기로 국제적인 역할이나 공헌에 대해 묻게 되었습니다. 미국 주도의 걸프전에 일본은 다국적군의 전쟁비용 중 20%에 달하는 107억 달러, 최종적으로는 130억 달러를 부담했습니다. 전쟁비용을 부담했을 뿐만 아니라 인적 공헌도 하지 않으면 안 된다는 국제적인 압력이 있어서 전쟁이 끝난 후 기뢰 제거에 해상자위대가 참가했고 이를 계기로 유엔 평화유지활동(PKO)에 자위대가 참가하게 되었습니다.

일본의 PKO 참가는 아시아 여러 나라에 경계심을 불러일으켰고 냉전 구조의 해체로 그때까지 잠복해 있던 일본에 의한 전쟁피해 회복 문제가 분출됨으로써 일본의 전쟁책임 문제가 부각되었습니다.

구체적인 움직임으로 나타난 것이 1991년 12월 한국의 태평양전쟁 희생자 유족회의 군인 군속과 김학순(金學順) 씨 등 3명의 전 종군위안부가 일본 정부를 상대로 벌인 보상청구 재판입니다. 김학순 씨는 1990년 6월

가이후 도시키(海部俊樹) 내각이 '종군의 위안부는 업자가 마음대로 데려간 것으로 일본 정부는 관여하지 않았다'고 한 발언에 분노를 느끼고, 일본군의 관여를 인정하게 만들어 일본 정부에 대해 일본의 전쟁책임을 확실히 하겠다는 마음으로 소송을 하였습니다."

― 보상청구 재판에 대한 일본 국내 반응은 어떠하였습니까?
"현대사 연구자인 요시미 요시아키(吉見義明)가 방위연구소 도서관 소장 자료를 조사하여 군 위안부 문제에 군이 깊이 관여했다는 것을 명백히 하는 자료를 속속 발견하였고 그중 일부는 〈아사히신문〉(1992년 1월 11일 자)에 크게 보도되었습니다. 요시미는 뒤에 조사 자료를 공간(公刊) 했습니다.

위안부 문제는 한일 간의 현안이 되어서 미야자와 기이치(宮澤喜一) 수상이 1992년 1월 17일 방한했을 때 노태우 대통령과의 정상회담에서 군의 관여를 인정했습니다. 그러나 위안부를 연행한 당시에 강제성이 존재했다는 점에 대해서는 인정하지 않았기 때문에 국내외로부터 비난을 받았고 일본 정부에 의해 재조사가 이루어졌습니다. 이 재조사 과정에서 요시미 등 역사 연구자와 보상재판 법학 관계자, 변호사, 시민운동가들이 일본의 전쟁책임 자료센터를 발족하여 자료조사 결과를 공표했습니다. 이로 인해 군 위안소의 실태와 함께 위안부 연행에 강제성이 존재했음이 명확하게 드러났고 일본 정부의 제2차 공표자료에도 포함되었습니다. 이로써 1993년 8월 4일 발표된 고노 요헤이(河野洋平) 관방장관의 담화에서는 위안부가 '본인들의 의지에 반하여 모집된 사례가 다수 있으며'라고 하여 강제의 존재를 인정하지 않을 수 없게 되었습니다.

종군위안부 문제는 전후 오랫동안 그 실체가 거의 알려지지 않았고 1965년 한일국교정상화 교섭에서도 논의되지 않았습니다. 그러나 1990년대 초에 이러한 경위를 거쳐 국제사회의 관심을 모으게 되었고 유엔 인권위를 비롯한 국제 인권기관이 주요한 여성인권 문제로 거론하게 되었습니다. "

— 최근 정치가들에 의해 오히려 역사인식 문제가 돌출하여 일본뿐만 아니라 국제사회에서 논의되고 비판받는 일이 종종 있습니다. 예를 들어 일본 유신회 대표인 하시모토 도오루(橋下徹) 오사카 시장의 군 위안부 문제에 대한 일련의 발언이 대표적인 예이지요. 이러한 발언은 하시모토라는 정치가의 정치적 신념입니까, 그렇지 않으면 인기를 의식한 정치적 퍼포먼스입니까?

"퍼포먼스라고 생각합니다. 정치가는 자신의 발언을 신중히 검토해야 합니다. 일본 정치가들의 발언 문제에 대해서도 〈전쟁책임연구〉 제 57호에 제가 썼습니다만, 최근 정치가의 발언이 일본의 정치가들의 질을 매우 떨어뜨리고 있다고 생각합니다. 아베 신조 수상은 제 1차 내각 조각 직후인 2006년 10월 3일 '이른바 종군위안부에 대한 정부의 기본적인 입장은 고노 담화를 계승하고 있다'고 하였습니다만, 2007년 3월 1일에는 '정의된 강제성을 뒷받침하는 것은 없었다'며 정부 답변서에서 '정부가 발견한 자료 중에서 군이나 관료에 의한 이른바 강제 연행을 직접 나타내는 기술은 발견하지 못했다'고 거듭하여 강제성을 부인했습니다.

아베 총리는 2012년 12월 자민당이 총선거에서 승리하여 다시 수상이 되었습니다만 취임 후 일련의 발언 중에서 '침략의 정의'에 관한 발언으로 다시 비판받았습니다. 이러한 정치가의 발언이 일본정치의 질을 떨어뜨리고 있다고 하지 않을 수 없습니다.

저는 역사 화해 촉진을 위해서는 정치가의 발언이나 상징적인 행동이 필요하다고 생각합니다. 독일의 브란트(Willy Brandt) 수상이나 바이츠제커(Richard von Weizsacker) 대통령을 끄집어낼 필요도 없습니다만, 일본의 경우에는 정치가의 진심이 좀처럼 전달되기 어렵습니다. "

— 2015년은 한일국교정상화 50주년이 되는 해입니다. 한국과 일본은 50

년 전인 1965년에 식민지 지배의 과거 청산과 양국의 새로운 관계에 대해 한일조약을 체결하고 국교를 정상화했습니다. 그러나 50년이 지난 지금도 한일 양국 간에는 역사인식의 간극이 좀처럼 줄어들지 않고, 외교에서의 마찰이나 국민 정서의 갈등이 여전히 존재합니다. 그 배경에 한일 간의 과거 청산이 완전히 이루어지지 않았기 때문이라는 지적도 있습니다. 선생이 쓰신 책 《역사화해는 가능한가》에서도 어째서 역사 문제는 종결되지 않는가, 아시아 국가들은 지금도 과거의 기억을 가지고 있어서 일본은 여러 가지로 추궁당하고 있는데, 이러한 현상을 어떻게 봐야 하는가에 대해 쓰셨습니다. 이 문제에 대해 어떻게 정리하고 계십니까?

"지금은 매우 어려운 시기라고 생각합니다. 사실은 2001년 베이징에서 역사 관련 한중일 학술회의가 있어 한국으로부터 강창일(현 국회의원) 씨가 출석했습니다. 그래서 강창일 씨와 함께 중국 측에 '역사인식 문제에 관한 한중일 3국의 학술회의를 만들자'고 제안했습니다. 각자의 역사가 다르니까 역사인식의 차이가 있는 것은 당연한 일이지만 이대로 방치해두면 동아시아의 평화가 위협받는다는 위기감을 가졌기 때문입니다.

매년 1회 동아시아의 평화와 역사인식에 대해 논의하는 회의를 3국을 돌면서 개최하여, 3국 간 공통의 인식을 넓히고자 하는 것이 목적입니다. 같은 역사인식을 지금 당장 가지는 것은 어렵지만 논의를 거듭해가려고 했던 것입니다.

제 1회는 베이징에서, 2회는 서울, 3회는 도쿄에서 열려 매년 이어졌습니다. 올해는 4월에 한국의 전라도 광주에서 열렸습니다. 저는 87세를 맞아서 은퇴하였습니다만 회의 자체는 계속되고 있습니다. 논의를 해도 여러 가지 어려운 점이 있습니다. 그러나 이러한 역사 문제 논의나 역사교육, 또는 연구에 대한 의견을 나누고 회의에서 대화를 거듭함으로써 서로 신뢰를 만드는 것이 중요하다고 저는 생각합니다. 공통의 인식을 가짐으로써 신뢰관계를 강화하여 공통의 인식을 일반 국민에게도 퍼뜨리고 점차 3국에도 확대하여가는 것이 중요합니다. 구체적으로는 3국의 공통 교재를 만드는 것이 있습니다.

　그러나 지금 매우 어려워진 이유 중 하나는 일본 정치가의 우경화입니다. 또 하나는 중국이 매우 어려워졌습니다. 사실 제 책 중 하나가 중국의 사회과학원에서 중국어판으로 번역출판될 예정이었습니다. 번역은 완성되어 계약도 성립했습니다. 2010년에 나온다고 들었습니다만 아직도 출간되지 않고 있습니다."

— 지금까지 일본에서 역사 화해나 전쟁책임 문제에 대한 여러 연구회나 발표회가 개최되고 제안되었습니다. 〈아사히신문〉의 전 주필인 후나바시 요이치(船橋洋一)는 저도 몇 번인가 만났습니다만, 후나바시 씨가 어느 월간지 기고에서 역사청산에 관해 제안한 것 중에 "과거의 극복을 위해 우선 정치 지도자들이 그 필요성을 인식하고 해결하려는 강한 의지를 가지는 것이 필요하다"고 썼습니다. 역시 정치가들끼리 공통의 역사인식을 가지는 것이 필요하며 과거의 극복은 정치가 쪽이 움직이지 않으면 좀처럼 해결되기 어렵다는 의미라고 봅니다.
"말씀하신 대로입니다. 그러나 후나바시 씨의 제안이 나온 직후에 이라크전쟁이 일어났습니다. 테러 소동(9·11 테러)이 일어나 미국이 완전히 바뀌었습니다. 그 시기는 이라크전쟁이 시작되어 국제법 따위는 개나 줘버리라는 분위기가 되었습니다. 아주 타이밍이 나빴지요. 테러 소동이 없었다면 좀더 잘되었을 것이라고 생각합니다."

— 한국에서는 과거 역사에 관해 일본에게 사죄하라고 반복해서 요구하는 측면이 있습니다. 이에 대해 일본에서는 언제까지 사죄하라는 것이냐는 반발도 있다고 생각합니다만 ….
"사죄라는 것은 기본적으로는 가해의 인정, 경우에 따라서는 가해자의 처벌, 그리고 피해의 회복과 보상, 이것이 갖추어지지 않으면 사죄가 되지 않습니다. 그러나 무라야마 담화처럼 책임 있는 지위의 정치가가 사죄해도 다른 정치가가 이를 부인하는 듯한 발언을 하는 상황은 곤란합니다.

아베 신조가 2007년 미국을 방문했을 때의 발언도 이러한 논리입니다. 일본이 침략했다고 해도 침략에 대한 근거나 정의가 없다, 또한 위안부 문제에 대해 강제라고 하지만 강제성에 대한 정의가 없다고 하면서 이에 대한 일반적인 인식을 부정합니다. 위안부에게 가해진 여러 강제에 대해 제멋대로 극히 좁은 해석을 해서 강제는 없었다고 강변하였습니다.

침략 문제에 대해서도 실제로는 유엔 결의가 있지만 국제사회에서 문제가 되고 있는 것은 전쟁이 국제 조약이나 국제법을 위반했는지 아닌지, 즉 전쟁이 위법한 전쟁이었는지 아닌지의 문제이며, 위법인 경우 그 전쟁은 침략전쟁이라고 인정됩니다. 쌍방의 주장이 옳은지 그른지는 중요한 문제이지만 그 자체는 국제사법기관의 판단에 맡기든가 관련 자료를 모두 공개해서 전문가의 판단을 기다리는 객관적인 대응도 필요하지 않을까요.

전쟁에 대해 국제사회가 직접 문제 삼는 것은 위법인지 아닌지입니다. 위법성 문제인데 이를 바꿔치기하여 침략의 정의가 없다는 주장을 합니다. 침략이라는 것은 이를 침략이라고 자각하고 침략하는 경우가 별로 없습니다. 일본의 경우에도 중일전쟁 시기에 육군 차관이 '이 전쟁에 국제법은 적용되지 않는다'고 중국 현지에 있는 일본군 부대에 통고했습니다. 이러한 형태로 중국 침략을 동양 평화를 위함이라고 말하며 미화하고 합리화하고 있습니다.

정치가가 '침략의 정의가 없다'고 함으로써 위법한 전쟁을 합리화합니다. 또한 정당화한다는 것은 정치가의 말이, 정치적인 언어가 말만 교묘히 한다, 이러한 일들이 반복되면 전체적으로는 일본정치의 질을 떨어뜨립니다."

― 지금 말씀하신 것처럼 정치가가 군 위안부 문제나 과거사 문제를 부정하는 발언을 함으로써 역사를 이용하고 국민의 감정을 부추기는 것은 정치의 질을 떨어뜨리는 일이 되므로 역사는 연구자에게 맡겨야 하겠군요.

"그렇게 생각합니다."

— 최근 한일관계가 매우 삐걱거리고 있습니다. 외교나 정치 이외에 문화를 통해 한일관계를 회복하고 안정화하는 방법도 요구되고 있습니다. 정치나 외교의 마찰로 한일관계에 관련된 민간인들도 점차 입장이 어려워지는 경향이 있습니다.

"일본에 있는 우리들도 마찬가지입니다. 계간지 〈전쟁책임연구〉도 종래의 형태로는 간행이 어려워졌습니다. 서로 신뢰를 회복해가야 합니다."

— 선생은 앞으로도 전쟁책임 문제에 대한 연구나 활동을 계속하실 생각이십니까?

"지금까지 20년간 일본의 전쟁책임 자료센터 등을 중심으로 연구와 조사 활동을 계속해왔으므로 전쟁책임 문제에 대해서는 부문별 연구가도 갖춰졌습니다. 또한 계간 〈전쟁책임연구〉를 통해서 자료의 발굴이나 정리에도 힘을 쏟아왔으므로 전쟁책임 연구는 젊은 연구자들에 맡겨두고 싶습니다. 앞으로는 계속하여 문화재 문제 연구에 몰두하고 싶습니다. 문화재 문제에 대해서는 아쉽게도 연구자가 좀처럼 갖춰지지 않고 있습니다. 그러므로 고고학자도 문화사가도 아닌 제가 이 문제의 연구를 계속해야 한다고 생각합니다. 이 책도 한국어판이 나오면, 가능하면 한국의 연구자와 공동연구를 해도 좋다고 생각합니다."

— 선생은 중일전쟁 때 일본군에 의한 폭격과 미국에 의한 일본 본토폭격의 피해자 보상 문제도 연구하셨지요.

"2006년 3월, 충칭(重慶) 폭격의 피해자가 일본에 와서 일본 정부에게 사죄와 보상을 요구하는 재판을 제기하였습니다. 충칭 폭격이란 1938년부터 1943년 사이에 중국 쓰촨(四川)성의 충칭(당시 중국의 임시수도)을 비롯하여 그 근교의 도시에 가해진 무차별 폭격의 총칭입니다. 그 재판이 제기되기 조금 전에 저는 변호단의 요청으로 '전쟁과 공중폭격 문제 연구회'를 만들고 사실해명을 중심으로 재판을 측면에서 지원하게 되었습니다. 이것이 제가 공중폭격 문제에 뛰어들게 된 직접적인 계기였습니다. 연구의 성과는 2009년 《충칭 폭격은 무엇이었나: 또 하나의 중일전쟁》(공동연구회 편)으로 정리되었으며 현재도 계속 충칭 폭격 재판에서 활용되고 있습니다.

충칭 폭격 재판의 특징은 그 과정에서 중국의 피해자와 일본의 피해자 사이의 교류가 발전했다는 점입니다. 공중폭격 피해는 일본이 먼저 중국에게 가한 것입니다만 일본에도 같은 피해를 입은 사람이 많습니다. 일본 정부의 공식발표로는 제 2차 세계대전에서 피해를 입고 죽은 일본의 민간인 수는 80만 명이지만, 저는 그중 60만 명이 공중폭격에 의한 사망자(일본에 있던 조선인 사망자 4~10만 명을 포함) 라고 추정하고 있습니다. 특히 1945년 3월 10일에 미군이 도쿄에 가한 대공습에서는 약 10만 명이 죽고 약 100만 채의 가옥이 파괴되었습니다. 공중폭격 피해는 중일 피해자가 공통의 고통을 서로 이야기하고 공감할 수 있는 몇 안 되는 사례였습니다."

— 일본 본토에서의 공중폭격 문제에 대해서도 조사단의 공동대표 중 한 사람이 되셨지요.
"저는 가해 및 피해의 문제를 세계사적으로 밝힐 필요성을 느껴서 2008년에 가해의 문제에 중점을 둔 《공중폭격의 역사: 끝나지 않는 대량학살》(이와나미 신서) 을 썼습니다. 그 직전에 도쿄대공습의 피해자가 원고(原告)가 되어 도쿄대공습 재판이 시작되었습니다. 저의 저서는 그 재판도 염두에 둔 것이었으므로 100명이 넘는 변호단 전원이 구입하였고 재판에서도 증거서류의 하나로 제출되었습니다. 그러나 일본의 각급 법원은 공중폭격 피해에 대해 소극적인 대응을 보여 현재는 패소하는 형세가 되고 있습니다. 중요한 것은 도쿄공습 재판이 방아쇠가 되어 오사카를 비롯한 전국 각지의 도시 공중폭격 피해자가 잇따라 보상 재판을 제기했다는 점입니다.

현재 공중폭격 피해자의 원호(援護) 입법을 요구하는 것이 운동의 중점이 되어 '전국 공습 피해자 연락협의회'(전국공습련)가 결성되었습니다만, 저도 공동대표의 한 사람으로서 미력을 다할 각오입니다. 재일조선인의 공습피해에 대해서도 특히 전시의 강제연행이나 징용과의 관련도 염두에 두고 재일연구자와 공동으로 조사를 진행할 생각입니다."

— 선생은 앞으로도 한반도 유출 문화재 반환운동에 계속하여 관심을 가지고 추진하실 예정이십니까? 예를 들어 2003년 10월 1일부터 도쿄 우에노 (上野)에 있는 국립박물관에서 〈조선시대의 미술〉 전시회가 열렸습니다만 전시품 중에 조선 왕실의 문화재가 다수 포함되어 있었습니다. 〈연합뉴스〉에 따르면 박물관을 방문하여 이 전시회를 관람한 한국 문화재 반환운동 시민단체 대표인 혜문스님은 "조선 왕실의 것이라는 박물관의 확인을 받았다. 연대 등을 보면 고종이 사용하던 것임에 틀림없다"고 하였습니다.

박물관 측은 회장에 전시된 투구나 갑옷이 19세기 조선시대의 것이며 오구라(小倉) 컬렉션 보존회로부터 기증받은 것이라고 설명했다고 합니다. 혜문스님은 "개인이 소장할 수 없는 왕실의 물품을 기증받았다고 하는 것은 박물관 측이 도난품임을 알면서 기증받았을 가능성이 있다"고 지적했습니다. 한국에서는 이 전시회를 계기로 오구라 컬렉션의 한국 문화재 반환운동도 공론화될 움직임이 보이고 있습니다.

"우에노 도쿄국립박물관 상설전시장의 동양관에는 아시아의 문화재급 미술품이 전시되어 있습니다. 그중에서 오구라 컬렉션으로부터 기증받은 것이 많습니다. 그 입수 경로에 대해서는 명확하지 않습니다만 당초 조선으로부터 부당하게 유출되었다는 것이 입증된 경우에는 오구라 컬렉션의 반환운동도 검토하게 될 것입니다.

한국·조선 문화재의 반환에 대한 일본 정부의 공식 견해는 1965년 한일협정과 함께 반환한 문화재로 모두 해결되었다는 것입니다. 다만 개인 소유로 된 문화재에 대해서는 자발적인 반환을 권장한다고 합니다. 오구라 컬렉션 중에서 민간인의 사유재산으로 되어 있는 것이라도 약탈의 경위를 입증할 수 있는 것에 대해서는 반환운동의 대상이 되므로, 오구라 재벌이 가지고 있던 문화재의 유출 경위도 조사가 필요하다고 생각합니다."

— 아라이 선생과의 인터뷰는 2013년 5월 28일에 이어 오늘(2014년 2월 15일)이 두 번째가 됩니다만, 오늘도 좋은 말씀 들려주셔서 감사합니다.

가나가와 현립 근대문학관장·소설가 쓰지하라 노보루(辻原登)

한일작가 문학낭독회의
신선한 출발

일시: 2013년 12월 16일, 18일
장소: 가나가와 현립 근대문학관

쓰지하라 노보루는 문화학원 문과를 졸업 후 1970년 무역회사에 취직하여
직장생활을 하며 소설을 집필하다 1985년 중편 〈犬かけて〉로 데뷔했다. 이
후 집필에 전념하면서 일본의 10개 문학상을 휩쓸었으며, 일본 문화훈장인
자수포장(紫綬褒章)을 수훈했다.

들어가며

■ ■ ■ ■

작가 정이현과 에쿠니 가오리의 한일 문학낭독회

한일 간 문화의 소통과 공유를 위해 양국 소설가 정이현과 에쿠니 가오리가 각각의 단편소설을 청중에게 읽어주고 대담하는 한일 문학낭독회가 2013년 12월 15일 일본 요코하마에 있는 가나가와 근대문학관 전시홀에서 열렸다. 가나가와 현립 근대문학관장 겸 소설가인 쓰지하라 노보루의 사회로 '언어의 운율에 마음을 담아서'라는 주제 아래 진행된 낭독회에는 320석이 일본 청중으로 다 차서 보조의자를 놓고 듣기도 했다. 쓰지하라는 "한일 문화교류의 실천적 행사의 하나로 문학낭독회를 구상하게 되었다"고 밝히고 "낭독회 후에 일본 청중들의 설문조사 결과, 매년 이 같은 한일작가 낭독회가 열렸으면 좋겠다는 반응이었다"고 전했다.

한일문화교류회의는 쓰지하라 작가의 이 같은 뜻을 살려서 2014년 10월 21일 서울 주한일본대사관 공보문화원 강당에서 두 번째 한일작가 문학낭독회를 개최했다. 이 낭독회에는 2013년 낭독회에 출연했던 일본작가 에쿠니 가오리와 한국의 정이현 및 쓰지하라 노보루 3명의 한일작가가 나와서 자신의 단편소설을 낭독하고 서로 의견을 주고받았으며, 참석했던 청중의 질문에도 응답하는 시간을 가졌다.

2013년 제1회 낭독회에서 에쿠니 가오리는 2004년 나오키상(直木賞) 수상작인 소설집 《울 준비는 되어 있다》에 수록된 단편 〈전진, 또 전진이라 여겨지는 것〉을 낭독했고 정이현은 2006년 현대문학상을 받은 단편 〈삼풍백화점〉을 한국어로 낭독, 일본어 번역판과 함께 통역을 통해 일본의 청중들에게 전했다.

낭독이 끝나고 쓰지하라의 사회로 진행된 대담에서 정이현은 "삼풍백화점이 무너지고 난 뒤 생긴 구덩이에 묻혔을 친구 R(소설 속의 백화점 직원)에 대한 애도처럼 3·11 동일본대지진과 같은 불가항력의 재난에서 희생된, 아무도 기억해주지 않는 사람들에 대해서 애도를 표하고 싶었다"고 작품의 배경을 설명해 일본 청중의 심금을 울렸다.

에쿠니는 "내가 쓰는 소설이든 다른 나라 소설가의 소설이든, 그 이야기들이 궁극적으로는 다 이어지는 것 같다"면서, "〈삼풍백화점〉을 읽고 나니 1990년대의 한국, 여성 주인공, 친구 R까지, 경험하지 못한 시대상황이지만 내 몸에 흡수되어 나의 일부가 된 듯하다"고 작가로서의 공감을 피력했다.

쓰지하라 관장은 "에쿠니가 각기 다른 세대의 인물을 등장시키면서 '모르겠다, 숨 막힌다'는 키워드로 이야기를 전개하는 반면, 정이현은 동시대를 살았던 이들을 통하여 1996년의 일을 서랍 속에서 다시 꺼낸다.' 구조는 완전히 다르지만 두 작품 모두 가슴에 울림을 준다"고 평했다. 현장을 취재한 〈동아일보〉 문화부 조이영 기자는 위와 같이 보도하였다(〈동아일보〉, 2013년 12월 16일 자 참조).

이 한일 문학낭독회는 한일 간 문화교류를 위한 민간 네트워크인 한일문화교류회의(위원장: 정구종 동서대 석좌교수)와 일한문화교류회의(위원장 가와구치 기요후미 리츠메이칸대 총장)가 일본의 일한문화교류기금 창립 30주년 기념행사의 하나로 개최했다. 한일·일한문화교류회의는 매년 1회씩 번갈아 전체회의를 열고 양국 문화교류의 현황을 비교진단하여 문화

2013년 12월 가나가와 근대문학관에서 제1회 한일작가 문학낭독회가 열렸다. 오른쪽부터
소설가 정이현, 에쿠니 가오리, 쓰지하라 관장.

교류의 활발한 촉진을 위한 정책방향을 한일 각각의 정부에 제언한다. 회
의 및 심포지엄과 함께 한일 양국의 전통문화 예술 공연도 진행한다. 한일
여성 소설가의 문학낭독회도 그와 같은 프로그램의 하나로 마련되었다.
쓰지하라는 일한문화교류회의의 일원으로서 기획과 진행을 담당하면서 2
년에 걸친 준비 끝에 성공적으로 선을 보였다.

　그는 낭독회의 의미에 대해서 "한국과 일본의 작가가 서로 자신의 작품
을 통해서, 곧 문학을 통해서 단순한 의견교환이 아닌, 교류 그 자체를 실
행한다는 데 의미가 있다"고 말하고 "청중들에게 직접 작가가 소설을 읽어
주는 것이야말로 따뜻한 교류가 된다고 생각해서 낭독회를 제안하였고 청
중들에게 강한 인상을 주었다"고 설명했다. 낭독회가 끝나자 청중 가운데
에서는 "요즈음같이 얼어붙은 한일관계를 풀어가는 데는 이 낭독회와 같
은 따뜻한 교류가 절실하다"고, "언제 다시 여느냐, 기다려진다"고 관심을
보이는 청중들이 많았다고 쓰지하라는 말했다.

　일본의 문예지 〈스바루〉(すばる)는 2014년 4월호에 정이현의 〈삼풍백
화점〉 전문을 일어로 번역해 18쪽에 걸쳐 싣고 한일 문학낭독회에서 있었

던 에쿠니 가오리, 정이현, 쓰지하라 노보루의 좌담을 실었다.

좌담회에서 정이현은 "에쿠니 씨는 한국에서 대단히 인기가 높은 일본 작가로서 《반짝반짝 빛나는》, 《냉정과 열정사이》, 《도쿄타워》 등 모두 한국에서 많이 팔리고 있다"고 밝히고 "내가 처음 읽은 에쿠니 씨의 소설은 《반짝반짝 빛나는》이었는데 주인공은 낯선, 상상할 수도 없는, 친구도 아닌 인물이지만 읽기 시작하자 그 스토리 속에 쑥 빨려 들어가고 말았다"는 감상을 말했다.

조선통신사와 《타타르의 말》

소설가 쓰지하라 노보루는 39세 때 데뷔소설로 일본 최고의 문학상인 아쿠타가와상(芥川賞)을 수상한 것을 비롯하여, 가와바타 야스나리상(川端康成賞), 시바 료타로상(司馬遼太郎賞) 등 10여 개의 문학상과 작가상을 휩쓰는 등 일본 최고의 현대 작가 중 한 사람으로 평가받는다. 2010년 토카이(東海) 대학 교수를 정년퇴임한 후에는 일본에서 유일한 현립(縣立) 문학관인 가나가와 근대문학관의 관장 겸 이사장으로 선임되어 나쓰메 소세키(夏目漱石)의 친필원고 등 근대 일본문학의 역사를 말해주는 생생한 자료들의 발굴과 보존, 전시에 힘쓰면서 집필활동을 계속하고 있다.

그의 장편소설 《타타르의 말》(韃靼の馬)은 에도 시대의 한일 간 근린우호외교의 상징이었던 조선통신사를 테마로 하여 일본과 조선 그리고 몽고까지를 무대로 펼쳐지는 근래에 보기 드문 대하소설로, 2009년 11월부터 약 2년에 걸쳐서 일본 신문소설의 권위를 인정받는 〈니혼게이자이〉 신문에 연재되어 많은 독자들에 읽혔고, 2012년 제 15대 시바 료타로상을 수상했다.

소설에서는 에도 시대에 한 남자가 두 길의 인생을 살아간다. 때는 18세기 초 일본의 도쿠가와 막부 제 6대 쇼군(將軍) 이에노부(德川家宣)의 시대, 주인공은 조선어를 비롯하여 탁월한 어학력과 검술을 갖춘 쓰시마 영주 아비루 가츤도(阿比留克人)이다. 아비루의 제1의 인생은 조선통신사로 일본과 조선을 넘나드는 역할이다. 조선과의 무역으로 섬 전체의 경제를 지탱해온 쓰시마 영주 아비루는 조선과 일본의 교역을 유지하기 위해 필사적으로 에도 막부와 조선 사이의 교린(交隣) 외교에 힘쓴다.

쓰시마는 조선통신사 교류 및 조선과의 무역을 통하여 큰 이득을 보았으나 그 뒷바라지 때문에 에도 정부에 많은 빚을 지게 되었다. 에도의 쇼군 도쿠가와 요시무네(吉宗)는 "대륙의 한혈마(汗血馬)를 수십 두 구해오면 빚을 탕감해주겠다"고 제의, 쓰시마의 밀사는 조선, 청나라, 몽고에 잠입하여 필사의 노력으로 한혈마를 얻는 데 성공한다.

타타르의 한혈마는 조선통신사와의 교류를 유지하기 위해, 그리고 쓰시마의 경제적 운명을 건 가운데 몽고의 대평원과 중국대륙 그리고 조선의 산하를 필사적으로 달려간다. 주인공 아비루의 고향 땅 쓰시마의 장래가 한혈마의 생사에 달려 있는 가운데 한혈마들은 조선인 친구의 도움으로 드디어 청진항에서 울릉도로 건너간다. 그곳에서 재충전의 활력을 얻은 뒤 배에 실려 일본의 후쿠이(福井) 항에 무사히 도착, 도쿠가와 요시무네 쇼군의 손에 넘겨짐으로 해서 쓰시마를 파산의 위기로부터 구해내는 아비루의 대모험은 성공리에 끝난다.

이 소설은 일본의 장편소설 가운데 근래에 보기 드문 대 스케일의 서사시이다. 주인공은 인간과 말, 그 가운데에서도 칭기즈칸 이래 최고의 품종으로 꼽히는 천마(天馬), 한혈마이다. 작가는 《타타르의 말》 구상과 함께 현장 취재를 위해 한국에 와서 과거 조선과 일본 무역의 유일한 창구요 거점이던 왜관(倭館)을 답사하였고, 대륙을 달려온 한혈마의 뱃멀미를 씻어주기 위해 말을 단련시켰던 울릉도까지 방문하는 등 현장감을 살리고자 치밀한 작가적 노력을 기울였다. NHK는 이 소설을 대하드라마로 제작하기 위해 드라마화의 우선권을 취득한 것으로 알려졌으며, 영화화 제의도 있었다고 한다.

작가는 소설 전체를 통하여 18세기 조선과 일본이 근린친선외교로서 안정적 관계를 유지하던 시대를 재조명한다. 소설의 주인공 아비루 일가와 그의 친구였던 아메노모리 호슈(雨の森芳洲)는 도요토미 히데요시의 조선 출병에 대한 비판적 입장을 고수하고 조선과는 근린우호외교로 안정을 꾀해야 한다는 교린외교정책을 도쿠가와 막부정권에 권했던 실존인물로서, 300년 가까이 막부정권의 외교적 안정의 기틀을 확립했다. 소설에서 그는 쓰시마의 영주가 되어 조선과의 교역을 활발히 전개함으로써 교린외교를 직접 실행한다.

　한일관계가 일시적으로 냉각기에 접어든 오늘날, 작가는 이 소설을 통하여 아메노모리 호슈의 교린외교의 의미를 새삼 되새기게 한다. 작가가 의식했든 하지 않았든 이 소설은 한일 우호친선의 역사가 가르쳐주는 상호이익의 중요성을 강조한다. 그리고 에도 시대 한일외교와 교역의 징검다리 역할을 한 쓰시마의 지정학적 가치를 새삼 부각시켰다.

— 그저께 이곳(가나가와 현립 근대문학관)에서 한국의 소설가 정이현 씨와 일본의 소설가 에쿠니 가오리 씨가 각각 자기 작품을 읽어주는 한일문학낭독회가 선생의 사회로 열렸습니다. 선생님이 관장 겸 이사장으로서 운영하고 계신 이 문학관에 대해 한국의 독자들을 위해 설명해주시겠습니까?

"가나가와 현립 근대문학관은 1984년에 개관했습니다. 일본의 전국 각지에는 수많은 문학관이 있습니다만, '현립' '근대' 문학관은 아마 이 가나가와 현립 근대문학관과 도쿄 도(東京都)에 있는 일본근대문학관, 이렇게 두 개밖에 없을 겁니다. 그밖에는 예를 들어 모리 오가이(森鷗外) 기념관과 같이 작가의 출신지에 작가의 이름을 빌린 문학관이 여러 곳 있습니다. 근대문학관은 도쿄와 가나가와밖에 없습니다. 게다가 규모도 매우 크지요.

가나가와 현에 어째서 커다란 근대문학관이 생겼는가 하면 역시 일본의 근대문학을 짊어진 사람들 덕분이지요. 모리 오가이, 나쓰메 소세키를 비롯한 많은 문학가가 있습니다. 그중 절반 정도는 가나가와 현에 살았습니다. 가나가와 현에는 가마쿠라(鎌倉)라는 곳이 있습니다. 가마쿠라는 예전부터 작가나 화가, 음악가가 많이 살던 곳이었습니다. '가마쿠라 문사(文士)'라는 말이 있을 정도이지요. 가마쿠라에 사는 작가들 전체가 '가마쿠라 문사'라고 불립니다. 그 대표적인 예가 가와바타 야스나리(川端康成)입니다. 즉, 일본 근대문학을 짊어져온 작가나 평론가가 요코하마(橫浜)와 가마쿠라를 중심으로 많이 살았다는 것이 큰 이유라고 생각합니다. 물론 도쿄와 가깝다는 점도 있습니다. 전철 쇼난신주쿠(湘南新宿)선으로 1시간 이내에 도쿄까지 갈 수 있습니다. 게다가 바다가 옆에 있고 공기까지 좋지요. 그리고 가마쿠라는 역사적으로 오래된 도시입니다. 요코하마는 일본 문명개화의 중심이기도 했고 전반적으로 환경이 좋습니다.

여러 이유로 문인들이 여기에 많이 살았고 여기에서 죽었습니다. 그렇게 되면 많은, 유품이라고 할까요, 가와바타 야스나리가 쓴 원고라든가 그가 소장했던 미술품, 장서, 그러한 것이 많이 남겨지게 됩니다. 그것을 그대로 놔두면 흩어져버리기 때문에 이를 어떻게든 보존해서 후세에게 전하자는 기운이 강했다는 것이 이 문학관이 설립된 큰 요인이라고 생각합니다. 가나가와 현에 작가가 많이 살고 있었다는 것이지요."

— 전시장 자료를 보니 36명의 작가들의 유품이나 친필 원고도 있더군요. 어떻게 해서 그것들을 수집하셨습니까?
"기본적으로는 기증을 받습니다. 예를 들어 작가가 타계하면 유족이 근대문학관에 기부를 하는 방식이지요. 그것을 문학관이 정리해서 계통이 선 형태로 보존합니다."

— 문학관의 역할과 운영은 현재 어떻게 이루어지고 있습니까?
"문학관의 큰 역할 중 하나는 아카이브, 이른바 보존입니다. 문학관에는 지하 4층까지 광대한 보존고가 있습니다. 자료들이 주로 종이로 되어 있어서 손상되기 쉽기 때문에 그렇게 되지 않는 환경을 만들어서 엄밀하게 보존하는 작업이 첫째입니다. 그리고 보관한 자료를 일반인들에게 전람하는 일이 있습니다. 이것은 지상에 있는 전시관에서 합니다. 전시관에서는 최근까지 〈이즈미 교카(泉鏡花) 전〉을 개최했습니다. 연 2회 큰 전시회를 열어 일반인들이 볼 수 있도록 합니다. 그리고 다양한 강연회나 강좌를 열어서 문학 또는 예술에 대한 계몽활동을 합니다. 그 다음에는 가나가와 현 전체에 있는 대학교, 고교, 중학교에 이동전시장을 꾸려서 전시회나 강연회를 합니다. 단순히 아카이브만 구축하는 것이 아니라 문예, 문학, 문화를 적극적으로 현의 주민들에게 알리고 있지요."

— 이른바 순회전시군요.
"그렇습니다. 순회도 하지요. 간단히 말하자면 근대문학관은 도서가 약 46만 권, 이는 전부 기증입니다. 그리고 잡지가 48만 권. 메이지 시대부터 일본에서 나온 다양한 잡지를 거의 모아두고 있습니다. 그리고 육필자료가 있습니다. 이것이 19만 점 이상, 20만 점. 전체 자료 수는 현재 117만 점입니다. 그중 80퍼센트 이상은 기증받아 보관하고 있습니다. 나머지는 물론 다른 문학관에 빼앗기기 싫어서 어떻게 해서든 돈으로 구입하여 보존하기도 합니다.

　그중에는 다양한 작가의 장서들, 각 작가들의 자료가 있습니다. 예를 들면 나카지마 아쓰시(中島敦) 문고나 오오카 쇼헤이(大岡昇平) 문고, 이노우에 야스시(井上靖) 문고, 나쓰메 소세키 문고 등이 있지요. 이렇게 하나의 커다란 코너가 전부 작가별로 나누어져 있습니다."

— 자료들을 관리하고 유지하는 비용은 어떻게 충당합니까?
"전부 가나가와 현의 예산입니다. 대체로 연간 5억 엔 정도이지요. 물론 직원의 인건비를 포함하여 건물의 유지관리, 다양한 비용이 전부 그 예산으로 충당됩니다. 그러니까 순수한 공립 문화시설입니다."

한일 문화교류의 장으로서의 낭독회

— 이번에 한일·일한문화교류회의가 주최하는 교류프로그램의 하나로 한일 양국의 저명한 소설가들이 서로 자신이 쓴 소설을 낭독하는 문학낭독회를 가졌습니다. 선생님은 일본 측 문화교류위원으로 참여하고 계셔서 이 낭독회는 처음부터 선생이 기획하고 제안하셨는데요. 기획하신 이유와 의미는 어떠한 것입니까?
"문화교류니까 실제로 '교류'해야 한다고 생각했습니다. 그동안 우리들이 줄곧 해온 교류라는 것은 서울이면 서울, 교토면 교토에 서로가 모여서 다양한 장르의 사람들이 의견을 교환하고 문제제기를 해서 앞으로의 문화교류는 어떤 것이어야 하는지에 대해 진지하게 이야기를 나누고 이것을 정부에 제언하는 형태였습니다. 그것은 물론 중요한 문화교류입니다만 거기에서 끝나면 문화교류라는 것은 결국 회의가 되어버립니다. 물론 그때그때

회의 뒤에는 문화예술공연 등의 교류행사가 있어서, 한국 측의 문화교류회 주최로 2012년 12월 국립극장에서 1천여 명의 관객이 모이는 한일 공동 개최의 대규모 문화예술공연을 했습니다. 이른바 진정한 교류였지요. 다양한 장르의 사람들이 교류하고 음악, 전통춤과 발레, 무도, 그 밖의 공연들이 진행되었습니다.

이번에는 우리 일본 측에서 그러한 교류를 하고 싶었습니다. 어떤 의미에서는 보다 작아도 괜찮으니까 따뜻한 교류가 될 수 있는 하나의 프로그램으로 생각한 것이, 일본과 한국의 작가가 서로 자신의 작품을 낭독하고 그것을 모인 사람들에게 들려주는 것입니다. 바로 문학을 통해서, 의견교환이 아니라 작품 그 자체로 교류한다는 것이지요. 그러기 위해서는 역시 목소리를 내서 서로 읽는 것이 가장 따뜻한 교류가 된다고 생각해서 제가 낭독회를 하자고 제안했고 실현되었습니다."

— 이번에 쓰지하라 관장의 사회로 한일의 작가 두 명이 자신의 소설을 낭독하여 성공을 거두었습니다. 에쿠니 가오리 씨도, 한국의 정이현 씨도 각자의 나라에서 인기 있는 작가이지요. 에쿠니 씨의 소설은 한국어로도 번역출판되어 한국에서도 많이 읽혔습니다. 소설가 두 사람의 낭독에 대해 이번에 참가한 300여 명의 청중의 반응은 어떠했습니까?
"반응은 아주 좋았다고 생각합니다. 현장에서 진행한 설문조사 집계 결과가 곧 나옵니다만, 결과가 나오면 제대로 서면으로 선생님께 보내겠습니다. 매우 반향이 컸다고 봅니다. 돌아가는 청중들이 모두 사무직원에게 다음번은 언제 하느냐고 물었다고 하더군요. 아주 좋은 인상을 받았고 게다가 앞으로도 해달라는 아주 강한 요청의 목소리가 있었습니다."

— 한국의 〈동아일보〉 기자가 출장취재 와서 낭독회 기사를 사진까지 넣어 신문에 크게 실었습니다. 그중에 나고야(名古屋)에서 온 청중의 코멘트가 신문에도 실렸습니다만, 그분의 이야기는 "지금처럼 한일관계가 악

간 얼어붙어 있는 시기야말로 이렇게 따뜻한 교류가 필요했다"는 것이었습니다. 게다가 "그것이 잘되어서 기쁘다, 마치 크리스마스 선물을 받은 것 같은 감동이었다"고 했습니다. 그러한 내용이 〈동아일보〉 기사에 나왔습니다. 정말로 훌륭한 일이고 다행이라고 생각합니다. 일본의 문학애호가들이 한국 소설을 이해하는 데 좋은 기회가 되었다고 봅니다.

한일의 서적 번역출판에 관한 통계에 따르면 최근 10년 동안 일본 서적은 여러 분야에서 연평균 800권 정도 한국에서 번역출판되고 있습니다만, 소설뿐만 아니라 한국의 각종 서적은 연평균 20권 정도밖에 일본에서 번역출판되지 않습니다. 이 극단적인 격차는 어디에 이유가 있다고 생각하십니까?

"하나는 물리적인 이유가 있다고 생각합니다. 정확하게 조사하지는 않았습니다만 1년 동안 일본의 문학 출판편수와 한국의 문학 출판편수를 비교하면 일본이 훨씬 많을 겁니다. 예를 들어 일본이 100권이라고 하면 한국은, 물론 이것은 인구 문제나 여러 가지 이유가 있으니까 수준의 문제는 아닙니다만, 물리적인 부분을 생각하면 일본이 100이라고 하면 한국은 아마 그 20% 정도가 아닐까요. 문학 출판편수는 일본의 5분의 1정도라고 생각합니다. 이른바 양의 비교를 해도 좋다고 생각합니다. 다만 여기가 많고 저기가 적다는 것은 본래 분모가 되는 양이 일본이 많다는 것이니까요. 어떻게 해도 한국에서 번역되는 숫자는 늘어납니다. 한국의 것은 숫자가 적으니까 그중에서 또 골라내면 양적인 차는 벌어지게 되는 것이 당연하다고 생각합니다.

그렇지만 800권과 20권은 너무 차이가 큽니다. 이것은 어디에 문제가 있는 것이라서 이를 개선해야 한다기보다, 한국 문학을 일본인에게 보다 알리려는 활동을 꾸준히 지속하는 수밖에 없다고 생각합니다. 이러한 차이 때문에 안 된다고 할 것이 아니라 그 차이의 원인 중 하나가 물리적인 차이에 있으니 그건 어쩔 수 없다고 인정하고, 그럼에도 너무나 비율이 불균형이 심하니 이를 시정하기 위한 활동을 해야겠지요. 한국의 소설이나 평론, 문학과 관련된 책에 대한 일본인의 관심을 높이는 활동은 한국 측만이 아니라 일본 측에서도 해야 한다고 생각합니다. 중심이 되는 것은 물론 작가들이고 출판사, 언론, 관련업 종사자들이 보다 자각을 가지도록 해야 합니다. 그러기 위해서는 역시 문학낭독회, 또는 공연과 같은 교류를 거듭하면서 꾸준히 지속하는 방법밖에 없다고 생각합니다."

— 최근 한일, 혹은 일본에서 두 사람의 소설가나 작가가 공동의 테마로 글을 쓰는 일이 있습니다. 한국에서도 정이현 씨와 프랑스의 알랭 드 보통 씨가 함께 소설을 썼지요. 한일 양국의 작가들끼리도 이러한 것이 가능할까요?
"가능하다고 생각합니다만, 저는 그러한 작업이 거의 의미가 없다고 생각합니다. 함께했다고 해서 훌륭한 작품이 만들어지는 것이 아니지요. 단순히 콜라보레이션을 한다면 그것으로 좋습니다. 그러나 작가의 작업물은 모두 개인의 산물이니까, 역시 자신의 세계를 가지고 있습니다. 이것을 하나의 테마로 무언가 쓴다고 하면 어쩐지 무리해서 쓰는 듯한 부분이 있습니다. 가끔은 그런 것도 좋겠지요. 그렇지만 저는 그런 것에 그다지 흥미가 없습니다. 그러한 것은 해도 좋겠습니다만 그것보다도 자신들의 작품을 가지고 서로 낭독한다든지 토론한다든지, 당신의 작품을 읽었다, 이 작품은 이러한 부분이 좋다든가, 이 부분은 나는 좀 이상하다고 생각한다든가, 그러한 교류 쪽이 하기 쉽다는 것도 있지요. 무언가를 써도 그것을 누가 출판해줄 것인가라는 문제를 생각하면 좀 어렵습니다. 하지만 공동작업을 하는 것 자체에 관해서는 아주 좋은 일이라고 생각합니다."

쓰지하라 노보루의 문학세계 : 《타타르의 말》

— 선생님은 많은 작품을 쓰고 발표하셔서 아쿠타가와상, 가와바타 야스나리 문학상 등 많은 문학상을 수상하셨습니다. 소설을 쓰게 된 계기는 무

엇입니까?

"계기 같은 것은 없습니다. 어렸을 적부터 소설가가 되고 싶었지요. 어렸을 때 아버지가 학교 선생님이었기 때문에 아버지 방에 들어가서 아버지의 책을 훔쳐본다든지, 초등학교 때부터 그런 일을 좋아했습니다. 점점 스스로 이야기를 만드는 소년이 되었지요. 여러 가지 희망이나 꿈은 있었습니다. 의사가 되어야지, 신문기자가 되어야지. 아, 그렇지만 역시 소설가가 되어야겠다. 이렇게 정말로 어린 아이 시절의 꿈이 계기였습니다."

— 방금 말씀하신 의사가 되고 싶다든가, 그러한 유혹을 뿌리치고 소설가가 되신 것은 용기 있는 결단이었네요.

"그렇습니다. 성공할지 어떨지 모르는 일이었으니까요. 의사가 된다고 하면 무조건 열심히 공부해서 의대에 들어가고 국가시험에 붙어서, 노력하면 어떻게 되는 일일지도 모르겠습니다만. 소설가라는 것은 노력한다 해서 될 수 있는 것은 아닙니다. 자신에게 재능이 있는지 어떤지도 알 수 없지요. 좋은 작품을 써야 비로소 재능이 있다는 것을 알 수 있습니다. 그러니까 이것은 도박이지요. 하지만 도박을 좋아합니다(웃음)."

— 저도 어렸을 때부터 책을 좋아해서 만화부터 시작하여 여러 가지 책을 읽고 소설도 대학생 때 두 편 정도 써서 대학신문에 발표하기도 했습니다. 그때가 1960년대 초반이었는데, 1967년에 대학을 졸업하고는 우선 취직이 중요하니까 신문사 입사시험을 보고 붙어서 신문사에 들어가니 소설 같은 것은 쓸 수가 없었습니다. 당시 대학교 때의 저의 문학 지도교수가 제게 이렇게 말씀하셨습니다. "자네 신문기자가 되는 것은 좋지만 자네의 문장을 망치지 않도록, 무너지지 않도록 조심하게"라고 하셨지요. 정말 그 말씀 그대로 그렇게 되었습니다만, 기사를 쓰기 위한 문장과 소설을 쓰기 위한 문장은 전혀 다르더군요.

　그렇게 해서 신문사에 들어가 보니 신문사 선배 중에 한국의 문학상을 수상한 분이 두 분 있었습니다. 그분은 결국 신문사에 들어가서는 소설을 쓸 수 없게 되었습니다. 그 뒤에 신문사를 그만두고 나서 다시 쓰기 시작하는 일이 있었습니다.

"일본도 마찬가지입니다. 신문사 출신 중에 소설가를 목표로 하는 사람은 많이 있지만 결국 신문사를 그만두고 나서 쓰기 시작합니다. 또는 들어가기 전까지 쓰고 있었지만 신문사에 들어가면 같은 문장이라도 완전히 다른 문장이 되니까요. 이 두 가지를 나눠서 쓰는 일도 어렵고 시간적인 문제도 있습니다."

— 시간의 문제도 있습니다만 신문기자는 항상 긴장하고 있습니다. 그러니까 소설을 쓸 분위기가 되지는 않지요.

그럼 선생의 장편소설 《타타르의 말》에 대해 여쭤보겠습니다. 이 소설은 제 15회 시바 료타로상을 수상했습니다. 이 작품을 기획하고 구상한 배경이랄까 이유, 그리고 장편소설로 쓰기로 한 결심에 대해 들려주십시오.

"이 소설은 신문연재 소설입니다. 〈니혼게이자이〉 신문이지요. 소설이 연재되는 일본의 신문 중에는 〈요미우리〉(讀賣), 〈마이니치〉, 〈아사히〉 등의 전국지가 있습니다만 연재소설에 관해서는 〈니혼게이자이신문〉의 권위가 제일 인정을 받습니다. 〈니혼게이자이〉의 가장 마지막 페이지에 연재소설란이 있습니다. 소설가에게 있어서는 누구나 글을 쓰고 싶은 곳이지요. 거기에 연재소설을 쓴 것이 두 번째입니다.

처음은 10년 정도 전에 《발열》(發熱)이라는 작품을 1년 정도 연재했습니다. 신문연재소설이라는 것은 역시 생각이 커다랗지 않으면 안 됩니다. 구상도 커야 하지요. 그리고 테마도 커야 합니다. 보통의 문예지에 쓰는 소설은 예를 들어 '나'라든가 '나의 살아가는 방식'이라든가, 테마가 비교적 좁혀져 있어서 그것으로 줄곧 쓰는 경우가 많습니다. 신문연재소설은 일단 독자가 많습니다. 예를 들어 〈니혼게이자이신문〉이면 아마 일일 발행 부수가 300만 부나 400만 부 정도일 겁니다. 다만 연재소설을 읽는 사람은 예를 들어 400만 명의 1%라고 하면 4만 명이 매일 읽는 겁니다. 더 많이 읽을 거라고는 생각합니다만."

— 1%가 아니라 몇십 퍼센트는 읽을 겁니다.
"그걸 매일 읽는 겁니다. 그러한 사람들을 향해 발신(發信)한다고 할까. 무언가를 쓰기 위해서는 앞서 말했듯이 그 속에 여러 가지 취미를, 인문학을 좋아하는 사람도 있고 모험소설을 좋아하는 사람, 연애소설이 좋은 사람도 있습니다. 에로틱한 것을 좋아하는 사람도 있지요. 그러한 사람들이 모여 있는 셈입니다. 되도록 그러한 사람들 전체가 읽었으면 좋겠다고 했을 때, 그러한 사람들의 욕구를 받아들일 수 있도록 큰 구상을 하지 않으면 안 됩니다. 그리고 역시 싫증나게 하지 않는 것이 중요합니다. 독자는 서로 취향이 다릅니다. 연애, 모험, 활극이 좋다, 서로 권총을 쏴대는 활극이 좋다든가. 그러한 사람들 모두가 읽게 하기 위해서는 소설 속에 사랑도 있고 목숨을 건 싸움도, 모험도 있어야 합니다.

그렇게 생각하다 보면 《타타르의 말》이 되는 것입니다. 즉, 스케일이 커야 합니다. 예를 들어 이야기의 장소를 일본으로 한정하면 좁습니다. 역시 일본 밖으로 주인공이 나가야 하지요. 나간 다음에는 또다시 어딘가로 갑니다. 그렇게 멀리 멀리 가서 마지막에는 다시 되돌아옵니다. 그런 소설로 《타타르의 말》을 구상하였습니다. 그러니까 시대는 역시 18세기, 1700년대로 했습니다. 한국으로부터 조선통신사가 오는 장면에서 시작하지요. 그렇게 되면 이제부터 무대가 혹시 한반도가 된다든가 몽골이 된다든가 할지도 모른다는, 그렇게 두근거리는 느낌을 독자들에게 심어줍니다. 그러면서 독자가 상상한 것과 같은 모험을 주인공이 움직이면서 전개해가지요.

인간만 주인공이 아닙니다. 이 소설의 또 하나의 주인공은 말입니다. 당시 일본에서는 말이 중요했습니다. 말을 얻기 위해 조선으로 건너가 중국의 오지까지 가서 무사히 말을 구해서 일본으로 데리고 옵니다. 그러니까 이것은 모험소설이기도 하면서 역사소설이기도 하고 연애소설이기도 하지요."

— 그 시대적인 배경은 역시 에도 시대이고, 일본과 조선의 관계가 드러납니다. 당시의 한일관계를 소설에서 어떻게 설정하고 전개하려 했습니까?
"당시 일본은 도쿠가와 시대로 쇄국정책을 취하고 있었습니다만 완전히 닫혀 있었던 것은 아닙니다. 나가사키를 통해 유럽과, 또는 청, 즉 중국과 통상하고 있었지요. 조선과는 쓰시마를 통해서 부산의 왜관을 거점으로 하여 외교와 통상을 했습니다. 그 조선 뒤에는 중국, 청나라가 있고 조선과 청국은 또 커다란 통상외교 관계에 있었습니다. 그러니까 조선과 교류함으로써 그 배후에 있는 대륙과 도쿠가와 막부가 교류하고 있었던 셈입니다. 그중 하나의 커다란 관례는 새로운 쇼군이 즉위할 때마다 조선 정부에서 4백, 5백 명의 대대적인 사절(使節)을 보낸 것입니다."

— 이른바 축하 사절이군요.
"그렇습니다. 물론 통신사가 부활하기까지 여러 역사적인 배경이 있습니다. 도요토미 히데요시의 조선출병이라든가. 이것을 일본과 조선 양측의 노력으로, 그리고 쓰시마 번의 노력으로 어떻게든 관계를 회복해야 한다는 역사적 배경. 그러한 부분이 소설의 커다란 테마 중 하나입니다."

일본의 고대문자와 주인공 아비루(阿比留) 가문

— 소설 속에는 쓰시마에 한글과 비슷한 아비루 문자가 있었다고 쓰여 있습니다. 같은 표음문자로 문법도 비슷하다는 것인데요, 이 아비루 문자는 실제로 있었습니까?
"실제로 있었습니다. 에도 시대 중반 일본에서는 한학자가 아니라 국학자(國學者)들의 영향이 컸습니다. 그 전까지 중국, 이른바 한(漢) 문명에 의해 한자를 받아서 일본어가 만들어졌다고 했지요. 문자가 최고의 힘인데 그 문자를 중국으로부터 받아왔다는, 이른바 국수주의이지요.

그런데 국학자들, 그중에서도 히라타 아쓰타네(平田篤胤)는 가라고코로(漢意), 한 문명에 압도되고만 있을 것이 아니다, 중국으로부터 문자가 오기 이전에 일본에는 표음문자가 있었다는 설을 주장합니다. 그 표음문자가 바로 히후미(日文) 문자입니다. '히, 후, 미, 요, 이, 무, 나, 야, 고, 토'라고 숫자를 세는 방식이 있습니다. 지금도 일본인은 숫자를 셀 때 이러한 방식을 씁니다. 한자를 읽어서 숫자를 세는 중국의 방식(吳音) 전에 일본 문자가 있었다는 것입니다. 중국으로부터 문자가 들어오기 전에 표음문자인 히후미 문자가 있었다, 이것이 그의 주장입니다.

말씀하신 한글의 계통을 이어서 쓰시마에 아비루 문자라는 것이 있었습니다. 아비루 문자는 원래 신관(神官)들만이 쓸 수 있었습니다. 이른바 신을 섬기는 신관 문자이지요. 실제로 아비루라는 성을 가진 사람은 지금도 있습니다. 〈산케이신문〉에 아비루라는 유명한 기자도 있습니다. 이 문자는 아비루 가문에 계속 전해집니다. 지금은 아무도 쓰지 않지만 전해지고는 있습니다. 아무도 쓰지 않는 문자이기 때문에 스파이의 암호로 쓸 수 있다는 것이 제 소설의 설정입니다. 소설의 주인공이 아비루 가문의 사람이지요. 신관의 자손으로 대대로 전해진 일본 문자 이전의 문자를 몰래 쓰고 있다는 설정입니다."

— '가라고코로'라는 것은 무슨 뜻입니까?
"당시 일본에서 보았을 때 세계에서 가장 발전된 것이 한 문명입니다. 그러니까 한학자가 있지요. 모두 공자나 맹자만 중요하게 생각한 것입니다. 외국의 책을 중요하게 생각하고 본래 일본에는 '와카'(歌) 같은 것이 있는데도 한 문명만 중요하게 생각하는 것은 이상하다는 것입니다. 한 문명이 전부 올바르다는 사고방식을 '가라고코로'라고 일컬었던 것이지요. 거기에 반대해서 예부터 일본에 있었던 다양한 와카나 이야기(物語)를 중요하게 여기는 것이 이른바 '야마토고코로'(大和心) 입니다. 거기에서 야마토혼(大和魂) 같은 것이 나오게 됩니다.

에도 시대에는 철학자나 문학자가 두 파로 갈라져 있었습니다만 서로 교류도 했습니다. 야마토고코로의 대표자는 모토오리 노리나가(本居宣長)입니다. 정말로 대문학자이지요. 《만요슈》(万葉集) 나 《고지키》(古事記), 또는 《겐지이야기》(源氏物語) 읽는 법을 확실하게 정립한 사람입니다. 한편 한학자 중에서는 오규 소라이(荻生徂徠) 나 야마자키 안사이(山崎闇齋), 이토 진사이(伊藤仁齋) 등 여러 학자가 있어서 서로 경쟁하였습니다. 그중에서 일본에 원래 표음문자가 있었다는 생각을 한 것입니다. 일종의 이데올로기이지요. 실제로는 없었습니다."

― 선생의 소설 속의 아비루 가문은 실제로 존재한 사람들입니까, 아니면 픽션입니까?
"소설 속의 인물들은 픽션입니다만 아비루 가문은 존재합니다. 그 자손은 지금도 있습니다."

― 주인공인 아비루 가츤도(阿比留克人) 가 아메노모리 호슈(雨森芳洲) 와 교류했다는 것은 사실입니까, 픽션입니까?
"픽션입니다. 다만 전부 픽션인 것은 아닙니다. 아메노모리 호슈는 시가현 사람입니다만 처음에 의사가 되기 위해 교토로 공부하러 와서 의사가 되는 것을 그만두고 유학(儒學) 을 공부합니다. 당시 도쿠가와 막부의 이데올로기는 유교였으므로 유학자의 지위가 가장 높았지요. 그래서 유학을 하기 위해 에도까지 가서 기노시타 준안(木下順庵) 밑에서 아라이 하쿠세키(新井白石), 뒤에 대단한 정치가가 되는 인물로 소설에도 나옵니다만, 아메노모리 호슈, 그리고 거기에 이 소설의 주인공인 아비루 가츤도의 아버지가 되는 사람이 있습니다. 이것은 정말입니다. 이 실존인물 세 명이 함께 공부를 합니다. 그 뒤에 아비루는 쓰시마 번 출신이니까 공부가 끝나고 쓰시마에 관리가 되기 위해 돌아갈 때 아메노모리 호슈를 초청합니다. 함께 쓰시마에 가서 일하자고. 그렇게 하여 아메노모리 호슈도 쓰시마에 가게 되는 것입니다. 그리고 조선어-일본어 사전을 만든다든지 왜관의 운영에 관여한다든지, 무역 교섭과 같은 일을 합니다. 그러니까 절반은 사실이고 절반은 픽션입니다."

— 픽션이라고 해도 역사적인 사실을 기반으로 한 스토리이기 때문에 한층 사실에 가깝군요. 제가 아메노모리 호슈와의 교류에 대해 여쭤본 것은 아메노모리 호슈는 한국과 친하게 지내야 한다는 교린외교정책을 도쿠가와 이에야스(德川家康)에게 진언한 인물로 알려져 있고, 실제로 교린외교를 실행한 인물이기 때문입니다. 앞서 말씀하신 아메노모리 호슈, 아라이 하쿠세키, 그리고 아비루, 이 세 사람의 기본적인 사상은 유교입니다만 조선 등 근린 국가들과의 관계개선을 위해 노력하고 유지하려 했던 사람으로, 이것이 올바른 길이라는 신념을 가지고 있었다고 생각합니다.
"그렇습니다. 틀림없는 역사적 사실입니다. 그렇기 때문에 소설도 그것을 기반으로 하여 쓴 것입니다."

일본의 통상과 쓰시마, 그리고 조선

— 당시 조선통신사가 한일관계 안정에 기여한 것은 역사기록에도 남아 있습니다. 쓰시마 번주가 에도 정권을 대리하여 조선과 교역 및 근린외교를 하는 보조역으로서 힘쓴 것은 쓰시마 자체가 그 교역에 생존을 걸고 있기에 조선과의 관계를 좋게 유지하는 편이 이익이라 판단했기 때문이지요.
"그렇습니다. 쓰시마라는 섬은 쌀도 나지 않고 산업도 별로 없습니다. 그러니까 쓰시마 번을 경영하는 데 있어서는 조선과의 통상이 번의 목숨과도 같습니다. 만약 조선과의 통상이 끊어지면 쓰시마 번은 파산할 가능성이 있습니다. 본래 쓰시마 번의 규모로 보면, 일본에서는 고쿠다카(石高) 제도라는 것이 있어서 막부가 각각의 번에, 예를 들어 어떤 번은 10만 석 (石), 어떤 번은 20만 석 하는 식으로 정해줍니다. 몇 석인지는 보통 쌀로 정해집니다. 쓰시마는 쌀이 나지 않지요. 그럼 무엇으로 몇 석인지를 정하는가 하면 다양한 해산물 등을 쌀로 환산해서 계산합니다. 실질적으로는 3만 석 정도였던 것 같습니다. 작은 번이지요. 그런데 실제로는 수입이나 여러 가지를 고려하면 13만 석에서 15만 석 규모의 번이었습니다. 이것이 대부분 조선과의 통상에서 얻은 이익입니다.

당시 일본과 조선과의 통상에서 큰 부분을 차지한 것은 일본으로부터 수출하는 은입니다. 당시 일본은 세계 최대의 은 산출국이었습니다. 조선이나 중국은 그다지 은이 많이 나지 않습니다. 그러나 청나라는 화폐가 은 본위제입니다. 그 은을 조달하는 곳이 일본이었습니다. 일본이 은을 수출하는 중계지가 쓰시마였지요. 은이라는 것은 정제하지 않으면 안 되니까 대체로 교토에 은을 모아두고 배로 쓰시마에 보냅니다. 소설에서도 썼습니다만 이 부분에서 조선으로 가는 은을 실은 배를 조달해서 부산의 왜관으로 가지고 갑니다. 왜관에서 조선 정부의 통상과 교섭하여 매매하지요. 여기에서 이익을 얻습니다.

또 하나는 당시 아직 일본은 비단의 품질이 낮았습니다. 그러니까 비단을 조선이나 중국에서 사옵니다. 이것을 교토의 니시진(西陣)에 가지고 가서 니시진오리(西陣織, 니시진에서 만들어지는 비단의 총칭. 일본의 대표적인 고급직물)를 만듭니다. 그러니까 일종의 물물교환이지요. 일본은 조선 정부에 은을 팔고, 조선 정부는 일본으로부터 산 은을 청나라 북경에 팝니다. 그러면 청나라는 최대의 비단 생산국이니까 비단을 조선에 팝니다. 그 다음에는 왜관에서 일본의 쓰시마 번이 은을 팔아 그 비단을 사는, 이른바 교환무역이지요.

그 이익으로 쓰시마 번이 존립하고 있었으니까 만약 국교 단절이 되거나 막부가 더는 조선과 교역하지 않겠다든가, 혹은 조선 정부가 그만둔다든가 하면 쓰시마 번은 오갈 곳이 없어집니다. 그러므로 몇 번인가 조선통신사의 왕래가 끊어질 때마다 필사적으로 쓰시마 번이 조선통신사를 부활시켜 달라고 합니다. 쓰시마 번으로서는 목숨을 걸고 있는 것이지요. 그러한 커다란 배경이 있다고 생각합니다. 이것을 위해 쓰시마 번은 한어(漢語), 즉 중국어를 유창하게 할 수 있는 인물을 적극적으로 채용합니다. 일본에서 중국어를 할 수 있는 사람은 모두 유교, 유학을 배운 사람이지요. 그들 중에 최고 위치에 있던 이가 아메노모리 호슈였던 것입니다."

— 당시 중국은 차치하더라도 일본과 조선의 무역 통로는 역시 쓰시마였습니까?
"전부 쓰시마입니다."

— 에도 막부가 무역권을 쓰시마에게 주었습니까?
"네, 주었습니다. 어떠한 의미에서 도쿠가와 막부는 유럽과의 통상권을 나가사키에 주고 있었습니다. 데지마(出島), 히라도(平戶), 마쓰우라(松浦) 번, 구로다(黑田) 등의 사람들이 무역에 참여했지요. 나가사키에 데지마를 만들어서 프랑스인이나 네덜란드인, 영국인 등이 거기에 체류하면서 통상을 하고 있었습니다. 한반도, 북경과의 통상은 전부 쓰시마 번에 맡겨졌습니다. 일종의 외무성이지요. 한반도 및 대륙과 관련한 외무성은 쓰시마, 유럽에 관한 외무성은 나가사키와 같은 식으로 나누고 그 이외에는 금지한다는 방식입니다."

말(馬)을 통해 본 당시의 한중일 관계

— 선생의 소설의 테마는 천마를 어떻게든 손에 넣어 에도의 쇼군에게 바쳐야 한다는 것입니다. 이것 역시 픽션 속의 하나의 상황 설정이 아닌가 생각합니다.
"그것은 정말 있었던 일입니다. 사실이지요. 쇼군 도쿠가와 요시무네는 도쿠가와 막부 15대, 300년에 걸친 쇼군들 중에서 가장 영명(英明)하고 뛰어난 정치가입니다. 그는 개명파(開明派), 즉 외국의 것을 적극적으로 도입해서 일본을 강하게 만들어야 한다는 의식을 가장 강하게 가졌던 쇼군의 한 사람입니다. 당시에는 역시 말이 최대의 무기였지요. 지금으로 말하자면 전차 같은 것입니다. 일본에는 좋은 말이 없습니다. 키가 작고 당나귀와 같은 말뿐입니다. 그렇지만 중국의 오지에 들어가면 굉장한 천마, 한혈마가 있다는 것이 책에 쓰여 있습니다. 역사서 중에도 《한서》(漢書)나 《후한서》(後漢書) 등을 보면 한 무제(武帝)가 페르가나(Fergana, 지금의 우즈베키스탄 동부에 있는 도시), 아라비아에까지 이른바 서러브레드(thoroughbred) 품종의 말을 구하러 갑니다. 한나라는 한 번 흉노에게 진 일이 있습니다. 5만의 대군으로 1만 흉노에게 져버렸지요. 그 이유는 바로 말이었습니다. 말을 탄 군사가 재빨리 공격해왔기 때문입니다. 그래서 한 무제도 이광리(李廣利)라는 장군에게 페르가나까지 가서 강한 말을 가지고 오도록 합니다. 이것은 《한서》, 《후한서》에 쓰여 있습니다만, 당시 엄청난 일들을 겪으며 십몇 년에 걸쳐 한혈마를 구하러 갑니다. 한혈마라는 이름의 뜻은 달릴 때 피와 같은 땀을 흘린다는 의미라고 합니다. 그 정도로 빨리 달려서 피와 같은 땀이 나는 강한 말이라는 것이지요. 그것이 지금으로 말하면 군함과 같은 것입니다.

한 무제의 이야기는 《후한서》에도 나와 있습니다만 사마천(司馬遷)의 사서에 나옵니다. 그것을 쇼군 요시무네가 읽습니다. 쇼군은 역시 공부를 많이 하지요. 학부(學府)의 학자들이 매일 쇼군에게 강론을 합니다. 책도 많이 읽어서 지금도 에도성 안에 난키(南葵)문고라는 굉장한 규모의 도서관이 있습니다. 요시무네는 중국의 오지에서 말을 일본으로 가지고 와서 일본에 목장을 만들고 교배를 해서 숫자를 늘리려고 했습니다. 일본은 원나라의 공격을 받았고 당나라 때도 중국이 공격해올 뻔한 적이 있었습니다. 원나라 때에는 완전히 당했었지요. 가미카제(神風)가 불어서 도움을 받았습니다만. 당시 쇼군들은 모두 그러한 기억을 가지고 있어서 언젠가 중국이 공격해 들어오면 어떻게 할까, 그런 걱정이 항상 쇼군들뿐만 아니라 일본인에게 있었습니다.

요시무네는 지금 전쟁이 없지만 언젠가 만약 외국이 쳐들어오게 되었을 때 어떻게 싸울 것인가 하면 역시 말밖에 없다고 생각했습니다. 그래서 어떻게든 좋은 말을 가지고 오는 것이 오랜 꿈이어서 요시무네 쇼군은 실제로 앞서 언급한 서러브레드를 네덜란드로부터 20여 두 수입해왔습니다. 목장을 만들었지요. 이것은 정말로 역사에 그대로 쓰여 있는 내용입니다. 그 정도로 말을 좋아해서 그는 '말 쇼군'이라고 불렸습니다.

그렇지만 정말로 강한 한혈마, 천마는 좀처럼 손에 들어오지 않습니다. 그것을 어떻게든 일본에 데려오고 싶다는 꿈이 있었습니다. 그것을 쓰시마 번을 통해 이루려 했던 것입니다.

조선통신사를 부를 때 일본 측의 비용이 대략 200만 냥 정도가 듭니다. 조선 측도 그 정도를 쓰지요. 200만 냥이라는 것은 지금으로 말하면 200억 엔이나 300억 엔 정도 됩니다. 더 들지도 모르겠습니다. 통신사 일행이 오면 쓰시마 번에서 시작하여 각 번이 조선통신사와 함께 배로 행렬을 만들어서 이동합니다. 가장 많을 때는 1만 명 정도가 에도까지 갑니다. 가는 길마다 뒤에 번주가 따라가는 것이지요. 당시 일본인들은 고기를 먹지 않았지만 조선 사람들은 역시 고기가 없으면 안 되지요. 그래서 조선통신사가 숙박할 때에는 정말 당황하여 멧돼지 같은 것을 조달했고, 그 비용은 엄청나게 막대했습니다.

그 과정에서 쓰시마 번은 몇 분의 일 정도를 부담해야 합니다. '너희 번은 조선과의 무역으로 지탱하고 있으니까 만일 조선통신사가 오지 않게 되면 너희 번은 무너진다. 그러니까 그 비용을 이 정도 내라'는 것이지요. 쓰시마 번에는 그만한 돈이 없으니까 항상 막부로부터 돈을 빌려서 냈습니다. 그것이 점점 쌓이게 되니 쇼군 요시무네는 이른바 재무장관이 바뀌게 되면 '쓰시마 번은 이렇게 돈을 빌리고 있으면 조금씩은 갚아야 하는 것 아니냐'고 하게 됩니다. 그렇게 하여, 누구인지는 기억나지 않습니다만,

아무튼 갚으라는 말을 듣게 됩니다. 쓰시마 번은 돈이 없으니 어떻게 해야할까 하고 있을 때 쇼군 요시무네가 '만약 한혈마, 천마를 쇼군에게 헌상하면 빚은 없던 것으로 해주겠다'고 하는 것입니다.

쓰시마 번으로서는 힘든 일이지요. 당시 중국은, 몽골이나 조선 정부도 그렇습니다만, 일본에 말을 수출할 수 없었습니다. 일본에 보내는 말은 전부 거세를 해서 보내게 되어 있었지요. 번식하지 못하도록 말입니다. 조선 정부도 일본에 많은 말을 팔았습니다. 그렇지만 전부 거세된 말입니다. 그렇게 되면 번식시켜 늘릴 수가 없지요. 그런데 요시무네는 그것보다 훨씬 좋은 말을 거세되지 않은 상태로, 번식을 시켜야 하니 암수 모두 요구합니다. 한 마리씩이면 부족하니 적어도 10두 정도씩을 가지고 와라, 가지고 오면 빚은 청산시켜주겠다는 것입니다.

여기서부터는 대체로 픽션입니다. 그렇지만 '빚을 갚을 수 없으니 어떻게 하면 이것을 상쇄할 수 있을까' 하는 움직임은 실제로 있었습니다. 거기에서 제가 생각한 것은 '말을 가지고 오면 빚을 탕감해주겠다', 이렇게 소설을 만들면 쓰시마 번으로서는 필사적으로 말을 찾으러 가게 됩니다. 그러나 당시 청나라에서도 몽골에서도 조선 정부에서도, 가장 좋은 말은 핵무기를 수출하는 것과 비슷합니다. 절대로 안 되는 것이지요. 만일 발각되면 그 자리에서 목이 잘립니다. 그 정도의 위험을 감수하고 주인공 아비루 가쓴도 일행은 쓰시마 번을 구하기 위해 한반도로 건너가는 것입니다. 먼저 조선어에 능통한 사람들은 대부분 왜관에 근무하고 있었으니까 거기에서 친구가 되는 이(李)라는 조선 사람에게 우정으로 해주지 않겠는가 하고 요청합니다. 결국 함께하게 되어 지금의 청진(淸津), 연변(延辺) 등지로 말을 가지러 들어갑니다. 그러한 전개가 되지요."

— 쓰시마 번의 생존을 건 한혈마 비밀 수입은 충분히 있을 수 있는 일이군요. 그래서 결국 그 한혈마는 어디에서 얻게 됩니까?
"몽고입니다."

― 당시 몽고는 어떤 체제였습니까? 독립 국가였습니까?

"당시에는 독립국이었지요. 칭기즈칸의 자손이 청나라와 아직 전쟁을 하고 있는 상황입니다. 한혈마를 구하기 위해서 그 사이를 재빨리 빠져나가 청나라를 통과하여 몽골까지 들어가지 않으면 안 되니까 정말로 힘든 일이지요."

― 말을 가지고 나와서 일본까지 가져오는 것도 힘든 일이 아닙니까?

"더 힘들지도 모릅니다. 어쨌든 몽골의 대장 비슷한 인물의 마음에 들게 되어 마지막에는 말을 받게 됩니다. 그 뒤에 조선의 북쪽 항구인 청진까지 가지고 가서 이번에는 일본까지 배로 날라야 합니다. 조선 정부가 지켜보고 있어서 한반도를 통과할 수 없으니까요. 그러니까 몽골에서 청나라를 거쳐 청진으로 들어가게 됩니다. 거기에서 이미 준비해두었던 배에 타서 최단거리로 일본으로 간다고 하면 가장 가까운 항구가 후쿠이(福井)입니다. 교토의 북쪽에 있는 마쓰히라(松平) 가문이 지배하는 커다란 번이지요.

이 거리는 꽤 멉니다. 배로 2~3주 정도는 걸립니다. 말은 배에 약하지요. 당시의 배는 흔들리고 또 작습니다. 말은 갇힌 채로 3일이나 4일 정도 달리지 않으면 완전히 쓸 수 없게 된다고 합니다. 그렇다고 하면 배에 실은 채로 단번에 일본까지 나를 수 없다는 것입니다. 도중에 힘껏 달리게 하지 않으면 안 됩니다. 달리게 할 수 있는 장소가 어딜까 하고 제가 지도를 뚫어지게 쳐다보니 여기에 울릉도가 있습니다. 하지만 여기에 내리는 것은 위법입니다. 그런데 이순지(李順之) 등 조선 친구들 중에 울릉도 출신 청년이 한 사람이 있었습니다. 그 청년이 이곳은 전부 바위 절벽이어서 배가 닿을 수 있는 장소가 없다, 하지만 딱 한 곳을 알고 있다고 합니다. 그러면 거기에 배를 대자고 하여 상륙하니 위에는 비교적 넓은 대지가 있습니다. 여기에서 말들을 힘껏 달리게 한 뒤 배로 날라서 후쿠이에 도착하게 한다는 구상이었습니다.

저는 이 소설에서 현장에 취재하러 가지 않으면 안 되겠다고 생각했습니다. 픽션이라도 울릉도에 가서 취재하지 않으면 안 됩니다. 이 이야기는 벌써 4, 5년 전이니까 그때에는 오사카의 한국 출신 친구가 있어서 그에게 상담했더니 함께 가주었습니다. 한국에는 많은 친구들이 있으니까 잘 이야기하여 울릉도에 가자고 해서, 부산에서 포항으로 가서 포항에서 호버 크래프트(쾌속선의 이름 — 필자 주)를 탔습니다. 그것으로 4~5시간 정도면 도착합니다. 안내하는 사람도 함께 갔는데 3월이었는데도 눈보라에 바다는 거칠어서 뱃멀미가 심했지요. 울릉도에서 1박을 했습니다. 섬에는 미국에서 돌아온 지 2년 정도 됐다는 한국인 남자가 혼자 살고 있었습니다. 그 사람이 올라운드 크루저 비슷한 차를 가지고 있어서 그 차로 전부 안내를 받으며 돌아다녔습니다. 그러다가 한 곳을 보고 여기에서 말을 달리게 하면 되겠다고 생각했습니다. 아마 저는 울릉도에 간 마지막 일본인이었을지도 모르겠네요."

한일관계의 변화와 《타타르의 말》

— 1800년대 들어 일본이 여러 나라로부터 개국 요구를 받아서 결국 조선통신사 외교는 중단되었습니다. 그때 쓰시마의 경제적 불이익이라고 할까 손실도 있었겠지요.

"조선통신사뿐만 아닙니다. 당시 아메노모리 호슈와 아비루 가즌도의 아버지와 함께 유학을 공부했던 아라이 하쿠세키는 지금으로 말하자면 수상과 같은 위치에 있었습니다. 학자이자 정치가이지요. 여러 정치가 중에서도 정말로 뛰어난 쇼군이 있어서, 쇼군이 대통령과 같은 실질적인 권력자입니다만, 그리고 그 위에 천황(天皇)이 있습니다. 천황은 교토에 있으면서 거의 아무 것도 하지 않았습니다. 문화 천황과 같은 것이었습니다. 다만 쇼군이 죽고 새로운 쇼군이 되었을 때 '조칙'(詔勅)이라고 해서 '당신을 쇼군으로 인정한다' 하는 일은 합니다. 그 쇼군의 밑에서 실질적인 정치를 하는 권력자가 요즘 말로 수상이지요.

아라이 하쿠세키는 학자이지만 수상을 하고 있었습니다. 그는 은을 언제까지나 생산할 수는 없다, 즉 늘릴 수 없는 것이다, 전부 파내 버리면 제로(0)가 된다고 주장했습니다. 그렇게 되었을 때 일본은 어떻게 할 것인가. 확실히 그렇지요. 그러니까 마구잡이로 조선이나 청나라에 은을 수출하는 것을 중단하겠다는 정책을 내세웠습니다. 그렇게 하니 은을 수출할 수 없으니까 외화를 획득할 수 없어 점점 수입이 줄어듭니다. 쓰시마 번의 역할도 점차 줄어드는 와중에, 역시 조선통신사를 실제로 오게 하려면 엄청난 돈이 드니까, 막부도 더는 무리하지 않아도 되지 않느냐는 식이 됩니다. 조선에서도 그렇게 무리해서 돈을 많이 들여 통신사를 보내지 않아도 되는 것 아니냐는 식으로 되어 점차 조선통신사가 사라지게 됩니다.

쓰시마 번의 번주는 다른 곳에서 온 사람입니다. 규슈의 어딘가에서 온 사람이지요. 그들은 다시 어딘가로 가버립니다. 번주들은 소(宗) 가문이라고 합니다만, 이들은 먹고살 수 없게 되었으니 쓰시마를 떠나서 규슈로 가는 것이지요. 그러나 당시 쓰시마 번과 소 가문에 대한 방대한 기록이 있습니다. 이른바 통상기록이나 왜관에서의 일기라든가. 왜관에 대략 400명의 일본인이 있었다고 하니까 큰 규모이지요. 그 200년 동안 소 가문은 방대한 기록을 남기고 있었던 것입니다. 그 기록이 전부 남아 있습니다. '소케(宗家) 문서'라는 이 기록은 지금 마이크로필름화 되어서 팔리고 있는데 전부 합쳐서 한 질에 3천만 엔입니다. 이것은 일본에서 국회도서관이나 대학, 도서관 등이 구입해서 보존하고 있습니다. 소 가문의 문서는 대단한 가치가 있습니다. 소 가문의 후손은 지금도 도쿄에 살고 있고 쓰시마에는 커다란 묘가 남아 있습니다."

ㅡ 선생이 소설 《타타르의 말》에서 의식하고 계셨는지 어떤지 모르겠습니다만, 이 소설은 예전 조선과 일본이 쓰시마의 무역을 통해 사이좋게 지낸, 무역으로 상호경제적인 의존이 가능했고 나라와 나라 사이의 관계에도 아주 좋은 영향을 준 시대를 떠올리게 하는 스토리입니다. 이렇게 두

나라가 잘 지내던 시대의 일을 400년이나 지난 지금의 시대에 소설로 재현한 데에는 별난 의미가 있을 듯도 한데요.

"아까 말씀드렸듯이 소설이라는 것은 커다란 구상이 있어야 합니다. 그리고 커다란 공간 속에서 움직여야 하지요. 게다가 그 공간 속에 커다란 사건, 커다란 역사적인 일들이 없으면 안 됩니다. 그러면 해외와 관련된 일이 필요한데, 우선 가장 가까운 외국은 조선이지요. 그 건너에는 대륙이 있습니다. 일본에는 이 관계가 역시 가장 큰 문제입니다. 그런 상황에서 한반도나 대륙과 일본이 정면에서 서로 교류하고 있었던 것이 바로 조선통신사입니다. 그것을 그린다는 것은 소설 그 자체가 활기를 띠게 된다고 할까, 매력적이게 되는 것이지요."

— 선생은 소설에 나오는 중요한 현장의 하나인 왜관에도 가셨다지요. 왜관은 예전에 조일무역만이 아니라 외교적으로도 창구가 되기도 했습니다. 현재 왜관에 그 흔적이 아직 남아 있습니까?

"왜관이 있던 자리는 볼 수 있었습니다. 두 군데 남아 있지요. 한 곳은 부산 중심가가 되어서 이제는 알아볼 수 없지만, 조금 교외에 아직 왜관의 벽과 같은 유적이 남아 있습니다. 그때 부산에서 80세 정도의 분을 만났습니다. 그분은 줄곧 왜관에 대해 조사하는 분이었는데 안내를 해주셨습니다. 왜관과 관련해서 책도 내신 것 같더군요."

— 선생이 이 소설을 〈니혼게이자이신문〉에 연재한 것이 2년 정도 전이지요?

"그것보다 더 전입니다. 2년 반인가 3년 정도 됐네요."

— 당시 한일관계는 매우 안정된 관계였습니다만 요즘은 조금 삐걱거리고 있습니다. 선생님의 소설은 오랜 역사 속에서 보아도 예전 조선과 일본이 서로 경제적인 상호의존을 지속하며 우호적으로 지냈던 시기도 있었음을

이야기하면서 그때를 상기시키는 듯한 느낌을 받습니다. 현재 갈등을 겪는 한일관계도 일시적인 것이 되었으면 좋겠습니다. 쓰시마에는 지금도 예전에 조선과 무역을 중개한 흔적이라든가 여러 유적이나 자료가 남아 있습니까?

"남아 있습니다. 제대로 남아 있지요. 옛 쓰시마 번과는 별도로 도쿠가와 막부의 영사관이 있었습니다. 거기에는 도쿠가와 막부의 관리가, 한학자입니다만, 거기에서 일하고 있었습니다. 당시 일본의 경우, 관공서는 절을 빌려 운영하고 있었습니다. 그 절도 전부 남아 있지요. 역사박물관, 기념관, 그리고 소 가문의 묘지가 엄청난 숲 속에 있습니다. 쓰시마에 가면 당시의 모습, 아메노모리 호슈의 묘지도 절도 그대로 남아 있습니다. 그렇게 여러 가지가 남아 있기 때문에 당시의 모습을 알기 위해서는 쓰시마에 가면 좋습니다. 아름다운 섬이기도 하고요."

— 요즘 한국에서 쓰시마를 방문하는 관광객이 꽤 많아지고 있습니다. 부산에서 배로 40~50분 정도 걸리지요. 이 쓰시마를 무대로 한 《타타르의 말》이 〈니혼게이자이신문〉에 연재된 2년 동안, 독자들로부터 여러 반응이 있었다고 생각합니다만, 어떻습니까?

"모두 매우 재미있어 했습니다. 우선 재미가 있지 않으면 안 되지요. 재미있다는 것은 소설에 그려진 것에 굉장한 흥미를 가지고 있다는 뜻입니다. 그 소설이 앞으로 더 읽히게 되면 일본의 한국에 대한 생각도 달라질 겁니다. 또는 빨리 한국어로 번역되어 한국의 독자들에게 읽히게 되면 일본에 대한 감각도 달라질 겁니다. 오랜 역사의 관점을 가질 필요가 있습니다. 한일 간의 문제는 일본의 식민지 침략이나 여러 가지 일에 초점을 맞출 수도 있습니다. 예를 들어 나라 시대, 또 그 이전에도 조선에 군대를 보내는 일은 있었습니다. 그렇지만 전체를 긴 안목으로 보면 저는 7할 정도는 아주 우호적인 관계였다고 생각합니다. 그렇지만 아무래도 사람이라는 것은 나쁜 곳을 보게 됩니다. 그런 점은 우리들에게도 있지요. 《타타르의 말》

을 읽고 '아, 그렇지도 않구나' 하는 감각이 조금이라도 생겨나면 달라지지 않을까 생각합니다."

─ 한국어로 번역되어 한국에서도 많이 읽힐 수 있게 되기를 바랍니다. 이전에 이 소설이 NHK 대하드라마로 만들어진다는 이야기가 있었습니다.
"그렇습니다. 사실은 NHK는 이런 드라마를 만들 책임이 있다고 생각합니다. 요즘 대하드라마에 그다지 돈을 들이지 않는 듯해요. 실제로 《타타르의 말》을 드라마로 제작하는 데는 돈이 들 거라고 생각합니다. 그렇지만 NHK가 관심을 보여서 지금 NHK 엔터프라이즈라는 드라마 기획 부문의 책임자와 만났습니다. 일단 드라마화의 우선권은 NHK가 가지고 있습니다. 다만 NHK가 언제 할지가 ⋯."

─ 언젠가는 대하드라마가 될 것이라 믿습니다. 영화로 한다든가 하는 제안은 없었습니까?
"여러 가지 제안이 있어도 도중에 모두 돈이 너무 들어간다는 식으로 되어서. 영화도 있지만 그것도 구체적으로 움직이고 있는 상황은 아닙니다."

─ 선생의 소설은 스토리로 보아도 몽고에서 지금의 북한에 있는 청진, 또 울릉도에서 일본의 후쿠이까지. 넓은 대륙에서 전개되어 다시 바다를 건너 일본으로 이어지는 이야기입니다. 그러니까 몽골에 가서 취재하고 녹화해서, 북한은 어떨지 모르겠습니다만, 드라마나 영화로 만들면 어떨까⋯.
"북한의 촬영은 다른 곳에서 할 수 있으니까요. 한국 내에 비슷한 곳이 여러 곳 있다고 생각합니다."

─ 꼭 대하드라마가 되었으면 좋겠습니다. 선생의 다른 소설 중에 한일관계를 다루거나 한국을 무대로 한 소설이 있습니까?

"한국은 없습니다. 잘 기억이 나지 않지만 아마 《타타르의 말》뿐이라고 생각합니다."

— 소설 속에는 주인공을 도운 당시의 조선 친구들이 있습니다. 도와준 사람들의 마음을 어떻게 그려내려고 하셨습니까? 역시 인간적인 어떤 것입니까?
"그렇지요. 용기 있고 순발력이 있는 데다 우정이 두텁다는, 이 세 가지입니다. 조선인 친구 이순지가 그렇습니다. 우정을 위해 국경을 넘으니까요. 그러나 어딘가에 애국심도 가지고 있습니다. 그러한 이상적인 인물로 이순지라는 인물을 그렸습니다."

— 일본도 중국도 한국도 동아시아의 공동문화권에 속합니다. 요즘 동아시아 3국에 외교적·정치적인 갈등은 있습니다만, 사람 사이의 교류나 문화교류는 국경을 넘어서 활발하게 이루어지고 있습니다. 선생은 문학가, 작가의 입장에서 최근의 한일관계를 어떻게 생각하고 계십니까?
"저는 문학자이기 때문에 자신이 할 수 있는 것밖에 할 수 없고, 지금 한일 양국이 이러하고 저러하니까 이렇게 되어야 한다는 생각은 갖고 있지 않습니다. 무책임하게 말하는 것이 아니라 오히려 책임감을 느끼기 때문에, 절대로 일본인이나 한국을 공격하는 식으로 감정적이 되지 않게 해야 한다고 생각합니다. 저는 이것이 중요하지 않은가 생각합니다. 감정적이 되면 사고력도 없어지고 상대에 대한 배려도 없어지니까요. 감정적이 되지 않는 것밖에 없다고 생각합니다. 그리고 제가 작가로서 무엇을 할 수 있는가라고 한다면 이번에 근대문학관에서 한 한일 문학낭독회라든가, 오늘 도쿄 한국문화원에서 하는 한일문화교류 공연프로그램이라든가, 그러한 것을 통하여 가능한 한 교류하고 협력하는 길밖에 없습니다. 아무튼 개인적으로는 감정적이 되지 않는 것이 중요하다고 생각합니다. 냉정해지지 않으면 제대로 된 생각을 할 수 없지요."

― 선생과 제가 참가하고 있는 한일·일한문화교류회의가 진행하는 문화
공연의 공동주최나 한일 문학낭독회 등의 문화교류, 이런 것이 얼어붙은
한일관계 회복을 위한 난류가 되었으면 좋겠습니다. 역시 문학가들끼리
만났을 때는 그러한 기분이 알게 모르게 통하겠군요.
"그렇습니다. 문학이 그려내는 것은 그 땅에 살고 있는 사람들이지만, 문
학 자체는 공유하는 것, 공통된 것이지요. 그러니까 우리들은 톨스토이를
읽고도 감동하고 한국의 소설이나 시를 읽어도 감동합니다. 이것은 역시
공유하는 보편적인 가치가 있기 때문입니다. 이것을 믿을 수 없다면 문학
같은 것은 하고 있을 수 없지요."

― 선생의 소설이 한국에서 번역출판되고 또 선생이 한국에 오셔서 지금과
같은 이야기를 들려주셨으면 좋겠습니다.
"한국에 제 책이 단편집이지만 출판되어 있습니다. 일본의 단편소설 중에
가장 좋은 단편소설을 매년 한 편씩 뽑아서 가와바타 야스나리 단편상을
줍니다. 그 상을 제가 7~8년 전에 수상했습니다. 그 작품을 모은 것이 일
본의 신초샤(新潮社)와 한국의 출판사에 의해 한국에 출판되었습니다. 선
생님께 보내드리지요."

― 오늘은 긴 시간 동안 감사했습니다.

• 한일문화교류회의는 작가 쓰지하라 노보루와 에쿠니 가오리를 초청하여 2014년 10월 21
  일 주한일본대사관 공보문화원 강당에서 한국의 작가 정이현이 출연한 가운데 제 2회 한
  일 작가 문학낭독회를 가졌다(필자 주).

청년단 대표·연출가 히라타 오리자(平田オリザ)

극단 청년단의 한국 공연 12회

일시: 2013년 5월 20일, 2014년 7월 14일
장소: 도쿄 청년단 아고라극장

히라타 오리자는 16세에 고등학교를 휴학하고 자전거로 세계일주를 떠나 26개국을 여행했다. 대학 재학 중에는 극단 '청년단'을 설립했으며 1980년 대에 일상화법을 연극에 도입한 현대구어연극을 제창했다. 대표 연출작으로는 〈도쿄 노트〉(1994), 〈서울 시민〉 3부작(1989~2006) 등이 있다.

한일 연극교류 앞장서온 히라타 오리자

히라타 오리자(平田オリザ)는 일본 현대연극을 대표하는 극작가이자 연출가이다. 그가 제창한 '현대 구어(口語) 연극이론'은 근대극 유입 이후 현대극에 이르기까지 일본 희곡에 흔히 나타난 서구식 어법에서 벗어나 어순과 생략이 자유로운, 일본어의 특색을 살린 극작술에 바탕을 두고자 하는 새로운 형식의 연극기법이다. 그의 이론은 1990년대 이후의 일본연극계에 큰 영향을 끼치고 있다.

히라타는 대학 재학 중에 극단 '청년단'(靑年団)을 설립하여 극단 최초의 해외공연으로서 1993년 5월 연극 〈서울 시민〉을 서울과 부산에서 공연한 이래, 한국에서 12회, 프랑스 12회의 공연을 비롯해 영국, 스위스, 이태리, 미국, 캐나다 등 15개국에서 40여 회의 해외공연을 마쳤다.

그는 시나리오 작가였던 그의 부친이 집을 고치고 빚을 내어 만들어준 전용극장 고마바 아고라 극장을 청년단의 본거지로 하여 연평균 50여 회의 공연을 계속하는 등 활발한 연극 활동을 전개하고 있다. 그가 지배인 겸 경영자로 있는 5층짜리 극장건물은 100여 석의 공연장과 배우 준비실,

연습실, 극단사무실 등을 갖춘 가운데 일본 전국의 극단 외에도 해외 극단의 일본공연 무대가 되는 등 연극의 상호교류를 통하여 현대연극의 발신지 역할을 하고 있다.

히라타와 한국의 인연은 그가 1984년 대학 재학 중에 연세대에 공비(公費) 유학한 데서 시작된다. 1993년 5월 그의 작품 〈서울 시민〉의 청년단 한국 공연은 전편을 한국어로 진행, 일본인 극작가의 작품을 한국어로 공연하는 획기적인 시도였다. 그러나 1993년 무렵에는 현대구어연극이라는 것이 너무 낯설어서 큰 반향을 일으키지는 못했다.

제 39회 기시다(岸田國士) 희곡상을 수상한 그의 대표작 〈도쿄 노트〉는 1999년 10월에 한국에서 공연된 후 15개국에서 상연되었다. 히라타의 연극이 한국에서 주목을 받기 시작한 것은 한일합작 〈강 건너 저편에〉 이후이며, 그 후 〈도쿄 노트〉를 번안한 〈서울 노트〉로 큰 반향을 일으켰다. 한일 교류의 해를 기념하여 일본의 신국립극장과 한국의 예술의전당이 공동제작한 〈강 건너 저편에〉는 히라타 오리자와 우리나라 극작가 김명화가 공동집필한 작품이다. 이병훈이 연출을 맡아 2002년 6월에 초연되어 제 2회 아사히 무대예술상 그랑프리를 수상했으며, 2005년에 한일 양국에서 재공연되기도 하였다.

이 작품은 한국어학당에서 공부하는 일본인들과 한국인 교사 가족을 연기하는 한일 양국의 배우가 각각의 언어로 동시다발적 대화를 전개하는 새로운 형식을 통해 한일 양국의 갈등과 화해를 섬세하게 그려내어 한일 양국에서 높은 평가를 받았다.

그는 16세 때 고교를 휴학하고 자전거로 세계일주여행을 떠나 26개국을 방랑, 1981년 쓴 여행기를 비롯하여 희곡, 평론 이외에도 《예술입국론》 등의 문화비평서, 문화정책 제언서 다수를 집필하는 등, 정부에 지방문화 중시의 문화정책 수립 등을 건의하기도 하였다. 2009년 민주당 정권 하토야마 유키오 정부의 내각관방참여로 임명되어 수상의 소신표명연설 초고를 공동집필하였고 2010년 간 나오토 내각 때에도 국제교류 담당의

<표 1> 히라타 오리자의 한일합작 및 내한 공연

공연일자	작품명(극장)
1993년 5월	〈서울 시민〉(서울, 부산)
1999년 10월	〈도쿄 노트〉(서울 예술의전당)
2002년 6월	〈강 건너 저편에〉(한일합작/예술의전당)
2004년 10월	〈도쿄 노트〉를 번안한 〈서울 노트〉 공동연출
2009년 10월	〈도쿄 노트〉(서울국제공연예술제 참가)
2011년 8월	〈은하철도의 밤〉(대학로 아르코예술극장)
2012년 1월	〈혁명일기〉(두산아트센터)
2012년 5월	〈곁에 있어도 나 혼자〉(부산국제연극제 참가)
2012년 9월	〈달의 곶〉(명동예술극장)
2013년 4월	〈사요나라〉(국립극장)

내각관방참여로서 그해 12월 한국민단이 기획한 제4회 영주외국인 지방
참정권 심포지엄에서 기조강연을 맡아, 재일한국인의 지방참정권 부여에
찬의를 밝혔다.

2012년에는 히라타 오리자와 청년단에 초점을 맞춘 장편 다큐멘터리
영화 《연극 1》, 《연극 2》(소다 가즈히로 감독)를 부산국제영화제에서 상
영, 그후에 일본 극장에도 공개하였다. 1990년대 이후 독자적인 일본현
대극을 창안했다는 평가를 받는 히라타 오리자는 대학로 예술극장 시어터
카페에서 가진 한국기자들과의 간담회에서 "나의 연극방법론은 대학 시절
교환학생으로 한국에 있으면서 싹튼 것이다. 서양 말투의 연극이 아니라
자연스러운 일본어 연극을 하자는 생각을 일본어와 어순이 같은 한국에
살면서 하게 되었다"고 밝혔다. 히라타는 2000년대 들어 한국에서 가장
각광받는 일본 극작가이며 연출가이다(〈동아일보〉, 2013년 5월 30일 자).

1993년 청년단의 첫 한국 공연 이래 그의 작품 또는 한일합작에 의한 한
국 공연이 2013년 4월 〈사요나라〉(국립극장)에 이르기까지 10여 회에 걸
쳐 있었으며 그가 쓴 희곡 〈도쿄 노트〉, 〈과학하는 마음〉, 〈잠 못 드는
밤은 없다〉, 〈서울 시민〉 등은 한국어로 번역되어 한국인 연출과 배우에

의해 공연되었다.

〈도쿄 노트〉는 극작가이자 연출가인 성기웅에 의해 번역되는 동시에 주로 그의 연출로 무대에 오르기도 하였다. 2014년 7월 14일 필자가 고마바 아고라 극장을 방문하여 가진 두 번째 인터뷰 때에 그는 "한일국교정상화 50주년을 맞는 2015년에도 성기웅 씨와 공동으로 연출할 합작을 위한 작품을 쓰고 있다"고 밝혔다.

성기웅은 〈과학하는 마음〉, 〈잠 못 드는 밤은 없다〉 등을 번역해 번역 희곡집까지 냈으며, 히라타 오리자의 존재를 한국에서 알리는 데 큰 역할을 했지만, 지금까지 공동으로 희곡을 쓰거나 합동공연을 한 적은 없었다.

한일 연극공연: 소극장에서 대극장 시대로

한일 연극공연은 최근 들어서 한일 간의 민감한 역사인식 문제를 테마로 다루는 과감한 시도와 함께 종전의 중소극장 연극교류의 시대를 넘어 1천여 석의 매머드 관중을 동원하는 대극장시대로 발전하고 있다.

재일한국인 작가 겸 연출가 정의신(鄭義信)의 신작 〈나에게 불의 전차를〉은 2012년 11월 3일 도쿄 아카사카 ACT시어터의 1,300여 석을 대부분 일본인 관객이 가득 메운 가운데 커튼콜에서 기립박수를 받았다. 일제강점기 경성을 배경으로 남사당패 한국인과 한국문화에 심취한 일본인의 우정을 다룬 이 작품에 한국 배우로는 차승원이, 일본에서는 쿠사나기 츠요시(한국 예명 초난강), 히로스에 료코 등이 출연해 시선을 끌었다.

쿠사나기는 일본의 아이돌 가수그룹 스맙(SMAP) 출신으로 한국에서도 잘 알려진 연예인이다. 작가 정의신은 일제 때 조선의 민예를 사랑하여 조선민족미술관을 설립하고 그 후 도쿄에 일본민예관을 세운 실존인물인 야나기 무네요시 역에 쿠사나기를 캐스팅하여 한일 문화교류의 과거, 현재, 미래를 통한 화해의 메시지를 연출하였다. 이 작품은 12월 도쿄와 오사카에서 공연한 뒤 2013년 1월에는 서울 무대에도 올려졌다.

한일관계의 회복과 개선을 촉구하는 내용을 테마로 한 한일합작 연극공연은 2013년에도 시도되었다. 서울 예술의전당과 국립극단 및 도쿄 신국립극장이 한일 공동제작한 연극 〈아시아 온천〉이 2013년 5월 10일 저녁 일본 도쿄 신주쿠의 신국립극장 중극장에서 상연되었다. 이 연극 역시 정의신의 작품으로서 손진책 연출로 한일의 대표적 연극배우들이 출연했다. 작품의 배경이 되는 가상의 섬 '어제도'를 둘러싼 원주민과 외지인의 갈등은 한일 간에 마찰이 일고 있는 독도 문제를 연상시킨다.

공연에서는 한일 두 나라의 이질적인 문화와 정서를 있는 그대로 드러내 보임으로써 문화의 이질성을 이해하고 공감하는 '문화적 공유'를 연출하기도 했다. 일본 관객들의 반응은 뜨거웠다고 현장을 보도한 〈한겨레〉의 정상영 기자는 밝혔다(2013년 5월 13일 자 기사 참조). 이 작품도 일본 공연을 마친 후 6월에는 서울 예술의전당 CJ토월극장에서 6일간 한국 관객들에게도 선보였다.

〈나에게 불의 전차를〉과 〈아시아 온천〉의 한일합작 연극공연은 이제 한일 간 연극교류가 연극인들 자체의 교류와 공감의 시대를 넘어서 한일 양국의 관객, 곧 일반 국민이 이질적 문화와 정서를 이해함으로써 서로의 연극에 공감하고 공유하는 시대로 발전하고 있음을 알 수 있게 한다. 그만큼 한일 연극교류가 두 나라 국민의 상호이해에 기여하는 바가 크다.

일본의 극단 '신주쿠 양산박'을 이끌고 있는 재일한국인 연출가 김수진의 〈도라지〉(오태석 작)는 구한말 젊은 개혁가 김옥균과 홍종우를 그린 작품으로서 그의 연출로 1994년 초연 이후 2008년부터는 일본무대에도 꾸준히 오르고 있다.

또 그의 연출로 공연된 〈해바라기의 관〉은 재일한국인 작가 유미리의

• 재일한국인 작가 정의신의 〈나에게 불의 전차를〉 도쿄공연에 대한 내용은 〈동아일보〉 2012년 11월 5일 자, 김성규 기자의 기사를 참고로 하였음.

동명소설을 원작으로 하여 모국어인 한국어를 잃어버린 재일한국인 청년과 한국인 여자 유학생 및 재일한국인 소녀와 일본인 청년의 삶과 죽음의 드라마를 다루고 있다. 김수진은 "한국과 일본의 문화는 서로 주고받는 관계가 아닌, DNA 구조처럼 끊임없이 순환하는 관계"라고 〈뉴시스〉와의 인터뷰에서 밝혔다(2011년 3월 1일 자 이재훈 기자의 기사 참고).

1993년에 한중일의 수도, 곧 베이징, 서울, 도쿄의 영문 이니셜을 따서 출범한 베세토(BeSeTo) 연극제는 창설 20주년을 맞은 2013년 10월 그해의 개최지인 일본 도쿄와 돗토리 등에서 두 달간 개최되었다. 한국작품으로는 극단 여행자의 〈페르귄트〉(양정웅 연출)가 도쿄 신국립극장의 플레이하우스에서 상연되었다. 그동안 베세토연극제를 통하여 한국의 작품으로는 오태석 연출의 〈백마강 달밤에〉(1994), 임영웅 연출의 〈고도를 기다리며〉(2001), 고선웅 연출의 〈칼로 막베스〉(2011) 등이 해외에 널리 알려졌다(〈조선일보〉, 2013년 10월 28일 자 신정선 기자 기사 참조).

한일 간, 중일 간의 외교적 갈등으로 냉기류가 흐르는 가운데서도 한중일 3국의 연극무대에서는 낯설지만 다채로운 연기와 외국어의 벽을 허물면서 서로의 언어가 교차하는 이해와 공감이 국경을 넘나들고 있다. 위에서 언급한 사례를 봐도 알다시피 한일 연극교류에 있어 재일동포 연극인들이 중요한 역할을 하고 있다. 한일 양국의 언어와 문화를 어느 정도 아는 입장에서 두 나라를 바라보는 시각이 문화교류에서 설득력을 갖기 때문이다. 또한 한일 간의 불편한 역사나 정치적인 문제를 직접적으로 건드리기에는 어려움이 따르기 때문에 그들의 역할은 더욱더 중요하다.

2013년에 두산아트센터가 제작한 〈가모메〉(성기웅 작, 타다 준노스케 연출)는 체호프의 〈갈매기〉를 원작으로 하여, 1936년 일제강점기의 조선으로 배경을 옮긴 작품이다. 일본으로 건너간 조선인 여배우가 연인인 일본인 작가를 고향으로 데리고 오는 것으로부터 사건이 시작되며, 작가 지망생인 아들은 배우를 꿈꾸는 조선인 소녀를 일본인 작가에게 빼앗기게 된다. 이 연극의 대사는 시대 상황에 맞게 거의 반반의 비율로 한국어와 일본어가 섞여 있다. 일본인 배우 4명이 출연했고, 양국 배우들은 한국어와 일본어 대사를 모두 외워 공연에 임했다. 한일 양국 관객에게 어쩌면 불편할 수도 있는 작품이었지만 이 연극을 연출한 타다 준노스케는 외국인으로서는 처음 2013년에 동아연극상(연출상)을 수상했다. 2014년 11월에는 일본 기타큐슈예술극장, 가나가와예술극장에서 재공연되었다.

또한 명동예술극장은 도쿄예술극장과의 공동제작으로 국제적으로 이름이 알려진 일본의 거물 극작가 겸 연출가인 노다 히데키(野田秀樹)의 〈반신〉을 한국 배우들을 캐스팅하여 2014년 9월 19일부터 10월 5일까지 명동예술극장, 10월 20일부터 31일까지 도쿄예술극장에서 공연했다.

한국연극계에서는 요 근래 서양의 번역극을 무대에 올리는 것과 비슷한 감각으로 일본희곡이 1년에 5, 6편 이상 속속 공연되고 있다. 그런데 반대로 한국희곡이 일본극단에 의해 공연되는 경우는 극히 드물다. 그 이유인즉, 일본 현대희곡들이 주로 현대인의 보편적인 문제를 다루는 데 반해, 한국희곡들은 분단이나 정치적인 문제 등 한국 현대사의 특수성을 바탕으로 하는 경우가 많기 때문이다.

― 극단 청년단을 창단한 동기에 대해서 말씀해주세요.

"학생 시절, 친구들과 함께 연극 활동을 시작했습니다. 그 당시에는 이렇게 큰 극단으로 성장할지 꿈에도 몰랐죠. 처음에는 그냥 취미 정도로 생각했거든요."

― 한국에서 말하는 '소극장 운동' 같은 건가요? 공연은 주로 어디서 하셨습니까?

"네. 그렇습니다. 처음에는 대학 캠퍼스 안에서 공연했죠. 한국과 일본의 가장 큰 차이는, 한국은 대학에서의 연극교육이 활성화되어 있는데, 일본은 그런 게 거의 없어요. 지금 한국에는 연극학과가 있는 대학이 50여 개라고 하는데, 일본은 10개 정도밖에 없습니다. 인구 비율로 따지자면 한국은 일본의 10배 정도, 그런 연극 교육기관이 있는 셈이죠."

― 인구비율이라고 하면 대학뿐만 아니라 일반적인 학원 같은 것도 들어갑니까?

"아뇨. 대학에 설치되어 있는 연극학과(혹은 연극영화학과)만 말하는 겁니다. 그런데 일본에는 연극학과가 거의 없어요. 그리고 일본은 세계적으로 봐도 국립대학에 연극학과가 없는 유일한 나라입니다. 우에노에 있는 도쿄예술대학에도 미술학부와 음악학부는 있는데 연극학부는 없습니다. 거기에는 여러 요인이 있는데, 일본에서는 역사적으로 연극이 사회주의운동과 밀접하게 연관되어 있었다는 이유도 있고, 일본의 경우 정권교체가 없었기 때문에 연극은 언제나 반(反)체제, 야당, 혹은 아웃로우(무법자)일 수밖에 없었던 거죠.

요즘에는 그런 일이 없어졌습니다만, 조금 전까지, 1990년대까지, 10년 전까지만 해도 말이죠, 지방에 가서 아이들에게 연극을 가르쳐주는 워크숍을 열면 아이들을 보내지 않는 부모들도 있었어요. 연극을 하면 빨갱이가 된다고, 공산주의자가 된다고요. 이제는 농담처럼 말할 수 있게 되었지만요.”

— 일본에는 연극을 좋아하는 젊은이들도 많을 텐데요.
“일본에서는 학교에서 연극을 배울 수가 없기 때문에, 하고 싶은 사람들이 각자 제멋대로 하는 거죠. 한국에는 대학에도 마찬가지로 연극동아리가 많이 있어요.”

— 제 모교인 연세대에도 연희극예술회, 그런 동아리가 있었고 오태석 씨 등은 그 동아리 출신이죠. 이른바 동호회 같은 거지요.
“그렇습니다. 일본에서는 연극동아리하고 하면 와세다대가 가장 활발했습니다.”

— 어제 와세다대 연극박물관에 다녀왔는데요. 쓰보우치 쇼요의 동상도 있고, 연극박물관이 있는 건 흔하지 않은 일이죠.
“제가 다닌 국제기독교대학(ICU)은 비교적 작은 학교였기 때문에 연극 활동을 하는 사람이 그리 많진 않았어요. 그 학교 연극동아리에서 활동을 시작했습니다.”

— 청년단을 창단하신 지 30년 가까이 되었지요?
“1983년에 창단했습니다. 마침 올해(2013년) 창단 30년이죠. 제가 대학생 때였으니까요.”

— 그러면 지금 히라타 선생이 목표하시는 것, 의도하신 건 잘 실현되었다고 보시는지요?
“저희 극단은 여러 가지로 운이 좋았던 케이스라고 생각합니다.”

— 히라타 선생이 운영하시는 고마바 아고라극장이라든가, (젊은 연극인들

을 육성하는 시스템인) 청년단 링크도 있고요.

"네, 극장이라는 것은 원래 유럽에서는 재능이 있는 인재를 키우는 공간입니다. 제가 운 좋게 극장을 가지고 있었기 때문에 거기에 젊은 연출가들이 모여들어서 성공했다, 이렇게 말할 수 있을 것 같아요."

— 청년단의 연극은 다른 극단과 양식이 좀 다르다고 들었습니다.

"보통 연극이라고 하면 배우가 큰 소리로 대사를 하고, 과장된 동작으로 연기를 한다, 그런 이미지가 있을 텐데요. 저희 극단 같은 경우는 일상적인 움직임과 일상적인 대화로 연극을 구성한 게 새로운 특색이었습니다."

— 히라타 선생의 연극은 연극적인 언어가 아닌 일상 언어로 배우가 연기를 하고, 그것을 관객에게 전달한다고 들었는데요. 그런 양식의 배경에는 어떤 철학이 있습니까?

"이야기가 길어지지만, 먼저 저는 1984~1985년에 한국 유학을 갔습니다. 연세대에서 유학을 했는데요. 거기서 한국어를 배우면서 거꾸로 일본어를 상대적으로 바라볼 수 있게 되었습니다. 예를 들어서 일본에 있는 연극 교과서를 보면 '그 젓가락을 세워라'라는 대사를 외칠 때 '젓가락'이라는 말을 강조하고 싶을 때에는 '젓가락'이라는 말을 세게 말하고 '세워라'라는 말을 강조하고 싶을 때에는 '세워라'라는 단어를 세게 말하라, 이런 훈령을 통해서 배우의 감정 연기가 는다고 쓰여 있어요. 그런데 일본어와 한국어의 특징은 어순을 자유롭게 바꿀 수 있다는 겁니다. 프랑스어 같은 경우 같은 단어를 반복하는 걸 별로 좋지 않게 생각하는데요, 그렇지만 한국어나 일본어의 경우, 강조하고 싶은 말을 앞으로 가져오고 반복한다는 특징이 있습니다. 아까 말한 '그 젓가락을 세워라'라는 말도 평상시에는 그런 식으로 말하지 않고, '그 젓가락, 젓가락, 젓가락… 그 젓가락을 세워!' 이런 식으로 말할 거고, '세워라'를 강조하고 싶을 땐 '세워, 세워! 그 젓가락을 세워!' 이렇게 말하죠. 말하자면 원래 일본어 같은 경우에는 억양을 강조하기보다는 어순과 반복을 통해 말을 강조했던 거죠. 그러니까 보통 우리가 생각하는 연극적인 대사는 과장되어 있다, 일본말로는 '냄새가 난다'(과장되어 있어서 거슬린다) 라고 합니다. 그건 여기에 원인이 있어요. 연극이라는 것이 과장되어 있다, 일반인들이 연극을 볼 때 과장되어 보이는 것은 원래 대본이 그렇게 쓰여 있기 때문에 배우들도 어쩔 수 없이 억양으로 강약을 표현해야 했기 때문입니다. 그렇다면 한번 일상적인 언어를 사용해서 연극을 해보면 어떨까? 그렇게 생각하게 되었습니다.

그런데 그런 작업을 시작은 했는데, 그것이 과연 어디에 도움이 될지는 그 당시 저도 잘 몰랐어요. 1984~1985년에 한국에 유학 갔다 왔고, 1989년에 〈서울 시민〉이라는 희곡을 썼는데요, 이 작품은 1909년 경성에서 생활하던 평범한 일본인 가족의 일상적인 생활을 묘사한 작품입니다. 개인적인 생각이지만 그 이전에 일본에서 한국을 소재로 다룬 연극을 보면, 연극계에 좌익적인 경향이 강했기 때문에 아주 고약한 군인이나 나쁜 정치가가 등장하고, 한국 사람들은 항상 수모를 당하는 그런 이야기……. 그게 틀렸다는 건 아니지만 그런 작품은 지금 일본의 젊은 세대들이 보면 '옛날에 일본은 나쁜 짓을 했구나' 그렇게 생각할지는 몰라도 자기 자신의 일이라는 느낌은 받지 못하는 게 아닐까 생각합니다. 지금 하시모토(오사카 시장)는 바로 그런 케이스인 것 같은데, 옛날에는 나쁜 짓을 했지만 필요에 의해서 어쩔 수 없었다, 그렇게 되면 문제죠.

그리고 식민지 지배의 무서운 점은 일반 시민들도 공공연하게 차별을 하는 데에 있다고 봐요. 그리고 그 당시에는 지식인을 포함해서 대부분의 일본인들이 한국을 병합하는 것이 한국을 위한 일이라고 믿었잖아요. 지금 일본의 젊은 세대들은 그런 일은 전혀 몰라요. 그 부분을 연극으로 만들려고 했습니다. 그래서 그 당시 경성에 살던 보통의 일본인 가족, 그 가족은 본인들이 굉장히 개방적인 생각을 가지고 있다고 생각하고 있는데, 객관적으로 보면 분명히 차별을 했고, 지배자의 입장에 서 있었던 거죠. 그런 일상생활을 그리려고 했는데, 그때 처음 '아, 이런 방법론은 이런 일을 묘사하기 위해 쓰면 효과적이구나'라는 것을 자각하게 되었죠. 먼저 어떤 이데올로기가 있고, 그 이데올로기를 전달하기 위한 기존의 연극이 아닌, 사물이나 현상을 현미경으로 들여다보듯이 디테일을 묘사함으로써 식민지의 진상을 그린다, 그렇게 함으로써 진정한 의미로서의 식민지배의 폭력성을 전달할 수 있지 않을까, 그렇게 생각하게 된 것입니다. 그런 과정을 통해서 지금과 같은 양식의 연극을 하게 되었습니다."

— 히라타 선생이 청년이었을 때, 극단 이름도 청년단이지만 서양에서 유입된 이른바 현대연극, 한국도 마찬가지지만, 그런 현대극이 부자연스럽게 느껴졌다. 배우의 대사나 몸짓이라든가, 그것이 일본 고유의 문화와는 거리가 있다, 그렇게 생각해서 '현대구어연극'이라는 걸 구상하게 되었다고 들었습니다. 거기에 대해서 조금 더 말씀해주시겠습니까?
"조금 전에 말씀드린 부분인데요. 일본어 자체를 좀더 과학적으로, 언어학적으로 분석하여 일본어의 특징에 맞는 대본을 쓰고 거기에 맞는 배우의 연기술을 생각해야 한다, 그게 가장 중요한 부분이었습니다."

— 대본의 대사도 많이 다른가요?
"네. 우리 세대 이후의 작가, 특히 1990년대 이후의 작가들은 절반 정도는 구어체에 가까운 문체로 작품을 쓰고 있습니다."

— 그러니까 평상시에 쓰는 일상언어라는 거죠? 한국에서도 옛날에 제가 본 연극, 예를 들어서 셰익스피어의 번역극 같은 건, 아니, 한국의 창작극을 봐도 배우들이 이른바 연극적인, 과장된 화법으로 대사를 하기 때문에 왠지 어색한 느낌을 받곤 했습니다.
"한국이나 일본이나 근대연극은 모두 서양에서 들어왔잖아요. 처음 연극이라는 것을 수입할 때, '연극이니까 이런 식으로 말하는 거겠지' 하고 그냥 받아들인 거 같아요. 그런데 그건 따지고 보면 연극이니까 그랬던 게 아니고, 서양 언어의 특색을 토대로 한 연극이었던 거죠. 그러니까 배우들은 과장된 언어로 대사를 하지만 우리는 평소에 절대 그런 식으로 말하지 않지요."

— 그렇다면 히라타 선생이 시작하신 현대구어연극은 일본연극계에 많은 영향을 줬는가요?
"네. 희곡을 쓰는 방법이 많이 달라졌습니다. 그리고 기시다쿠니오(岸田國士) 희곡상이라는 신진 작가를 위한 희곡상이 있는데요. 최근 4년간 연속해서 제 제자들이 그 상을 수상했습니다. 그걸 봐도 젊은 작가들한테는 큰 영향을 줬다고 볼 수 있죠."

— 히라타 선생의 연극에서는 두세 가지의 복수의 대화가 동시에 진행한다고 들었는데, 어떠한 전개 방식입니까?
"일상생활 속에서는 우리가 이렇게 대화를 하는 사이에, 옆에서 다른 사람들이 대화를 할 수도 있지 않습니까? 그런데 연극에서는 그런 장면이 전혀 없었어요. 그런데 제 작품에서는 동시에 여러 사람들이 전혀 다른 화제로 대화를 하기도 합니다. 그렇지만 관객한테는 연극의 스토리는 전달되도록 쓰는 거죠."

— 그리고 기존의 연극은 배우가 관객에게 등을 보이면 안 된다, 그런 것이 상식이 있었지만 히라타 씨 연극에서는 자연스럽게 관객에게 등을 돌리기도 한다고요?
"네. 지금까지 말씀드린 게 제 연극의 가장 큰 외견상의 특징입니다. 그리고 관객이 극장에 입장할 때부터 무대에서는 연극이 시작됩니다. 그것도 특징이죠."

— 그러면 종래의 관객들이 연극을 보고 어떤 반응을 보였는지요?

"처음에는 우리가 서툴기도 했지만, 우선 우리가 뭘 하고 싶어 하는지 이해를 못 하는 관객들이 태반이었습니다. 그리고 극단이 조금 유명해진 후에 연극평론가들이 봐도 마치 배우들이 즉흥적으로, 애드리브로 연기를 하는 게 아니냐면서 대본이 원래 그렇게 쓰였다는 걸 이해 못 하는 경우도 많았습니다. 그 정도로 자연스럽게 보였던 거죠. 그러다가 1995년쯤에 그런 양식이 제대로 받아들여지게 되고 지금은 그냥 일반적인 연극으로 간주되고 이질감을 느끼는 사람들은 없는 것 같아요."

— 관객한테 말을 거는 경우도 있는가요?
"그건 없습니다."

— 이번에는 화제를 바꿔서 한국 공연에 대해 물어보겠습니다. 1993년에 청년단이 한국에서 공연한 게 처음이었다고 들었습니다. 서울과 부산에서. 이게 히라타 선생의 첫 해외공연이었다죠? 일본 배우들이 전부 다 한국어로 연기했다는 것, 옛날이라면 전혀 상상도 못 할 일이었겠지요. 배우들은 어떻게 한국어 대사를 외웠습니까?
"한국 공연 1년 반 전부터 극단원 모두가 함께 공부했습니다. 먼저 한글을 읽는 방법부터 배웠고요. 그리고 일본에 있던 한국인 친구에게 부탁해서 한국어 지도를 해달라고 부탁하고. 배우들은 대사를 외울 수는 있거든요."

— 그럼 대본도 한국어로 쓰셨겠군요.
"네."

— 일본 배우가 한국어로 대사를 말하는 연극, 정말 획기적인 공연이라고 평가받으셨겠네요?
"그런데 그때 한국에서 공연한 〈서울 시민〉이라는 작품은 식민지 시대를 다룬 작품이었는데, 아까 말이 나왔던 것처럼 고약한 군인이나 나쁜 정치가도 전혀 등장하지 않습니다. 그래서 오히려 비판받을 줄 알았죠. 그 당시 상황은 더 심했다고요. 극중에서 한국인을 차별한 일본인이 벌을 받는 것도 아니고 그냥 담담하게 끝나거든요, 그 연극이. 그런데 제 연극이 지금은 대학로에서 공연되기도 하고, 저한테 영향을 받은 젊은 연극인들도 있지만, 그 당시에는 이런 스타일의 연극이 한국에는 전혀 없었습니다. 그래서 일본에서도 처음에는 그랬지만 한국 관객들도 제 작품을 보고 무얼 말하고 싶은지 잘 이해하지 못했던 것 같아요. 그리고 연극이라는 건 소설과 달리 내용보다 먼저 형식이 중요합니다. 그 형식을 이해하지 못하면 내용도 제대로 이해할 수 없죠. 그래서 제가 예상했던 것보다 반응이 없었어요.

그 후에 1999년에 〈도쿄 노트〉라는 작품을 예술의전당에서 공연했는데, 그때도 별로 반응이 크지 않았습니다. 그런데 2002년에 일한 합동공연 〈강 건너 저 편에〉라는 작품의 공연으로 처음으로 한국 관객들이 제 스타일을 이해하고 큰 반응이 있었던 것 같습니다."

— 〈강 건너 저편에〉〔일본어 제목은 〈저 강을 건너서, 5월〉(その河をこえて, 五月)〕라는 작품의 주제는 광주민주화운동인가요?
"아, 그건 1988년에 집필한 〈빛의 도시〉라는 또 다른 작품이에요. 제목 그대로 광주 이야기를 쓴 거죠. 그 작품도 〈저 강을 건너서, 5월〉과 마찬가지로 한강 고수부지에서 꽃놀이를 하는 이야기였거든요. 그 작품을 먼저 쓰고 같은 배경으로 다른 작품을 써 보면 어떨까 하고 집필한 것이 〈저 강을 건너서, 5월〉이었습니다. 일본어 제목이 〈저 강을 건너서, 5월〉이라서 광주민주화운동 이야긴가 하고 생각하시는 분도 계시는데, 그렇지는 않습니다."

— 한국의 극작가 김명화 씨와 공동집필하신 것으로 알고 있습니다.
"네. 2002년 월드컵을 기념하여 제작한 작품이었고요. 먼저 한국의 연출가를 정했습니다. 연출은 이병훈 선생이었습니다. 이병훈 선생이 젊은 작가 김명화 씨를 추천해주시고 같이 쓰게 되었는데, 번역자를 사이에 두고 1년 정도 걸렸습니다."

— 이 작품은 한국 배우는 한국말로, 일본 배우는 일본말로 대사를 한다지요? 한 무대 위에서 한국어와 일본어가 혼재한다는 건 어떤 면에서는 신선하고, 어떤 면에서는 혼란스럽다고 받아들여질 수 있는데, 반응은 어떠했는지요?
"반응이 매우 좋았습니다. 특히 일본에서는 큰 연극상을 받았고요. 한국과 일본 양국에서 연극상을 수상한 첫 번째 사례였습니다."

— 연극의 스토리나 전개에 대해 설명해주시지요.
"이 연극의 무대배경은 한강 고수부지였는데요, 한국어를 공부하러 온 일본 사람들, 연세어학당을 이미지화했습니다. 그 일본 사람들이 한강 고수부지에 벚꽃놀이를 하러 와요. 거기에 어학당에서 그 사람들을 가르치는 한국인 교사가 자기 식구들을 데리고 온다, 그런 설정이었습니다. 그래서 일본 사람들은 조금씩 한국말을 할 수 있죠. 서울에서 살고 있으니까. 그 중에 재일교포 남학생이 있는데, 그 사람의 여자 친구가 한국 사람인데 일본말을 할 수 있고, 그리고 어학당 교사의 어머니는 일제강점기에 태어났기 때문에 일본말을 할 수 있습니다. 그 어머니 역할은 백성희 선생님이 맡으셨는데, 백성희 선생님 연기가 아주 훌륭하셔서 일본 관객들도 강한 감명을 받았습니다."

— 일본어 제목 〈저 강을 건너서, 5월〉의 '5월'이라는 말에는 무슨 의미가 담겨 있는지요?
"하나는 지구 온난화 때문에 벚꽃이 피는 시기가 점점 빨라지고 있는데요, 원래 서울에서는 4월 말에서 5월까지 벚꽃이 핀다고 해서요. 우리 일본 사람들은 벚꽃이라고 하면 4월 아니면 3월 말 정도로 생각하는데, 그런 미묘한 차이가 있는 거죠. 그리고 역시 일본어로 '고가츠'(5월)라고 하면 소리의 울림도 좋고 이미지도 좋습니다. '저 강을 건너'라고 하면 뭐랄까, 좀 직설적인 느낌이 들거든요. 그래서 '5월'이라는 말을 붙여봤습니다."

— '저 강을 건너'라고 하면 역시 한일 간의 역사인식의 차이라든가, '장벽을 넘어서 …' 그런 의미가 있다는 느낌이 드는데요. 그래서 벚꽃이 만발한 계절에 가족을 포함한 양국의 여러 세대가 같은 자리에 앉아 대화를 나누고 화해를 한다는, 그런 뜻인가요?
"화해까지는 가지 않고요, 같이 벚꽃놀이를 하다가 마지막 장면에서 서로의 돗자리를 아주 조금만 가까이 잡아당깁니다. 돗자리를 완전히 붙이지는 않고요. 그런 장면으로 끝납니다. 서로 이해하지 못하는 부분이 있는 건 당연하고, 세계적으로 봐도 어디 가나 이웃나라라는 게 서로 사이가 좋진 않잖아요. 그렇지만 양국 사이에 있는 강을 조금씩이라도 건너가자, 그런 의미가 담긴 연극이었습니다."

— 강이라는 건 여러 가지 의미가 있겠지요? 역사인식의 차이라든가, 한일 간의 국민의식의 격차라든가.
"정구종 선생님도 마찬가지시겠지만 오랫동안 한일 간의 일을 해온 사람들은, 최근 좀 찬바람이 불고 있지만 20~30년 전에 비하면 한일관계가 훨씬 좋아졌다고 생각하잖아요. 저는 오사카대에서 학생들을 가르치고 있는데, 학생들한테도 '너희들은 옛날에 어땠는지를 모르니까 한일관계가 아주 나빠진 것처럼 생각할지 모르지만, 옛날에 비하면 아주 많이 좋아진 거다. 그러니까 희망을 잃지 말고, 너희 세대는 한국과의 교류를 적극적으로 하는 것이 제일이다' 그렇게 말해주곤 해요."

— 히라타 씨가 그동안 해온 연극을 통한 한일 교류는 한일 양국 국민들의 상호이해를 돕고, 어떤 면에서는 양국 관계에 기여했다고 생각합니다. 그

런 면에 대해서 연극관계자 외의 사람들한테서 어떤 평가를 받으십니까?

"객관적인 평가에 대해서는 잘 모르겠지만 예를 들어서 이런 일이 있습니다. 요절하셨지만 저랑 동갑이고 한국에서 유명한 배우이자 연출가인 박광정 씨라는 분이 계셨습니다. TV나 영화에도 많이 출연하신 분이죠. 그분은 제 작품인 〈도쿄 노트〉를 〈서울 노트〉라는 제목으로 번안해서 대학로에서 롱런 공연을 해줬습니다. 박광정 씨는 암으로 돌아가셨지만 아주 친한 친구였어요. 그분이 이런 말씀을 해줬어요. 연출가로서 작품을 찾으면서 〈도쿄 노트〉를 읽었을 때, 같은 세대 한국의 어떤 작가의 작품들보다 가슴에 와 닿았다고요. 이산가족이 된 형제를 일본에서 찾은 듯한 느낌을 받았다고 말해줬고, 그 작품은 한국에서 오랫동안 공연되었습니다.

그리고 〈도쿄 노트〉, 한국에서는 〈서울 노트〉로 번안되었지만, 저는 올해 50살이고 박광정 씨도 동갑인데, 그 작품에는 우리 세대, 한국에서 말하자면 386세대죠, 우리가 지금 안고 있는 고민과 괴로움, 한국의 386세대들은 자신들이 학생운동을 통해 정권을 바꿨지만 결과적으로 정말 행복해진 걸까, 한국 사회는 아직까지도 경제가 최우선인데, 오히려 살기 힘든 나라가 된 게 아닐까, 그런 주제로 작품을 쓰고 있는 작가가 같은 세대 중에는 아직 없었기 때문입니다. 물론 제가 알기로도 우리보다 다음 세대에는 그런 주제로 작품을 쓰는 작가도 이미 나와 있지요. 김명화 씨도 그렇고요.

극작가라는 건 어려운 직업인데요, 1980년대 전두환 정권까지는 반체제적인 작품을 쓰면 잘 쓴다는 소리를 들을 수 있었겠죠. 물론 작가 본인은 힘들었겠지만요. 그런데 1990년대 들어서 한국의 극작가들은 뭘 주제로 작품을 써야 할지 일시적으로 막막해졌다고 들었습니다. 말하자면 눈에 보이는 적이 없어진 거죠."

— 타깃이 없어진 거로군요.

"원래 문학이나 연극은 거기서부터 진정한 성숙이 이루어진다고 생각하는데요. 우리 세대, 그러니까 한국에서는 지금 40대 중반부터 50대 중반의 세대들은 한마디로 말해 '공백의 세대'라고 할 수 있을 것 같은데, 그럴 때 제 작품을 만나 '아, 일본에도 이런 면이 있었구나'라고 느끼고, 아마 100회 이상, 몇 년에 걸쳐서 작품을 공연해줬어요. 그래서 저도 정말 기뻤고, '역시 예술이라는 건 국경을 넘을 수 있구나' 그런 생각도 들었고요. 그리고 연극이라는 매체는 우리가 사는 모습을 생생하게 보여주는 거잖아요. 그래서 제 작품을 보고 '아, 일본인이나 한국인이나 결국은 비슷한 고민을 하고 비슷한 것에 기뻐하면서 사는구나', 그런 식으로 서로를 이해하게 되니까 그게 연극의 장점이 아닐까, 그렇게 생각해요."

— 〈강 건너 저편에〉에 대한 한국과 일본 관객의 반응에 차이가 있었나요?
"그렇게 차이는 없었습니다. 그런데 굳이 말하자면 일본 사람들은 한일 간의 역사에 대해 잘 모르는 사람들이 많기 때문에, 그런 면에서는 한국 관객들이 좀더 섬세하게 반응해주신 것 같아요."

— 공연했을 때 극장에서의 관객의 반응은 어땠나요?
"아주 좋았습니다. 2002년에 초연한 다음 2005년에도 재공연을 했는데요, 그때는 일본에서 지방공연도 하고 모든 공연이 만석이었고요."

— 이 작품에도 일본 배우 6명, 한국 배우 5명이 출연하고 각각의 언어로 공연을 했다고 들었습니다. 요즘에도 한일 간의 공동작품은 그런 식으로 공연합니까?
"네. 〈강 건너 저편에〉가 성공했기 때문에 일본의 신국립극장에서는 정의신 씨의 〈야끼니쿠 드래곤〉을 한국과 공동으로 만들었고, 그 공연도 대성공했습니다. 한일 간의 합동공연 성공사례의 선구자가 될 수 있었던 건 정말 다행이죠. 저는 내후년에 또 한일 합동작품을 만들 계획입니다."

— 〈야끼니쿠 드래곤〉은 어떤 내용인가요?

"바로 재일한국인에 관한 이야기죠. 1970년에 국제박람회가 열린 오사카를 무대로. 박람회 때문에 경기가 좋아지면서 오사카에 있는 재일동포들이 많이 사는 부락이 있어요. 그 동네에 있는 야끼니쿠집에서 일어나는 이야기인데, 1970년 전후에는 재일조선인을 대상으로 북한의 본국 귀국운동(재일교포 북송)이 있었습니다. 그래서 극중에는 북한으로 돌아가려 하는 사람도 있고, 복잡하게 얽힌 인간관계가 그려진 작품이죠."

— 그 작품도 한국어 · 일본어 다중언어로 공연되었나요?

"그렇죠. 그런데 일본어의 비중이 조금 컸던 거 같긴 해요. 아무래도 이야기의 배경이 일본이었으니까요."

— 신주쿠 양산박이라는 극단은요?

"신주쿠 양산박도 원래 재일한국인들이 많은 극단이었습니다. 극작가 정의신 씨는 원래 양산박에 계셨지만, 지금은 극단을 떠나 개인적으로 활동하고 있습니다."

— 요즘(2013년 5월) 신국립극장에서 〈아시아 온천〉이라는 한일 합동작품을 하고 있지요? 이것도 비슷한 패턴인가요?

"신국립극장 측은 한일 간의 공동작업을 계속 하고 싶다고 생각하는 것 같아요."

— 〈서울 노트〉는 일제강점기 이야기인가요?

"아닙니다. 〈서울 노트〉는 가까운 미래의 이야기입니다. 1994년에 처음 이 작품을 썼을 때에는 2004년이라는 설정으로 썼는데, 요즘 공연할 때에는 2014년 정도로 설정하고 있습니다. 유럽에서 큰 전쟁이 일어나고 유럽에 있는 미술품들이 전쟁을 피하기 위해 도쿄로 보내지는 상황인데, 그 미술품들이 전시된 미술관에서 가족들이나 연인들이 여러 가지 대화를 나눈다는 게 원래 줄거리입니다. 한국에서 공연했을 때에는 〈서울 노트〉라는 제목으로 번안이 되었고, 서울로 미술품들이 들어오고 있다는 설정이었는데, 미래 이야기니까 벌써 남북은 통일됐고 한반도는 평화로운데 유럽에서 전쟁이 일어났다는 설정입니다."

— 상황은 일본공연 때와 똑같은 것인가요?
"네. 거의 똑같습니다."

— 그건 최근에 한일 간의 문화교류 속에서 일어나고 있는 콜라보레이션이나 하이브리드 같은 건가요?
"네, 그렇죠."

— 2006년 이후에는 성기웅 씨와 많이 작업하셨다고 들었습니다.
"네. 원래 〈도쿄 노트〉를 〈서울 노트〉로 번안했을 때 그 희곡을 번역해준 것도 성기웅 씨였습니다. 박광정 씨의 조연출도 하고 제자 같은 관계였죠. 성기웅 씨는 요즘에 극작가, 연출가로 활약하고 있습니다."

— 그럼 이번에는 화제를 좀 바꿔서, 히라타 선생은 문화행정이나 문화정책에 대해서도 관심이 많다고 들었습니다. 《예술입국론》이나 《총리의 원고》 등 한국에서 히라타 선생의 저서를 주문해서 읽어보았습니다만, 예술문화진흥기본법 제정에 힘을 쓰셨는데 책 내용에 보면 "예술가의 권리를 지키기 위해서가 아니라 시민의 문화권을 지키기 위해 제정되어야 한다"고 쓰여 있는데요, 그건 무슨 뜻입니까?
"아까도 말씀드렸지만 1980년대까지는 일본의 예술가 가운데 좌파가 적지 않았습니다. 그래서 권리에의 요구가 많았습니다. 그리고 '예술가는 가난하니까 돈을 더 달라'는 것이었지요. 그런데 저는 그것보다 '예술을 즐기는 것은 시민의 권리이다'라는 논리를 강조하는 것이 보다 설득력 있다고 생각했습니다. 예술을 즐기는 건 시민이지만 예술을 만들어내는 건 우리 예술가잖아요. 그러니까 결과적으로는 우리도 혜택을 받을 수 있는 거죠. 그러니까 예술가의 권리만 주장하는 게 아니라 예술을 즐기고자 하는 시민의 권리를 지킴으로써 최종적으로는 예술문화의 질을 높여가는 법률을 만들자고 주장해왔지요.

당시의 정치가들도 예술문화진흥법이라는 게 필요하다는 점을 알고 있었으나 예술가들과 만나면 자기들의 권리만 주장한다는 거지요. 그래서 어떤 법률로 하는 게 좋을지 판단이 잘 안 되었어요. 그런 때에 마침 내가 문화예술정책이나 진흥에 관련된 여러 가지 책을 쓴 것이 정치가들도 알기 쉬운 해설이라 해서 여러 정치가들의 브레인이라고 할까, 서포터의 역할을 해왔습니다."

— 히라타 선생이 제정을 주장한 예술문화기본법은 성립되었는지요?
"네, 2001년 성립되었습니다. 그리고 작년에 극장법이 성립되었습니다."

— 이 예술문화기본법이 제정되면서 지자체가 직접 예술프로그램 제작에도 적극 참여하게 되었다고 들었습니다. 그 이후에 변한 점은요?
"이번에는 각 지자체가 문화기본조례를 만들게 되었는데, 각 지자체마다 차이는 있어요. 그리고 일본은 계속된 경기불황 때문에 지자체 논의가 나오긴 했습니다."

— 극장법을 제정한 목적은 무엇입니까?
"극장이라는 장소는 관객들이 그냥 무언가를 보는 공간이 아니라 '예술을 창조하는 공간'이라는 것이 극장법의 개념입니다. 그래서 만약 예술을 창조하는 공간이라면 반드시 전문가를 불러서 어떤 작업을 해야 한다는 것이죠.
한국에서도 마찬가지겠지만 특히 일본의 지방극장은 문화예술단체에 임대만 했었습니다. 그래서 우리가 지방극장을 빌려서 공연할 때 같은 조건으로 빌려야 했어요. 그런데 '그건 아니다, 극장은 예술을 창조하고 시민들에게 보여주기 위해 존재하는 것이다' 그런 내용의 법입니다. "

— 무대예술을 위해서라는 말씀이군요. 그 극장법도 성립되었나요?
"민주당 정권 막판에 성립되었습니다. 민주당이 했던 일 중 유일하게 잘한 일이라고 할까⋯."

— 하토야마 총리를 민주당 대표 때에 인터뷰한 적이 있습니다만, 그분은 오픈 마인드의 정치가라는 느낌이었습니다.
"만나보셨다면 아시겠지만, 하토야마 씨는 아시아 사람들에 대한 편견이 전혀 없는 분이에요. 오히려 사랑하고 있죠. 제가 처음 총리관저에 들어갔을 때 재일한국인의 지방참정권을 꼭 성립시키고 싶다, 그렇게 말씀하시고 그 준비를 도와달라고 하셨기 때문에⋯. 만일 하토야마 정권이 3년 정도 지속되었더라면 그 법(지방참정권)이 성립되었을 것입니다. 그래서 그 부분에 대해서는 정말 아쉬워요. 지금(정권)은 오히려 거꾸로 가고 있지만⋯."

— 정말 아쉽네요. 저도 히라타 선생의 책에서 처음 총리관저에 들어가는 모습을 묘사한 부분을 읽어보기도 했지만 저도 한번 가본 적이 있습니다. 관방부장관 후쿠야마 데쓰로(福山哲郎) 씨는 우리가 참여하는 한일포럼의 일본 측 멤버 중 한 분으로 평소부터 알고 지냈는데, 2010년 7월에 '한번 만나고 싶다'고 했더니, 오시라고 해서 가본 적이 있습니다.
　선생은 연극뿐만 아니라 여러 종류의 책을 쓰셨는데 그중에는 문화비평 같은 내용도 있습니다. 어떤 생각으로 그런 책을 쓰셨나요?
"역시 최종적으로는 연극을 보는 사람들의 수를 늘리고 싶습니다. 그런데 연극은 일본에서는 아직까지 한국에서보다 낯선 예술입니다. 그렇다면 어렸을 때부터 자주 극장에 가고, 그것이 특별한 일이 아니다, 그런 인식을 심어줘야 합니다. 한국도 마찬가지겠지만 학교에서 음악과 미술 수업은 있는데 연극 수업은 없잖아요. 그래서 거리감을 느끼는 거죠. 그래서 어떤 방법을 통해서 거리감을 없애고 친근감을 느끼게 하고 싶다, 그게 첫 번째 목표입니다."

― 선생의 저서 《총리의 원고》 가운데에 나가타초(永田町, 일본 국회가 위치한 지역, 곧 정계를 의미함)에서 쓰이는 말과 시민들이 일상적으로 쓰는 말에는 차이가 있다, 서로 이해하기 쉬운 말로 바꿔야 한다고 쓰셨는데, 정치가들이 사용하는 말에는 아까 연극 이야기를 하신 것과 마찬가지로 뭔가 특별한 양식이 있다는 건가요?
"네. 기본적으로는 정치가들은 우리가 일상적으로 대화를 하는 그런 말로 말을 할 수 없다는 거죠."

― 바꿔 말하면 나가타초에서 쓰이는 말은 뭐랄까, 애매모호하다고 할까, 솔직한 말이 아니라 그 말 뒤에 뭔가 숨긴 게 있는 듯한 그런 말이라는 건가요?
"평소에 우리가 이야기하는 말로 이야기를 해야 한다는 거죠."

― 동일본대지진이 일어난 후에 2011년 5월에 한국에 오셔서 강연하신 적이 있지요. 한국 말고 다른 나라에도 가셨었는지요?
"프랑스에도 갔습니다."

― 그때 한국이나 프랑스에서 동일본대지진에 대한 이해도는 어느 정도였던가요?
"기본적으로는 매우 호의적이었습니다. 그런데 아무래도 원전 문제와 연관되고 지금도 원전 문제를 떠나서 이야기할 수도 없지만 그런 의미에서는 우리도 모순을 알고 있는 거죠. 나는 원전에는 반대합니다만 특히 유럽 사람들은 일본의 원전 피해가 상당히 큰 것으로 알고 있고, 거기에 대해 어떻게 설명해야 할지 매우 어려운 부분이 있었습니다. 실제로 해외 예술가들이 일본에 많이 안 오게 되었다고도 하고요."

— 그때 제가 선생께 직접 질문 드렸었는데, 외국인들이 일본을 방문할 때 안심하고 방문할 수 있도록 방사능에 대해서 구체적으로 설명해달라고 말씀드렸는데요.

"일본 정부도 여러 가지 설명은 했는데 처음 대응이 별로 안 좋았기 때문에 국민의 신뢰를 잃어버렸다고 해야 할까요. 그리고 또 한 가지는 해외에서는 알기 어려운 부분이겠지만, 후쿠시마의 원전은 도쿄 6전력이라는 민간 기업이 운영하고 있는데, 도쿄전력이 많은 사실을 은폐했다는 것, 그것이 사태를 악화시켰다고 말할 수 있죠."

— 미디어의 보도나 여러 보고서를 보면 국회에서 조사한 보고서 중에는 원전사고는 인재(人災)에 가깝다, 인재였다고 보고된 것 같아요. 《일본에는 대화가 없다》라는 책은 히라타 씨와 기타가와 씨의 대담집인데, 무엇을 가리켜서 대화가 없다고 말씀하신 건가요?

"제가 계속 말해왔던 것은 회화(conversation)와 대화(dialog)는 다르다는 겁니다. 회화는 아는 사람들과 수다를 떠는 것이고, 대화는 잘 모르는 사람들과 이야기를 통해 가치관이나 그런 것을 서로 접근시키는 것입니다. 일본은 섬나라이기 때문에 아는 사람끼리 회화를 하는 건 아주 잘합니다. 그런데 거기에 타자가 들어오면 제대로 말을 못 하고 배타적이 되기도 하죠. 그런데 정구종 선생도 경험해보셨겠지만 일본 사람들은 가까운 사람들한테는 상당히 친절합니다. 하지만 외부에서 사람이 들어오면 많이 경계하죠. 일본에는 '요소모노'(よそもの, 타관 사람)라는 말이 있지만, 완전히 우리와 다른 존재로 간주하는 거죠. 그래서 자신들과 다른 생각이나 가

치관을 가진 사람들하고 오랜 시간 동안 대화를 나누고 가치관의 접점을 찾는, 그런 감각이 부족합니다.

제 생각에는 그것이 최근 20년 동안의 불황을 낳은 요인이라고 생각합니다. 그래도 일본에는 인구 1억 2천만이라는 시장이 있기 때문에 지금까지는 버티어왔지만 앞으로는 그것만으로는 버틸 수 없겠죠. 그래서 문화나 가치관이 다른 사람들하고 커뮤니케이션을 하지 않으면 안 되는 그런 시점에 와 있다는 걸 대담으로 정리한 책입니다. 아까 화제에 오른 도쿄전력 같은 경우에는 전혀 대화가 없는 기업이었지요."

— 일본 사회에 대화가 없다는 것, 그런 상황을 타개하기 위해 서로 열린 마음으로 대화를 하자, 그런 내용인가요?
"네."

— 《막이 오른다》는 어떤 책입니까?
"그 책은 소설입니다. 제가 처음 쓴 소설이죠. 《막이 오른다》는 고등학교 연극동아리가 전국 연극대회에 출전하게 되는 이야기입니다. 청춘소설입니다."

— 저서에 교육에 있어서의 연극운동, 초중등학교 교과서에 히라타 씨의 워크숍 방법론이 실려 있다고 들었는데요. 워크숍을 통해 인간관계나 학교생활 혹은 교육에 바람직한 영향을 준다는 건가요?
"연극이라는 것은 역할분담을 할 수 있고 연기를 통해 자기와 다른 생각, 다른 가치관을 가진 사람의 입장을 경험해볼 수 있습니다. 그래서 커뮤니케이션 능력을 키우기 위해서는 아주 교육적인 효과가 큽니다. 이미 유럽이나 미국에서는 일반적으로 행해지고 있고요. 그래서 일본에서도 해보자, 그렇게 되었는데, 지금은 한국이 일본보다 더 앞서가고 있습니다. 한국은 요즘 적극적으로 하고 있는 것 같아요."

— 워크숍이라는 건 지자체나 NPO와 연계하여 종합적인 연극교육 프로그램을 개발하는 연수프로그램인가요?

"네. 1회만 하는 경우도 있고 장기적으로 매주 여는 경우도 있고요. 그리고 학교뿐만 아니라 지역의 NPO 단체에서 하는 경우도 있습니다. 지역 사정에 따라 여러 가지로 프로그램을 만들어서 하죠."

— 지자체와 NPO의 반응은 어떤가요?

"그런 게 필요하다는 건 알고 있기 때문에 실제로 해보면 적극적인 반응을 보이죠. 지자체의 경우 한 번 하고 나면 앞으로 그 지자체에 있는 모든 학교에서 하겠다고 하는 경우도 있고요."

— 다시 화제를 연극교류로 돌리는데요, 히라타 씨가 지금까지 해오신 연극교류를 통해 일본연극을 한국에서, 한국연극을 일본에서 소개하고 서로를 이해하는 데 기여하셨다고 생각하는데요, 한국과 일본의 연극인 교류가 일반 국민에게까지 널리 퍼져나가는 효과도 있다고 봅니다.

"먼저 말씀드리자면, 한일 간의 연극교류에 관해서는 한일 문화교류의 모범생이라고 할 정도로 연극인끼리의 우정은 두텁습니다. 자기 나라 연극인들끼리보다 사이가 좋을 정도죠. 저도 아까 말씀드린 박광정 씨나 성기웅 씨하고는 정말 가깝게 지내고 있습니다. 그 이유 중 하나는 연극은 시장이 작기 때문에 영화처럼 경쟁상대가 되지 않는다는 이유도 있겠죠. 그래서 아주 잘되고 있는데요, 그중에는 재일한국인들이 하는 역할도 큽니다. 그분들이 가교가 되는 부분도 있으니까요.

그리고 각 나라마다 잘하는 분야가 있습니다. 예를 들어서 극작가는 일본이 더 많고, 한국에서도 일본 극작가들의 작품이 많이 공연되고 있습니다. 아직까지 한국 작가가 쓴 작품이 일본에서 공연되는 경우는 많지 않습니다. 요즘 늘어나고 있긴 하지만요. 한국 배우들 말로는 일본 연출가는 한국 연출가에 비해 부드럽다고 해요. 한국의 연출가들은 금방 화를 낸다

282   제3부 소설·연극·스포츠, 교류에서 공유의 시대로

고 …. 그리고 배우의 연기는 분명 한국 배우의 수준이 높습니다. 그건 한국 대학의 연기학과 교육이 제대로 되어 있다는 거죠. 연극교육에 관해서는 일본은 앞으로 한국한테 배울 점이 많습니다. 지금 말씀드린 대로 각자 좋은 점이 있기 때문에 서로 배울 수 있는 좋은 관계를 유지할 수 있고 그게 참 좋습니다. 그것이 연극교류가 잘된 이유인 것 같습니다.

그리고 2013년 10월에는 도쿄에서 베세토연극제가 열렸는데, 거기에 참여하는 일본의 젊은 연극인들에게 한일의 역사에 대해서 교육합니다. 그런 일이 중요한 것 같아요. 일반적으로 말할 때 한일 교류는 상당히 활발해졌잖아요. 특히 젊은이들에게는 한국 드라마, 케이팝, 축구 등 여러 가지 수준에서의 교류들이 활성화되고 있잖아요. 그런데 그런 분야에서 교류를 한 사람들도 역사에 대한 인식의 차이라기보다는 지식의 양이 너무 차이가 납니다."

— 인식이라기보다는 우선 지식이라는 거죠?
"네. 인식 이전의 문제이지요. 예를 들어서 일본의 대학생을 대상으로 1919년 3월 1일에 무슨 일이 있었는지를 묻는 설문조사를 해도 대답할 수 있는 사람은 아마 1%도 안 될 수 있습니다. 정구종 선생은 일본 사정을 잘 아시니까 놀라지는 않으시겠지만, 전 가끔 이런 인터뷰를 받고 한국의 젊은 신문기자한테 이런 말을 하면 충격을 받습니다. 한국인이라면 모르는 사람이 없겠죠. 이것도 식민지 지배 이야기인데, 지배한 쪽과 지배당한 쪽이 있고, 지배했던 쪽은 아무것도 모르지만 지배당한 쪽은 다 알고 있다. 그리고 지배당한 쪽한테는 그것이 지금까지 잊을 수 없는 큰 비극이라는 것, 그런 차이는 정말 크죠.

3월 1일에도 일본에서 많은 관광객들이 한국을 찾아갑니다. 그런데 그 사람들이 아무것도 모르고 쇼핑만 하고 온다면 거기에는 큰 문제가 있죠. 그러니까 아무래도 일본과 한국은 이웃나라이고, 역사에 대해 아는 건 예의라고 생각합니다. 정치적인 생각은 여러 가지 있겠죠. 하지만 이웃사람이 싫어하는 짓은 가급적 피하고 최소한 알아야 할 게 있다는 거죠. 사이가 좋아졌다고 해서 몰라도 되는 건 아니잖아요. 일본 속담에 '가까운 사이에도 예의가 필요하다' 그런 말도 있는데요."

— 아시겠지만 한국에서는 일제강점기의 독립운동에 대해 초등학교 때부터 가르칩니다. 그러니까 모두 알고 있는데 일본에서는 별로 안 가르친다지요?
"전혀 가르치지 않습니다. 교과서에는 조금 나와 있는데 거의 가르치지 않은 게 사실이죠. 최소한 필요한 건 상대방에 대한 예의라고 생각합니다."

— 그러니까 인식 이전에 지식의 격차가 커지고 있다는 말씀이군요.
"그래서 보완할 필요가 있지요. 앞으로 한일 교류의 폭을 넓히기 위해서는 그 부분이 제일 중요한 거 같습니다. 그러기 위해서는 한국분들도 지금 일본에 대해 아셨으면 좋겠고, 정구종 선생님도 아시다시피 일본에는 오사카의 하시모토 시장 같은 사람만 있는 게 아니니까요. 그 부분에 대해서는 아셨으면 좋겠고, 그래도 역시 일본 쪽의 책임이 크죠. 조금 더 열심히 공부를 해야 할 것 같아요."

— 선생이 쓰신 〈서울 시민〉 같은 작품은 일제강점기의 생활 스케치를 통해서 식민지 시대를 과장 없이 알린다는 좋은 의미가 있다고 생각합니다. 그런데 3·1운동이나 유관순에 대한 연극, 그런 작품은 아직 안 나왔죠?
"네. 저 같은 경우에는 〈서울 시민〉 다음에 쓴 게 〈서울 시민 1919〉라는 작품인데요. 이건 1919년 3월 1일 아침에 서울에 사는 일본인 가족들이 독립운동이 일어나고 있다는 걸 전혀 모르는 채 평소와 다름없이 즐겁게 지내고 있다는 이야기인데요, 아마 그 작품 말고 3·1운동을 주제로 쓰인 희곡은 따로 없는 거 같아요."

— 아까 말씀하신 역사인식의 격차를 연극을 통해서 좁힐 수 있을까요?

"연극 시장은 아주 작기 때문에 힘은 약하지만 조금씩, 그리고 공동작업을 하기가 비교적 쉽기 때문에 교류하는 사람들을 조금씩 끌어들이기에는 좋은 매체라고 생각합니다. 그런 일은 할 수 있죠."

— 선생이 말씀하신 것처럼 한일 연극교류에 있어서는 애정을 가지고 서로를 돕는 그런 좋은 관계가 형성되어 있는 것 같고, 그런 이야기는 임영웅 선생님께도 들었습니다. 예를 들어서 10년 이상 상대국의 희곡을 서로 번역출판하기도 하고, 공동공연도 있었고요. 그런 연극계의 소중한 관계가 아까도 말이 나온 하시모토 시장의 발언이라든가 최근 일본의 우경화, 그런 요소의 영향을 받는 일은 없는지요?

"우선 우리 연극인끼리의 관계는 문제가 없습니다. 확실한 신뢰가 형성되어 있기 때문에 괜찮습니다. 인간 대 인간의 관계거든요. 하지만 실질적인 영향은 있죠. 2002년 월드컵 이후에 2003, 2004년, 그때가 아마 한일관계가 가장 좋았던 시기가 아닌가 싶습니다. 그런데 고이즈미 전 총리의 야스쿠니 신사 참배와 교과서 문제, 그런 문제들이 불거져 나와 한일관계가 급속히 나빠졌습니다. 그래서 2005년에는 한일국교정상화 40주년 기념사업들이 많이 무산되었습니다. 그리고 2015년에는 국교정상화 50년이라는 중요한 해를 맞이하는데, 지금부터 걱정입니다. 그건 정말 앞뒤가 안 맞는 거거든요. 정구종 선생님, 그리고 한국분들이 더 잘 아시겠지만 아베 총리는 지금 참의원선거 전이라서 조금 행동을 조심하고 있지만 기본적으로 그분은 편견을 가지고 있습니다. 그건 숨길 수가 없는 거죠. 그분의 발언을 보면, 아무리 본심은 그런 게 아니었다고 해도 편견이 있는 건 숨길 수가 없어요. 그것은 당장 고칠 수 없는 부분입니다."

— 아베 총리나 일본 정치인들이 가지고 있는 편견이란 말씀이죠?

"네. 물론 전부는 아니지만 일부 사람들이죠. 요즘에는 특히 일본의 젊은 정치가들은 전혀 편견이 없는 사람들도 많습니다. 한국을 좋아하는 사람들도 많고요. 옛날 자민당과는 달라요. 자민당 안에도 한국을 좋아하는 정치가들이 있고 많이 달라졌다고 할 수 있죠. 하지만 역시 아베 총리는 아직까지 심한 편견을 가지고 있다고 할 수밖에 없고, 그것은 인종적 편견이라기보다 아마도 역사에 대해 약간 한쪽으로 치우친 시각, 지금 아베 정권의 핵심부에 있는 사람들 중에서 전쟁을 모르는 세대이면서 '전쟁은 잘못이 아니었다', 혹은 '정당한 이유가 있었다', 그렇게 믿고 있는 사람들, 믿고자 하는 사람들이 많은 것이 문제라고 생각합니다."

— 그건 일본에 있어서의 시대의 흐름을 반영하는 게 아닌가 싶은데요. 지금 일본은 무언가 변화를 모색하고 있는 것 같아요. 역시 서로 이해하고 접점을 찾는 노력을 해야 한다고 생각합니다. 서점에서 신간서적을 보거나 TV를 보면서 느낀 것은 역시 일본 내에서도 자민당의 개혁노선을 찬성하는 사람과 반대하는 사람들이 공존한다는 것이었습니다.
"그렇습니다. 그리고 역시 이런저런 움직임이 있다고 봐요. 예를 들어 모 주간지는 줄곧 하시모토 시장을 응원해왔어요. 그런데 놀라운 일이, 이번 주에는 '네트우익, 여기까지 말하는가'라는 기사를 싣고 우익이라든가 특히 헤이트 스피치(hate speech)를 하는 사람들을 공격하고 있어요. 즉, 보통 사람들도 '좀 지나치다'라고 하는 감각이 나오고 있는 거지요. 일본에나 한국에나 극단적으로 보수적인, 또는 극단적으로 진보적인 사람이 있기 마련이지만 중간의 나머지 70~80%는 전쟁 같은 건 절대 싫고, 여러 가지 문제는 있지만 일단 사이좋게 지내는 게 좋지 않겠나, 그렇게 생각하는 사람들이 많은데, 그런 사람들은 매스컴이 조금 유도하고 선동하면 금방 흔들리기 쉽죠. 그래서 젊은 사람들이 직접 교류하는 게 중요하다고 생각합니다."

— 연극계에서 활동하는 세대는 어떤 생각을 하고 있을까요?
"연극계에 한해서 말씀드리자면 한국에 대해 호감을 가지고 있는 분들이 많습니다. 연극이라는 것은 무대, 현장을 기반으로 하기 때문에 한국 배우들이 연기를 아주 잘하니까 존경하기도 하고요."

— 히라타 선생께서는 지금까지 30년 가까이 연극개혁에도 기여하셨고, 한일 연극교류나 문화 행정에도 공헌하신 업적도 있으신데, 그중에서도 앞으로 계속 추진하고자 하는 일을 말씀해주세요.
"보통의 교류도 중요하지만, 저도 22세 때에 한국에 1년 유학한 경험이 있어요. 젊었을 때 해외에도 나가고 외국인들과 교류를 한 경험이 오늘의 저한테는 큰 재산이 됐습니다. 일본도 한국도 예술가의 유학제도라는 게 있는데, 보통 그런 유학제도를 이용해서 유럽으로 나가는 사람들이 많습니다. 예술가들은 아무래도 유럽 쪽으로 많이들 가지요. 그래서 저는 문화청이나 정부에 아시아, 즉 중국이나 한국으로 유학 가는 사람을 따로 모집하면 어떻겠느냐고 제의했습니다. 한국 같은 경우에는 6개월 정도 생활하면 간단한 일상회화 정도는 할 수 있게 되죠. 예술가의 경우 언어의 전문가가 될 필요는 없으니까요. 그러니까 6개월 정도의 단기유학이라도 좋으니 더 많은 사람들을 파견하면 교류가 확대된다고 생각합니다. 20대 전반쯤에 말이죠."

— 저는 이번에 한일협력위원회 합동회의 참석을 위해 일본에 올 예정이었는데, 아베 총리의 발언이나 아소 다로 씨(일본 측 회장대행) 발언 때문에 이번에 한국 측 이사회의 반대로 합동회의가 연기되었습니다. 연극계에서는 그런 일이 없는지요?
"연극계에서는 그런 일은 없었습니다. 아소 씨는 그런 회의에 적절치 않은 인사라 할까요. 인식이라기보다 지식이 없는 사람이라 할까…."

— 어제 와세다 연극박물관에서 1980년대 대학로 연극에 관한 전시회를 보고 왔는데요. 한국에서는 아직까지 1980년대를 다루는 전시회 같은 건

없었는데, 일본에서 그런 전시회를 한다는 것은 한국의 민주화를 평가하는 것 같아서 흥미롭고 재미있었습니다. 연극에 있어서 한국과 일본의 차이는 무언가요?

"어려운 질문입니다만, 공통의 과제로서는 연극에 있어서는 일단 언어의 문제가 중요하다고 생각합니다. 아까도 말씀드린 것처럼 근대연극이 서양에서 유입이 된 과정은 일본이나 한국이나 마찬가지잖아요. 지난번에 저의 연극론집이 출판되었고, 5월에는 저의 번역희곡집도 한국에서 출판되는데요, 서울대나 중앙대 학생들이 제 책을 많이 읽어주신 것 같아요. 그것은 아무래도 한국의 연극인들이 일본의 연극인과 비슷한 문제의식을 가지고 있기 때문이라고 생각합니다. 거기에 대한 하나의 해답으로 제 책을 읽어주시는 것 같아요.

그리고 여러 가지 차이점도 있겠지만 문화 정책에 있어서는 일본보다 한국이 앞서가고 있습니다. 문화 예산도 GDP로 따지면 한국이 일본의 7배 정도 되고, 이대로 가면 프랑스를 앞지르고 세계 1위가 될 가능성도 있습니다. 문화 정책에 관해서는요. 그런데 한국에도 문제가 없는 건 아니고 특히 이명박 정권 때 상업 쪽을 우선했기 때문에 특히 영화나 그런 쪽에 돈을 퍼부었고요. 아직까지는 한일의 문화정책을 비교하는 논문 같은 게 나오지 않았기 때문에 앞으로 젊은 연구자들이 그런 부분을 연구하면 좋지 않을까 싶은데요."

— 베세토연극제는 잘되고 있나요?

"베세토연극제는 20년 전, 즉 아직 한중일 3개국의 국가 정상들이 같은 자리에 모인 적도 없는 시대에 시작된 교류사업입니다."

— 해마다 한중일 3국에서 돌아가면서 하고 있나요?

"네. 올해 가을은 도쿄, 내년은 중국, 내후년에는 서울에서 개최됩니다. 일본에서 개최할 때에는 한국과 중국의 극단을 초청하고, 한국에서 개최할 때에는 중국, 일본의 극단을 초청합니다."

— 공연할 때 언어는요?
"자국어로 하죠. 이거는 우스갯소리지만, 지난번에 중국에서 개최했을 때 오태석 선생께서 약주를 너무 많이 드시고 만취한 상태로 중국공산당 사람들이 많이 모인 자리에서 '한국이 분단된 것은 모택동 탓이야!'라고 큰 소리로 말씀하신 거예요. 그때 찬물을 끼얹은 것처럼 조용해지고 '이걸 어떡하지?' 하고 당황하고 있는데, 그런 상황에서 어쩔 수 없이 중국어로 통역은 했는데, 일부러 일본말로는 통역을 하지 않았어요. 그래서 일본 사람들은 무슨 말인지 몰랐는데, 그때 저는 한국말도 알아들으니까, '죄송합니다. 모두 일본 탓입니다.' 그렇게 말씀드렸더니, 모두 안도의 한숨을 쉬면서 '어, 그래, 맞아!' 하면서 좋아하시더라고요. 그렇게 그 난국을 수습했습니다. 후에 중국 사람들도 고맙다고 하더군요."

— 연극은 일본이나 한국은 똑같이 기본적으로 무대 위에서 배우가 연기를 하고 관객에게 말로 전달하는 거죠. 그런데 한국과 일본은 사회적으로 그걸 받아들이는 방식이 좀 다른 것 같아요. 대중적이진 않죠?
"일본에서는 뮤지컬 같은 건 일반적으로 많이 보는 편이지만 연극은 좋아하는 사람들만 보죠."

— 한국도 그렇지 않은가요?
"네. 한국도 그렇긴 하죠. 뮤지컬은 잘되는데 연극을 보는 사람은 좀 줄어드는 경향이 있는 것 같긴 해요."

— 대학로에는 140개나 되는 소극장이 있고, 벌써 대학로의 역사가 30년이나 되는데, 만약 한국 사회에서 연극이 받아들여졌다면 관객도 늘고 크게 성장했을 텐데 말이죠. 말하자면 연극은 아직 연극이라는 좁은 카테고

리 안에만 있는 것 같은 느낌이 드는군요.

"한국을 조금 비판적인 시각에서 보자면, 한국이 민주화된 이후에 연극이 인기가 있었던 시기도 있었습니다. 그런데 다른 오락도 많고, 한국 사회는 소비문화의 회전이 빠르잖아요. 그래서 인터넷이나 뮤지컬이나, 말하자면 전체적으로 상업성이나 대중성 쪽으로 많이 흐르고 있는 것 같아요. 반대로 일본은 한국처럼 회전이 빠른 사회는 아니기 때문에 연극도 일정 수의 관객은 늘 있습니다. 그래서 한국처럼 갑자기 관객이 줄어드는 그런 현상은 없습니다. 그런데 한국은 많아졌다 줄었다, 그 차이가 크죠."

— 시장경쟁원리로 경쟁력을 높이고 관객을 끌어들이거나, 그렇게 못하면 국가나 지자체가 지원을 해서 키워줘야 하는데, 아직까지는 제도화한 지원 대책이 없지요.

"연극이라는 건 어느 나라나 마찬가지겠지만 이제 연극만으로 먹고살 수 있는 시대가 아닙니다. 그러나 연극이라는 건 영화나 TV라는 콘텐츠산업의 기초이자 첨단적 모델이기 때문에 거기에 투자를 하지 않으면 안 됩니다. 그러나 그렇게까지 빨리 변화하지는 않기 때문에 갑자기 연극이 떨어지는 그런 형상은 없습니다. 연극은 영화나 텔레비전과 같은 매체의 기초 예술이라고 생각해야 합니다.

　좀 미안하지만 냉정히 좀 비판적으로 말하자면, 한국은 과학 분야에서도 기초와 응용 분야에는 별로 힘을 쏟지 않고 빠른 성과를 올리려고 하니까 …."

— 응용 쪽에 주로 투자하는 경향이 강하지요.

"지금까지는 그래도 괜찮았겠지요. 서양이나 일본이라는 성공 모델이 있었기 때문에 그걸 쫓아가기만 하면 됐으니까요. 하지만 이제 한국도 선진국이기 때문에 그렇게는 할 수 없죠. 그걸 어떻게 받아들이느냐 하는 부분인데, 그 부분에 관해서는 일본의 성공과 실패에서 한국은 배울 점이 있다고 생각합니다. 일본도 모든 면에서 성공한 것은 아니니까요."

— 일본에서는 옛날에 연극하는 사람들은 모두 좌파라고 오해를 했었다고 말씀하셨는데, 한국에서도 민주화 과정에서 고생한 연극인들, 그 당시 대학로에서 반체제 문화운동 같은 걸 했던 사람들이 민주화 이후에는 정치판으로 가버렸잖아요. 그런 사람들을 보고 '저 사람들은 맛이 갔다'고 그런 식으로 말하는 사람들도 있는데, 물론 오로지 연극만 열심히 해오신 분들도 계시지만요.
"지금 한국의 30대 전후의 극작가나 연출가들은 그 후의 세대들이니까 새로운 감각으로 일하는 것 같아요. 그런 세대가 한층 더 두꺼워지면 더 달라지겠죠."

— 히라타 씨는 지금까지 서양에서 유입된 연극을 일본 고유의 연극으로 만들어내려고 노력하셨는데요. 한국에서도 서양에서 유입된 현대극, 이른바 번역극을 한국 고유의 어법으로 바꾸려고 시도하신 분이 바로 오태석 선생입니다. 오태석 선생은 서양희곡의 논리적인 어법을 거부하고 자신의 고향인 충청도 사투리를 사용하였고, 가면극이나 판소리가 가지고 있는 한국 고유의 비논리적인 어법을 통해 한국적인 연극을 만들려고 시도하였습니다. 그리고 1990년대 이후의 젊은 작가들은 한국의 일상언어를 사용한 연극을 많이 쓰고 있죠.
"제 책은 한국에서도 많이 출판되었고 매년 강연회에 초청해주시기도 하는데요, 그런 관심은 있는 것 같아요. 하지만 예술가의 세계이기 때문에, 저 같은 경우에도 이론만 가지고 있었다면 이렇게 성공할 수는 없었겠죠. 실천이 동반되어야죠. 그런 작가가 나오면 크게 변화할 거라고 생각합니다."

— 오늘은 긴 시간 동안 좋은 말씀에 감사드립니다.

일한연극교류회 대표 쓰가와 이즈미(津川泉)

1980년대 대학로
한국연극의 재조명

일시: 2013년 5월 19일
장소: 와세다대 연극박물관

쓰가와 이즈미는 1975~1976년 창작 라디오드라마 현상공모에서 가작에
당선되면서 방송작가로 활동했다. 1989년 예술선장 문부대신 신인상 방송
부문, 제3회 골든안테나 국제텔레비전축제 그랑프리를 수상했다. 일한연극
교류회 대표로 〈대학로 1980년대〉 전을 기획했다.

와세다대 연극박물관 연구원 호시노 다카시(星野高)

1980년대 대학로
한국연극의 재조명

일시: 2013년 5월 19일
장소: 와세다대 연극박물관

호시노 다카시는 메이지대 대학원에서 연극학 박사과정을 수료하고 와세다대학 쓰보우치 박사 기념연극박물관 초빙연구원으로 있다. 일본의 근현대 연극사를 전문으로 연구하며 〈쓰카 고헤이의 70년대〉, 〈사노 세키(佐野碩)와 세계연극〉, 〈대학로, 1980년대〉 등의 전시를 기획·운영했다.

들어가며

■ ■ ■ ■

전시 〈대학로 1980년대: 한국 현대연극과 서울〉 주최한
일한연극교류센터와 와세다대 연극박물관

연극은 조용하면서도 꾸준히 한일 상호교류의 맥을 이어왔다. 1970년대 중반부터 시작된 한일 연극교류는 한국의 마당극과 소극장 운동이 활발했던 1970년대 말부터 1980년대 중반에 본격적으로 상호관심을 주고받으며 연극인들의 자발적인 참여로 꽃피웠다. 초기에는 일본극단의 내한공연, 한국극단의 방일공연이 주를 이루었지만, 차차 번역출판을 통해 상대국의 희곡을 소개하고 낭독공연을 통해 무대화의 길을 모색하며 보다 적극적인 교류로 발전했다. 2000년대 이후에는 공동제작과 더불어, 요즘에는 일본희곡을 한국극단이 무대에 올리는 등의 다채로운 교류활동으로 발전했다.

교류활동의 중심 중 하나인 일한연극교류센터와 한일연극교류협의회는 1990년대 말 한국연극협회와 일본연출자협회가 공동주최한 일한연극인회의에서 한일 간의 연극교류 촉진을 목적으로 설립이 제안되어 일본은 2000년에, 한국에서는 2002년에 각각 설립되었다.

일한연극교류센터는 일본 내 연극 관련 7개 단체(일본극단협의회, 국제연극협회 일본센터, 일본연출자협회, 일본극작가협회, 일본신극배우협회, 국제연극평론가협회, 일본신극경영제작자협회 등)를 중심으로 발족되었다. 주요활동으로는 한일연극교류협의회와의 공동주최로 한일의 우수한 희곡을 번역하고, 격년으로 교차하여 소개하는 낭독공연을 개최해오고 있다. 그에 맞추어 한국현대희곡집을 번역출판하였고, 한국연극 데이터의 수집과 발신, 한국연극의 동향을 알리는 뉴스레터의 발행 등의 활동을 해오고 있다.

《한국현대희곡집》에 수록된 작품은 이윤택의 〈바보각시〉(김성수 역), 〈사랑을 찾아서〉(김광림 작·이시카와 쥬리 역), 〈자전거〉(오태석 작·키무라 노리코 역) 등으로, 지금까지 6권의 번역희곡집을 통해 무려 30편의 희곡이 소개되었다.

일한교류센터는 와세다대 연극박물관과 공동주최로 2013년 3월 1일부터 8월 4일까지 와세다대 연극박물관에서 〈대학로 1980년대: 한국 현대연극과 서울〉(大學路 1980's: 韓國現代演劇とソウル 展) 전시회를 개최하여 1980년대 서울의 대학로를 중심으로 활발히 전개된 소극장·중극장 운동의 관련 자료를 일본의 연극 팬들에게 소개하였다.

와세다대 연극박물관에서 만난 일한연극교류센터의 쓰가와 이즈미 전문위원과 연극박물관의 호시노 다카시 연구원은 〈대학로 1980년대〉 전시의 취지와 배경에 대해 이렇게 설명한다. "1970년대 중반을 기점으로 일한 연극교류에 국한하여 〈일한 연극교류사 전〉을 개최하려는 기획에서 출발하였다. 그러나 30년에 가까운 교류의 발자취를 그저 전시하는 것만으로는 무언가 부족하다고 생각했다. 일본의 1980년대 현대연극을 '밝은 허무가 춤추는 시대'(扇田昭彦)라고 지적한 글을 읽고 나서는, 그러면 과연 한국연극에 있어서 1980년대는 어떠한 시대였던가 라는 생각에서 조사에 착수했다." 그 결과 "5월 광주사건(민주화운동)과 함께 시작된 1980년대는 1987년 민주화 선언, 1988년 서울올림픽 등 한국에 있어서 격동의 계절인 동시에 한국연극에 있어서도 종전에 없던 커다란 전환기를 맞은 시대임을 알게 되었다"고 밝혔다.

민주화의 물결과 함께 한국의 연극계 내에서도 오랜 규제로부터 해방되어 그동안 억압되었던 정치·사회에의 변화에 대한 기대가 높아진 시대라는 자각이 일었다. 한반도의 분단, 통일, 이산가족 문제가 연극에서도 처음으로 제기되었고 형식면에 있어서도 서양연극의 방법론과는 다른 한국연극의 오리지널리티를 추구하고자 하는 기개가 넘쳐흘렀던 시대, 극단 수도 폭발적으로 늘어나 대학로에만도 140여 개의 극장이 들어서는 등 세계에서도 가장 활기 넘치는 극장가가 된 대학로에 큰 관심을 갖게 되었다. 극작가 오태석이 이끄는 '목화'(木花)나 연출가 손진책의 '미추'(美醜) 등 1990년대 이후 한국 현대극을 이끌어나간 극단들도 이 시대에 등장했다. 이렇듯 한국연극에 있어 커다란 전환기를 가져온 대학로 시대를 전시 테마로 했다.

행사를 공동주최한 와세다대 연극박물관 측도 "1980년대를 전면에 내세우고 서울의 거리를 클로즈업시켜 전시를 구성하자"고 제안했다. "도시와 거리와 연극이라고 하는 시점에 서서, 대학로가 어떻게 하여 아시아의 브로드웨이라고 불리게 되었는가, 그 형성사(形成史)를 되돌아보는 전시회가 기획, 추진되었다"고 쓰가와는 전시회 소개장에서 밝히고 있다.

전시기간 중인 5월 11일에는 전 한일연극협회 심재찬 회장의 강연이 있었고 6월 7일부터는 전시회에 맞추어 〈아시아 연극가면전〉이 열려 한국의 가면극인 탈춤에서 사용되었던 가면이 전시되기도 하였다.

또 7월 9일에는 오태영 작 〈통일 익스프레스〉가 한국 현대희곡 리딩 공연으로서 상연되었고, 공연 후에는 오태영, 김석만, 김명곤 등 연극인 3명을 초청한 심포지엄이 개최되기도 했다.

아시아 유일의 연극박물관, 와세다대 연극박물관

〈대학로 1980년대〉 전시장인 와세다대 연극박물관은 1928년 근대일본 문학의 개척자 쓰보우치 쇼요(坪內逍遙) 박사가 반생을 걸고 번역한 《셰익스피어 전집》전 40권 출판 및 선생의 고희를 기념하여 각계 유지 의 협찬으로 설립된 진귀한 박물관이다. 연극박물관으로서는 일본 국내 는 물론 아시아에서 유일하게 세계 각지의 연극 영상 등 귀중자료를 소장 하고 있다. 무대사진 40만 점, 도서 25만여 권, 연극 전단, 프로그램 등 연극 상연자료 8만 점, 의상, 원고 등 모두 100만 점에 이르는 방대한 컬 렉션을 보존, 전시하고 있어 80여 년간의 일본연극 역사를 한눈에 볼 수 있는 박물관이다.

제8대 관장인 오카무로 미나코(岡室美奈子)는 홈페이지의 인사말에서 "와세다 연극박물관은 영상자료의 수집, 보관, 전시에도 힘쓰고 있으며 환등기 자료, 사진 원판이나 제2차 세계대전 이전의 필름 등은 이곳에밖 에 남아 있지 않은 귀중한 자료"라고 밝히고 "동서의 귀중한 문화자원을 폭 넓게 공유하기 위해 일찍부터 데이터베이스 구축과 자료의 디지털화에 착 수해 세계유수의 컬렉션인 우키요에(浮世畵) 등의 디지털자료도 홈페이지 (web. waseda. jp/enpaku)에서 공개하고 있다"고 소개했다.

― 지금 와세다대 연극박물관에서 열리고 있는 한국연극에 관한 전시회, '한국 현대연극과 서울'을 부제로 한 〈대학로, 1980년대: 한국 현대연극과 서울〉은 매우 특이한 전시회라고 생각됩니다. 먼저 이번 전시를 와세다대 연극박물관과 공동주최한 일한연극교류센터에 대해 설명해주세요.
쓰가와 "일한연극교류센터는 2000년에, 지금부터 13년 전이죠, 연극 관련 단체들, 즉 일본극단협의회, 일본연출자협회, 국제연극평론가협회 등 7개 단체가 모여서 조직한 단체입니다. 올해 일본에서 한국작품을 5개를 번역 소개했다면 이듬해에는 한국에서 일본연극 5편을 번역해서 번역희곡집을 출판하고 그 작품을 낭독공연을 통해서 소개하는 사업을 하고 있는데, 지금까지 한국과 일본에서 각각 여섯 번씩 개최되었습니다. 희곡집도 오늘 보신 것처럼 출판하고 있고요. 한국에서도 똑같이 현대일본희곡집이 번역출판되고 있습니다. 작년에는 서울 명동예술극장에서 아주 성공적으로 행사가 개최되었습니다."

― 1980년대의 한국연극과 대학로를 테마로 전시를 하게 된 계기는 무엇입니까?
쓰가와 "원래는 한일 간의 연극교류사를 와세다 연극박물관의 현대연극실에서 전시하면 어떨까 하고 연극박물관장께 말씀드렸더니 '그래, 해보자', 그렇게 되었는데, 한일 연극교류사를 어디서부터 시작해서 어디까지 다루어야 할지, 그게 좀 애매모호했습니다. 1979년에 박정희 대통령이 살해당한 날, 마침 '스바루'라는 일본극단이 한국에서 공연하기 위해 한국에 체류 중이었습니다. 정식적인 루트를 통한 한일 간의 연극교류로서는 그게 최초였다고 들었습니다만 그 이전에도 가라 주로 씨(일본의 극작가·연출가)가 게릴라식으로 서강대 캠퍼스에서 공연했다는 그런 이야기도 있습니다. 그런데 거기까지 거슬러 올라서 모든 교류사를 전시하기에는 너무 광범위하고 애매모호하지 않을까, 그럼 어떻게 할까 하고 고민하고 있을 때 와세다 연극박물관 연구원인 호시노 다카시 씨가 '그럼 대학로를 소재로 하면 어떨까'라고 제안했어요.

　대학로가 문화의 거리로서 변모하는 과정, 대학로에 극장들이 모여들기 시작한 과정, 그리고 한국에는 '마당'이라는 말이 있는데 '뜰'이나 '광장'이라는 뜻이잖아요. 호시노 씨는 거기에 매력을 느끼고 그 '마당'이라는 말을 타이틀에 꼭 사용하고 싶다고 하셨어요. 그런데 이번 전시 타이틀에 마당이라는 말이 들어가지 않은 이유는 한국의 연극관계자들과 이야기를 해보니 '마당이라는 말을 쓰는 건 좀 아니지 않느냐, 마당극은 1970년대 후반부터 활성화되었지만 한국 사회가 민주화되면서 거의 사라져버렸는데 그런 말을 쓰는 건 맞지 않다' 그런 의견도 있었고요. 그렇다면 대신에 1980년대 대학로에 '한국 현대극의 원류를 찾아서'라고 타이틀을 붙이면 어떨까, 그렇게도 생각해봤지만 이 부분에 대해서도 한국의 극작가 박조열 선생님(한국의 원로 극작가, 임영웅과 같은 세대)께서 한국 현대연극의 원류는 1980년대가 아니라 1960년대라고 말씀하셨기 때문에 그 안도 접었습니다."

— 호시노 연구원은 서울의 대학로에 가보셨다지요?
호시노 "작년 5월에 처음 가보았습니다. 그 이전에 서울에는 한 번 가보았지만요."

— 대학로에는 옛날에 서울대 캠퍼스가 있었어요. 1960년대 후반부터 1970년대 초반까지 거기서는 자주 시국 관련 학생시위가 있었고, 저도 거기서 취재기자로서 현장을 지켜본 적이 있습니다. 최루탄 때문에 힘들었어요. 그래서 정부의 방침으로 서울대는 관악산 쪽으로 이전되었는데, 이전 후에는 소극장을 비롯한 문화예술 관련 단체와 공연장 등이 자리해서 새로운 '문화의 거리'가 되었지요.
쓰가와 "서울대가 이전한 후에 그 부지를 어떻게 할 것인가에 대해서 당시 서울시는 그 부지에 주택가를 조성할 계획이었다고 들었습니다. 그런데 문예진흥원과 문예회관을 설계한 건축가 김수근 씨가 이 거리를 문화의 거리로 조성하자고 제안해서 마로니에공원과 문화진흥원, 문예회관 등 문화의 거리가 만들어졌다고 들었습니다. 그리고 그 후에 신촌 쪽에 모여 있던 극장들이 하나둘씩 대학로로 자리를 옮겨서 극장가가 형성되었다고 들었습니다."

호시노 "극단 연우무대의 연출가인 김석만 선생님을 만나 뵙고 이야기를 들었을 때, 1970년대에 연극 활동을 시작하셨다고 하셨는데, 그보다 좀 늦게 1980년대에 활동을 시작한 연극인들한테 '낭만적'이라는 말을 자주 듣는대요. 사회에 어필하려고 하면 아무래도 정치와 연결될 수밖에 없었다는 거죠. 그것이 정치와 1980년대의 특색이라고 생각합니다. 한편으로는 대중문화가 활발해지기 시작한 시대였고 엔터테인먼트라는 요소도 등장했기 때문에 그런 것을 요구하는 사회적인 분위기도 있었다고 생각합니다. 정치적인 것도 그렇지만 한편으로는 대중문화가 꽃피는 시기였던 것 같아요. 그것이 대학로라는 거리를 움직인 원동력이 아니었을까 하는 생각이 드네요."

— 연극과 정치 사이에 무언가 연관성이 있다고 평소에는 생각하지 않지요. 그런데 그 시대에는 연극과 정치가 밀접하게 연결되어 있었다고 생각됩니다. 연극을 통해서 정치적인 메시지를 발신한다는 점에 대해서 연극인 혹은 연극관계자들은 어떻게 받아들이고 있습니까?

호시노 "연우무대라는 극단은 특히 그 당시 한국 사회에서 금기시되었던 정치적인 문제를 다룬 작품을 많이 공연에 올렸다고 하더군요."

쓰가와 "얼마 전에 여기서 심재찬 선생님(연출가, 현 예술인복지위원회 회장)의 강연회가 있어서 심재찬 선생님이 이 전시회를 보셨는데, 〈한씨연대기〉나 〈칠수와 만수〉와 같은 작품이 전시되어 있는 것을 보시고 '이건 운동권인데'라고 말씀하시더라고요. 공연윤리법이라는 규제가 있었는데, 그 규제에 대항하고자 하는 기운이 가장 활발해진 것이 1980년대가 아니었을까 그렇게 규정할 수 있을지도 모르겠어요."

호시노 "마당극이라는 것은 정치성이 너무 짙었기 때문에 민주화가 진행됨에 따라 쇠퇴했다고 들었는데요. 하지만 단순한 정치적 선동이 아니라 연극으로서의 매력을 갖춘 작품이 성공한 케이스가 많지 않았나 싶어요. 1980년대 같은 경우에는 ⋯ ."

— 결국은 그렇게 되었지요.

쓰가와 "그런데 마당극 자체가 모두 사라진 게 아니고, 연우무대 같은 극단은 방향을 바꿨지만 김명곤 씨의 극단 아리랑은 마당극의 계보를 계승하고 있다, 우린 그렇게 이해하고 있습니다. 그리고 그런 의미에서는 극단 아리랑의 활동은 다른 극단과 차별성이 있다고 봅니다."

— 이번 전시의 테마가 1980년대 대학로인데요. 한국연극사에 있어서 1980년대 연극이 어떻게 자리매김했는지, 그리고 거기에 대해서 어떻게 평가하십니까? 연극 발전을 위해 대학로가 지금까지 배우나 연출가, 많은 인재를 배출한 건 사실인데요.

쓰가와 "네, 저는 대학로가 바로 현대 한국연극계의 모태였다고 생각하고, 모두들 그렇게 생각하고 있죠. 그런데 대학로에 있는 소극장에서 인재들이 자꾸 중극장이나 대극장 공연으로 유출되고 있기 때문에 오히려 대학로는 위기를 맞고 있다고 하시는 분들도 있습니다. 물론 대학로에는 140개나 되는 극장이 있기 때문에 겉으로 보기에는 활성화되어 있는데, 한편으로는 그 안에서 활동하는 젊은 사람들은 돈도 제대로 못 받고 주목을 받을 수 있는 기회도 별로 없기 때문에, 큰 오디션이 있으면 그 오디션을 보고 제대로 출연료를 주고 생활이 보장되는 공연에 배우도 극작가도 모여드는 경향이 있어서, '고생하면서도 연극을 만들자' 하는 기개가 요즘에는 없어졌다는 위기감을 느끼는 것도 사실인 것 같아요."

— 호시노 씨 생각은 어떠세요?

호시노 "아무래도 주제가 광범위하고, 대학로라는 거리는 지금도 변하고 있기 때문에 일정한 자리매김이나 평가를 내리기가 힘든 부분이 있는 것 같아요. 반대로 우리와 같이 바깥에서 바라본 사람들은 잘 모르기 때문에 오히려 과감하게 자리매김할 수 있었던 거 같기도 하고요. 한국 분들에게 이런 전시를 한다고 하면 '그런 전시를 하는 거 자체가 의외다' 그런 말씀을 하시는 분도 계시고요.

쓰가와 "그것과 관련해서 말씀드리자면 7월 9일에 이번 전시의 부대행사로 심포지엄이 개최되는데 극작가 오태영 씨, 연출가 김석만 씨, 김명곤 씨가 발제자로 참석할 예정입니다. 그 멤버가 한자리에 모여서 심포지엄을 한다는 건 한국 내에서는 상상할 수도 없다, 그렇게 말씀하시더라고요."

— 그 심포지엄은 어디에서 열립니까?

쓰가와 "와세다대 강당에서 열립니다. 그리고 1980년대 대학로와 관련된 전시는 한국에서 열린 적도 없다고 들었습니다. 여러 사정이 있었겠지만 1980년대를 직접 언급하기가 힘든 상황인지도 모르겠고, 반대로 이제는 1980년대에 대해서 언급하자, 그런 딜레마가 있을지도 모르죠. 그런데 바꿔 말하자면 우리처럼 외부에서 바라보는 사람들이 오히려 접근하기가 쉽지 않았나 싶습니다. 예를 들어서 마당극에 대한 평가도 한국 국내에서는 아직도 양분화되어 있습니다. 좋다고 하는 사람들이 있는 반면에 저건 연극도 아니다, 아직까지도 의견이 분분하다고 들었습니다."

— 아까 연극과 정치에 대해서 조금 이야기가 나왔지만, 김명곤 씨나 유인촌 씨가 문화관광부 장관이 되기도 했고 그 사람들은 연극을 발판 삼아 정치 무대로 가고 싶은 그런 욕심은 없었을 거예요. 문화를 통해서 반체제 운동을 하다가 그 흐름으로 문화정책에 관여하게 되는 경우는 있을 겁니다. 그런데 오로지 연극만, 예술만 하는 분들이 볼 때, 그런 건 어떤가요?

자기가 갈 길에서 벗어났다 …, 그런 생각을 하지 않을까요? 김명곤 씨는 공직을 떠나서 다시 연극계에서 활동하고 있습니다만.

쓰가와 "네. 이제 연출가로 돌아오고 요즘에도 연출을 하였습니다. 대전 쪽에서 활동하는 김인경이라는 여성 극작가의 마당극 비슷한 작품 〈만두와 깔창〉이라는 작품인데, 그 작품도 사회풍자적인 작품이었죠."

— 일본에서는 정치와 연극, 그런 연관성에 대해서 어떻게 받아들이는지요?

쓰가와 "일본에서는 140개 극장이 모여 있는 곳이 없어요. 도쿄의 극장가라고 불리는 시모키타자와(下北澤)에도 그렇게 많지는 않거든요."

호시노 "TV 탤런트나 연예인들이 정치가가 되는 경우도 가끔 있죠."

쓰가와 "히라타 오리자 씨 같은 경우에는 총리의 참모가 되기도 했고, 연극계에서 정치계에 의견을 제시하기도 하고 그런 면에서는 공헌을 하고 있는 것 같은데요."

호시노 "일본에서 1960년대는 어떤가요? 저는 1960년대는 직접 모르지만, 1960년대에 연극계에서 정치계로 진출하신 분이 …."

쓰가와 "1960년대 연극인과 1970년대 연극인을 비교하면 1970년대는 언더그라운드 쪽으로 가고 정치와 거리를 뒀는데, 1960년대 연극인들은 일본 공산당 계열이었고, 1970년대는 반 일본 공산당 계열, 그런 사람들도 많았고요. 물론 전부가 아니고 전체적인 분위기상 그랬다는 거구요. 가라 주로나 데라야마 슈지 같은 연극인들은 정치라기보다는 배우의 육체라든가, 그런 발언들을 많이 했던 것 같고요 …."

호시노 "그러고 보니 일본에서는 연극계에서 정계에 진출한 사람은 없는 거 같아요."

쓰가와 "전혀 없는 건 아니지만 연극인이라기보다는 탤런트가 정치인이 된 케이스죠."

— 아까도 조금 나왔지만 대학로에서는 창작극뿐만 아니라 일본희곡들도 많이 무대에 오르고 있어요. 한일연극단체 공동주최 같은 경우도 있지만 일본희곡을 그대로 공연하는 케이스도 있는데, 그런 공연을 기획하는 이유는 어디에 있을까요?

쓰가와 "그것은 한국연극, 일본연극을 떠나서 좋은 작품이 있으면 그건 일본이든 다른 나라 작품이든 무대에 올린다, 그런 의미인 것 같은데요. 그게 '일본작품이니까'라는 이유가 아니고 작품 자체가 재미있으니까, 그런 이유가 있어서 공연을 하는 거겠죠."

— 대학로에 있는 소극장에서 일본에서 온 극단이 공연한 것을 몇 차례 본 적이 있는데요. 형사가 천황을 암살하는 그런 내용의 공연이었는데 …….

쓰가와 "기리야마 가사네라는 작가의 작품일지도 몰라요. 정확히 기억이 안 나지만 ……."

— 그걸 보고 놀랐어요. '혹시 일본에서 공연을 하지 못해 한국에 온 걸까' 하고.

쓰가와 "일본에서 공연하면 우익단체들이 와서 방해할지도 모르죠. 저는 소설가 무라카미 류의 《한없이 투명에 가까운 블루》라는 작품을 무대화한 작품을 본 적이 있어요. 그 작품은 마약이라든가 그런 내용이 나오죠. 아쿠타가와상을 받은 소설이죠. 그런 화제성 있는 작품을 공연한다는 것도 있겠고, 요즘에는 한류 붐을 타고 작은 극장에서 공연되는 뮤지컬을 일본에서 보러가는 경우도 꽤 있어요. 예를 들어서 〈지하철 1호선〉은 독일의 원작을 김민기 씨가 번안한 작품이었는데, 그 작품도 롱런 공연을 했고 저도 세 번 정도 봤습니다. 다른 일본 관객과 같이 가기도 했고요."

— 무라카미 류의 《한없이 투명에 가까운 블루》는 한국에서 번역출판도 되었는데 언제쯤 연극으로도 공연되었는지요?

쓰가와 "1980년대나 1990년대 ⋯ . 지금부터 거의 20년 전입니다."•

호시노 "이번에 몇 개 작품을 보고 재미있었던 것은, 젊은 극작가 성기웅 씨가 1930년대 서울을 배경으로 한 작품을 봤는데 성기웅 씨는 일본 유학도 다녀간 작가인데도 한국에서도 다루기 매우 어려운 시대, 서울이 경성이라고 불리던 시대를 배경으로 작품을 썼다는 것 ⋯ . 한국에서 다루기 어려운 시대죠. 그 시대를 호의적으로 묘사하면 일본의 식민지 정책을 옹호한다고 오해를 받을 수도 있는 부분이기 때문에 금기시되고, 아무도 그 시대를 다루지 못했던 것 같은데, 그런 부분에 용감하게 도전하고 있는 것 같아요."

쓰가와 "〈아사히신문〉에서는 '경성'이라는 말 자체가 한국인들에게 불쾌감을 준다고 해서 '사용금지용어'로 분류되어 있다고 들은 적이 있어요. 그런데 한국에서는 오히려 경성이라는 말을 아무렇지 않게 쓰기도 하잖아요."

— 경성제국대학이라든가, 그 학교 졸업생들은 그 경력을 쓰기도 하죠.

호시노 "그리고 성기웅 씨는 일본 유학 경험도 있는데, 히라타 오리자 씨 작품도 번역했고, 그런 젊은 세대의 한일 간 교류라고 할까, 역사에 얽매이지 않고 자유롭게 작업하는 흥미로운 작가라고 생각했습니다.

쓰가와 "일한연극교류센터가 주최하는 한국현대희곡 낭독공연에서 성기웅 씨의 〈조선형사 홍윤식〉이라는 작품을 낭독공연 했는데, 거기에도 일제 강점기의 일본 형사가 등장하는데요. 이른바 전형적인 일본인이 아니고, 아주 평범한 일본인이 등장했어요. 보통 경성 시대의 일본인이라고 하면 뭐랄까, '도리우찌'(鳥打帽)를 쓰고 눈매가 날카로운, 화가 나면 바로 칼을 드는 그런 전형적인 인물이 등장하곤 했는데, 그렇지 않은 평범한 인간으로 일본 사람을 그렸다는 게 제법 흥미로웠어요.

• 1995년 5월 5일부터 7월 2일까지 극단 노을의 공연으로 무대에 올랐다.

호시노 "히라타 오리자 씨 작품 중에 〈서울 시민〉이라는 게 있습니다. 4~5부작이었던 거 같은데, 매우 흥미로운 작품이에요. 서울에 사는 일본인 가족, 1910년대 서울에 살던 일본인 가족의 평범한 일상을 그린 연극입니다. 그런데 그 평범한 일상 속에서 오히려 식민지 정책이라는 것을 떠올리게 하는 자극적인 작품이에요. 성기웅 씨의 작품은 그것을 반전시켰다고 할까요…. 작품을 아주 흥미롭게 봤고, 이번에 아주 매력을 느낀 작가입니다."

쓰가와 "성기웅 씨는 지금까지 경성을 배경으로 작품을 몇 개 쓰셨는데, 박태원의 〈소설가 구보씨의 하루〉라는 소설을 원작으로 연극을 만든 적도 있고, 경성 시대의 모던보이, 모던걸, 그런 시대상을 묘사하기도 했고요. 그 작품은 두산아트센터에서 공연되었는데 꽤 화제가 되었죠."

— 한일 연극교류를 통해서 서로 느낀 점, 예를 들어서 한국연극과 일본연극의 차이는 어디 있다고 생각하시는지요?

호시노 "일단 배우의 연기는 한국이 상당히 수준 높은 것 같습니다. 일본에서 소극장이라고 하면 아마추어에 가까운 사람들도 출연할 수 있는데, 한국은 아무리 작은 극단도 일정한 수준의 연기술을 배운 사람들인 것 같다는 인상을 받았습니다. 그리고 이건 들은 이야기지만, 일본 같은 경우 도쿄 외에 오사카, 후쿠오카 등 지방 도시에 자체적으로 제작도 하는 제대로 된 극장들이 있는데, 한국 같은 경우에는 서울, 특히 대학로에 밀집해 있다고 들었습니다. 물론 대학로만 보면 연극이 매우 활발한 것 같은데, 만약 그렇다면 그 부분은 일본과 다른 점인 것 같습니다."

쓰가와 "조금 전에 배우의 연기 이야기가 나왔지만, 한국에서는 관객들이 적극적으로 반응하고 무대에서 연기하는 배우와 함께 작품을 즐긴다는 것, 박수를 치고. 그런 차이는 크죠. 그 부분은 누구나 인정하는 부분입니다."

— 일본 관객들도 마음으로는 느끼지만….

쓰가와 "네. 겉으로 드러내진 않죠."

— 한국에서는 어떤 공연에서는 연극이 끝날 때 관객들과 함께 춤을 추기
도 하죠.
쓰가와 "판소리 같은 경우, 고수가 소리꾼의 연기를 돕는 그런 리듬 같은
게 있잖아요. 그런 게 있는 거 같아요. 그런 건 역시 교류를 통해서만 알
수 있는 일이죠. 그리고 지금까지 10년 이상 연극교류를 하면서 정치가의
폭언 때문에 교류가 취소됐다, 그런 일은 단 한 번도 없었습니다. 역시 연
극은 오랫동안 작은 교류를 축적해왔기 때문에 그런 일이 가능하지 않았
나, 그런 생각도 들고요."

— 그런 면에서는 연극교류는 한일 간의 문화교류, 나아가서는 인적 교류
에 있어서 상당히 많이 기여했고 또한 기대도 큰 것 같아요. 그리고 연극
인들은 그걸 선전하고 다니진 않죠. 연극하는 사람들은 겸손하니까? 저는
임영웅 씨한테서 가끔 베세토연극제나 그런 이야기를 듣거든요. 그런데
미디어에도 별로 드러나지 않은 것 같아요.
쓰가와 "저희 일한연극교류센터의 활동은 앞으로도 계속된다고 오자사 요
시오 회장님도 말씀을 하셨는데, 요즘 한중일 사이에서는 여러 가지로 미
묘한 문제들이 있지만, 연극교류에 관해서는 비교적 화기애애하고 활발하
게 교류가 이루어지고 있고 관심도 높습니다."

— 한일 연극교류를 위한 지원이 있는가요? 정부 차원에서는?
쓰가와 "7월에 김석만, 김명곤, 오태영 씨를 초청하고 심포지엄을 개최하
는데, 그것도 문화청에서 지원금이 나와서 실현하게 되었습니다. 우리 힘
만으로는 못하는 일이죠. 8명 정도 초청할 수 있거든요."

— 〈대학로 1980년대〉 전시에 대한 반응은 어떤가요?

쓰가와 "수학여행차 와서 전시를 본 학생이 이 전시에서 한글을 처음 봤다고 하면서 한글을 공부하고 싶다고 소감을 남기는 노트에 적었어요."(웃음)

호시노 "특히 일본에 살고 계시는 한국 분들은 '기획이 좋다, 아주 흥미로운 전시다' 그렇게 말씀해주시는 분들도 계시는데, 아직 전체적인 반응은 파악하지 못했습니다. 그런데 지난번에 심재찬 선생님(한국의 연출가)이 여기서 강연회를 하셨을 때 홍보를 거의 못 했는데도 강연을 들으러 오시는 분이 많아서 거의 만석이었습니다. 그리고 7월 9일에 다른 심포지엄이 열리는데, 그때 보다 확실한 반응을 느낄 수 있지 않을까 싶어요. 지금 와세다대 연극박물관에서는 멕시코로 건너간 일본 사람들에 대한 전시를 하고 있는데, 그 전시에 비해서는 반응이 빠른 편입니다. 그게 좋은 건지 나쁜 건지는 모르겠지만 하여튼 한국에 대한 높은 관심도는 느낄 수 있어요."

— 한국의 1980년대는 상당히 다루기 어려운 시대이기도 합니다. 한국에서는 1980년대 대학로에 대한 자료를 수집한다든가, 전시를 한다든가, 그런 기획이 없는 것으로 알고 있는데, 일본에서 먼저 자료를 수집하고 연극관계자 혹은 일반 시민을 대상으로 전시를 한다는 것, 그것은 한국의 민주화를 한국보다 일본에서 높이 평가하고 있는 게 아닐까 그런 느낌도 들고, 한국 사회의 민주화 과정을 알고 있는 사람들한테는 그게 굉장히 의미가 큰 건데, 일본 사람들은 그렇게까지 느끼지는 않겠죠?

호시노 "네. 하지만 그 시대의 '뜨거움'이랄까, 그 시대의 기분, 열정 같은 건 느끼시는 것 같습니다. 그게 무엇인지, 저 전시만으로는 알 수 없겠지만…. 작은 전시이기 때문에 부족한 부분도 많지만요."

— 만약 한국에서 이런 전시를 한다면 김명곤 씨나 문성근 씨를 초청해서 세미나도 같이 개최하고 그러면 사람들이 아주 좋아할 텐데요. 여기서 이런 전시를 하고 있다는 건 다들 알고 있겠지요?

호시노 "여러 극단에서 자료를 빌려왔기 때문에 한국의 연극관계자들도 어느 정도 알고 있지 않을까 싶어요."

쓰가와 "한국 내 미디어에도 보도자료를 보냈는데, 어떻게 받아들였는지 잘 모르겠습니다."

호시노 "이번 전시는 작은 규모지만 전시기간이 길기 때문에 서서히 반응이 나오지 않을까 싶습니다. 이번 전시는 특별한 주제를 가진 전시이기 때문에 보는 사람들에게 뭔가 전달되는 부분이 있을 것 같아요."

쓰가와 "그런데 '왜 대학로지?', '왜 1980년대지?'라는 질문에 대한 우리의 답변이 설득력 있는지는 잘 모르겠습니다. 그 부분이 조금 마음에 걸리기는 해요."

— 한국인이 보면 금방 알지만요.

호시노 "저희도 시행착오를 하면서 준비를 했고, 전시를 하면서 깨닫는 부분들이 있습니다."

쓰가와 "한국 분들이 보시면 또 여러 가지 반응이 있겠죠. 어떤 연극관계자는 이 전시를 보고 운동권이라고 했고, 그 말을 듣고 '같은 연극인이라도 여러 가지 입장이 있구나'라는 생각을 했습니다."

— 1980년대에 권력 측에 있던 사람들도 피해를 당한 사람들도 이제는 같은 민주화의 무대 위에 서 있잖아요. 그리고 벌써 30년 가까운 세월이 흘렀고. 이런 전시를 보면서 그 시대를 뒤돌아보는 경험 자체가 좋았던 것 같습니다. 제 생각에는 이런 전시회를 한국에서 개최한다면 꽤 화제가 되지 않을까 싶군요. 오늘은 뜻있는 전시회도 보여주시고 좋은 말씀 해주신 두 분께 감사드립니다.

일본축구협회 최고고문 가와부치 사부로(川淵三郎)

다시 한 번 월드컵
한일 공동주최를 꿈꾼다

일시: 2013년 5월 27일
장소: 일본축구협회 집무실

가와부치 사부로는 1936년 오사카에서 태어났다. 1957년 와세다대 상학부
에서 축구선수 생활을 시작하여 1958년 일본대표선수에 선발, 칠레 W컵,
도쿄올림픽 등에 출전했다. 1980년 올림픽 일본대표팀 감독, J리그 체어맨,
일본축구협회회장, 일본축구협회 캡틴, 최고고문을 역임했다.

"한국 못 이기는 일본 축구 개혁 위해 J리그 창설했다"

2014년 브라질월드컵에서 한국과 일본은 나란히 본선에 출전했다. 한일 대표팀 모두 비록 16강에는 진출하지 못했지만 아시아 축구의 발전을 향한 고심 찬 한 걸음이라 하겠다. 4년 전 남아공월드컵 때는 한일이 나란히 16강에 진출하는 건투를 과시했다. 2013년에 발족 30년을 맞은 K리그와 발족 20년을 맞은 J리그는 서로 경쟁하면서 승부를 겨루는 가운데 아시아에서 세계를 향해 성장하고 있다.

일본의 프로축구클럽, J리그 창설의 산파역인 가와부치 사부로(川淵三郎) 일본축구협회 최고고문은 J리그 탄생의 배경에 대해 "오랫동안 일본 축구는 좀처럼 한국팀을 이길 수가 없었다. 강한 한국에 프로축구리그가 있는데 약한 일본에 프로리그가 없이는 한국에 영구히 이길 수 없다는 인식이 일본 축구계 전체적으로 형성되어서" 1993년 5월 J리그가 발족되었다고 말했다.

그는 와세다대 축구팀에 소속되어 있던 1958년 일본대표선수로 선발되었으며, 1959년도 올림픽 예선 출전에 이어 1964년 도쿄올림픽 대표선수 등의 화려한 선수경력을 바탕으로 실업팀 감독, 일본대표팀 감독 등을 지냈다.

1991년 일본축구협회 프로리그 설립준비실장 취임을 계기로 소속 회사(古河電工)를 그만두고 여생을 축구에 전념하기로 결심, 그해 11월 일본 프로축구리그 이사장을 맡으면서 프로리그 발족에 전력투구하여 1993년 5월, 오늘의 J리그를 출범시켰다.

J리그는 발족 당시부터 '지역에 뿌리내리는, 지역을 대표하는 프로축구팀'을 지향하여 지역주민을 회원으로 하는 후원회 제도와 회원유료등록제 등을 팀 경영의 근간으로 함으로써 지역 대표팀에 대한 충성심을 모았다. 물론 지역연고기업 등 기업의 후원이 팀 운영의 큰 뒷받침이 되기도 했지만, 출발부터 지역 기반의 대표팀으로 주민들의 성원을 받게 하여 큰 시합 때는 주민 응원단 1만여 명이, 때로는 2만 명 가까이가 지역 대표팀 시합에 달려가 응원하는 열성을 보이기도 한다.

그는 2002년 월드컵을 앞두고 일본축구협회 부회장으로서 일본 단독개최를 위해 국제축구연맹(FIFA) 회원국들을 돌아다니면서 유치활동을 전개했다. 그러나 FIFA에 의해 한국과 일본의 공동개최가 결정되자 처음에는 반발하여 불만을 토로했다고 한다. 하지만 "그 후에 생각하니 역시 한일 공동개최가 양국 관계 개선에 큰 도움이 되었고 좋았다"고 밝혔다.

2002년 월드컵 한일 공동주최 후 일본축구협회 회장에 취임한 그는 일본 프로축구팀 성장에 크게 기여함은 물론 일본 여자축구대표팀이 올림픽과 여자축구 월드컵에서 우승하기까지 선수와 대표팀 양성에도 기여했다.

한일 축구는 월드컵 공동주최를 계기로 서로 경쟁하면서 팀의 실력을 발전시키는 데 힘써왔다. 그러나 최근 국제경기 중 스탠드에서 영토 문제 또는 인종차별을 부추기는 듯한 피켓이나 현수막이 내걸리는 등의 사건으로 썰렁한 기류가 흐르고 있다. 2012년 런던올림픽 때 한국대표팀 선수 중 한 명이 '독도는 우리 땅'이라고 적힌 피켓을 응원석으로부터 받아서 들고 나옴으로써 비판을 받기도 했다. 또한 2014년 3월 8일 J리그의 우라와

레즈와 사간 도스 간에 열린 경기에서 우라와 팬들이 'Japanese Only'(일본인 외 출입 금지)라고 적힌 현수막을 출입구 안쪽에 게시함으로써 인종차별을 조장한다는 비판과 함께 이 같은 행동을 막지 못한 우라와에 무관중 경기 등 중징계가 내려진 일이 있다.

현수막 사건은 유럽에서 시작된 인종차별을 연상케 하는 것으로, 역풍 또한 만만치 않다. 즉, 'Japanese Only'가 내걸린 지 4일 후인 3월 12일 아시아축구연맹(AFC) 챔피언스리그 요코하마 마리노스와 광저우 헝다 간의 경기가 열린 일본 요코하마의 닛산 스타디움에서는 'Show Racism the Red Card'(인종 차별에 레드카드를)라고 적힌 대형현수막이 관중석에 내걸리기도 했다.

이 같은 차별 소동과 이에 대한 반성을 촉구하는 현수막이 내걸리는 가운데에서도 월드컵 공동주최와 같은 스포츠에 있어서의 한일 협력은 공통의 과제가 되고 있다. 1998년 프랑스월드컵 진출을 위한 한일전(서울) 때 한국 응원석에 'Let's go France together!'(프랑스로 함께 가자)와 같은 현수막이 내걸렸던 한일우호의 시대로 되돌아가자는 소리도 들린다. 가와부치 최고고문은 다시 한 번 한국과 일본이 공동주최하는 월드컵 대회의 유치를 실현하자고 말한다.

가와부치 고문은 2012년부터는 일본축구협회 최고고문에 취임한 이래 초·중등학교 학생들을 위한 건강강좌인 '꿈의 교실' 강의에 1천 회 이상 나가서 어린이 건강에 관한 학습을 지도하는 한편, 미래 일본 축구 꿈나무들의 양성에 이바지하고 있다. 또한 초등학교 운동장에 잔디 심어주기 운동에도 앞장서는 등 아직도 현역으로 활동 중이다.

J리그가 성립되기까지

— 가와부치 사부로 최고고문은 현재 76세이심에도 일본 축구의 발전을 위해 현역으로 힘을 쏟고 계십니다. 선생은 J리그 초대회장으로서 J리그 설립에 앞장선 이후로도 계속해서 활동하여 오늘날 일본 축구의 발전에 기여하셨다고 들었습니다.

J리그는 일본 프로축구를 대표하는 상징으로서, 20년 전인 1993년 5월 15일 개막하여 올해로 20세를 맞게 됩니다. 선생은 일본 축구의 '살아 있는 역사'이면서 J리그를 낳은 부모이기도 합니다. 당시 어떻게 해서 J리그 설립에 나서게 되셨습니까? J리그 탄생의 배경을 들려주십시오.

"오랫동안 일본 축구는 한국팀을 좀처럼 이기지 못했습니다. 1986년이었을까요. 멕시코월드컵 예선에서 한국대표팀에게 패배한 일본은 첫 기회였던 월드컵 출장을 할 수 없었습니다. 그때 '강한 한국에는 프로축구리그가 있는데 약한 일본에 프로리그가 없어서야 한국에 영원히 이길 수 없다. 그러므로 일본도 프로축구리그를 만들어야 한다'는 합의가 축구계 전체에서 이루어졌습니다.

저는 프로리그를 만들었다고 해서 반드시 강해지는 것은 아니라고 생각하고 있었습니다. 그러나 51세의 나이로 소속 회사에서 좌천되어 관련 회사로 가게 되었을 때, 거기에서 일을 계속 하기에는 앞날이 뻔히 보여 '내가 보람 있게 할 수 있는 일이 없을까' 생각하다 한 번 더 축구로 돌아가자고 결심했습니다. 그게 51세 때였지요.

그때는 이렇게 성공할 거라고 생각하지 않았습니다. 한국을 비롯한 세계에서 축구가 가장 인기 있는 스포츠였지만 일본에서는 그다지 인기가 없었습니다. 그러나 축구가 재미있다는 것을 일본인이 알게 되면 일본에서도 인기를 얻을 것임에 틀림없다, 전 세계 사람들이 축구를 좋아한다는 것은 인간이라면 모두 좋아하게 된다는 것이고 일본인도 인간이니까 축구를 좋아하게 될 것이라는 게 제가 유일하게 기댈 수 있는 곳이었습니다.

프로축구를 만들지 않는 한 아시아에서 한국도 이길 수 없다. 그러므로 눈 딱 감고 프로축구리그를 설립하자고 생각했습니다. 이것이 일본의 프로축구, J리그를 만든 이유였습니다."

— 선생은 시민에게 일체감을 주는 '스포츠 문화'를 지향하여 '지역에 뿌리내리는 J리그를 생각한다'는 마음가짐으로 도전했다고 저서 《J의 이력서》에서 쓰고 있습니다. 또한 1993년 5월 15일, 역사적인 J리그 개막식의 개회선언에서는 '스포츠를 사랑하는 많은 팬 여러분'이라고 하여 '축구'만이 아니라 '스포츠'라고 말씀하셨습니다. 이것은 축구만을 위해 J리그를 시작한 것이 아니라고 언론과의 인터뷰에서 설명하셨지요. J리그의 발전에 담긴 스포츠 문화를 향한 선생의 철학과 생각에 대해 들려주십시오.
"유럽에 갔을 때 지역사회에서 커뮤니티를 중심으로 스포츠 시설이 있고 거기에서 지역주민들이 모여 다양한 스포츠를 즐기고 있었습니다. 그러한 세계를 일본인은 가지고 있지 않았습니다. 스포츠를 중심으로 커뮤니티가 결속하는 사회가 되는 쪽이 훨씬 인생을 살아가는 데 있어서 플러스가 될 텐데, 그러한 의미에서 일본인은 손해를 보고 있다고 생각했습니다. 스포츠를 생활의 일부로 삼는 것이 유럽의 국가입니다. 미국도 그렇습니다. 스포츠를 함으로써 인생이 즐겁고 풍부해지지요. 그러한 점을 일본인은 너무나도 모르고 있다는 것을 J리그를 통해 전 일본에 알리고자 한 것입니다. 그것이 지역에 뿌리내린 스포츠클럽 만들기가 되었습니다.

지역에 뿌리내린다는 말을 지금은 일본의 모든 사람들이 알고 있지만, 20년 전에는 지역에 뿌리내린다는 의미가 그다지 이해되지 않았습니다. 당시 유명한 〈요미우리신문〉의 와타나베 쓰네오(渡辺恒雄) 사장으로부터 '공허한 이념'이라는 말을 들었을 정도였지요. 와타나베 사장이 그렇게 말했을 정도로 20년 전에는 세상 사람들이 모두 이해하지 못하고 있었습니다.

그렇기 때문에 처음에는 그 부분을 잘 풀어서 이것이 얼마나 가치 있는 것인지를 시장(市長)이나 지사(知事), 행정지도자들과 직접 만나서 이야기하는 것이 아주 힘든 일이었습니다."

일본 프로축구의 현황

― 현재 지방자치단체나 지역의 반응은 어떻습니까?
"현재는 J리그에 들어가는 것이 지역을 일본에 널리 알리는 일이 되고 지역의 자랑이 된다는 것을 지역단체장들 모두가 알고 있습니다. 그렇기에 처음 10개로 시작한 J리그 클럽은 지금은 40개로 늘어났습니다. 2014년경에는 10개 이상이 더 늘어나서 50개 이상이 됩니다. 일본에서는 정령지정도시(政令指定都市, 정령으로 지정된 인구 50만 명 이상의 도시. 한국의 광역시와 유사하다)가 19곳 있는데 그중 18곳이 J리그 클럽을 가지고 있습니다. 가지고 있지 않으면 부끄럽다고 생각하게 되었지요. 그 부분이 20년 전과 지금을 비교하면 완전히 다른 부분입니다."

― 클럽 운영은 지방자치단체의 예산으로 지탱하고 있습니까, 아니면 기업의 지원으로 운영하고 있습니까?
"그 부분은 클럽의 역사에도 달려 있습니다만 복수의 기업과 스폰서, 그리고 텔레비전 방송권료와 입장료 수입 등으로 클럽이 운영되고 있습니다. 지방자치단체가 자본 참가를 하는 곳도 있지만 그 수가 극히 적고, 행정 쪽이 경영에 관여하는 경우는 그다지 없습니다."

― 한국에서는 1983년 5월 8일 축구 슈퍼리그 개막식이 개최되어 2개의 프로 클럽과 3개의 실업축구단으로 시작했습니다. 한국 축구는 그 후 1990년에 도시지역 연고제가 도입되었고, 1994년 프로축구연맹이 출범하는 시대를 거쳐 1998년에는 프로축구가 'K리그'로 이름을 바꾸었습니다.
　J리그가 출발했을 때 일본에서는 프로야구가 아주 활발하게 발전하고

있었습니다. 일본은 예전부터 프로야구리그가 기업 스포츠로 발전해왔다고 들었습니다. 그러나 J리그는 기업 대표팀이 아니라 지역 대표클럽으로 출발하여 성장했습니다. J리그는 프로야구 등 기업 스포츠의 전성시대에 지역 밀착형의 클럽 운영방식으로 시작했습니다만 그 배경과 이유는 무엇입니까?

"그즈음 프로야구는 전 일본에서 인기가 있었지만 축구는 전혀 인기가 없었습니다. 기업 이름으로 프로축구팀을 만들 경우, 경기가 나빠지면 금방 그만둘 가능성도 있습니다. 기업은 경기의 좋고 나쁨에 크게 좌우되니까요. 그러한 것이 아니라 지역 사람들이 클럽을 키우고 행정, 시민, 기업이 지탱하는 삼위일체가 되어야 비로소 클럽이 성립한다고 생각하기 때문에, 삼위일체가 아닌 한 프로구단화 참가를 인정하지 않겠다고 했습니다. 그 삼위일체가 현재 J리그 클럽이 점차 늘어나고 있는 이유 중 하나입니다. 기업이 클럽을 가지고 있었으면 버블 경제가 무너진 후에 그만둔 클럽이 상당히 있었으리라 생각합니다. 시민이 클럽을 지탱하고 있으니까 행정도 지원을 하고 있는 것이며, 이러한 의미에서는 아주 좋은 방향으로 가고 있지요."

— 그러고 보니 J리그는 그다지 기업의 색깔이 보이지 않네요.

"기업 색을 겉으로 드러내지 않도록 하고 있기 때문입니다."

— 기업 측이 불만스럽게 생각하지는 않습니까?

"처음에는 그러한 생각에서 뚜렷하게 선을 그어주었습니다. 일절 가슴에 마크도 넣지 않았습니다. 그러나 토요타(TOYOTA) 등은 유럽의 클럽에 스폰서로 참가해 유니폼의 가슴에 마크를 달고 있습니다. 광고비로 5억 엔에서 10억 엔 정도를 내지요. 그러나 J리그에서는 각 클럽에 경영자금을 내는 기업의 이름을 유니폼에 다는 일이 없었습니다. 이것은 제가 기업에 이름을 노출하지 말라고 한 것도 있었습니다.

그러나 지금은 광고선전비로 클럽에 돈을 낸다는 생각으로 기업명을 가슴의 마크에 넣고 있습니다. 그렇게 생각하면 기업의 이름을 노출하는 것은 전혀 이상하지 않습니다. 예를 들어 삼성이라는 이름을 5억 엔의 가치가 있는 것으로 할지 10억 엔으로 할지를 기업이 정하면 되는 문제이니까요. 여러 수입원을 통해 클럽이 자립하여 경영하는 것이 중요합니다."

— 한 지역에 두 개의 클럽이 있는 경우도 있습니까?
"그렇습니다. 전혀 상관없지요. 자주 언급합니다만 예를 들어 캐나다 토론토에는 프로팀이 14개 있습니다. 인구가 800만 명 정도니까 50~60만 명당 한 개의 클럽이 있는 셈입니다. 도쿄 도에는 23개 구(區)가 있으니까 23구 하나하나에 J리그 클럽이 있어도 좋겠다고 생각합니다. 지역에서 지탱한다는 것은 시민들만으로 지탱되는 클럽이라는 의미에서 인구 100만 명의 도시에 클럽이 두 개 있어도 좋습니다. 현재 가나가와 현에는 J리그 클럽이 6개 있습니다. 도쿄에는 현재 세 개 있습니다. 도쿄도 인구가 1,200만이니까 20개의 클럽이 있어도 이상하지 않습니다. 런던과 비교하면 20개가 있어도 이상하지 않을 겁니다.
　　주변에 J리그 클럽이 있고 거기에서 축구뿐만 아니라 럭비나 야구, 테니스, 배구, 농구 등 자신이 좋아하는 스포츠를 즐길 수 있습니다. 그러한 시설을 가진 클럽이 생긴다는 것은 일본인 전부가 행복해지는 것이라는 의미입니다."

J리그와 일본축구협회의 운영방식

— J리그 설립 당시에는 10개 클럽이었으나 현재는 40개, 내년에는 50개가 된다고 하니 대단한 성장입니다. 일본축구협회, J리그의 홈페이지를 보면 전국에 축구 회원팀 수가 28,286개라고 되어 있네요.
"유소년팀, 초중고교, 대학, 사회인, 여자를 다 넣으면 그렇게 됩니다. 이른바 11인제(人制)의 축구로 등록되어 있는 선수가 90만 명 정도, 5인제인 풋살이 12만 4천여 명, 지도자가 1만 3천 명, 심판이 25만 명입니다. "

— 유소년팀까지 등록하도록 한 것은 축구 인구를 넓히기 위함입니까?
"그것도 있습니다만 등록비를 내도록 해서 축구협회 운영경비를 충당하려고 했습니다. 축구협회는 J리그 발족 이전에는 가난했습니다. 연간 예산이 1990년에 대충 16억 엔 정도였고 현재는 170~180억 엔으로 10배가 되었지요. 1990년도의 16억 엔도 등록한 축구관계자의 등록비가 대부분이었습니다.
   말하자면 축구를 하는 사람들이 축구협회를 지탱해준 것입니다. 공식시합에 출장하기 위해서는 협회에 팀을 등록하도록 한 것도 축구협회가 처음이었다고 생각합니다. "

— 그러면 선수들도 기꺼이 협회에 등록을 했습니까?
"제도가 그러하다는 점을 이해하도록 했습니다. 협회로부터 받은 등록카드는 신분증명서와 같은 것이었습니다. 매년 등록을 갱신하는 것이지요. "

— 등록하면 어떠한 혜택이 있습니까?
"공식 시합에는 선수등록증을 보여주지 않으면 출전할 수 없습니다. 운전면허증 같은 거지요. 공식전에 나갈 수 있다는 것이 가장 큰 혜택입니다. 천황배 시합이나 공식 시합 등은 등록한 선수나 팀이 아니면 출장할 수 없습니다. "

— 등록해서 축구협회 회원이 되면 소속감이 생기겠군요.
"바로 그 이야기입니다. 그리고 축구협회 기관지에 이름이 실린다든지 해서. 특히 축구는 요즘 인기가 있으니까 기꺼이 회원이 되는 사람이 늘고 있습니다. "

— 다른 스포츠에는 이러한 제도가 없습니까?

"딱히 들어본 적이 없습니다. 다른 스포츠가 축구처럼 선수, 심판, 지도자 등의 등록제를 지금부터 시작하는 것은 좀 어려울 겁니다."

— 등록하면 자신도 일본 축구의 한 가족이 되었다고 생각하지 않을까요?

"말씀하신 대로입니다. 축구 가족의 일원이 됨으로써 일본 축구를 지탱하고 있다는 긍지를 가지게 된다는 점이 중요합니다. 그 영향이 크다고 생각합니다."

— 충성심도 생기겠군요.

"그렇습니다."

2002년 월드컵 한일 공동주최와 한일 축구

— 선생은 2002년 한일월드컵 공동개최 때, 일본축구협회 부회장으로 월드컵 일본 단독개최를 위해 유치활동에 힘을 쏟아 세계 여기저기를 방문하면서 일본 개최에 대한 지지를 호소했다고 들었습니다. 그러나 결국 한일 공동개최가 되었지요. 당시 일본의 일반 국민들의 반응은 어떠했습니까?

"어째서 공동개최를 인정했느냐고 매스컴을 포함해서 비판이 있었습니다. 너무 저자세인 것 아니냐고 말이지요. 본래 국제축구연맹은 공동개최 같은 것을 절대로 인정하지 않습니다. 단독개최로 간다고 해놓고 투표 직전에 태도를 바꾸었습니다만, 그러한 부분에 대해 정보수집능력이 부족하다든가 한국 쪽이 정치력이 있다는 비판이 굉장히 많았습니다.

우리들도 매우 불쾌했고 마지막에 투표로 정하면 되지 않느냐고 저 스스로는 생각하고 있었습니다. 그렇기 때문에 공동개최가 결정되었을 때는 상당히 충격을 받았습니다."

— FIFA는 단순히 스포츠만이 아니라 국제정치도 뒤에서 움직이고 있다는 지적도 있지요.

"지금도 카타르월드컵 개최가 문제가 되고 있지요. 전 회장이 수뢰를 했다든가, 이사 몇 명이 조사를 받았다든가. 하지만 결과적으로는 분명히 공동개최를 해서 좋았습니다. 불평이 없을 정도로요. 당시 일본유치 의원연맹 회장인 미야자와 기이치(宮澤喜一) 전 총리와 스위스에서 공동개최 결정 다음날 조찬을 했습니다만, 미야자와 씨는 '축구계 여러분은 상당히 실망하고 계시겠지만 후대의 양국 관계를 생각하면 분명히 잘됐다고 평가받는 대회가 될 것입니다'라고 말씀하셨습니다. 저는 그때 정말 그럴까 하고 의문스럽게 생각했습니다. 그러나 나중에 생각해보니 미야자와 씨가 말한 대로였습니다. 미야자와 씨는 정말로 그렇게 생각하고 있었습니다. 그 부분이 바로 선견지명이 있는 정치가라고 생각하여 인상에 깊이 남았습니다."

— 미야자와 씨는 역시 정치가이므로 장기적인 안목으로 보고 발언하지 않으셨을까요?

"그렇습니다. 저도 결정된 뒤에 좋은 방향으로 가지고 가야 한다고 생각해서 기분을 바꾸어 힘을 기울였습니다만 역시 정말로 좋았다고 생각합니다. 어느 한 나라의 개최로 결정되었다면 양국의 국민감정이 최악의 상태가 되었을 테니까요. 최근 들어 한일관계가 삐걱거리고 있지만 당시 축구 공동개최가 계기가 되어 한일관계는 완전히 바뀌었습니다. 그 이전에는 한국드라마 같은 것은 일본에서 그다지 방영되는 일도 없었지요."

— 〈겨울연가〉 등의 한국드라마가 일본에서 방영된 것은 2003년, 2004년부터이므로, 한일월드컵 공동주최는 양국이 서로를 새롭게 이해하는 데 도움이 되었을 듯합니다.

"그렇게 생각합니다. J리그에 50명 이상의 한국인 선수가 와서 활약하고 있습니다. 예전 같으면 일본에 가지 말라고 한국에서 문제가 되었을 테지요. 지금은 그런 일이 전혀 없습니다. 역시 이러한 부분이 전혀 다르지요. 특히 말씀드리고 싶은 것은 제가 알고 있는 한국 선수들 중에 정말 안 되겠다든가, 어떻게 된 거지 하고 생각하는 선수가 한 사람도 없다는 것입니다. 정말로 훌륭합니다. 인간으로서, 축구 선수로서 초 엘리트가 한국에서 오고 있습니다. 정신적으로도 윤리관이라고 할까, 보통사람보다 제대로 되어 있다는 것입니다. 그러한 의미에서 저는 한국 선수에게 경의를 표하고 있습니다."

— 일본 프로야구에는 이승엽이나 이대호 같은 유명한 선수가 있습니다만, 축구의 J리그에는 박지성과 같은 한국 선수의 이름은 아직 들리지 않습니다. 한국에서 박지성 등의 유명한 선수만 보도하는 탓도 있겠습니다만. 그러나 50명 이상의 한국인 선수들 중에 한 사람도 낙오하는 이 없이 분발하고 있는 것은 드문 일이군요.
"정말로 그렇습니다. 한두 사람 정도 낙오하는 건 당연한 일입니다. 그러나 한국은 교육이 좋은 것인지 정말 착실합니다. 팀의 모범이 되는 선수가 많습니다. 예전부터 그러한 선수들이 일본에 오고 있습니다."

— 그러나 유명한 일본인 선수, 나카타 히데토시(中田英壽)나 예전 같으면 미우라 가즈요시(三浦知良), 가가와 신지(香川眞司) 등이 있는데 외국인 선수가 J리그에서 활약하는 것에 대해서 거부감은 없습니까?
"그런 일은 전혀 없습니다. 오히려 일본인 선수도 해외에 가서 활약하는 것이 일본 축구를 강하게 만드는 것으로 이어진다고 생각하니까 말이죠. 물론 일본의 유능한 선수들이 해외에 가는 것 때문에 국내는 공동화(空洞化) 하고 있다, 해외에 가지 말고 국내에서 활약했으면 좋겠다는 의견도 없는 것은 아닙니다. 혼다 게이스케(本田圭佑)나 가가와 신지, 나가토모 유토(長友佑都) 등의 선수들 말이지요.
　그러나 그들이 해외에 감으로써 일본대표의 수준이 올라갑니다. J리그에서 시합을 해도 세계 수준과 다르기 때문에 세계 수준으로는 성장하지 않습니다. 역시 해외의 강한 리그에서 활약하지 않으면 일본대표의 수준은 올라가지 않지요.

현재 일본대표팀 주전 선수 11인 중에 대체로 8, 9명이 해외에 가 있습니다. 2010년 남아공월드컵 이후 극단적으로 늘어났습니다. 브라질월드컵(2014년)에는 국제 경험이 풍부한 좋은 선수를 내보낼 수 있다고 봅니다. 세계 일류 리그에서 활약하는 선수가 많으니까요. 축구는 국제적인 스포츠이므로 해외에 가지 않으면 세계 수준을 느낄 수가 없습니다. 그러한 의미에서 앞으로도 해외진출은 필요합니다."

— 대규모 국제대회가 있을 때 해외파도 대표팀으로 돌아와서 국가대표로서 함께하는 것은 한국도 마찬가지입니다.
"그렇습니다. 일본에서 해외로 가서 활약하고 다시 J리그로 돌아오는 사이클이 되었을 때, 일본 축구 전체가 잘 기능하는 것이 된다고 생각합니다."

— J리그에 소속된 한국 출신 선수들은 지금도 열심히 하고 있습니까?
"엄청나게 노력하고 있습니다. 정신적인 강함이라고 할까, 일본인 선수들도 배우는 것이 많아요. J리그의 외국인 선수 할당은 3명이지만 '아시아 할당'이 있어서 한 사람 더 아시아 선수를 영입하는 것이 가능하게 되어 있습니다. 이 '아시아 할당'은 대부분이 한국인 선수입니다. 같은 선수를 영입한다면 틀림없이 한국 선수가 좋다는 것이지요. 한국 선수는 빗나가는 일이 없어요. 대단하지요. 중국 선수가 한 사람도 오지 않는 것은 역시 한국과의 차이이지 않을까요."

— 2002년 월드컵 한일 공동개최 때는 일본도 한국도 16강에 진출했습니다. 한국은 준결승까지 진출했지요.
"한국팀은 대단했습니다. 그때 16강에 진출한 일본팀이 터키와 미야기(宮

城)에서 시합을 했는데 1 대 0으로 졌습니다. 일본의 시합 뒤에 한국팀의 시합이 예정되어 있었습니다. 히딩크 감독이 한국 선수들에게 '일본이 졌으니까 그걸로 됐다고 생각하지 마라. 너희들은 16강 진출을 했으니 그걸로 됐다고 생각하는 것이냐. 배가 부르다고 생각하나. 나는 아직 배가 고프다. 반드시 이긴다'고 엄청나게 독려했다는 것을 듣고 '과연 그렇구나' 하고 생각했습니다. 한국은 좋은 감독을 골랐습니다."

— 2002년 월드컵 이후 한국의 축구는 좀처럼 나아가지 못하는 느낌입니다. 그러나 일본대표팀은 점점 성장하여 FIFA 순위에서도 현재 일본이 한국을 앞질렀지요.
"그렇게는 생각하지 않습니다만."

한일 프로축구의 과제(1): 관객 동원의 필요성

— 현재 한국 축구와 일본 축구는 세계 축구 속에서 어떠한 위치에 있으며 어떻게 평가받고 있습니까?
"한국의 K리그는 일본의 J리그와 비교해서 관중동원이 적다고 생각합니다. 그 차이를 보면 J리그는 지역에 뿌리내림으로써 커뮤니티 전체가 응원합니다. 원정경기 때도 응원하러 가는 일도 있어서 전체 J리그의 관중동원이 8백, 9백만 명 규모가 됩니다. 이와 비교하면 한국은 적지 않습니까? 지역 이름은 내걸고 있지만 기업 색이 너무 강하지 않은가 하는 생각이 듭니다.
한국은 지방의 애향심이 강한 곳이지요. 그런데도 어째서 그것을 잘 사용하지 않는가가 불가사의합니다. 강한 지역 색을 잘 사용하면 더 달아오를 텐데요. 기업 색이 전면에 나와서 순수하게 클럽을 응원하자는 마음으로 이어지지 않는 것은 아닌가 하는 것이 저의 생각입니다. 어디까지 기업 색이 있어도 좋은지는 알 수 없습니다만."

— 거기에는 기업 쪽의 책임이 있습니까? 혹은 응원단에 문제가 있습니까?
"리그 자체의 형태가 문제입니다. 지역 사람들이 응원하게 만들기 위해서 기업은 위에 서는 것이 아니라 아래에서 시민과 함께 클럽을 지탱하고 있습니다. 기업과 시민, 행정이 함께 지탱하는 방향으로 이끄는 것이 중요하다고 봅니다.

　기업은 자기 기업을 선전하기 위해서 돈을 내고 있습니다. 그렇기 때문에 기업명을 노출하는 것이 뭐가 나쁘냐는 자세였습니다. 바로 그 점이 J리그를 출범시킬 때 가장 쟁점이 되었던 부분이지요. 여기에 대해서는 단호하게 인정하지 않았습니다. 협회가 어떻게 리더십을 가지고 기업의 이해를 구할 것인가가 커다란 문제였습니다."

— J리그도 K리그도 국내에서 인기를 얻고 있어서 J리그는 공식 입장자 수가 2009년에 1억 명을 돌파했습니다.
"1억 2천만 명 정도의 관중인데, 그것은 20년 합계치입니다."

— 한국에서는 2년 정도 전에 광주 지역 K리그 팀 시합에 6만 5천 명의 관중이 동원된 것이 한 시합 최다 관중 동원이었습니다.
"그건 대단합니다. 6만 5천 명이라면 일본에서도 최고 입장객 수가 될 겁니다. 경기장이 그렇게 크지 않으니까요."

— 일본도 한국도 유럽의 유명 클럽에 스카우트되어 해외에서 활약하는 선수들이 늘고 있습니다. 그러나 세계에 어깨를 견주기 위해 클럽 전체의 경쟁력을 강화하지 않으면 안 되겠지요. 일본과 한국의 축구는 어떻게 해야 그렇게 성장하게 될까요?
"J리그에도 K리그에도 국제적인 정상급의 선수가 없습니다. 어째서 없는가 하면 그들의 연봉이 너무 비싸기 때문입니다. J리그가 만들어진 지 2년째의 월드컵에서 우승한 브라질팀 선수들 중 7명이 일본에 왔습니다. 그때는 유럽의 일류 리그에서도 선수의 연봉이 그렇게 비싸지 않았습니다. 텔레비전 방송권료가 쌌으니까요. 그러나 1995년 즈음해서 텔레비전 방송권료가 엄청나게 올랐고 그에 비례해서 선수의 연봉도 뛰었습니다. 그 이후 J리그는 유럽이나 브라질의 일류 선수도 연봉 문제로 데려올 수 없게 되었습니다.

예를 들어 현재는 네이마르(Neymar) 선수가 브라질에서 스페인 바르셀로나로 갈 때 연봉이 10억 엔 이상이었습니다. 거기에 이적료도 지불하니까 80억 엔에서 90억 엔의 돈을 내고 사는 셈입니다. 현재 J리그 클럽에 그만한 돈을 낼 수 있는 클럽은 없습니다. 그리고 C리그, 즉 중국 리그는 구단주가 10억 엔 정도의 돈을 개인적으로 내고 이탈리아의 리피(Marcello Lippi) 감독을 베이징팀으로 데리고 오는 등 일류 선수들을 상당한 연봉으로 데려오고 있습니다.

이러한 돈을 일본 클럽이 지불하는 것은 꽤 어렵습니다. 그러나 중국에서는 부동산 경영을 하는 구단주가 그만한 돈을 내는 듯합니다. 클럽 경영이라는 입장에서 보았을 때 대차대조표에 올라 있는지 어떤지는 문제가 있다고 생각합니다.

J리그 요코하마 마리노스의 시합은 관중 동원이 평균 3만 명이 좀 안 됩니다. 극단적인 이야기이지만 예를 들어 메시(Lionel Messi)가 오면 관중은 6만 명 정도 들겠지요. 그렇게 되면 매 시합에 3만 5천 명이 늘어서 20 시합을 합치면 70만 명이 늘어납니다. 입장료를 5천 엔으로 계산하면 35억 엔의 수입이 되지요. '이렇게 유명한 선수를 데리고 왔으니 입장료를 올려도 되겠습니까?' 하고 응원단들에게 묻고 이러한 투자를 하고 싶다고 상담해야지요.

메시는 무리라고 해도 AC 밀란의 카카 정도 레벨의 선수들에게 상당한 연봉을 주고 일본에 데려와서 거기에 돈을 내는 방식이 있습니다. 그러한 의미에서 J리그 지도자들은 너무 겁을 내고 있습니다. 이렇게 과감한 계획을 꼭 실시해주었으면 합니다.

이것은 한국도 마찬가지라고 생각합니다. 한국은 월드컵 경기장이 엄청나게 큰 만큼 관객이 가득 차지 않고 텅텅 비어 있지 않습니까? 그러나 세계 일류, 예를 들어 메시 등이 가면 꽉 차겠지요. 그것은 무리라고 해도 그에 가까운 선수를 불러옴으로써 축구의 인기가 올라가고 그 클럽도 홈경기만이 아니라 원정경기에 갔을 때 관중이 많이 들어오게 됩니다. 리그 전체의 수입도 늘어나겠지요.

리그는 유명 선수에 투자한 클럽에 지원을 한다든지, 여러 가지 방식이 가능하다고 생각합니다. 그러한 일을 하지 않으면 세계 일류 선수는 좀처럼 한국이나 일본에는 오지 않습니다. 현재의 입장료나 텔레비전 방송권료 정도로 선수 한 사람에게 10억 엔을 지불하는 것은 무리입니다. 이를 무리라고 생각하지 말고 어떻게 하면 그렇게 할 수 있을지를 현재의 관계자들이 확실하게 생각해주었으면 합니다."

한일 프로축구의 저변 차이

― 선생은 와세다대 재학 중의 선수 시절부터 현재 일본축구협회 최고고문이 될 때까지 평생에 걸쳐 일본 축구의 성장과 발전에 기여하고 계십니다. 한일월드컵 공동개최에도 힘을 쓰셨다고 생각합니다. 그러한 입장에서 한국 축구에 대해서도 날카롭게 관찰해오신 것 같은데요, 일본 축구와 한국 축구는 무엇이 다를까요? 또는 무엇이 같을까요?
"한국 선수는 정신적으로도 육체적으로도 일본보다 단련되었다고 생각합니다. 일본보다도 훨씬 말이지요. 가장 결정적인 차이가 무엇인가 하면 일본의 경우에는 저변이 매우 넓어서 거기에서부터 피라미드형으로 위로 올라갑니다. 풀뿌리 선수에서 톱 축구선수까지 폭넓지요.

한국은 이와 전혀 달라서 어렸을 때부터 엘리트 교육 중심입니다. 예를 들어 전국 중학교의 축구선수 중에서 상위 4위 이내에 들어가지 않으면 축구 강호인 고등학교에 갈 수 없고, 그 고등학교에서도 재학 중에 선수로서의 능력이 낮으면 퇴학당한다고 들었습니다. 그러니까 육체적으로도 정신적으로도 단련되어 있습니다. 대학을 축구로 진학하는 것도 힘들어서 그러한 의미에서 선수들은 소수정예의 엘리트입니다."

— 그러한 피라미드형의 저변이 있기 때문에 그 속에서 훌륭하게 될 수 있는 유소년 선수가 길러지는 것은 아닙니까?
"일본 전국의 지역마다 국립훈련센터(National Training Center)를 설치해서 풀뿌리에서부터 장래 대표가 될 만한 선수를 길러내고 있습니다. 그러한 의미에서는 일본의 축구는 선택지가 매우 많습니다.

한국의 저변의 넓이는 일본에 비해 적은 느낌이 듭니다. 한국은 올림픽의 여러 종목 선수를 강화 훈련을 해서 금메달을 땁니다. 그러나 아래쪽의 저변이 넓어졌는가 하면 그다지 넓지 않다는 것이 한국 스포츠의 현 상황인 것 같습니다. 스포츠를 하고, 보고, 지탱하는 것으로 모두의 인생이 풍부해진다, 그러한 일본을 만들자는 것이 J리그입니다. 한국의 최고 수준의 운동선수를 길러내는 방식은 일본과 조금 다르지요. 거기에 차이가 있다고 생각합니다."

— 엘리트 선수를 길러내는 한국의 방식은 제도적으로는 어떨지 모르겠습니다만 일본처럼 보다 많은 국민이 함께 참가하여 스포츠를 즐기는 것과는 조금 다른 것 같습니다.
"그 부분이 일본과 한국의 스포츠에 대한 사고방식의 차이가 아닐까 생각합니다. 가치관에 차이가 있지요. 스포츠는 많은 이들이, 운동능력이 높은 사람도 낮은 사람도 모두 즐길 수 있습니다. 의사소통 능력을 기르는 데 있어서도 중요한 기회이며 일체감 조성, 규칙을 지키는 것, 타인을 배려하는 마음 등은 스포츠를 통해서 배우게 되는 경우가 아주 많습니다.

21세기에는 특히 스포츠가 중요하다고 생각합니다. 제가 한국을 전부 알고 있다고 말하려는 것은 아닙니다. 제 이미지만으로 말하고 있습니다만, 한국의 방식은 창끝을 예리하게 하는 것과 같은 육성 방식이 아니었나 생각합니다.

일본 축구도 멕시코올림픽(1968년)에서 동메달을 땄습니다만, 그때는 일본도 한국과 마찬가지 방식으로 한 줌의 선수만을 해외에 데리고 가서 강화했습니다. 당시에는 저변이 넓지 않았지요. 그 결과 젊은 세대를 육성하지 못했기에 정체가 이어졌습니다. 그러나 〈캡틴 츠바사〉와 같은 애니메이션 덕분에 1980년대부터 저변이 폭발적으로 확대되었습니다. 그리고 J리그가 출범함으로써 일거에 비약할 수 있었습니다."

— 일본의 축구 가족이 130만 명이니 인구의 1퍼센트 정도이군요. 선수, 감독, 코치 등 직접 축구에 종사하는 사람들만으로도 이렇게 많습니다. 축구 가족 이외에도 일본 축구를 지지해주는 팬, 응원단도 많이 있다고 생각합니다. J리그도 K리그도 이 응원단의 열정에 의해 지탱되면서 힘을 얻고 있기에 팬들도 중요하지요. 일본의 축구팬과 응원단들은 어떻습니까?
"현재 연간 900만 명 정도의 관중이 옵니다만 젊은 층 응원단은 늘어나지 않고 있습니다. 젊은 세대를 어떻게 경기장에 데려올 것인가, 이 부분이 J리그 최대의 문제입니다. J리그가 처음 생긴 20년 전의 서포터가 그대로 있다는 것은 아니지만, 조사에 따르면 매년 평균연령이 0.5세씩 올라가고 있습니다. 새로운 서포터들이 나타나지 않는다는 점이 가장 문제이지요. 어떻게 새로운 팬 층을 개척할 것인가, 어떻게 어필할 것인가가 클럽의 과제라고 생각합니다."

한일 간의 내셔널리즘과 프로축구

— J리그는 제가 두 번째로 일본에 근무했을 때, 〈동아일보〉 도쿄지국장 시절인 1989년부터 1994년까지였습니다만, 그때 세워졌지요.
"그렇군요. 바로 대변화가 한창이던 시기입니다. 그래서 J리그에 대해 잘 알고 계시는군요."

— 당시 텔레비전이나 신문이 크게 보도해서 전 일본이 끓어오르던 것을 보았습니다. 신문의 사진에 나왔습니다만 관중석에 일장기가 등장해서 한 신문이 지적한 것을 기억하고 있습니다. 그것이 스포츠 내셔널리즘을 연상시키는 것이 아닌가라는 비판이었지요.

"그것은 다릅니다. 전혀 상관이 없지요. 순수하게 일본대표팀을 응원하는 것이니까요. 1998년 프랑스월드컵 최종예선 당시 서울스타디움 관중석에 '함께 프랑스로 가자!'는 커다란 현수막이 등장했습니다. 한국은 이미 본선 진출이 결정되어 있었고 일본은 출장이 어려운 입장에 있었습니다. 그런데 그때까지 일본과 서로 물어뜯고 있던 한국 응원단들이 '함께 프랑스에 가자'고 응원해주었습니다. 그것이 상징적인 일이었지요.

당시 한국에서는 응원단끼리 논의가 있었던 것 같습니다. 그러나 그 현수막은 정말로 훌륭했습니다. 내셔널리즘이 앞섰다면 그런 일은 있을 수 없었다고 생각합니다. 그러한 의미에서 일본도 완전히 같습니다. 2009년에 한국팀이 이겼을 때 일본은 박수를 쳐줬으니까요. 내셔널리즘이라는 말은 그다지 맞지 않는다고 생각합니다."

— 선생님이 쓰신 《J의 이력서》에서 개회식 때에 기미가요(君が代)를 누가 부르게 할 것인지를 여러모로 검토했다는 이야기가 있습니다. 국제대회에서도 출장팀은 어디에서나 국가를 부르게 하고 있지요. 야구와 같은 다른 스포츠에는 없는 일입니다. 이것은 어떤 이유에서입니까?

"국가 간 시합은 FIFA가 통괄하고 있습니다. 그렇기 때문에 FIFA가 반드시 국가를 처음에 연주하도록 했습니다. 저는 한국 국가를 몇 번이나 들었기에 곡을 기억하고 있습니다. 그러한 의미에서는 상대방 나라의 국가를 듣고 친근감을 느끼는 것이지요.

국가도 다양한 부르는 방식이 있습니다. 미국의 〈성조기여 영원하라〉

〈The Star-Spangled Banner〉는 여러 장소에서 불리고 있어서 포크송 식으로 부른다든가 로큰롤 풍으로 한다든가, 오페라 식으로 한다든가 해서 곡의 분위기가 바뀌는 것이 재미있지요. 그러니 기미가요도 조금 다른 방식으로 부르면 어떻게 될까 해서 가수를 찾았습니다. 그래서 J리그 개막식에는 그룹 튜브(TUBE)의 마에다 노부테루(前田亘輝)에게 부탁했습니다. 데모 테이프를 들어보니 창법이 독특하고 박력이 있었기에 그 자리에서 결정했습니다."

— 요즘에는 한국의 애국가도 부르고 듣고 즐기게 되었습니다.
"정말로 그렇습니다."

— 1998년 프랑스월드컵 때 앞서 말씀하신 '함께 프랑스로 가자' 현수막이 걸렸고 2002년 한일월드컵 공동개최를 계기로 해서 한일 양국의 응원단들도 매우 사이가 좋아졌습니다. 한국의 시합에는 일본 응원단들이 많이 와서 한국 응원단 '붉은 악마'의 유니폼을 입고 응원했고 일본 시합에는 한국 응원단들이 일본 응원단과 함께 푸른 유니폼을 입고 응원했습니다. 이것으로 한일관계는 매우 우호적인 분위기였습니다. 그러나 요즘에는 도쿄 신오쿠보(新大久保)에서 혐한 데모나 괴롭힘 등의 행동이 있는 듯합니다.
"그것은 일본인으로서 정말로 믿을 수 없습니다. 어째서 그러한 일을 하고 있는지. 소수 그룹의 사람들이 하고 있으니까 많은 일본인들은 얼굴을 찌푸리고 있을 겁니다. 그런 일은 지금까지 없었던 일입니다. 좀 믿을 수가 없습니다."

— 그 행동에 반대하는 집회나 데모도 있는 것 같습니다.
"그렇습니다. 그게 정상적인 모습이 아닙니까?"

— 2002년 한일월드컵 공동개최 성공을 바탕으로 한국과 일본이 손을 잡

고 한일 공동개최, 혹은 한국에서도 일본에서도, 아니면 아시아에서 월드컵을 한 번 더 유치하는 것은 어떻겠습니까?
"꼭 한 번 더 하고 싶네요."

― 최근의 한일관계를 어떻게 보고 계십니까?
"현 박근혜 대통령의 아버지가 '친일파'였으니까 박 대통령이 일본에 좋은 얼굴을 할 수 없다는 것은 이해합니다. 그러니까 어떻게 해도 반일(反日)적인 행동에 나서는 것이겠지요."

― 그렇다기보다 조금 소극적인 것 아닐까요. 여러 가지 면에서, 특히 국내에서 아버지 박정희 전 대통령이 친일파이지 않았냐는 말을 듣고 조금 긴장하고 있는 듯합니다.
"그렇겠지요."

― 대통령은 '아시아 신뢰 프로세스'라는 외교노선을 내세우면서 신뢰만 있으면 한일관계도 잘 끌어갈 수 있다고 합니다. 기본적으로는 일본에 우호적이고 친밀감을 느끼지 않을까 생각합니다.
"그렇게 생각합니다만…. 잠시 동안은 어쩔 수 없다고 생각합니다만 삐걱거리는 부분이 있지요. 하지만 기본적으로는 2002년 월드컵 공동개최를 계기로 쌓아올린 한일관계가 뒤집어지는 일은 있을 수 없다고 봅니다. 정치적인 것은 여러 가지 있지만 말이지요. 예전에는 기본적인 부분, 즉 뿌리가 좋지 않았기에 서로 받아들일 수 없었지만 2002년을 계기로 기초 부분이 튼실해졌습니다. 윗부분이 조금 흔들리는 일이 있어도 그런 일은 자주 있기 때문에 기초까지 흔들리는 일은 없을 거라고 생각합니다. K리그 선수도 일본에서 활약한다든지 하기 때문에, 신오쿠보의 혐한 행위는 일본인인 저로서도 믿기 어려운 일, 예외적인 일이라고 생각합니다. 한일관계는 그 기초가 탄탄해지고 있으니까 그다지 걱정하지 않습니다."

한일 프로축구의 과제(2): 세계 수준으로의 성장

— 피겨스케이팅, 여자 피겨의 김연아와 아사다 마오, 이 두 선수는 밴쿠버동계올림픽(2010년)에서 피겨 여자 싱글에서 금메달을 걸고 서로 경쟁했습니다. 두 사람은 서로 경쟁하면서 세계 피겨의 기술과 예술성을 높이는 데 기여했습니다.

이처럼 J리그와 K리그도 지금까지 아시아와 세계의 축구 발전에 기여해왔습니다. 앞으로도 서로 세계 축구를 위해 기여해야 한다는 과제를 안고 있다고 생각합니다만 어떻습니까?

"현재 아시아 축구에서 한국과 일본의 실력은 누구나 인정하고 있습니다. 그러나 세계 수준이 되지 않으면 안 됩니다. FIFA 세계클럽선수권이라는 것이 있어서 아시아 챔피언이 되면 거기에 출장할 수 있습니다. 여기에서 유럽 챔피언을 이길 수 있는 나라는 역시 한국과 일본이라 생각합니다. 이를 위해서도 해외에서 일류 선수를 들여오지 않으면 안 되겠습니다만, 우선 거기에 궁극적인 목표를 둡니다. 세계클럽선수권 우승은 각 클럽의 노력 여하에 따라 가능성이 있습니다. 그러한 의미에서 현재 아시안컵에 나가는 것이 일본클럽의 큰 목표입니다. 우승해서 세계 축구계로부터 인정받는 것이 꿈입니다."

— 그 목표를 향해서 AFC 챔피언스리그를 활성화하는 것은 어떻습니까? 가와부치 선생은 저서에서도 ACL 개혁을 마지막 과제로 삼고 계십니다.
"제가 2006년부터 아시아축구연맹(AFC) 프로리그 특별위원회 위원장을 맡게 되어서 아시아 전체의 수준 향상을 위해 힘을 쏟고 있습니다. ACL은 매년 대회를 열고 있습니다. 한국은 ACL에서 꽤 좋은 실적을 올리고 있습니다만 일본은 두 번 우승했을 뿐입니다.

한국도 일본도 ACL을 거쳐서 세계선수권에 우승한다는 것은 매우 힘든 일입니다. 그러나 언젠가는 가능하다고 생각합니다. 현재 유럽 선수권에서는 우승하면 클럽이 100억 엔 가까이를 받을 수 있습니다. 방송권료 기타 등으로요. 아시아의 경우에는 우승해도 상금이 몇천만 엔이었던 것을, 제가 ACL 위원장이 되고부터 우승 클럽은 1억 5천만 엔을 받을 수 있게 했습니다.

현재 텔레비전 방송권료가 거의 없는 것과 마찬가지이지만 언젠가는 더 많이 받을 수 있도록 일을 추진하고 있습니다. 예를 들어 카타르의 알자지라 등도 ACL을 방영해달라고 하고 있습니다. 그러나 아직 콘텐츠로서의 가치가 낮습니다. 이를 향상시킴으로써 ACL의 지위도 올라가고 아시아 축구연맹으로서도 가장 큰 수입원이 될 것입니다.

그렇게 하기 위해서는 어떻게 하면 좋을 것인가에 대해 현재 검토를 진행하고 있습니다. 당초에는 여러 반대나 저항이 있었습니다만, 사우디아라비아나 카타르 등의 지도자들을 끌어들여 무리해서라도 J리그가 체득한 클럽의 방향으로 이끌도록 하고 있습니다."

일본 여자축구 급성장의 비결

— 일본 여자축구가 세계를 제패했습니다. J리그의 성장과 발전에 일본 여자축구도 자극을 받아서 이렇듯 크게 성장한 것은 아닐는지요? 일본 여자축구가 강해진 비결을 가르쳐주십시오.

"일본축구협회가 이렇게 했기 때문에 강해졌다기보다도 정말로 축구를 매우 좋아한다, 축구를 계속하고 싶다는 그녀들의 열정이 현재의 여자 국가대표팀을 낳았습니다. 여자축구가 일본에서 출발한 것은 30년 전입니다만 그즈음은 해외에 갈 때도 자신들이 스스로 비용을 내지 않으면 갈 수 없었습니다. 당시 여자축구클럽 중 가장 강한 것은 요미우리 테레사(讀賣テレーザ), 지금의 닛테레 테레사(日テレ テレーザ)입니다만, 그 팀이 연습을 가기 위해서는 돈을 받는 것이 아니라 회비를 지불했습니다.

가장 강한 클럽이니까 거기에 들어가기는 아주 어렵습니다. 지금의 대표선수인 미야마(宮間)라는 선수는 지바에서 3시간 걸려서 연습하러 와서 저녁 6시부터 3시간 연습하고 9시쯤에 돌아가서 한밤중에 집에 도착하고, 다음날 아침에 또 학교에 가고 오후 연습을 갑니다. 이것은 축구를 좋아하지 않으면 할 수 없는 일이지요.

이러한 힘겨운 생활을 계속하는 선수가 꽤 많습니다. 정말로 축구를 좋아하지 않으면 할 수 없지요. 그녀들은 여자축구를 일본에서 주류로 만들고 싶다, 여자축구를 어떻게든 전 일본에 알리고 싶다는 마음으로 줄곧 해왔기에 결국 월드컵에서 우승해서 여기까지 오게 된 것입니다. 제가 축구협회 회장이 되었을 때 조금이나마 지원을 하였습니다만.

이렇게 한 가지 목표를 향해 열심히 하고 있는 여자축구를 응원해주지 않으면 안 되지요. 여러 수당을 만들어서 보조를 했습니다. 그렇지만 이렇게 성공해서 인기를 얻을 것이라고는 꿈에도 생각지 못했습니다. 이것도 그녀들의 열정이 있었기 때문이고, 그 열정이 없었으면 지금의 일본여자축구 국가대표는 없었을 겁니다. 그러므로 항상 그녀들에게 경의를 표하고 있습니다."

— 여자축구선수들도 각자 클럽에 소속되어 있습니까?
"그렇습니다. 사와 호마레(澤穗希) 선수는 요미우리 시절 사무국원으로 급료를 받았습니다. 다른 선수들도 슈퍼에서 계산원을 하면서 생활비는 스스로 벌었습니다. 프로선수로서 돈을 받은 선수는 한 사람도 없었습니다. 이제는 프로로 계약한 선수가 몇 명인가 있지만 그렇게 많지는 않을 겁니다. 하지만 그녀들은 한결같은 자세로 열심히 하기 때문에서 보는 사람들의 가슴을 울리는 것이 있지요."

— 예전 한국 선수들이 헝그리 정신으로 도전한 것과 비슷하군요.
"그렇습니다. 월드컵에서 우승해서 매스컴이나 다른 이들이 추켜세우고 텔레비전에도 많이 나왔지만 그녀들은 들뜨지 않았습니다. 성실하게 하고 있지요. 보통 그만큼 추켜세워지면 우쭐해져서 올림픽에서 이길 수가 없습니다."

— 우승한 것은 월드컵입니까, 올림픽입니까?
"월드컵에서 우승했지만 여자 쪽은 올림픽이 더 가치 있다고 해서 월드컵에서 우승한 후에 2012년 올림픽 출전을 위해 아시아 예선을 나갔습니다. 아시아 예선은 일본을 비롯해서 중국, 호주, 한국, 북한의 5개 팀 중에 2팀밖에 나갈 수 없습니다. 여기에서 이기는 것은 거의 무리라고 생각했습니다. 월드컵에서 돌아오자마자 바로 예선이었기 때문이지요. 그즈음에는 매스컴이 선수 모두를 추켜세우고 있어서 다들 피곤하고 힘든 상황이었습니다. 그런데 예선을 이기고 본 대회에 나가서 은메달을 딴 것입니다.

　이는 역시 그녀들의 정신력이라고 할까요. 월드컵에서 우승해도 올림픽에서 메달을 따지 못하면 일본 여자축구가 도로 아미타불이 될 것이라는 의식을 그녀들은 강하게 가지고 있었습니다. 여기에서 더 열심히 하지 않으면 안 된다는 마음이 있었기 때문에 가능했습니다. 한국 선수가 가지고 있는 강한 정신력을 지금의 일본 여자축구는 가지고 있습니다. 설마 우승할 거라고는 꿈에도 생각지 못했습니다. 독일이나 미국 여자축구는 엄청나게 강하니까요."

어린이 체능 교육과 일본축구협회의 역할

— 선생은 2010년 5월 서울에서 열린 한일·일한문화교류회의 전체회의에서 일본 측 위원으로 출석하여 발표했을 때, 요즘 일본 어린이들의 체력이 떨어지고 있는데 한국의 어린이들은 어떠한가를 물었습니다. 선생은 일본에서 어린이의 체력을 기르기 위해 여러 프로그램을 직접 지휘하고 참가하셨다고 저서 《J의 이력서》에서 쓰셨습니다.
"그것은 '아동 프로그램'이라고 합니다. 일본 어린이들은 30여 년 전부터 체력이 급격히 떨어졌습니다. 전국에서 체력 테스트를 하면 30년 전에 비해 절반밖에 되지 않는 곳도 있습니다. 물건을 던진다든지 달리는 힘이 크게 떨어졌습니다. 이것은 보육원이나 유치원 시절에 밖에서 놀지 않게 되었기 때문입니다. 환경이 바뀐 탓이지요. 그래서 달리고 점프하고 뛸 수 있는 스포츠를 하는 것이 즐겁다는 것을 가르치기 위해, 전국의 축구협회에 보육원이나 유치원을 돌라고 명령했습니다.

이것으로 많은 활동이 시작되었습니다. 체력적인 면에서 보면 유아를 단련하지 않으면 초등학교에 들어가도 올바른 자세를 전혀 유지할 수 없습니다. 따라서 수업을 제대로 들을 수 없다든지 나쁜 영향이 나타납니다.

넘어져도 손을 대지 않으니까 얼굴로 부딪치게 됩니다. 문턱이 있는 곳에서 발이 걸려 얼굴을 부딪친다든지 생각도 할 수 없을 정도로 둔한 반사신경에 놀랍니다. 운동능력이라기보다 몸을 쓰는 방법을 모르는 경우가 많습니다. 예를 들어 공을 던질 때를 5단계로 구분하면 ① 손으로만 던진다, ② 조금 몸을 비틀어서 던진다, ③ 던지는 손 쪽의 발을 내딛는다, ④ 던지는 반대쪽 발을 내딛는다, ⑤ 와인드업을 해서 던진다 등으로 나눌 수 있습니다.

이것은 몸을 쓰는 방법을 모르는 것입니다. 놀지 않았기 때문이지요. 그러니까 몸을 써서 놀게 하는 것이 중요합니다. 한국의 어린이들은 어떤가요? 한국도 같은 상황이지 않을까요? 고층에 사는 아이가 학교에서 돌아온 뒤에 아래로 내려와 놀지 않고 위층의 방에서 놀 수밖에 없습니다. 이것은 몸을 써서 놀지 않는다는 이야기입니다. 아이들의 동물적인 기능이 길러지지 않는 것이 큰 문제이지요. 한국도 아마 같을 것이라고 생각합니다."

— 그렇습니다. 한국에서도 최근 고층 아파트에 사는 아이가 많습니다.

"그렇지요. 예전처럼 술래잡기나 숨바꼭질, 나무 타기나 물놀이를 하지 않게 되었습니다. 일상생활에서 아이가 있는 힘껏 달릴 기회도 없어졌습니다. 예전에는 놀이 중에 갑자기 달린다든지, 갑자기 멈춘다든지, 힘껏 달린다든지 했습니다만, 지금은 갑자기 서거나 달리거나 전력질주도 하지 않아 몸통이나 발바닥이 정상적으로 자라지 않습니다. 이것이 걱정되어 축구협회에서 아이들의 체력을 기르는 프로그램을 하고 있습니다."

— 그것과 관련이 있을지도 모르겠습니다만, 축구협회 회장을 그만두신 뒤에 '꿈 선생님'으로서 초·중학생을 대상으로 '꿈의 수업'을 전국에 전개 하셨다고 하는데요, 이 꿈의 수업에서는 무엇을 가르치려고 하셨습니까? "꿈을 가지는 것의 중요성을 가르치고 있습니다. 꿈을 가지면 그것을 향해 노력하지 않으면 안 됩니다. 올림픽에서 메달을 땄다든지 J리그에서 성공 한 사람들이 꿈 선생님으로 수업에 옵니다.

선생님들은 자신이 꿈을 달성하기 위해 어떻게 노력했는지, 그리고 좌 절했을 때 부모님이, 아니면 선생님이나 친구가 이렇게 말해주어서 좌절 을 극복할 수 있었다고 이야기합니다. 아이들은 꿈을 달성했다는 이야기 에는 그다지 감동하지 않습니다. 좌절하고 그 좌절을 어떻게 극복했는가, 여기에 감동합니다. 좌절을 극복하는 용기, 실패를 두려워하지 않는 것, 실패가 두려워서 아무 것도 하지 않는 것이 가장 큰 실패라는 것을 선생님 이 자신의 체험을 통해 이야기하는 것이지요. 이 꿈 수업은 시작한 지 벌 써 7년째가 되었습니다. 매년 1천 회, 총 7천 회 정도 하고 있습니다만 매 우 평판이 좋습니다. 이 꿈 수업의 책임자 역할과 함께 초등학교에 잔디구 장을 만드는 일을 추진하는 것이 현재의 제 모습입니다."

마르지 않는 도전정신을 가지고

— 선생은 50대 초반에 좌절에서 일어서 새로운 인생을 개척한 일이 있습 니다. 선생의 저서 《'51세의 좌천'에서 모든 것은 시작되었다》에 쓰여 있 지요. 이 책에서 "로스타임 (loss time) 에도 역전할 수 있다!"고 말씀하셨습

니다. 선생의 인생 후반의 꿈에 대해 가르쳐주십시오.

"정말로 그렇습니다. 51세에 근무하던 회사에서 관련 회사로 파견근무를 명령받은 것에 충격을 받았습니다. 이른바 좌천입니다만 앞으로 얼마 남지 않은 인생에서 무엇이 나에게 보람 있는 일인가를 생각했고, 결론적으로 축구를 일본에서 인기 있는 스포츠로 만들고 싶다는 생각에 다다랐습니다.

처음에는 프로축구가 성공하리라고 생각하지 않았습니다. 그러나 J리그의 깃발을 들고 올해 20주년을 맞을 정도로 성공을 거두었습니다. 작년에는 갑자기 도쿄도지사 후보로 나선 이노세 나오키(猪瀬直樹) 씨로부터 선거대책본부장이 되어달라는 부탁을 받았습니다. 선거대책본부장 같은 건 해본 적도 없습니다. 그러나 이 나이가 되어 부탁받았으니 거절 같은 것은 하지 말고 눈 딱 감고 하자는 결심을 한 뒤 받아들였습니다. 이노세 후보가 선거에 이기고 지사가 되었지요.

그 뒤에 조금 지나서는 수도대학도쿄(首都大學東京)의 이사장이 되어달라는 부탁도 들었습니다. 76세가 된 지금까지 전혀 경험한 적 없는 대학 이사장에 임명되었습니다. 지금은 매우 재미있습니다. 여러 경험을 이사장직을 위해 활용하고 있습니다. 이 나이가 되어 이러한 일을 부탁받으리라고는 꿈에도 생각하지 못했지요. 저로서는 부탁받으면 철저하게 해보지 않겠느냐, 어떤 의미에서는 나이 따위 관계없다고 생각하고 있습니다. 76세에 새로운 일을 하는 것에 대해 주저하는 것은 전혀 없었습니다. 잃을 것은 아무 것도 없고 이 대학을 위한 일을 정말 열심히 하자는 마음입니다. 덕분에 정말로 행복한 인생을 보내고 있습니다."

― 그러한 도전정신이 가장 중요하지 않습니까?
"그렇게 말씀해주시니 기쁩니다. 도전하는 정신은 아직 죽지 않았으니까요."

― 오늘은 정말로 귀한 이야기를 들려주셔서 진심으로 감사했습니다.

한류 10년과
한일 정서의 재발견

한류 10주년 실행위 위원장 요코다 히로시(横田博)

'한류드라마대상'으로
한류 재점화를!

일시: 2013년 7월 18일
장소: 도쿄 시네마트 롯폰기 회의실

요코다 히로시는 워너홈비디오 영업본부 판매기획 담당, 20세기폭스홈엔
터테인먼트 마케팅부를 거쳐 일본의 대형 연예기획사 SPO의 영업부장, 이
사에 취임하여 한국, 대만 드라마 수출입을 지휘했고 한류 10주년 실행위
원회를 발족하고 위원장으로 활동하고 있다.

들어가며

■ ■ ■ ■ ■

"다시 한 번 한류 붐을…"

일본에서 한류 붐은 2003년 4월 NHK-BS2에서 방영된 한국드라마 〈겨울연가〉가 그 계기가 되었다는 것이 일본 엔터테인먼트 업계의 일반적인 정설이다. 그때까지 한국의 음악, 영화, TV 드라마 등이 산발적으로 일본에 소개되었고 일부 히트작도 나왔으나 대중적인 관심을 끌지 못했다.

〈겨울연가〉를 출발점으로 하여 소개된 〈대장금〉, 〈궁〉 등 한국드라마들은 일본에서 한 시절 전에 유행하고 잊힌 순애의 로맨스를 일본의 중년 여성층, 특히 주부들에게 되새기게 하였고, 한국의 예능·문화·역사에 대한 새로운 관심을 불러일으켰다. '머나먼 이웃 나라'라고만 느껴졌던 한국이 갑자기 가까운 존재처럼 다가왔고, "드라마 현장으로 직접 가보자"는 '한류 관광'의 붐이 불었다. 2002년 한일월드컵 공동주최를 계기로 조성된 우호친선의 분위기가 뒷받침되기도 하였다.

일본에서의 〈겨울연가〉 붐은 마치 사회현상이라고 불러도 좋을 정도로 일본 사회에 불어 닥쳤고, 그 후 한류 붐으로 연결되었다는 것이 한류 10주년 실행위원회의 평가이다.

2013년은 한류 붐을 일으킨 〈겨울연가〉가 TV 방영된 지 10년째를 맞은 해이다. 한류 10주년 실행위의 요코다 히로시 위원장은 "이 드라마의 방송을 계기로 '한류 붐'이 탄생했고 다양한 드라마와 영화, 음악이라는 엔터테인먼트가 일본 전국에서 사랑받게 되었습니다"라며, 10년이 된 시점에서 오랜 세월에 걸쳐 붐을 지지해준 팬들에게 감사하고 한류 10주년을 축하하는 기념사업을 실시하고자 한류드라마대상 선정투표 및 시상식을 기획하게 되었다고 밝혔다.

그는 "일본과 한국이 앞으로도 변함없이 가까운 나라가 되기 위해, 팬여러분에게 20년, 30년 후에도 계속해서 한류가 사랑받기 위해 기념할 만한 10주년을 함께 재점화하고자 한다"고 말했다.

한류 10주년 실행위에는 일본 유수의 방송사 및 엔터테인먼트 배급사 등이 참여했다. 요코다 위원장이 전무로 있는 영상제작사 SPO를 비롯하여 TBS, DATV, 스카파, KNTV, 니혼BS방송 등 TV방송사들과 〈교도통신〉, 〈산케이신문〉, 〈키네마순보〉 등 언론사, 출판사 및 유명 제작사들과 소니픽처스 엔터테인먼트를 비롯한 영상 배급사 등 40여 회사들도 자발적으로 참여했다.

이 같은 엔터 관련 각사의 참여를 바탕으로 실행위는 한류드라마대상을 제정하고 지난 10년 동안 일본에서 방송된 한국드라마에 대한 인기투표를 한류 팬들을 대상으로 인터넷 홈페이지에서 실시했다. 총 12만여 표의 투표 결과 지난 10년간의 최고 드라마에 〈겨울연가〉가 뽑혔다.

대상의 최고 인기 남자배우로는 단연 배용준, 여배우 부문에서는 윤은혜가 최지우를 제치고 1위로 등극했다. 케이팝 부문에서는 카라(KARA)와 동방신기가 그룹 부문에서, 아이유와 김현중이 솔로 부문에서 각각 선정되었다. 2013년 10월 19일 도쿄 교외 지바의 마쿠하리 멧세(幕張メッセー) 국제전시장에서 열린 시상식에는 팬 투표 참여자 가운데서 추첨으로 당선된 4,800여 명의 한류 팬들이 초청되었다. 필자도 시상식 취재차 초청되어 현장을 지켜볼 수 있었다.

2013년 11월 하네다공항에서 한류드라마대상 수상을 위해 입국한 배용준이
팬들의 환영을 받고 있다.(사진 : 한류드라마대상 실행위원회)

　　배용준이 2년 만에 일본 무대에 나타나자 일본 팬들은 "배용준! 배용
준! 욘사마!"를 외치면서 열광했다. 2천여 명의 일본 팬들은 이날 낮 배용
준이 도착하는 하네다국제공항에도 나와 손을 흔들며 그를 환영했다. 지
난 2, 3년간 한일관계의 정치·외교적 갈등이 있었고 한류가 식어가고 있
다는 우려를 떨쳐내려는 듯 한류스타들이 시상대에 오를 때마다 일본의
한류 팬들이 보내는 성원의 함성은 뜨거웠다. 갖가지 색깔의 야광봉을 흔
들면서 배용준의 이름을 계속 부르고 노래를 따라 부르는 팬들도 있었다.
드라마와 케이팝의 수상자들이 무대에 오를 때마다 팬들의 관중석은 열광
했다.

• 요코다 히로시 한류 10주년 실행위원회 위원장 인터뷰는 한류드라마대상 시상식을 준비
　하던 2013년 7월과 10월의 시상식 때에 각각 한 차례, 그리고 2014년 9월 도쿄의 〈일한축

한류 점화 10년째를 맞은 2013년 봄, 도쿄의 한류파생상품거리 신오쿠보는 썰렁한 분위기였다. 독도 갈등과 일본극우단체의 혐한·반한 시위 등으로 한류 상점들은 위축되었고 한국 업체들의 매출은 30% 가까이 떨어졌다고 안타까워했다. 그러나 일본의 BS, CS 등 위성방송에서는 여전히 한국드라마가 계속 방송되고, 케이팝 가수들의 공연에는 수만 명의 팬들이 찾아오고 있다.

실행위는 "앞으로의 10년, 더욱 큰 감동을 가져다줄 많은 한국드라마가 일본의 팬들에게 사랑받아 일본과 한국의 문화교류, 인적교류를 보다 깊게 해줄 것을 마음으로 기원한다"고 밝혔다.

한류 10주년 실행위가 주관한 한류드라마대상식은 일본에서의 한류 붐이 비록 잠시 수그러드는 듯 '잠복'해 있기는 해도, 언제든 재점화할 수 있다는 가능성을 보여주었다. 드라마와 영화로 시작된 한류의 물결은 케이팝과 게임, 한식 문화로 파생되면서 일본 사회 속으로 조용히 물결쳐가고 있다. 실행위가 일본에서의 한류 비즈니스 재활성화를 위하여 기획하고 주관한 이 행사는 양질의 문화콘텐츠를 함께 즐긴다는 한일 문화의 동시대적 공유를 다시 한 번 확인시켜주었다.

제 2014 in Tokyo〉 개회식 때 등 세 차례에 걸쳐 있었다. 그리고 이메일을 통한 추가 질의 응답으로 이뤄졌다. (필자 주)

— 요코다 선생께서는 한국과 일본의 문화교류를 위해 진력해오셨습니다. 저는 〈동아일보〉의 한류 10주년 기념행사 기사를 읽고서 꼭 만나 뵙고 싶다고 생각해서 인터뷰를 청하게 되었습니다. 그동안 일본에서 한류 콘텐츠의 보급, 혹은 그 활성화에 최근 10년간 힘을 쏟아오셨지요. 어째서 한류 비즈니스, 한류 콘텐츠에 관심을 가지게 되셨습니까? 그 배경이나 계기가 있었습니까?

"저는 원래 레코드회사에서 영화회사로 옮겼습니다. 주로 있었던 곳은 20세기 폭스나 워너브라더스와 같은 서양영화 회사였지요. 이 SPO 자체도 비교적 서양영화, 구미(歐美)의 것을 취급하는 회사였습니다. 그런데 주위를 보니 특히 한국영화가 바로 2000년경부터 질이 매우 높아졌습니다. 말하자면 서양영화를 보는 사람의 입장에서도 아주 좋은 작품이 많았다는 것입니다. 어찌됐든 비즈니스이기 때문에 당연히 이익도 생각하지만, 그 이상으로 역시 많은 이들에게 한국영화를 보여주고 싶다는 마음에서 이 일을 시작한 부분이 있습니다.

저희와 직접적인 관계는 없습니다만, 그 시기에 NHK가 〈겨울연가〉 BS방송을 시작해서 텔레비전 쪽에서 굉장한 한류 붐이 왔습니다. 그러한 의미에서 말하자면 수준 높은 영화를 소개하고 싶다는 것과 텔레비전의 한류 붐이 매우 커졌다는 것이 있겠습니다. 이러한 것들이 계기가 되어서 한국의 영화 콘텐츠를 수입하는 사업을 하게 되었습니다."

— 최근 10년 동안 한국영화를 150편, 텔레비전 드라마를 100편이나 수입하여 배급하셨다고 들었습니다.

"영화 쪽은 아쉽게도 현재 그리 좋은 상황이 아닙니다. 거꾸로 텔레비전 쪽이 낫습니다. 텔레비전이라는 것은 말입니다, 저희 사장님도 오랫동안 이 비즈니스를 하고 있습니다만, 영화와 텔레비전의 가장 큰 차이점은 텔레비전은 비교적 일상생활을 그린다는 점입니다."

— 그러한 경우가 많지요.

"그렇습니다. 일본에서도 〈오싱〉(おしん)이나 여러 가지가 있습니다만. 그렇게 되면 일상생활의 희로애락이라든가, 텔레비전 쪽이 오히려 보통 사람의 생활을 알기 쉽습니다. 이러한 것을 보면 한국 사람들도, 지금까지 그다지 교류가 없었던 것도 있어서 가깝고도 먼 나라라고 할까요. 그런데 실제로 텔레비전을 보면 일본인들처럼 울고 웃습니다. 그리고 감동하는 지점이 같지요. 따라서 구미의 텔레비전 드라마보다도 한국의 드라마가 더 가깝다고 생각합니다."

— 보통 생활 속에서의 공감이군요.

"그것이 일본인들이 한류 콘텐츠에 빠지게 된 이유겠지요. 우리들도 텔레비전을 통해서 한국인들의 일반적인 생활이라든지, 감정이라든지, 그런 것들을 알게 됩니다. 실제로 만나게 되면 정치적인 문제라든가 여러 가지가 있습니다만. 인간 대 인간으로서 이야기를 나누면 역시 서양인들과는 다른 공감의 방식이라고 할까요, 역시 그런 것이 있다고 생각합니다. 역사도 포함해서 일본도 꽤나 복잡해지고 있습니다만, 원래는 일본도 유교의 영향을 받았지요. 그러한 것들을 생각하면 역시 가깝고도 가깝구나 하고 생각합니다. 특히 감성이 매우 가깝다는 점에서 그렇습니다. 그러한 점에서 한국드라마를 일본에 소개하는 의의를 강하게 느끼게 되었습니다."

한류의 대상과 그 확산의 배경

— 2002년 월드컵 공동개최로 한일 양국이 매우 우호적인 분위기가 되었습니다. 그래서 〈겨울연가〉 방송이 시작된 것이 2003년 가을이었습니까?

"2003년 4월입니다. 2003년에 위성방송으로 시작되었고 거기서 인기가 굉장했기에 2004년에 지상파로 방영되게 되었습니다."

— 처음에 〈겨울연가〉 드라마는 주로 일본의 여성분들, 가정주부라든가 직업여성에게 인기가 있었습니다만, 한국드라마를 보는 일본 팬들이 남성으로 옮겨가거나 노년층으로 확장되었습니다. 세대별로 한류가 확산된 이유는 무엇일까요?

"남성에게 확산된 하나의 상징적인 타이틀은 〈대장금〉이나 〈주몽〉과 같은 역사드라마라고 생각합니다. 하나는 완성도가 높다는 점. 드라마로서의 완성도가 높다는 것은 분명히 이유 중 하나라고 생각합니다. 역시 재미있으니까 보는 것이지요. 특히 연령대가 높은 남성들은 본격적인, 보는 맛이 있는 드라마가 보고 싶은 것입니다. 그런데 일본의, 옛날로 말하자면 대하드라마가 있습니다만, 이것이 점점 가벼워졌다고 할까요. 즉, 아이돌을 출연시킨다든지, 젊은이들에게 인기가 있는 젊은 사람을 기용한다는 것이지요. 이것 자체는 나쁜 일이 아닙니다만, 역시 본격적인 시대극을 보고 싶다는 사람의 입장에서는 뭔가 부족하다는 느낌을 받았다고 생각합니다."

— 한국의 역사드라마에 대한 반응은 어떠했습니까?

"그런 가운데 한국의 역사드라마가 나온 것입니다. 그래서 보았더니 스케일도 다르고 연기자의 수준도 높고. 이러한 점에서 남성들도 이를 인정하지 않을 수 없게 된 부분이 있습니다."

— 여성층과 남성층의 수용방식이 달랐습니까?

"여성들은 어떤 선입관도 없이, 재미있으니까 빠져서 한국드라마를 보게 되었다고 생각합니다. 남성들은 비교적 방어적으로 일본의 역사랄까 일본 드라마 쪽을 기본적으로 선호한다고 생각합니다만, 역시 내용적으로 차이가 확실히 벌어졌기 때문이라고 생각합니다."

— 요코다 선생이 계신 SPO가 지금까지 수입해서 배급한 한국의 영화나 드라마 중에서 가장 반응이 좋았던 것은 무엇입니까?

"〈궁〉이라는 드라마가 역시 저희 회사에서는 가장 히트를 쳤습니다. 아마 일본 전체로 봐도 〈겨울연가〉 다음 정도로 매출을 올리지 않았을까 생각합니다."

— 시청률 같은 것은 어땠습니까?
"처음에는 텔레비전 도쿄(テレビ東京)에서 방영했습니다만, 심야였던 것도 있어서 시청률이 아주 나빴습니다. 일본의 경우 매출에서 가장 큰 부분을 차지하는 것은 역시 DVD 패키지입니다. 패키지는 셀 스루● 가 가장 큽니다만, 이것이 누계로 10만 세트 정도 팔렸습니다."

— 〈꽃보다 남자〉는 어떠했습니까?
"〈꽃보다 남자〉역시 대 히트였지만, 대체로 〈궁〉의 1/3 정도일까요."

— 〈궁〉의 팬은 어떠한 계층입니까?
"〈궁〉의 팬 층은 비교적 폭넓습니다. 연령대가 높은 쪽으로 가면 60대, 70대이신 분들은 아무래도 적습니다만, 이른바 〈겨울연가〉 등을 보는 50대, 60대 정도의 분들은 아직 〈궁〉을 보고 계십니다. 가장 주류는 역시 40대 정도라고 생각합니다.

— 주로 남성이 많습니까?
"아니오, 압도적으로 여성이 많습니다. 95% 이상이 여성일 겁니다."

● 셀 스루(sell through) 란 소매상이 소비자에게 판매한 상품의 개수를 말한다. 일본적인 용어로는 '판매'로 잡힌다. 이 수치는 실제로 어느 정도 그 제품이 팔리고 있는가를 소비자 입장에서 알기 쉽다. 반면 셀 인(sell in) 이란 제작사가 도매상이나 소매상 등에게 판매한 것을 의미한다. 제작사가 구체적으로 판매한 것이므로 판매량을 정확하게 파악할 수 있고, 매출로 집계되기 때문에 통상 회사가 투자가 대상으로 공개하는 정보로 이용한다.

한류의 현 단계(1): 팬과 제작자 사이의 간극

— 지금까지 10년 동안의 한류의 시대별 구분이라고 할까요. 현재 한류가 어떠한 단계에 와 있다고 생각하고 계십니까?

"어디서든지 이 이야기를 합니다만, 2003년에 한류가 붐을 일으키고 나서 타이완이나 중국에서도 히트작을 만들어내고 있지만 이어지지 않고 있습니다. 같은 아시아에서, 동북아시아라고 할까요, 이 지역에서 감성도 같기 때문에 수준 높은 작품이 만들어지고 있습니다만 역시 질과 양이 같이 가는 것은 압도적으로 한국입니다. 한국 이외의 지역에서는 한 편이 히트를 치고 끝나는 패턴을 보이는 경우가 많습니다만, 한국은 대 히트작 뒤에 잠시 가라앉아도 또 대 히트작이 나오는 반복적인 패턴을 보입니다. 이것이 지금까지 10년 동안 계속되었습니다만, 작년(2012년) 여름 이후 히트작이 나오지 않고 있습니다. 여러 가지 원인이 있는데, 그중에서도 독도 문제 등으로 지상파가 한류 콘텐츠를 그다지 방송하지 않게 된 것이 있겠습니다."

— 최근의 한일관계가 영향을 준 것이군요.

"일본과 한국은 2012년 12월부터 2013년 2월에 걸쳐 각각 신 정권이 들어섰습니다. 그러한 의미에서 아직 해빙기까지는 아니어도 이전과 같은 분위기가 되지 않을까 생각했습니다만, 아쉽게도 현재까지는 서로 꽁꽁 얼어붙은 상태가 이어지고 있습니다. 한마디로 분위기가 달아오르지 않고 있습니다. 이렇게 분위기가 고조되지 않는 상황이 계속 이어지는 것이 현재 상황이라고 느끼고 있습니다."

— 지금 말씀하신 한류 콘텐츠가 침체를 벗어나지 못하는 배경으로 정치적·외교적으로 여러 가지가 삐걱거리고 있는 한일관계가 영향을 주었다고 생각합니다. 한류가 정체한 원인으로 신선함이 없어졌다는 지적도 있습

니다. 새로운 감각이라고 할까요, 그러한 콘텐츠 자체의 질이 떨어지고 있다는 지적인데요. 그러한 부분도 있지 않을까요?

"본래 저 같은 사람이 질이라는 표현을 운운해서는 안 되는 것일지도 모르겠습니다만, 말하자면 팬이 원하는 것과 만드는 쪽의 격차가 생겨나고 있다고 생각합니다. 어쩌면 만드는 사람들은 이전보다 훨씬 질이 좋아졌을 것이라고 말할지도 모릅니다. 다만 일본 팬의 입장에서 보고 싶은 작품은 로맨스라든가 로맨틱 코미디라든가, 가슴이 따뜻해지는 작품, 아니면 역사드라마나 농후한 애증극이지요. 일본의 한국드라마 팬들은 비교적 그러한 작품들을 원하고 있습니다. 이것은 어떤 의미에서는 매너리즘일지도 모르겠습니다만.

그렇지만 만드는 입장에서는 점차 새로운 감각으로, 예를 들면 미스터리라든가, 혹은 법정극(法廷劇)이라든가, 직업 드라마와 같은 것을 만들고 있지요. 그러한 작품은 주부와 같은 계층이 그다지 보지 않는 경향이 있습니다. 그러니까 지금 한류의 메인 타깃과 제작되는 드라마 사이에 갭이 생겨났다고 봅니다.

그렇다면 그러한 드라마를 좋아하는 사람에게 보여주면 되는 것 아니냐 하면 그렇지가 않습니다. 일본 국내에서도 그러한 드라마는 제작되고 있습니다. 그리고 역시 구미의 드라마도 그러한 점에서는 매우 수준이 높아서, 그 혹독한 싸움에 한국드라마가 들어가면 조금 어렵지 않을까요. 질의 문제가 아니라 말하자면 그다지 보는 사람이 많지 않습니다. 그렇게 되면 역시 가장 매력적인 것은 〈겨울연가〉부터 줄곧 이어지고 있는 러브스토리, 그러한 작품을 시청자들은 원하고 있습니다. 이 부분이 가장 어렵다고 생각합니다."

— 지금 말씀하신 분석을 바탕으로 해서 한류 콘텐츠를 만드는 사람, 제작자라고 할까요. 그들에게 어떠한 주문이나 요청을 하고 싶으십니까?

"그러한 의미에서는 일본의 팬들이 원하는 것이 방금 말씀드린 것과 같은 장르입니다. 다만 그것을 의식해서 만들어달라고 부탁하는 것은 불가능하다고 생각합니다. 역시 한국은 한국의 시청자를 위해 만들고 있을 테니까 말이지요. 그 부분이 거꾸로 말하자면 해결하기 어려운 부분이라고 느끼고 있습니다. 실제로 저희들도 한국의 제작자들이나 방송국 사람들과 만나서 이 이야기를 몇 번이나 합니다만, 일본을 위해서 만들고 있지 않기 때문에 어렵다는 부분은 있습니다.

다만 현실적으로 일본에서의 매출이라든가, 일본 자금이 없으면 제작하기 어렵다는 모순도 있습니다. 따라서 그러한 점에서는 저희들도 새로운 유형의 한국드라마를 일본의 시청자들에게 보여주려는 노력은 하겠습니다만, 한편으로 말하자면 일본의 팬들이 원하는 장르의 작품도 중요하게 생각해서 만들어줬으면 합니다. 그 장르의 작품이 한국인들에게도 받아들여지도록 노력해줬으면 한다는 것입니다."

— 역시 한일 양국의 팬들 서로에게 받아들여지기 쉬운 접점을 찾는 일이 중요하겠습니다.
"그렇습니다. 〈겨울연가〉는 한국에서도 대 히트를 했고 아시아에서도 대 히트를 했다고 생각합니다. 그러므로 이상적으로는 그러한 드라마가 나와주면 가장 좋겠습니다만."

한류의 현 단계 (2): 그 확산을 저해하는 것

— 비즈니스적으로는 〈겨울연가〉가 히트한 이후에 한국의 드라마 가격이 비싸졌다고 합니다. 이것은 한류의 확산을 저해하는 요소가 되었습니까?
"영상콘텐츠 사업은 고객들에게 보여주기 위해 당연히 홍보를 하지 않으면 안 됩니다. 대체로 할리우드의 메이저 제작사가 〈24〉와 같은 대작을 팔 때에는 수억 엔의 선전비용을 들입니다. 그렇지만 권리료가 비싸면 이 선전비용을 거의 쓸 수 없게 됩니다. 그렇기 때문에 어쩔 수 없이 텔레비전으로 내보내서 지명도를 높이는 수밖에 없습니다. 텔레비전으로 내보낸다는 것은 거꾸로 말하면 녹화되어버리기 때문에, 그러한 점에서 매출에는 분명한 마이너스가 됩니다.

이상론을 말하자면 권리료를 적게 하고 선전을 해서 시청자를 늘리고, 그렇게 해서 매출을 올린 뒤에 로열티로 한국 측에게 지불하는 것입니다. 처음부터 돈을 많이 받아버리면 저희들은 선전도 할 수 없고 결국은 텔레비전으로 방송해서 지명도를 올리는 방법밖에 없습니다. 더빙도 되어버리지요. 가장 이상적으로는 처음에 지불하는 개런티는 정말로 최소한으로 하고, 거꾸로 히트한 뒤에 그 매출로 지불하는 구조로 만들어가지 않으면 좀처럼 선전에 돈을 쓸 수가 없습니다. 선전에 돈을 쓸 수 없다는 것은 팬을 늘리는 것이 어렵다는 것이지요.

지금까지는 높은 퀄리티나 지상파 방송, 또는 케이팝 붐과 같은 것이 선전이 되었습니다만, 지금과 같은 상황에서는 텔레비전 방송도 어렵습니다. 그리고 새로운 팬을 만들기 어려워지면 역시 선전을 하지 않을 수 없습니다. 그 선전비용을 한국드라마의 경우에는 쓸 수 없다는 것이 어려운 부분이라고 생각합니다. 따라서 이번 '한류 10주년' 이벤트는 모두에게 한류 콘텐츠를 선전하자는 것이기도 합니다. 한 회사에서 해도 좀처럼 주목받지 못하기 때문에 모두가 조금씩 돈을 모아서 바람을 일으키자는 발상입니다."

― 선생을 비롯하여 한류 비즈니스, 한류 콘텐츠에 종사하고 계신 분들의 고민이라고 할까요. 일본에서의 마케팅 사정, 예를 들면 판매보다 대여가 많다든가, 그러한 것도 영향이 있겠지요? 마케팅 사정은 어떻습니까?
"한류뿐만 아니라 영상 비즈니스 전체로 말하자면, 역시 공짜로 보는 환경이 늘어나고 있습니다. 한국은 그러한 의미에서는 선진국, 인터넷 선진국이지 않습니까? 텔레비전 방송을 인터넷으로 본다면 패키지 상품도 별로 사지 않고 대여도 하지 않을 것입니다. 일본의 경우에는 패키지 사업으로 지탱되고 있는 것이 현실입니다. 그런데 현재는 텔레비전 방송국도 늘어났고 그 송출도 늘어나서 무료로 보는 환경이 매우 확대되었습니다. 이러한 점에서 보면 대여하는 것도 무료는 아니고, 패키지 판매에 이르러서는 한 박스에 몇만 엔이나 하기 때문에 거기에 돈을 쓰는 사람이 적어지고 있다는 것은 실감하고 있습니다."

ー 저도 가끔 일본에 와서 보면 BS라든가 CS라든가 다양한 채널에서 한국 드라마를 하고 있습니다. 그러면 팬의 입장에서는 골라서 볼 수 있지만, 콘텐츠가 좀처럼 받아들여지지 않으면 이것이 계속되지 않는다는 점도 있습니다. 따라서 역시 콘텐츠의 질 문제로 되돌아가는 것 아닌가 싶습니다만 어떻습니까?

"물론 질이라는 것은 기본 중의 기본이라고 생각합니다. 우리들이 작품을 살 때에도 항상 생각하는 것은 우선 장르입니다. 행복하지 않은 작품은 결국 그다지 돈을 내서 보고 싶다고 생각하지 않거든요. 물론 영화라면 다양한 문제의식이 있을 수 있습니다만, 텔레비전 드라마라는 것은 긴 시간을 구속받기 때문에 마지막에는 행복해지고 싶다는 시청자가 많다고 생각합니다. 따라서 장르라는 것은 매우 중요하다고 생각합니다. 그 다음이 스토리입니다. 좋은 각본가가 쓴 것이 아니면 역시 결과적으로 히트 치지 못합니다. 그리고 누가 나오는가, 캐스팅이죠. 특히 그 캐스팅이 그 사람에게 알맞은 역할로 나오면 좋다고 생각합니다. 예를 들면 아주 미남이고 인기가 있는데 지저분한 역할, 살인자 역할을 한다든가, 이런 드라마는 역시 잘 안 팔립니다.

　역시 돈을 벌기 위해서는 작품의 장르가, 최종적으로는 러브스토리가 아니라 역사물이라고 해도 성공 스토리라든가, 주인공이 마지막에 죽는다고 해도 영웅으로서 죽어간다든가, 그러한 것이 아니면 좀처럼 돈을 쓰지 않습니다. 특히 여성들이 좋아하는 주연 남자배우가 좋은 역할을 하고 있다든가, 범죄자라고 해도 누군가를 위해 범죄를 일으킨다든가, 그러한 것이 아니면 솔직히 말해서 돈을 벌 수가 없다고 생각합니다. 한국드라마가 비교적 돈이 되는 이유는 바로 그 지점을 잘 이해하고 있다는 점입니다."

— 시청자, 즉 드라마를 좇아가는 팬의 반응이나 수용방식 등이 중요하겠군요.

"인터넷의 반응을 보면서 자주 각본을 바꾸는 것이 한국드라마의 제작 스타일이라는 이야기를 이전에 들은 적이 있습니다. 이것은 정말로 올바른 방식이라고 생각합니다. '죽이면 안 돼', '죽이지 말아주세요' 하는 시청자의 목소리는 역시나 중요하다고 생각합니다. 이 부분에서는 최근 어떠한지 오히려 여쭤보고 싶을 때도 있습니다. 그러한 방식이 아니라 오히려 의표를 찔러서 시청자를 놀라게 하는 전개가 좋다든가. 그 부분은 잘 모르겠습니다만."

— 인터넷의 반응을 신경 쓰고 있다고 생각합니다만, 역시 원작이라든가 작가의 정신을 마지막까지 관철하는 편이 결국에는 시청자의 반응을 끌어내는 부분에서도 잘 이어지지 않을까요.

"그렇다고 생각합니다."

일본인의 인식과 한류

— 한류는 일본에서 민간 차원의, 일본 국민과 한국 국민의 심적인 교류에 크게 기여했다고 생각합니다. 한류 이전과 그 이후에 일본 분들의 한국에 대한 이해, 받아들이는 방식이 조금 바뀌었습니까?

"확실하게 바뀌었다고 생각합니다. 특히 〈겨울연가〉로 개척한 팬은 주로 여성층, 특히 젊은이들이 아니라 비교적 연령층이 높고 착실하게 생활하고 계신 분들이라고 생각합니다. 텔레비전을 보고 거기에서 예를 들면 식문화라든가 건강, 미용 등의 문화를 흡수하지요. 그리고 실제로 현지에 가서 역사를 접해본다든가. 그러한 점에서 '일본과 한국은 역시 가깝고도 가까운 나라구나'라고, 지리적으로는 가장 가깝고, 역사적으로는 여러 가지가 있습니다만 오래 사귀어왔다고 생각합니다. 그러한 점에서 한류 이전까지는 보통 생활을 하는 사람들은 그다지 가깝다고 느끼지 못했다고 생각합니다. 그렇게 크게는 느끼지 못하지 않았을까요. 그것이 실제로 내 주변에도 재일한국인들이 이렇게나 많이 있다던가, 그러한 것을 포함해서 어떤 저항감도 없이 밖으로 드러낸 것이 한류 붐의 매우 좋은 면이라고 생각합니다. 다만 그것이 최근에 신오쿠보 등의 데모라든가, 그러한 것들을 생각하면 정말로 극히 일부의 사람들이겠지만 그 영향력이라는 것이 매우 크다고 느끼고 있습니다."

— 신오쿠보에서의 헤이트 스피치라든가, 집회라든가, 험한 행동이라든가, 이러한 것들도 최근 한류가 정체된 요인 중 하나일까요? 어떻습니까?
"저희들은 기본적으로는, 이 '한류 10주년 실행위원회'도, 일절 정치적인 발언은 하지 않고 어디까지나 엔터테인먼트 사업으로서 하고 있습니다. 그러므로 그 부분에 대해서 뭐라고 할 수 없습니다만, 사회 분위기로서는 역시 없다고는 할 수 없겠지요. 예를 들면 특히 여론이라든가 인터넷의 반응을 신경 쓰는 방송국은 가장 영향력이 크다고 생각합니다. 후지 텔레비전(フジテレビ) 지상파 방송에서 〈미남이시네요〉가 대 히트했습니다만, 지금은 그러한 환경이 조금 만들어지기 어려워진 것 아닌가 생각합니다."

— 팬보다 매체 쪽에서 영향을 받는다는 말씀이시군요.
"그렇습니다. 예를 들면 미디어가 팔리기 때문에 반한(反韓)적이고 선동적인 제목을 붙인다든지. 계속 그렇게 하면 사회 분위기도 조금 바뀝니다. 반응이 무서우니까 드라마를 방송하지 않는다든가, 그렇게 되면서 보이지 않는 곳에서 일반인들에 대한 영향력이 점차 커지게 된다는 느낌이 듭니다."

한류 10주년 실행위원회의 목표

— 한류드라마대상 수상식이 2013년 10월 19일에 마쿠하리 멧세에서 열렸습니다. 저도 현장에 가보았습니다만, 성공적인 개최를 축하드립니다. 실행위원장으로서 소감을 들려주십시오. 한일 양국의 반응은 어떠했습니까? 특히 일본 한류 팬들의 반응에 대해서 알려주십시오.

"우선 무사히 수상식을 끝마치게 된 점을 깊이 감사드립니다. 팬 여러분들의 지지, 각계각층의 노력, 당일 수상식에 출연해주신 남자배우 그랑프리의 배용준 씨, 여자배우 그랑프리의 윤은혜 씨, 심사위원 특별상의 김재욱 씨, 그리고 영상으로 메시지를 받은 작품 그랑프리 수상작 〈겨울연가〉의 윤석호 감독 등 모든 분들의 덕분이었다고 생각합니다. 수상식장에 와주신 5천 명의 한류 팬 여러분들과 CS-TBS, DATV를 통해 생중계를 봐주신 여러분들에게는 수상식의 감동을 전해드릴 수 있었다고 생각합니다. 저자신도 감개무량합니다."

— 선생님께서 현재 조직하신 한류 10주년 실행위원회는 지금부터 어떠한 움직임으로 일본의 한류 재점화라고 할까, 한류 마케팅 회복을 위해 노력해가시려고 합니까?

"저희들이 목표하는 것은 세 가지 있습니다. 최근 10년 동안 한류 비즈니스를 지탱한 것은 역시 팬 분들이라고 생각합니다. 따라서 팬 여러분들이 10년 동안 지탱해주신 데 대해 우선 감사하자는 것. 그리고 한류 비즈니스는 드라마만의 이야기가 아니고 케이팝이라든가, 영화라든가, 식품이나 화장품 등을 포함해서 활성화하자는 것, 가장 가까운 나라니까 그러한 의미에서는 한류 비즈니스 전체를 고조시켜가자는 것이 두 번째 목표입니다. 세 번째는 역시 다양한 사정이나 이유로 드라마를 보지 않게 되었다든가, 이전에는 매년 한국에 갔지만 잠시 가지 않게 된 분들이 당연히 있으리라 생각합니다. 이분들이 한류 10주년을 계기로 해서 한 번 더 한국드라마를 본다든가 한국의 다양한 문화를 접하게 만들고 싶다, 그러한 계기가 되고자 하는 것이 '한류 10주년'의 목표입니다."

― 여러 가지 공식, 비공식 사업 프로그램이 있겠습니다만 한류드라마대상은 어떠한 방식으로 결정되었습니까?
"저희들이 공식사업으로서 가장 내세우는 것은, 지금까지 1,200편가량의 한국드라마가 일본에 소개되었습니다만, 모두 다양한 작품을 좋아하신다고 생각하는데요, 거기에서 일본의 한류 팬들을 대상으로 당신이 가장 좋아하는 한국드라마는 무엇인지 투표하자는 것입니다. 이것은 딱히 순위를 정하는 것이 목적이 아니고, 사람들이 가장 좋아하는 드라마는 무엇인지를 떠올리게 하는 계기를 만들고 싶었습니다. 이 설문조사랄까, 투표를 진행했습니다. 2013년 6월 22일부터 투표가 시작되어 한 달 동안 대략 2만 수천 건의 응모가 있었습니다.
　'한류드라마대상'의 최종 유효투표수는 12만 7천 표였습니다. 일본기업 43개 사의 정회원과 한국의 방송국과 제작사의 협찬 회원이 힘을 모은 결과라고 생각합니다. 양국의 언론매체도 큰 관심을 가져주었습니다. 이 한류 10주년 기념활동을 시작한 뒤 많은 취재를 받았습니다. 정부 간 교류가 얼어붙어 있는 시기인 만큼 민간교류의 중요성을 호소할 수 있었다고 생각합니다."

― 한류드라마대상을 계기로 한 한류의 재점화에 필요한 것은 무엇일까요?
"지금까지도 한류는 계속해서 확대되어온 것이 아닙니다. 영상이나 음악과 같은 콘텐츠 비즈니스는 잇따라 히트작이 나오면 그 장르의 그림자가 옅어지게 됩니다. 한류드라마대상을 통해 한국드라마는 역시 재미있다는 점을 재인식시킬 수 있었다고 생각합니다. 하지만 투표 대상이 된 것은 모두 과거의 작품입니다. 새로운 대 히트작이 나오지 않으면 진정한 의미에서의 한류 재점화는 될 수 없을 것입니다. 그러한 의미에서 앞으로 소개될 작품이 매우 중요합니다."

시대현상으로서의 한류

— 한류를 테마로 한 파생상품, 한류 상품이 있습니다. 드라마를 활자화한 다양한 책이나 비디오가 여러 가지 나와 있습니다. 문화인류학을 전공한 오구라 기조(小倉紀藏) 교토대 교수는 책에서 이러한 일본에서의 한류현상이 일시적인 엔터테인먼트가 아니라 그것을 넘어서는, 일본의 시대현상의 하나라고 합니다. 시대의 흐름을 반영하는 현상이라고 정의합니다. 일본의 많은 분들에게 전해진 이 한류는 정신적인 흐름, 혹은 일본의시대 흐름을 반영한다는 것이지요. 이러한 정의는 한류가 일본 사회, 일본 국민에게 준 문화적 충격을 표현한 것이 아닐까 생각합니다. 일본 한류팬들의 마음속에서 지금까지 계속되어온 한류, 이것은 어떻게 해석하면 좋을까요?
"매우 어려운 부분입니다. 제가 실감하는 부분을 말씀드리자면 역시 한류에 가장 반응하는 것은 여성입니다. 특히 비교적 연령대가 높은 여성. 이분들은 어떤 의미에서 한국드라마에 나오는 남성을 정말로 이상적인 남성으로 생각하고 있다는 부분이 있습니다. 일본 비판을 해서는 안 되겠습니다만, 일본의 텔레비전 드라마에 나오는 주역은 반드시 키가 크지는 않다든가, 말투가 신사적이지 않다든가, 일상을 그린다고 해도 너무 주변에 있을 것 같은 사람들이 많아서 동경하는 데까지는 이르지 않는 드라마 주인공이 많습니다.
　그렇지만 한국의 드라마 주인공은 정말로 모두 키가 크고, 모두라고 하면 어폐가 있겠습니다만, 인기 있는 작품의 주인공은 키가 크고, 성격이매우 매력적입니다. 특히 일본에 왔을 때 팬들을 대하는 방식이 예의 바르다든가, 그러한 부분이 역시 가장 영향을 주었다고 생각합니다. 다양한 사람들에게 이야기를 들어보면 특히 여성은 그러한 이상형이, 아주 신사적이고 상냥하면서 외모도 뛰어난 그런 사람이 있을 리 없다고 생각하고 있었는데 그런 사람이 실제로 있더라, 한국에 있었다, 거기에서 놀라움을 느낀 것이 아닌가 하는 생각이 듭니다."

음악계에서의 한류

— 선생께서 앞서 말씀하신, SPO는 본래 음악 사업을 했었다고요?
"제가 음악업계에 있다가 옮겼습니다. SPO는 서양영화를 중심으로 한 인디영화를 다루고 있었습니다."

— 그렇습니까? 케이팝이라든가 제이팝이라든가, 음악 간의 교류는 현재 어떻게 되고 있습니까? 일본에서 케이팝은 최근 그다지 반응이 좋지 않다는 이야기를 들었습니다만.
"최근은 그렇습니다. 역시 여러 가지 영향이 있겠습니다만, 음악 쪽은 사정을 자세히 알지 못합니다. 예를 들어 최근 라이브를 했을 때에는."

— JYJ라든가 말씀이시군요.
"네, JYJ라든가. 동원력이 아직 충분합니다. 말하자면 핵심 팬 층이라고 할까, 정말로 열렬한 팬들은 줄지 않았다고 생각합니다. 다만 주변의 가벼운 팬 층은 여러 영향으로 급격히 줄어들고 있다는 인상은 있습니다."

— 예를 들어 한국의 소녀시대와 일본의 AKB48 • 은 어떻게 다를까요?

• 일본의 여성 아이돌 그룹인 AKB48은 전자상가로 알려진 도쿄 아키하바라 한구석의 대중문화 전용극장인 AKB48 극장에서 2005년 12월 8일 첫 공연을 갖고 데뷔했다. 'AKB'는 '아키하바라'의 이니셜이며, 이들 걸그룹 멤버는 48명이라고 오해하기 쉬우나 실제는 연수생을 포함한 100여 명이다. 첫 공연 입장객은 7명이었으나 차츰 폭발적인 인기를 얻어

"아마 기본적으로 연예인에게 요구되는 것이 다르다고 생각합니다. 한국의 경우에는 예를 들어 노래도 춤도 단련해서 초일류라고 할까요, 거기에다가 외모도 좋은, 정말로 선택된 사람들이 스타가 된다고 생각합니다. 일본의 경우에는 주변에 있을 것 같은 느낌의 귀여운 아이, 그렇게 극단적으로 노래도 잘하지 않고 춤도 대단치 않지만 역시 스타가 될 수 있고 그런 사람들을 스타로 만드는 분위기가 줄곧 있습니다.

거꾸로 말하자면 그런 가수로는 성에 차지 않는 어른들은 텔레비전을 보지 않는다든지, 일본의 노래는 듣지 않는다든지, 그러한 경향은 역시 있다고 생각합니다. 거기에 완전히 공백이랄까, 없었던 곳에 들어온 것이 한국드라마라든가 최근으로 말하자면 영국 영화 〈레미제라블〉 같은 것이 겠습니다만. 그러한 부분에 성인들이 반응했다고 생각합니다. 일본의 연예계는 옛날부터 어느 쪽이냐고 하면 중학생 정도를 타깃으로 스타를 만들고, 결국 어른들은 볼 마음이 생기지 않아서 떨어져나가는 경향이 역시 있었다고 생각합니다."

한일 간의 경제관계와 한류

— 한일 양국의 경제관계에 관해서 보면, 1965년 국교정상화 이후 경제면에서 한국 쪽이 줄곧 무역 적자를 보고 있습니다. 작년 즈음에 적자, 무역 역조가 약 320억 달러입니다. 한류 관련 문화콘텐츠 비즈니스에서는 오히

미디어에서는 'AKB현상', '국민적 아이돌'로 불리게 되었다. 2014년 3월 35번째 싱글판매는 3천 만 장을 돌파, 21세기에 CD로 데뷔한 일본의 아티스트 가운데는 최고의 매출을 기록했다. SKE48, NMB48, JKT48, SNH48 등 국내외에서 자매 그룹이 생겨나기도 했다. 팬과 아이돌 사이의 거리감을 없애는 등 친근감을 갖게 한 것이 히트의 비결이었다. 특히 AKB48의 새로운 싱글을 부를 멤버를 팬들의 인기투표로 매번 10~20명 정도 뽑는다. 상위 7명은 '신(神) 7'로 불리기도 하며 총선거 결과가 미디어에도 보도되면서 팬 이외의 일반인들에게도 널리 알려지고 있다.

려 한일 무역 역조라고 할까요. 전체적인 무역액에 비해서는 아주 적은 양이라고 생각합니다만. 일본에도 엔터테인먼트라든가 다양한 비즈니스가 있지요. 조금은 역조 시정의 압력을 받고 있지 않습니까?

"일본의 경제산업성에서도 '쿨 재팬(Cool Japan) 전략'으로 일본의 콘텐츠를 수출하려고 하고 있습니다. 그러한 부분도 노력하지 않으면 안 된다고 생각합니다. 저희들도 물론 일본기업이므로 그러한 의미에서 말하자면 수입만 해왔다는 과거가 있습니다. 저희들이 독자적으로 일본 드라마를 만들기 시작하고 있습니다만, 역시 가장 봐주었으면 하는 것은 일본 주변을 보자면 동북아시아, 중국, 한국, 타이완 분들입니다. 비즈니스 면에서는 이렇게 하자고 생각해서 실제로 움직이는 중이지요.

이를 위해 서울과 타이완 타이베이에 사무소가 있고 상주하는 인원도 있습니다. 이를 이번에는 중국 상하이로 넓혀서 현재 일본에서 만들고 있는 드라마, 또는 다른 회사의 것이라도 저희들이 맡아서 판매하려 하고 있습니다. 다만 나라에 따라 여러 사정이나 장벽이 있습니다. 예를 들어 텔레비전 방송을 할 수 없는 장르가 있다든가, 또는 처음부터 일본 드라마를 방송할 수 없다든가, 그러한 것도 현재 시점에서는 아직 있기 때문에 그 안에서 포맷을 제공한다든가 원작을 가지고 가서 현지에서 드라마화한다든가, 다양한 방법을 생각해서 해가려고 합니다."

― 한류 수입 사업에는 현재의 엔저 현상도 역시 좋지 않다고들 합니다만.

"그렇습니다. 수출하는 부분에 대해서는 엔저는 정말로 힘듭니다. 저희들도 얼마 전까지는 1달러를 80엔 정도로 계산하고 있었는데 지금은 당연히 100엔입니다. 그러한 의미에서는 판매가는 그대로인데 실제로 사는 입장에서는 부담이 20% 정도 커졌습니다."

미래지향적인 한일관계를 위하여

— 선생님께서는 한일 양국의 미래지향적인, 나라와 나라 간의 교류와 우호친선을 위해 중요한 일을 하고 계시다고 생각합니다. 꼭 한류 10주년 페스티벌의 성공을 계기로 새롭게 한류 붐을 일본에 부활시켜주시기를 바랍니다.

"그렇습니다. 이번 인터뷰를 계기로 한국의 관계자 분들과 교류하게 되었습니다만, 모두들 현재 상황이 어렵다고 걱정하고 계셨습니다. 저도 개인적으로는 걱정을 하고 있고, 역사 문제도 포함해서 제대로 하지 않으면 안 된다고 생각합니다. 다만 그러한 분위기가 국내 매스컴도 포함해서 좀처럼 좋은 방향으로 가지 않는 느낌이 들어서 그 부분을 가장 우려하고 있습니다."

— 저는 문화교류라든가 한일 간의 다양한 교류와 연구 등의 일에 종사하고 있습니다만, 한일 양국에 새 정권이 들어섰기 때문에 관계 회복을 향해 움직일 거라고 봅니다. 그렇게 되면 새롭게 한류에 대한 관심이 높아질 것이라고 생각합니다.

"그렇군요. 저희들은 정말로 민간 차원의, 특히 엔터테인먼트를 중심으로 한 교류이지만 역시 정치적이고 외교적인 문제, 또는 매스컴의 영향이 크다고 생각합니다. 한일 간의 다양한 네트워크가 좋은 방향으로 작동하기를 바랍니다."

— 현재 한일 양국이 정치·외교 면에서 얼어붙어 있습니다만 한류의 재점화를 향해 한일 양국이 해야 하는 일은 무엇이라고 생각하십니까? 우선 한국 측이 추진해야 할 것은….

"저는 엔터테인먼트 업계에 종사하는 사람이므로 앞서 말씀드린 대로 히트작을 내는 것이 가장 중요한 사명이라고 생각합니다. 이를 위해서는 우선 훌륭한 작품, 제작진이나 캐스팅 등 여러분들의 프로모션 협력, 특히 일본 팬들에 대한 마음과 함께, 드라마를 봐주었으면 좋겠다는 뜨거운 열정이 중요하다고 생각합니다. 팬은 소중하게 여겨지고 있다고 생각하면 응원해주지만 그렇지 않으면 금방 식어버립니다. 실로 민감하고 섬세하지요. 한 번 더 한국의 여러분들이 일본 시장을 함께 연구하는 것이 중요하다고 생각합니다."

— 일본 측이 추진해야 할 일은 무엇이 있습니까?
"이번에는 기업의 틀을 넘어서 '한류 10주년' 기념 활동을 했습니다. 이 활동을 일회성으로 하지 말고 계속하는 것이 중요하다고 생각합니다. 일본의 콘텐츠에서 최강의 장르는 애니메이션입니다. 애니메이션 업계는 팬을 소중히 하고 그 팬을 대상으로 많은 이벤트를 엽니다. 한류도 이제는 붐이 아니라 일본인의 생활에 뿌리내린 하나의 장르라고 말해도 될 것입니다. 한류 업계도 결속하여 팬을 대상으로 계속 어필해가는 것이 중요하다고 생각합니다."

— 최근 한국에서 1천만 관객을 동원한 영화 〈변호인〉이 있습니다. 이러한 영화는 일본에서도 관심을 끌 수 있을까요?
"〈겨울연가〉에 의해 큰 붐이 일어나기 전에 한국영화는 일정 정도의 긍정적인 평가도 받고 관객 동원을 해왔습니다. 그 뒤에 한류 붐으로 영화 권리료가 급등하여 종래의 영화 팬들의 주목을 받지 못한 부정적인 면도 초래했습니다. 특히 남성 팬은 한국영화는 곧 한류, 여성이 보는 것이라는 딱지를 붙여버리는 느낌이 있습니다. 물론 남성 한국영화 팬도 있고 정당하게 작품을 평가하는 사람들도 있습니다. 그러나 대량 동원을 하기 위해서는 폭넓게 일반인들이 주목하고 극장에 가지 않으면 안 됩니다. 당연히 매스컴이나 평론가가 대대적으로 떠들 필요도 있습니다. 이렇게 생각하면 한국영화는 일본영화나 할리우드 영화와 같은 대 히트작을 실현하는 것은 현재로서는 어려울 것입니다."

— 2014년 2월 14일에 일본에서 '한일 공동채널 추진기구'가 발족했습니다. 인터넷 텔레비전(IPTV)으로 한일의 문화, 예술, 관광 엔터테인먼트 프로그램을 공동으로 골라서 발신하고 유튜브(Youtube) 등에도 전송하는 구조라고 합니다. 이러한 플랫폼의 설립은 한류 재점화에 도움이 될까요?
"실효성은 현재로서는 알 수 없습니다. 다만 새로운 도전은 중요하다고 생각합니다. 특히 인터넷은 정보 발신이라는 의미에서 가장 유효한 미디어라고 봅니다."

— 일본에서 한류 비즈니스는 앞으로 활발히 성장, 발전해갈까요?
"일본과 한국은 기본적인 가치관을 공유하는 중요한 이웃이라고 생각합니다. 과거의 역사 문제, 영토 문제는 확실히 중요한 현안사항입니다. 그러나 그 이상으로 공생하는 쪽의 이득이 훨씬 크다고 생각합니다. 저는 한류 10주년 실행위원장으로서의 활동을 통해 많은 한국 친구들과 깊이 교류할 수 있었습니다. 그 결과 일본에서의 한류 비즈니스의 중요성을 한층 강하게 느낄 따름입니다.

한류 비즈니스가 성장, 발전을 향해 활발해질 것인가라는 질문에 대해 저는 양국의 비즈니스가 서로 보다 깊은 관계를 맺으면서 함께 성장, 발전하지 않으면 안 된다고 생각합니다. 그러한 생각을 가진 사람들은 확실히 늘어나고 있다고 확신하고 있습니다."

— SPO와 요코다 선생은 앞으로도 계속하여 한국의 드라마, 영화 등 한류 콘텐츠 수입 및 배급에 힘써주실 테지요.
"물론입니다(웃음)."

— 오늘은 대단히 감사했습니다.

한류전도사 후루야 마사유키(古谷正亨)

케이팝과 제이팝은 지금

일시: 2013년 10월 18일
장소: 도쿄 선뮤직출판사 내 회의실

후루야 마사유키는 1974년 홋카이도에서 태어나 홋카이도대 의료간호복지
학부 졸업 후 조치대 대학원에서 신문학 박사과정을 수료했다. 캐나다 유학
중 한국음악에 매료되어 고려대에서 유학했다. 일본 귀국 후 FM 라디오국
에서 케이팝 전문 프로를 시작하는 등 케이팝 해설과 소개에 힘쓰고 있다.

들어가며

■ ■ ■ ■

후루야 마사유키는 케이팝 전도사

후루야 마사유키는 웹이나 홈페이지에 '대중문화 저널리스트'로 소개되지만 한일 간에는 한류, 특히 '케이팝 전도사'라는 특별한 호칭이 어울릴 정도로 한류와 한국 대중음악을 일본에 알리는 데에 앞장서왔다. 후루야는 어릴 때부터의 꿈이 라디오 DJ였다. 1995년 홋카이도 의료대학 재학 중에 홋카이도 라디오국의 심야프로 〈노스 웨이브〉(North Wave)에 프로 DJ로서 데뷔했다. 대학 졸업 후에는 그가 전공하던 음악심리치료 연구를 계속하기 위해 캐나다에서 유학했다. 그곳에서 만난 한국 유학생으로부터 토이(유희열)의 음반을 얻어 처음으로 한국의 2000년대 대중음악을 접하면서 그의 말대로 '충격'을 받았고, CD를 통해 한국 노래를 수백 번이나 들었다.

한국에 그처럼 다양한 음악세계가 있다는 것을 일본인들에 알려야겠다고 결심한 그는 한국 발라드풍의 새로운 노래를 현지에서 듣고 싶어서, 그리고 새로운 가수들을 만나기 위해 캐나다를 떠나 한국으로 유학을 갔다. 그는 인터뷰에서 밝혔듯이 '인생의 진로가 바뀌어서' 케이팝과 제이팝을 한일 상호 간에 소개하고 보급하는 대중음악 전문가로 일어섰다.

그가 음악을 통한 임상치료 전공을 접고 캐나다로부터 한국에 온 것은 '아시아인으로서의 자각'에 눈뜬 것이라는 지적도 있다. 한국 대중음악을 통한 한일 문화교류에의 기여라고 하는 보다 넓고 큰 세계로 진출하려는 결단이라 할까?

한국 유학 중이던 1998년 그는 학비와 생활비를 벌기 위해 시내 일본어 학원 강사, 기업의 일본어 강사 등으로 일본어를 가르쳤으나 IMF 외환위기로 학원 강좌와 기업의 일본어교실이 갑자기 폐쇄되자 종로에서 떡볶이 포장마차의 시간급 아르바이트로 연명하는 등 한국에서 '고학 생활'을 체험하기도 했다.

1999년 홋카이도로 돌아간 그는 〈노스 웨이브〉의 DJ로 복귀, 뉴스를 읽어주는 아나운서 역을 겸하기도 했다. 도쿄의 인터에프엠(InterFM), 오사카의 FM 고코로 등 외국어 FM 라디오국에서 활약했으며, 2000년 〈노스 웨이브〉에서 일본에서 처음으로 케이팝 전문 프로를 시작하면서 케이팝 해설의 제1인자로 불리게 되었다. 그는 일본에서 케이팝을 소개하는 데 그치지 않고 줄곧 한국에 와서 공연을 찾아다니면서 신인가수를 만나고 발굴하여 소개하는 등 케이팝의 성장에도 기여했다.

본인이 직접 '올드 하우스'라는 인디 레이블을 만들어서 숨은 실력파 한국가수들을 소개하는 작업을 벌이고 있으며, 그 과정에서 한국의 가수 겸 싱어송라이터인 허민 씨를 만나 결혼했다.

그는 일본에서 케이팝은 이제 겨우 한국 아이돌 열풍을 타고 있다고 말하며 음악성 높은 한국 발라드 가수들이 일본에 소개돼야 한다는 지론을 폈다. 〈올 어바웃 케이팝〉에서는 발라드 가수 신승훈을 장시간 인터뷰, 14페이지에 걸친 신승훈 특집을 싣기도 했다.

그는 일본의 한류 붐, 배용준의 〈겨울연가〉가 불러일으킨 한류의 열기 속에서 일본의 대중음악 팬들 사이에 관심을 끌어 서브컬처의 하나로 자리 잡은 케이팝의 일본 정착의 역사와 배경을 다음과 같이 설명한다.

2004년부터 시작되었다고 일컬어지는 일본의 한류 붐. 한류 붐이라면 욘사마 붐이요, 드라마 붐이었을 뿐 음악은 뒤쳐져 있었다. 그런 가운데 보아 (BOA)와 동방신기 두 팀이 제이팝과 케이팝의 경계를 없애버리면서 케이팝을 특정인의 것으로부터 대중화한 공적은 이루 헤아릴 수 없을 정도. 그들을 계기로 케이팝의 문을 활짝 열어 제친 (일본의) 음악팬들은 인터넷을 통하여 케이팝에 관한 각종 정보를 입수하였다. 그것은 아시아에서는 어느 나라보다 우수하다고 국민 자신들이 자부하던 제이팝의 우위성이 한꺼번에 무너지는 순간이었다. 그렇다고는 하지만 케이팝이 제이팝을 대신할 정도로 인기를 가졌다고는 도저히 얘기할 수 없는 상황으로써, 아직도 특정인들만이 '사랑하는' 세계에 있다는 것도 사실이다.

— 《古家正亨の ALL ABOUT K-POP》,
SOFT BANK Creative Corp. : 東京, 2010. 7.

후루야는 10년 전 자신의 라디오에서 케이팝 프로를 시작한 때에 비교하면 케이팝의 인기는 대단히 성장한 것으로서, 드라마의 인기와는 달리 10대, 20대에까지 확산되어 있는 것이 특징이라고 지적했다. 케이팝 가수들이 왜 이처럼 짧은 기간에 일본에서 '시민권'을 얻었는가에 대해 그는 "한국의 가수, 특히 인기가 높은 아이돌 가수들이 가진 것은 손에 잡힐 듯하면서도 잡히지 않는, 그렇지만 성역화한 '아이돌'로서의 황홀함"이라고 말하고 일본 사회의 "서민화가 진행됨에 따라 '아이돌 역시 인간이니까'라고 갑자기 태도가 바뀐 최근의 일본 아이돌 같은 탤런트들과는 결정적으로 다른 그 같은 점이 실은 일본인이 추구하던 점일지도 모른다"고 분석했다(앞의 책).

이 같은 그의 분석은 한류 붐 이전부터 한국 대중문화와 관련된 활동, 예를 들면 배용준 팬 미팅(2003년 11월 서울 워커힐호텔)을 비롯한 한국 배우·문화계 인사 등 아티스트들의 각종 행사에서 400여 회 이상의 MC를 해온 경험을 바탕으로 한다는 점에서 설득력을 갖는다.

케이팝이 세계적으로 보급된 배경에 대해 후루야는 "한국은 인터넷시대를 내다보고 음악을 보고 즐기는 것이라고 재정의하고, CD는 안 팔리더라도 유튜브에 올리거나 모두 라이브 공연에 와달라고 비즈니스 모델을 만든 점에 성공 포인트가 있다"고 지적했다. 제이팝이 저작권 문제 등으로 유튜브에 올리는 것을 막은 반면 케이팝은 마돈나의 방법처럼 레코드보다는 '함께 노래하고 춤추는' 시대에 맞춰 유튜브에 올리는 것을 방임한 것이 히트하는 계기가 되었다는 것이다.

그는 KBS 국제방송 월드 라디오에서 2002년부터 2013년까지 11년간이나 DJ를 담당했고, MTV 코리아의 제이팝 프로 〈제이 비트〉(J-BEAT)에서 일본인으로는 처음으로 VJ에 채용되어 프로그램을 진행하기도 했다. MC, DJ, VJ 활동을 위해 그가 한국을 방문한 회수는 400회를 넘어 500회에 가깝다. 그것도 대부분 자비로 왕복하면서 한국의 대중문화를 일본에, 일본의 문화를 한국에 전하고 있다.

TV, 라디오 출연뿐만 아니라 그의 10여 권의 저서는 대부분이 한류와 케이팝에 관한 것으로, 일본의 각종 대중문화잡지를 통한 집필에서도 한국, 한류, 케이팝을 알리는 데 앞장서고 있다. 그의 이 같은 공로를 높이 사서 한국 정부는 일본인으로서는 처음으로 그에게 문화체육관광부장관 휘장(2009년)을 수여했으며, 강원도 관광홍보대사로 임명(2011년 11월)되어 2018년 평창 동계올림픽 때까지 활동하게 된다.

한국어도 능숙하게 익힌 후루야는 일본인들이 한국 방문 때 느끼는 불편을 다소나마 해소해주기 위해 서울의 관광명소를 소개하는 일본어판 가이드북인 《마니악 서울》(Maniac Seoul)을 일본 마이니치방송(MBS) 아나운서인 야기 사키(八木早希)와 공동으로 제작, 2010년 11월에 일본에서 펴냈다. 서울시의 의뢰에 따라 제작된 이 가이드북은 2만 부가 제작되어 전부 무료로 배포됐다.

후루야는 현재도 일본 대중문화잡지 칼럼 연재 및 방송 출연, 한일 문화 관련 세미나 강의 및 대학 강의 등을 통하여 한류와 케이팝 전도에 앞장서고 있다. 2013년 4월부터 게이센여학원대학(惠泉女學園大學) 강사, 2014년 4월부터 홋카이도대 객원준교수, 데즈카야마가쿠인대(帝塚山學院) 리버럴아트학부 객원교수 등을 맡았으며, 2014년 4월 13일 한국관광공사의 한국관광응원단 부단장에 위촉되기도 했다. 2014년 4월 17일에는 와세다대 한국연구소가 주최하는 연속강좌 〈문화로 보는 현대한국〉 강의에 나가서 "케이팝은 일본인의 한국관(觀)을 어떻게 바꿨는가"에 대해 강연하기도 했다.

그의 이 같은 활발한 문화교류의 선봉 역에 힘입어 한류는 일본 사회의 서브컬처로 정착해가고 있으며, 케이팝과 제이팝은 경계를 허물고 한일 양국의 대중 사이를 스스럼없이 넘나들고 있다. 올해 한국 나이로 41세인 후루야 마사유키의 다음 행보가 주목된다.

처음 들어본 케이팝에 빠져 캐나다 유학에서 한국 유학길로

― 오늘은 주로 케이팝과 제이팝과의 비교, 나아가 한일 간의 대중문화에서 동질성과 차이가 있다면 어떤 점인지를 중심으로 여쭙고자 합니다.

후루야 선생은 대학에서는 사회복지, 대학원에서는 신문학을 전공하셨습니다. 그러나 그 이후에 대중문화, 그 속에서도 팝 문화를 연구했습니다. 일본에서 일찍이 케이팝 전문 프로그램을 시작했다고 들었습니다. 또한 잡지에도 정력적으로 기고하고 있습니다. 이처럼 케이팝 세계에서 활약하고 계시는데, 케이팝에 관심을 갖게 된 계기는 무엇이었습니까?

"원래 대학을 졸업하고 곧바로 캐나다에 유학했는데, 캐나다에 간 이유는 대학에서 전공한 사회복지 가운데 특히 임상심리학인데요, 그중에서도 음악요법, 음악치료학을 전공했습니다. 그런데 일본이나 한국이나 이 부문은 크게 뒤져 있어서 공부를 할 수 없었습니다. 그래서 서양에 가서 공부하지 않으면 안 되었기 때문에 가장 저렴하게 공부할 수 있는 나라여서 캐나다를 선택하게 되었습니다. 1997년 당시 캐나다가 학비가 가장 저렴했었습니다."

― 정부의 학비지원 조성 같은 것은 없었는지요?

"학비는 쌌습니다, 캐나다는. 미국이나 영국은 학비가 비싸서 갈 수가 없었습니다. 그래서 캐나다에 갔었습니다만, 1997년 한국은 IMF 직전이라 유학 붐이어서 한국인 유학생이 굉장히 많았습니다. 우연찮게 제가 속한 클래스에는 한국인밖에 없었습니다. 그런데 제가 한국인 같은 얼굴이라 인기가 있어서 당시 한국인 친구밖에 없었습니다. 사실 솔직하게 말하면 그때까지 한국에 대해 아무런 흥미를 갖고 있지 않았습니다. 그런데 그때 한국인 친구로부터 1장의 CD를 받았습니다. 그게 유희열, 토이라는 싱어송라이터의 앨범이었습니다만, 이것을 듣고 굉장히 쇼크를 받았습니다. 저는 원래 라디오 DJ가 초등학생 시절부터 줄곧 꿈이었습니다. 음악도 좋아해서 밴드 활동도 했었고 음악을 원래 좋아했기 때문에 한 장 들어봤는데….."

— 그래서 대학 재학 중에 심야 라디오 프로그램의 진행을 맡았었습니까?
"그렇습니다. 그래서 한국의 CD를 듣고 충격을 받았습니다."

— 충격이라면 어떤 식이었나요?
"수준이 높아 굉장히 놀랐습니다. 아마도 당시 1990년대라면 일본인이 갖고 있는 한국인의 음악 이미지라는 게 조용필이라든가, 김연자라든가, 계은숙 같은 트로트였습니다. 저도 당연히 그렇게 생각했는데 이렇게 훌륭한 음악을 하다니. 그 앨범은 팝인데, 재즈나 R&B, 록 등 다양한 장르가 섞여 있었습니다. 그래서 솔직히 감동해서 이것을 몇백 번이나 들었습니다. 몇백 번 들으면서 실제 한국의 음악은 굉장한 것은 아닐까 생각해서 친구에게 한국의 다른 가수의 CD도 부탁하기도 했습니다."

— 유희열의 장르는 무엇인가요?
"일본어로 말하면 뉴 뮤직, 팝입니다. 지금 KBS 라디오에서 심야 MC를 하고 있습니다. 그래서 유희열만이 아니라 한국에서는 그밖에도 재밌는 음악을 하지 않을까 생각했고 그래서 친구에게 CD를 부탁해서 클론, 서태지, HOT…, 당시의 아이돌이 대부분입니다."

— 가사는 한국어이지요?
"한국어입니다. 전혀 무슨 뜻인지 알지는 못했습니다. 다만 토이의 앨범에 수록된 발라드 곡을 들었을 때 이런 발라드가 일본에는 없다는 생각을 했습니다. '엔카(演歌)도 아니고 팝도 아니고 가요도 아닌 뭐지, 이 발라드?' 그래서 관심을 갖고 캐나다 유학 중에 수도 없이 들었는데, 마침 당시한국인과 사귀게 되었습니다. 그래서 '난 캐나다에 있는 것보다 한국에 가는 것이 좋지 않을까? 좋아하는 사람의 나라를 잘 모르는구나' 싶어서 캐나다 유학을 포기하고 그대로 한국의 고려대로 갔습니다. 그것이 저의 진로를 바꾸게 된 첫발이었습니다(웃음)."

— 언제쯤의 일입니까?
"1997년 12월이었을 겁니다. 그러니까 캐나다에서 유학한 기간은 7~8개월 밖에 안 되었습니다. 후에 곧바로 한국으로 갔지요. 그런데 1997년은 한국에 있어 정말 어려운 시절이었습니다."

— 그렇습니다. 1997년은 대통령선거가 있었습니다. 김대중 대통령이 당선되었는데, 국내 정치는 정말 격동의 시대였습니다. 여기에 IMF 외환위기도 있었지요.
"역시 IMF 때지만, 일본인이라서 손해 본 것은 없지 않느냐고 하는데, 사실 제 돈으로 유학을 했기 때문에 한국에서 일을 해야 했었습니다. 아무리 일해도 항공비를 마련하지 못해 일본으로 귀국할 수가 없었습니다."

— 생활은 어떻게 하셨는지요?
"생활은 하숙을 했는데, 2년간 유학 예정으로 갔던 캐나다에서 남은 돈 전부 갖고 한국에 유학했습니다. 그런데 한국이 의외로 외국인 학비가 비싸더군요. 국제대학원 수업을 받았는데, 거기는 그렇게 비싸지 않았습니다만 한국어를 배우는 어학당은 비싸서 …. 하숙비는 한 달에 70만 원 정도 했었습니다."

— 지금은 50만 원 정도 할 겁니다.
"그렇다고 들었습니다. 당시 역시 유학생을 받아들이는 체제가 한국은 제대로 되어 있지 않았습니다. 연세대 정도가 유학생을 제대로 받아들였다고 생각합니다."

— 연세어학당은 의외로 저렴했는가요?

"예, 그렇습니다. 그런데 제가 캐나다에 유학했을 때 저의 클래스 학생들이 전원 고려대 출신이었기 때문에 연세에는 절대 가지 말라고 해서 고려대에 갔습니다. 오전에는 어학당에 갔고 오후에는 국제대학원에서 영어로 역사 수업을 받았습니다. 그런데 일본 사람은 한 사람밖에 없어서 주위에서 괴롭힘을 받았어요. '네가 왜 왔어?'라는 말도 듣고요. 그러나 거기를 나온 덕분에 한국인과 싸우는 자세를 배웠습니다(웃음). 그냥 오로지 '죄송합니다'만 말하고 '어쩔 수 없다고 생각해'라고 했죠. 여기에 다니면서 저녁부터 밤에는 파고다어학원에 가서 일본어 강사를 해서 먹고살았습니다. 그런데 IMF로 인해 점점 외국어 강좌도 줄어들어 선생이 필요 없어지게 되었고 차례차례 강사들이 나가고 저도 잘렸습니다. 당시 파고다에서 가르치고 삼성에서도 가르쳤습니다. 삼성 사원에게 일본인과 회화하는 수업이 있어서 여기서 일했습니다. 그런데 삼성으로부터 내일부터 안 와도 된다고 해서 …."

IMF 고학, 떡볶이집 아르바이트로 연명

— 그건 IMF 탓이겠지요.

"그렇습니다. 삼성자동차가 사업을 접을 때였는데요. 그런데 갑자기 오지 말라고 하면 저는 일본으로 귀국하지 못하게 되지 않습니까? 돈이 없어서요. 그래서 귀가하면서 언제나 30번 버스를 타고 종로에서 고려대까지 통학을 했는데, 종로의 YMCA 앞에서 항상 떡볶이를 먹고 하숙집으로 돌아갔어요. 떡볶이집 아줌마에게 '일이 없어 일본에 돌아갈 수 없게 되었다'고 하자, 그러면 여기서 일하면 어떻겠냐고 해서 이튿날부터 떡볶이집에서 일하게 되었습니다. 그게 시급 800원 정도 하던 시절이었는데, 꼭 하숙집에 돌아갈 때에는 어묵을 비닐에 넣어주시곤 했어요. 그래서 1999년 9월까지 한국에 있었습니다. 그러니까 1년 반 정도 한국에 있었던 셈이지요. 그

때 틈나는 대로 콘서트에 가기도 하고 TV 공개녹화를 보러 가기도 하고, 거기서 한국의 음악을 마음껏 즐기고자 홍대 앞에도 다녀왔습니다."

— 홍대 앞에는 뭐 하러 갔습니까?
"홍대 주변에서 인디밴드가 계속 라이브를 하는 클럽에 가거나 했습니다. 그래서 한국에도 이렇게 재밌는 음악이 있다는 것을 … . 일본인의 머릿속에는 한국의 음악은 굉장히 뒤쳐져 있다는 생각이 있습니다. 그런데 실제로 한국에 가서 느꼈던 것은 기술적으로는 뒤쳐져 있다고 생각은 합니다만, 예를 들면 연주력이나 시스템 문제, 음향시설이 나쁘다거나, 좋은 공연장이 없다거나. 그러나 음악 자체는 전혀 뒤지지 않았습니다.

무슨 곡을 들어도 오리지널리티가 있었고 이것을 일본으로 돌아가 라디오 DJ로 한국의 음악을 소개하고 싶어서 1999년에 귀국했는데요. 귀국해서 학생 시절에 신세를 진 라디오 방송국에 복귀해 라디오 DJ를 하게 되었습니다만, 그게 2000년에 들어서부터인데요. 한국의 음악을 소개하고 싶다고 부탁하니 '무슨 말을 하는 거야? 그런 뒤떨어진 음악을 방송에서 내보내서 어떻게 하려고. 그것도 FM 방송에서, 들어본 적도 없는데' 그렇게 말하는 것입니다. 그러니까 일본인의 잠재의식 속에 '일본은 대단해. 그러나 아시아는 뒤떨어졌어. 그러니까 한국도 당연히 뒤떨어졌다'는 이미지가 있었던 것입니다. 그러나 2000년대에 들어와 월드컵 공동개최도 결정되고 조금씩 뭔가 한국에 관심을 갖는 사람이 늘어나고 있었고, 게다가 매스컴에서도 마침 한국을 조금씩 소개하기 시작한 시기였습니다."

— 재밌는 이야기입니다. 음악이 뒤쳐져 있다고 하는 것은 곡인가요? 아니면 전체적인 이미지인가요?
"이미지입니다. 그러니까 모두 들어본 적이 없는 것이지요. 들어보지도 않았는데, 뒤떨어졌다는 이미지밖에 없는 것이지요."

— 들어보고도 그렇게 생각했나요?

"들어보고도 그렇게 말했습니다. 이것은 일본이 메이지유신 이후, 일찍이 서구화를 향해 달려오지 않았습니까? 그러니까 일본은 서양 지향이니까 완전하게 서양 것이 모두 좋다는 감각이라서 ⋯. 다만 일본은 서양음악이 앞서 있기 때문에 한국이 하는 음악은 10년 전의 일본이라는 감각인 것이죠. 그러니까 서양 지향의 일본인들이 본다면 일본을 좇아오고 있다는 이미지였던 것이지요. 다만 당시는 역시 한국 정부가 일본 문화 개방을 하던 때라 결국 일본의 음악이 개방되었을 때니까 2004년이지요. 대중문화 개방 자체는 1998년이지만, 음악은 방송에서 2004년이지요. 결국 제 3차에서 음악이 개방되었던 것이죠. 그러니까 한국의 음악계에는 2004년까지 불법으로밖에 일본의 음악이 들어오지 못했던 것이지요. 불법복제라든가, 카세트라든가, 이때 한국의 음악계는 일본 음악을 베꼈습니다. 제가 아는 한 틀림없이 베꼈다고 할까 모방했다고 할까 했지요. 그래서 '어떤 것을 들어도 제이팝일 거야'라는 느낌의 음악이 가득 있었고, 이것이 잠재적으로 역시 일본인의 의식 속에 한국에는 일본의 카피밖에 없다는 의식이 확실하게 있었습니다. 그런데 이것은 표면적으로 드러나는 일부이고 진지하게 하는 사람을 보면 멋있는 음악을 하고 있던 사람이 많았던 것이지요. 록도 그렇고 이것을 어떻게든 일본에 소개하고 싶어 여러모로 노력했지만 역시나 누구도 도와주지 않았고, 가장 힘들었던 것이 방송국은 스폰서를 붙이면 프로그램을 만들 수 있다고 해서 한국의 음악 프로그램 스폰서를 찾으러 나섰던 것이었습니다.

그때 당시 제가 삿포로에 있었기 때문에 자비로 도쿄에 와서 한국에서 이름 있는 기업을 전부 돌았습니다. 삼성, LG, 현대, 대우, 한화 등 닥치는 대로 찾아 나섰습니다만, 우리는 한국기업이 아니라 글로벌 기업이라 한국 국내를 향해서는 일절 투자하지 않는다고 하더라고요. 하지만 제가 한국 유학 중에 한국인은 애국심이 있어서 한국을 위해서라면 뭐든지 한다고 하는 이미지가 있었기에 ⋯. '일본에 오면 한국을 감추지 않으면 안 되는구나 이 사람들.' 말하자면 굉장히 쇼크를 받았고, 포기할 즈음 마침 2000년에 보아가 에이벡스(일본의 연예기획사)에서 데뷔하게 되었고요. 그래서 에이벡스도 역시 한국의 가수를 다루는 것은 처음이었기 때문에 프로모션 비용이라는 형태로 프로그램 스폰서가 되어주었습니다. 그와 동시에 당시 마침 도쿄에서 소일하고 있을 때 바로 눈앞에 한국관광공사 도쿄지사가 있기에 무턱대고 들어갔죠. 저의 얘기를 듣고 담당자가 신기 해하면서 그 프로의 스폰서가 되어주었습니다. 그래서 거기서부터 프로 그램이 시작되었습니다. FM 노스웨이브의 〈BEAT-OF-KOREA〉라는 프로그램, 최유진 씨와 함께 한 프로그램입니다. 아직도 하고 있습니다."

— 어디서 했습니까?
"삿포로입니다."

— 제작은 어디에서 했나요?
"집에서 만들어 삿포로 방송국에 보냈습니다. 당시 저는 삿포로에 살고 있 었기에 삿포로에서 했습니다."

— 그게 2000년인가요?
"2000년입니다."

한류 전도사로 케이팝을 일본에 소개

— 한류에 대한 질문입니다만, 후루야 선생은 한류 붐 이전부터 한국 대중 문화에 관심을 갖고 있었고 관계하는 일도 여러 가지시지요. 앞에서 말씀 하셨던 한국 친구로부터 CD를 받아서 이것이 한국에 가는 계기가 되었다 고 하셨습니다. 지금까지 400회 이상 한국에 다녀오셨다고 들었습니다.
"지금은 실제로 더 됩니다. 한 500회 가깝지 않을까 생각합니다."

— 일례로 우선 MC를 맡고 계시지요? KBS에는 어느 정도로 가셨습니까?
"KBS에 다녔던 것은 한 달에 한 번 정도입니다."

— 어떤 프로그램이었나요?
"〈선데이 뮤직 파워〉라는 프로그램입니다."

— 2002년부터인가요?
"2002년부터 금년(2013년)까지 했던 것과, 2004년에 일본 대중음악이 한국에서 개방되었을 때 한국 케이블 TV가 제이팝 프로그램을 많이 만들었는데요, 제가 한 것이 MTV의 〈제이비트〉라는 프로그램인데, 매주 녹화를 하러 갔습니다. 여기서 제가 VJ를 했지만 이게 독도 문제가 … . 그 다음에 독도의 날이 제정되어 독도의 날 문제로 2006년에 폐지되었습니다.
　　MTV에서 〈제이비트〉를 2년 반 했고 그때 시마네 현의 독도의 날 제정 문제로 한국에서도 엄청나게 반일감정이 높아져서 케이블 TV에서 일본의 음악프로그램이 모두 폐지되었습니다. 그 전엔 매주 다녔는데요 … ."

— 비행기 값은 어떻게 하셨나요?
"모두 자비였습니다."

— 자비로요?
"KBS도 항공료는 없었고 출연료가 2만 엔 정도 있었습니다. 그래서 제 저금이 전부 없어졌습니다. 왕복·1회에 7만 엔 정도 드니까요. 그렇게 되면 한 달에 30만 엔 정도 듭니다. 그래서 MTV에서 준 출연료뿐이어서, 케이블은 출연료가 쌌고 당시 환율이 800원 정도였기 때문에 일본 엔으로 8만 엔 정도라서 적자였습니다. 남는 건 1엔도 없었습니다."

— KBS 월드라디오의 〈선데이 뮤직 파워〉는 방송된 지 12년 정도 되었는

데, 주로 어떤 일을 하셨습니까?

"최유진 씨가 사회를 보고 제가 일본에서의 케이팝 동향을 해설하는 식이었습니다. 마침 일본에서는 2002년 월드컵 공동개최로 한국의 대중문화에 흥미를 갖기 시작했기 때문에, 그 시점에서 일본은 어떤지를 일본인이 직접 소개하면 좋겠다 해서 이것을 제가 진행하는 삿포로의 프로그램과 KBS가 동시에 방송한 것입니다. 그러니까 한일동시방송이었던 것이지요. 최유진 씨는 한국 소식, 저는 일본 소식, 공통점은 케이팝입니다."

— KBS와 삿포로의 동시방송이란 말씀이시죠?

"그렇습니다."

— 삿포로 방송국에서는 지금도 하고 있는지요?

"지금도 하고 있습니다."

— 이쪽은 MC가 바뀌었나요?

"그렇습니다. MC가 바뀌어 최유진 씨가 그만두고 PD만을 하겠다고 해서 저도 그러면 '이만 하겠습니다'라고 말했죠. 그래서 적자가 계속되었던 한국 내 방송활동은 조금 어려워졌지요."

— 한국문화라고 할 수 있는 한국드라마를 받아들이게 된 문화적 환경이라고 할까요? 사회적 배경, 그때는 어떠했나요, 일본에서는?

"일본 내 드라마 한류는 역시 2003년 NHK에서의 〈겨울연가〉로 시작되었다고 할 수 있는데, 그 이후 〈대장금〉, 〈궁〉도 인기를 얻었지요. 다양한 드라마가 방송되었습니다. 2003년 이후부터 한국드라마는 일본 사회에서 받아들여지기 쉬워졌고, 수많은 중장년 여성층 팬이 생겼습니다. 역시 월드컵 공동개최가 커다란 영향을 주었다고 생각합니다. 2002년 당시 일본 언론에 '더욱더 한국을 이해하자'는 움직임이 자연스레 만들어졌고 그런 과정에서 한국 대중문화를 영화, 드라마, 음악을 포함해 다양하게 소개하기 시작했습니다. 그러니까 월드컵이 없었더라면 아마도 〈겨울연가〉도 그렇게까지 받아들여지지는 않았을 것이라고 생각합니다. 왜냐하면 실은 〈겨울연가〉 방송 전에 〈이브의 모든 것〉이라는, 방송국을 무대로 한 드라마가 TV아사히에서 방송되었는데 전혀 인기가 없었습니다. 저는 재밌게 봤는데요. 그때의 분위기로서는 '역시 한국드라마를 일본 방송국에서 내보내는 것은 어렵네'라는 느낌, 분위기가 확대되었습니다.

이것이 〈겨울연가〉로 대 역전이 된 것은 2002년 월드컵의 활기, 그리고 한국에 대한 이해가 깊어진 것이 커다란 영향을 미쳤다고 생각합니다. 지금도 그렇지만 일본에서 인기 있는 드라마는 대체로 한국의 순애드라마나 러브코미디입니다. 일본드라마는 테마가 다양하기 때문에 한국드라마를 볼 이유가 없지 않느냐고 한국 사람으로부터 자주 질문을 받는데, 실은 1970년대부터 1980년대에 걸쳐 인기리에 방송되었던 순애드라마가 최근 몇 년 동안 없습니다. 만드는 사람, 방송하는 사람이 그런 테마에 식상함을 느낀 것도 있을 것이고 그런 것을 지금 시대에 틀어봤자 시청률이 안 나올 것이라는 판단이라고 생각합니다만, 이때에 한국에서 과거에 우리들이 자주 봤던 순애드라마를 거리낌 없이 스트레이트한 연출과 함께 부활시켜 준 것입니다. 말하자면 정말로 시청자가 원하던 콘텐츠였음에도 불구하고 일본에서는 방송국 측이 일방적으로 그 문을 닫아버린 결과였다고 생각합니다.

여기에 잘 맞아떨어진 것이 〈겨울연가〉라고 생각합니다. 〈겨울연가〉가 히트한 이유는 지금 말씀드린 배경과 더불어 한국 특유의 정열, 열정 있는 연기, 그리고 과장스런 각본, 이런 것이 모두 잘 응축된 작품이라서가 아닐까요. 그리고 〈겨울연가〉가 재미있으니까 '그러면 다른 것도 봐볼까'라는 흐름 속에서, 테마라든가 내용은 차치하고 한국드라마를 다양하게 보기 시작했다는 것이 한국드라마의 인기가 정착한 배경이었다고 생각합니다.

다만 시청자의 중심은 정구종 선생님이 말씀하셨듯이 역시 당시는 아주 머니 팬들이었다고 봅니다. 그들은 1970년대, 1980년대에 TV 드라마로 청춘시절을 보낸 사람들입니다. 그런 사람들이 보고 싶은 드라마, 보고 싶은 배우들이 마침 2000년대 일본에 없었습니다. 그런 곳에 슬며시 배용준이 들어왔고, 〈겨울연가〉가 들어왔고요. 정리하자면 사회적인 배경에는 월드컵 축구가 있었고 월드컵이 계기가 되어 더욱더 한국의 다양한 문화를 알자고 하는 기운이 생겨났습니다. 그리고 2003년 당시 일본에서는 '과거의 것'이 실은 한국에는 있었습니다. 그리고 아무래도 한국과 일본은 가까운 부분이 여러모로 있습니다. 그런 부분도 비교적 받아들이기 쉬운 배경이었다는 느낌이 듭니다."

— 그때 말씀하신 것처럼 일본에 없었다기보다는 사라진 순애드라마이지요. 대신에 일본 TV에서는 어떤 드라마가 유행했나요?
"1980년대, 1990년대는 획일적인 문화가 대중문화의 중심이었다고 생각합니다. 예를 들면 유행이 생기면 모두 일제히 흘러가는. 그런데 1990년대 후반부터 2000년대에 들어와서 대중문화의 방향성이 다양화됩니다. 다양화에 의해 어떤 것이 일어났는가 하면, 우선 CD의 밀리언셀러가 줄었습니다. 매스컴이 만든 '문화'에 편승해 누구나 사게 되는 것이 점점 더 줄어든 것입니다. 우타다 히카루가 1999년에 데뷔앨범을 냈는데, 이게 800만 장이나 팔렸습니다. 이것이 매스컴이 만들어내는 문화의 마지막이라고 할 수 있지 않을까 합니다. 1999년 이후 이 앨범을 능가하는 것은 나오고 있지 않습니다. 그 이후 일본의 대중문화 및 유행은 매스미디어가 컨트롤할 수 없게 되었다고 말합니다.

한편으로 이른바 마니아 문화가 점차적으로 형성되었고 마니아가 존재하면 시장이 성립하는 상황이 정착됩니다. 그러나 한국은 최근에 들어와 문화의 다양화가 진행되고 있다고 봅니다. 그러니까 10~20년 뒤떨어진 스타일, 그러한 문화의 확산과정이 마침 긍정적인 느낌으로 일본이 갈구하던, 배고파하던 것과 합치되었다고 할 수 있지 않을까 생각합니다."

― 그렇군요. 제가 일본에 장기체류한 것이 1982년부터였습니다. 〈동아일보〉 도쿄특파원으로 일하다가 1985년 귀국했고, 그때 일본에서는 한국에 대해선 아무도 이야기하지 않았습니다. 1989년, 두 번째 왔을 때였습니다. 서울올림픽 다음이었는데요, 서점에 가보니까 한국을 알고 싶다는 책, 한국에 대한 책 코너가 만들어져 있었습니다. 한국에 대한 관심이 일어나지 않았나 생각합니다.

그 다음이 2002년 월드컵이었습니다. 그러니까 일본 사회에서 한국에 대한 관심이 높아지자 〈겨울연가〉가 확대되었다고 생각합니다. 2003년 〈겨울연가〉가 방송되었을 때 배용준의 인기가 대단했는데, 이때 배용준의 팬 미팅 MC를 했다고 들었습니다. 이때 일본 팬의 반응은 어떠했나요?

"아마 그게 처음으로 일본인을 대상으로 한 한국 배우의 행사였다고 생각합니다. 이때 일본인 1천 명 정도가 한국을 찾았습니다. 〈겨울연가〉의 주제가를 불렀던 류(Ryu)라는 가수가 실제로 춘천 용평리조트까지 와서 무대에서 주제가를 불렀고 워커힐호텔에서는 배용준이 일본 팬과 직접 만나고 최신 영화까지 함께 보는 상당히 파격적인 이벤트였습니다. 지금도 이 행사가 전설적인 이유가, 이때 배용준이 1천 명의 팬에게 자신의 사진을 건네주었는데, 여기에 1천 명 참가자의 이름을 한 사람 한 사람씩 써서 사인을 해서 건넸던 데 있습니다."

― 상당히 시간이 걸렸겠는데요.
"일본 팬들의 사진을 전날 미리 받아가서 밤새 사인을 해서 준 것입니다. 이걸 보고 대단하다고 생각했습니다. 일본에서 이런 이벤트를 본 적이 없었습니다. 이때 배용준은 이렇게 말했습니다. '팬은 가족이니까'라고요. 지금도 그의 명언으로 계속해서 소개되는 말이 되었습니다. 먼저 일본인의 사고에서 본다면 팬은 '신'(神)이며 '가족'이 아닙니다. '손님은 신'이라는 말이 있듯이 '팬은 신'인 것입니다. 그러나 그는 '가족입니다'라고 말했습니다. 이때 저는 일본인과 한국인의 손님, 팬에 대한 생각이 전혀 다르다는 것을 깨달았습니다. 팬이 가족이라고 한다면 당연히 팬은 기뻐할 것입니다. 신이라고 한다면 거리감이 있지만 가족이라면 거리가 가깝기 때문입니다. 여기에 일본인은 푹 빠진 겁니다. 지금도 예를 들면 아이돌이라든가 배우가 이벤트에 와서 악수하거나 포옹하거나 하는데, 일본인 가수나 배우가 악수회를 하기 시작한 것은 극히 최근의 일입니다."

— 라이브를 응원하더라도 악수는 하지 않습니까?
"그런 이벤트는 기본적으로 없었습니다. 이것은 본인이나 팬에 위험이 미칠 가능성이 높다는 이유도 있지만, 역시 스타와 팬의 거리감이 다릅니다. AKB48이 '만나러 갈 수 있는 아이돌'을 슬로건으로 인기를 얻은 것도 원래 그런 생각이 일본에는 없었기 때문입니다. 여기에 일본인은 한국의 좋은 점과 한국인 탤런트의 좋은 점을 알게 된 것입니다. '아 그렇구나, 우리를 가족이라고 생각해준다'고요. 여기에 저는 한국 엔터테인먼트의 매력이 모두 응축되어 있다고 생각합니다. 팬과 배우, 가수의 거리감입니다. 한국은 가깝지만, 일본은 먼 … ."

— 후루야 선생으로부터 귀중한 이야기를 들었습니다. 이는 배용준이라는 배우가 팬과의 교류에도 기여했다고 생각합니다만, 한국인을 일본인이 이해하는 데 매우 좋은 일을 했다고 생각합니다.
"그렇습니다. 그러니까 '한국인들은 정말 친절하다'는 인상이 배용준으로 정해진 느낌이었으니까요. 한국 여행을 가는 사람이 늘어난 것도 단순하게 〈겨울연가〉 로케이션 촬영지에 가고 싶어 늘어난 것이 아니라, '한국인은 어떤 사람일까'라는 흥미를 갖게 된 것도 그 배경에 커다란 영향을 미쳤다고 생각합니다."

— 그 후 배용준 행사에서 MC를 한 적이 있습니까?

"없습니다(웃음). '신'이 되어 가까이 할 수 없게 되었습니다."

한일 대중문화, 무엇이 같고 무엇이 다른가

— 후루야 선생은 지금까지 10여년 동안 400회가 넘는 한국의 탤런트, 배우, 아티스트, 문화인 행사에서 사회를 맡았다고 들었습니다. 앞서 말씀하신 MTV 프로그램에서 일본인 최초로 VJ, 그리고 2002년부터 2013년까지 KBS 월드라디오 〈선데이 뮤직 파워〉 등을 진행하며 다양한 한국의 문화인과 만났고 케이팝, 제이팝을 양쪽에 소개하면서 상호이해를 확대시키기 위해 크게 노력해오셨습니다만, 지금까지의 경험에서 본다면 한일의 대중문화를 받아들이는 환경은 어떤 점이 같고 어떤 점이 다른지에 대해 말씀해주시겠습니까?

"어디를 기점으로 해야 할지 모르겠지만, 정말로 이른바 '문화'라는 관점에서 1990년대부터 생각해볼 경우, 일본은 서브컬처의 나라이고 한국은 메인컬처의 나라라고 생각합니다. 왜냐하면 일본에서 서브컬처가 매우 발전했는데, 아마도 여기까지 발전한 나라는 일본뿐이 아닐까 하고 생각합니다. 그런데 서브컬처는 메인컬처에 비해 굉장히 한정된 세계, 조그만 세계이지만, 이 조그만 세계 속에서 시장이 형성되어 경제가 돌아가는 것이지요. 여기에 일본인의 특이성이 있다고 생각합니다. 예를 들면 한국인과 일본인이 음악을 들었을 때, 지금까지 말한 것은 최근 1, 2년 사이 달라져서 뭐라고 할 수 없지만, 일본인은 음악을 소유하는 감각으로 듣지만, 한국인은 음악을 소비합니다. 즉, 일본인은 CD를 삽니다."

— 소유와 소비는 어떻게 다른가요?

"소유라는 것은 자기가 갖고 싶은 것인데, 소비는 사용하고 버리는 것입니다. 그것이 전혀 다르다고 생각합니다. 그래서 자주 한국분이 옛날에 말했던 것이, 예를 들면 한국에서 CD 앨범이 발매되면 엉망진창입니다. 예를 들면 신승훈이 앨범을 내면 '발라드의 황제'라고 불립니다. 그런데 갑자기 힙합을 부르거나 하는 것입니다. 그런데 일본 가수의 앨범을 들으면 록은 록이고 팝은 팝이고, 말하자면 한 사람의 작가로서 작품을 만들려는 것입니다. 한국의 경우는 그렇지 않고 한 곡 한 곡이 성립하면 그것으로 족합니다. 이게 앨범 자체를 작품으로 만드는지, 앨범을 어디까지나 여기저기 긁어모아 발매하는지의 생각의 차이라고 생각합니다.

그렇게 생각했을 때 한국인의 음악을 듣는 방법은 메인인 싱글만 잘 만들면 다음은 모두 신경 안 써도 된다고 당시 뮤지션이 말했습니다. 그러니까 앨범에 10곡이 들어있으면, 당시는 싱글 앨범이 없었기 때문에 2곡, 3곡이 활동곡이 되는 것입니다. 이것을 신경 써서 만들고 나머지는 어떻게 되도 된다는 겁니다. 여기에만 집중하니까 그 곡밖에 듣지 않는 것입니다. 제가 MTV에서 일하고 있을 때 가득 CD가 쌓여 있어서 PD에게 듣느냐고 물으니까 그런 거 듣지 않는다고 하더라고요. 왜냐고 물으니까 그런 거 타이틀곡만 들으면 된다고 모두가 말하는 것입니다. 그래서 일본인은 그렇지 않고 앨범 자체에 세계관이 있으니 우선 앨범을 끝까지 듣는다, 라디오에서도 싱글만이 아니라 앨범에 들어간 다른 곡을 틀기도 한다고 말했습니다.

그러니까 음악을 듣는 방법이 전혀 다른 것입니다. 대중문화를 소비하느냐 소유하느냐가 가장 큰 차이라고 생각합니다. 한국인들은 그 순간을 즐기면 된다고 생각하는 것입니다. 예를 들면 콘서트에 가더라도 가수가 발라드 곡을 부르면 관객은 아티스트와 함께 발라드 곡을 부르는 것입니다. 일본은 절대로 부르지 않습니다. 가만히 듣기만 합니다. 한국에서는 댄스곡일 때 함께 일어납니다. 이것은 아마도 감각적으로 그 순간을 즐기면 된다고 생각해 자신도 함께 가수와 하나가 되는 것입니다.

그러니까 그 차이를 저는 전체적으로, 대중문화적으로도 그렇고 문화를 성립시키는 비즈니스로서 생각했을 때도 똑같은 부분이 있다고 생각합니다. 예를 들면 저도 MC를 많이 하니까 잘 아는데, 한국인은 언제나 리허설을 별로 하지 않고 대본도 그다지 신경 쓰지 않는데, 그 순간을 즐기면 된다는 감각이라서 그 순간에 잘하면 된다고 생각합니다. 그러나 일본인은 한 달, 두 달, 석 달 전부터 대본을 쓰고 사전에 협의를 해서 행사 당일 틀리는 일이 없도록 만전을 기합니다. 행사에 임하는 자세부터도 다른 것입니다. 그 차이라는 것은 좋은 점과 나쁜 점이 있다고 생각합니다. 한국의 좋은 점으로는 대단한 순발력이 있다는 점입니다. 그 순발력이란 일본인이 전혀 상상할 수 없는 것입니다.

멋있는 것, 그 순간 굉장한 것을 만들어내는 파워가 있습니다. 그러나 일본인은 아마도 80점이라고 생각합니다. 그러니까 이벤트 10개를 한다면 일본인은 모두 80점을 받을 수 있도록 열심히 합니다. 그러나 한국인의 경우 100점을 목표로 생각합니다. 그러나 100점인 것은 2, 3개 정도는 될 것입니다. 그러니까 그 순간의 파워로 뭔가를 만들어내는 사람들은 굉장한 사람들이라고, 굉장한 것이 가능한 것이 한국이라고요. 일본은 어느 것도 평균점을 받으면 좋다고 생각합니다. 그러나 실패는 하지 않겠다는 것입니다. 이것이 한국과 일본 대중문화의 표면적인 부분에서 드러나는 차이라고 생각합니다."

— 사회적으로 받아들이는 방법에서 본다면, 한국에서는 예전에 대중문화를 즐기면서도 정작 거기에 종사하는 이들에 대해 사회적으로 그에 상응하는 처우를 하지 않았는데, 지금은 그런 것이 전혀 없습니다. 대중문화의 주인공들이 모두 톱스타로 사랑받고 있지요. 일본은 어떤가요?
"일본도 이전에는 그랬다고 생각합니다. 그러나 1970년대부터, 예를 들면 선뮤직(Sun Music Group)도 그렇고, 오래된 프로덕션이 만들어지면서부터는 제조업도 그렇지만 연예계도 역시 크리에이티브한 것이 되지 않으면 안 된다고 변혁을 거듭한 시기였다고 봅니다. 당시 한국도 마찬가지였을 겁니다. 일본에서 미소라 히바리•시대는, 당시의 문헌을 들여다보면 역시 '주먹'들이 여러 곳에서 등장하고. 그러나 지금은 그렇지 않습니다."

— 한국 대중문화를 받아들이는 일본의 변화는 언제부터였다고 보시는지요?
"최근입니다. 제가 가장 변화를 느끼는 것은 역시 2005년 이후입니다. 2005년은 동방신기가 일본에 왔던 때인데요, 그때부터 역시 한국인의 문화콘텐츠에 대한 의식도 크게 변화했다고 생각합니다. 요컨대 저작권이라든가 권리가 돈이 된다는 감각이 한국인에게 물어봐도 당시는 없었습니다. 〈겨울연가〉도 굉장히 저렴한 가격으로 NHK에 판매했습니다. 이것이 NHK가 〈겨울연가〉에서 몇억 엔을 벌었다는 숫자가 발표된 순간부터 돈이 된다는 것을 안 셈이지요. 이제부터라는 것입니다."

— 제 기억으로는 1980년대나 1990년대에는 가수가 자신을 홍보하는 데 최선을 다했습니다. 소개해주겠다고 하면 자진해서 방송국으로 달려가는 가수들도 있다고 들었습니다. 지금은 가격이 굉장히 높아졌습니다. 이게 2000년대 초반부터였습니다.
저는 음악에 대해 잘 모르지만, 1980년대 일본에 왔을 때 가수라고 하면 김연자, 계은숙, 그리고 가끔씩 조용필이 왔습니다. 그 다음에 2000년대에는 보아인데, 보아의 경우 한국에서 태어나 일본에서 크게 되어 아시아와 세계로 진출했다고 후루야 선생이 음악평론 잡지에서 호평을 하셨고, 저도 몇 번이나 인용한 적이 있습니다. 그리고 2005년에 동방신기,

---

• 미소라 히바리(美空ひばり, 1937~1989)는 일본의 배우 겸 가수로, 일본의 쇼와시대 가요계를 대표하는 국민가수이다. 1952년 여성으로서는 처음으로 가부키좌(歌舞伎座)의 무대에 진출, 영화 〈사과밭의 소녀〉 주제가였던 〈リンゴ追分〉이 당시 사상 최고 판매기록인 70만 장이 팔렸다. 〈川の流れのように〉 등 많은 히트곡을 남기며 1950년대부터 1980년대 중반에 이르기까지 일본 가요계를 풍미하는 국민가수로 사랑받았다. 통산 레코딩 곡수는 1,500곡, 오리지널 악곡은 517곡이었다. 여성 최초로 국민영예상을 수상했다.

그 다음에 카라와 소녀시대라는 흐름 속에서 케이팝 아티스트가 많이 일본에서 공연하게 되었습니다.

일본화 고집하는 일본의 팝 컬처 : 케이팝의 현지화

— 오랫동안 케이팝을 지켜본 후루야 선생으로서 일본에서의 한국음악의 수용의 흐름에 대해 말씀해주시지요.

"역시 일본이란 특수한 시장이라고 생각하는데, 일본화를 고집하는 점이 있다고 생각합니다. 예를 들면 조용필, 김연자, 계은숙은 모두 엔카 가수였습니다. 조용필도 한국에서는 록 가수입니다만, 그러니까 일본 사람은 누구 하나 록 가수라고 생각하지 않습니다. 〈돌아와요 부산항에〉밖에 모르고, 〈서울서울서울〉을 아는 사람은 아마도 거의 없을 것입니다. 이것은 어떤 의미에서 지금 말씀드린 사람들의 공연이 일본화했기 때문에 일본에서의 이미지가 정착한 것이 아닌가 생각합니다."

— 일본화했다는 것은 구체적으로 어떤 말씀이시죠?

"일본어로 부르게 한다거나 일본 작곡가가 만든 노래를 부르게 하는 것이 이른바 일본화이지요. 일본화는 한국인만이 아니라 예를 들면 아그네스 찬(陳美齡)이라든가, 테레사 텐(鄧麗君) 등 중국인이라든가, 이른바 아시아권 가수, 비비안 수(徐若瑄)도 그렇습니다. 모두 공통적입니다. 그러니까 한국만이 아니라는 것이지요. 당시 아시아 가수는 아무래도 현지어로 불러도 인기가 없다는, 누군가 만들었는지 모르지만 그런 상표 같은 것이 있었습니다. 이것이 크게 달라지기 시작한 것은 역시 동방신기 때부터입니다. 보아의 경우는 실제로는 일본 가수로서 활동했는데, 당시 보아가 한국인이라고 알고 있던 일본인은 거의 없었습니다. 그녀의 경우 어쨌든 일본어로 노래를 불렀고 이야기도 했는데, 어느 나라인지 모르게 해서 프로모션한 것입니다. 이것이 크게 히트했고, 13세, 14세인가에 일본에 왔었기 때문에 한국에 가지 않았을 것입니다.”

— 일본어는 어디서 배웠나요?
“여기서 배웠습니다. 보아는 대입 검정을 통과했습니다. 고등학교에 들어가지 않아도 학교 졸업 인정을 받는 대학 검정을 통과했습니다. 학교는 가지 않았습니다. 그러니까 완전하게 일본인 가수로서 열심히 해서 인기를 얻은 것입니다. 만약 한국을 전면에 내세워 프로모션 했다면 그리 인기는 없었을 것입니다. 그래서 동방신기는 그 보아의 성공 요인에다가, 이미 한국에서 성공했다는 두 가지 요소가 있었던 것입니다. 이것이 제대로 시너지가 되어 지금 같은 빅스타가 되었다고 생각합니다.”

— 동방신기도 일본어로 노래를 불렀습니까?
“동방신기가 일본에 진출해서 부른 곡은 90% 일본 오리지널곡입니다. 한국 곡은 거의 없었습니다. 일본에서 작곡한 곡입니다. 보아와 동방신기의 가장 커다란 차이는 이겁니다. 당시 동방신기는 2004년 한국에서 데뷔해서 빅스타가 되었습니다. 빅스타가 된 단계에서 일본에 왔습니다. 여기가 굉장한 점입니다. 한국의 활동을 포기하고까지 일본에 와서 결국 일본에서도 인기를 얻었습니다.”

— 마침 한류 붐이 일었던 시기이지요.
“그렇습니다. 타이밍입니다. 보아는 한국에서 인기가 없었습니다. 전혀 인기가 없어 일본에 왔고, 일본에서 인기를 얻어 한국에서 알려지게 되었습니다. 동방신기가 운이 좋았던 것은 2004년에 한국에서 데뷔한 데 이어 2005년에 일본 데뷔했습니다. 2003년에 〈겨울연가〉가 방송되어 2004년에 한류 붐이 일고 한류 팬, 특히 중장년층은 한국이라면 뭐든지 좋아해서 노래부터 뭐든지 관심을 갖기 시작했습니다.”

— 그 후 젊은 층에서도 한류 팬이 늘어났는가요?

"늘었습니다. 2008년부터요. 거기에는 일본화라는 것이 전제되었다고 생각합니다. 일본에서 받아들여지는 것 말이죠. 그 이유는 한국의 노래가 나쁜 것이 아니라 아시아인이라는 점에서 일본인에게 약간 거부반응이 있었다고 생각합니다. 앞에서 말씀드린 대로 서양 지향이 강했기 때문입니다. 이것을 없애기 위해 현지화라는 수단을 취한 것입니다. 한국의 노래가 어떻게 인기를 얻었느냐면 역시 2010년 카라를 예로 들지 않을 수 없습니다. 그 전에도 한국노래가 인기는 있었지만 모두 한류 팬이었습니다. 그러니까 대중문화가 아니라 서브컬처였던 것입니다. 그러니까 한국문화, 즉 '니콜(그룹 카라의 멤버) 서브컬처'였던 것이, 배용준 덕택으로 우선 드라마가 대중문화가 되었고 영화가 역시 〈쉬리〉로 대중문화가 되었으며 음악은 카라로 대중문화가 되었다고 생각합니다. 동방신기와 보아가 아닙니다."

— 카라는 동방신기와 어떻게 다릅니까?

"카라는 단순하게 한국에서 한국어로 불렀던 노래를 가져와서 판매하여 인기를 얻은 경우입니다."

한일 대중문화의 융합과 재창조

— 지금 말씀하셨듯이 역시 처음에는 일본화한 한국가수, 그 다음은 한국어도 좋으니 한국가수의 노래도 받아들여지게 되었군요. 단계적으로 받아들여지게 되는데 한일 문화의 하이브리드라고 할까? 서로의 문화가 만나 새롭게 만들어지는 프로세스라고 생각되는데, 어떻습니까?

"역시 한국에서의 일본 대중문화 개방이 한국 대중문화에 굉장히 좋은 영향, 플러스적인 영향을 주었다고 생각합니다. 한국 국내에서 일본의 대중문화는 비즈니스로는 실패했습니다. 애니메이션이라든가 만화 등은 이전부터 받아들였기 때문에 다르지만, 일본의 드라마, 영화, 음악 등은 한국에서 거의 히트작이 없습니다. 히트한 것은 영화 〈러브레터〉와 〈센과 치히로의 행방불명〉 정도라고 생각합니다. 그렇다면 그 이외는 반응이 없었냐 하면 그렇지는 않고 대부분 무료로 봤다고 할까요. 인터넷 다운로드의 불법 콘텐츠라는 것이지요. 수익이 나는 비즈니스는 되지 못했다는 것이고 당시는 어쩔 수 없었다고 할 수 있겠지요.

어떤 좋은 영향을 미쳤느냐고 하면, 마침 2004년부터 2007년에 걸쳐서는 유튜브 문화라든가 음악 다운로드라든가가 조금씩 보급되기 시작한 시기였습니다. 그 전의 한국은 일본문화에 대해 문화쇄국을 하고 있었습니다. 일본에 대해 의외로 이렇게 가까운데도 잘 모르는 것입니다. 한국의 연예계 사람들은 일본의 흉내라든가 카피 등을 교묘하게 한국식으로 가공해서 만들었습니다. 그러니까 당시는 드라마든 음악이든 영화든 일본적인 것이 많았습니다. 이것이 문화개방에 의해 모두 열린 순간부터 한국인이 한국 것이 아니라 일본적인 것이라는 것을 알아차리기 시작한 것입니다. 그렇게 되면 한국은 역시 서민, 특히 네티즌이라고 하는데, 인터넷상의 여론을 듣게 되면 '역시 어떻게 하지 않으면 안 된다', 이런 강박관념 속에서 새로운 문화 창조밖에 방법이 없지 않느냐 하게 되었지요. 그때부터 한국은 서양에 모두 관심을 갖기 시작한 것입니다.

2004년부터 2005년 사이 케이팝의 음악성이 굉장히 달라졌습니다. 그 이전의 일본적인 것이 구미적인 것으로 크게 바뀐 것입니다. 그때부터 반대로 말하면 저는 한국의 음악을 들을 때마다 한국의 음악이 멋있다고 생각하게 되었습니다. 이는 일본인은 구미 지향이라고, 구미적인 것은 멋있다고 생각하는 것과 비슷합니다. 그전까지 역시 한국적인 것을 멋이 없다고 했던 사람들이 갑자기 뭔가 멋있다고 말하기 시작한 것입니다. 이것은 역시 일본 대중문화 개방 덕분이며 일본을 흉내 내는 것이 아니라 이번에는 구미를 흉내 내는 방향성으로 바뀌면서 한국 대중문화의 질이 크게 높아졌고 폭도 넓어졌다고 생각합니다. 여기가 기점이 되어 한국 대중문화가 단숨에 성숙해가는 프로세스를 향한 첫걸음이 되었다고 생각합니다."

― 한국이 일본 것을 흉내 내서 인기가 있었던 것이 구미 지향으로 방향성이 바뀌면서 한일은 물론 세계적 트렌드에 서로 동참하는 방향으로 발전해갔다는 것이겠지요?

"그렇습니다. 다만 한편으로 크게 안타깝게 생각하는 사람들이 있는데, 1980년대와 당시의 음악을 좋아했던 사람들은 현재의 상황을 전혀 환영하지 않겠지요."

― 저도 동감입니다. 헤비메탈이라든가 최근의 음악은 잘 모르겠습니다.

"최근에는 연예계도 역학관계에서 모두가 움직이게 되어 힘 있는 사람이 움직이고 있는데, 예를 들면 아이돌밖에 없습니다. 그러나 저는 발라드라든가 옛날의 그리움이 묻어나는 댄스, 그런 시절의 한국음악이 가장 즐거웠습니다. 특히 1990년대 후반이랄까? 그 시절에는 정말로 재밌었습니다. 이런 음악이 지금은 거의 없습니다. 당시를 그리워하는 일본 사람들과 만나 이야기하면 최근 한국의 대중음악은 재미없어졌다고 말하는 것입니다."

― 최근에는 라이브라든가 공연은 젊은 사람뿐입니다. 60대 이상은 그런 라이브는 그다지 가질 않았습니다. 가더라도 감동이 없어졌습니다. 세대 간 격차, 제너레이션 디바이드(generation divide)라고 할까요?

"그렇게도 말할 수 있지만 결과적으로는 아직 한국 대중문화가 성숙하지 않았다는 증거라고 생각합니다. 일본 대중문화와 비교했을 때 일본은 이미 마니아 문화가 성숙되어 있으니까, 예를 들면 60대 음악, 50대 음악, 30대 음악 시장이 있으니까요. 그러나 한국은 아직 이쪽이 인기면 모두 이쪽으로 모이고, 그렇게 되면 저쪽에 있는 사람은 아무것도 할 수 없는 것이죠. 이런 점이 앞서 말했듯이 순간순간 비즈니스하려고 하는 발상의 폐해라고 할까, 악영향을 미치고 있다고 생각합니다. 그러니까 발라드 가수와 만나서 이야기를 들어보면 정말로 먹고살기 힘들다고 말하는 것입니다."

— 정말 아깝습니다. 이른바 편향입니다. 그리고 앞에서 일본 대중문화에 대해 말씀하셨는데, 1998년 김대중 대통령과 일본의 오부치 총리 간 정상회담에서 "한일 신시대 파트너십 선언"을 발표했는데, 이를 계기로 상징적인 조치로 한국 정부에 의해 일본 대중문화가 단계적으로 개방되었지요. 앞서 말씀하셨던 〈러브레터〉는 140만 명, 〈센과 치히로의 행방불명〉은 300만 명의 관객을 동원했습니다. 저도 일본 대중문화 개방을 앞두고 한국에서 정부 위촉에 따라 정책제언에 참가했는데, 일단 개방해보자고 했습니다. 그 전에는 걱정이라고 할까요, 겁이 났다고 할까요. 예를 들면 일본 사무라이의 칼싸움이나 야쿠자 이야기 등을 걱정했습니다. 그리고 일본의 우수한 문화가 유입되면 한국의 문화가 없어지는 것은 아니냐는 걱정도 있었습니다만, 열어보니까 커다란 동요 없이 받아들이게 되었습니다. 한편 일본에서는 〈겨울연가〉, 그러니까 앞에서 말씀하신 한국의 일본 대중문화 개방, 이것이 한국 대중문화에도 충격을 주었고 수준 향상을 하는 계기가 되었는데, 일본 내 한류 붐에도 영향은 없었는지요?

콘텐츠의 상호 영향과 재창조의 발전과정

"정말로 큰 영향이 있었다고 생각합니다. 특히 1990년대 〈쉬리〉, 그리고 〈공동경비구역 JSA〉 등 히트작들이 나오게 되면서 한국 영화계는 자국 영화에 대한 평가가 높아져 블록버스터, 즉 제작비를 많이 들여 만드는 영화가 늘어났습니다. 그 다음에 스타 시스템이라고 해서 특정 스타를 출연시키면 히트하는 그런 흐름이 만들어졌습니다. 그 시절 일본 영화계는 크게 침체되어 있었습니다. 예를 들면 일본활동사진주식회사 닛카츠(日活)는 도산 위기에 빠져 언제 도산할지 모르는 그런 상황이었습니다. 한편으로 한국영화는 정말 재밌다고 해서 일본 영화계는 한국 영화계의 영향을 크게 받았습니다. 거기서부터 일본 영화계가 힘을 내고 열심히 했습니다. 당시 한국은 결국 스타 시스템에 의존하고 적당한 각본으로 영화가 만들어지면서 히트작이 잇따라 나오질 않게 된 것이죠. 그렇게 되면서 결과적으로 투자를 회수하기 어려워졌습니다. 그럴 때 일본 영화계가 좋아졌습니다. 이때 한국인들은 일본 영화계를 보고 무엇을 깨달았느냐 하면 바로 인디영화였습니다. 다시 말해 많은 돈을 들이지 않더라도 좋은 각본, 좋은 작가가 있으면 영화는 좋아진다, 어떻게든 된다. 여기서부터 그렇게 돈을 들이지 않더라도 좋은 작품이 늘어나서 이것이 다시금 인기를 얻기 시작했습니다.

일본은 역으로 그 한국 영화계로부터 영향을 받아 블록버스터라는, 할리우드에 뒤지지 않은 작품을 만들기 시작했습니다만, 이번에는 똑같이 한국과 동일한 길을 걷기 시작한 것입니다. 그래서 한국은 또다시 성장했습니다. 이런 현상이 반복되고 있는 것이지요."

— 그런 현상은 어떻게 일어났습니까?
"영화가 도박과 같은 것이라 성격이 비슷한 것입니다. 마찬가지로 드라마도 음악도 서로 영향을 주고받고 자극을 받거나 한다고 생각합니다. 특히 한국드라마 중에는 최근 일본드라마의 리메이크라든가, 그리고 1990년대 일본에서 했던 '트렌드 드라마'라 불리는 스타일의 러브코미디가 굉장히 많습니다. 반대로 일본에는 지금 그런 드라마가 거의 없습니다. 반대로 의사, 경찰 등 직업물이 많습니다. 그렇게 되자 한국도 직업물에 영향을 받아 많이 만들기 시작했습니다. 뭔가 서로 자극하고 연쇄반응처럼 이렇게 되풀이하는 것이 한일의 문화관계라고 생각합니다."

— 그것은 정말로 좋은 일 아닌가요?
"좋은 일입니다. 다른 나라 사이에선 없는 일이라고 생각합니다."

— 역시 서로 라이벌은 아니지만, 비슷한 것이 있기 때문에 그런 것이 가능하다고 생각합니다. 저도 몇 번 문화 관련 강연을 부탁받고 발표한 적이

있습니다만, 일본에서는 패전 이후, 한국에서는 한국전쟁 직후 한일 양국에 서양의 문화, 예를 들면 폭력, 섹스, 스피드라든가 구미의 영화라든가 음악이 물밀 듯이 침투했습니다. 서양문화의 지배를 받으면서 오랫동안, 50년 가까이 빠져 있었습니다. 그러나 여기에 싫증이 나서 지금은 자신들의 문화로 돌아가기 시작하는 것은 아닐까 생각합니다. 이것을 저는 '아시아에로의 회귀'라고 했는데, 일본도 한국도 동일한 현상이 일어나고 있는 것은 자신의 문화의 소중함을 깨닫기 시작함으로써가 아닐까 합니다. 어느 강연에서는 그러한 표현을 했었습니다만, 지금 말씀하신 것을 들어보니 거의 비슷하다고 생각합니다.

"그렇습니다. 그리고 특히 1990년대 이후 그런 상황이 자주 일어나는 것은 일본도 한국도 그러한데, 유학생이 늘어나 일본과 한국 바깥으로 나가는 사람이 늘어나고 그런 사람들이 조국으로 들어와 조국의 좋은 점을 처음으로 깨닫게 됩니다. 이국의 좋은 점은 받아들이지만, 일본에밖에 없는 것, 한국에밖에 없는 것을, 그러니까 지금 받아들이려고 하는 마음이 생기는 것 아닐까 합니다."

한일 문화의 '아시아 회귀'와 자아발견

— 자신의 것에 대한 소중함을 깨닫게 되었다는 점이라 할 수 있지요. 예를 들면 한국에서 할리우드에 가서 많은 돈을 들여 영화를 만들어도 히트하지 않습니다. 심형래의 〈라스트 갓파더〉도 흥행에 실패했습니다. 미국의 돈을 들여 만들어도 성공할 리가 없습니다. 서로 문화적 동질성을 갖고 있는 한일이라면 가능하다고 생각합니다. 옛날에 엔카도 그렇고 발라드도 그렇고 한 사람의 가수가 불러 히트했습니다만, 지금은 그룹 아이돌이라고 할까? 그룹 아이돌에 의한 히트의 시대가 된 듯합니다. 또한 1970년대는 영화, 1980년대는 텔레비전에서 아이돌이 만들어졌다고 생각합니다. 지금은 인터넷이라든가 유튜브 등에서 아이돌을 만들어내는

시대가 되었습니다. 그중에서 물론 TV에서 볼 수도 있지만, 현장에 가서 만나서 서로 악수하거나 함께 노래 부르고 춤추는 그러한 시대가 된 것 같습니다. 제 표현으로는 '일반참가형 아이돌 시대'라고 할 수 있습니다. 이러한 시대가 된 이유는 무엇이라고 생각하십니까?

"아마도 음악 비즈니스가 전환기를 맞이하는 점이 가장 크다고 생각합니다. 지금은 음악 비즈니스는 사양 산업이라고 합니다만, 이전 한국에서도 그렇고 CD가 몇백만 장이나 팔렸던 시절이 있었습니다. 지금 CD가 거의 안 팔립니다. 그중에서 CD가 잘 팔리지 않은 가수는 어떻게 먹고 사느냐는 문제입니다만, 그러면 다음 비즈니스를 어떻게 할지 고민하는 시점에서, 가장 먼저 세계적인 흐름을 만든 것이 마돈나입니다. 마돈나가 워너브라더스와 계약했었는데 그 계약을 끊었습니다. 끊고 라이브를 만드는 회사와 계약했습니다. 마돈나는 당시 이렇게 말했습니다. '더 이상 레코드 시대는 아니다'라고요. 앞으로는 아티스트로, 콘서트로 먹고 사는 시대라고 말했습니다. 그녀가 말한 대로의 시대가 지금 된 것입니다. 그녀의 흐름을 잘 탄 것이 한국이 아닐까 생각합니다.

한국은 일본보다도 음악 산업이 꽤 어려운 상황이었다고 생각합니다. 그것은 역시 다운로드, 불법 다운로드입니다. 이 때문에 CD를 구입하지 않습니다. 그렇게 되었을 때 한국이 가장 먼저, 마돈나보다 빨리 손을 댄 것이 인터넷이었다고 생각합니다. 역시 한국은 달리 말하면 권리(저작권)에 무관심하다는 점입니다. 그러니까 자신의 권리를 지키려고 하는 의식이 거의 없습니다. 그러나 이것이 반대로 플러스가 된 것이 인터넷 시대였던 것입니다. 일본은 예를 들면 유튜브 시대가 되어도 유튜브에 영상을 올리면 전부 삭제했습니다. 한국은 그러지 않았습니다."

— 그 이유는 무엇이었습니까?

"그것은 저작권, 음원 등 권리의 문제입니다. 그러니까 함부로 올리지 말라고 콘텐츠 공급자가 전부 삭제했습니다. 그러나 한국은 원래 권리에 대해 그렇게 시끄럽지 않았기 때문에 말하지 않았던 것입니다. 그렇게 되자 이것이 점점 더 확산되는 모습을 보고 한국 연예기획사는 머리가 좋으니까 '이것은 좋은 프로모션이 된다' 하니까 그냥 놔두었습니다. 그냥 놔두니까 한국의 콘텐츠만이 늘어났습니다. 그렇게 되자 공개적으로 볼 수 있는 콘텐츠는 한국 음악뿐이었습니다. 이것이 2007년이었습니다. 정말로 타이밍이 좋았던 것인데, 음악 산업이 이렇게 되었을 때 마돈나의 생각과 한국이 어떤 의미에서 권리에 무관심해서 만들어진 인터넷 프로모션, 이것이 잘 맞아떨어져 한국 음악계가 지금처럼 힘을 얻게 된 것입니다. 만약 일본도 한국처럼 유튜브에 뭐든지 올리고 삭제하지 않았더라면 지금처럼 케이팝 독무대, 케이팝만이 아시아를 석권하는 상황이 되지는 않았을 것입니다. 일본은 너무나도 권리에 고집하는 바람에 세계로 확산될 기회를 스스로 잃어버렸습니다."

― 제가 이상하다고 생각한 것은 케이팝은 세계적으로 여러 나라에서 인기가 있는데, 제이팝은 왜 국내시장에 안주하는지입니다. 어떻게 생각하시는지요?
"'세계 2위의 음악'이라는 생각으로 안심하고 있었다고 봅니다. 그리고 권리 문제, 즉 저작권입니다. 권리 문제만 해결되었더라면 제가 생각하기엔 제이팝과 케이팝은 경쟁관계에 있었다고 생각합니다."

― 지금은 음악적으로는 거의 비슷하다고 생각합니다만.
"지금은 거의 다르지 않습니다. 역시 이런 점이 한국은 말하자면 선진적, 바꿔 말하면 행운이 따랐다고 생각합니다. 김대중 대통령이 정보산업 육성정책으로 인터넷을 키워 국가를 일으키려고 했던 덕분이지요. 이런 점은 그다지 높게 평가되고 있지 않은 것 같지만 그런 덕이 크지 않았나 생각합니다."

— 앞의 질문입니다만, 모두 라이브를 보러가나요? 이전에는 별로 없었던 현상이었다고 생각합니다만.

"그렇습니다."

— 입장료도 비싸지요?

"쌉니다. 그러나 역시 인터넷 시대가 되어 라이브 감각을 원합니다. 살아 있다는 라이브성과 그 음악 콘서트의 라이브성, 이 두 가지를 가리켜 '라이 브 감각'이라고 하는데요. 줄곧 인터넷 세계밖에 보지 않으니까 진짜를 보 러가고 싶은 감각은 당연히 있으리라 생각합니다. 이것은 이전에는 CD가 채워주었던 역할이었는데, 지금은 라이브가 된 것이지요."

— 가수는 무대 위에서 춤을 추지만, 그 밑에 있는 객석의 팬들도 함께 춤 을 출 수 있는, 참가할 수 있는 즐거움이 있다고 할 수 있겠지요?

"케이팝이 왜 세계적으로 보급되었느냐고 질문을 받으면 항상 하는 대답 이 한국 음악계가 음악을 즐기는 방법을 재정립했다고 말합니다. 음악 자 체는 서양 음악입니다. 그러니까 음악 자체에는 한국적인 것은 아무것도 없다고 할 수 있습니다. 그러면 무엇이 다르냐고 하면 완벽한 퍼포먼스입 니다. 댄스. 서양의 아이돌은 댄스가 그다지 멋있지 않습니다. 한국은 그 러니까 서양 음악과 독특한 퍼포먼스를 결합시켜 한국의 군대식 트레이닝 으로 완벽한 것으로 만들어 보여준 것이지요. 그래서 늘 말하는 것이 한국 은 음악을 보여주고, 보고, 즐기는 것이라고 정의해서 성공했다고 말합니 다. 반면 일본인은 음악은 듣는 것이라고 생각한 것이지요. 그러니까 라이 브에 가서도 점잖게 집중하고 듣습니다. 한국은 라이브에서 떠들썩합니 다. 왜냐하면 보고 즐기는 것이기 때문이지요. 그러니까 유튜브에서, 예 를 들면 소녀시대가 〈GEE〉라는 곡을 춤추면서 노래하는 모습을 보고 즐 길 수 있지만 CD만을 듣고 재밌어 하지는 않습니다. 한국은 인터넷 시대 를 내다보고 음악은 보고 즐기는 것이라고 재정의했다고 생각합니다. 그러니까 모두 라이브에 가는 것입니다. 보지 않으면 즐길 수 없으니까요. CD가 팔리지 않더라도 좋다, 그 대신 라이브에 와달라는 비즈니스 모델을 만든 점에 성공 포인트가 있다고 봅니다.”

— 국민성과 관계가 있지 않을까요? 한국인은 춤추고 박수치고 즐기는 것을 좋아하니까요. 다음 질문입니다만, 한국에서의 가수 선발과정과 일본에서의 선발과정의 차이인데, 케이팝은 선발부터 오디션의 엄격한 경쟁하에서 연예프로덕션이 철저하게 훈련을 시켜 관리합니다. 제이팝은 어떻습니까? AKB48은 대단히 민주적으로 조직되어 있다는 인상을 받았습니다. 이처럼 케이팝과 제이팝의 선발과정이 다르다고 하는 것은 팬 때문인가요, 문화적 토대의 차이 때문인가요?

“저는 문화적 차이 때문이라고 생각합니다. 한국의 양반 문화가 여전히 연예계에서 엘리트 의식으로 남아 있지 않나 생각합니다. 예를 들면 ‘연예인이라도 대학을 나오지 않으면 안 된다’라든가. 대학을 나오지 않으면 바보 취급을 받게 되지요. 일단 그런 것은 일본의 연예계는 찾아볼 수가 없습니다. 가수 유재하 씨가 이전에 인터뷰에서 이런 말씀을 하셨습니다. 유재하 씨가 직접 만든 데모테이프를 음반사에 가득 가지고 찾아갔는데, 갈 때마다 ‘이런 말도 안 되는 가사로 CD를 만들다니’라고 했다고 합니다. 만약 일본이었다면 절대로 그런 일은 없었을 것입니다. 싱어송라이터라면 노래가 엉망이라도 좋습니다. 그 사람밖에 없는 색깔이 있다면 괜찮습니다.

그러나 한국의 경우 노래를 잘 불러야 된다는 것이 전제조건입니다. 용모도 좋지 않으면 안 되지요. 그러나 일본은 괜찮습니다. 음악성만 있다면 얼굴은 그다지 중요하지 않습니다. 한국은 가치관이 다르다고 생각합니다. 한국의 경우는 역시 모든 것에 있어서 완벽을 추구합니다. 일본은 완벽하지 않더라도 좋습니다. 그 사람의 개성이 있으면 됩니다. 그 평가방법은 대중문화의 모든 성장과정에 커다란 영향을 미치고 있다고 생각합니다. 한국에서 TV를 보고 있으면 못생긴 탤런트는 거의 없습니다. 귀엽지 않고 멋있지 않은 탤런트는 거의 나오질 않습니다. 그러나 일본의 TV를 보고 있으면 거의 그런 사람밖에 없을 걸요. 이런 차이는 그런 가치관을 어떻게 인정하느냐의 영향이라고 생각합니다. 그러니까 일본은 함께 아이돌이나 가수를 키워나가자, 그러니까 오랫동안 응원하는 것입니다. 그러나 한국의 경우 완벽한 것이 나오니까 그 순간 응원하지만, 오랫동안 그 사람을 응원하려고 생각하지 않는 것입니다. 그래서 특히 중학생, 고교생이 차례차례 새로운 가수의 팬이 되는 것입니다. 일본에서 그런 일은 없습니다.

그러니까 최근 한국에서 그룹의 계약 문제라든가 탈퇴 문제 등이 많이 생기는데, 한국이라면 '또?'라고 모두가 생각하는데, 일본에서라면 충격입니다. 배신인 것입니다. 그러니까 그 가치관의 차이라는 것은 문화라든가 습관을 넘어서 문화 전반에 영향을 미친다고 봅니다."

— 말씀대로라면, 제이팝의 수명이 케이팝보다 길다는 말씀이신지요?
"그렇습니다. 깁니다. 자연스럽게 길어집니다."

— 그리고 AKB48 자매 그룹인데요. 오사카에도 있고 나고야에도 있습니다만, 이를 어떻게 보시는지요?
"저는 성공했다고 보지는 않습니다. 실제로는 그다지 인기가 없는 것 같습니다."

— 역시 최고 인기는 도쿄 아키하바라의 AKB48인가요?
"그렇습니다. 앞에서 선생님이 말씀하신 대로 AKB48은 정말로 서브컬처입니다. 그러니까 메인컬처가 아니기 때문에 대중문화가 아니라는 말입니다. 국민적 아이돌이라고 방송에서는 말하고 있지만 제 주위에는 팬이 아무도 없습니다. 정말로 서브컬처입니다. 원래 AKB48은 서브컬처의 본거지인 아키하바라에서 탄생한 그룹입니다. 이것을 재생산해서 크게 보여주고 돈을 벌려고 하는 것에 불과합니다. 다만 담당 프로듀서 아키모토(秋元

康) 씨가 케이팝에 지지 않으려고 비즈니스 모델을 만들어 해외라든가 지방 한정의 아이돌을 늘려나가는 방법으로 하고 있을 뿐입니다."

— 그런데 AKB48가 어떻게 해서 아키하바라에서 탄생한 것인지요?
"아키하바라가 결국 서브컬처의 성지이기 때문에 여기서 발신하는 아이돌이라는 의미를 갖는 것인데, 원래 AKB48 같은 아이돌이 아키하바라에서 활동을 했는데 아키하바라에서만 인기가 있었습니다. 아키하바라에만 가면 있는 아이돌이 있었던 것이지요. 원래 아키하바라는 애니메이션이 기본이지요. 애니메이션 코스튬을 하는, 애니메이션에서 튀어나온 것 같은 사람들이 여기저기 있는 지역이지요. 도쿄의 아키하바라가 전자제품 상가이기는 하지만 한국의 용산 전자상가와는 조금 다릅니다."

— 제가 일본에 처음 왔을 때 한국 사람들이 아키하바라에 많이 갔습니다. 코끼리표 밥솥이라든가 트랜지스터를 사러 갔었지요. 그런데 아키하바라 전자상가와 AKB48은 어떻게 연결되어 있다는 건가요?
"결국 그러니까 애니메이션이라든가 만화라든가 이른바 '오타쿠 문화'라 불리는 것의 중심이 아키하바라인 것이죠. 그러니까 전자상가는 이전부터 있었지만 그 이외에 그러한 오타쿠 문화를 만들었던 지역이 있었고, 그것이 나가노와 아키하바라입니다만, 여기서 기본적으로 그러한 문화가 자연스럽게 만들어진 것이지요. 지금은 전자제품을 사러 아키하바라에 가는 사람은 거의 없고 오타쿠가 가는 곳이 되었습니다. 애니메이션이라든가 피겨라든가 그런 프라모델이라든가 서브컬처의 성지가 된 것이지요. 그렇게 생긴 서브컬처 가운데 하나가 AKB48인데, 결코 대중적인 아이돌은 아니었습니다. 다만 AKB48을 키운 프로듀서가 우연찮게 방송국에 영향력이 있는 사람이었다는 것이죠. 원래 그러한 콘셉트는 요시모토흥업(吉本興業)이 먼저 했습니다. 요시모토가 원래 지방에 지사가 있어서 그 지방만의 개그맨을 만들었고 그 지역의 방송국에만 나왔습니다. 그러니까 원래의 콘셉트는 아키모토 씨가 만든 것이 아닙니다. 다만 아이돌이라는 감각, 그리고 만나러 갈 수 있는 연예인은 케이팝에서 콘셉트를 빌린 것이라고 할 수 있습니다."

— 지금은 '국민 아이돌'이라 불리는 아이돌 그룹이 있나요?
"그게 지금은 없습니다. 그러니까 왜 케이팝이 인기냐 하면 앞에서 말씀드렸듯이 문화가 다양하여 이전처럼 우타다 히카루처럼 800만 장 팔리는 그런 시대는 지난 것이지요. 지금까지 대중문화라 불렸던 것이 실은 서브컬처였던 것입니다. '작은 문화'가 가득 있었고 지금 각자의 시장이 형성되어 있는데, 이것을 종합해서 대중문화라고 할 수 있는 문화는 없는 것이지요. 이전에는 TV에 자주 나오면 인기를 얻기도 했지만 지금은 인터넷 시대가 되어 그런 일이 없습니다. 그래서 서브컬처가 아무리 TV에 나와 대단하다는 평을 들어도 일반인들은 누구도 국민적 아이돌이라고 생각하지 않습니다."

— 그런 팬들은 노래를 듣습니까? 아니면 댄스를 보는지요?
"노래는 거의 듣지 않는다고 생각합니다. 악수를 하러 가는 것뿐이라고 생각합니다."

— AKB48은 48명으로 이루어졌나요?
"처음에는 48명이었는데, 지금은 몇백 명 정도 있습니다."

— 앞에서 한 질문입니다만, 왜 케이팝이 글로벌 지향인가라는 질문에 대해 저작권 문제를 애기하셨지요?
"한국은 음악시장이 일본의 30분의 1 정도의 규모인데, 일본은 세계 2위이고 현재 CD 판매량만 보면 세계 제1위가 되었습니다. 그러니까 자국 중심으로 시장이 형성되어 있으니까, 저작권을 무시하는 아시아 국가에 진출할 필요를 못 느끼고 일부러 진출하지 않은 것이지요. 그러나 어느 순간 되돌아보니 인터넷 시대가 되어 뭐가 팔리고 뭐가 인기인지라는 기준이 크게 달라지는 상황에서 뒤늦게나마 세계로 진출하자고 하기 시작한 것이지요."

— 케이팝이 자주 오리콘 1위를 차지하고도 일본 음악시장에서의 점유율은 조금밖에 되지 않습니다만, 어떻게 생각하시는지요?
"지금은 오리콘 1위를 차지했다고 해도 CD 매출은 AKB48과 마찬가지로 CD를 몇 장 사면 악수회라든가 팬 미팅이라든가에 무료로 갈 수 있는 마케팅을 하고 있어서 그런 숫자가 나오는 것이 당연해지고, 오리콘 10위 이내에 들어가는 것은 그리 어렵지 않은 것이지요. 그러니까 선생님이 말씀하셨듯이 CD가 전혀 팔리지 않고 있다고 확실하게 말씀드리는 것이지요. 표면적으로는 인기가 있는 듯이 보이지만, 얼마나 주위에서 듣고 있냐 하면 그다지 듣지 않고 있습니다. 다만 '오리콘 신화'라는 것이 있어서 오리콘 10위 내에 들어가면 굉장하다고 말하는 사람은 있습니다."

— 미디어의 영향인가요?
"미디어 때문이지요."

— 화제를 바꾸면, 〈강남스타일〉의 싸이는 일본에서 왜 인기가 없었다고 생각하시는지요?
"이것은 말이죠. 극단적으로 말하면 멋이 없기 때문입니다. 일본에서 인기 있는 한국인은 꽃미남이 아니면 안 되는 것이지요. 앞에서 말씀드렸듯이 한국 스타의 기준은 '멋있고 키가 크고, 여자라면 다리가 길고 예쁘고, 노래와 춤이 완벽한 사람 = 케이팝 아이돌'인 것입니다. 싸이는 전부 해당되지 않지요. 싸이 같은 사람이 일본에는 이미 있는 것입니다. 예를 들면 싸이가 추는 춤과 노래는 일본에서도 이미 비슷한 사람이 있습니다. 그러니까 일부러 한국인 싸이를 좋아해야 할 필요는 일본에서는 없었다고 할 수 있죠. 이에 대해 정치적 문제 아니냐, 한일관계가 안 좋아서 싸이가 진출하지 못한 것이 아니냐고 하는 사람이 있는데, 저는 전혀 관계없다고 생각합니다."

— 일본에서 인기가 없었던 것은 역시 콘텐츠 문제였다는 말씀인가요?
"세계적으로 인기를 얻은 이유도 결국 싸이라서가 아니라 노래 때문이라고 생각합니다. 이 이야기는 들은 이야기입니다만, 전 세계 사람들이 어떻게 싸이를 보고 있는지를 물으면 대부분 우선 싸이가 한국인이라고 하는 의식은 전혀 없다고 합니다. 〈강남스타일〉에서 '강남'의 의미도 모른다고 합니다. 그럼 뭐가 재밌냐고 하니까 '아무튼 재밌다'는 것입니다. 그러니까 먼저 유튜브 시대에 재밌는 뮤직비디오를 만들었다는 점, 그리고 싸이가 영어를 잘하기 때문에 세계로 발신할 수 있다는 점이 크게 영향을 미쳤다고 생각합니다. 그리고 이것은 미국에서 시작된 붐인데요, 미국은 몇 년마다 한 번씩 굉장히 재밌는 노래가 히트합니다. 지금까지도 예를 들면 〈마카레나〉라든가, 〈람바다〉, 〈스캣맨〉 등 뭔가 알 수 없는 노래가 히트를 해왔습니다. 그 타이밍에 싸이가 등장한 것이지요. 그러니까 싸이가 부른 〈젠틀맨〉은 전혀 인기가 없었던 것인데, 역시 이것은 〈강남스타일〉이었기 때문에 인기가 있었던 것이지요."

— 저도 강남에 살고 있지만, 왜 강남스타일인지 잘 모르겠습니다(웃음). 다만 말춤은 미국인이 즐겨 추는 그런 춤 스타일과 닮지 않았나 생각됩니다. 따라 하기 쉬운 춤이라는 게 인기를 얻은 요인이 아닐까 생각됩니다.
"그리고 자주 지적하는 것이 SNS, 인터넷으로 저스틴 팀버레이크라든가, 브리트니 스피어스 같은 미국의 슈퍼스타가 '이거 재밌네'라면서 트위터를 한 것이 컸다고 합니다. 입소문의 재미이지요."

— 작년 연말(2012년 연말) 서울시청 앞에서 무료로 공연을 했는데 무려 8
만 명의 젊은이들이 열광했습니다. 세계적으로 유명해진 싸이가 국내 팬
들의 성원에 보답하기 위한 공연이라 할까요.

한류는 일본 사회의 서브컬처

— 금년(2013년)은 일본 NHK에서 〈겨울연가〉가 방송된 지 마침 10년이
되는 해입니다. 지금도 BS, CS에서 한국드라마를 계속 편성하고 동방신
기는 일본 투어에서 85만 명을 동원했다고 합니다. 후루야 선생이 한국
미디어와의 인터뷰에서 "한류는 앞으로 일본문화 속의 하나의 장르로서
정착될 가능성이 있다"고 말씀하셨습니다. 이것은 어떤 의미인가요?
"이미 장르로서 정착되었다고 생각합니다만, 앞에서 말했듯이 서브컬처입
니다. 그러니까 제가 보기에는 케이팝도 한류도 원래 서브컬처라고 생각
합니다. 서브컬처로 정착되었다는 점에서 보면 앞으로도 붐에 좌우되지
않고 계속해서 한류는 남을 것이라고 생각합니다. 다만 한국인들이 말하
는 한류는 대중문화에서의 한류입니다. 그러면 모든 사람이 알지 않으면
안 되고 모든 사람이 듣지 않으면 안 된다고 생각합니다. 그런 의미에서의
케이팝은 작년에 이미 끝났다고 저는 생각합니다.

이것은 이명박 대통령의 독도 방문이 큰 원인이라고 생각합니다. 이 사
건은 업계에서는 정말 충격이었습니다. 일본인의 국민감정 속에서 한일관
계는 대중문화로 간신히 연결되어 있었던 것이지요. 정치적 문제가 있었
다고 해도 문화는 괜찮고 정치와는 다른 것이라고 말할 수 있는 환경이 일
본에는 있었습니다. 그런데 그 다음부터 말하기 어려워졌습니다. 결국 한
국에 가는 관광객도 격감했고 라이브에도 사람이 몰리지 않고 CD를 내도
동방신기나 빅뱅밖에 팔리지 않고…. 모든 것이 악영향을 받았습니다.
그래서 저는 한국에서는 어떻게 이야기하고 있는지 잘 모르지만, 이명박
대통령의 독도 방문은 박근혜 대통령 취임 후의 한일관계보다 더 심각하다

고 봅니다. "

— 엔터테인먼트 업계에도 영향을 미쳤나요?
"엔터테인먼트 세계가 가장 타격이 컸다고 생각합니다. 한국인들은 거기
까지 영향이 미칠까 하고 생각할지도 모르지만, 현장에 있는 사람이 본다
면 그게 결정적이었습니다. 그러니까 이명박 대통령의 독도 방문이 있기
전으로 돌아갈 수 있냐고 하면 제가 보기에는 그럴 수 없다고 생각합니다.
돌아갈 수 없지만, 앞에서 선생님이 말씀하셨듯이 BS, CS는 온통 한국드
라마라는 점에서 변함이 없고, 보고 있는 사람도 많고, 재미없다고 하면서
도 새로운 드라마가 들어오고 있고요. 그렇게 생각하면 한류 팬이 갑작스
럽게 없어지는 일은 없을 것이라고 생각합니다. 그러니까 앞으로도 서브
컬처라는 장르로서 정착해가지 않을까 하고 생각합니다만, 카라가 2010년
에 왔을 때의 그러한 열광적 분위기가 다시 일어날 것인가 하면 제가 보기
에는 100% 일어나지는 않을 것이라고 생각합니다. "

— 일본문화의 주류에는 진입하지 못했지만 서브컬처로서, 장르로서 정착
되었다는 의미이지요?
"이미 정착되어 있고 끝까지 살아남을 것으로 생각합니다. "

— 카라가 소녀시대보다 더 오래갈 것이라고 말씀하셨는데, 어떤 이유에
서 인지요?
"이것은 앞에서 말한 대로 성장해나가는 아이돌 형태인지 완벽한 아이돌
인지의 차이인데, 한국의 SM 엔터테인먼트가 만들고 있는 아이돌은 완벽
한 상품입니다. 그런데 일본 DSP 미디어에서 만드는 아이돌은 완벽하지
는 않습니다. 어딘가 SM과 비교해 조금 덜 완벽하지만, 그런 인간적 요소
가 좋은 것이지요. 일본인에게는 그런 점이 맞는 것이지요. "

— 그런 배경까지 일본인 팬이 알아차릴 수 있을까요?

"배경자체는 일본인은 잘 모르겠지만, 아이돌이 갖고 있는 분위기라든가 그런 것을 보면 이건 일본에서도 인기가 있을 거라고 느끼는 것이지요."

— 앞에서 말씀하신 내용인데, 이명박 대통령의 독도 방문으로 그 이전과 이후가 크게 달라졌다고 하셨습니다.

"제가 가장 쇼크였던 것은 2010년에 카라가 일본에 상륙했을 때 일본의 젊은이들 사이에서 한국의 이미지가 굉장히 올라갔다는 점입니다. 그때까지 한류는 중장년층의, 나이 드신 분들의 문화였는데 카라가 오고서부터는 한국의 문화가 젊은 층의 문화가 되었습니다. 젊은 층 사이에서 한국어로 말하는 것이 왠지 자랑거리가 되었던 것이죠. 그런 분위기가 모처럼 생겨났습니다.

  그 다음은 2011년 이후입니다. 아무나 일본에 오는 것인데, 이것도 좋지 않았습니다. 카라가 오기 전까지는 선택된 스타만이 일본에 와서 활동했습니다. 동방신기라든가 정말로 한정된 아티스트들만. 그것이 카라의 등장으로 '한국 아이돌은 재밌다'고 느껴진 순간부터, 일본 음반사에게도 문제가 있었지만, 막 데뷔해서 잘 모르는 아티스트들 한 40팀 정도를 일본에 데뷔시켰습니다. 그렇게 되면 수준이 높다고 생각했던 한국 아이돌에 대해 느꼈던 이미지가 '다르네'라는 이야기가 되는 것이지요. 그런 것도 있었고 이명박 대통령의 독도 방문도 있어서 그 두 가지가 겹치면서 일제히 급제동이 걸린 것입니다. 이른바 2012년 가을에 '케이팝 버블'이 붕괴된 것입니다. 정확하게는 2012년 봄부터 그런 경향이 보였습니다."

— 최근 신오쿠보에서 혐한·반한적인 헤이트 스피치 데모가 있었는데 한편으로 한류를 재점화하려는 움직임도 있습니다. 어떻게 보시는지요?

"그런 헤이트 스피치 같은 것이 생긴 이유라는 것이 결코 정치적인 문제가 아니라 솔직히 최근 몇 년간 (한국이) 미디어에 너무 자주 등장했다고 생각합니다. 튀어나온 말뚝은 얻어맞는다는 말이 있지 않습니까? 그거라고 생각합니다. 그러니까 왜 최근 그런 일이 벌어지고 있느냐 하면, 이전에 카라가 오기 전에는 한류는 서브컬처였습니다. 그러니까 좋아하는 사람만이 보면 되었고 따라서 지상파에서 한류, 한류 하지 않았던 것이지요. 그런데 지상파에서 나오고 대중문화가 된 순간부터 반드시 적은 생기는 법입니다. AKB도 안티 팬이 엄청나지 않습니까? 나오니까 기분 나쁘다는 것입니다. 헤이트 스피치라는 게 극단적으로 말하면 단순하게 한국을 안 좋아하는 사람이 한국이 싫다고 말하는 것이니까요. 정치적인 이념 같은 거 원래 없었습니다. 그러니까 한류가 나오면 나올수록 그 사람들은 싫어하는 것이지요. 제가 생각하는 것은 이런 상황에서 한류가 다시 대중문화에서 서브컬처로 돌아가면 자기도 모르는 사이에 헤이트 스피치가 없어질 것이라고 생각합니다. 그래서 이전처럼 좋아하는 사람은 좋아하는 상황에서 즐기는 문화가 되면 그런 문제는 반드시 일어나지 않을 것이라 생각합니다."

― 그러니까 메인스트림에 조금 진입하려고 한 순간에 거부감이 생겼다는 말씀이시군요.
"그것은 한류에만 해당되는 이야기가 아니며 어떤 문화든지 똑같다고 할 수 있습니다."

― 한류가 메인스트림에 들어가려 하니 위협을 느꼈던 것이 아니었을까 하는 생각도 듭니다만.
"놀랄 만한 것은 아니지만 이것은 일본 미디어의 책임입니다. 일본 미디어가 부추기고 부추겨서 그런 결과가 생겼기 때문에 그런 배경에는 당연히 돈이 움직입니다. 이걸로 돈을 버는 사람이 있기 때문에 그렇게 되는 것이지요. 그러나 저처럼 십수 년 한류와 관계하는 인간조차도 아무것도 모르는 것입니다. 다만 최근 2, 3년 동안 젊은 층 팬이 늘어난 것 외에 크게 달라지지 않았습니다. 이것을 미디어가 부추기니까 그런 상황이 되어버린 것이지요. 일본 언론에게도 상당한 책임이 있다고 생각합니다.

한편으로 한국 언론도 굉장히 문제가 있다고 봅니다만, 일본에서 실제로 헤이트 스피치가 생기는 근원에 무엇이 있는지 알지 못하면서 표면적으로 일본에서 배타주의가 시작되었다든가 하는 식으로 보도했습니다. 뭔가 혐한운동이 들끓고 있다는 식으로. 와보면 알겠지만 그런 문제가 아니지 않습니까? 그러니까 그런 의식을 가진 극히 일부를 갖고 혐한의식이 들끓고 있다든가, 배타주의라든가, 군사정권이 되고 있다든가 보도하는데, 전혀 관계가 없지요. 한국과 일본의 매스컴이 이런 상황을 만들어내고 있다고 생각합니다. 그 위에 일부 정치가의 발언이 있고요."

— 마지막 질문입니다만, 일본에서 케이팝을 가장 전문으로 하는 전문가로서 한국 대중문화를 연구하면서 관련 방송프로의 VJ, DJ 그리고 공연들의 사회를 보고 있는데, 후회는 안 하시는지요?

"전혀 후회하지 않습니다. 결국 제가 캐나다에서 처음으로 한국의 CD를 들었을 때 굉장히 감동을 받았는데, 그 감동을 조금이라도 많은 사람에게 알리고 싶어 지금의 일을 하는 것입니다. 일본인은 역시 섬나라라서 그다지 외부에 관심을 갖지 않습니다. 이렇게 가까운 나라에 이런 재밌는 것이 있다는 것을. 게다가 한국과 일본 사이에는 역사 문제라든가 여러 복잡한 문제가 있는데도 말입니다. 이렇게 음악처럼 연결되는 뭔가가 있다는 점입니다. 정치적 이해와 관계없이 개인적으로 그런 음악을 좋아하는 감정만으로 하고 있는 것입니다. 그런 점에는 아무런 후회도 없습니다. 다만 유감스러운 것은 엔터테인먼트가 정치적으로 이용되는 것인데, 마음에 들지 않습니다.

엔터테인먼트는 그런 것이 아니라고 생각합니다. 그렇게 돼서는 안 되고 그런 상황이 있더라도 서로 즐기는 것이어야 하는데, 이런 환경 속에서 한류를 즐기는 데 굉장한 혐오감을 갖는 사람도 일본에는 있습니다. 예를 들면 부인이 한류드라마를 보고 있는데 남편이 한국드라마 같은 거 보지 말라고 하기도 합니다. 학교에서도 여자아이가 케이팝을 듣고 있으면 '그런 한국 음악 따위 …'라는 분위기가 되는 것이 안타깝습니다. 기본적으로 관계없는데도 말이죠. 그런 분위기를 만들어버린 한일에서 자신의 지위를 지키려고 하는 어른들의 책임이 크다고 생각합니다."

― 벌써 두 시간이 지났군요. 오늘은 많은 시간을 내어주시고 재미있는 이야기를 들려주셔서 대단히 감사했습니다.

교토대 교수 오구라 기조(小倉紀蔵)

한류는 일본 사회의 시대정신

일시: 2013년 12월 17일
장소: 도쿄 한국문화원 회의실

오구라 기조는 도쿄대 독문과를 졸업하고 서울대학교에서 동양철학으로
박사과정을 밟았다. 토카이대 전임강사, 조교수를 거쳐 교토대 교수로 있
다. 저서로는 《韓国は一個の哲学である》(1998), 《歴史認識を乗り越える》
(2005) 등이 있다.

들어가며
■ ■ ■ ■

오구라 기조 교토대 교수는 일본에서의 한류 붐에 대해, 단순한 엔터테인
먼트라는 차원을 넘어서 '시대사상의 교환'이라는 관점에서 해석되어야
한다고 주장한다. 한류는 문화적 현상이므로 문화면에서의 분석도 중요
하지만 정치·경제·사회적으로 폭넓게, 깊은 식견을 바탕으로 분석검증
할 필요성을 제기한 것이다. 단순히 좋다, 싫다는 판단을 떠나 넓은 시야
에서 객관적으로 관찰할 필요가 있다고 지적한다.

그는 "한류는 문화현상인 동시에 '정치적 현상'"이라고도 해석한다. 예
를 들어 그는 한국과 일본에서의 스타와 팬의 관계를 '가족'이라는 관점에
서 비교하였다. 〈겨울연가〉로 많은 일본 여성 팬을 형성한 배용준은 팬
미팅에서 팬들을 '가족'이라 부르고, 미리 받은 명단을 바탕으로 팬들의
이름을 일일이 쓰고 본인이 직접 사인한 사진을 1천여 명의 여성 팬들에게
나눠주면서 여성 팬의 마음을 사로잡았다. 오구라 기조 교수는 "일본의
배우가 팬들을 가족이라고 부르는 것은 상상할 수 없다"고 지적한다. "일
본에서는 가족이나 공동체의 유대가 붕괴됐다 … 그에 비해 한류의 작품
과 한류스타는 가족이나 국가 등의 공동체를 소중히 생각하고 유교적인
유대나 가치를 중시하고 있다"고 저서 《하이브리드화 하는 일한》(ハイブ

リット化する日韓)에서 밝혔다. 그런 관점에서 한류를 통해 일본여성들이 결집(주체화)하는 현상은 일종의 정치적 현상이라고도 할 수 있다는 것이 그의 지론이다.

한류 붐을 통하여 문화의 새로운 가치와 중요성이 확인된다는 것도 그의 새로운 시각이다. 국제관계를 말할 때 다국 간 또는 양국 관계에서 지금까지 중요시한 것은 정치, 외교, 안보, 경제, 사회 분야였으나 거기에 문화라는 분야가 새삼 자리하게 되었다고 지적한다. 한류 붐을 계기로 한국을 찾는 일본 관광객이 늘고 한일관계의 새바람이 불게 된 현상은 정치·외교 이외에 문화가 갖는 소프트파워가 양국 관계에 어떻게 작용하는지를 잘 보여주는 예다.

그가 한국적 문화 현상을 관찰하고 있는 분야는 드라마뿐이 아니다. 영화 〈실미도〉, 〈웰컴 투 동막골〉 등 반전, 반미, 탈냉전적 시대현상의 한 면을 반영하는 한국영화들이 많은 관객을 끄는 현상에 대해서는 한국문화의 탈권위주의로 풀이한다. 권위주의 통치시대에 저항해온 문화에 있어서의 민주화 운동이 배경이 되었음을 읽어낸 것이다.

그는 또 동아시아에 있어서의 역사인식에 대해서도 일본의 보수주의적 역사관과는 다른 해석을 내린다. "일본이 아시아의 '넘버원'으로서의 지위를 누리던 시대는 단적으로 '근대'라고 하는 때였으나 이것은 동아시아의 이상상태(異常狀態)였다"는 것이다. 일본에 의한 한국 강제병합 100년째가 되던 2010년에 출간한 위의 책에서 그는 "일본이 한국을 병합한 100년 전부터 현재까지의 기간은 동아시아가 '이상(異常)했던' 시대로, 이를 청산하는 것이 동아시아를 '정상상태'로 되돌리는 것"이라고 주장했다. 이 같은 이상상태를 정상으로 바로잡기 위해 일본은 2010년의 정권교대를 계기로 이제까지와는 다른 상징적인 결단을 내리고 명확한 메시지를 밝힐 필요가 있었고, 그런 의미에서 2010년 8월 간 나오토 내각이 발표한 담화는 식민지 청산에 대해 어느 정도 적극적 자세를 보였다고 해석할 수는 있으나 이 문제를 '해결했다'고 하는 수준에는 누가 보더라도 도달하지 못했다고 지적했다.

　거의 정확한 한국어를 구사하는 그는 NHK 라디오 및 TV의 한국어강좌 강사, '일한 우정의 해 2005' 위원, 일한교류축제 위원, 일한문화교류회의 위원 등을 맡는 등 한일 양국 교류프로그램에도 적극 참여하고 있다.

1980년대의 민주화 운동에서 느낀 한국의 매력

― 오구라 선생은 동아시아 문명론·문화론에 관한 논문 또는 저서를 많이 쓰셨습니다. 그중에서 한국을 테마로 한 저서가 몇 권 있지요. 예를 들어 《한국은 하나의 철학이다》라든가, 《마음으로 아는 한국》, 《한국, 사랑과 사상의 여행》, 《한국, 찢겨진 코스모스》 등 한국에 관한 연구를 계속하셨습니다. 이러한 논문이나 책을 쓰게 된 배경과 계기에 대해 들려주십시오.

"우선 한국에 대해 크게 매력을 느낀 일이 하나 있습니다. 지금 한국연구를 하는 사람들은 여러 경로를 통해 공부를 시작했습니다. 예를 들어 제가 아는 사람 중에는 중학생 때부터 평양의 라디오 방송을 들었다는 사람도 있습니다. 저의 경우에는 대학생 때까지는 주로 서양의 철학, 사상, 문학에 관심이 있었고 딱히 한국에 대한 강한 관심은 없었습니다.

1980년대 민주화 운동 시기에 우연히 한국에 여행을 가서 그 다이내믹한 매력에 완전히 빠져버린 것이 계기였습니다. 1980년대의 일본은 이미 '민주'라는 말도 사어(死語)가 되어버렸고 국민들의 힘이 국가를 움직인다는 것은 거의 잊힌 시대였습니다. 그 시대에 일본에 있었던 저로서는 한국의 민주화 운동에서 국민의, 나중에는 시민이라는 개념이 나왔습니다만 그때는 시민이나 민주라기보다 역시 국민 전체였다고 생각합니다. 국민 전체의 힘이랄까 운동에 대한 열정이 국가를 움직였지요. 여기에 매우 강한 매력을 느꼈습니다. 그래서 왜 이 사람들에게는 이렇게 강한 힘이 있는 것일까를 알기 위해서는 한국인의 철학, 사상, 혹은 문화라는 측면에서 접근하는 것이 가장 좋지 않겠나 하여 한국의 사상을 연구하고 싶다고 생각했습니다.

― 저는 1985년에 일본 근무를 마치고 한국으로 돌아왔습니다만, 잠시 보지 않은 동안 한국이 아주 혼란스러우면서도 다양성이 분출하는 사회가

되었다고 생각했습니다. 선생은 거기에서 매력, 무언가를 움직이는 힘을 느꼈던 것이군요.

"확실히 혼란이었습니다. 엄청난 혼란이었지요. 그렇지만 이 나라의 올바른 모습은 어떠한 것인가를 한 사람 한 사람이 생각해서 이를 실행에 옮긴다는 것, 예를 들어 돌을 던진다든지 할 수는 없어도 무언가 정신적으로 응원을 한다든가. 그렇게 한 사람 한 사람의 주체성 같은 것이 아주 강하다고 생각했습니다. 그 당시 일본인과 비교하면 명백하게 강했지요. '이것은 어디에서 오는 것일까?' 저의 결론은 그것이 유교적인 정신이라는 것입니다. 그렇게 생각하게 되었고 지금도 같은 생각을 갖고 있습니다."

— 그때는 정치적인 자유, 언론의 자유, 노동 운동의 자유를 찾아서 모두 하나가 되어 부르짖었습니다. 혼란을 뛰어 넘었기 때문에 질서의 세계, 코스모스의 세계를 맞을 수 있었던 것이 아닐까요.

"그렇습니다. 그 뒤에도 스스로의 힘으로 민주적인 한국을 만들었다는 자신감이 근본적으로 한국 발전의 기반으로 강하게 작동했다고 생각합니다."

— 일본에서는 1960년대에 안보투쟁이나 학생운동이 활발했습니다. 그것과 비교하면 어떻게 다릅니까?

"저는 1960년대 안보투쟁이 한국의 1980년대 민주화 운동과 상당히 가까웠다고 생각합니다. 즉, 국민이라는 개념이 있던 시대라고 생각합니다. 시민이라든가 민주라든가, 그러한 개념은 있지만 실질적으로는 그렇게 분화되지 않은 시기이지요. 일본 국민으로서 무엇이 가장 좋은가를 생각할 수 있었다고 봅니다. 1960년대 말의 학생운동은 이미 국민이라는 개념에 대해 아주 회의적이 되어서 신좌익이라는 사람들이 포스트모던적인 사고 방식을 가지고 있었습니다.

그러니까 1960년대 말의 일본 학생운동이 실패한 이유는 이데올로기에 대한 충성심은 있지만 일본 국가를 어떻게 만들어갈 것인가 하는 생산적인, 창조적인 비전을 그릴 수 없었기 때문이라고 생각합니다. 이에 반해 한국은 1980년대에 한국 국민으로서의 비전 같은 것을 갖고 있었다고 봅니다. 다만 아쉽게도 그 이후 한국도 국민이 너무 다양화되었다고 생각합니다. 그러한 과정이라는 것은 혹시 있을지도 모르겠습니다. 제가 본 1980년대의 한국은 정말로 역동적이고 국민의 힘이 결집된 시기였을지도 모릅니다."

— 1987년에 이른바 6·10 시민항쟁으로 정치적인 자유를 맞게 되었습니다. 그 후 10년이 지나서 야당에 의한 정권교체가 가능해진 것도 1980년대 중반부터 그러한 시민의 정치적 요구가 마그마처럼 분출된 것이 뒤에 결실을 맺은 것이 아닌가 생각합니다.

한류의 전개와 그 의미

— 선생은 《한류 임팩트》, 《한류 핸드북》, 《하이브리드화 하는 일한》 등의 책에서 일본의 한류 현황을 분석하고 있습니다. 특히 《하이브리드화 하는 일한》에서는 한류라는 현상이 시대사상의 교환이라는 관점에서 해석되는 측면을 강하게 갖고 있다고 지적했습니다. 특히 한류는 일본 여성의 한 계층을 주체화했으며 일종의 정치적인 현상이었다고도 설명했지요.

이렇게 선생은 한류를 그냥 엔터테인먼트가 아니라 일종의 '시대현상', 또는 '시대정신의 움직임'으로 파악하는 방식으로 정의하셨습니다. 이를 어떻게 해석하면 좋겠습니까?

"지금부터 10년 정도 전, 2002년부터 2004년경에 한류 붐이 확 퍼졌을 때 그 팬들은 한마디로 말해서 한국의 배우들이 '스테키'(素敵) 하다는 말을 사용했습니다. 이 '스테키'라는 말은 당시 일본에서는 이미 사어에 가까운 말이었습니다. 스테키라는 것은 자신보다 위에 있다는, 무언가 올려다본다는 느낌이 있습니다. 그 당시 일본의 배우들은 멋진 사람도 있지만 정신적인, 혹은 도덕적인 훌륭함이라는 것은 없었습니다. 이 사람의 패션이 멋지다든가 하는 것밖에 없었습니다.

한국의 배우들은 인간으로서 자신들이 존경할 수 있는 사람들이라는 이미지가 아주 강하게 일본 팬들에게 박혔습니다. 이것을 보면 인간이 인간으로서, 주체로서 어떻게 살아가면 좋은가에 대해 상당히 헤매고 있던 일본인들, 특히 여성에게 무언가 살아가는 지침과 같은 것을 보여주었다고 생각합니다. 등을 꼿꼿이 펴고 인간은 이렇게 살아가지 않으면 안 된다는, 도덕적이라고까지 하면 좀 딱딱할지도 모르겠습니다만 꽤 윤리적인 삶의 방식을 보여주었다는 것이지요. 그러한 의미에서 일본 사회가 이미 잊어버리고 있었던 '인간'이라는 개념을 한국드라마나 배우들이 일본인에게 보여준 것이 아닌가 합니다. 한편 일본 측에서는 그 당시에 이미 포스트모던적인, 모던이나 근대라는 개념을 그다지 매력적인 것으로 생각하지 않는 시대가 오래 이어져왔으니까요. 그때 돌연히 거꾸로 한국으로부터 모던한 인간상, 허리를 펴고 똑바로 이성적으로 말을 하는 인간상이 다가온 것입니다. 인간이라는 것은 배우, 야구선수, 대학 교수여도, 모두 주체적이지 않으면 안 된다는 인간상이지요.

그러한 사고방식이 일본인에게 매력적이라고 한다면, 거꾸로 한국의 젊은이들은 윤리성이나 주체성, 인간성을 스스로 주장해야 하는 한국 사회에 상당한 정신적 중압감을 느끼고 있습니다. 그런데다 일본의 무라카미 하루키(村上春樹)라든가 에쿠니 가오리(江國香織)처럼 너무 뻣뻣하지 않고, 자신의 취미 세계나 무엇이 좋고 싫은가라는 가치관만으로 살아갈 수 있다는 포스트모던형 인간이 한국의 젊은이들에게 매력적이었다고 봅니다.

이러한 의미에서 일본과 한국은 시대사상을 교환하고 있습니다. 일본 쪽에서는 포스트모던한 가치를 한국에 주고, 한국 쪽에서는 모던한 가치를 일본에 준다는 것이지요. 그러한 일이 일어나고 있다고 생각합니다. 지금은 그 시대를 넘어서 한일 양국이 거의 완전히 동시에 움직이고 있는 느낌이라고 생각합니다.

— '스테키'라는 것은 한국어로 하면 '멋지다'입니까?
" '멋지다', '멋있다'라는 뜻이지만, 뭐라고 해야 할까요. "

— '멋지다'라는 것은 동경 (憧憬) 과는 조금 다르지요?
"그렇지만 동경입니다. 배용준이라는 배우에 대한 일본인의 감정은 '멋지다'라기보다는 동경에 가까웠지요. 카리스마성 (性) 이라고 할 수 있겠습니다. 인간으로서 아름다운 삶의 방식을 갖는다는 것이지요. 배용준 씨가 어떤 사람인지는 잘 모릅니다만 적어도 드라마에 나온 배용준 씨는 인간으로서 아름답고 깨끗하게 살아간다는 모습을 우리들에게 보여주었습니다. 이것은 역시 '스테키'라고 할 수 있지요. "

— 배용준으로 대표되는 탤런트 등 한국의 배우는 '멋지다', 그러니까 그들이 나오는 드라마도 보고 싶다는 것은 어떻게 말하자면 대리만족과 같은 것일까요?
"그렇겠지요. 그것이 서양인처럼 자신과 전혀 다른 사람들이 아니라 한국이라는 나라의 사람들이었습니다. 그러나 이 '한국'이라는 나라에 대한 감정에는, 확실히 말하자면 보다 복잡한 구조가 있었다고 봅니다. 처음 〈겨울연가〉에 빠진 일본 여성 팬은 상당한 고등교육을 받은 사람들이었습니다. 그 뒤에 지금의 동방신기라든가 그러한 사람들의 팬들은 훨씬 전체적인 사람들이고 '미하' • 와 같은 층도 있습니다만. 처음에는 예를 들어 한국식으로 말하면 학창시절 '반장'을 했을 것 같은 사람들이었습니다.
　그 사람들은 자신들이 지금까지 한국을 특별히 멸시하지는 않았고 이웃

• 미하 (みいはあ) 란 유행이나 연예인의 소식에 열중하거나 영향을 받기 쉬운 사람들을 일컫는 말.

나라니까 잘 지내야 한다고 생각하지만, '어딘가 조금 싫다든'가 '어렵다'
고 생각하고, '한국에는 매력을 느낄 수 없지 않을까' 하고 생각했던 것에
대해 가벼운 죄책감과 같은 것이 있었습니다. 그것이 해소되는 과정이었
던 것이지요."

— 한국의 문화나 한국인에 대한 새로운 각성과 같은 것일까요?
"그렇습니다. 그녀들은 스스로도 아주 주체적인 사람들이었지요. 그러니
까 자신들이 한국문화를 발견했다는 의식도 강합니다. 한국을 상당히 이
상화(理想化)했습니다. 저를 포함한 일본의 한국 전문가들이 한국에는 이
러한 측면도 있다고 말하면 당신들은 한국에 대해 모른다는 식으로 질책
받는 일도 있습니다."

일본에서 한류의 위치

— 선생은 책을 쓰기 위해 일본 여성들 중에 한국에 관심 있는 사람들을 인
터뷰했다고 들었습니다. 직접 만나서 이야기를 듣는다거나 … .
"그렇습니다. 그러한 사람들의 모임에 가서 함께 이야기했습니다. 딱히
정식 인터뷰는 하지 않았습니다만 여러 사람들과 이야기를 나누었지요.
모두 일본에서도 상당히 수준 있는 사람들이었습니다. 그러니까 그때까지
일본인 중에는 한국에 대해 기피한다든가 멸시했던 사람도 많이 있었지
요. 그러한 것을 한 번에 해소한 움직임이었을지도 모르겠습니다.

— 어떤 '무브먼트'였다는 것이지요. 그러한 것이 드라마 하나로 바뀔 수
있을까요?
"당시에는 바뀌었습니다. 그때는 지금보다 일본 사회에 대한 일본인의 자
신감이 굉장히 없었던 시기였습니다. 경제를 비롯해 모든 것이 어렵고 올
림픽에서도 활약하지 못했지요. 그러한 때에 한국이라는 것을 발견했다는

것이 크다고 생각합니다."

— 일부 한류 팬 중에 그러한 한국문화나 한국의 것을 재평가하는 움직임은 있었다고 하지만 한류는 어디까지나 일본 사회 속에서 주류가 아닌 서브컬처이지 않습니까? 어떻습니까?

"서브컬처만은 아니라고 봅니다. 예를 들어 일본의 다카마도노미야 히사코〔高円宮久子, 현 천황의 사촌인 다카마도노미야 노리히토(高円宮憲仁) 친왕의 배우자〕나 아베 아키에(安倍昭惠, 아베 총리의 부인)와 같은 사람들이 공적인 장소에서 한국문화를 좋아한다고 말하지요. 그리고 일본의 NHK 같은 방송국, 지상파나 BS도 한국드라마에 의존하고 있을 정도였으니까요. 단순히 서브컬처라고는 할 수 없다고 생각합니다. 일본에서 서브컬처라고 하면 보다 마이너한 이미지가 있습니다. 예를 들어 NHK가 서브컬처를 당당하게 시리즈로 연재하는 경우는 별로 없습니다. 역시 NHK가 방송했다는 것의 의미는 컸다고 봅니다. 공적으로 인정된 문화라는 것이지요. 이것이 일본에서 주류에 속한 여성들을 안심시킨 부분이 있다고 생각합니다. 예를 들어 마이너한 미디어가 처음에 대대적으로 선전했다면 경계심도 훨씬 컸을 것이라고 봅니다."

— 지금 혐한류도 있습니다만 일단 '한류'라고 하면 그러한 문화가 있다는 것을 인정하게 되었다고 할까요. 일본 문화의 일부로서 어딘가에 정착되어 있는 상태입니까?

"그렇습니다. 하지만 한류라는 말이 나왔을 때부터 여러 사람들이, 특히 한국 분들도 한류라는 말이 언젠가 없어지고 보통의 일본문화, 일본 사회 속에 편입되는 편이 좋다는 생각을 했습니다. 실제로 그러한 방향으로 가고 있다고 생각합니다. 10년 전이나 5년 전에 비해 지금 일본에서 한류라는 말 자체는 줄었지만 보다 일상화되고 있다고 할까요. 특히 한국 것이라고 해서 소비한다기보다는 좋으니까, 재미있으니까, 좋아하니까, 그러한 식으로 되고 있다고 봅니다."

— 전 세계에 유통되고 있는 여러 문화콘텐츠, 문화 장르의 하나로 인정받게 되었다는 것이군요.
"네. 처음에 한류 팬들은 좀더 뽐내면서 우리들은 한국이 좋다든가, 우리들은 한국과 대등하게 사귈 수 있는 사람들이라든가, 그렇게 일본에서 말하는 학급위원, '반장'과 같은 분발하는 마음이 있었습니다. 그렇지만 지금은 그런 것이 그다지 없지요."

— '한류'라고 해서 따옴표가 붙어 차별화되고 있다기보다는 자연스럽게 일반화되고 있다는 것이군요. 그것은 좋은 일입니다.
"저도 그 편이 좋다고 생각합니다."

문명론으로 본 한중일 관계

— 선생은 《창조하는 동아시아》라는 두꺼운 책 속에서 동아시아 삼국, 한국과 일본과 중국의 문명·문화론적인 관계를 역사적으로 또는 지정학적 관점에서 비교문화적으로 재조명하고 있습니다. 한중일 삼국의 문명론에 대한 기존 정의의 전환을 시도하는 것이 아닌가 하고 이해했습니다.
　선생의 책에서 인용하자면 이러한 운동원리로서 재해석하고 있습니다. 중국을 2, 조선을 1, 일본을 0으로 위치 짓고 있는 것이지요. 이것을 알기 쉽게 설명하면 어떤 내용입니까?
"일본도 한국도 역시 중국과의 관계에서 자신들의 문명과 문화라는 것을 규정해야 했습니다. 그것은 정말로 운명적인 것이라고 생각해서 그것으로부터 좀처럼 일탈할 수 없습니다. 그렇지만 중국은 이렇고, 한국은 이렇고, 일본은 이렇다는 식으로 틀에 맞추어서 그것을 민족성이나 국민성이라는 이야기로 환원하는 것이 가장 좋지 않다고 생각합니다.

하지만 전통적으로 동아시아가 평화로웠을 때는, 일본으로 말하자면 에도 시대, 그리고 한국으로 말하면 조선왕조에 병자호란(丙子胡亂)이 끝난 뒤이지요. 그 백몇십 년간 평화로웠습니다. 일본과 한국 사이에서는 조선통신사가 있었습니다만, 국가 간의 관계가 그다지 빈번하게 자유로이 출입하지 않은 편이었습니다. 이때에 무엇이 일어났는가 하면, 한국은 중국 유교문명의 모범적인 우등생으로 자리매김했습니다. 일본은 일본대로 조선의 고도의 문명을 배우고 싶다는 관계, 이것이 있었던 때는 완전히 평화로웠던 것입니다. 어째서 평화가 성립했는가 하는 부분을 확실하게 인식하지 않으면 안 된다고 생각합니다.

특히 일본과 한국의 관계로 보자면 서로 멸시하는 경향이 강합니다. 그 멸시라는 것은 문명적인 멸시라고 생각합니다. 상대의 군대가 강한가 약한가와 같은 것이기보다도 상대의 문명 수준이 자신보다 높은가 낮은가로 멸시하는 경향이 현저하다는 것이지요. 한국인이 일본인을 멸시하는 일반적인 패턴은 '일본에는 문화가 없다'는 것입니다. 취하기에 충분한, 말하자면 훌륭한 문화가 없다는 것입니다. 또는 지금 일본의 인터넷에서 활발히 논의되는 내용은, '한국인은 일본에 훌륭한 문화가 있다고 해도 그것은 전부 한국이 오리지널이라고 주장한다'는 것입니다. 사무라이(侍)도 한국의 화랑(花郎)에서 왔고, 일본이 자랑하는 문화란 거의 한국이 원류라는 사고방식입니다.

그리고 일본 측에서 하는 한국 멸시는 '한국인이 자만하는 문화가 중국의 모방이 아니냐'는 것입니다. 중국이 오리지널이고 한국은 그것을 모방했을 뿐이라는 것이지요. 예를 들어 왕인(王仁) 박사가 일본에 한자와 《천자문》(千字文), 《논어》(論語)를 가지고 왔다고 하지만 그것은 한국의 것이나 백제(百濟)의 것이 아니라 중국의 것이 아니냐는 형태로 말입니다. 그러니까 한국에는 독창적인 것이 없다는 것입니다. 일본인은 그러한 형태로 한국을 멸시하는 경향이 강합니다.

그렇지만 이것은 역시 잘못되었습니다. 양쪽 모두 인식이 틀린 것이지요. 즉, 양쪽 모두 다양하게, 한국에서도 한글을 만드는 등 굉장히 오리지널하고 매우 고도의 문명이 있었습니다. 일본도 일본대로 한국인이 생각하는 것보다 훨씬 고유의, 스스로 만들어낸 문화가 있습니다. 우선 이것을 서로 인식하는 것이 중요합니다.

또 하나 중요한 것은 그렇다면 왜 한일 양국은 17세기부터 19세기에 걸쳐 그러한 관계를 맺을 수밖에 없었는가 하는 것입니다. 예를 들어 에도시대에 한국이 유교문명을 자랑한 것도 사실입니다만, 어째서 그렇게 할 수밖에 없었는가라는 문화의 배후에 있는 정치외교적인 이유를 서로 이해해야 한다는 것이지요. 한국은 그 당시 군사력으로 청(淸)이라는 여진족(女眞族)의 대제국에 대항하기보다는 문화의 힘으로 청보다 우위에 서고자 했습니다. 자신들 쪽이 청제국보다도 문명적으로 위에 있다는 긍지를 가지고 싶었던 것이지요. 그래서 유교를 열심히 파고든 것입니다. 그러한 조선왕조의 생존을 위한 큰 노력을 일본인은 제대로 이해해야 한다고 생각합니다.

당시 일본인은 한편으로 조선통신사를 동경하고 이를 존경했다는 것은 사실입니다. 그러나 한편으로는 자신들이 중국 문명에서 떨어져 있다는 문화적 자부심을 가졌습니다. 즉, '일본 = 0'이라는 것은 어떠한 의미인가 하면, 중국 문명으로부터 일탈한 곳에서 자신들의 정체성을 가지고 싶다는 마음도 에도 시대의 일본에는 강하게 있었다는 것입니다. 어째서 일본이 그러한 마음을 가졌는가 하는 것도 한국 사람들이 이해를 해주었으면 합니다.

유교문명적으로 보면 일본 쪽이 뒤떨어졌던 것이 사실입니다. 그러나 거꾸로 어째서 일본이 그것을 역으로 이용해서 문명적인 역전을 할 수 있었는가 하는 것입니다. 유교문명이 아니라도 살아갈 수 있다는 문명론적인 지정학의 입장 차이라고 생각합니다. 지금도 일본인이 한국을 비판하거나 한국인이 일본을 비판할 때에는 상대가 놓인 입장을 이해하지 못하고 있다고 생각합니다. 어째서 한국이 이렇게 행동하지 않으면 안 되는가,

어째서 일본은 이렇게 행동해왔는가 하는 점과 그 배경에 대한 이해 말입니다. 사실 그 자체보다도 그러한 배경 쪽이 중요하다고 생각합니다."

— 중국으로부터의 흐름에 의해 조선도 일본도 문명과 문화를 만들 수 있었다고 생각합니다. 일본의 정치적·문화적인 형태 만들기 속에서 조선이라는 존재의 역할이 있었다는 것이지요. 이 부분은 어떻게 보십니까?
"만약 조선이 없었다면 일본인은 상상력을 더 발휘하지 않으면 안 되었을 것입니다. 만일 조선이 없고 중국이 바로 눈앞에 있을 때, 일본인이 이렇게 위기감이 없는 문화적 행동이 가능했을까 생각하면 알 수 있지요. 바다의 영향도 있습니다만 한반도처럼 중국과 대륙에 접하고 있어 항상 위협받는 상황에 있을 때 문명을 만드는 방식은 상당히 다르다고 생각합니다.
　한반도의 경우에는 중국과 일본 사이에 있어서 그 아슬아슬한 선택지를 스스로 만들고 있습니다. 일본은 한반도가 있음으로 해서 중국으로부터 떨어져 있을 수 있다는 것에 대한 문명론적인 자각이 필요하다고 생각합니다. 한반도라는 것은 일본에게 있어 절대적으로 중요합니다. 예전에는 일본인이 말하는 동양문명이라 하면, 인도가 있고 중국이 있고 일본이 있다는 식이었습니다. 인도, 중국, 일본이라는 것이지요. 오카쿠라 텐신이나 스즈키 다이세쓰(鈴木大拙)도 그렇고 모두 그런 방식으로 말해왔습니다. 사실은 그렇지 않고 중국과 인도 사이에는 인도차이나 반도가 있어서 베트남도 캄보디아도 있고, 중국과 일본 사이에는 한반도가 있다는 것이지요. 그러한 지정학적 배경 속에서 융합된 부분이 무엇인가, 어떻게 문명적인 행동을 했는가라는 것이야말로 중요하지 않나 생각합니다."

— 선생은 책 속에서 사상가 가라타니 고진(柄谷行人)에 대해 언급하고 있습니다.
"가라타니 고진은 동아시아 사상의 전문가는 아니지만 그 부분을 잘 이해하고 있습니다. 일본과 한국과 중국을 관계성 속에서 파악하지 않으면 안 된다는 부분을 말이지요."

'정상화'하는 동아시아와 중국

— 선생은 2010년 출간된 저서 《하이브리드화 하는 일한》의 책머리에서 "지금 시대를 어떻게 볼 것인가"라고 하여 특히 동아시아라는 것을 어떻게 볼 것인가에 대해 질문을 던졌습니다. 그 대답의 하나로서 '동아시아는 정상화하고 있다'고 말씀하셨는데요. 선생의 '정상화하는 동아시아'라는 것은 어떠한 의미를 가지고 있고 어떻게 해석하면 되는 것입니까?
"'정상화하는 동아시아'라는 것은 중국이 중심에 군림하는 시대가 되었을 때, 일본과 한국은 여기에 어떻게 대처해갈 것인가 하는 전략이 없으면 안된다는 것입니다."

— 그 위에 한일 협력이 필요하다는 것이군요. '역사적인 전환점'이라는 것은 예를 들어 2010년을 경계로 한 중국과 일본의 GDP 역전과 같은 것입니까?
"그렇습니다. 중국이 중국식의 세계를 만들어가고 싶다는 의지를 분명히 표시하는 시대가 되었기 때문에 미국 일변도만으로 해나갈 수 있는가 하는 이야기입니다. 다만 중국 문명에 대한 상상력, 감수성이라는 것은 역시 갈고 닦지 않으면 안 됩니다. 그 부분의 노력은 일본인보다도 한국인이 좀더 잘하고 있다고 생각합니다."

— 중국의 대두로 현재 동아시아의 여러 외교안보적 질서가 조금씩 흔들리고 있다는 것이군요.
"네. 상당히 유동적으로 변하고 있습니다."

— 그러니까 중국도 옛 동아시아 질서 위에서 사고하는 것이 아니라, 힘이

생겼으니까 난폭하게 하고 있다는 느낌도 듭니다. 센카쿠열도(중국명 댜오위다오) 문제도 그렇지요.

"그렇습니다. 중국 중심의 시스템을 만들어가고 싶다는 욕망을 매우 명확하게 내세우고 있습니다. 여기에 그저 반대하는 것만으로 괜찮은가 하는 것도 포함한 이야기입니다."

— 그렇다면 어떻게 해서 중국과 마주할 것인가 라는 의문이 생깁니다.

"그것을 일본과 한국이 함께 만들어가야 한다고 생각합니다. 한국만으로는 안 되고 일본만으로도 안 됩니다. 더 말하자면 북한도 포함해서 함께 일본과 한반도가 중국과 어떻게 지낼 것인가를 생각할 필요가 있지요. 적대하는 일은 없을 것이라고 생각합니다만 각자의 입장에서 중국과 전략적으로 마주 대하는 것이 필요하다고 생각합니다."

— 한국은 중국과의 국교정상화 20주년이 되었습니다. 경제적으로도 상호의존도가 높은 관계가 되었지요. 그렇게 해서 외교의 초점이 중국으로 이동하고 있다고 해야 할까요. 지금까지는 미국이나 일본과의 관계를 중시했습니다. 그러나 김대중, 노무현 정권은 미국과 조금 거리를 두었고, 이명박 정권 말기부터 지금까지는 일본과도 거리를 두게 되었습니다.

항상 말하는 것입니다만 제 생각은 한국이 일본과 사이좋게 지내서 아주 강한 유대관계를 가지고 있다는 것을 중국에 보여줌으로써, 중국도 한국의 전략적인 위치를 중요하게 생각하도록 할 수 있는 것 아니냐는 것입니다.

"그렇군요. 저는 한국과 중국의 경제가 너무 밀접한 관계이기 때문에 한국의 대통령이나 다른 이들이 중국 쪽을 향한다는 것은 아주 잘 이해할 수 있습니다. 이것은 저의 개인적인 생각입니다만, 그러한 이익과는 별개로 인간과 인간 사이의 관계에서 한국인은 중국인과 정말로 마음을 열고 대등한 관계를 맺을 수 있을까에 대해 의문입니다. 저는 일본인과 한국인 쪽이 그러한 관계가 가능하다고 생각합니다. 일본인도 중국인보다는 한국인과 그러한 인간적인 관계를 만들기 쉽다고 생각합니다.

작년에 북한의 평양에 다녀왔습니다. 함께 간 많은 일본인들은 북한 사람들이 아무래도 중국을 마음속으로부터 존경하지 않고 인간으로서도 그다지 좋아하지 않는 것 아니냐고 느꼈습니다. 북한으로서는 중국이 자기들에게 이익을 주는 나라이니까 아주 가깝게 사귀고 있습니다만, 중국인보다도 일본인 쪽이 북한 사람들과 인간으로서 마음이 서로 통하지 않을까요. 다만 지금의 일본인이라기보다도 옛날식의 충성심 같은 것을 가지고 있는 일본인 쪽이 지금의 북한에는 더 맞는다고 생각합니다.”

— 무엇을 보고 그렇게 느꼈을까요?
“저만이 아니라 모두 그렇게 느꼈습니다. 역시 중국인은 아무래도 위에서 내려다보는 태도가 있습니다. 그러나 북한 사람도 한국 사람도 긍지가 높으니까 말이지요. 대등한 관계를 만드는 것은 조금 어렵지 않을까 생각합니다.”

— 바꿔 말하자면 경제는 어디까지나 이익을 추구해서 시장경제 원리로 움직이지요. 언젠가 중국과 한국의 상호 경제관계가 나빠지거나 의존하는 일이 없어지면 지금과 같은 중국으로의 접근은 사람들이 그다지 중시하지 않는 시대가 올 수도 있겠군요.
“지금 한국인이 일본 쪽을 향하고 싶지 않다는 것도 이해합니다. 수십 년간 일본인이 위에서 한국인을 내려다보고 있었다는 사실이 있으니까요. 이것을 어떻게든 해소하고 싶으니까 일본보다 이익이 있는 쪽으로 눈을 돌리고 싶다는 것은 잘 이해가 됩니다. 그렇지만 저는 이것이 되돌아올 것이라고 생각합니다. 역시 민주주의나 자유라는 가치를 공유하고 있다는 것이 중요합니다. 시스템이 아니라 인간성 그 자체에 관한 근본적인 사상이 중요하다고 봅니다. 그러한 세계관이 공통인 것은 역시 한일 양국이지요.

북한의 경우에는 유일지도체계로 절대자가 있습니다만 일본인도 그러한 것을 결코 싫어하지는 않는다고 할까, 자유로운 세계에 살고 있지만 천황도 있습니다. 범할 수 없는 존재를 가지고 있는 사람들에 대해 그렇게 멸시의 마음은 없지 않나 하고 생각합니다. 말하자면 신성불가침적인, 이 사람만은 절대적이라는 존재를 가진 국민에 대해 일본인 전원은 아니라도 많은 사람들이 멸시하지 않을 것이라는 말입니다."

한중일의 내셔널리즘과 역사인식

— 2010년 해군 초계함이 침몰했던 천안함 사건 때 유엔이 북한에 제재결의를 하려고 했습니다. 그러나 중국의 반대로 할 수 없었지요. 그러니까 안보 면에서 중국은 한국보다 북한 쪽을 근본에 두고 있습니다. 이것을 보고 중국에 꽤 정통한 한국인들도 깜짝 놀랐습니다. 역시 중국은 안보 면에서 북한에 가깝구나 하고요. 아무리 경제적인 의존이 깊어져도 안보는 현실이고 국가 이익에 관한 문제입니다. 이러한 것을 보면 중국은 먼저 자기 이익을 추구하여 움직이는 국가가 아닌가 하는 느낌이 듭니다.

동아시아에서 현재 한일, 중일 간의 관계에 섬에 관한 영유권 문제가 놓여 있습니다. 그 배후에는 각자의 내셔널리즘의 충돌로 의해 이렇게 삐걱거리는 관계가 된 것이 아닌가 생각합니다. 동아시아 삼국의 내셔널리즘의 특징으로는 무엇을 들 수 있습니까?

"그것은 매우 어려운 문제입니다. 논문을 쓰지 않으면 안 될 정도로 말이지요. 기본적으로 중국의 내셔널리즘은 민주주의가 없는, 위로부터의 내셔널리즘이지요. 제가 자주 하는 말인데, 냄비가 있고 불이 붙어 부글부글 끓고 있는 상태여서 곧 뚜껑이 튀어나갈 것 같은 상황에 있습니다. 불타고 있는 것은 민중의 불만이지요. 공산당이 위에서부터 냄비 뚜껑을, 민중의 불만을 꽉 누르고 있는 것입니다. 그렇지만 언제 이 뚜껑이 튀어 오를지 모를 정도로 위험한 상태라고 생각합니다. 중국의 역사적인 왕조는 아래에서부터 부글부글 끓어서 솟구치는 에너지로 나가 떨어졌습니다. 이것은 역시 중국으로서는 억누를 수밖에 없지요.

한국의 내셔널리즘은 제가 쓰는 말로 표현하면 '성선설적인 내셔널리즘'입니다. 인간이 모두 아기로 태어났을 때에는 선하고 도덕적인데 어째서 이것을 지키지 못하는 사람이 있느냐는 것입니다. 선한 마음을 지키지 못하는 사람이 있으면 그것을 타도하거나 변혁하면 된다는 의미에서, 정권에 대한 저항이나 일본 또는 북한에 대한 반발이 되기도 합니다. 선해야 하는데 어째서 당신들은 선일 수 없느냐는 것이지요.

이것은 생각하기에 따라서는 아주 성가신 것입니다. 즉, 선의 내용, 인간의 도덕성의 내용이 한국 측의 논리로 정해져 있으니까 거기에 맞지 않는 사람들은 나쁜 사람이라는 식이 되어버립니다. 이것은 단순한 논리가 아니라 윤리나 도덕에 관한 이슈가 되기 때문에 아주 어렵다고 생각합니다. 중국의 경우에는 아무튼 좀더 먹고살 만하게 해달라든가, 더 풍족한 생활을 하게 해달라든가, 그러한 물질적인 요구가 강하다고 생각합니다. 상층부의 부패 척결도 포함해서 말이지요. 한국의 경우에는 보다 형이상학적인 내셔널리즘입니다. 그러니까 아주 수준이 높고 더구나 해결하기가 어려운 문제라고 생각합니다.

일본의 경우 내셔널리즘은 중국적인, 스스로가 박탈당했다는 감각입니다. 지금은 무언가 경제적인 이익이 없어져버리고 있다는 고립감을 가진 사람들이 느끼는 내셔널리즘이 강하다고 생각합니다. 이것은 기본적으로는 예를 들어 자신의 직장이나 직업이 반도체 분야였는데 그것이 한국에 뺏겨서 자신들의 직종이 없어져버렸다면 한국이 미운 것은 당연합니다. 미국의 디트로이트에서 일본 자동차를 때려 부수었을 때 일본이 나쁘다, 일본이 밉다고 생각했듯이 말이지요.

그러나 사실은 그렇지 않습니다. 최근의 한일포럼 때 삼성 기업의 사람이 나와서 이야기해주었듯이 지금 일본과 한국은 아주 긴밀하게 밀착되어 있습니다. 즉, 한국이 돈을 벌면 일본도 돈을 버는 구조라는 것이지요.

예전처럼 국경에 의해 나뉘어 있는 것이 아니라 직종에 의해 이렇게 밀착된 하이브리드 경제가 되었다는 점을 모두 인식할 필요가 있습니다. 한국 기업이 좋은 성과를 낸다고 해서 한국인만 돈을 버는 것은 아니지요. 이것이 역시 가장 중요한 인식이라고 생각합니다."

— '서로 이해할 수 없는 동아시아'라는 말의 의미는 무엇입니까?
"여러 문명적인 오해가 있다는 것입니다. 상대에 대한 멸시라는 것이지요. 아무튼 동아시아는 처음부터 멸시하고 싶다는 마음이 강한 지역인 것입니다. 상대에게는 자신보다 문명, 또는 문화가 결여되어 있는 것이 아닌가 하는 인식으로 처음부터 봐버리니까 서로 이해하기가 어렵다고 생각합니다.
　역사인식으로 말하자면 한국인들은 일본이 역사인식을 해결하려는 의지도 없고, 즉 도덕적인 사람들이 아니라는 의식이 있지요. 이 부분을 보다 잘 이해해주었으면 합니다. 위안부 문제에서도 아무 것도 하지 않은 것이 아니라 상당히 성실하게 법체계 속에서 해왔습니다. 그것이 충분하지 않았을 테지만 말이지요. 독일이 100% 훌륭하고 일본은 완전히 도덕적으로 잘못되었다는 인식에서 벗어나지 않으면 좀처럼 서로를 이해할 수 없습니다."

조선통신사에서 헤이트 스피치까지

— 임진왜란 뒤에 도쿠가와 이에야스가 조선과의 교린외교의 하나로서 한국에 대화를 요구했지요. 그래서 한국은 조선통신사를 보내어 교린외교가 시작되었습니다. NHK가 출판한 책에서 "조선통신사는 에도 시대의 한류가 아니었냐"는 비유로 설명하고 있습니다. 그러한 설명방식은 괜찮은 것일까요? 어떻습니까?
"네, 저는 괜찮다고 생각합니다. 다만 조선통신사라는 것은 붐이라기보다도 당시 유교적인 문명이라는 의미에서 한국 사람들이 일본보다 위에 있었기 때문에, 위에 있는 나라에서 일본에 훌륭한 고도의 문명을 보여준다는 구조였습니다. 그렇기 때문에 일시적인 붐은 아니었다고 생각합니다. 상하관계가 확실한 구조가 있었다고 생각합니다. 한류 붐은 그때까지 일본인들 중에 한국의 것이나 한국의 문화에 매력을 느끼는 사람이 아주 적었던 때에 돌연 나타났으니까요. 이쪽은 정말로 붐이나 무브먼트라고 해도 좋다고 생각합니다. 에도 시대와 비교하면 상하의 입장이 뒤집힌 것이지요."

— 당시의 한류는 250여 년의 긴 기간 동안 한일관계가 안정되어 있었던 것이 원동력이 되었다고 생각합니다. 그러나 1800년대에 들어서 일본이 서구 각국으로부터 개국 압력을 받습니다. 그리고 일본이 한국을 개혁하려고 한 시점에서 한국이 이를 거부하여, 여러 이유에서 조선통신사 외교는 붕괴해버렸습니다. 이것이 최근 일본에서의 혐한류와 비슷한 것이 아닐까요? 어떻습니까?
"비슷할지도 모르겠습니다. 마지막 조선통신사는 1810년대였습니다. 1867년에 에도 막부가 무너졌으니까 그로부터 50년 정도 전에 조선통신사는 끝났던 것입니다. 재정적인 이유도 있었지만 18세기가 되면 일본 측이 문화적인 자각을 가지기 시작하여, 특히 국학이라는 것을 하는 사람들이 '어째서 일본인은 조선통신사에 저렇게 열광하는가' 하고 의문을 품었습니다. 일본에는 《고지키》나 《겐지 이야기》와 같은 독자적인 문화가 있는데 어째서 중화문명이나 조선문명에 열광하는 것인가 하고 부정적인 관점을 상당히 강하게 드러냈습니다. 그것과 비슷하다고 생각합니다.

헤이트 스피치는 조금 다릅니다만 혐한을 주장하는 사람들은 분명히 일본이야말로 좋은 문화를 가지고 있는데 어째서 한국인의 문화에 열광하는 일본인이 있는가 하고 생각합니다. 우선 자국민에 대한 비판인 것이지요. 혹은 자국 미디어에 대한 비판이기도 합니다. 일본 미디어는 어째서 한류 비즈니스나 한국의 드라마만 방송하고 스스로 드라마를 만들지 않는가. 한국에 대한 비판도 물론 있지만 한국의 것에 열광하거나 그것으로 장사를 하는 일본인에 대한 비판이 강합니다. 이것은 에도 시대와 비슷하다고 생각합니다. 일본에 좋고 훌륭한 문화가 있는데 어째서 유교문명만이 문명이라고 하여 이를 숭배하는가 하는 것이라고 봅니다."

— 국학, 일본 자신의 문화에 대한 자각, 그 기반에는 천황 사상이 있습니다. 이것이 뒤에 신도(神道)로 발전하지요.
"네. 원래 신도는 있었습니다만 그것이 변질된 국가신도라는 것이 있습니다. 이를 국가의 유일한 신앙체계로 만들어내고 그 중심이 천황이라는 것이지요. 신도 자체는 그다지 천황제와 관계없는 애니미즘적인 신도가 많습니다. 그렇지만 이것을 메이지 시기에 통합하여 전부 천황 중심의 피라미드식으로 만들어버렸습니다."

— 혐한 데모나 헤이트 스피치가 있다고 해도 동방신기나 케이팝 공연에 많은 젊은이들이 모이고 있습니다. 그러한 현상은 어떻게 해석하면 좋을까요?
"일본의 팬들은 케이팝과 같은 것을 특수한 한국적인 것이라고 생각하지 않습니다. 자신들이 좋아하는 것, 멋진 것이 우연히 한국 그룹인 것입니다. 그렇지만 혐한론자들은 이것이 한국의 것이라는 점에 굉장히 집착하고 있습니다. 저는 딱히 그렇게까지 할 필요는 없고 한국의 것은 확실히 매력적이지만 프랑스의 것도 매력적이고 미국의 것도 매력적이라는 식으로, 문화 시장 속의 한 장르로 보면 되지 않느냐고 생각합니다. 국적과 같은 것에 대해 굉장히 의미부여를 하는 혐한론자들이 있고 이들이 문화라는 것을 분명히 잘못 파악하고 있는 것입니다."

— 이러한 투 트랙(two-track)의 흐름은 앞으로도 이대로 이어질까요?
"혐한론자들과 헤이트 스피치를 하는 사람들을 나누지 않으면 안 된다고 생각합니다. 최근 한국민단 사람들과 이 문제에 대해 이야기했는데 민단 사람이 좋은 말을 했습니다. 신오쿠보와 같은 곳에서 헤이트 스피치를 하는 사람들은 이제는 막다른 곳에 몰려버렸다는 것입니다. 예전에 많은 일본인들이 한국을 멸시하거나 무시했을 때에는 한국이 그다지 매력이 없다는 것이 보통 일본인의 감각이었습니다. 그렇기에 한국에 대한 반대 데모 같은 것을 하지 않아도 됐지요. 거꾸로 양심적인 지식인이라는 리버럴한 사람들이 일본인은 한국과 더 대등하게 마주하지 않으면 안 된다는 도덕적인 목소리를 냈습니다.

지금은 그렇지 않고 여론조사를 하면 이상하게 나옵니다만, 실제로 대부분의 일본인 중 한국에 대해 정치가 아니라 문화적인 의미에서 거부감, 거절감, 멸시를 느끼고 있는 사람들은 예전에 비해 압도적으로 적다고 생각합니다. 즉, 한국인을 비판하는 세력이 너무 작아졌기 때문에 스스로의 주장을 과격하게 어필할 수밖에 없어졌다는 것입니다. 그러한 것이 아닐까 하고 민단의 사람이 말했습니다. 이것은 어느 정도 올바르다고 생각합니다. 그들은 일본에서도 주류가 아니고 매우 궁지에 몰린 사람들이라고 생각합니다."

일본의 정권교체와 우경화

― 선생은 2009년 민주당이 일본에서 정권을 잡은 선거 이후, 〈교토신문〉의 인터뷰에서 일본의 정권교체는 처음으로 일본 국민이 스스로 일본 사회를 만들어간다는 자각을 가지기 시작한 것이라고 말했습니다. 그러나 3년 뒤에 다시 자민당이 국민의 지지를 얻고 있습니다. 이 3년 동안 일본 국민의 의식은 어떻게 바뀌었습니까?
"이것은 기본적으로 민주당에 실망했다는 의미입니다. 민주당은 아무 것도 할 수 없었고, 자민당을 고른 것도 일본이 우경화했다기보다는 일본을 보다 잘 만들어가기 위해서는 민주당 사람에게 맡길 수 없다는 것이었지요. 자민당도 싫지만 아무튼 선택지가 그 두 가지밖에 없기 때문에 자민당에 맡기자는 것입니다. 자민당에 그만큼 표를 몰아주었는데 실수였구나 하고 생각하는 일본인도 많을 것이라고 봅니다. 이것은 일본인의 선택이므로 어쩔 수 없습니다. 그렇지만 일본이 정치적으로 좋아졌으면 하고 생각하는 사람들이 정권교체라는 것에 의해 눈을 뜨게 된 것은 어느 정도 분명하다고 생각합니다."

— 저는 가끔 한일 정치를 비교하여 강의할 때에, 일본은 20년이라는 오랜 세월에 걸쳐 경제가 정체되었고 3·11 동일본대지진이라는 재난을 겪었음을 설명합니다. 그 위에 중국이 대두하고 있지요. 북한의 핵 개발 등 그러한 내외의 압력에 의해 어떻게든 변하지 않으면 안 된다는 강박관념 말입니다. 그러니까 대지진 후에 일본 개조나 개혁, 그러한 것이 여러 곳에서 내세워졌습니다. 이 마그마로 어떻게든 정치를 바꾸지 않으면 안 된다고 생각하여 다른 정당을 정권당으로 고른 것이 아닌가 합니다. 이러한 생각에 근거는 있는 것일까요?
"네, 확실히 그렇다고 생각합니다. 특히 중국과 북한이 그렇지요. 그 문제는 역시 매우 강하다고 생각합니다. 아베 정권이 출범했을 즈음에 분명히 중국 문제와 북한 문제가 있었습니다. 그것은 정말로 그렇다고 생각합니다."

— 그것은 일본 국내에서 정치를 바꾸자는 것이지, 지금 한국이나 중국에서 말하는 우경화를 심화하기 위해 이루어진 것은 아니라는 말인가요?
"우경화를 '하기 위해서'는 아닙니다만 결과적으로는 역시 오른쪽으로 가고 있습니다."

— 지금 일본 사회에서는 그러한 것에 대한 브레이크도 생각하고 있습니까, 어떻습니까?
"물론 여러 사람들이 생각하고 있습니다만 그것을 받아들이는 주체, 즉 야당의 민주당이 너무 비참한 꼴을 하고 있고 야당 재편도 불가능합니다. 야당의 민주당은 곧 자민당이 실패한다, 실패한다, 해서 그것만을 기다리고 있습니다. 그러나 지금 상황이라면 가령 자민당이 실패해도 민주당이 되지는 않을 것이라고 생각합니다."

— 자민당과 비교하면 민주당의 지지율은 10분의 1정도밖에 되지 않지요.
"양대 정당이 아닙니다."

— 그러니까 받아들일 주체가 없다는 점도 있는 것이군요.
"일본유신회도 한때 크게 등장했습니다만 결국 그것은 비전문가집단이라는 것을 알게 되었지요."

— 한동안은 정치체제가 이대로 갈까요?
"네, 선택지가 없습니다."

'이노치'(命) 개념과 한일 간의 차이

— 《'이노치'는 죽지 않는다》는 책은 아주 철학적인 책이었습니다. '생명의 혐오'에서 신에 의존하게 되었다는 내용도 있었지요. 책 속에서 선생이 말하고자 한 논리, 철학은 무엇입니까?
"이번에 발표한 새로운 논고도 같은 주제입니다만, 동일본대지진을 보아도 1만 명 이상의 사람들이 순식간에 바다에 삼켜져 육체적인 생명, 생물학적인 생명을 잃었습니다. 이것은 대체 무엇인가를 생각할 때에, 그러나 그때 많은 이들이 죽은 사람들의 사진을 보는 것만으로 조금 위안을 얻을 수 있었다는 것도 있습니다.

즉, 인간이라는 것은 육체적인 생명만이 아닌 다른 생명도 가지고 있다는 인식이 있지 않은가 생각합니다. 그 다른 생명이라는 것의 기본적으로 가장 중요한 것은, 예를 들어 기독교에서 말하는 '영적인 생명'이라는 사고방식입니다. 이것은 개인의 육체적인 생명을 초월하여 신이 주는 훨씬 소중한 생명입니다. 그러한 관념은 기독교에서 강하지만 기독교만이 아니라 다른 종교도 가지고 있습니다. 이것은 인간이 아주 고통스러운 생활 속에서 육체적인 생명이 너덜너덜해져도 어떻게든 살아갈 희망이나 그러한 것을 준다고 생각합니다.

다만 한 가지 더, 아직 인류가 깨닫지 못하고 있지만 사실 그것에 의지하고 있는 생명이 있습니다. 이것이 제가 말하는 '제3의 생명'입니다. 제1의 생명은 육체적인 생명이지요. 제2의 생명은 이것을 초월한 집단적인, 또는 영적인 생명. 이것은 보편적인 생명, 종교적인 생명이지요. 그러나 그것들이 아닌 제3의 생명은, 예를 들어 나와 내 아이 사이에서 매일매일, 아이의 표정이 귀엽구나 라든가, 일본어로는 자신과 아이 사이에 '드러난다'(立ち現れる)고 표현합니다만, 현상(現象)하는, 무언가 기품 같은 것, 진짜 육체를 가지고 있지 않고 영적이지도 않은 무언가가 거기에 나타나서 '이노치'로 드러나고, 게다가 그것이 있으면 살아갈 수 있다는 것입니다. 그러한 제3의 생명이라는 것이 있지 않은가 생각합니다. 이것을 '이노치'라는 말로 표현한 것입니다.

이렇게 생각해 보면 공자가 말한 인(仁)이라는 개념은 도덕이나 사랑이라고 해석되는 일이 많지만 오히려 지금 말로 하면 예를 들어 공동체 안에, 그 사이에서 떠오르는 '이노치'라고 해석하는 편이 좋지 않은가 생각합니다. 공자가 제자들에게 '인의 사람이 되어라' 하고 말하는 것은 도덕적인 사람이 되라기보다도 무언가 의식, 의례를 행할 때에도 그 자리에 있는 사람 사이의 이노치가 드러나는 것이 중요함을 아는 인간이 되라는 것이라고 생각합니다. 회의에서도 너무 재미없어서 의미 없는 회의라고 생각할 때도 있지만, 모두의 에너지가 하나가 되어 새로운 것을 만들어낼 때가 있습니다. 이것은 역시 이노치가 있는 회의라고 할 수 있지요. 인간은 언제나 느낄 수 있는 것이라고 생각합니다.

예를 들어 함께 식사를 하고 있을 때, 훌륭한 식사였다고 생각할 때와 재미없는 식사였다고 생각할 때가 있습니다. 콘서트 때도 그렇습니다. 악기가 서로 잘 어울리지 않을 때에는 이노치가 그곳에 드러나지 않습니다. 딱 맞아 들어서 앙상블이 잘 이루어졌을 때에는 거기에 이노치가 드러나는 것입니다. 즉, 공자가 말하는 '인'이라는 것은 드러나는 이노치가 중요하다는 것이며, 이 이노치를 드러나게 할 수 있는 사람을 군자(君子)라고 하는 것이지요. 항상 도덕적으로 위엄을 펴고 엄격한 표정을 하고 있는 사람을 군자라고 하는 것이 아닙니다."

— 선생의 새로운 해석은 말하자면 인간적인 사랑이군요.
"그렇습니다. 인간성입니다."

— 자살자가 2013년 기준 한국 1만 5천 명, 일본 2만 5천 명이라고 합니다. OECD 국가 중 자살률은 한국 1위, 일본 2위이기도 합니다. 이렇게 풍요한 나라들에서 어째서 이렇게 자살자가 많은 것일까요?
"너무나 안타까운 일입니다. 돈과 생명 어느 쪽이 중요한가 하면 보통은 모두 생명이 중요하다고 합니다. 그렇지만 실제로 자신이 갚을 수 없는 빚을 지게 되거나 회사가 도산했을 때, 간단히 생명을 버리는 사람들이 많이 있다는 것은, 마음을 겉마음과 속마음으로 나누면, 너무나도 겉마음만으로 살아온 것입니다. 생명이 가장 중요하다고 모두 같은 말을 하지만 실제로는 생명이 가장 중요한지 어떤지 이해하지 못하고 있다고 생각합니다.
한국의 경우에는 성당이나 교회에 가면 그러한 이야기를 많이 듣습니다. 그러나 일본의 경우에는 생명이 소중하다는 것을, 가르친다는 말은 그다지 좋지 않습니다만, 그러한 개념을 전하는 장소가 없습니다. 미디어에서도 하지 않고 가정에서도 그러한 이야기는 거의 하지 않습니다. 학교에서도 하지 않지요. 종교적인 곳, 즉 교회도 다니지 않습니다.
교조적으로 생명이 소중하다는 명제만을 가르칠 것이 아니라 그 생명이라는 것은, 예를 들어 저의 말로 바꾸면 세 가지 종류가 있다는 것입니다. 이 세 가지 종류의 생명 각각이 소중하다는 것이지요. 이것을 하나하나, 자기 안에서 어떤 생명이 소중한가 적어보는 것, 아버지의 생명은 소중하다, 어머니의 생명은 소중하다, 누이동생의 생명은 소중하다는 식으로 하나하나 노트에 목록을 만들어보라는 형태가 아니면 교육할 수 없다고 생각합니다.

일본의 교육은 생명은 모두 소중하다고 처음부터 말해버립니다. 그러니까 벌레의 목숨도 소중하고, 아프리카의 가난한 사람들의 목숨도 소중하다는 것이지요. 이것은 중국의 사상가로 말하자면 묵자(墨子)의 사고방식입니다. 그렇지만 이것은 아이들이 이해하지 못합니다. 역시 유교식으로 가장 소중한 것은 누구의 생명인가, 나의 생명입니다. 그 다음은? 역시 아버지와 어머니의 생명입니다. 형제의 생명입니다. 이렇게 하나하나 소중한 생명의 목록을 넓혀가는 식으로 교육하지 않으면 이해하지 못한다고 생각합니다.

— 알겠습니다. 오늘은 정말로 감사했습니다.

과거사 극복으로 한일의 밝은 미래를

국제정치학자 후지와라 기이치(藤原帰一)

역사·외교의 갈등 넘어
인식 공유로

일시: 2013년 11월 19일
장소: 도쿄대 후지와라 기이치 교수 연구실

후지와라 기이치는 1956년 도쿄 출생으로 도쿄대 법학부를 졸업 후 치바대
학, 예일대학 등을 거쳐 도쿄대 대학원 정치학 연구교수로 있다. 일본비교
정치학회 회장, 일본정치학회 이사 등을 역임했으며 남북문화커뮤니케이
션상(2001), 이시바시 탄잔상(2005) 등을 수상했다.

들어가며

■ ■ ■ ■

후지와라 기이치 교수는 일본의 주목받는 국제정치학자로서 도쿄은행에 근무하던 부친을 따라 뉴욕에서 어린 시절을 보낸 뒤 귀국, 도쿄대 법학부 졸업 후에 풀브라이트 장학생으로 예일대 대학원에 유학하고 우드로윌슨 국제학술센터 연구원과 존스홉킨스대 국제연구원 객원교수, 프린스턴대 객원교수 등을 역임한 국제파이다.

그는 1990년대 이후 국제정치의 움직임을 예리하게 관찰하면서 저서와 칼럼을 통해 자신의 견해를 발표해왔다. 그의 글은 날카로운 현실분석을 바탕으로 하여 국제정치의 어려운 문제들을 읽기 쉬운 결론으로 풀어내 독자를 이끌어간다는 평가받고 있다.

예를 들어 첫 저서인 《전쟁을 기억한다》(戰爭を記憶する)는 그동안의 역사인식 논쟁에 새로운 분석과 진단을 전개하여 주목받았다. 최근 저서 《전쟁의 조건》(戰爭の條件)에서는 전쟁을 저지할 때와 전쟁이 필요할 때의 상황을 센카쿠열도(중국명 댜오위다오) 분쟁, 북한의 핵 개발 문제를 예로 들면서 실제적이고 현실적 사고를 통하여 설명한다. 첫 페이지부터 국제정치의 과제를 문답형식으로 풀어나가면서 해법을 설명한다.

'A국이 B국에 군사침략을 개시했다. B국은 어떻게 하면 좋을까?'라든가, 'A국에게 군사침공 받은 B국이 제 3국의 C에게 파병을 요구하고 있다. C국은 어떠한 행동을 취할 것인가?' 등 현실의 문제를 객관적으로 부담 없이 풀기 위해 특정 국가를 지칭하지 않고 설명해나간다.

그는 한국에서는 〈동아일보〉에 오랫동안 칼럼을 실었으며 일본에서는 2011년부터 〈아사히신문〉에 칼럼을 쓰기 시작, 현재도 연재 중이다. 그는 2008년 4월 4일 자 〈동아일보〉에 쓴 칼럼에서 "역사 문제에 관한 논쟁이 불붙는 계기는 거의 늘 일본이 제공했다. 일본에서의 사건이나 누군가의 발언이 해외로 크게 전달돼 과거를 상기시켜 반발이 확산되는 구도였다. 나는 역사 문제에 대해 중국이나 한국에서 나오는 발언 중에는 편견이 섞인 것도 있다고 본다. 그러나 상호불신을 퍼뜨리고 악순환을 재연해온 책임이 일본 측에 있는 것은 사실이다"라고 지적했다.

그는 이 악순환을 뒤집으려면 우선 신뢰를 쌓기 위한 첫걸음을 일본 측이 내딛어서 다시 한 번 식민지 지배와 중일전쟁, 제 2차 세계대전에 대한 역사적 책임을 확인하고 전후에는 군대에 의존하지 않는 외교와 민주주의를 지켜온 역사도 내세우는 등 역사 문제에 대한 신뢰의 선순환이 시작되도록 일본이 선수를 치자고 주장했다.

그는 "오늘날 일본에서 이 같은 주장은 거의 들리지 않는다. 일본인들이 식민지 지배나 중일전쟁이 옳았다고 생각해서가 아니다. 보수세력의 공격이 두렵기 때문이다. 그리고 그 보수세력의 목소리가 커지면 그 부분만 한국이나 중국에 보도돼 다시 악순환이 발생하는 것을 두려워하기 때문"이라고 지적하고 "국민여론 중 소수파에 불과한 보수세력 때문에 일본 정부뿐 아니라 전체 일본인이 신용을 잃는 게 정당한 일일까? 전쟁을 미화함으로써 전후 일본이 걸어온 길을 부정하는 것은 옳은 일일까? 역사 문제를 둘러싼 정책 결정은 동아시아의 안정뿐만 아니라 일본의 국내정치를 좌우하는 선택이기도 하다"고 주장했다.

그는 국제관계, 국가 간 대립과 갈등의 구조를 국내정치와 연계해서 분석하고 진단한다. 2012년 12월 일본 자민당이 총선거에서 압승한 직후에 아베와 자민당이 제기하고 있는 헌법개정 논의에 대해서 명료한 분석과 진단을 〈아사히신문〉 칼럼(2012년 12월 25일 자)에서 피력했다.

"중국·한국뿐 아니라 구미 각국의 미디어에서도 아베 수상의 자민당 정권이 전에 없이 일본정치를 우경화하려 한다는 관측이 흐르고 있다"고 지적했다. 그 대표적 움직임으로서 개헌 논쟁에 대한 그 나름의 진단을 전개했다. 또한 '역사 수정'에 반대한다는 입장에서 역사관을 고칠 경우 일본은 고립될 것이라고 우려하며, "일본 군국주의의 사실상의 명예 부활은 제2차 세계대전 이후의 일본의 국제사회에 대한 합의에 등을 돌리는 것"이라고 신랄하게 비판하기도 했다.

그는 아베 수상의 집단적 자위권 문제에 대해 〈아사히신문〉과의 인터뷰(2014년 3월 28일 자)에서 일본이 집단적 자위권의 행사를 용인하면 중국과의 유사시에 미국으로부터의 협력을 얻기 쉬워질 것이라는 기대는 "희망적 관측에 불과하다"고 지적했다. 미국 정부 정책의 우선순위를 동맹국이 바꾸는 것은 대단히 어려우며, 미국은 동아시아 지역의 긴장이 높아지는 것은 자국의 비용 증가로 이어지기 때문에 경계할 것이라고 말한다.

"그런데 왜 지금 집단적 자위권이 부상하고 있는가. 나에게는 국내정치의 역학관계 때문이라고밖에 보이지 않는다"고 그는 주장한다. 개헌세력이 의회에서 힘을 더하게 되었다는 변화가 투영된 것으로서, 국제 정치의 현실을 반영한 것이라고는 생각지 않는다고 분명하게 설파하고 있다. 전후 약 70년간 일본은 다행히도 전쟁의 당사자가 되지 않았기 때문에 전쟁의 리얼리티를 잊어버리고 있다는 사실에 대해서도 지적했다.

— 후지와라 선생은 〈아사히신문〉과 한국의 유력지 〈동아일보〉에도 칼럼을 오랫동안 연재하시어 국제정치학자로서 한국에도 널리 알려져 있습니다. 한국에 오셔서 강연회에서 연설도 하셨지요. 최근에도 한국을 방문하셨습니까?

"물론 몇 번인가 갔습니다만 최근에는 별로 없습니다. 마지막으로 간 것이 2년 전 정도일까요. 2011년과 2010년에는 한국에 갔었습니다."

자민당 정권의 탄생과 아베노믹스

— 자민당 정권으로 유턴한 일본의 정권교체에 대해 여쭤보겠습니다. 자민당은 2009년 총선거에서 민주당에 패배하여 정권을 잃었습니다. 그러나 2012년의 총선거에서 압승하여 정권당으로 복귀했습니다. 3년 만에 일본정치의 중심에 선 자민당 정권, 그리고 2012년의 총선거로 자민당을 뽑은 일본 국민의 선택을 어떻게 보면 좋을까요?

"2012년 총선거에서 민주당 정권이 쓰러지고 자민당 정권이 들어섰습니다만, 2012년 총선거에서는 자민당에 대한 지지가 늘어난 것만은 아니었습니다. 비례구의 득표로 보면 오히려 줄어들었을 정도입니다. 그러니까 2012년 12월의 선거는 자민당의 승리가 아니라 민주당의 패배였습니다. 그 점에서 2009년의 총선거도 민주당의 승리가 아니라 자민당의 패배였지요. 즉, 2009년과 2012년의 양쪽 모두 정권 불신임의 선거였다고 생각합니다. 2009년에는 자민당 정권에 대한 불신임, 2012년에는 민주당 정권에 대한 불신임이었지요.

2013년에 들어서 참의원 선거가 있었습니다. 이 선거는 2012년의 총선거, 중의원 선거와 달리 자민당을 지지하는 선거가 되었습니다. 아주 커다란 차이가 있습니다. 자민당은 분명히 득표수를 늘리고 있습니다. 그 이유가 무엇인가 하면 단 하나, 경제입니다. 경제가 안정된 데 대한 평가이지요. 민주당 정권하에서는 외교관계가 불안정해지고 동일본대지진 뒤의 혼란에 대해서도 정부가 주도권을 발휘하지 못했으며, 무엇보다도 경제 불황이 이어졌습니다. 이것과 비교하면 아베 신조 정권이 발족하기 전인 2012년의 총선거에서는 경제에 대한 기대가 그렇게 강하지 않았습니다. 경제가 바뀔 거라고 생각하지 않았던 것이지요. 오히려 민주당에 대한 불만이 있어서 이것이 민주당이 쓰러진 이유가 되었습니다.

2013년에 들어서는 경제가 어디까지 좋아졌는지에 대한 논의가 있습니다만, 예를 들어 8천 엔이었던 주식이 1만 4천 엔이 되었습니다. 이 이상은 올라가지 않겠지만 그것만으로도 50퍼센트 이상 상승했습니다. 경제지표는 현재 조금 저하되어 있습니다만 민주당 정권 때보다도 높습니다. GDP도 그렇지요. 경제적인 성공에 대한 평가가 자민당 정권을 지탱하고 있다고 생각합니다."

— 아베 내각과 자민당에 대한 일본 국민의 지지율은 최근에 조금 내려간 것 같습니다만 70퍼센트 정도로 높지요.
"지금은 60퍼센트대로 내려갔습니다."

— 일본 국민은 아베 정권, 또는 자민당의 어떠한 정책을 평가하고 기대하고 있을까요?
"정치의 안정과 경제의 성장입니다. 정치의 안정이란, 지금까지 수상이 매년 바뀌고 장관은 1년에 두 번 바뀔 정도로 불안정한 상황이 이어져왔습니다. 안정된 정권에 대한 기대가 있지요. 이것이 첫 번째입니다. 그리고 두 번째는 경제의 성장입니다. 한국과 달리 일본은 과거 20년 가까이 불황이 이어졌습니다. 1990년대부터 시작된 이 불황으로부터 벗어나는 것에 대한 기대, 이것이 두 번째입니다. 거꾸로 말하자면 예를 들어 원자력발전을 어떻게 할 것인가, 중일관계를 어떻게 할 것인가, 한일관계를 어떻게 할 것인가 등의 쟁점은 선거에서의 행동과 거의 관련이 없다고 생각합니다. 여론조사는 사람들에게 질문을 하기 때문에 모두 나름대로 답을 하겠습니다만, 유권자가 어느 당에 표를 던질까와 같은 행동과는 관계가 없는 것에 가깝다고 봅니다."

— 아베노믹스가 딱 1년이 되었습니다(2013년 말 현재). 이 아베노믹스로 일본경제가 부활했다고 언론에서는 쓰고 있습니다만, 서민 등 일반 국민이 느끼는 경제는 어떻습니까? 좋아졌다고 느끼고 있습니까?

"현재 일반 국민이 경제가 좋아졌다고 느낄 만한 이유는 적다고 생각합니다. 수치가 개선되었으니까 경제가 좋다고 생각해서 모두 기뻐합니다만, 두 가지 포인트가 있습니다. 첫 번째는 고용입니다. 고용을 보면 확대되고 있지 않습니다. 분명히 정체되어 있지요. 그 다음은 물가입니다. 물가에 대해서는 이를 조금 올리겠다고 말해왔습니다. 인플레 타깃 등의 논의가 있습니다만 물가에 관해서 커다란 변화가 일어나지 않고 있습니다. 즉, 물가와 고용에 대해서는 지금까지와 차이가 작습니다. 이 두 가지가 일반 국민이 가장 보기 쉬운 경제변화입니다.

그렇다면 어디가 달라졌는가 하면 고액소득자의 소비가 바뀌었습니다. 고액소득자가 구입하는 사치품이지요. 고급승용차라든가, 부동산 시장이 바뀌어서 부동산이 지금 아주 잘 팔리고 있습니다. 지금까지 원래 돈은 있었지만 경기가 나빠서 아직 쓰지 말자고 생각하던 부유층의 소비가 시작되었다는 것입니다. 그러나 새롭게 부유해진 사람들은 아직 나타나지 않은 상태입니다.

불확실한 것은 아베노믹스로 이것이 언제까지 지속될 것인가 입니다. 이에 대한 논의는 나뉩니다만, 현재의 범위에서는 경기 사이클로 설명할 수 있는 것밖에 없다고 생각합니다. 앞으로 바뀔 가능성도 있습니다만. 아베 정권이 발족해서 경기가 좋아진 것이 아닙니다. 2012년 9월경부터 경기가 좋아지고 있습니다. 이것은 경기에 주기가 있으니까 정책의 효과가 아니라 그 사이클로 조금 올라간 국면이라는 것입니다. 이것이 어디까지 갈지, 더 올라갈 것인지, 정책의 효과가 어디에 작용할 것인지는 일단 별개의 문제입니다.

그러한 의미에서 말하자면 아베 정권하에서 경제 성장을 막는 정책은 현재 시행되지 않고 있습니다. 그렇지만 경제가 아베 정권 덕에 좋아졌다고 말할 수 있는가 하면 아직 알 수 없겠지요. 저는 경제가 좋아졌으면 좋겠다고 생각합니다만 아직 알 수 없습니다. 구체적인 문제로는 기업의 설비투자가 확대되지 않고 있는 점입니다. 기업에 대한 금융은 아주 윤택합니다. 돈은 중앙은행에서 시중 은행으로, 은행에서 기업으로 흐르고 있습니다만 기업의 설비투자 의욕은 아직 올라가지 않고 있습니다.

가장 긍정적인 요소로는 해외로의 직접투자가 확대되고 있는 점입니다. 특히 아세안(ASEAN) 국가들, 인도네시아만이 아니라 필리핀에도 자금이 흘러들고 있습니다. 직접투자는 아주 적극적이기에 앞으로 알 수 있는 것은 기업은 국내에 설비투자를 할 의욕이 아직 적거나 없지만 해외에 대한 설비투자, 직접투자는 해외에 공장을 짓는다든지 하는 일이니까요. 해외에 대한 설비투자 의욕은 꽤 높아졌다는 것이 있겠습니다."

아베 정권의 대외정책을 어떻게 볼 것인가

— 앞서 말씀하셨습니다만 일본의 선거 때마다 한국 등의 해외에서는 주로 외교안보 부분의 매니페스토(공약)를 신경 쓰고 있습니다. 아베 수상은 2012년의 자민당총재 선거와 총선거를 전후하여 평화헌법을 개정하는 등에 의욕을 보이거나, 자위대를 국방군으로 한다든가 하는 식의 생각을 내세웠습니다. 수상 취임 후의 국회 답변에서는 침략의 정의 등을 둘러싼 발언에서 야당과의 공방이 펼쳐진 일도 있었지요. 한국의 텔레비전에서는 야구장에서 아베 수상이 등 번호 9번의 유니폼을 입는다든지, 훈련기 탑승에서는 '731'이라고 쓰인 훈련기를 탄다든지 하는 일이 방송되었습니다. 주변 국가들이 보면 그 의도가 무엇인지 여러모로 의심하고 있습니다. 이러한 아베 수상의 발언 또는 행동에 대한 일본 국내의, 특히 일반

국민의 반응은 어떻습니까?

"우선 아베 정권의 정책에 대한 한국의 신문 보도, 제가 확인한 인터넷의 일본어판 기사를 보면 그중에 상당히 과장 내지는 과대평가가 있는 것은 사실이라고 생각합니다. 731이라는 말을 사용하는 것은 주의해야 한다는 논의는 이해할 수 있습니다. 731부대라는 것이 있었으니까요. 다만 의지를 표명하기 위해 굳이 731이라는 숫자를 골랐다는 것은 전혀 근거가 없습니다. 아베 정권이 이렇게 하지 않을까 하는 우려나 두려움과 실제 아베 정권의 행동은 구별해야 한다고 생각합니다.

이러한 전제에서 말씀드리자면 아베 신조는 한국만이 아니라 일본에서도 잘 알려져 있듯이 수상이 되기 전, 또 이전에 수상을 그만둔 이후부터 이번에 수상이 되기 전까지, 중국에 대해서도 극히 급진적인 내셔널리스틱한 입장을 표명해온 인물입니다. 이 점은 우리들이 잘 알고 있습니다. 동시에 수상이 된 이후 그러한 발언을 그가 하고 있는가 하면 그렇지 않습니다. 침략의 정의에 대한 발언도 포함해서 그렇습니다.

일본에서도 민주당 혹은 공산당, 사민당이 아베 신조에게 무언가 급진적인 내셔널리즘의 표현을 하도록 만들려고 국회에서 여러 가지 질문을 합니다. 내셔널리즘적인 말을 아베 신조가 하도록 국회의원들이 여러 질문을 하는 것이지요. 아베는 이것을 말하지 않으려 노력합니다. 그러다가 조금 비슷한 말을 하면 금방 보도가 됩니다. 이것은 정확하지 않습니다. 아베 신조는 수상이 된 이후, 예를 들어 역사적인 전쟁책임이나 일본에서 말하는 위안부 문제 등에 대해 지금까지의 방침을 바꾸는 발언을 일절 하지 않고 있습니다. 이것이 하나입니다.

그리고 두 번째로는 자위대를 국방군으로 바꾸는 것이 정책의 전환이라고 합니다만 이것은 틀렸습니다. 왜냐하면 자위대는 현재 실제로 국방군이기 때문입니다. 그 점에서 이름을 바꾸는 것이 실체를 바꾼다는 주장도 정확하지 않습니다.

그렇다면 지금까지와 완전히 똑같은가 하면 그렇지는 않습니다. 구체적인 부분으로 들어가 보지요. 역사 문제에 대해 아베 신조 본인은 위안부 문제에 대해 극히 내셔널리스틱한 입장의 사람입니다만 정권에 들어가서는 이를 전혀 건드리지 않고 있습니다. 이렇게 하는 이유는 분명합니다. 한국, 중국뿐만 아니라 미국과의 관계가 파괴되기 때문입니다. 아베 정권은 중국에 대한 봉쇄를 정책으로 하고 있습니다. 미일관계를 강화함과 동시에 중국의 영향력이 확대된 개발도상국에 대해 일본이 적극적으로 관여하여 영향력을 높여가려는 방식입니다. 타깃은 아세안입니다. 이번에 라오스 방문을 끝으로 아세안 10개국을 전부 방문하였습니다. 10개국을 전부 방문한 일본 수상은 매우 적습니다.

처음에 아세안을 방문한 것과 함께 터키, 사우디아라비아도 현지 방문했습니다. 중동에서도 터키와 사우디아라비아는 매우 중요하며 중국의 영향력이 확대된 곳입니다. 이것을 억제하는 것. 그리고 인도에 대해서는 원래 인도 수상은 일본에 몇 번이나 방문하였습니다만 천황의 인도 방문을 약속했습니다. 이로 인해 인도 측의 일본에 대한 태도가 완전히 바뀌었습니다. 전부터 인도 정부는 천황의 방문을 요구해왔습니다만 일본은 이를 받아들이지 않았습니다. 이번에 이를 받아들인 것이지요. 물론 인도와 중국의 관계가 매우 크게 진전되고 있다는 것이 그 이유지요. 이렇게 중동, 인도, 아세안 등과 접촉하면서 중국의 영향력을 억지하는 네트워크를 만들어가는 것이 핵심이 되고 있다고 생각합니다. 그러한 점에서 아베 신조는 매우 적극적입니다. 그러나 이것은 군국주의나 군사 우위와 같은 의미는 아닙니다. 현 단계에서는 오히려 중국에 대한 견제에 머물러 있습니다."

독자적 군사행동의 선택폭을 넓히려는 것이 우려의 대상

"두 번째로 아베 수상이 추진하고 있는 것은 집단적 자위권입니다. 집단적 자위권에 대해서도 한국 언론과 저의 해석이 다르다고 생각합니다. 일본이 안전보장조약을 맺고 있음으로써 실질적으로 일본은 집단적 자위권에 참여하고 있는 것입니다. 한국은 본래 집단적 자위권을 부정하지 않고 있지요. 한국은 집단적 자위권을 행사하고 있습니다만 일본은 이를 행사해 오지 않았습니다. 그 이유는 미국과의 사이에서 어디까지 미국과 함께 군사행동을 할 것인가, 동맹의 틀 내에서 공동 군사행동의 범위는 많은 나라들이 그때그때의 상황에 따라 결정합니다. 독일이라면 이라크에 병력을 보낼지 말지를 그 자리에서 판단합니다.

일본의 경우에는 이를 법적으로 규제해왔다고 할까, 그러한 사고방식을 취해왔습니다. 내각 법제국은 헌법이 인정하고 있지 않기 때문에 일본이 집단적 자위권에 참여하지 않는다고 해석해왔습니다. 이 법률이 없어진다는 것은 (미일)동맹 속에서 일본의 행동이 취해진다는 것입니다. 한국은 미국의 동맹국이지요. 그러니까 일본이 집단적 자위권을 기반으로 행동하는 것이 한국의 안전을 저해한다는 논의는 저로서는 이해할 수 없습니다. 명백하게 이상한 논의입니다.

그렇지만 문제는 그것만이 아닙니다. 집단적 자위권을 인정하는 것은 지금까지 미국 정부가 일본에게 요구해온 것입니다. 이번에는 다르지요. 이번에는 미국 정부가 강하게 요구하고 있지 않습니다. 반대는 하지 않지만 강하게 요구하지도 않고 있습니다. 미국이 요구하지 않는데 일본이 집단적 자위권의 승인을 추진한다는 것은 상당히 특이합니다. 이것은 현재 미국이 일본과 중국의 대립을 매우 우려하고 있기 때문입니다. 오바마 정권은 중국을 경계하고 있습니다만 동시에 일본과 중국 사이에 군사적 충돌이 일어나면 미국도 관여해야 합니다. 미국은 일본의 동맹국이므로 일본과 중국이 군사적 충돌을 할 경우에 일본의 입장에 서지 않을 수 없습니다. 그러나 미국은 중국과의 군사적 충돌을 원치 않습니다.

그러므로 현재 미국 정부는 일본의 군사적인 관여나 군사행동을 억제하고 싶은 것입니다. 예전에는 그렇지 않았습니다. 오히려 미국과 함께 일본을 행동하게 만들고 싶어 했지요. 지금은 이를 억제시키고 싶어 합니다. 이번에 집단적 자위권이라고 한 것처럼 말이지요. 거꾸로 일본 정부가 이를 강하게 주장하고 있는 것은 말할 필요도 없이 중국에 대한 억지력을 강화하려는 이유에서입니다. 그러한 의미에서 집단적 자위권 그 자체에 대해서, 말하자면 안전보장조약을 맺고 있는 이상 그 자체가 문제라고는 저는 생각하지 않습니다. 그러나 문제는 그것이 아니라 현재 추진되고 있는 것의 실체는 군사행동에 대한 선택폭을 독자적으로 넓히려는 것입니다. 이것은 걱정할 필요가 있으리라 생각합니다. 이것은 집단적 자위권이 법적으로 적절한가와는 별개의 문제입니다. 정책으로서의 평가입니다."

아베 신조의 사고방식과 아베 정권

— 지금 말씀하신 부분에서 아베 수상이 제1차 아베내각 때에 수상을 그만둔 뒤 줄곧 급진적인 사고를 유지해온 것은 본인의 신념입니까? 아니면 시대의 흐름에 따라 그렇게 된 것입니까?

"그의 급진적인 사고방식, 내셔널리즘은 수상이 되기 전부터 있었습니다. 이번에 수상이 되기 이전에도 수상을 역임했지요(2006~2007년). 그보다 훨씬 전부터 그는 줄곧 그러했습니다. 고이즈미 준이치로(小泉純一郎)와는 다릅니다. 고이즈미는 내셔널리스트도 아니고 우익도 아닙니다. 그는 실용주의적인 정치가입니다. 실용주의적인 정치가가 야스쿠니를 방문하고, 이데올로기적인, 내셔널리스트인 아베 신조가 야스쿠니에 방문하지 않았다는 기묘한 상황이 되었습니다. (아베 신조는 처음으로 수상을 역임한 2006~2007년에 한 번도 야스쿠니 신사를 방문하지 않았다. 이러한 자세는 제2차 아베 내각이 발족한 2013년에도 지속되었으나, 그해 12월 26일 야스쿠니 신사를 전격 참배하면서 상황이 바뀌었다. —필자 주)

아베 신조는 방금 말씀드렸다시피 매우 급진적인 이데올로그입니다. 그렇지만 바로 그렇기 때문에 그의 생각을 수상이 되어 표현하면 외국으로부터 반발을 사고 정권이 쓰러져버립니다. 지금의 아베 정권은 아베 신조가 아베 신조로서 있지 않음으로써 성립된 정권입니다. 본래의 아베 신조는 물론 이데올로그입니다.

— 그렇다면 수상이 된 이후 현실적으로 조절하고 있다는 것입니까?
"그렇습니다. 아베 신조가 정말로 아베 신조로서 소신을 드러낸다면 일본의 외교는 파탄합니다. 그것은 분명합니다."

— 저는 도쿄특파원 시절에 아베 수상의 외조부인 기시 노부스케(岸信介) 전 수상을 인터뷰하여 〈동아일보〉에 게재한 적이 있고, 아베 수상의 아버지인 아베 신타로(安倍晋太郎) 외상도 공식석상에서 몇 번 만났습니다. 아버지 아베는 제가 느끼기에 내셔널리스트적인 정치가는 아니었습니다.
"아베 신조는 그의 아버지와 전혀 다릅니다. 아베 신조가 아버지를 존경하고 있다고는 생각할 수 없습니다."

— 물론 아베 신조의 개인적인 신념이겠지만, 어째서 아버지와 달리 그렇게 급진적인 생각을 가지게 된 것일까요?
"어째서인지는 알 수 없습니다. 다만 처음부터였지요. 정치가가 되기 전부터 그랬으니까요. 부친에 대한 거리감도 처음부터 있었습니다. 그 이유 중 하나는 아베 신조의 어머니가 아베 신타로보다 자신의 아버지인 기시 노부스케를 존경하고 있다는 것입니다. 저는 아베 신조와 기시 노부스케가 전혀 다르다고 생각합니다. 판단력이 다르지요. 기시 노부스케는 아마 메이지유신 이후 일본 정치가들 중에서 가장 머리가 좋은 정치가에 들어갈 겁니다. 판단력이 굉장히 빠릅니다. 아베 신조에게는 그러한 힘이 없습니다. 그러나 자신은 기시 노부스케와 닮았다고 생각하고 있을 겁니다."

— 아베 신조 수상은 전부터 기시 노부스케, 자신의 외할아버지에 대한 콤플렉스가 있는 것 아니냐는 이야기를 일본의 대학교수로부터 들었습니다.

"콤플렉스가 아니라 자기 자신이 기시 노부스케와 닮았다고 생각하고 있습니다."

― 기시 노부스케는 아주 어려운 상황에도 불구하고 미일안전보장조약의 개정을 단행하였습니다. 아베 수상도 자신의 임기 중에 무언가 하지 않으면 안 된다는 콤플렉스 비슷한 것을 가지고 있다는 이야기였습니다.
"콤플렉스라기보다는 똑같다고 생각하고 있겠지요. 기시 노부스케와 똑같은 천재적인 정치가라고 생각하는 것입니다. 자신(自信)이 없지만 자신이 있는 인물입니다. 자신은 천재인데 모두 자기를 바보라고 한다, 자기가 얼마나 우수한지 모르고 있다는 식으로요."

― 그러한 평가에 대한 반발도 있겠군요.
"이 사람은 그것뿐입니다. 기시 노부스케와 같은, 혹은 그 이상의 정치가라는 것을 어째서 사람들은 몰라주는 것일까 하고 생각하고 있겠지요. 그러한 사람입니다."

동아시아 내셔널리즘의 배후에 있는 것

― 지금(2013년)으로부터 5년 전인 2007년부터 2008년에 걸쳐 동아시아의 일본, 한국, 타이완에서 신 정권이 발족했습니다. 그때 선생은 〈동아일보〉 칼럼에서 "실용주의 노선의 정권이 아시아 지역의 질서 안정에 기여할 것"이라고 쓰셨지요. 그 이전의 정권들이 내셔널리즘 또는 포퓰리즘적이었기 때문에 신 정권은 그렇지 않을 것이라는 기대가 담겨 있었습니다. 그로부터 5년이 지났습니다. 그동안 한국에서는 이명박 대통령이 독도를 방문하여 일본으로부터 격한 반발과 비난을 받았습니다. 일본에서는 우파적인 성향이 강한 아베 정권이 등장했고 중국에서는 시진핑(習近平) 체제가 들어서서 미국과의 신형대국관계를 내세우고 있습니다. 지난 5년 동

안 동아시아에서 무엇이 바뀌었을까요? 각국에 내셔널리즘적인 정권이 등장한 배경을 선생은 어떻게 보고 계십니까?

"우선 내셔널리즘적인 정권과 내셔널리즘이 강하지 않은 정권이라는 구별을 세우는 문제는 간단하지 않다고 생각합니다. 이명박 정권을 예로 들어봅시다. 이명박 정권은 실용주의적인 기업인의 정권이었습니다. 경제적인 동기가 우선했지요. 실제로 커다란 성과를 거두었습니다. 역사 문제에 대해 이명박 정권이 강한 입장을 취한 것은 정권 말기입니다. 그렇지만 역사 문제를 커다란 쟁점으로 하는 일은 마지막까지 없었습니다. 그렇기 때문에 놀랐습니다. 저는 이명박 대통령이 독도를 방문하지 말았어야 한다고 생각합니다. 이것은 일본인이기 때문에 말씀드리는 것이 아닙니다. 독도는 한국이 현재 지배하고 있습니다. 실효지배를 하고 있는 쪽은 그 문제로 도발을 해서는 안 됩니다. 영토 문제에 대해서 보면 일본이 센카쿠열도 문제로 국유화를 할 필요는 없었고 독도에 이명박 대통령이 방문할 필요가 없었다고 생각합니다.

다만 확실히 그 배후에는 헌법재판소의 위안부 문제에 대한 판결이 있어서 이것 때문에 노다 요시히코 정권과 협의를 했지만 성과를 보지 못한 부분이 있다는 점은 알고 있습니다. 어찌됐든 이명박은 정권 마지막에 이르러 내셔널리즘적 표현을 했습니다. 그리고 박근혜 대통령이 취임했을 때에는 역사 문제에 대해 발언을 하지 않을 것이라는 기대가 일본 측에 있었습니다. 위안부 문제에 대해서도 쟁점이 되지 않을 것이라는 기대가 있었지요. 저는 그렇지 않다고 생각했습니다. 이것은 내셔널리스트인가 아닌가 하는 문제가 아니라 구체적으로 헌법재판소의 판결 후에 위안부 문제에 대해 일본이 어떤 행동을 취하지 않는 한, 한국 정부가 강한 입장을 계속 취하게 되는 상황이었기 때문입니다. 이 상황은 바뀌지 않았습니다. 이것이 박근혜 정권의 강한 입장을 가속화했다고 봅니다.

일본에 대해서 말하자면 중국과의 사이에 있는 긴장, 센카쿠에서의 긴장상태는 아직도 이어지고 있습니다. 이 상황에서는 중국의 행동에 대한 반발 쪽이 일본에게는 큽니다. 이렇게 되면 중국의 행동에 대한 반발이 커진 한, 일본이 어떻게 중국을 억누르고 있어도 일본 국민들은 일본이 이상하다고 생각할 수 없습니다. 무슨 이야기인가 하면, 한국 정부는 위안부 문제를 한국의 국내 정치 쟁점으로 보고 내셔널리스틱한 입장을 취할 수밖에 없는 상황이라고 생각합니다. 일본에 대해서는 센카쿠 문제로 인한 긴장이 이어지면서 내셔널리스틱한 입장으로 크게 기울기 쉬운 상황이 일본 내에 있는 것도 사실이겠지요.

이러한 상황에서 아마 내셔널리즘을 가장 억누르고 있는 것은 실은 중국입니다. 그것은 다른 이유에서 그렇습니다. 내셔널리즘에 의지하는 정치 동원을 했을 경우 지금의 중국에서는 정부에 대한 비판이 생겨버립니다. 관료국가이기 때문이지요. 이것이 커다란 문제가 됩니다. 그래서 실제로 센카쿠열도 국유화 뒤에 폭동이 있었습니다만 이것은 잘 알려져 있듯이 공산당 내의 권력투쟁과 연결되어 있고 공산당은 이를 빨리 억누르지 않으면 안 되었습니다.

지금 말씀드리는 것은 어째서 민족주의적인 정권이 늘어났는가보다도 두 가지 문제, 즉 역사 문제와 영토 문제가 핵심에 있다는 것입니다. 이 문제를 둘러싼 대립이 험악한 한, 어떤 정부라도 내셔널리스틱하게 된다는 것이지요."

군 위안부 문제와 영토 문제에 대한 한일 간의 인식 차

― 저는 군 위안부에 대한 한국의 논의에 몇 가지 한계가 있다고 생각합니다. 그 한계는 첫째로 무엇보다 한국만 말하고 있다는 점입니다. 군 위안부는 일본의 대부분 점령지역에서 만들어진 제도이며, 동원된 것은 한국인만이라기보다 한국인이 아닌 사람들이 더 많을 정도입니다. 또한 강제의 정도는 전쟁이 뒤로 갈수록 심해졌습니다. 처음부터 납치를 하는 등의 모집 방식은 취하지 않았습니다. 처음에는 납치 없이 모으는 것이 가능했

습니다. 그러나 전황이 악화됨에 따라 납치가 실제로 일어납니다. 납치가 가장 많았던 것은 일본 지배하의 당시 조선이 아니라 남양(南洋, 태평양의 적도를 경계로 하여 그 남북에 걸쳐 있는 지역)입니다. 가장 심했던 것은 인도네시아입니다.

그러한 의미에서 일본인도 같은 일을 했지요. 히로시마(廣島)나 나가사키에서 일본인 희생자만을 말하고 한국인을 포함한 일본인 이외의 희생자에 대해서는 오랫동안 무시해왔기 때문에 문제가 있습니다. 한국에서도 한국인의 희생으로서 위안부를 말하고 있습니다. 이것은 위안부라는 현상에 대한 인식방식으로서는 학자로서 잘못되었다고 말할 수밖에 없습니다.

이것을 전제로 이야기하자면, 이 문제에 대한 타개를 일본 정부에게 한국 정부가 요구하는 것은 당연한 일이라고 봅니다. 다만 굉장히 어렵겠지요. 일본 국내에서는 저의 생각이 아마 소수 의견일 겁니다.

특히 국회의원들 중에서는 위안부란 매춘부와 같은 것이라는 생각이 일반적이어서 이 문제로 인한 한국에 대한 반발은 매우 강한 부분이 있습니다. 이러한 상황을 타개하기 위해서는 단지 일본에 강경하게 대하는 것만으로는 전혀 도움이 되지 않습니다. 의견의 거리가 매우 떨어져 있습니다. 이것을 인식한 상태에서 손을 대지 않는 한 바뀌지 않습니다. 저는 한국의 위안부를 지원하는 단체가 너무 강경하다고 생각하고 있습니다. 아시아여성기금을 만들었을 때에도 대단히 반발을 했습니다. 그 전에 일본 정부가 위안부 분들과 인터뷰를 했습니다만 그때에도 일본 측에 절대로 말하지 말라는 압력을 가했습니다. 위안부들의 기록을 지금 공개하는가가 문제가 되고 있습니다만, 공개할 수 없는 큰 이유는 공개하지 말아달라고 피해여성이 말했기 때문입니다. 일본에 말했다는 것이 알려지면 지원자를 배신하는 것이 된다고 하면서 말이지요. 이 부분은 공표되지 않았지만 인터뷰에서 고노 요헤이 씨로부터 들었습니다.

그렇지만 위안부 문제에 대해 일본이 등을 돌려온 것은 사실입니다. 역시 이것에 대해 대화를 시작하지 않으면 안 됩니다. 대화는 간단하지 않습니다. 대화라고 하면 일본 측도 한국 측도 '그래, 시작하자'고 말하겠지요. 그리고 자신의 생각에 따라 상대방이 자세를 바꾸기를 기대할 것입니다. 이러한 것은 대화가 아닙니다. 그러니까 상당히 거리가 있다는 것을 상정하지 않으면 안 된다고 생각합니다. 어찌됐든 이 문제에 대해 접근하지 않으면 안 됩니다.

그리고 독도에 대해서는 양국 정부가 고유의 영토라고 말하고 있는 한 문제의 해결은 없습니다. 고유의 영토 같은 것은 없습니다. 독도는 한국 고유의 영토가 아니면서 일본 고유의 영토도 아닙니다. 국가 간의 합의에 의해 국경을 결정하면 되는 일입니다. 그리고 이것도 한국 정부가 받아들이지 않을 가능성이 높다고 생각합니다만, 국제사법재판소에 제소하면 한국 정부의 영토라고 인정받을 것입니다. 한국이 이길 가능성이 높은 안건입니다. 센카쿠에 대해서는 일본이 이기겠지요. 이유는 간단합니다. 사람이 살지 않는 섬에 대해서는 실효지배를 하고 있는 국가 쪽에 유리한 결정이 나올 가능성이 높기 때문입니다.

다만 이 문제가 일본에 의한 한일 병합의 시작이라는 것은 잘못입니다. 이러한 인식은 한국에 널리 퍼져 있습니다만, 이는 잘못된 것입니다. 경계선의 획정이라는 측면에서 한일 병합과 전혀 다르게 진행된 프로세스입니다. 어느 쪽인지 알 수 없는 영토에 대한 경계선 획정의 문제입니다. 한일합방이라는 것은 일본이 한국을 병합한 것입니다. 전혀 성격이 다른 문제입니다. 그 점에서 독도 영유가 일제 침략의 시작이라는 논의에는 전혀 찬성할 수 없습니다. 이 두 가지는 전혀 다른 문제입니다. 그러니까 저는 한국의 영유권을 오히려 국제적으로 확정하는 것이 바람직하다고 생각합니다. 일본 침략의 시작이었다는 논의에는 동의할 수 없습니다.

일본의 전쟁책임을 말하기 전에

― 앞서 말씀하신 영토 문제나 역사인식의 간극은 아직까지 한일관계 회복

을 막는 장애물이 되어 두 나라를 가로막고 있습니다. 일본은 전후 70년이 되는 오늘날에도 그러한 역사 문제나 과거 청산이라는 것에 발목을 잡혀 있습니다. 전쟁책임에 대한 청산이 완전히 이루어지지 않았기 때문이 아닌가 하는 지적이 있습니다. 이에 대해 어떻게 생각하십니까?

"이것은 일본이 전쟁책임을 지지 않는다는 이미지를 만듦으로써 생겨난 것입니다. 실제로 일본은 극동군사재판이 열려 그 판결에 따라 A급 전범을 처벌하고, 동남아시아 국가들을 중심으로 배상을 하고 국내에서는 헌법 9조를 포함하는 비무장화를 진행했습니다. 군은 있지만 외국을 침략할 힘이 없습니다. 그만큼 대규모의 정책전환은 전쟁책임의 승복 없이는 있을 수 없는 것입니다. 바로 전쟁책임을 인정하고 전전(戰前)과 다른 체제를 만들었기 때문에 이에 대한 반발로 우익이나 내셔널리스트가 태어난 것입니다. 일본인은 전쟁책임을 일절 고려하지 않는다는 주장이 해외에서 논의된다는 점은 알고 있습니다. 저는 이것이 잘못되었다고 생각합니다.

이 부분을 전제로 하여 말씀드리겠습니다. 일본의 전쟁책임에 대한 자각은 무엇보다도 일본 국민에게 커다란 희생이 있었다는 것을 중심으로 만들어졌습니다. 이것은 《전쟁을 기억한다》에도 썼습니다. 전쟁 기억의 많은 부분은 자국민의 희생에 대한 이야기입니다. 예를 들어 중국인의 입장에서 보자면 제2차 세계대전이란 중국인이 희생된 전쟁입니다. 중국인의 희생을 말하지 않는 한 일본은 전쟁책임을 인정하지 않는 것이 됩니다. 그 시점으로 보면 전쟁책임을 인정하지 않는다는 논의는 나오겠지요.

한국에 대해서는 더 심각한 문제도 있습니다. 한반도는 일본의 지배하에 놓여 있었기 때문에 실로 많은 군인이 조선군속(朝鮮軍屬)으로 동원되었습니다. 전장에서는 가장 힘든 곳에서의 전투에 종사하게 되었습니다. 그러나 이것은 동시에 매우 많은 중국인이나 필리핀, 인도네시아인이 한국인에 의해 죽었다는 것이 됩니다. 본인의 의사에 따라 선택한 것은 아니지만 한국인에게는 일본에 협력을 강요받은 일본 제국주의의 앞잡이라는 이중성이 있습니다. 협력자의 문제가 있는 것이지요. 이 문제는 한국의 입장에서는 난처한 문제입니다. 즉, 희생자로서만 한국인을 말하는 것이 그렇게 간단하게 되지 않습니다.

실제로 이 문제는 일본에도 있습니다. 많은 군인은 자신의 의사에 반하여 동원되었기 때문입니다. 그렇지만 군인이지요. 자신의 의사에 반했다고 해도 사람을 죽인 쪽입니다. 그렇기 때문에 일본에서는 군인을 중심으로 전쟁을 말하지 않았습니다. 일본에서는 전쟁을 말할 때 군인이 아닌 일반 국민의 희생만을 말합니다. 일본에서 전쟁에 대해 그린 텔레비전이나 영화를 보면 알 수 있다고 생각합니다만, 압도적으로 일반 시민, 여성이나 아이들이 중심입니다. 여성과 아이들이라면 희생자라고 말하는 것이 가능합니다. 한국에서 위안부 논의가 나오는 이유는 병사가 아니기 때문입니다. 일본에 동원되어 능욕당하고 비참한 폭력에 노출되어 많은 이들이 사망했습니다. 그러나 군인으로 강제동원된 한국인에게는 이와 동시에 사람을 죽였다는 부분도 있습니다. 일본에 동원된 병사와는 다릅니다. 이 점에서 엄격하게 말하자면 전쟁의 많은 기억들은 기회주의적이며 문제의 어려움을 지적하는 일이 드물다는 말까지 할 수 있을지도 모릅니다.

이것을 토대로 말하자면, 전쟁으로부터 이만큼의 시간이 지났기 때문에 단지 전쟁책임을 인정하는 것만이 아니라 그 전쟁이 무엇이었는가를 생각하는 일의 의미는 크다고 할 수 있습니다. 문제는 전쟁의 책임을 느끼는 것만이 아닙니다. 문제는 그 전쟁이 무엇이었는가를 아는 일입니다. 지금 대일 협력에 대해 말하는 것은 그 사람들을 비난하려는 것이 아닙니다. 노무현 정권 때에도 이를 중상비방에 사용하는 사람들이 있었지요. 그보다도 자신의 의사에 반해 동원되었다는 점입니다. 일본군 병사에 대해서도 그 실체에 대한 검토가 현재 상당히 가능해졌습니다. 실은 전쟁에 대해 여러 논의가 이루어지면서도 연구는 크게 진전되지 않았습니다. 직접 경험했으니까 연구 같은 것은 할 필요가 없다고 생각했었지요.

일본에서 전쟁책임을 인정하지 않는다는 논의에는 전혀 찬성할 수 없습니다. 터무니없는 이야기입니다. 오히려 전쟁책임을 인정하는 것으로부터 시작하였기 때문에 그에 대한 반발로 아베 신조와 같은 인물이 나온 것입니다. 다만 지금 제가 이렇게 말해도 한국에서는 전혀 상대해주지 않겠지요. 제가 말하고 있는 내용의 서두조차 들어주지 않을 거라고 생각합니다. 그만큼 거리는 멀다고 생각합니다. 유감스러운 일입니다."

― 선생은 〈동아일보〉에 쓰신 칼럼에서 역사화해는 역사논쟁의 악순환을 끝내는 일이므로, 이를 일본이 선수를 쳐서 역사논쟁의 선순환을 이끌어야 한다고 하셨습니다. 이것은 5년 전의 주장이지요.
"지금도 마찬가지입니다."

― 혹시 그러한 주장을 지금 선생이 하신다면 일본 국내의 반응은 어떠할까요?
"5년 전보다 지금이 더 나을 것이라고 생각합니다. 오히려 5년 전이 더 어려웠다고 봅니다. 겨우 위안부 문제에서 일본의 내셔널리스트들이 말하는 논의가 고립되어 있다는 사실이 알려지기 시작했으니까요. 당시에는 그렇지 않았습니다. 많이 바뀌었지요."

중국의 대두와 동아시아의 미래

― 한일관계에 놓인 여러 문제는 중국의 대두와 관계가 있는 것이 아닐까 싶습니다. 중국과 동아시아의 국제정세, 중국이 급성장함으로써 중국을 중심으로 한 힘의 이동(power shift)이 일어나는 것에 일본이 반발하고 있고, 한국은 아무래도 경제적으로 중국에 의지해야 하기 때문에 한중관계가 가까워짐에 따라 일본도 한국을 경계하기 시작한 것이 아닌가 하는 느낌이 듭니다.
"저는 이것이 착각이라고 생각합니다만 일본에서도 한국에서도 대부분의 사람들이 그렇게 말하고 있습니다. 그렇지 않습니다. 우선 한국은 중국과의 관계가 중요하지만 딱히 중국의 지배를 받고 싶은 것은 아닙니다. 지금 한국이 중국에 접근해도 괜찮은 이유는 북한에 대해 중국과 함께 행동할 수 있기 때문입니다. 중국이 북한을 강하게 지지하여 한국을 견제하면 중국과 한국의 관계는 끝납니다. 2010년에 북한이 연평도를 포격했을 때의 그것과 가까웠습니다. 즉, 중국이 성장하고 한국이 중국의 영향권하에 들어간다는 것은, 일본에서 많은 이들이 지적하고 있는 논의이지만, 저는 이것이 착각이라고 생각합니다.

중국의 대두에 대한 일본의 경계심은 물론 있습니다. 그것과 역사 문제라든가 한국과의 관계는 다른 문제입니다. 다만 그렇게 합리화하여 생각하고 싶은 것이지요. 역사 문제로 나라가 대립하는 것은 한국과 일본의 어느 누구도 이해할 수 없습니다. 그렇기 때문에 합리화하여 생각하는 것입니다. 그렇지 않습니다. 작은 문제만으로 이렇게 큰 결론이 나온다는 것뿐입니다."

— 오바마 정권이 들어선 후 미국은 아시아 중시, 아시아로의 회귀(*Pivot to Asia*) 정책을 내세워서 일본을 중국에 대한 제일선의 요새로 삼고 있는 듯한 느낌이 듭니다. 미국은 일본과 함께 중국을 둘러싸고 견제하는 일을 하고 있는 듯이 보입니다. 미국과 일본은 안보동맹을 맺었기 때문에 중국에 대한 봉쇄 정책이 동아시아의 새로운 냉전구도를 만드는 것이 아닌가 하는 우려가 있습니다.

"그렇게 되지 않습니다. 심지어 그 정책은 끝났습니다. 우선 아시아로의 회귀는 미국이 중동에서 철수하는 것이 전제된 펜타곤의 정책입니다. 물론 미국은 중동으로부터 철수할 수 없습니다. 철수하면 억지력 중심의 전통적인 정책으로 돌아갈 수 있으니까 미군은 철수를 원할 겁니다. 다만 중동의 불안정이 이어지고 있기 때문에 문제가 해결되지 않습니다. 이것이 첫 번째입니다.

두 번째는 아시아로의 회귀를 내세웠을 때에는 센카쿠 문제로 인한 대립이 일어나지 않았다는 것입니다. 이 문제가 겹치면서 실제로 일본과 중국 사이의 무력충돌 가능성이 생겨난 단계로 순식간에 변화했습니다. 1년 반도 지났지요. 일본과 중국이 정말로 무력충돌을 하면 미국에는 이익이 되지 않습니다. 그렇기 때문에 잘 타이르고 있는 것입니다. 미국은 중국을 경계하고 있지만 전쟁을 하고 싶지 않습니다. 그렇기에 무력충돌 회피를 중시하고 있고, 그 점에서는 일본과의 낙차가 꽤 있습니다. 미국과 일본이 이쪽에 있고 한국과 중국이 저쪽에 있는 식으로는 되지 않습니다. 본래 한국이 현재 중국에 접근할 수 있는 것은 북한 문제로 미국과 중국이 함께 행동할 수 있기 때문입니다. 미중관계에서 긴장이 생겨나는 상황에서 한국이 중국에 접근하는 일은 있을 수 없다고 말해도 좋습니다."

— 일본은 전후 미국에 의해 민주주의 체제를 구축하고 경제적으로도 세계 2위의 모범적인 국가로 되살아났습니다. 한국을 비롯한 개발도상국에 대한 원조도 했습니다. 그러한 국제공헌은 높이 평가받고 있습니다. 그럼에도 불구하고 군국주의로의 회귀와 같은 시대착오적인 이미지를 떠올리게 하는 정치가의 발언과 행동이 해외로부터 지적되고 있습니다. 일본이 전후 쌓아온 중요하고 긍정적인 축적 또는 재산을 보다 적극적으로 국제사회에 선전하는 것이 중요하지만 그러한 모습은 그다지 보이지 않습니다. 일본이 이처럼 공헌한 것에 대해 인정하는 나라도 있습니다만 그다지 평가되고 있지 않지요. 이러한 현상을 어떻게 보십니까?
"우선 일본이 국제적으로 공헌한 것에 대한 평가와 관심이 낮은 것과 군국주의 부활에 대한 우려는 전혀 다른 문제입니다. 군국주의 부활에 대한 우려를 강하게 말하고 있는 것은 한국과 중국뿐입니다. 미국에서도 그러한 것은 없습니다. 유럽에서도 없지요. 아베 정권에 대한 경계는 있습니다만 그렇게까지 강한 경계가 아닙니다. 아직도 그러한 정치가가 있는가 하는 놀라움은 있을지도 모르겠습니다만. 일본은 군국주의이기 때문에 무엇을 해도 상관없다는 논의는 한국과 중국 이외에서는 있을 수 없습니다. 반일

감정이 강한 싱가포르에서조차 그러한 논의는 없습니다. 문제는 그 부분이 아닙니다. 문제는 일본에 대한 관심이 없는 것입니다. 일본이 정책을 강하게 내세우는 일도 없습니다. ODA(*Official Development Assistance*, 공적개발원조)도 포함해서입니다. 그리고 일본이 무엇을 하고 있는지가 알려지는 일도, 관심을 부르는 일도 없습니다. 이 부분이 중점입니다.

또한 한국에 대해서 말하자면, 크게 유감스러운 일입니다만, 가령 일본이 전쟁책임에 대해 명확한 입장을 취하고 개인보상을 시작한다 해도 문제는 해결되지 않습니다. 한국 입장에서는 일본이 항상 선두에 있는 것이 문제이기 때문입니다. 그리고 선두에 있는 일본에 항상 학대받고 괴롭힘 당하며 식민지 통치가 끝난 뒤에도 불리한 입장을 줄곧 강요받았습니다. 대일 종속은 식민지가 끝난 뒤에도 끝나지 않았습니다. 그것이 겨우 끝났습니다. 그리고 지금은 일본보다도 발전하여 자유로운 정치체제를 가지고 경제적으로도 자유로운 체제를 만들었습니다. 문제는 일본이 한국보다 약하고 무시할 수 있는 나라가 되는 것이 중요한 것입니다. 매우 안타까운 일이지만 지금까지의 라이벌 관계가 있는 한 이것은 바뀌지 않을 것입니다.

중국은 그렇지 않습니다. 중국의 경우에는 대국이 되었다고 하지만 스스로 대국이라고는 전혀 생각하고 있지 않습니다. 그리고 일본의 군국주의에 대한 경계가 정말로 강한 것은 아닙니다. 중국이 가장 중요시하는 것은 중국 자체의 존속입니다. 한국에서는 그러한 문제가 없습니다. 따라서 매우 현실적으로 본다면 일본이 역사 문제나 영토 문제에서 어떠한 입장을 취하면 한국이 일본을 동료라고 생각하여 협력하거나, 그러한 판단을 할 것이라고 보는 것은 현실과 동떨어져 있습니다. 전혀 그렇지 않습니다."

한일 간의 안전보장 협력은 가능한가

— 앞서 말씀하신 집단적 자위권 문제를 포함하여, 일본과 한국이 북한 문

제에 대한 대응이라는 측면에서 미국을 중심으로 안보협력을 할 필요성이 한국에서도 제기되고 있습니다. 예를 들어 한국과 일본은 6자회담의 당사국으로 참가하고 있습니다. 안보 면에서의 한일협력 문제에 대해 선생은 어떻게 보고 계십니까?

"한일협력의 문제는 한국 국내 문제지요. 일본 정부는 한국과의 방위협력을 진행할 의사가 있고, 소다자주의(minilateral)이라고 합니다만 미국과 한국, 미국과 일본이라는 군사적 연결이 있지만 일본과 한국의 연결이 없다는 점에 대해서는 미국도 일본도 우려를 표해왔습니다. 이에 대해 반발하고 있는 것은 한국 정부입니다. 한국 정부가 반발하는 것은 실은 한국 정부 스스로가 아니라 한국의 여론이 무섭기 때문입니다. 이것은 이유가 분명합니다."

— 안보협력과 관련하여 2012년 한일 군사정보보호협정에 한일 정부가 서명하기 직전에 한국 쪽이 보류를 요구했습니다. 이것도 역시 국내 여론이 무서워서였지요.

"한국 정부와 한국 여론 양쪽 모두일 겁니다. 더 나아가서는 앞서의 문제로 돌아갑니다만, 일본을 무시해도 좋은 것이 아닌가 하는 판단이 한국 정부에게 있다고 생각합니다. 미국과 한국만으로 동맹을 운영하면 된다는 것이지요. 일본의 역할이 작아지는 데 대한 기대가 있는 것은 사실일 겁니다."

— 저의 개인적인 생각으로는 무시하고 있다기보다도 일본이 두렵기 때문에 경계하고 있는 것 같습니다.

"지금 한국에 그러한 것은 없습니다. 세대의 차는 있습니다. 현재 30대, 40대의 한국인은 일본을 신경 쓰는 시대가 이미 끝났다는 인식을 갖고 있을 겁니다."

— 그것은 일본을 잘 모르는 세대의 인식이 아닐까요?

"그렇기 때문에 그렇게 생각하고 있는 것입니다."

— 한일 젊은 세대의 장래가 걱정이 됩니다.
"앞의 이야기와 이어집니다만 저도 그것을 매우 걱정하고 있습니다. 어느 쪽이 선두인가 하는 것은 아무래도 좋습니다. 한국과 일본은 이웃나라이지요. 그것이 일본이 지배하는 시대가 이어졌기 때문에 굴욕도 있었고, 일본의 지배로부터 벗어나 거꾸로 일본보다 우위에 선 한국을 목표로 하게 되었습니다. 이것은 이해가 됩니다. 그렇지만 어느 쪽이 선두인가, 어느 쪽이 훌륭한가가 아니라, 안정된 관계를 어떻게 만들 수 있을까? 상대가 위협이 되지 않는 상황을 어떻게 만들 수 있을까? 이것이 가장 중요합니다."

— 선두 경쟁과 같은 사고방식은 적어도 저와 같은 장년층에게는 별로 없습니다.
"세대에 따라 큰 차이가 있습니다. 저의 세대에서도 그러한 인식은 적습니다. 다만 지금의 한국은 확실히 발전하고 있으니까요. 일본을 보아도 이미 뒤쳐져 있다고 말하는 사람이 늘고 있습니다. 역시 30대, 40대가 그렇지요. 사실 동시에 일본의 30대, 40대에서는 한국에 대한 반발이 매우 강해지고 있습니다. 저는 일본이 대국이었던 시대에 자라났기 때문에 어딘가 아직 일본이 대국이라고 생각하고 있는 것 같습니다. 일본의 30대, 40대에게는 일본이 추월당했다는 의식이 강합니다."

— 추월당했다는 것은 대국에게 추월당했다는 것입니까?
"다른 대국, 중국에게 추월당하고 한국에게 추월당했다는 것이지요. 바보 취급하지 말라는 감각이 강합니다. 30대, 40대 사람들은 일본이 대국이라고 생각하고 있지 않습니다."

— 그러나 일본은 경제적으로도 국가의 체제에서도 대국입니다.

"그렇게 말하자면 영국의 GDP는 일본보다 적지만 그렇다고 해서 영국이 소국이므로 무시할 수 있다고 해도 좋습니까? 네덜란드의 GDP는 일본보다 적지만 네덜란드를 무시해도 좋을까요? 그렇지 않습니다. 즉, 그러한 경제와 군사력을 저울질해서 어느 쪽이 잘났는지 따지는 것은 중요한 문제가 아닙니다."

교류의 확대는 편견의 근거를 없앤다

— 일본과 한국 사이에 연 500만 명의 양국 국민이 상호 방문을 하는 시대가 되었습니다. 이것은 한일이 공유하는 중요한 재산입니다. 문화교류 덕분이 아닐까 생각합니다. 문화는 현재 교류의 시대를 넘어 공유하는 시대를 맞고 있습니다. 무라카미 하루키의 신작 소설이 한국에서 2개월 뒤에 번역출판되어 7주 연속 베스트셀러가 되었습니다. 그리고 요즘에는 애니메이션 〈진격의 거인〉이 한국에서도 동시에 방송되는 시대가 되었습니다. 확실히 정치와 외교의 마찰과는 별개로 이러한 사람들의 왕래, 문화의 공유는 투 트랙으로 잘 작동하고 있지요. 그러한 소프트파워적이고 서로 공유하고 있는 부분을 살려서 그 힘으로 정치도 외교도 좋은 길로 이끌 수 있지 않을까요? 풀뿌리 교류는 몇십 년 동안이나 쌓아올린 것입니다. 이것으로 정치나 외교 면에도 영향을 주는 길은 없을까요? 시민 차원의 힘을 서로 합쳐서 협력 네트워크를 넓혀 무언가 할 수 있는 일이 있을까요?
"정치 문제는 정치로 해결하지 않으면 안 된다고 저는 생각하고 있습니다. 역사 문제, 영토 문제는 국민의 교류가 깊어지면 없어지는 것이 아니라 문제로서 해결하지 않으면 안 됩니다. 이것을 전제로 이야기하겠습니다. 이것이 대전제입니다. 다만 교류가 깊어짐으로써 바뀐 것은 얼마든지 있습니다. 지금 일본과 한국 사이에서는 음악이나 영화의 공동제작이 당연해졌습니다. 한국의 가수나 배우가 일본에서 일을 하는 것은 전부터 있었습니다만 일본의 배우나 가수가 한국에서 함께 일을 하거나 합니다. 그리고 대중문화만이 아니라 예를 들어 현재 한국의 영화계에는 홍상수나 김기덕과 같이 세계적으로도 우수한 감독이 있습니다. 이들이 일본에서 매우 많은 관객을 모으는 상황이 되었지요.

　이것은 상호 간에 편견이 줄어들고 있다는 것입니다. 한국인은 이상한 사람들이라고 아무렇지도 않게 말하는 사람들 중에는 한국인이 어떤 사람인지 만난 적도 없는 사람이 많을 것입니다. 만난 일도, 이야기해본 일도 없으면서 이상한 사람들이라는 이미지를 마음대로 만들고 있을 뿐이지요. 실제로 만나서 이야기를 해보면 상당히 바뀝니다. 저는 대학에 있기 때문에 도쿄대에 오는 한국 유학생을 많이 만납니다. 또한 가능한 한 그들이 일본인 학생과 함께하는 자리를 만들도록 하고 있습니다. 그렇게 해서 지금까지 한국에 사는 사람과 만난 일도 없었던 일본 학생이 이야기를 하면 여러 가지 의미에서 깜짝 놀랍니다. 서로 다른 것에 놀라는 것이 아니라 비슷한 것에 놀랍니다. 정말로 닮았습니다. 이로 인해 편견의 근거가 없어집니다. 상대를 괴물로 만드는 일은 불가능해집니다. 그것이 장기적인 기초라고 생각합니다. 고맙게도 한국과의 사이에서는 그것이 상당히 진전되었습니다. 헤이트 스피치와 같이 매우 추한 행동이 현재 일어나는 것은 사실이며 일부에서는 강해지고 있는 부분조차 있습니다. 다만 교류는 편견의 근거를 빼앗음으로써 최종적으로는 상황을 바꿔가게 될 것이라고 생각합니다."

― 편견은 조금씩 줄어들 것이라고 생각합니다. 헤이트 스피치나 혐한의 분위기는 일시적인 것입니까, 아니면 앞으로 더욱 강해질까요?
"현재는 줄어들었습니다. 반년 정도 전까지는 점차 격해지고 있었지요. 역시나 반발이 있어서 급속하게 줄었습니다. 늘어나는 것도 급속했지만 줄어드는 것도 급속했지요. 정말로 편견의 무서움을 뼈저리게 느꼈습니다.

― 오늘 긴 시간 감사했습니다.

일본학술원 부회장·게이오대 교수 고바야시 요시아키(小林良彰)

일본 정치사회 변화와
한일관계의 미래

일시: 2014년 9월 5일
장소: 일본학술회의 부회장실

고바야시 요시아키는 게이오대 법학부, 동대학원에서 법학박사를 받고 일
본정치학회 고문, 이사장, 일본선거학회 이사장 등을 역임하며 일본 선거
연구 전문가로 자리매김했다.《현대 일본의 정치과정연구》(2001),《일본의
선거와 유권자의식》(2008) 등의 저서는 한국에서도 번역출판되었다.

들어가며

■ ■ ■ ■ ■

고바야시 요시아키 교수는 일본의 정치학계에서 통계학을 이용한 선거 및 민주주의 연구의 권위자로서, 그의 논문과 저서에는 각종 선거 및 유권자 의식 등을 알기 쉽게 설명하는 수많은 도표와 자료들이 등장한다.

그는 대학 재학 중 처음에는 정치학이 수학이나 통계학과는 아무 인연이 없다고 생각했으나 컴퓨터가 학문 연구에도 활용되는 시대에 접어들면서 수학과 통계학과 컴퓨터를 연결하는 계량정치학에 관심을 갖기 시작했고, 일본에서 계량정치학 연구의 독보적인 영역을 개척, 확립했다. 미국의 미시간대 객원조교수, 프린스턴대 및 캘리포니아대 버클리캠퍼스 객원연구원으로 있는 동안 이 같은 그의 연구의 정체성을 재확인했다.

미국에서는 대통령선거 결과분석을 통한 전국적인 여론조사 및 분석이 1960년대부터 계속되어 계량적 수법에 대한 선거분석과 정치연구가 가능해졌다. 미국 정치학계에서 계량적 접근에 의한 논문이 주류를 차지하게 된 것은 1960년대 후반으로, 1980년대 중반부터는 미국의 정치학회지(A. P. S. R)에서 숫자를 이용하지 않는 논문을 찾아보기 힘들게 되었다고 고바야시 교수는 그의 저서에서 지적한다(《計量政治學》, 成文堂, 1985).

일본에서도 1970년대 들어서 유권자의 투표행동에 관한 사회조사와 분석이 활발해졌고 그 같은 조사결과를 바탕으로 한 선거연구, 정치연구가 본격적으로 이루어졌다. 고바야시 교수는 1980년대 초부터 유권자 의식 조사의 통계분석에 의한 계량적 방법으로 선거를 분석하는 연구를 일본에서 본격화했다.

그의 이 같은 연구방법론은 각종 사회 조사와 연구팀 독자의 조사데이터를 비교분석하는 방법을 활용하여 일본정치의 흐름을 검증하기 때문에 미디어의 일반적인 유권자 조사나 선거결과 분석과는 다른 시각에서 일본정치의 문제점과 과제를 부각시킨다(《현대 일본의 정치과정: 일본형 민주주의의 계량분석》, 東京大學出版會, 1997).

예를 들어 일본에서 1990년대 중반에 실행된 '정치개혁'의 상징적 제도 개혁으로서 도입된 소선거구제에 대하여 미디어의 일반적인 분석과 시각을 달리하는 유권자 투표행동의 변화를 추적했다(《제도개혁 이후의 일본형 민주주의》, 木鐸社, 2008).

그는 위의 저서 후기에서 이 책을 쓰게 된 동기에 대해 "일본의 선거행동연구에 대한 의문에서 비롯되었다"고 밝힌다. 곧 일본의 선거행동연구는 오랫동안 미국 정치학의 주요 조류의 하나로서 많은 정치학자들이 참여해왔으나, 실증분석이라는 형식만을 모방해서 밖에 있는 정치의 현실을 보지 않고 책상 위에서 컴퓨터를 움직이는 것만으로 논문이 양산되어 왔다고 지적한다. 따라서 '일본의 민주주의를 어떻게 하면 좋은 것으로 만들까'라는 문제의식은 제쳐놓고 현상을 설명하는 것만으로 '중립'을 지키는 보수성에 묶여온 데 대한 불만에서 이 책을 쓰게 되었다고 한다.

고바야시 교수는 일본의 정치현황에 대해서도 정계·학계의 기존 개념이나 정의에 의문을 제기하며 새로운 논리로 날카롭게 설파했다. 2009년 총선거 결과 민주당이 승리하여 일본에서 처음으로 민의에 바탕을 둔 정권교체가 일어났으나 3년 3개월 만에 끝난 민주당 정권의 발자취를 뒤쫓아 '민의를 반영하지 않는 정치'를 준열하게 비판했다. "정권교체가 되면 정치가 좋아진다는 것은 신화에 지나지 않는다. 정책이 변하지 않는 정권교체는 정치가의 권력투쟁에 그칠 뿐, 유권자에게는 의미가 없다"(《政權交代》, 中公新書, 2012).

고바야시 교수가 중심이 된 21세기 COE 프로그램 중 '다문화 세계에서의 시민 의식의 동태' 연구사업은 문부과학성의 주요 연구과제로 선정되어 게이오대를 중심으로 12개의 거점 연구 및 발신지로서 역할을 하며 연구 결과를 총서로 간행하였고 다문화 시민의식연구센터 및 시민의식데이터 아카이브를 설립하는 사업도 추진했다.

그의 논문과 저서에는 각종 선거 및 유권자 의식 데이터를 도표화한 수많은 자료들이 등장하여 논문 내용을 시각적으로 파악하는 데 도움을 준다. 정치 관련 논문을 '읽는 시대'로부터 '보는 시대'로 바꿔나가도록 기여하고 있는 것이다.

그는 일본의 선거와 정치연구의 양대 주류인 일본선거학회 및 일본정치학회 이사장을 각각 역임하면서 선거연구에 관한 독보적인 논문과 저서를 다수 발표하는 등 역동적인 연구활동에 앞장섰다. 또한 일본정치학회, 일본선거학회 소속의 많은 정치학 연구자들, 특히 젊은 연구자들의 연구를 독려하고 발표의 기회를 만드는 데 적극적으로 기여해왔다. 현재 일본학술회의 부회장으로 있는 등 학문연구의 비중에 상응하는 위치와 역할을 인정받고 있다.

단 4퍼센트의 표로 결정된 자민당의 부활

— 제가 일본에서 공부했을 때 선생께서는 일본선거학회 이사장, 일본정치학회 이사장이라는 일본 정치학의 양대 산맥의 대표로서 연구 활동을 하셨습니다. 특히 통계학을 기반으로 한 선거분석과 민주주의 연구에 독보적 영역을 개척해오셨지요.

2012년 자민당의 총선거 승리, 2013년 7월의 참의원선거 승리 등, 밖에서 보면 자민당은 승리했지만 두 선거에는 조금 다른 측면이 있는 것이 아닌가 하는 생각이 듭니다. 자민당의 승리 요인, 또는 민주당의 패배 요인에 대해 어떻게 분석하고 계십니까? 자민당에서 민주당으로 정권교체가 이루어진 2009년부터 3년 동안 일본 유권자의 투표행동을 바꾼 것은 무엇입니까?

"우선 선거결과를 보면 두 가지 측면이 있습니다. 하나는 의석, 다른 하나는 득표율입니다. 선거 결과라고 하면 미디어는 아무래도 둘 중에 의석에 눈이 가기 마련입니다. 그러나 유권자의 민의(民意)라는 것은 의석이 아니라 득표입니다. 의석은 그러한 민의를 선거제도 등에 의해 변환한 결과에 지나지 않기 때문입니다.

그럼에도 불구하고 미디어는 유권자보다 정치가에 흥미를 갖고 있어서 선거의 득표에는 그다지 관심을 쏟지 않습니다. 예를 들어 일본의 미디어에는 자민당 클럽이나 민주당 클럽은 있지만 유권자 클럽이라는 것은 없습니다. • 이 때문에 미디어는 정당이나 정치가에게 중요한 '의석'으로 선거결과를 보기 마련입니다만 이것은 올바르지 않습니다. 즉, 민의를 잘못

• 클럽이란 언론사들이 국회를 비롯한 각 정당 본부 또는 정부기관, 경제단체 등에 두고 있는 취재 거점 및 출입기자단의 일반적인 명칭으로, 담당 기자단을 '○○클럽'이라고 부른다. 예를 들어 국회 클럽에는 각 언론사의 개별 취재본부가 있고, 국회출입기자단이 있다. 자민당 담당 기자들의 취재 거점은 자민당 당사 내에 있으며 미디어 각사의 기자들은 자기 회사의 부스에 거의 상주하면서 취재활동을 펴고 있다.

〈표 1〉 중의원 소선거구 선거결과

득표율 · 의석률(%), 득표수(만 표)

	2005년			2009년			2012년		
	득표율	의석률	득표수	득표율	의석률	득표수	득표율	의석률	득표수
자민당	48	73	3,252	39	21	2,730	43	79	2,564
민주당	36	17	2,480	47	74	3,348	23	9	1,360

해석하는 것입니다. 예를 들어 의석으로 보는 한, 2009년 중의원에서 자민당이 참패했다든가 2012년 중의원선거에서는 자민당이 압승했다는 것이 되기 때문에, 어째서 유권자의 투표행동이 급격하게 바뀌었는가 하는 의문을 가지게 됩니다. 그러나 실은 유권자의 민의는 그리 크게 바뀌지 않았습니다.

구체적으로 말해서 의석을 보면 2005년 중의원선거에서 자민당이 압승한 후, 2009년 중의원선거에서는 자민당이 참패하고 민주당이 압승했으며, 2012년 중의원선거에서 다시 자민당이 압승했습니다. 또한 일본의 중의원 선거제도는 소선거구 비례대표 병립제(국회의원 선거에서 소선거구제와 비례대표제를 함께 적용하는 제도)이지만, 비례에 의한 의석은 적고 대부분은 300개의 소선거구에 의한 의석입니다. 여기에서 300개의 소선거구를 보면 자민당은 2005년에 73%의 의석을 획득했지만 2009년에는 21%가 되고 2012년에는 다시 79%로 늘어납니다. 아주 크게 바뀐 것이지요. 민주당은 2005년에 17%의 의석밖에 획득할 수 없었지만 2009년에는 74%로 급증했고 2012년에는 겨우 9%로까지 내려앉습니다(〈표 1〉참고).

그러나 유권자의 민의인 득표율을 소선거구로 한정해서 보면, 2005년에 자민당은 48%의 득표율을 보인 데 반해 민주당은 36%로 12%밖에 차이가 없습니다. 그러나 소선거구제는 투표율과 의석수가 크게 괴리되기 때문에 의석수로 보면 자민당 대 민주당은 73% 대 17%인 것입니다. 2009년에는 자민당이 39%의 득표율을 보인 데 비해 민주당은 47%입니다. 즉, 2005년에 자민당에 투표한 사람 중 6% 정도가 자민당에서 민주당으로 바꾸어 투표했을 뿐이라는 이야기가 됩니다. 그런데 의석수로 보면 2009년에 자민당 대 민주당이 21% 대 74%입니다. 2009년 중의원선거를 득표율로 보면 자민당과 민주당은 8%밖에 차이가 없습니다. 그러나 의석수로 보면 양당은 53%의 차이가 납니다. 나아가 2012년 중의원선거에서 자민당의 득표율은 43%로, 2009년에서 겨우 4%밖에 늘어나지 않았습니다. 그러나 자민당의 의석수는 21%에서 79%로 급격히 늘어났습니다.

또한 득표수로 보면 자민당이 참패한 2009년 중의원선거에서 자민당이 득표한 수는 2,730만 표였습니다. 2012년에 자민당이 압승한 중의원선거에서는 몇 표를 얻었다고 생각하십니까? 2,564만 표입니다. 즉, 참패한 2009년부터 압승한 2012년에 걸쳐 자민당의 득표는 200만 표나 줄어든 것입니다.

그러나 미디어는 그러한 유권자의 민의에 관심이 없습니다. 유권자가 어째서 어떠한 행동을 하는가에는 흥미가 없고, 의석수로 자민당이 이겼는지 졌는지 이외에는 기사로 내지 않는 것입니다. 그렇게 되면 일본의 유권자가 보수화했다는 듯이 보도하게 되지요. 이 때문에 유권자의 민의를 잘못 읽게 됩니다. 즉, 미디어의 문제가 크다고 생각합니다."

— 미디어의 선거를 보는 방식이 잘못되었다는 것이군요.
"미디어는 유권자에 전혀 흥미를 가지고 있지 않다는 것입니다. 미디어는 정치가에게만 흥미를 갖고 있습니다. 그렇기 때문에 정치가의 시선으로 보도를 하게 됩니다.

2009년부터 2012년에 걸쳐 유권자의 투표행동을 보면 그 구조가 기본적으로 크게 바뀌지는 않았습니다. 또한 다양한 쟁점에 대한 태도와 투표행동 사이의 관계도 크게 바뀌지 않았습니다. 결론부터 말하자면 일본 유권자의 민의는 미디어가 보도하는 정도로 크게 변화하지 않았다는 것입니다.

여기에서 왜 2005년에 자민당이 압승하고 2009년에 몇 퍼센트포인트 득표율이 떨어졌는가를 설명하겠습니다. 우선 2009년의 중의원선거 때 민주당에 표를 던진 그룹이 세 개입니다. 첫째는 민주당 지지자, 둘째는 자민당의 지지자입니다. 당시 자민당 지지자 중 적지 않은 사람들이 기권을 했습니다만, 자민당 지지자들은 줄곧 오랫동안 투표는 당연히 해야 하는 것이라고 생각해왔기 때문에 기권하는 것에 익숙하지 않습니다. 그래서 투표장에 오지요. 와서 자민당이 아니라 민주당에 표를 던진 사람들이 일부 있었습니다. 대체로 20% 정도지요. 셋째 그룹은 무당파(無党派)입니다.

2009년의 자민당 득표율 39%가 2012년에는 43%가 되어서 사실 4%밖에 변하지 않았습니다만, 이 4%를 보면 우선 2009년 민주당에 표를 던진 자민당 지지자들이 다시 자민당으로 돌아갔습니다. 여기에는 역시 민주당에 대한 실망이 크겠지요. 또 하나는 무당파 중에서 민주당에 표를 던진 사람들의 비율이 상당히 줄었습니다. 그러한 의미에서 원래 자민당을 지지했던 사람들이 2009년에 자민당에 대해 실망하고 일시적으로 민주당에 표를 던진 부분이 다시 되돌아온 것이 됩니다. 다만 그것은 겨우 4%입니다.

그리고 단 4%라는 민의의 변화로 의석이 58%나 변화한 것입니다. 반복해서 말하지만 2009년 중의원선거에서 자민당이 획득한 소선거구 득표율은 39%로 의석수는 21%였습니다. 2012년에는 득표율이 43%이고 의석수는 79%입니다. 즉, 몇 퍼센트의 득표율 변화로 정권이 크게 바뀌어버린 것이지요. 이것이 소선거구제의 가장 큰 문제가 됩니다.

그렇다면 몇 퍼센트뿐이라고는 하지만 어째서 2009년에 민주당에 투표한 자민당 지지자들이 2012년에는 민주당에 투표하지 않았는가, 또는 2009년에 무당파 층이 민주당에 투표했는데 그중 일부가 어째서 떨어져 나갔는가 하는 질문이 나오는데요.

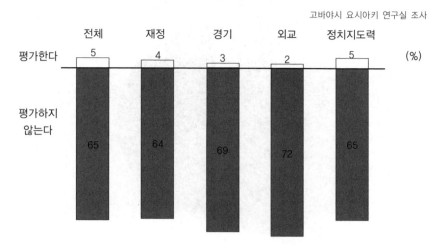

<그림 1> 민주당 정권 실적 평가

고바야시 요시아키 연구실 조사

	전체	재정	경기	외교	정치지도력
평가한다	5	4	3	2	5 (%)
평가하지 않는다	65	64	69	72	65

　우선 한 가지 말할 수 있는 것은 민주당이 2009년의 선거공약에서 정책을 꽤 구체적으로 내놓은 것에 대해 기대를 가진 유권자들이 있었다는 점입니다. 정권 말기에 민주당 스스로 공약을 자가 점검했습니다. 물론 그 이외에도 게이단렌(経団連, 일본경제단체연합회)이나 민간단체가 민주당 공약을 점검했습니다만 이런 것들은 상당히 엄격합니다. 그렇지만 민주당이 스스로 점검했기 때문에 어떤 의미에서는 상당히 민주당에 유리한 평가라고 할 수 있습니다. 이렇게 무른 평가에서도 공약의 66%가 미달성 상태입니다. 즉, 실현된 것은 34%밖에 없었던 것이지요.

　결국 민주당 스스로 실현하지 않은 것을 인정하지 않을 수 없었던 것입니다. 구체적으로 말하자면 중의원 정수 80석 삭감은 전혀 실현되지 않았습니다. 최저보장연금 창설도 실현되지 않았지요. 아동수당은 공약의 반액이 되었고 고속도로 무료화도 극히 일부에서 이루어졌을 뿐입니다.

　2012년 중의원선거 직전에 제가 전국에서 실시한 여론조사에서 민주당 정권의 실적을 평가하는지 어떤지를 물었더니 '평가한다'고 응답한 사람이 5%인 데 반해 '평가하지 않는다'는 응답자가 65%였습니다. 항목별로

고바야시 요시아키 연구실 조사

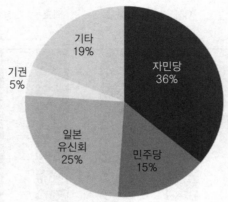

물어본 것이 있습니다만, 재정에 대해서는 긍정적으로 답한 응답자가 4%, 부정적이라는 의견이 64%입니다. 경기대책에 대해서는 긍정적 3%, 부정적 69%입니다. 그리고 외교는 '평가한다'가 2%밖에 없고 '평가하지 않는다'가 72%입니다(〈그림 1〉 참고). 민주당 정권에서 미일관계가 나빠진 한편, 중국과의 관계에서도 센카쿠열도 문제에 잘 대응하지 못했지요. 그러한 의미에서 유권자의 민주당에 대한 실망감이 커졌습니다.

그리고 2009년에 민주당에 투표한 사람들 중 2012년에 23%가 자민당에 투표했습니다. 무당파 층으로 말하자면 2012년에 자민당에 투표한 사람들이 36% 있는 데 반해 민주당에 투표한 사람은 15%입니다(〈그림 2〉). 두 배의 차이가 나지요. 본래 정당 지지자들은 자민당 쪽이 많고 민주당 쪽이 적습니다. 그럼에도 불구하고 민주당이 2009년에 정권을 잡은 이유는 자민당 지지자 중 일부 또는 무당파 층이 민주당에 투표했기 때문입니다. 그리고 2012년에는 무당파 층의 투표가 자민당 쪽이 많습니다. 더군다나 자민당 지지자들은 민주당에 투표하지 않지요. 이래서는 민주당에 승산이 없게 됩니다. 다만 그렇게 해서 변화한 비율이 4%뿐이었다는 이야기입니다."

는 이야기입니다."

소선거구제의 특징과 미디어의 자세

— 앞서 말씀하신 것은 득표율이 크게 변하지 않아도 의석수가 바뀐다는
것에는 소선거구 선거제도의 문제가 있다는 것이었지요. 이전 중선거구
제에서는 그러한 격차가 없었습니까?

"중선거구에서 그러한 일은 없었습니다. 득표율과 의석수의 차이는 소선
거구제가 된 뒤에 커졌습니다. 사실 소선거구제에서 자민당의 득표율을
보면 2005년 48%, 2009년 39%, 2012년 43%로 한 번도 과반을 넘지 않았
습니다. 그러나 의석수는 소선거구에 한해서 보면 2005년 73%, 2009년
21%, 2012년 79%로 80% 가까이를 가지게 됩니다. 다만 2013년 참의원선
거까지는 중의원과 참의원 사이에 다수당이 다른 상황이었습니다만 2013
년에는 이것이 해소되었습니다. 지금은 중의원과 참의원 모두 압도적으로
자민당이 강한 상황이지요."

— 소선거구제가 민의를 올바르게 반영할 수 없다는 것은 대의민주주의에
무언가 문제가 있는 것처럼 보입니다만.

"두 가지 관점이 있습니다. 하나는 민의를 반영하지 않고 있다는 것, 다른
하나는 강한 리더십을 부여한다는 것입니다. 미국도 소선거구제이고 영국
도 소선거구제입니다. 소선거구에서 득표율과 의석수가 다른 것은 딱히
일본만의 일이 아닙니다. 다른 나라에서도 일어나고 있지요. 이 리더십을
어떻게 당사자들이 발휘할 것인가에 달려 있는 셈입니다."

— 민의는 반영되지 않지만 지도자에게 지도력을 발휘할 수 있도록 지탱해
준다는 것이군요.

"그것이 안정된 정치로 이어진다는 것이 1990년대에 소선거구 비례대표

병립제 도입에 찬성한 사람들의 주장이었습니다."

— 그 덕을 본 것이 아베 수상입니까?
"고이즈미 준이치로 전 수상도 그랬지요. 고이즈미 씨는 앞서 말씀드렸듯
이 2005년에 압승했기 때문에 우정(郵政) 민영화를 할 수 있었습니다. 당
시 득표율은 48%로 50%를 넘지 않았지요. 그럼에도 70% 넘는 의석을 가
지고 있었기 때문에 우정 민영화가 가능했습니다. 그것이 고이즈미 씨의
리더십이었던 것이지요."

— 그러한 선거의 변화라고 할까, 소선거구제의 문제는 있지만 그 덕분에
고이즈미나 아베 수상이 정책을 추진할 힘을 얻었다는 것이군요.
"그렇지요. 이것을 어떻게 평가할 것인가는 결과를 놓고 보는 수밖에 없습
니다."

— 아주 중요한 부분이지만 미디어에서는 그렇게 자세한 분석을 하지 않고
있지요.
"일본의 미디어라면 어느 신문사나 방송국이라도 득표율을 알고는 있습니
다. 알고 있지만 무시하는 것이지요. 유권자에게 흥미가 없으니까요. 즉,
미디어는 어느 정당이 몇 표를 얻었는지, 몇 퍼센트 득표했는지는 흥미가
없는 것입니다. 그러한 것보다도 다음 정권은 어디인가, 다음 총리는 누구
인가, 다음 간사장(幹事長)은 누구인가 같은 것들밖에 미디어는 흥미가 없
는 것이겠지요. 이렇게 되면 보도가 그러한 방향으로 가게 됩니다.
　이것은 한국에서도 마찬가지입니다. 한국의 대통령선거에서 예를 들어
김대중, 노무현 대통령이 당선되었을 때 한국인들은 아주 리버럴하다고
했지만 이명박, 박근혜 대통령이 당선되면서 한국인들이 보수화했다는
보도가 나온 그것이지요. 그러면 일본 유권자들은 아무리 보아도 한국인
들이 보수화했다고 생각하게 되는 것입니다."

— 이명박 후보가 당선된 대통령선거 때는 득표차가 500만 표 정도였습니다만 박근혜 후보와 문재인 후보는 3~4퍼센트포인트밖에 차이가 나지 않았지요. 그럼에도 총선에서 여당은 과반을 넘었습니다. 민주당은 조금 줄어들었지요.

"이명박 대통령의 득표율은 50%를 하회했습니다. 거기에는 이회창 후보가 입후보한 것도 있지요. 그러나 이명박 대통령이 압승했다는 보도를 본 일본 시민들은 한국의 유권자가 상당히 보수화했다고 생각합니다. 그렇게 리버럴한 노무현 대통령에서 이명박 대통령으로 바뀌었으니까 보수화했다는 식으로 생각하는 것입니다.

아마 한국 유권자도 민주당 정권에서 자민당 정권이 되어 압승했으니까 일본 유권자들이 보수화했다고 생각하겠지요. 그러한 의미에서 커뮤니케이션 갭이 미디어를 통해 이루어지고 있는 셈입니다."

— 그렇군요. 신문에서는 어느 정당이 몇 석을 얻었는지, 그것으로 정권을 얻었는지를 중점 보도하기 때문에 착각하게 되지요.

아베 내각의 외교정책과 내각 개조

— 집단적 자위권 행사 문제, 또는 특정기밀보호 법안을 아베 정권이 강력하게 추진하는 것은 역시 선거 결과로 얻은 의석을 기반으로 해서 힘을 얻었기 때문이지 않습니까?

"집단적 자위권에 대해 말하자면 신문사마다 취재 내용이 전혀 달라서 정반대의 결과들이 나옵니다. 이것은 질문하는 방식이 다르기 때문입니다. '집단적 자위권에 찬성입니까, 반대입니까?'라고 묻지 않고 여러 설명을 붙이는 것입니다. 예를 들어 '집단적 자위권은 일본이 전쟁에 말려들게 될 우려가 있다는 사람도 있습니다만 찬성합니까, 반대합니까?'라고 물어보면 반대하는 사람이 많습니다. 그러나 '센카쿠열도와 같은 문제가 일어나고 있습니다만, 집단적 자위권에 찬성합니까, 반대합니까?'라고 하면 찬성하는 사람이 많지요. 말하자면 그러한 편향(bias)이 질문에 들어 있다는 것입니다.

제 조사에서는 편향을 넣지 않고 냉정하게 물어보았습니다. 그 결과, 집단적 자위권에 찬성이 53%, 반대가 47%였습니다. 찬성 쪽이 6% 많은 것이지요."

— 그 질문은 일절 전제를 달지 않고 행한 것입니까?

"달지 않았습니다. 전제를 다는 사람들은 그쪽으로 유도하고 싶은 것이지요. 또한 현 시점(2014년 9월 20일 현재)에서 집단적 자위권은 아직 법제화되지 않았습니다. 국회에 법률을 내기 위한 각의결정(閣議決定)을 한 단계입니다. 이것도 미디어가 알면서 보도하는 것이겠습니다만 법제화와 각의결정은 다릅니다. 각의결정은 내각이 그러한 방침을 정했다는 것입니다. 아직 국회에서 가결하지 않은 것이지요. 앞으로 각의결정을 기반으로 한 법률을 낼 것입니다. 즉, 집단적 자위권을 실제로 행사하려고 한다면 법률화하지 않으면 안 됩니다. 자위대법 등 관련법이 상당히 많습니다. 이 부분도 미디어가 제대로 전달하지 않으면 일본 국민이 보수화한 것처럼 비춰지는 것입니다.

현재 상황에서는 2014년 9월 말에 국회가 시작될 것입니다. 그러므로 그 전에 내각 개조를 단행하여 지지율을 올린 것입니다. 내각 개조를 하면 일단 신선한 느낌을 줄 수 있고 여성 각료가 5명이나 입각했기 때문에 내각 지지율이 올라갔습니다. 예를 들어 자민당에서도 리버럴한 다니가키 사다카즈(谷垣禎一) 씨가 간사장이 되었기 때문에 보수적인 이미지가 완화되었지요.

정부의 국정운영에 있어 내각 지지율은 중요합니다. 미디어는 지지율이 높은 사람을 비판하지 않습니다. 그렇기 때문에 미디어는 고이즈미 씨를 비판하지 않았던 것입니다. 즉, 일본 미디어는 어떤 의미에서는 '강한

자를 돕고 약한 자를 억누른다'고 할 수 있습니다. 지지율이 높은 정당이나 수상은 비판하지 않지만, 지지율이 낮은 수상은 비판하는 것이지요. 이것은 지지율이 높은 사람을 비판하면 불만이 쏟아지고 뉴스 시청률이 떨어지기 때문입니다. 한편 지지율이 높은 사람을 칭찬하면 뉴스 시청률이 올라갑니다. 그렇기 때문에 고이즈미 수상 때 일본의 뉴스 시청률은 높았습니다."

— 이번 내각 개조에서 보수적인 색채를 조금 완화하고 여성 장관 5명을 입각시킨 것은 일본 국민에 대한 이미지 쇄신을 노리고 한 것입니까?
"그러한 의미에서는 성공하지 않았을까요. 아베 수상은 이전에 수상을 했을 때 조금 여성에게 차갑다는 인상을 주었기에 그것이 불식되지 않았을까요."

— 보수적인 색채가 강한 내각에서 조금 변화한 것은 아닙니까?
"그것도 일본 미디어의 문제입니다만 내각의 각 장관과 자민당의 3역은 전혀 역할이 다릅니다. 당 3역의 간사장, 정조회장, 총무회장은 당무를 맡습니다. 간사장의 일은 선거나 당 운영이기 때문에 정책에 직접적으로는 영향을 주지 않습니다. 그러나 일본의 미디어는 내각 인사와 당 3역 인사를 함께 보도하기 때문에 다니가키 씨가 간사장이 되면 아베 내각의 이미지가 조금 바뀐 것처럼 보이게 되는 것입니다."

— 한국에서는 일본의 내각 개조가 있으면 방위장관까지는 몰라도 외무장관이 누가 되었는지를 봅니다. 그러한 측면에서는 별로 바뀌지 않았지요?
"외무장관은 그대로 기시다 후미오(岸田文雄) 씨이지요."

— 아베 내각이 총선거 결과를 과도하게 이용하고 있다는 분석에 대해서는 어떻게 보십니까?

"아베 내각이라기보다 미디어겠지요. 미디어가 그렇게 해석하고 있는 것 아니겠습니까? 미디어는 득표율을 잊고 자민당이 80%의 의석을 가지고 있으니까 이대로 좋은 것 아닌가 하고 생각하고 있는 것이겠지요."

'일강다약'(一强多弱)의 상태와 미디어의 역할

─ '55년 체제' 때는 사회당이 굉장히 강해서 1980년대에는 175석 정도를 차지했지요. 민주당을 중심으로 한 보수정권의 오랜 기간에 걸친 국정운 영에는 대항 세력으로서 강력한 야당의 견제가 작동했기 때문에 균형이 유지되었다는 지적도 있습니다. 지금은 그 정도로 자민당에 대항할 수 있 는 제1야당이 존재하지 않지요.
"그렇습니다. 지금은 '일강다약'이라 불리는 상태입니다. 정당 지지율을 보면 자민당은 대체로 40%입니다. 민주당이 4~5%일까요. 그 뒤로 공명 당, 공산당, 일본유신회 등이 3% 정도이고 다함께당이 2%인 상태입니 다. 압도적으로 자민당만이 강한 상태입니다."

─ 그러한 상황에 대한 일본 국내의 우려는 없습니까?
"별로 없습니다. 그러한 우려가 있다면 각 정당의 지지율이 달라지겠지요. 없기 때문에 그러한 지지율이 유지되는 것입니다."

─ 자민당에 보수계의 강한 다른 야당을 합치면 3분의 2 가까이 되지요?
"더 많을 겁니다. 전체에서 사민당과 공산당, 민주당을 제외하면 80% 정 도는 되지 않을까요."

─ 그 힘으로 하려고 한다면 헌법개정의 발의도 가능하지 않습니까?
"가능합니다."

— 그러나 헌법개정까지는 가지 않는다는 것입니까?

"헌법개정까지 갈 가능성도 있다고 생각합니다."

— 이번 아베 내각의 임기 중에 말입니까?

"다음 선거 이후이지 않을까요? 즉, 아베 내각의 경우 지금 자민당 단독으로 전체 의석수의 3분의 2에는 달하지 않습니다. 그러니까 이번 선거 전에 개헌하려고 하면 양보하지 않으면 안 됩니다. 우선 공명당에 함께 개헌을 하자고 하면 공명당에서 요구사항이 나옵니다. 이것은 안 된다든가, 이것은 이렇게 해야 한다든가 하는 주장을 하지요. 그렇게 되면 공명당으로부터 10의 요구사항이 나와서 7을 거절하고 3 정도는 받아들이게 됩니다. 아마 이러한 상황은 좋아하지 않는 것 아닐까요. 지금의 내각 지지율이라면 다음 중의원선거를 했을 때 자민당 단독으로 3분의 2를 얻을 수 있다고 생각하는 것이겠지요."

— 그렇다면 헌법 9조의 개정까지 하게 되는 것 아닙니까?

"9조뿐만 아니라 다른 조문도 검토하지 않겠습니까?"

— 시기적으로는 다음 총선거 이후입니까?

"그렇습니다. 다음 선거는 경기 상태에 달려 있습니다만 1년 후 정도일지도 모르겠습니다. 그러니까 중의원과 참의원 동시선거라면 2년 뒤가 되지만 그것보다 앞당길 가능성도 있다고 생각합니다."

— 중의원을 해산한 뒤 선거한다는 것이군요. 그렇게 되면 2015년이 일본 정치의 큰 변곡점이 되지 않겠습니까?

"그럴지도 모르겠습니다. 단독으로 의석수의 3분의 2를 가지면 다른 정당이 반대해도 중의원에서는 법안을 통과시킬 수 있지요. 그럼에도 사민당과 공산당은 반대할 것이라고 생각합니다만."

경기회복에 기반한 아베 내각의 '전후 레짐으로부터의 탈피'

— 아베 씨가 내세우고 있는 '전후 체제(레짐) 탈각'도 기본적으로는 헌법 개정입니까?
"전후 체제로부터 탈각한다는 것은 헌법뿐만이 아니라고 봅니다. 예를 들어 교육 문제, 이것은 이미 전에 수상을 역임했을 때 교육기본법을 개정했지요."

— 그것은 역사관과 관련이 있는 것입니까?
"역사관이나 도덕 교육도 관련이 있겠지요."

— 그렇다면 전후 체제 탈각은 주로 일본 국내의 문제이군요.
"그렇습니다."

— 일본이 전후 체제로부터 탈피하면 그것이 예전의 일본으로 거꾸로 돌아가는 것 아닌가 하는 오해를 부를 수밖에 없다는 이야기도 있습니다만.
"제2차 세계대전 이후, 시민 교육을 하지 않았고 애국심도 가르치지 않았습니다. 그러한 것을 가르치고자 하는 것이 전후 체제 탈각 중 하나이겠지요. 다른 하나는 자위권의 문제가 있습니다. 자위대의 역할을 확대하고 싶다는 것이 있다고 생각합니다."

— 제1차 아베 내각 때, 아베 총리가 전후 체제 탈각을 강하게 내세웠지만 이번 내각에서는 그러한 이야기를 그다지 크게 내세우고 있지는 않지요?
"그것이 높은 지지율의 원인입니다. 유권자 입장에서 보면 정치가 가장 해주었으면 하는 것은 경기를 회복시켜주는 것, 그리고 사회복지를 해주는 것, 그러한 생활에서의 쟁점이지요. 헌법이나 전후 체제 같은 것은 사회적인 쟁점입니다. 생활 쟁점과 사회 쟁점으로 나누면 유권자는 생활 쟁점 쪽에 흥미가 있는 것입니다. 우선 매일매일의 생활을 어떻게든 해달라는 것이지요. 그러나 아베 총리의 지론은 사회 쟁점이기 때문에 이전에 총리를 했을 때에는 그것을 서둘러 전면에 내세웠습니다. 유권자 입장에서 보면 자신들이 힘들어 하는 생활이나 경기 문제에 대해 이 내각은 우선순위를 낮게 두고 있다고 생각하여 지지율이 내려갔습니다.

그 반성에서 이번에는 아베노믹스를 시작한 것입니다. 그 결과로 국채를 대량으로 발행하면 엔저가 됩니다. 엔저가 되면 수출기업 입장에서는 플러스가 되지요. 수출기업에 플러스가 되면 주가가 올라갑니다. 주식을 가진 국민들은 기뻐하는 구도가 되는 것입니다. 이렇게 되면 유권자의 눈은 아베 총리가 바뀌었다, 경기도 생활도 좋게 해준다고 보게 됩니다. 확실히 민주당이 가장 잘하지 못한 것은 경제 문제였기 때문에 그에 비해 아베 내각은 잘한다는 평가를 받게 됩니다. 다만 아베 수상이 전후 체제 탈각을 잊은 것은 아니고 높은 지지율을 유지한 상태에서 지론을 추진해가려는 생각을 하고 있다고 봅니다."

— 지금 아베노믹스가 국민이 체감할 수 있을 정도로 경제적으로 성공해서 효과가 있을 때까지는 아직 갈 길이 멉니까?
"우선 주가가 올랐습니다. 그리고 수출기업에서는 엔저가 작동하고 있지요. 아베 후보가 총리가 되었을 때는 1달러 80엔이었지만 현재(2014년 9월 20일)는 1달러 109엔이니까 30% 엔저입니다. 이것은 수출산업에 굉장히 플러스가 됩니다. 그러니까 수출산업에 종사하는 사람들이나 주식을 가지고 있는 사람들에게는 생활이 좋아지게 하고 있지요."

— 임금 인상도 이뤄지고 있습니까?
"어느 정도는 하고 있습니다."

— 아베 내각의 지지율이 높은 것은 역시 경제 덕분이군요.

"그렇습니다. 그리고 다른 선택지가 없다는 것도 있습니다. 즉, 민주당에 정권을 맡길 수 있다고 생각하는 사람들이 적다는 것이지요. 나아가 미일 관계가 조금 개선되고 있다는 것도 있습니다. 고이즈미 내각 때 정도로 회복되지는 않았지만 하토야마 유키오(鳩山由紀夫) 내각의 심각한 상태에 비해서는 나아졌지요. 민주당 정권보다는 현 정권 쪽이 미일관계를 잘하고 있기 때문에, 이는 일본인의 입장에서 보면 안도감을 줍니다."

중국 경제에 대한 전망과 중국에 대한 한일 간의 온도차

— 대외적인 여러 변화, 예를 들어 센카쿠열도(중국명 댜오위다오) 문제나 북한의 핵 개발도 일본의 국내정치를 바꾸거나 영향을 줍니까?
"북한은 그다지 관계가 없습니다만 중국의 센카쿠열도 부근 어선 충돌 사건은 큰 영향을 주었습니다. 이 문제가 없었으면 집단적 자위권에 찬성하는 사람들이 절반을 넘는 일도 없었겠지요. 집단적 자위권에 대해서는 매년 여론조사를 하고 있습니다만, 대체로 반대가 50%에 찬성이 40%였습니다. 그러나 센카쿠열도 문제가 일어난 뒤로 찬성이 늘어났습니다.

즉, 집단적 자위권에 대해 잘 모르지만 중국의 어선이 충돌하는 영상을 유튜브에서 보고 아주 무섭다고 생각한 것입니다. 향후 센카쿠에서 충돌이 일어났을 때 일본의 자위대만으로는 대응할 수 없기 때문에 미군의 협력이 필요하지 않을까 하고 생각한 사람들이 많다고 봅니다. 그렇기 때문에 집단적 자위권은 필요하다고 느끼는 사람들이 늘어나고 있는 것이지요. 그러한 의미에서는 중국의 센카쿠열도에 대한 공격이 큰 영향을 주고 있습니다."

— 센카쿠열도(중국명 댜오위다오) 문제에 불을 붙인 것은 민주당 정권 때 국유화를 했기 때문이 아니냐, 국유화를 하지 말았어야 했다는 이야기도 있습니다만.

"국유화하지 않아도 어선은 오지 않았을까요."

— 국유화 이전에 중국 어선이 충돌한 것을 보아도 일본 국민은 위협을 느 끼다는 것이군요.

"실제로 중국이 스프라틀리제도(南沙諸島) 중 가장 큰 태평도(太平島)를 실효지배하여 군용공항을 건설했습니다. 일본인은 센카쿠열도도 그렇게 될 가능성이 있다고 생각하고 있습니다. 중국과의 센카쿠열도 문제는 그 러한 의미에서는 일본인의 집단적 자위권 찬성, 다른 의미에서는 보수화 로 이어지고 있습니다.

지금 일본 안에서 국제관계로 말하자면, 어떻게 차이나 리스크(*China risk*)를 줄일 것인가가 핵심입니다. 중국과는 일정한 무역관계가 있기 때 문에 완전히 국교를 단절하는 것은 불가능합니다만, 중국 경제의 앞날에 대한 전망이 일본과 한국에서 다르다고 생각합니다. 일본의 경우, 중국 경제의 절정기는 2020년이라고 보고 있습니다. 최대 난관은 역시 인구감 소입니다. 한 자녀 정책을 유지해왔기 때문에 고령자 복지를 그렇게 하지 않는다고 해도 생산노동력이 떨어집니다.

중국은 경제가 계속 성장하는 시기에 세 가지에 투자를 했습니다. 첫째 는 제조업, 둘째가 부동산, 셋째가 인프라 정비입니다. 제조업에 대해서 는 현재 중국 제조업의 낮지 않은 비율이 가동되지 않고 있습니다. 공급과 잉이지요. 둘째로, 부동산은 잘 알고 계시듯 고스트타운화하고 있습니 다. 셋째가 인프라 정비입니다만, 순식간에 고속철도를 많이 만들었습니 다. 그러나 그 요금을 비싸게 설정할 수 없습니다. 부자들이 많긴 하지만 일반인 대부분의 생활수준은 그렇게 높지 않기 때문에 일본의 신칸센(新 幹線)과 같은 요금은 받지 못합니다. 그렇게 되면 적자가 되지요. 그리고 중국이 살아남기 위해서는 제조업의 고도화가 필요합니다. 신닛테츠(新 日鐵)나 포스코와 같이 높은 기술을 확보할 필요가 있습니다. 그러나 그 렇게 하기 위해서는 국유기업을 민영화하지 않으면 안 됩니다.

이렇게 보면 일본으로서는 지금의 중일 무역관계를 줄이고 싶지 않지만, 그 이상으로 투자하려고도 생각하지 않습니다. 시장만 가지고 말하자면 인구는 향후 수십 년 이내에 인도 쪽이 많아질 것입니다. 인도와 함께 'VIP'라 불리는 국가들, 베트남, 인도네시아, 필리핀으로 투자를 늘리려 하고 있습니다. 나아가 불가리아 등의 구 동구권 국가들에 대한 투자도 있지요.

아베 총리는 그러한 나라들과 경제관계를 강화하고 있습니다. 특히 아베 총리는 인도와의 관계가 깊어서 현 인도 총리와는 그가 아직 총리가 되기 이전에 만났습니다. 그러한 의미에서 차이나 리스크를 가능한 한 분산시킨다는 것이지요. 중일 무역량은 줄이지 않지만 다른 국가와의 무역을 늘림으로써 일본의 무역 총량에서 중국이 점하는 비중을 서서히 줄여간다는 전략입니다. 이 점은 한국과 상당히 관점이 다르지 않습니까?"

— 한국은 경제면에서 중국에 너무 기울어져 있다고 해서 리스크를 느끼고 있습니다. 예를 들어 싼 임금으로 중국에 많이 진출했지만 요즘은 중국의 인건비가 상당히 비싸졌다고 하지요. 그렇기에 경쟁력이 떨어집니다. 공장을 중국에 만드는 이점이 없어진다는 이야기가 나오고 있습니다. "다만 한국 입장에서 보면 불이익은 없다고 생각합니다. 중국에 있는 한국 기업이나 공장에 대해 데모나 폭동은 일어나지 않지요. 그러나 일본기업이나 공장에 대해서는 그러한 일들이 일어납니다. 예를 들어 일본의 백화점이나 공장에 대해서도 종업원들이 시설물을 파괴하는 행위를 합니다. 상당한 리스크가 있지요. 그렇기 때문에 이 이상은 투자를 늘리려고 생각하지 않습니다. 1년 전과 비교하면 중국에 대한 일본기업의 투자는 크게 줄었습니다. 베트남은 중국과 비교했을 때 인건비가 3분의 1이고 미얀마는 더 쌉니다."

미국과 중국 사이에서 흔들리는 한일 양국의 전략

— 미국이 중국의 대두를 우려하여 '아시아로의 회귀' 정책을 취하고 일본과 함께 중국을 봉쇄하려 하고 있습니다. 중국이 어떻게 나올 것인지 알수 없지만 중국도 사실은 미국과 싸우고 싶어 하지 않는 상황 아닙니까?

"물론 그렇겠습니다만 미국과 중국 어느 쪽에도 '무기'가 있습니다. 우선 미국의 무기가 무엇이냐 하면 셰일 가스입니다. 미국기업이 인건비가 싼 중국에 진출해왔습니다만 중국의 인건비가 상승했지요. 한편 중국의 약점은 에너지가 부족하다는 것입니다. 미국에서 셰일 가스를 본격적으로 산출하게 되면 에너지 비용은 대폭 줄어듭니다. 미국은 이것을 전면적으로 수출하려 하지 않고 일부는 수출하더라도 대부분은 국내에서 사용하게 할 것입니다. 그렇게 되면 미국 제조업 입장에서는 해외보다 미국에서 생산하는 편이 비용이 줄게 됩니다. 여기에 중국의 인건비 상승이나 국가 리스크를 함께 고려하면 생산거점을 밖으로 가지고 나가지 않고 국내에 머무르게 할 수 있습니다. 이렇게 되면 미국의 실업률이 개선됩니다. 이것이 대통령선거에서 이기는 최대의 열쇠가 되지요.

이에 반해 중국의 무기는 미국 국채를 가지고 있다는 것입니다. 지금까지는 일본이 미국 국채를 가장 많이 가지고 있었습니다만 지금은 중국 쪽이 많이 보유하고 있습니다. 이것을 팔면 미국은 곤란해지게 됩니다. 무기로 싸우는 것만이 전쟁은 아닙니다. 미국은 역시 중국에 의해 국채가 팔리면 곤란하기에 관계를 망가뜨리지 않도록, 그렇지만 역시 관리를 해나간다는 생각이라고 봅니다. 그러한 의미에서 미국 입장에서 보면 한국이 중국에 너무 빠르게 접근한다는 의견은 있습니다.

이 틈을 일본이 찌르고 들어온 것입니다. 하토야마 내각 때 미일관계가 무너졌습니다. 그 간격을 이명박 대통령이 찔러 들어왔지요. 거꾸로 이번에는 일본 입장에서 보면 한국이 중국과 접근하면 할수록 미일관계가 개선될 가능성이 있다고 보고 있습니다. 그렇게 함으로써 아시아에 있어서 미국의 첫 번째 파트너 자리를 한국으로부터 일본이 되찾는 것을 생각하고 있습니다."

— 흥미로운 지적입니다.

한일관계 악화와 시민교류의 축소라는 악순환

— 저도 항상 느끼고 또 듣는 말입니다만 한일 간에는 투 트랙이 있다고 하지요. 외교정책은 평행선을 달리고 있습니다. 여기에 시민 차원에서 문화, 지역 간의 교류가 활성화해서 이 시민 네트워크를 통해 정치외교가 대응할 수 없는 부분에 있어 서로의 관계회복을 위해 좋은 영향을 주는 것은 가능할까요?

"저는 국가와 국가 사이의 관계에 스리 트랙(three track)이 있다고 봅니다. 정치, 경제, 문화의 세 가지가 있지요. 한일관계는 우선 정치가 나빠졌습니다. 정치관계가 좋지 않지요. 그리고 미디어는 정치가에 대해서만 전달합니다. 그러는 동안 처음에는 일본인도 이것이 정치가들끼리의 문제이며 시민들은 별개라고 생각하고 있었지만 지금은 그렇지 않게 되었습니다. 정치가들끼리의 관계 악화가 시민 간 관계 악화로까지 심화되고 있다고 봅니다. 단순히 이명박 대통령이나 박근혜 대통령이 어떻다는 것이 아니라, 대부분의 한국 시민이 일본 시민을 싫어한다고 느끼는 일본인은 많다고 생각합니다.

이 수준까지 오면 가령 정치가들끼리 관계를 회복해도 시민 간의 관계는 한동안 회복되지 않습니다. 즉, 정치가 나빠지면 시민관계가 나빠질 때까지 시차가 3~4년 있는 것처럼, 이번에는 정치관계가 회복되어도 시민관계가 회복될 때까지는 시간이 걸립니다. 또한 한일관계는 본래 경제가 확대되어 좋아진 것이 아니라 〈겨울연가〉로 대표되는 한류 등의 문화로 개선되어온 측면이 있습니다.

경제 트랙은 쌍방에게 중요하고, 갑자기 제로가 되는 일은 없습니다. 이에 반해 문화교류는 필요하더라도 불가결한 것은 아닙니다. 따라서 사라질 가능성은 있는 것이지요. 예를 들어 수년 전까지 대부분의 일본 텔레비전 채널에서 한국드라마를 볼 수 있었습니다. 또한 한국의 가수인 동방신기나 카라, 소녀시대를 매일같이 방송했습니다. 그러나 지금은 일본 텔레비전에서 한국 가수를 보는 일이 없습니다. 한국드라마도 그다지 볼 기회가 없지요. 왜냐하면 시청률이 나오지 않고 오히려 불만이 접수되기 때문입니다.

또한 한국에 가면 위험하다는 이미지가 일본에 퍼졌습니다. 일본인이 한국에 가서 택시를 타면 비싼 요금을 내야 한다는 말을 듣습니다. 저는 7월에 한국의 서울대에 갔을 때, 모범택시가 아니라 보통 택시를 세 번 탔지만 그러한 일은 없었습니다. 일본의 미디어에서 전하는 한국의 시민상 (市民像)과 실제로 갔을 때 알게 되는 시민상이 다른 것이지요. 이와 같은 일은 한국에서도 있을지 모릅니다.

가장 우려되는 것은 교류 축소입니다. 현재까지 일본의 수학여행은 상당수가 한국으로 갔습니다. 중국은 반일 데모가 있으면 위험하지만 한국은 가깝고 경비도 싸게 들기 때문에 많은 고등학생들이 한국에 갔습니다. 그리고 경복궁이든 경주든 가서 처음으로 알게 되는 것이 많았습니다. 그러나 지금은 한국에 가지 않게 되었습니다. 본인뿐만 아니라 부모가 반대를 합니다. 한국은 반일적이기 때문에 위험하다고 학교에 불만을 제기합니다. 그렇게 되면 학교 측도 곤란하기 때문에 일본 국내나 타이완처럼 한국 이외의 나라를 가게 됩니다.

서로 왕래하는 수도 줄었고 만남의 장이 사라지고 있습니다. 이렇게 되면 상대에 대해 알 수 있는 것은 미디어에서의 정보뿐이고 미디어에 의해 움직이게 됩니다. 다만 한일관계는 지금까지도 좋은 시기가 있으면 나쁜 시기도 있었기에, 〈겨울연가〉 이전의 시기로 돌아갔다고 생각하면 되지 않겠습니까?"

반일 · 반한 감정보다 무서운 것은 무관심

— 선생이 말씀하셨듯이 냉정하게 이전의 시기로 돌아가서 다시 새롭게 시작하면 좋겠다고 생각합니다. 그러나 극히 일부입니다만 일본 사회에서 반한 데모나 혐한 헤이트 스피치가 가끔씩 있지요.

"거꾸로 한국에서도 반일행위가 있지요."

— 흔히 볼 수는 없습니다만.

"이것은 미디어가 확대하고 있는 것입니다. 종군위안부 동상을 만들었다는 보도는 일본에서 꽤 나옵니다. 그렇게 되면 한국의 5천만 국민이 일본을 싫어한다는 인상을 받게 됩니다. 거꾸로 말하자면 일본에서 헤이트 스피치를 하는 사람들은 극히 일부이지만, 한국에 보도되면 일본인 모두가 헤이트 스피치를 하는 듯한 이미지가 된다고 봅니다."

— 한국에서도 미디어가 헤이트 스피치를 본격적으로 다루는 단계까지는 오지 않았습니다. 다만 일부에서라도 보도하면 텔레비전에도 나오게 됩니다. 그렇게 되면 일본을 잘 알지 못하는 사람들에게는 일본이 어떻게 된 것인가, 어째서 저런 행위를 하는가 하는 의문이 생기게 됩니다. 전후 태어나고 자란 젊은 세대들 간에 서로 의사소통이 잘 이루어지지 않는 것은 조금 우려가 됩니다.

"앞서 말씀드렸듯이 싸움을 해도 좋으니까 의사소통을 하는 편이 좋습니다. 가장 좋지 않은 것은 서로에게 관심을 가지지 않게 되는 것입니다. 일본 측에서는 예전에 한국을 짝사랑했습니다만 지금은 한국에 대한 관심이 옅어지고 있습니다. 한편 중국과는 싸움을 하고 있다는 의식이 있지요. 싸움을 하고 있다는 것은 그만큼 관심도 있다는 것입니다.

그에 반해 한국에 대해서는 관심이 없어지고 있기 때문에 관계 회복의 기회도 잃어버리게 됩니다. 서로 싫어해도 의사소통을 취하는 것이 중요합니다. 미디어에서 정치가의 발언만을 전하지 않고 양쪽 시민의 솔직한 의견을 전달하는 것이 중요합니다. 그리고 다양한 형태의 학술교류도 중요하지요. 서로 직접 만나 이야기를 나누는 기회가 중요합니다."

— 서로 무시하는 것이 가장 두렵지요.
"의식적으로 무시하는 것이 아니라 이미 무관심해지고 있는 것입니다."

한일 양국의 상대국 연구에 대한 현황과 과제

— 일본의 한국연구, 한국의 일본연구에 대해 한 말씀 해주십시오.
"한국에서 일본연구를 할 환경이 정비되었는지 어떤지의 문제입니다. 예를 들어 일본으로 한국인이 유학을 와서 일본연구로 박사학위를 취득해도 대부분의 경우 한국 대학에서 정년이 보장되는 자리를 얻을 수 없지 않습니까? 일본연구에서도 미국에서 박사학위를 받은 쪽이 유리합니다. 이것은 조금 이해가 되지 않습니다. 일본에서 한국연구를 가르치기 위해서는 미국의 박사학위를 따는 것보다 한국에서 박사학위를 취득하는 쪽이 유리하다고 생각합니다. 도쿄대의 기미야 다다시(木宮正史) 교수는 고려대, 게이오대 니시노 준야(西野純也) 교수는 연세대, 니가타현립대학 아사바 유키(淺羽祐樹) 교수는 서울대에서 박사학위를 취득했습니다.

또한 일본의 한국연구는 처음에는 한일관계 전문가 중심이었습니다. 오코노기 마사오(小此木政夫) 교수가 그렇지요. 그 다음 단계에서는 서로 같은 주제로 연구하는 사람들이 함께 연구를 합니다. 예를 들어 일본의 정당 연구자와 한국의 정당 연구자가 공동연구를 한다든가, 관료 연구자끼리 공동연구를 하는 것처럼 말이지요. 지금은 한 사람의 연구자가 한일 양국의 비교연구를 하기 시작하고 있습니다."

— 한국에서도 일본에 대한 연구는 각론적으로 전문화하고 있습니다만,

그것을 한국에서 가르치고 지속할 환경이 정비되어 있지 않은 것이 문제가 아닐까 생각됩니다. 오늘 장시간 감사했습니다.

〈아사히신문〉전 주필·칼럼니스트 와카미야 요시부미(若宮啓文)

역사화해와 미디어의 역할

일시: 2014년 4월 2일, 4월 16일
장소: 동서대 일본연구센터 서울사무소

와카미야 요시부미는 1948년 도쿄에서 태어나 도쿄대 법학부를 졸업했다.
1971년 〈아사히신문〉에 입사한 뒤 정치부장, 논설주간 등을 거쳐 2011년 5
월부터 2013년 1월까지 주필을 역임했다. 현재 동서대 석좌교수와 일본국
제교류센터 시니어펠로로 활동 중이다.

들어가며

■ ■ ■ ■ ■

와카미야 요시부미 〈아사히신문〉 전 주필은 〈아사히신문〉 기자로 출발하여 논설위원, 정치부장, 논설주간, 주필 등 주요 직책을 거치며 주로 정치외교, 한일관계 등을 주제로 한 기사와 사설 및 칼럼을 집필했고, 2013년 1월 정년퇴직 후에도 대학의 석좌교수 등으로 연구와 강연, 집필 활동을 계속하고 있다.

정치부 기자 또는 논설위원 시절에는 나카소네 야스히로 수상 및 고이즈미 준이치로 수상의 야스쿠니신사 공식참배를 비판하는 등 역대 정권에 대한 날카로운 취재 보도와 논평으로 일관하였다. 2003년 논설주간 시절에는 이라크전쟁에 반대의 논진을 펴 〈요미우리〉, 〈산케이신문〉 등과 논쟁을 벌이기도 했다. 2006년 2월에는 〈아사히신문〉 발행 잡지 〈론자〉(論座)를 통하여 〈요미우리신문〉의 와타나베 쓰네오(渡邉恒雄) 주필과 대담, 일본의 양대 '라이벌 신문' 주필이 "수상의 야스쿠니신사 참배에 반대한다"는 데 일치된 의견을 밝히고 이를 게재하기도 했다.

그의 칼럼과 사설은 확실한 요지와 방향 제시로 많은 독자들의 관심을 끌어왔다. 논설주간 시절인 2007년 5월 3일 자 〈아사히신문〉에는 "제언: 일본의 신전략" 제하의 사설 21편을 8페이지에 걸쳐 한꺼번에 게재하여

'지구 공헌 국가' 일본을 제창하였다. 와카미야 논설주간도 서명기사를 통해 헌법 9조 개정의 반대를 선명히 하기도 했다. "사설(社說) 21"의 큰 제목 아래 "새로운 '호헌'(護憲)을 제언한다"는 부제가 붙은 이 사설 집중게재는 동서양의 신문제작사상 처음 시도된 획기적인 기획으로 평가된다. 21편의 사설이 〈아사히신문〉에 한꺼번에 실린 2007년 5월 3일은 일본의 60번째 헌법기념일이었다. 만 60년을 맞이한 일본국 헌법을 지켜나감으로써 언론의 자유를 수호하고 또한 일본이 여러 분야에서 세계에 이바지하는 지구 공헌 국가를 향해 나아가자고 제언한 기획이다.

일반적으로 신문 사설은 필자의 이름을 밝히지 않는 무기명 논평이다. 또한 글 자체가 논리정연하고 딱딱하기도 해서 독자들에게 잘 읽히지 않는 것도 사실이다. 그 같은 사설을 한꺼번에 21편이나 하루치의 신문에 게재하는 '결단'은 마치 싸움에 임하는 신문의 태세를 보여주는 듯하다. 그는 논설주간을 그만둔 뒤에 이처럼 21편의 사설게재를 기획·보도한 이유와 뒷얘기를 《鬪う社說(싸우는 사설): 〈아사히신문〉 논설위원 2,000년의 기록》(講談社, 2008)에서 다음과 같이 밝히고 있다. 리버럴하면서도 옳다고 생각하는 '언론 정의(正義)'를 위해서는 결코 물러날 수 없다는 그의 꿋꿋한 언론관을 엿볼 수 있게 하는 말이다.

사설은 신문의 간판이지만 그 때문에 힘 있는 사설, 항상 싸우는 사설이 되지 않으면 안 된다. 그 상대는 강력한 권력이기도 하고 불건전한 내셔널리즘이기도 하는 등 여러 가지 있으나 싸우기 위해서는 작전을 잘 짜고 통 큰 지혜를 동원해야 한다. 사설의 싸움이란 세론의 진지(陣地)를 차지하는 것이라고 확신한다….

그는 젊은 기자 시절부터 한국에 대해 깊은 관심을 갖고 남북한을 방문하며 심층취재하기도 했으며, 서울에 두 차례(1981년, 2013년) 유학한 노력으로 한국어를 익혀서 최근에는 국내 신문, TV 등의 인터뷰와 강연을 한국어로 하기도 했다.

그는 항상 한일관계가 원만하게 안정되기를 바라는 입장에서 논평과 칼럼을 집필해왔으며, 1993년 발족한 한일·일한포럼 일본 측 창립멤버의 일원으로 현재까지 포럼을 통한 민간교류에 적극 참여하고 있다. 1995년 제주도에서 열린 포럼 합동회의 때에는 2002년 월드컵 한일 공동주최를 건의하는 공동성명 채택에도 참여하였고, 〈아사히신문〉 사설을 통해서도 공동주최를 제안한 바 있다.

사설과는 별도의 〈아사히신문〉 서명칼럼 "풍고계"(風考計, 2005년 3월)에서는 독도 문제에 대하여 한일우호를 굳히기 위한 방법의 하나로 "차라리 일본이 다케시마(독도)를 양보해버리고 한국이 (일본의) 이 같은 영단(英斷)을 평가해서 '우정도'(友情島)라고 이름 붙여 주변의 어업권을 일본에도 인정"한다고 하는 '전략적인 몽상(夢想)'을 제시했다. 이 칼럼은 일본에서 특히 우파 측의 강한 비판과 개인적인 협박도 받았으나 영문 번역되어 〈아사히 헤럴드 트리뷴〉(Asahi Herald Tribune)에 게재되기도 했다.

〈아사히신문〉 퇴직 후 동서대 석좌교수 및 서울대 일본연구소 객원연구원 등 한국에서의 연구프로그램에 참여하는 한편 〈동아일보〉에 칼럼 집필을 계속하고 있다. "삼형제의 기나긴 갈등이야기"(〈동아일보〉, 2014년 6월 3일 자) 등을 통하여 한중일이 속해 있는 동아시아의 안정과 평화를 위한 3국 간 협력을 호소했다.

숙명적이었던 남북한과의 만남

— 와카미야 요시부미 씨는 〈아사히신문〉 기자, 정치부장, 논설주간, 주필로 43년 동안이나 언론의 제일선에서 활약하시면서 수많은 격변의 현대사를 취재하고 기사와 사설을 써왔습니다. 또한 일본 유수의 논객으로 정치, 외교, 한일관계를 주제로 다양한 칼럼을 써서 국내외의 화제를 불러왔습니다.

와카미야 선생이 취재, 보도, 논평한 주요 이슈는 격변의 일본정치와 아시아 외교, 그중에서도 한일관계의 현안이 많지 않았나 합니다. 2013년 1월에 〈아사히신문〉사를 정년퇴직하고 지금은 연구기관이나 대학에서의 연구와 강의를 비롯하여 국제회의에서의 발표 및 강연으로 바쁜 나날을 보내고 계시지요.

우선 와카미야 씨와 한국의 만남에 대해 듣고 싶습니다. 1979년 8월에 서울에 오셨다지요. 당시 인상은 어땠습니까?
"당시는 박정희 정권 말기였습니다. 그때까지 김대중 납치사건 등으로 일본의 한국에 대한 인상은 전반적으로 어두웠습니다. 그런데 실제로 와보니 거리나 사람들의 모습이 밝았습니다. 가깝고도 먼 나라라고 자주 말합니다만 직접 와보니 제 어렸을 때가 떠올랐습니다. 지금 서울은 도쿄의 모습과 시차가 없지만 당시 서울은 도쿄와는 상당한 시대적 차이가 있었다고 생각합니다. 가게나 노점이 무언가 그리운 느낌을 주어서 굉장히 친근감을 느꼈습니다."

— 그 이듬해에는 평양에 가셨지요. 평양의 모습은 한국과 비교했을 때 어땠습니까?
"평양은 특수한 도시여서 모형 정원처럼 깨끗하게 정돈되어 있었습니다. 깜짝 놀란 것이 서울 쪽이 어수선하고 평양이 깔끔했던 것이지요. 당시에는 베이징 경유로 평양에 갔습니다만 당시 베이징은 완전히 캄캄했습니다. 오히려 베이징에서 평양에 오니 트롤리버스 같은 것도 달리고 있고 네온사인도 조금 있었지요. 다만 이것은 평양의 일부입니다. 우리들에게 보여주는 것은 그렇게 깨끗이 정돈된 곳이지만 뒤를 보면 낙차가 크다고 생각했습니다.

우연히 평양에서 안내를 받아 판문점으로 야간열차로 갔습니다. 그래서 밤늦게 평양역에 도착해서 바로 침대차에 탔지요. 훌륭한 침대차였습니다. 그런데 열차 앞 차량을 승강장에서 보니 허술한 노동복 같은 것을 입고 완전히 지친 듯한 사람들이 빈틈없이 들어차 있었습니다. 심야임에도 말이지요. 당시는 우연히 김정일이 전면에 등장한 제6회 조선노동당 대회 직전이어서 평양은 여러 건설공사를 밤늦게까지 하고 있었습니다. 그러한 노동에 차출된 사람들이 근교로 돌아가는 열차였을지도 모르겠습니다. 그 광경을 보면서 낮에 본 깨끗한 평양의 모습과 실제 사람들의 모습의 격차를 느꼈습니다. 극단적으로 말하면 수용소로 보내지는 열차 같은 인상을 받았을 정도였지요.

아무튼 '주체'나 '위대하신 수령님' 같은 슬로건이 잔뜩 쓰여 있었습니다. 마침 저는 조금이나마 한글을 배우고 있었기 때문에 의미는 잘 몰라도 조금 읽을 수 있는 상태였습니다. 같은 한글을 쓰고 얼굴도 같은 한 민족이 이렇게 다른 상황에 있다는 데에 강한 인상을 받았습니다. 저는 서울에서도 판문점을 시찰하러 갔습니다만 같은 장소임에도 설명은 완전히 정반대였습니다. 이렇게 남북한 모두를 단기간에 방문할 기회가 주어진 것은 숙명이라고 느꼈습니다. 그러한 경험을 할 수 있는 신문기자는 좀처럼 없으니까요. 그래서 말을 배우면 조금 더 알고 여러 사람들과 교류할 수 있겠다고 생각해서 회사 제도를 통해 유학을 왔습니다."

— 작년 1월에 〈아사히신문〉을 정년퇴직하고 3월부터 두 번째 한국 유학을 오셨습니다. 텔레비전 인터뷰나 강연회 등에서도 한국어로 말씀하시거나 하시지요. 요즘은 〈아사히신문〉 때보다도 바쁘게 지내고 계십니다.

두 번째로 한국에 장기 체재하면서 한국 사회의 현장을 보는 소감은 어떠십니까?

"처음 한국에 왔을 때부터 계산하면 35년이지요. 아쉽게도 그 뒤 저는 특파원 생활을 하지 못했습니다. 그래도 자주 한국에 오면서 그때마다 변화는 느끼고 있었습니다. 그러나 실제로 생활해보니 새삼스레 30여 년 전 유학했을 때의 사회와 지금의 차이를 강하게 느낍니다. 간단히 말하자면 근대화지요. 단순한 근대화가 아니라 IT기술은 이미 일본을 앞서고 있으니까요. 깜짝 놀랄 일들뿐입니다."

— 시민의 목소리가 조금 강해졌다는 느낌은 있습니까?

"당시는 전두환 군사정권 시절이었으니까 신문도 텔레비전도 말하고 싶은 것을 말할 수 없었습니다. 저는 연세대에 매일 갔습니다만 데모는 물론 집회도 할 수 없고 학생들이 모이는 것조차 간단히 할 수 없는 상황이었으니까요. 보통의 생활은 일본과 그리 차이가 없었지만 역시 언론이나 시민의 목소리를 내는 것은 할 수 없었지요. 그때와 비교하면 지금은 어떤 의미에서는 일본 이상으로 시민이 목소리를 내는 사회가 되었다는 느낌이 듭니다. 이것은 커다란 진보이지만 약간 포퓰리즘적으로 되고 있는 면은 있다고 생각합니다."

43년 신문기자 인생

— '지금까지 걸어온 신문기자 인생 43년'을 스스로 어떻게 평가하십니까?

"43년 동안 여러 가지 일들이 있었습니다. 당시 신문에도 썼습니다만, 바로 입사하기 전날에 일본 항공기 요도호(よど号)가 납치된 사건으로 온 일본과 세계가 시끄러웠습니다. 결국 그 비행기는 평양에 갔습니다만. 물론 우연히 그날 막 입사했을 뿐이니까 그다지 도움이 되지는 못했습니다만 나중에 생각해보면 저와 한반도 사이의 인연을 암시한 것 같은 느낌이 듭니다."

— 납치된 항공기는 당시 김포공항에 들렀지요. 처음에는 하네다(羽田)에서 출발했습니까?

"하네다에서 출발했습니다. 그 뒤에 평양으로 가라는 말을 듣고 조종사가 어쩔 수 없으니까 간다고 하면서 김포에 내린 것입니다. 물론 한국 당국과 사전 교신 협의를 해서 이곳은 평양이라고 속일 생각이었지요. 그러나 들켜버립니다. 당시 운수성(運輸省) 정무차관을 하던 야마무라 신지로(山村新次郎)가 김포에 가서 인질이 되었던 100명 이상의 승객을 내리고 자신이 비행기에 탑니다. 그가 인질 대신 평양으로 갔습니다. 그 비행기가 바로 김포에 있을 때 입사식이 있었습니다. 신문사니까 어수선한 분위기에서 입사한 것을 기억하고 있습니다. 그 뒤 몇 년이 지나서 저도 김포에 자주 들르게 되었고 평양에도 간 일이 있습니다. 그러한 점에서 인연을 느끼고 있습니다.

그 뒤로 43년이니까 그 사이에 냉전이 끝나고 한국은 민주화를 달성했습니다. 정구종 선배님도 마찬가지입니다만, 세계에 여러 가지 변화가 있는 동안 신문기자를 해오면서 여러 현장을 보고 사람들과 만날 수 있었습니다. 특히 저는 감사하게도 한국의 역대 대통령을 여러 번 만나볼 수 있었습니다. 그리고 평양에서는 김일성 주석과도 만났지요."

— 평양에는 몇 번이나 가셨습니까?

"1980년에 한 번뿐입니다. 아직 김일성 주석이 건강할 때였지요. 우연히 자민당 대표가 갈 때 동행해서 만날 수 있었습니다. 그리고 이것은 미국에서의 이야기입니다만, 9·11 사건 때 저는 미국 워싱턴에 있었습니다. 특파원은 아니었지만 반년 정도 연구소에 적을 두고 있었습니다. 그러니까 당시 미국의 변화도 피부로 체험할 수 있었습니다. 마지막으로 러시아에서 푸틴과도 회견할 수 있었습니다. 그러한 경험을 수차례 할 수 있었다는 것은 신문기자로서 과분할 정도로 감사한 일이 아닌가 싶습니다.

그러한 과정에서 논설을 통해 여러 가지 주장을 해왔습니다만 그대로 실현된 것도 꽤 있습니다. 예를 들어 정권교체를 달성하라고 해서 자민당에서 민주당으로 정권교체가 있었습니다. 하지만 그 결과는 보시다시피 신통치 못했고 오히려 그 반동으로 정반대의 정권이 생겨났습니다. 아시아와의 화해라는 의미에서 무라야마 담화 등 화해가 상당히 진전된 것은 저로서도 매우 기쁜 일이었습니다만 지금 되돌아보면 그 반동이 오고 있는 듯합니다. 현 시점에서 총괄하면 역시 상당히 역부족이었다고 해야 할까 부끄러울 따름입니다. 아직 조금은 무언가 도움이 되지 않을까 생각합니다."

자민당 정권의 부활과 그 배경

— 자민당에서 민주당으로의 정권교체 얘기가 나왔습니다만 민주당이 승리한 2009년 6월의 선거 당시 저는 도쿄에서 민주당 대표였던 하토야마 유키오 씨를 인터뷰했습니다. 그때 하토야마 씨는 반드시 이번 선거에서 이길 것이라고 했고 결국 정권을 잡아 수상이 되었습니다. 그러나 3년 3개월 만에 다시 정권을 빼앗겼습니다. 민주당이 자민당에 패배한 가장 중요한 원인은 무엇이라고 보십니까?
"그 이유는 몇 가지가 있습니다. 깊이 파고들어 보면 스캔들과 내분이 있습니다. 특히 오자와 이치로(小澤一郎)라는 인물의 힘을 빌려서 정권을 잡았지만 연이어 하토야마와 오자와의 금전 문제가 발각되었습니다. 특히 오자와 씨의 경우에는 전·현직 비서가 체포되고 기소되었지요. 오자와 씨 본인은 기소를 면했습니다만 주변 인물들이 유죄가 되기도 했습니다. 그러면서 민주당의 권력투쟁이 아주 심각해졌다는 점이 크다고 생각합니다.
　정책적인 미숙함과 함께 소비세 인상에 도전한 것도 있습니다. 소비세 인상에 도전한 것 자체는 저는 틀리지 않았다고 생각합니다. 다만 그것을 실행하기 위해서는 정권으로서 상당한 각오와 일체성이 없으면 안 됩니다. 결국은 앞서 말한 내분입니다. 하토야마 씨나 오자와 씨가 소비세 인상 반대로 돌아섰지요. 정당으로서 이만큼 어려운 일을 하려고 하는데 당내에서 반대가 나오고 탈당자가 나와서는 승산이 없습니다. 이것이 가장 큰 이유였다고 생각합니다."

— 오키나와 미군기지를 현(縣) 밖으로 이설한다는 공약도 있었습니다만 결국 지키지 못했습니다.
"그것이 하토야마 씨가 물러난 가장 큰 이유입니다. 그러니까 정권으로서의 미숙함이지요. 오키나와 현 밖으로 이전, 혹은 국외로 옮긴다는 것 자체는 결코 나쁜 것이 아닙니다. 그것이 가능하다면 말이지요. 그러나 정권으로서 그것을 한다고 한 이상에는 그만큼의 준비와 각오, 전술과 전략이 필요합니다. 그것을 정당으로서 하나가 되어 추진하는 체제가 너무나도 부족한 채로 하토야마 씨가 공약을 해버리고 뛰어든 것이지요.
　그러니까 당시에는 외무장관도 방위장관도 모두 속으로는 그런 일은 불가능하지 않느냐고 생각했습니다. 미국은 당연히 이에 반발합니다. 하토야마 씨는 반미(反美)는 아니지만 미국과 거리를 두었지요. 오히려 동아시아 공동체에 열심이어서 중국에 좋은 얼굴을 한다고 하여 미국이 상당히 경계한 것도 사실입니다. 미국이 하토야마 씨에게 엄격했던 것도 원인입니다. 다만 미일관계는 간 나오토, 노다 요시히코 씨가 수상이 된 뒤에 상당히 회복되었습니다. 그러니까 미국이 민주당 정권을 쓰러뜨린 것은 아니라고 생각합니다. 오히려 지금 아베 신조와의 관계를 보면 적어도 노다 수상 때보다도 미국이 상당한 거리를 둔다고 할까, 경계하고 있다고 할 수 있지요."

— 하토야마 씨의 조부인 하토야마 이치로(鳩山一郎)는 일소국교정상화 공동선언을 한 수상이었습니다. 지역구가 러시아에 가까운 홋카이도라는 점도 있어서 하토야마 씨는 미국에 비판적인 입장이 아닌가요?
"그의 조부가 미국과 상당히 미묘한 관계에 있었습니다. 전쟁이 끝난 후 하토야마 정권이 생기기 직전에 미국의 GHQ(연합군 최고사령부) 명령으로 공직추방이 이루어져 국회의원도 그만두어야 했지요. 그래서 요시다 시게루(吉田茂) 정권이 들어서게 됩니다. 그러니까 하토야마는 당시 미국에 대해 상당한 불신감을 가졌습니다. 전쟁이 끝난 뒤 얼마 지나지 않은 시점에 〈아사히신문〉 지면에서 원자폭탄을 비판한 것도 실은 하토야마 씨였습니다. 그것이 공직추방의 진짜 이유가 아닌가 하는 말도 들릴 정도입니다. 그러한 경위가 있지요.

자세한 것은 모릅니다만 하토야마 유키오 씨는 조부를 상당히 존경하고 있습니다. 사실 조부 하토야마는 일소국교정상화에서 북방영토의 4도 반환은 무리이니까 2도로 타협할 수밖에 없지 않느냐고 생각했습니다. 미국이 4도 반환이 아니면 절대로 안 된다고 하였고 자민당 내에서도 그러한 세력이 다수를 이루고 있었기 때문에 2도 반환은 실현되지 않았습니다. 결국 평화조약은 체결되지 못한 채 공동선언으로 국교만 회복했습니다.

미국에는 조부 하토야마에 대한 경계심이 조금 있었고 조부도 미국 일변도만으로는 안 된다고 생각했습니다. 이전 요시다 정권이 미국 일변도였다는 점도 있습니다만. 이것이 하토야마 유키오 씨에게도 체질적으로는 전해졌다고 생각합니다."

— 앞서 민주당 정권을 떠올린 것은 일본에서도 자민당을 대신할 정권당이 가능하다는 것이었지요. 양당제가 가능한 것처럼 생각되었습니다만 겨우 3년 만에 쓰러지는 것을 보고 민주당이 이렇게 약했는가 하는 느낌이 들었습니다. 일본에서도 정권교체가 가능한 정치체제, 양당제가 가능할까요?
"저는 그것을 기대했고 지금도 그렇게 되어야 한다고 생각하고 있습니다. 오자와라는 인물이 1993년에 자민당을 뛰쳐나와 자민당을 대신할 호소카와 모리히로(細川護熙) 정권을 만들었습니다. 마찬가지로 뒤에 민주당에 합류하여 민주당 정권을 만들었지요. 자민당을 대신할 정권을 만들었다는 의미에서는 상당한 공로자입니다. 다만 너무나 자기 권력욕이 강했다는 점이 있고 금전적인 문제가 주변에서 사라지지 않았습니다. 오자와 씨가 없었으면 불가능했을지도 모른다는 의미에서는 아주 불행한 일이지요. 오자와 씨가 있었기에 정권을 만들 수 있었지만 오자와 씨가 있었기에 무너졌다는 아이러니입니다."

화해와 반발과 내셔널리즘의 구조

— 와카미야 요시부미 씨의 저서 《화해와 내셔널리즘》은 한국에서도 번역출판되어 널리 읽혔습니다. 이 책은 1995년이라는 '전후 50년'의 해에 《전후 보수의 아시아관》이라는 제목으로 처음 출간되었던 것을 약 10년 뒤에 내용을 보충하고 제목을 바꿔 재출간한 것으로 알고 있습니다.

이 책을 보면 와타나베 미치오(渡辺美智雄) 대장상 때까지 거슬러 올라가며 설명하고 있습니다. 일본의 보수 정치가들은 식민지 지배를 합리화하려는 마음이 강했으나 이에 대해 당시의 이승만 대통령을 비롯해 이후의 한국 정치가, 정부 대표들은 합리화하려는 것을 받아들일 수 없다, 건방지다고 해서 대립이 이어진 것이지요. 대표적인 것이 국교정상화 교섭 과정에서의 이른바 '구보타'(久保田) 망언입니다. 한국에서는 '망언'이라고 합니다만 일본 측에서는 식민지 지배를 합리화, 정당화하는 발언이 몇 가지 있어서 서로 다툼이 있었습니다.

그러나 무라야마 담화, 오부치 담화, 2010년에는 간 나오토 수상의 담화가 있었습니다. 망언에 대한 한국 측의 항의는 오히려 잠잠해진 듯한 느낌이 듭니다. 최근에는 망언으로 문제가 되는 발언은 그다지 보이지 않지요.
"굳이 말하자면 아베 수상의 '침략의 정의는 없다' 정도이지요."

— 그것은 한국뿐만 아니라 제2차 세계대전을 통틀어서 한 발언이었지요. 이러한 망언과 사죄는 언제까지 이어질까요? 지금도 일본의 보수적인 정

치가들의 사고방식에는 예전의 식민지 지배가 한국의 발전에 도움이 되었다며 합리화하려는 느낌이 있지 않습니까?

"그것은 많든 적든 있다고 생각합니다. 예를 들어 '구보타 망언' 중 하나는 일본이 조선을 병탄하지 않으면 러시아나 청나라가 했을 것이라는 것입니다. 그렇게 생각하는 사람들이 일본에 있습니다. 당시 세력다툼 속에서 이루어진 일이라는 것이 일본의, 특히 보수 쪽 사람들이 가지는 감정일 것입니다.

그리고 '구보타 망언'은 팩트만으로 생각하면 모두 틀린 것은 아닙니다. 식민지 지배, 조선 지배를 위해 상당한 일본 재정을 사용해서 인프라 정비를 했습니다. 물론 지배를 위해서 한 일이고 그렇게 했다고 좋은 것은 아닙니다만 팩트로서 일본이 상당한 돈을 써서 여러 시설을 만들지 않았는가, 그것은 한국에서도 활용하고 있지 않은가 하는 분위기는 지금도 있다고 생각합니다. 오히려 저는 그러한 팩트를 냉정하고 이성적인 한국 분들이 말해주면 좋다고 생각합니다. 일본인이 말하는 것은 정치적으로 좋지 않다고 봅니다.

인간의 역사이기 때문에 식민지 지배 중에 일본이 정말로 압제만 했는가, 정말로 심한 일들만 했는가 하면, 그렇게 해서는 지배할 수 없는 것이지요. 역시 일본의 영토로써 다스리기 위해서는 복지를 포함한 여러 민생, 산업의 근대화 등도 하지 않으면 안 되니까요. 그러한 것을 전부 통틀어서 일본은 독일 나치의 유대인 학살처럼 한국을 대했다는 식으로 말하면 일본에서는 반발이 아주 강해집니다. 이 부분의 미묘한 심리는 역시 한국 분들도 조금 알아주었으면 합니다. 그렇지 않으면 오히려 일본의 내셔널리즘을 강하게 자극하게 되는 것 아닌가 하는 것이지요."

— 그 책에서도 일본에서 화해를 하고 싶은 정치가가 있는가 하면 거기에 반발하는 내셔널리즘이 있다고 쓰고 있습니다. 그러한 반발도 일본 사회에는 있다는 것이지요.

"그렇습니다. 화해 자체에 반발하지는 않아도 화해를 위해 사죄를 거듭하면 횟수가 문제가 됩니다. 총리가 바뀔 때마다 사죄하지 않으면 안 되는 것이냐는 것이지요. 그리고 사죄의 내용에도 불만을 가지는 사람들이 있습니다. 그러니까 화해하는 것 자체는 사이좋게 지내는 것이니까 좋지만 아무리 사죄해도 화해할 수 없다는 것에 대한 스트레스와 반발이 강하다는 것일지도 모릅니다."

— 그 반발에서 나온 내셔널리즘이 최근 다시 부상하는 느낌도 있습니까?
"1990년대에는 화해가 주류였고 그러한 반발은 소수였습니다. 군 위안부 분들에 대한 동정은 일본인들 사이에서 꽤 공유되고 있다고 봅니다. 다만 여성기금과 같은 것은 일절 인정하지 않고 성노예라는 이름으로 전 세계에 일본이 비도덕적인 국가인 것처럼 선전되는 것에 강하게 반발하고 있다고 생각합니다."

'화해'와 '반발의 내셔널리즘'은 지금도 '현재진행형'

— 1995년 '전후 50년' 당시 일본 정부의 무라야마 도미이치(村山富市) 수상은 사회당 소속이었지만 자민당과 사회당의 연립정권이었기 때문에 자민당에 의해 추대되어 수상이 되었고, 역사에 남을 '전후 50년의 수상 담화'(무라야마 담화)를 발표했습니다. 무라야마 담화는 일본의 과거 침략과 식민지 지배 및 전쟁에 의한 피해를 받은 한국을 비롯한 아시아 각국에 대한 사죄와 반성을 담은 담화입니다. 역대 정부가 이것을 계승함으로써 일본 정부의 과거사 반성과 사죄의 '결정판'으로 국내외에서 평가받고 정착되었습니다. 그러나 아베 신조 수상의 제2차 내각이 발족한 후, 무라야마 담화를 재검토하려는 움직임이 국내외에서 문제가 되고 있습니다.
　실제로 아베 씨는 1995년 당시 무라야마 담화에 가장 "격하게 반발한 젊은 국회의원"의 한 명이었다고 와카미야 씨는 앞서 말한 책에서 쓰고 있습니다. 한국에서는 저를 비롯한 대부분의 사람들이 아베 총리의 제2차 내각이 들어서고 나서 무라야마 담화 재검토 논의가 갑자기 제기되었다고 생각하고 있습니다. 그러나 와카미야 씨의 책을 읽어 보면 무라야마 담화 재검토론은 요즘의 문제가 아니라 20년도 전에 아베 씨가 젊은 국회의원이었던 시절부터의 '신념'이 아니었나 하는 의문이 생깁니다. 아베 씨는 수상 취임 후 한중을 포함한 여러 국가로부터 이 문제를 두고 비난받았기 때문인지 그 신념이 조금 약화된 듯한 언동으로 바뀌어서 2013년 5월의 국회 답변에서는 "무라야마 담화를 전체적으로 계승한다"고 언급하고 있습니다. 2014년 3월에는 구 일본군 위안부 문제에 대한 일본 정부의 강제성을 인정한 '고노 담화'의 재검토론도 부인했습니다.

그러나 무라야마 담화에 반대하거나 불만을 표한 정치가는 적지 않았다는 것을 와카미야 씨의 책으로 알 수 있었습니다. 무라야마 담화가 전후 반세기가 되어 일본의 전쟁 피해국이나 개인 피해자들과의 '화해'를 내세운 한편으로 일본 내부에서는 이에 대한 불만으로 '반발의 내셔널리즘'도 그 뿌리가 깊었다는 것을 드러내주었습니다.

일본 정치사회에서 '화해'와 '반발의 내셔널리즘'의 대립구조는 서로를 향하여 접근해갈까요? 아니면 아베 신조의 제2차 내각 발족 후, 그 간격이 더 벌어져서 화해와 반발의 메커니즘이 격화되고 있는지요?

"지금 그 기로에 와 있다는 느낌이 듭니다. 아베 씨의 이야기로 돌아가면 아베 씨는 젊은 국회의원 시절부터 무라야마 담화에 반대하는 의원 모임에 들어가는 등 당초부터 무라야마 담화에는 부정적이었습니다. 그즈음에는 그러한 의원 모임의 숫자는 꼭 그렇게 많지는 않았고 주류가 아니었습니다. 파벌적으로도 당시에는 무라야마 수상이 사회당 위원장이었지요. 그 뒤의 정권도 어느 쪽인가 하면 다나카(田中)·다케시타(竹下) 계통의 사람인 하시모토 류타로(橋本龍太郎), 오부치·김대중 선언의 오부치 게이조(小淵惠三)로 이어집니다. 그러니까 적어도 한일관계에 관한 한 2002년 한일월드컵 공동개최도 있었고 1990년대에는 화해 분위기가 비교적 강했습니다. 그러한 상황에서 아베의 움직임은 말하자면 비주류적인 움직임이었습니다.

아베는 총리가 되기 전에는 무라야마 담화를 가능하면 재검토하고 싶다는 의미의 말을 했습니다. 그러나 실은 제 1차 아베 내각에서 총리가 되고 나니 현실적으로는 그런 일을 하면 큰일이라는 것을 어느 정도 알게 되었지요. 외무성 등도 이것을 억제했습니다. 그리고 전임자인 고이즈미 준이치로 총리가 야스쿠니 참배에는 열심이었지만 무라야마 담화에 대해서는 아주 적극적인 계승론자였습니다. 그것뿐만 아니라 2005년에는 전후 60년의 고이즈미 담화라는 것을 발표했지요. 이렇게 되면 그 직후에 아베 정권이 들어섰다고 해서 고이즈미까지 부정하는 일은 역시 할 수 없었던 것입니다. 그래서 무라야마 담화는 계승한다고 말했습니다. 결국 아베는 야스쿠니 참배도 하지 않고 중국 및 한국과의 관계를 회복하려 합니다. 그렇지만 1년이라는 짧은 기간의 제 1차 정권이 끝난 뒤, 5년 동안 준비를 하면서 자신이 본래 하고 싶었던 것을 할 수 없었다는 기분이 있었다고 봅니다.

큰 차이는 제 1차 아베 내각은 고이즈미 정권 다음이었지만 제 2차 내각은 민주당 다음이라는 점입니다. 민주당은 어느 쪽인가 하면 무라야마 담화는 물론 추진했고 2010년에는 간 수상의 담화를 발표했습니다. 한 발 더 나아간 것이지요. 이에 비해 야당이 된 자민당은 이번에 분명하게 우경화했습니다. 민주당이 정권을 잡았으니까 야당으로서 자민당은 민주당과 다른 것을 주장하지 않으면 안 됩니다. 그렇게 해서 정권을 잡았습니다. 그 기세로 역시 무라야마 담화를 재검토하고 싶다는 것에 추진력이 걸렸다고 생각합니다. 이것이 자민당 총재 선거 때 나왔습니다. 그렇지만 실제로 정권을 잡으니 외무성 등도 모두 담화를 재검토하면 큰일이라고 생각하고 있습니다. 현재 주변 국가들로부터 무라야마 담화 재검토는 터무니없다는 비판을 받고 있습니다. 이렇게 해서 담화를 계승한다고 말했고 다시 가라앉았습니다.

다만 문제는 '전체로서 계승한다'는 것이고 문구의 한 글자, 한 구절도

틀리지 않고 계승한다는 마음가짐은 아닙니다. 그래서 '전체로서'라고 말하는 것이지요. 계승한다는 것은 '침략을 인정하느냐', '침략이었냐'고 하면 그 부분은 침략이었다고 말하지 않는 것입니다. 그렇지만 침략이 아니라고도 말하지 않고 있으니까요. 무라야마 담화는 전체로서는 계승한다고 해서 조금 애매하게 하고 있습니다. 그것이 아베의 현재 상황이지요.

앞서 말씀드렸듯이 민주당이 비참한 패배를 했기 때문에 자민당이 아주 많은 의석을 얻었습니다. 이것은 딱히 아베의 사상을 지지한 사람들이 그렇게 많았다는 것이 아닙니다. 그렇지만 아베가 자민당 총재로서 지휘한 선거이고 그만큼 세력을 얻으면 역시 오른쪽에 있는 사람들의 목소리가 강해집니다. 아베는 그러한 사람들의 지지를 얻어서 당선됐다고 하니까 그들의 목소리도 무시할 수 없지요. 일본 전체의 분위기는 무라야마 담화를 부정하는 것은 아니지만 한편으로 한국과 중국도 심한 것 아니냐는 느낌이 강합니다. 그 부분만큼 아베가 강하게 나갈 수 있는 구조인 것이지요.

다만 그럼에도 불구하고 아베가 참지 않으면 안 되는 것은 중국이나 한국뿐만 아니라 국제사회의 상황, 특히 미국입니다. 야스쿠니 문제도 그렇지만 미국이 아주 신경질적입니다. 고노 담화나 무라야마 담화를 바꾸는 일이 있어서는 안 된다는 것을 요즘 자꾸 말하고 있습니다. 이 이상 나아가면 미일관계가 이상해질 것이라는 점을 눈치 채게 되었다고 생각합니다. "

— 앞서 말씀하셨듯이 일본은 언제까지 사죄할 것인가, 반성만 해서 어떻게 할 것인가 하는 반발과, 무라야마 담화처럼 무엇을 해야 하는가 라는 두 가지 관점과 입장이 일본의 정치와 사회에 항상 존재했습니다. 이것이 한번에 접점을 찾아 하나의 결론을 내는 일은 없을 것이라는 이야기입니까? "극단적인 사람들은 양 극단에 있습니다만 중간에 있는 사람들은 딱히 무라야마 담화를 부정하지 않습니다. 다만 한국도 중국도 조금 심한 것 아니냐는 것이지요. 일본은 조금 자기주장을 해도 좋지 않은가 하는 기분이 있는 것입니다. 그 부분이 주류이기 때문에 이것이 어느 쪽으로 움직일 것인

가는 일본 사회의 문제임과 동시에 역시 주변국, 한국과 중국이 어떻게 나올 것인가에도 다분히 영향 받을 것이라고 생각합니다.

저는 무라야마 담화가 바뀌는 일은 없다고 생각합니다만 내년은 전후 70년이 되는 해로, 아베는 새롭게 담화를 발표할 것입니다. 그때는 문구가 확 바뀌리라 생각합니다. 다만 그것은 무라야마 담화를 부정한다는 것이 아닙니다. 벌써 몇 번이고 사죄하는 것은 끝났으니 미래를 지향한다고 말하고 있으니까요. 그러니까 무라야마 담화의 역사적인 역할은 끝났다고 하고 싶은 것이리라 생각합니다.

아베 담화는 직접적으로 침략이라든가 식민지 지배를 반성한다, 사죄한다 등의 말은 더 이상 쓰지 않을 것입니다. 그것은 이미 확실하다고 생각합니다. 다만 어떤 식으로 그 내용을 담을 것인지는 알 수 없습니다. 외무성에서 지혜를 짜내겠지요. 지금까지 일본 정부가 표명했던 대응을 계승한다는 식으로 표현한다든가 해서 부정은 하지 않는다는 메시지를 넣을 것이라고 저는 생각합니다."

'패키지 처리' 방식과 영토 문제

— 와카미야 씨는 한일 간에 역사청산 문제의 최대 허들이 되고 있는 구 일본군에 의한 위안부 문제, 조선인 강제연행 문제, 그리고 독도 문제 등의 현안에 대해서는 '패키지 처리'를 주장하고 있습니다. 또한 일본에 의한 식민지 지배와 침략을 인정하고 반성과 사죄를 표명한 무라야마 담화의 계승은 당연한 것이라고 주장하고 있지요. 2013년 12월 23일 한국 국회에서 열린 '한일관계의 개선책'을 논의한 토론회에서도 그러한 패키지 처리를 주장했습니다. 이 패키지 처리란 어떠한 의미입니까?

"말하자면 개별 문제들을 하나씩 해결하는 것은 어렵다고 생각합니다. 예를 들어 위안부 문제가 일단 해결되었다고 해봅시다. 그것으로 좋은가 하면 바로 그 순간에 다시 독도 문제가 갑자기 나타납니다. 이래서는 전체 한일관계로서는 아무 것도 되지 않습니다. 우선 앞의 세 가지 문제가 있다고 하면 그것을 동시에 해결하자는 것입니다. 물론 독도 문제가 완전히 해결되리라고는 생각하지 않습니다만 무언가 휴전적(休戰的)인 합의를 함께하지 않으면 하나의 문제만 취해도 안 되는 것 아니냐는 것이지요. 하나의 문제만이라면 서로 타협하기 어렵다고 생각합니다. 세 가지가 있으면 여기에서는 이쪽이 조금 양보하지만 이것은 저쪽이 조금 양보한다는 관계가 있을 수 있으니까요. 개별로 하나씩 제대로 처리할 수 있다면 그것도 좋습니다만.

그리고 내년은 한일국교정상화 50주년이니까 50주년이라는 타이밍에 한일이 새로운 관계에 한 번 더 들어간다고 하면 역시 패키지로 무언가 처리를 하지 않으면 안 된다고 봅니다. 이것은 해결되었지만 저것은 해결되지 않았다고 해서 50주년이 끝났으니 다시 싸움을 시작하는 식으로는 답이 없다고 생각합니다."

— 이른바 절충안입니까?
"부분적으로는 그렇습니다. 어느 한쪽이 완전히 100점을 얻는 형태로는 국제 문제의 해결이 있을 수 없겠지요. 그러니까 절충이라고 하면 절충입니다."

— 이 패키지 중 하나인 독도에 대해, 한국 정부는 실효적으로 지배하고 있기 때문에 '영토 문제는 존재하지 않는다'는 입장을 고수하고 있습니다. 한편 일본 정부는 최근 수년간 '한일 간에 영유권 문제가 있다'는 주장을 강화하고 있습니다. 최근에는 일본 정부 간행물에서 독도가 '일본의 고유 영토'라고까지 표기합니다.

2005년 3월, 와카미야 씨는 〈아사히신문〉 칼럼 "풍고계"에서 독도 문제에 대해 "다케시마(竹島)와 독도를 '우정도'(友情島)로 하자는 몽상"을 쓰셨습니다. 한일 우호를 굳게 하기 위해 "차라리 일본이 독도를 양보해버리고, 한국이 이 영단을 기려서 '우정도'라고 이름 붙인 뒤 주변 어업권을 일본에 인정한다"는 전략적인 '몽상'을 제시한 것입니다. 이 칼럼은 한국에서는 대환영을 받았습니다. 이것은 몽상입니까, 아니면 있을 수 있는 일입니까?

"몽상이라고 썼습니다만 실제로 가능하다면 저는 그것이 가장 현실적이지 않은가 생각합니다. 일본인의 입장에서 보면 적어도 절반, 공동 관리나 그러한 것이 이상적일지도 모르겠습니다만 한국에서 그것은 150% 있을 수 없는 일이니까요. 전쟁이라도 하지 않는 한 되찾을 가능성이 없는 섬을 언제까지고 분쟁의 씨앗으로 해서, 과연 한일 간의 연대가 있을 수 있을 것이냐는 말입니다. 북한의 상황이나 중국과의 문제도 작지 않습니다만 여러 불안을 안고 있는 상황에서 역시 한일 양국이 거리낌 없이 손을 잡는 관계를 만드는 것은 독도 문제를 해결하지 않고는 무리가 아니냐는 것이지요.

독도와 관련해서는 어업 해역의 문제 정도밖에는 없습니다. 장래에 어쩌면 해저 자원의 문제가 나올지도 모릅니다. 그 부분은 서로 대화해서 한국이 어느 정도 일본에 양보하면 섬의 영유권은 실효지배를 하고 있는 한국이 가지면 되지 않느냐는 것입니다. 그러한 방법도 있다는 것이지요. 그렇게까지 과감한 전략적 판단이 가능하다면 그것도 좋지 않겠냐는 생각입니다.

물론 일본에서도 여전히 이 칼럼으로 저는 매국노 등의 소리를 듣고 있습니다. 그렇지만 적어도 당시 일본에서는 좋은 생각이라고 저에게 연락을 해온 사람들이 많았습니다. 그러나 점차 분위기가 나빠져서, 특히 2년 전에 이명박 대통령이 독도에 간 뒤에는 전혀 그런 것을 태연하게 말할 수 있는 분위기가 아니게 된 것이 조금 안타깝습니다. 한국에서도 저의 칼럼을 칭찬해주었습니다만 일본이 양보하라고 쓴 부분만 좋게 평가합니다. 정말로 일본이 양보한다면 한국이 그 대신에 어업에 대해 이렇게 하자든가, '우정의 섬'이라는 이름으로 한다든가, 양보에 걸맞은 조치를 하자는 제안이 나와주었으면 기뻤을 텐데요. 그러한 것은 없습니다(웃음).

영토라고 하면 국가의 주권, 생명이라고 생각하기 쉽습니다. 한국에서는 역사와 이어져 있으니까 이해하지 못하는 것도 아닙니다. 그러나 일본의 경우에는 센카쿠나 특히 북방영토와 비교하면 독도의 존재 여부는 국민 대부분이 알지 못하는 정도의 일이었으니까요. 영토만은 양보하면 목숨을 빼앗기는 것처럼 생각하는 것은 저는 큰 착각이라고 생각합니다. 전세계 어디를 보아도 그렇습니다. 영토 매매를 한 일도 있지요. 알래스카역시 러시아와 미국이 매매한 것입니다. 그리고 전쟁에서 진 나라는 영토의 상당 부분을 빼앗깁니다. 일본은 다행히 거의 빼앗기지 않았습니다. 북방영토는 사실상 빼앗긴 상태입니다만. 그러한 점을 생각하면 저는 영토만이 목숨이라고 생각하지 말고 여러 가지 의미의 재산이나 가치 중 하나로 생각하는 편이 좋지 않은가 생각합니다.”

— 앞서 와카미야 씨가 말씀하셨듯이 예를 들면 정부가 그 제안을 받아서 성명을 발표한다든지 와카미야 씨의 주장에 찬성하는 칼럼 등이 나오면 어떻게든 결착을 지을 수 있었던 것 아니냐는 것이지요. 그것도 몽상일까요? 조금 아쉬운 느낌이 듭니다. 이렇게 일본이 강경해질 것이라고는 전혀 생각하지 않았기 때문이지요.

“일본이 점차 강경해진 것도 일본의 입장에서 보면 한국이 예전에는 독도에 무언가 시설을 만든다든가 하는 일은 하지 않았지만, 점점 그러한 것을 추진한다는 점도 있습니다. 그래서 일본에서는 ‘다케시마의 날’이라는 것을 만들어버렸지요. 서로 상황을 격화시킨 셈입니다. 최근 교과서에 독도를 일본의 영토라고 쓰는 것에 대해 한국에서는 건방지다고 말합니다만 저는 한국의 주장에 조금 무리가 있다고 생각합니다. 일본은 적어도 독도는 일본의 영토라는 것을 지금까지 일관되게 말했습니다. 다만 교과서에까지는 배려해서 쓰지 않은 것이 사실이지요. 상황이 이렇게 되면 자국의 주장을 어째서 쓰지 않느냐고 하게 됩니다. 한국이 일본의 주장은 틀렸다고 하는 것은 좋습니다. 하지만 일본 정부의 입장을 교과서에 써서는 안 된다는 것은 세계의 표준에 반하는 것이 아닌가. 저와 같은 사람들이 보아도 그다지 설득력이 없어 보입니다."

— 그 칼럼은 일본에서 커다란 반향을 불러일으켜 강한 비판을 초래했다고 들었습니다. 한국에서 열린 한일 심포지엄 석상에서, 와카미야 씨는 그 칼럼에 항의하는 우익 선전차가 오사카 〈아사히신문〉 앞에 와서 "와카미야는 할복(切腹) 하라!"고 외쳤다고 말씀하셨습니다. 그 뒤에도 반발이 거세어서 최근에는 인터넷 등을 통해 여러 압력을 받았을 거라 생각합니다. 당시 '몽상'했던 "일본이 독도를 양보하고"라는 부분에 대해서는 지금도 변함이 없으십니까?

"앞서 말했듯이 그러한 것이 가능하다면 좋겠다고 생각합니다. 그렇게 하기 위해서는 한국 측도 거기에 바로 대응하여 무언가를 내놓지 않고 전부 요구하기만 해서는 무리입니다. 한편 독도를 양보하면 이번에는 동해를 양보하라는 말을 듣게 된다고도 하지요. 일본에서는 독도를 양보하면 다음에는 쓰시마를 '우리 땅'이라고 말할 것임이 틀림없다는 식의 경계심이 있습니다. 그러니까 항상 요구하는 것이 아니라 한일관계 전체를 패키지로, 일본이 거기까지 양보한다면, 이렇게 하자는 큰 비전이 없으면 안 된다고 생각합니다. 가령 이번에 그러한 부분을 말하려고 하면 큰 비전 속에서 말할 수밖에 없다고 봅니다."

군 위안부 문제와 한일 간의 차이

— 군 위안부 문제에 대해서 어떻게 생각하십니까?

"일본 정부의 공식적 입장은 1965년의 한일기본조약 체결 때 보상 문제는 모두 해결되었다는 것입니다. 그러나 1990년대에 아시아여성기금을 만들 때 민간으로부터 돈을 모으기는 했지만, 그 기금을 만드는 것 자체는 정부가 결정했습니다. 정부가 돈도 인적 자원도 여러 가지로 상당히 준비해서 그러한 것을 만들어 위안부 분들에게 보상하는 돈을 건네는 사업을 했습니다. 한국의 위안부 분들 중에 받은 분도 있지만 많은 분들은 받지 않았습니다. 여성기금 자체는 이미 해산되었지요.

그러니까 일본 정부도 아무 것도 하지 않은 것은 아닙니다. 한국에서는 그다지 알려지지 않았지만 여성기금에서 보상금을 냈을 때에는 위안부 분들에게 총리대신의 사과 편지도 넣었습니다. 다만 민간이 모금하는 형태였기 때문에 한국에서는 국가로서 속임수를 쓰는 것 아니냐고 받아들여졌습니다. 그것이 뒤에 틀어져서 오늘날 일본에서도 아시아여성기금 자체에 반대하거나 그럴 필요가 없었던 것 아니냐고 말하는 사람들의 목소리가 커지게 되었습니다. 이것이 다시 한국을 강하게 자극했다는 것이 지금까지의 경위입니다.

저는 일이 여기까지 틀어져서 한일관계 중 가장 상징적인 문제가 되어버린 이상, 어떤 형태로든 해결하지 않으면 다른 한일관계 전체가 좋아지는 일은 없을 것이라고 생각합니다. 국가로서의 법적 책임을 인정하는 것은 일본 정부로서는 할 수 없다는 것은 일관된 입장이고 변하지 않을 것입니다. 그러나 적어도 일본이 국가로서 과거에 종군위안부 제도를 유지, 운영, 관리한 것은 틀림없습니다. 고노 담화도 그러한 선에서 인정한 것이니까요.

저는 여기까지 온 이상 민간의 기금 등을 말하지 말고 일본의 공적인 자금에서 돈을 낼 것은 내는 것이 어떤가 싶습니다. 일본 정부가 책임을 가지고 해결한다고 하면, 한국 정부도 민간에만 맡기지 말고 거기에 대응해서 책임을 가지고 해결하려 하지 않으면 안 된다고 생각합니다."

— 군 위안부 문제를 둘러싸고 일본 정부와 한국 정부의 입장 차이가 몇 가지 있지요. 예를 들어 국민대 일본연구소의 이원덕 교수가 중심이 된 연구팀이 1965년 한일국교정상화 과정의 회의록 목록 등을 2010년에 문헌으로 정리한 바 있습니다. 이원덕 교수에 따르면 국교정상화 교섭 내용이나

이후의 조약 체결에 이르는 일련의 과정에 군 위안부 문제가 논의되었다는 기록은 없다고 합니다.

"협정 안에 '기타'라는 항목이 있습니다. 장래 무슨 일이 있을지 알 수 없으므로 '기타'라는 항목을 넣었다는 것이 일본 정부의 해석입니다. 제가 듣기로 한국 측은 기타 항목을 제외하자고 했지만 일본 측은 이것을 넣겠다고 해서 일단락되었다고 합니다. 확실히 징용처럼 구체적으로 명시된 것에 비하면 위안부는 예측하지 못한 것이니까 구체적으로 논의되지 않았습니다. 그러나 일본 입장에서는 장래 무슨 일이 일어나도 기타 항목에 해당한다는 식으로 해석하고 있는 것입니다. 그러니까 엄밀하게 말하자면 일본이 말하는 것도 일리가 있습니다.

다만 당시에는 예상할 수 없었던 일이 일어났을 때, 기타 항목으로 처리했으니까 그만이라는 것만으로는 국민감정 등을 보아도 해결되지 않는다고 저는 생각합니다. 당초부터 아시아여성기금만이 아니라 일본 정부로서 보상했으면 좋았을 것이라고 저 개인은 생각합니다. 그러나 법률적인 논의도 있고 일본 국내의 반대론도 있어서 어느 정도 절충적인 형태로 할 수밖에 없었다고 봅니다."

— 군 위안부 문제를 구체적으로 명시하면서 과거 청산 과정에서 어떻게 보상하고 사죄할 것인가를 말하지 않았기 때문에, 1990년대 들어서 피해자를 지원하는 시민단체와 변호사들이 이를 비판하는 주장을 합니다. 국교정상화 교섭에도 들어 있지 않았던 것 아니냐는 것이지요.

"저는 그러한 문제가 나올 것이라고는 예상하지 못했다고 생각합니다. 한국 측도 위안부 문제를 거론하지 않았으니까요. 또한 당시는 위안부 분들도 아직 젊었고 이름을 밝히며 나오는 일도 없었습니다. 그러한 것이 사회적으로 문제가 되지 않았기 때문에 한국도 그렇고 일본은 당연히 알아차리지 못했겠지요."

─ 고노 담화로 사죄한 것은 일본 정부가 일단 인정한 셈입니다. 그러나 보상하는 단계에서 50여 명 정도는 아시아여성기금을 받았으나, 당시 김영삼 정권 때 이것은 한국 정부가 보상해줄 테니까 받지 말아달라고 했지요. "처음에는 받지 말아달라고 한 것이 아니라, 당시 교섭 중에는 오히려 한국 정부가 이 문제는 한국이 책임을 지고 보상금을 지불할 것이고 일본에는 요구하지 않겠다고 했습니다. 고노 담화가 발표되었을 때 한국 정부는 그렇다면 일본이 국가로서 제대로 보상하라는 요구를 하지 않았습니다. 다만 일본 측이 무언가 한다면 그것은 원하는 대로 하라는 것이 당시 상황이었지요."

─ 그러니까 한일 정부의 입장에 애매한 부분이 있었던 것이군요.
"그렇습니다. 그러니까 일본 정부만이 문제가 되는 것이 아니라, 저는 굳이 말하자면 한국 정부도 고노 담화 단계에서 명확하게 주장을 했어야 한다고 생각합니다. 나중이 되어 한국 정부로부터 지금과 같은 말을 들으니 일본 입장으로서는 조금 의외라는 마음이 있는 것 아닐까요. 어쨌든 그러한 것을 이야기해도 해결되지 않으니 양국 정부가 책임지고 해결하려는 자세가 중요하다고 봅니다."

제2차 아베 내각과 '전후 체제 탈각'

─ 자민당은 2012년 중의원선거에서 압승하고 정권당으로 되돌아온 데 이어 2013년 참의원선거에서도 압승했습니다. 연립정권에 의해 양원 모두 과반을 넘는 다수당이 되어 정국 운영에 힘을 가하는 듯이 보입니다. 그 기세로 아베 정권은 헌법 해석의 변경에 의한 집단적 자위권 행사 용인을 추진하고 있습니다.
또한 2013년 12월에는 '비밀보호 법안' 성립을 강행했습니다. 이에는 한국도 놀랐습니다. 2014년 4월 1일에 일본 정부는 '방위장비 이전(移轉)

3원칙'을 각의결정함으로써 전후 47년 동안 지켜온 '무기수출 3원칙'을 사실상 폐기했다고 지적됩니다. 이러한 아베 수상의 정책 강공드라이브는 국회에서도 논의되어 전후 체제로부터의 탈각을 단계적으로 노리고 있다고 지적받습니다.

전후 체제 탈각은 제1차 아베 정권 때에도 아베 수상이 소신표명 연설에서 분명히 했습니다만 제2차 내각이 되어 다시 적극적으로 추진하겠다고 국회에서 답변했습니다. 전후 체제 탈각이란 어떠한 정책 변경을 의미하는 것입니까?

"오히려 제1차 내각 때 이를 강하게 말했고 최근에는 그다지 언급하지 않게 되었습니다. '전후 체제 탈각'이라는 말은 상당한 오해를 불러일으키니까요. 특히 미국이 '전후 체제 탈각이라니 그 의미를 모르겠다'고 했지요. 그 체제는 자민당이 계속해서 만들어온 것인데 스스로 무너뜨린다는 것은 무슨 말이냐는 것이지요.

다만 그 말이 의미하는 바는 '점령 체제로부터의 탈각'입니다. 아베가 말하는 것은 점령 체제가 독립 후에도 계속되어서, 예를 들면 헌법을 봐도 이것은 점령하에서 만들어진 헌법이 아니냐는 것입니다. 그러니까 독립했을 때 바꾸는 것이 당연했다는 것이지요. 하나를 보면 열을 안다고 점령 시대 것이 계속해서 타성으로 이어져왔다는 것이 아베의 생각입니다.

그렇지만 미국 입장에서 보면 점령 체제라는 것이 특수한 시기였다고 해도 미국의 민주화 정책을 일본에 가져온 것이니까요. 미국도 한편으로는 방위의 자기책임 강화 등 환영하는 부분도 확실히 있습니다. 그렇지만 한편으로는 상당히 불안하게 보고 있습니다. 점령 정책을 전부 부정한다는 것은 그로 인해 전전(戰前)으로 돌아가는 것이 아닌가, 그러한 것을 지향하는 것 아니냐는 것이지요. 주변국뿐만 아니라 미국이 조금 우려하고 있습니다. 그것이 다시 자민당으로 되돌아오고 있으니까요. 이 부분은 아베처럼 속도를 내서는 좋지 않은 것 아니냐고 해서 자제해야 한다는 목소리가 조금씩 나오고 있습니다."

— 미국 입장에서 보면 점령 체제로부터의 탈각으로 보입니다만, 주변국으로부터는 일본이 평화헌법 아래에서 정치경제 발전을 달성해온 노선으로부터 벗어나려 하는 것인가, 일본이 아베 정권이 된 뒤에 전후 질서로부터 탈각하려는 움직임이 아닌가 의심하고 있습니다.

"그 두 가지는 아베 수상 정권에서는 마찬가지입니다. 일본을 비무장화하고 자력으로는 싸울 수 없는 국가로 만들었다는 것이 점령 체제입니다. 이것은 단순히 무기나 무력의 이야기가 아니라 자립정신까지 빼앗았다고 생각하는 것입니다. 이것은 교육도 그렇습니다. 전쟁 전의 〈교육칙어〉(敎育勅語)를 너무 부정한 나머지 도덕심이 결여되었다든가, 보고도 보지 않은 척을 해서 일본인의 정신을 잃은 것 아니냐는 것은 아베뿐만 아니라 그런 사람들이 자주 말하고 있습니다. 전후 일본이 혼을 잃었다는 것이지요.

저는 김대중 대통령이 일본 국회에서 연설했을 때 인상적인 것이 여러 가지 있었습니다만, 그중에서도 역시 전후헌법, 평화헌법 아래에서 일본이 평화에 공헌해왔다는 취지의 말을 해준 것이 인상에 남습니다. 그렇지만 대체로 한국도 중국도 전후 평화헌법 체제에서 일본이 여러 가지로 해온 일들을 그다지 칭찬해주지 않습니다. 또는 평화헌법하에서 경제적으로 한국이나 중국을 지원한 것에 대해서는 그다지 말해주지 않습니다. 변함없이 과거사만 가지고 화를 내고 사과하라고 합니다. 그러한 것이 일본에서도 불만이 되고 있습니다.

저는 그것이 평화헌법 체제를 약화시키는 하나의 요인이라고 생각합니다. 자신을 가지고 추진할 수 없는 것이지요. 주변에서는 북한이 미사일을 날리거나 핵실험을 하고, 중국은 점차 군사적으로 커져서 약간 도발적인 일도 합니다. 이러한 가운데 일본이 자신을 가지고 평화헌법 체제는 이대로 좋다고 말할 수 있는 상황이 어려워지고 있습니다. 그래서 한국도 훌륭한 군대를 가지고 있고 집단적 자위권도 있는데 어째서 일본만이 손발을 묶이지 않으면 안 되냐는 피해자 의식이 된 것입니다. 주변국 탓만 하는 것은 아니지만 지금 아베와 같은 사상을 가진 사람들이 추진력을 얻는 요인이 되는 것 아닐까 합니다."

— 그렇다면 아베 정권이 만일 전후 체제로부터 탈각해서 일본을 새로운 길로 끌어간다고 한다면 어떠한 방향이 될까요?
"지속적으로 보통국가를 지향하고 있으니까 언젠가는 헌법개정을 해서 국방군인지 자위군인지 어떤 이름이 될지는 모르지만, 아무튼 정식 군대를 가지겠다는 것이지요. 물론 이것은 여러 문민 통제(*civilian control*) 아래에서 하기 때문에 군국주의를 지향한다는 것은 아닙니다. 보통의 군대를 가지고 국방 또는 이 지역의 안전보장에 참여하겠다는 것이지요. 이것 자체는 아베만이 아니라 일본에서도 민주당을 포함한 이른바 건전한 보수에서 상당히 존재하는 의견입니다. 자위대는 이름으로 있으니 군대가 아니라는 것이 표면상의 원칙입니다만 그 실체는 군대에 가까우니까요. 그렇다면 제대로 된 군대로 한 다음에 관리하는 편이 정직하다는 생각은 상당수 있습니다. 그러니까 그러한 방향으로 가게 될 가능성은 있습니다.

다만 헌법을 개정하지 않으면 안 되므로 실제로는 상당히 벽이 높습니다. 국민의 상당수, 적어도 절반 이상은 아직 헌법 9조가 있고 그 아래에 자위대가 있는 편이 좋다고 생각하니까요. 특히 아베 정권하에서는 아이러니하게도 9조 개정에 반대하는 사람이 많이 늘었습니다. 그러니까 그렇게 간단히는 되지 않을 것이라고 생각합니다. 다만 주변 상황이 나빠지면 나빠질수록 헌법개정에 가까워질지도 모릅니다. 특히 중국과 북한의 군사적 위협이 어느 정도의 것인지, 그리고 한국이 일본보다 중국에 가까워진다든지, 혹은 한일관계보다 남북한의 환경을 중시하는 듯이 보이게 되면 일본의 고립감은 강해지니까요.

지금 열심히 집단적 자위권을 추진하고 있는 것은 미국을 붙잡아두기 위한 것이라고 봅니다. 미국은 예전과 달라서 센카쿠 문제만 해도 정말로 미국이 의지가 될지 어떨지는 모른다는 것이지요. 그렇게 되면 자기 군대를 충실히 하지 않으면 안 된다는 느낌을 받게 되지요. 그래서 지금 여러 가지 의미에서 논의되고 있다고 생각합니다. 일본이 그러한 자세를 보이면 보일수록 다시 주변국은 군사력을 강화하고, 이것을 본 일본은 다시 군사력을 강화한다는 악순환입니다. 역시 어딘가에서 각국 정상 간의 신뢰를 개혁할 만한 커다란 움직임이 없으면 멈추지 않는 것 아닐까요."

일본 내외의 변동과 정치적 분위기의 변화

— 일본은 전후 평화헌법 아래에서 자유민주주의 정치체제와 자본주의 시장경제에 충실하면서 세계 제2위의 경제대국이 된 성공한 국가로 국제사회에서 높은 평가를 받습니다. 그러나 최근 일본의 정치사회적인 움직임 속에서 평화헌법을 재검토하고 전후 체제로부터 탈각하려는 징조가 보이고 있습니다. 이러한 움직임으로 주변국가에 긴장감과 불안감을 주고 있습니다.

또한 그러한 정책 노선을 추진하려고 하는 아베 수상이나 자민당에 대한 국민의 지지가 50퍼센트 전후에 달한다고 들었습니다. 아베 수상과 자민당의 이러한 정책 변경 시도나 급진노선에 대해 이를 우려하는 50퍼센트의 국민의 의사는 제대로 반영되고 있는 것인지요?

예전이라면 보수정권의 급진노선에 대한 브레이크가 국회 안에서도, 또는 언론에 의해서도 적절히 작동했다고 생각합니다. 그렇지만 최근 들어서 일본정치나 사회 속에서 '말해야 하는 것을 말하지 않게 되었다'는 지적도 있고 브레이크가 듣지 않게 되었다는 목소리도 있습니다. 어떻게 생각하십니까?

"정치를 보고 있으면 자민당 안에서는 아베 씨에 찬성하지 않는 사람도 꽤 있지만 그다지 큰 목소리를 내지 않고 있습니다. 이는 자신이 불이익을 당하기 때문이지요. 두 가지 의미가 있습니다. 예를 들어 인사에서 보복을 당한다든가, 심한 경우에는 선거 때 공천 받지 못하는 것도 포함합니다. 지금은 소선거구제이니까 이것이 무섭지요. 그리고 인사에서 간부가 될 정도의 수준의 사람들도 역시 목소리를 낮추게 됩니다. 그리고 명백하게 아베 씨에 반대한다는 발언을 하면 우익세력이 인터넷을 포함해서 공세를 폅니다. 그러한 것이 귀찮다는 것이지요. 조금 이상한 분위기이지요. 자민당도 언로가 다양하고 활발했지만 야당이 약하니까 말해야 할 것을 필요 이상으로 말하지 못하는 부분이 있습니다.

몇 번이나 말하지만 동시에 이것은, 예전에는 '중일 우호'나 '한일 우호'가 그다지 의문 없이 말 그대로라고 생각되었습니다. 그런 세상이었지요. 오히려 일본이 너무 오만해져서는 안 된다는 의견이 지지를 얻었습니다. 최근에는 중국이나 한국 쪽이 오만하다고 생각하는 국민이 늘었지요. 예전이었다면 더 많은 여론의 지지를 업고 주장을 펼 수 있었지만 지금은 꼭 여론이 지지를 해주는 것은 아닙니다. 여론이 항상 옳은 것은 아닙니다. 특히 전쟁 전의 일본을 생각해보면 여론이 얼마나 틀렸었는가, 여론에 따라가려 한 신문이나 정치가도 얼마나 틀렸었는가 하는 것이지요. 지금은 그렇게까지 극단적이지는 않습니다만 한국이나 중국을 옹호하는 발언을 하기 어려워지고 있는 것은 사실입니다."

― 앞서 말씀하셨듯이 정치가는 선거에서 공천이나 인사 문제로 불이익을 받고 싶지 않다는 것이지요. 그러나 일반 국민은 그렇게 직접적으로 피해를 받거나 손해를 보는 일은 없습니다. 그럼에도 불구하고 활발한 언론, 미디어뿐만 아니라 사람과 사람 사이의 대화 같은 것에서, 아니면 자신이 무언가 매체를 통해 이야기를 하는 것도 조금 꺼리게 되는 분위기군요. "자신감이 없는 것은 아닐까요? 저만 해도 예전과 같은 자신감이 없습니다. 솔직히 말해서 중국이 점점 센카쿠에 들이닥치고 북한이 미사일을 쏘거나 핵실험을 하면 예전처럼 자신을 가지고 낙관론을 주장할 수 없습니다. 물론 말해야 하는 것은 말합니다만.

예전에 미야자와(宮澤喜一) 전 총리가 지금 생각하면 과연 그렇구나 하게 되는 말을 한 적이 있습니다. 미야자와 씨는 줄곧 일본이 헌법 9조를 개정할 필요는 없다는 의견이었습니다. 물론 문구만을 보면 이상하다는 것을 알지만 이렇게 해왔으니까 바꿀 필요는 없다, 주변국을 크게 자극할 것이므로 좋지 않다는 것이지요. 거기까지는 이해할 수 있습니다. 그러나 만약 헌법을 바꿀 상황이 오게 된다면 그것은 주변국이 일본에게 큰 위협이 되는 때일 것이라는 말을 했습니다.

그러니까 일본이 자극받으면 위협이 커지고, 위협이 커지면 다시 일본이 자극되는 이러한 악순환입니다. 이것을 어딘가에서 끊어내지 않으면 안 됩니다. 그렇지만 이것은 일본에게만 말해도 어찌할 도리가 없고 주변국에서도 동시에 이를 생각해주지 않으면 안 된다고 봅니다."

— 저는 "동일본대지진 이후 일본 정치사회의 변화"라는 주제로 논문을 하나 썼습니다. 일본이 지금 아베 정권이 된 뒤 이렇게 체제를 바꾸거나 전후 체제로부터 탈바꿈하려는 것 등의, 일본을 둘러싼 내외의 움직임을 보면 그렇게 하지 않을 수 없는 강박관념에 쫓기고 있는 것처럼 보입니다. 그 방향은 다른 문제가 되겠지만 변화를 요구하는 움직임은 확실히 있을 것이라고 썼습니다.

그 이유를 말하자면 일본은 냉전 후 20년 가까이 불경기였습니다. 그것이 일반 국민의 소비생활에도 영향을 줍니다. 경제적으로 돈은 갖고 있지만 예전처럼 활발하게 씀으로써 내수를 살리는 일에는 자신감이 없어지고 있는 듯한 느낌이지요. 거기에다 2010년을 경계로 중국이 전체적인 국내총생산(GDP)에서 일본을 앞질러 세계 2위가 되었습니다. 이것도 일본인 입장에서는 박탈감으로 다가왔을 것입니다. 실제로 경제는 일본이 훨씬 강한데도 표면적으로는 그렇게 추월당했다는 불만이 있습니다. 그리고 3·11이라는 자연재해와 인재를 포함한 아주 비극적인 타격을 받았습니다. 일본은 완벽하게 안전을 지켜가는 나라로 국내외에 알려져 있었습니다. 원전 폭발을 사전에 막지 못한 것은 어쩔 수 없는 일이지만, 사후 처리를 제대로 하지 못해 일본의 안전 신화가 무너져버리는 것은 아닌가 하는 것이지요.

이렇게 여러 가지가 겹친 위에 센카쿠열도(중국명 댜오위다오)의 문제가 있습니다. 민주당 정권의 복합적인 위기관리가 허술했다는 것 위에 센카쿠열도(중국명 댜오위다오)에서의 충돌이 일어난 것이지요. 물론 이명박 대통령의 독도 방문도 있었고 북한의 핵실험도 겹쳤습니다. 일본은 이대로 과연 좋은가 하는 불만과 함께 자신감이 점차 없어지는 지점에서 아베라는 정치가가 전면에 나온 것이지요. 그러니까 그 방향이 좋든 나쁘든 일단 아베 쪽으로 돌아서버립니다. 거기에 아베노믹스가 처음부터 잘 들어맞아서 경제적으로 밝은 면을 비춰주었기에 이러한 변화를 요구하는 분위기가 한 번에 고조된 것 아닌가 하는 것이지요.

"말씀하신 대로라고 생각합니다. 지금 말씀하신 대지진과 원전 사고, 그리고 센카쿠, 독도 문제. 이것은 전부 민주당 정권 때 일어났습니다. 민주당이 나쁜 것은 아니라고 생각합니다만 그로 인해 필요 이상으로 민주당에 대한 불신이 생겼습니다. 확실히 하나하나의 처리를 제대로 하지 못한 것은 사실입니다만 자민당으로서는 민주당 비판의 좋은 재료가 차례대로 나온 것이지요. 그렇다면 자민당이라면 잘 처리할 수 있었을까요? 원전은 원래 자민당에 원인이 있는 것이기도 합니다. 자민당이었어도 잘 처리했을 리 없다고 생각합니다. 그러나 민주당이 너무나도 허술했기에 여러 분야에서 민주당적(的)인 것이 지나치게 부정되어버렸습니다. 그러한 것이 아베 씨에게 굉장히 좋은 동력이었다고 생각합니다.

그렇지만 이것이 언제까지 이어질 것인가. 하나는 아베노믹스가 과연 언제까지 이어질 것인가 입니다. 소비세가 인상된 것뿐만 아니라, 역시 '세 개의 화살'(아베노믹스의 세 가지 기본 방침. 대담한 금융정책, 기동성 있는 재정정책, 민간 투자를 부르는 성장전략을 말한다. ― 필자 주) 중 세 번째가 누가 보아도 아직 허술합니다. 그렇게 되면 경제가 한 번 더 정체되었을 때 어떻게 할 것인가. 그리고 주변의 위협이 물리적인 위협보다도, 최근에는 중국도 국제 전략을 상당히 의식하고 있어서 역사인식에서 일본에 대한 포위망을 구성하고 있는 듯합니다. 미국도 어느 정도 그러한 것을 생각하면서 일본에 압력을 가하는 와중에, 아베 노선으로 계속 달려갈 수 있을 것인가 하는 부분이 문제입니다. 따라서 아베 씨가 능숙하게 어느 정도 방향전환을 하면서 나아가고 그것을 주변국이 어느 정도 긍정적으로 평가해주면 앞서 말씀하신 화해의 방향으로 향할 것이라고 생각합니다. 지금은 그러한 기로에 있는 것이지요."

역대 수상의 야스쿠니 신사 참배의 배경

— 주변국도 일본이 변화하려 하는 국면에 서 있다는 것을 알고 있습니다. 일본도 무언가 변하지 않으면 안 된다는 이해를 바탕으로, 일본이 어떠한 길을 선택해나갈 것인가를 지금 지켜보고 있는 지점이 아닐까요?
"가장 어려운 것은 의외로 야스쿠니 문제일지도 모릅니다. 야스쿠니는 갈 것인가 가지 않을 것인가의 문제라서 타협을 하는 것이 아주 어렵습니다. 매년 갈지 말지는 논외로 하더라도 아베 씨 입장에서 야스쿠니에 간다는 것은 양보할 수 없는 선이 되고 있습니다. 한국도 그럴지도 모르겠습니다만 특히 중국은 야스쿠니에 가는 한 상대할 수 없다는 것이 있어서 이 부분을 어떻게 할 것인가가 문제입니다. 사실상 아베 씨가 임기 마지막까지 다시 가지 않는다고 하면 좋을지도 모르지만 이것을 명확하게 하는 것은 아베 씨로서는 아마 불가능할 것입니다."

— 한국에서도 아베 씨가 언젠가는 야스쿠니 신사에 참배할 것이라는 의견이 많았습니다. 그래도 취임하고 1년 동안은 하지 않았지요. 딱 1년째 되는 2013년 12월 26일에 전격적으로 참배했습니다. 모두 대단히 실망했지요. 아마 아베 씨는 한중일 정상회담과 야스쿠니 참배를 자기 신념과 따로 나누어서 대응한 것이 아닌가 생각합니다. 관계회복을 원하는 사람들의 입장에서는 이것이 상당히 실망스러운 조치였습니다. 어째서 한중일 정

상회담 회복을 향한 실무 레벨의 협의가 잘되고 있는 도중에 그렇게 할 수 있었을까요?

"몇 가지 설이 있습니다만 정말로 한중일 간의 정상회담 재개를 위한 협의가 잘되고 있었는가에 의문을 가진 사람도 있습니다. 적어도 중국은 적극적이지 않았다는 것이지요. 중국이 나오지 않으면 한일 양국만으로는 의미가 없다고 판단했다는 설도 있습니다. 그리고 가령 한중일 정상회담이 이루어져버리면 오히려 야스쿠니에 갈 타이밍을 놓쳐버린다는 설도 있습니다. 정상회담 직후에는 가려고 해도 갈 수 없으니까 지금밖에 없다고 생각했다는 것이지요. 즉, 언제 갈 것인지 타이밍을 재고 있는 상황에서는 오히려 여러 가지 일을 하기 어렵다고 판단했다는 사람도 있습니다.

정말로 어땠는지는 잘 알 수 없습니다만 주위 사람들도 상당히 반대했지요. 관방장관도 반대했고 야치 쇼타로(谷内正太郎) 씨도 반대했지요. 외무성은 물론입니다. 그렇지만 주위 사람들 중에서 그만큼 공약을 하고 반드시 가겠다고 하면서 가지 않는 것은 뭐냐면서 아베 씨를 정말로 열심히 지지해온 사람들이 부추겼다고 봅니다. 그러한 상황에서 아베 씨가 결단을 한 것이지요. 저도 알 수 없습니다. 정말 실망했습니다."

― 야스쿠니 신사 참배에 대한 일본의 역대 총리의 대응 방식에서 이상한 것은 고이즈미 씨처럼 실용적이고 일반 국민 입장에서 보면 이성적인 총리가 6번이나 갔다는 것입니다. 그러나 아베 씨는 갈 것이라고 예상했지만 1년 동안 가지 않았고 갑자기 갔습니다. 일본의 정치가들에게 야스쿠니 신사는 어떠한 지배력을 갖고 있는 것인지 생각하게 됩니다.

"그렇게 힘이 있는 것은 아니지만 점차 그렇게 되었습니다. 고이즈미 씨는 총재선거에서 하시모토 류타로(橋本龍太郎)를 상대했기 때문에 유족회의 표를 얻기 위한 것이 있었습니다. 하시모토 씨는 야스쿠니 참배를 한 번만 하고는 그만두어서 유족회가 불만스럽게 생각하고 있었습니다. 이 부분을 고이즈미 씨가 눈여겨본 것이지요. 꼭 그 공약 때문에 총재 선거에 이긴 것은 아니지만 거기에서부터 시작된 것입니다. 한 번만 가고 그만 두었으면 좋았겠지만 반드시 매년 8월 15일에 가겠다고 말해버렸으니까요. 처음에는 이틀 앞당겨서 13일에 갔습니다.

고이즈미 씨는 어떤 의미에서는 과신하고 있었다고 생각합니다. 앞서 말했듯이 무라야마 담화와 같은 사죄는 열심히 했습니다. 사죄를 이만큼 하고 있지 않느냐는 것이지요. 야스쿠니에 간 것은 전몰자(戰沒者), 병사들에게 참배하러 간 것인데 무엇이 나쁘냐는 것입니다. 그러한 이유에서 갑자기 태도를 바꾸어 강하게 나선 것이지요. 아베 씨의 경우에는 그 부분이 다릅니다. 역사 사죄 자체를 하지 않으니까요. 보다 우익적입니다.

또 하나로 아베 씨와 고이즈미 씨 사이에는 시대적인 차이가 있다고 생각합니다. 고이즈미 정권 시기에는 물론 중일, 한일관계가 상당히 흔들렸지만 그래도 미국이 공공연하게 불평을 하지는 않았습니다. 그것은 부시 대통령과 고이즈미 사이의 강한 관계도 있었고 무엇보다도 당시 미국은 이라크 전쟁 중이었습니다. 일본의 고이즈미가 이를 지지한 것은 부시 대통령에게 있어 아주 고마운 일이었지요. 평화헌법을 가지고 있는 나라가 지지해주고 자위대도 한정적인 역할이지만 파병해주었습니다. 그러한 고이즈미에게 야스쿠니 문제로 불평할 수 없었던 것입니다.

지금은 오바마 대통령이지요. 오바마 대통령과 아베 사이에는 그 정도의 신뢰가 있을 리 없고 이라크전쟁을 하고 있지도 않습니다. 또 하나는 미중관계입니다. 당시보다도 지금 미중이 아주 긴밀한 관계가 되었고 중국의 힘이 강해졌습니다. 그러니까 환경이 다릅니다."

— 야스쿠니 신사 참배에 대한 미디어의 반응 중에 가장 기억에 남는 것은 와카미야 씨와 〈요미우리신문〉 주필 겸 회장인 와타나베 쓰네오(渡辺恒夫) 씨가 〈론자〉에서 한 대담입니다. 그 대담에서 두 사람 모두 야스쿠니 신사 참배에는 반대했습니다. 〈요미우리신문〉은 보수성향의 신문인데 그것은 어떻게 이해하면 좋습니까?

"〈아사히신문〉이 반대하는 것은 모두 당연하게 보고 있었겠지요. 그 대담을 읽어보면 알 수 있지만 와타나베 씨는 상당히 격하게 반대했습니다. 거기에는 다분히 와타나베 씨의 개인적인 생각이 들어 있습니다. 그가 야스쿠니 신사에 가보니 전시관인 유슈관(遊就館)이 있었는데 이것은 어처구니없는 장소라는 것이었지요. 마치 '대동아전쟁'을 긍정하고 전쟁에 이긴 것처럼 보였다는 것입니다. 이러한 박물관을 만드는 신사에, 더군다나 A급 전범을 누명 쓴 것처럼 말하는 신사에 수상이 가는 것은 터무니없다는 것이었습니다. 다분히 개인적인 감상이지요. 우리들은 거기에 의미가 있다고 봤습니다. 이 점에 있어서는 〈아사히신문〉도 〈요미우리〉도 일치했다는 것을 보여주는 데 커다란 의미가 있다는 것이지요."

— 그렇게 해서 〈아사히신문〉과 〈요미우리신문〉이 드물게 의견의 일치를 보았다는 것이군요. 그것은 고이즈미 총리 시절이었지요. 그러나 고이즈미 씨는 〈아사히신문〉의 논객과 〈요미우리신문〉의 대표가 의견의 일치를 본 주장을 받아들이지 않았습니다.

"그는 싸우는 사람이니까 한층 더 신경을 건드렸겠지요. 그래서 참배를 그만두면 남자 체면이 말이 아니라고 생각했던 듯합니다. 대담을 한 해는 고이즈미 정권 마지막 해였던 탓도 있지만 〈론자〉에 대담이 실린 것이 2006년 1월이고 그해의 8월 15일에 참배를 해버렸습니다. 그러한 의미에서 우리 언론은 힘이 없다고 생각했지요(웃음)."

월드컵 공동개최와 한일관계

— 한일 간의 상호이해가 심화된 것은 1990년대 들어서부터입니다. 한일포럼이 김영삼·호소카와(細川) 정상회담에서 합의되어 발족했지요. 1995년 제주도에서 열린 제3회 한일포럼 전체회의에서 '제주도 성명'을 발표하여 2002년 월드컵의 한일 공동개최를 검토하도록 양국 정부에 제안

했습니다. 와카미야 씨도 참석하셨지요. 당시 분위기는 어떠했습니까?

"그것은 1995년 8월의 일이었습니다. 상당히 전부터 한일 양국이 단독개최로 다투고 있는 와중에 이대로 가면 큰일이라는 의견이 있었습니다. 어느 한쪽이 이겨도 상당히 큰 응어리가 남는다는 것이지요. 일본 입장에서 보면 국제축구연맹에 신청해서 입후보한 것은 일본이 먼저입니다. 그럼에도 불구하고 한국이 도중에 들어와서 일본을 방해한다는 느낌이 축구관계자들 사이에는 있었습니다. 한국 입장에서 보면 월드컵 본선에 진출하지도 못한 일본이 한국보다 먼저 월드컵을 개최한다는 것은 조금 지나친 것 아니냐는 분위기가 있었겠지요.

그러한 대회를 여는 조건을 보면 경제력이나 국토 면적을 보아도 일본이 앞서 있다고 생각합니다. 열기는 역시 한국 쪽이 상당히 뜨거웠고 이것이 충돌하고 있었습니다. 이대로 가서 일본이 유치작전에서 이기면 한국에서는 식민지 이래의 원한이 한 번에 분출되지 않을까 하는 우려가 있었습니다. 1990년대에 여러 가지로 화해가 진전되었는데 큰일이라는 것이지요. 한국이 유치 경쟁에서 이기면 이기는 대로 일본은 무언가 새치기를 당한 것과 같은 느낌이 있었을 것입니다. 어느 쪽이든 좋지 않다는 것이지요.

공동개최를 제안한 것은 제가 알기로는 오히려 한국 축구관계자 쪽이었습니다. 경제계나 재계를 포함해서 그러한 분위기가 있었지요. 일본 측에서 그 아이디어를 한국에 처음 이야기한 것은 1994년 당시 무라야마 정권에서 외무장관으로 있던 고노 씨였습니다. 한일포럼의 주요 멤버들 사이에서도 그렇게 하는 것이 좋지 않은가 하는 기운이 상당했습니다. 한일관계를 중요하게 생각하는 사람들은 어떻게든 공동개최해야 한다는 기분이 있었지요. 저는 그러한 사실을 알고 있었기에 그해 6월 〈아사히신문〉 사설에서 공동개최를 제안하기도 했습니다.

일본 축구관계자들은 엄청나게 반발했습니다. 그리고 정계에서도 그러한 분위기는 전혀 없었지요. 그 와중에 한일포럼이 열렸습니다. 1995년 당시 무라야마 담화가 발표된 뒤였지만 그것보다도 다른 여러 망언이 많았던 때라서 한국과 일본 사이에 불편한 분위기가 있었습니다. 무라야마 담화가 좋았다는 평가와 동시에 월드컵을 어떻게든 해야 한다는 분위기에서 그러한 성명이 발표된 것입니다.

당시 일본 정치가들은 모두 소극적이었습니다. 상당한 반대와 저항을 했지요. 공동개최를 겉으로 드러나게 논의한 것이 아니라 뒤에서 절충했지만 정치가들은 모두 지역구에 축구 스타디움 유치 문제를 안고 있다든가 하는 사람들이 많았습니다. 직접적으로는 관계가 없어도 동료 정치가의 기분을 맞추기도 하고. 실은 한국 쪽에 적극적인 사람들이 많았습니다. 예를 들어 월드컵 유치위원장이었던 구평회 씨는 한일포럼 멤버였는데도 공동개최에 아주 적극적이었습니다. 그래서 아무튼 성명에 관련 내용을 써 넣게 되었지요. 보다 명확하게 썼으면 좋았겠지만 정치가들 중에 소극적인 사람들도 있었으니까 검토하는 것에 머물렀습니다. 그렇지만 그러한 내용의 성명을 발표한 것이 신문기사가 되었고 꽤 의미가 있었습니다. 이듬해 국제축구연맹의 공동개최 결정에도 일정한 영향을 주었다고 생각됩니다."

— 제가 일본축구연맹 명예회장인 가와부치 사부로 씨를 인터뷰하면서 당시에 대해 들었습니다. 그때 가와부치 씨는 축구연맹 부이사장이었다고 합니다. 자신도 회원국을 돌면서 일본의 단독유치와 개최를 부탁하고 다녔는데 국제축구연맹의 결정이 있을 때 스위스에 있었다고 하더군요. 그때 단독개최보다는 공동개최가 될 것이라는 움직임을 알고 있었다고 합니다. 결국 공동개최가 결정되고 나서 실망하고 있을 때, 전 총리이자 월드컵유치의원연맹 회장이었던 미야자와 기이치 씨가 일본의 축구협회 관계자들을 조찬회에 불러 모았다고 합니다. 거기에서 "당신들은 지금 분해할지도 모르지만 장래를 내다보면 한일관계에 크게 도움이 되는 결정이었다"고 설명했다더군요.

"저는 미야자와 씨가 말씀하신 것이 옳았다고 생각합니다. 그러나 사실은 미야자와 씨 자신도 처음에는 공동개최론에 적극적이지 않았습니다. 월드컵유치의원연맹 회장이기도 했으니까요. 말하자면 한일 간에는 여러 문제가 있으니 그러한 일이 가능할 리 없다는 걱정이 있었습니다. 미야자와 씨는 김대중 납치사건 대응에도 관여했고 위안부 문제로 상당히 고생을 했습니다. 한일 양국이 사이좋게 공동개최를 하는 것은 무리가 아니냐고 생각했던 것이지요. 마지막 단계에서 공동개최가 될 것이라고 느꼈을 때 그런 식으로 마무리한 것은 역시 정치가로서 미야자와 씨 나름의 판단이었다고 생각합니다. 우리들이 미야자와 씨에게 여러 가지로 이야기한 것도 조금은 도움이 되지 않았나 싶습니다."

— 결과적으로 공동개최는 좋았다는 것이지요.
"그렇습니다. 훌륭하게 한일 양국이 함께 1차 예선을 돌파했지요. 처음에는 일본이 떨어지고 그 뒤에 한국이 남았습니다. 일본은 당시에 한국을 엄청나게 응원했습니다. 일부러 국립경기장에 스크린까지 설치해서 상당수의 일본 응원단들이 달려와서 한국을 응원했습니다. 이것은 저도 전혀 예상하지 못했습니다. 그러한 것이 한류 붐으로도 이어졌다고 생각합니다. 당시에는 아주 좋았지만 지금은 그 반동이 오고 있지요."

축구 응원단들을 통해 본 한일관계

— 2008년 프랑스월드컵 진출을 놓고 서울에서 한일전이 열렸습니다. 당시 '함께 프랑스로 가자'는 현수막이 걸렸습니다. 당시까지는 좋았지요.
"그것은 홍명보 선수도 이야기합니다. 그는 당시까지 좋았지만 최근 축구를 둘러싸고 여러 문제가 발생하는 것이 의외인 듯 했습니다."

— 그러한 사건은 좋지 않지요. 젊은이들이 벌이는 소동이긴 합니다만.

최근에는 일본에서 '일본인 이외 출입금지'라는 팻말이 프로축구 경기장에 걸려서 축구협회가 J리그에 강력한 처벌을 한 일이 있지요.

"그렇습니다. 처벌해서 다행이라고 생각합니다. 저는 특히 축구 응원단들이 나쁘다기보다도 그러한 자리를 이용하려는 사람들이 있다고 생각합니다. 정말로 축구를 사랑하는 응원단들이라고는 생각할 수 없지요. 관중의 일부에 그러한 사람들이 있기 때문에 축구가 더럽혀졌다는 인상이 있어서 조금 안타깝습니다. 명백하게 스포츠를 이용하려는 사람들이지요. 이것은 종래의 훌리건적인 사건과는 조금 다르다고 생각합니다.

한편으로는 제가 홍명보 씨와 인터뷰할 때에도 나왔습니다만 홍명보 씨 자신이 대표선수로서 활약해서 인기를 얻은 사람이었고, 그래서인지 몰라도 올림픽과 이번 월드컵에도 일본인 코치를 불렀습니다. 그러한 현상은 과거에는 역시 있을 수 없었다고 생각합니다. 그러니까 한일 양국의 축구계 자체가 서로 혐오하는 것은 결코 아니라고 생각합니다."

— 이러한 내셔널리즘에 치우치지 않도록 2002년 월드컵 공동개최와 같이 일본과 한국이 하나가 되어 공동의 목표를 추진해가는 것이 필요하지 않을까요?

"그러한 것이 가능하면 좋겠습니다. 그렇게 대단하진 않지만 평창동계올림픽이 2018년, 도쿄올림픽이 2020년에 개최되지요. 서로 협력해서 무언가 공동사업을 만들면 좋지 않을까 싶습니다. 충분히 협력의 여지가 있다고 생각합니다. 함께 추진하는 사업으로서 한일 해저터널과 같은 것도 실현된다면 매우 좋은 일이라고 봅니다."

— 2018년 평창동계올림픽과 2020년 도쿄올림픽을 함께 성공시키기 위해 협력하는 프로그램을 만들자는 이야기가 나오고 있지요. 일본은 삿포로(札幌)와 나가노에서 두 번이나 동계올림픽을 개최했기에 노하우가 있습니다. 반대로 2020년 도쿄올림픽에는 한국에도 관광객이 올 테니까요.

서로 협력하는 어떤 프로그램에 함께 들어가면 어떨까 싶습니다.

"예를 들면 서로 가까우니까 평창에 오는 스키나 스케이트 선수들이 일본에서 컨디션을 조정하고 간다든가, 아니면 도쿄올림픽에 오는 선수들이 한국에서 적응한 뒤에 온다든가 하는 것이 가능하다고 생각합니다. 관광객도 한국에 온 사람들은 일본에도 들르게 한다든가 일본에 온 사람들은 한국에도 가도록 하는 프로그램을 만들면 된다고 생각합니다."

한일 미디어의 상호보도의 현재와 책임

— 국교정상화 이전부터 50여 년간의 한일 미디어의 상호보도에 대해 어떻게 생각하고 계십니까?

"먼저 일본 미디어의 한국 보도부터 말하자면 역시 군사정권 시절에는 어두운 뉴스가 많았습니다. 민주화 세력이 탄압받고 있다든가 광주민주화항쟁, 김대중 납치사건과 같은 것은 크게 보도되었습니다. 어떤 의미에서는 어쩔 수 없었던 시기이지요.

다만 전두환 정권 시기에 획기적으로 바뀌었다고 생각하는 것은 당시 전두환 대통령이 방일해서 천황과 만난 것입니다. 역사를 청산하는 여행이라고 해서, 천황이 사죄라고까지 할 수 있을지는 모르겠습니다만, 일반적으로 말하자면 사죄의 뜻을 밝혔습니다. 그 의의가 〈아사히신문〉 등에서 크게 강조되었지요.

전두환 대통령이 오고 천황이 사죄하기 전에, 역사교과서 사건이 있었습니다. 그러니까 그즈음부터 일본의 역사인식이 한국에서 상당히 문제가 되고 있다는 것을 알게 된 것이지요. 1980년대라는 것은 일본의 역사인식이 여러 가지로 재검토되던 시기였습니다. 그즈음부터 점차 일본은 과거에 대해서도 확실히 청산하지 않으면 안 된다는 보도가 늘었습니다. 그것이 1990년대의 여러 사죄로 이어졌다고 생각합니다.

한일기본조약 때를 보면 '구보타 발언' 시에는 〈아사히신문〉도 포함해서 일본 미디어가 모두 구보타 씨를 지지했습니다. 당연한 말을 하는 게 뭐가 나쁘냐는 느낌이었지요. 그렇게 해서는 해결되지 않는다는 방향으로 진전되는 데 있어서 전두환 대통령과 천황의 만남이 하나의 전환점이었다는 느낌이 듭니다. 그렇게 해서 1990년대에는 사죄도 있었고 한일월드컵 개최나 한류 붐 등으로 한국에 대한 호의적인 보도가 늘어났다고 봅니다.

다만 최근에 와서 혐한 보도가 엄청나게 늘었습니다. 주간지나 일부 출판물이 극단적입니다만 이것이 상당히 팔립니다. 이 현상이 무엇인가 하는 것은 바로 올해 한일포럼의 숙제이기도 하겠습니다만, 그 이유는 차치하더라도 상당한 변화입니다. 이제까지는 한국을 대놓고 나쁘게 쓰는 것은 피한다고 할까, 조금 싫은 일이 있어도 싸움을 걸듯이 기사를 쓰는 일은 없었다고 생각합니다. 그것이 요즘에는 전혀 망설임이 없어졌습니다. 물론 메이저 신문은 나름대로의 품위를 유지하려 하고 있지만 주간지 같은 것은 엄청나지요. 드러내놓고 상대방의 험담을 하고 나쁜 곳만 끄집어내는 경향이 있습니다. 이것에는 여러 원인이 있겠지만 최근의 우려해야 할 경향이라고 봅니다."

— 그렇습니다. 그것이 일본 사회의 한국에 대한 사고방식, 즉 혐한론을 반영하는 면도 있지 않습니까?
"물론 그렇습니다. 주간지는 예전부터 험담을 쓰는 것이 장사 수단입니다만 그렇다고 해도 스캔들과 같은 것을 무턱대고 씁니다. 그렇지 않으면 팔리지 않는다는 것이지요. 그러니까 전체적으로 혐한이 늘어난 것이 아니라 품위가 없어지고 있다는 느낌이 듭니다."

— 한국 미디어의 일본 보도는 어떻게 비교하십니까?
"제가 전에 유학했을 때 우연히 역사교과서 사건이 있었습니다. 당시에는 상당히 견딜 수 없을 정도로 일본 비판의 보도가 넘쳐났습니다. '왜곡'이라는 말이 신문에 크게 나오지 않는 날이 없었고 텔레비전을 보아도 그랬지요. 제가 보아도 조금 극단적이고 지나치다는 느낌을 받았습니다. 그즈음 한국의 신문과 텔레비전은 전두환 정권 비판을 할 수가 없습니다. 정권 비판은 할 수 없지만 일본 비판은 말하고 싶은 대로 한다는 느낌이 있었지요. 정권도 그러한 부분을 이용하고 있었을 것이라 생각합니다.

　대일 비판이 조금 과장되는 경향은 지금도 한국 미디어에 있다고 봅니다. 그러나 오늘날 한일관계가 나쁘다고 하지만 미디어의 일본 비판은 당시의 너무나도 극단적인 느낌과 비교하면 매우 온건하다고 저는 생각합니다. 어느 정도 일본을 객관적으로 보려는 기사도 실리지요. 그리고 한국의 주간지나 석간지는 일본만큼 품위 없지는 않지요. 지금은 평균점을 매기자면 어느 쪽이 상대에게 공격적인지를 말할 수 없지 않을까요? (웃음) 다만 자주 말하는 것이지만, 일본의 메이저 신문이라고 해도 광고에는 전부 주간지의 기사 제목이 실립니다. 이것은 상당히 큰 영향을 주지요. 그러한 의미에서 지금은 일본 쪽이 신경 쓰입니다."

— 독일문화원이 주최한 "전후사에서의 미디어의 역할"이라는 심포지엄이 2008년 4월에 도쿄에서 개최되어 저와 와카미야 씨가 기조발표를 했습니다. 당시 테마는 '미디어가 역사 화해를 위한 평화의 추진자인가, 아니면 그것을 방해하는 화약 운반수(powder monkey)인가'였지요. 그러한 논의는 현재에도 이어지고 있습니까?
"오히려 미디어의 선동으로 인해 2008년 당시보다 심각해진 듯한 느낌입니다. 그때와 비교하면 영토 문제, 특히 센카쿠를 둘러싼 문제가 심각해졌습니다. 영토 문제가 되면 특히 그렇지만 상당히 내셔널리즘이 강화되어 타협적인 기사를 쓰기가 어렵지요."

— 영토 문제나 역사인식도 어떤 면에서는 마찬가지이지요. 거기에 부딪치면 미디어는 아무래도 국가의 입장에 서게 되는 측면이 있습니다.

"그렇지요. 일본의 경우 역사인식은 아직 미디어에 따라 나뉩니다. 〈산케이신문〉과 〈아사히신문〉은 논조가 상당히 다르지요. 야스쿠니 참배 문제도 대부분의 미디어는 비판합니다. 그렇지만 영토 문제가 되면 저처럼 독도는 양보해도 좋지 않은가 하는 글을 쓸 수 없게 됩니다. 더군다나 센카쿠 열도 문제에서 중국이 하는 말도 일리가 있다는 식으로 쓰는 것은 굉장히 어려워지고 있습니다.

저는 그러한 속에서도 그렇다면 어디까지 쓸 수 있을 것인가, 어떻게 할 것인가는 역시 미디어의 역할이라고 생각합니다. 정말로 '화약 운반수'가 되어서는 안 된다고 생각합니다. 그러한 역할이 문제의 핵심이 되는 시대라고 생각합니다."

— 와카미야 씨와는 두 차례의 직접 인터뷰와 메일을 통한 추가적인 질의 응답도 몇 차례 있었지요. 오늘도 장시간 인터뷰에 시간 내주시어 감사했습니다.

6부

우리들은 아시아 시민

우라센케 대종장 센 겐시쓰(千玄室)

차 한 잔으로 전하는 평화

일시: 2013년 11월 5일
장소: 서울 신라호텔 회의실

센 겐시쓰는 1923년 교토에서 태어나 도시샤대 졸업 후 1949년 다이토쿠지 (大德寺)에서 다도 수업을 받으며 득도, 1964년 다도의 주요 유파인 우라센 케의 제15대 이에모토(家元)가 되어 종실을 물려받았다. 차 문화와 함께 세계 평화를 전파한 공로를 인정받아 일본 국내외 평화훈장을 다수 수상했다.

"차 한 잔으로 평화를!"

일본의 다성(茶聖)으로 일컬어지는 센노 리큐(千利休, 1520~1591)를 출발점으로 하여 오늘날 일본 다도(茶道)의 주류로 자리 잡은 우라센케(裏千家)의 본가 및 회원조직인 담교회(淡交會) 본부는 교토의 오래된 거리 한쪽에서 4백 수십 년의 역사를 이어왔다. 우라센케는 일본의 다도 유파(流派)의 하나로서 최대 규모의 다도 인구를 자랑한다. 일본 국내외의 300만여 명이 담교회 회원으로 등록되어 있고, 일본 내에 165지부 2지소, 34개국 107개소의 해외출장소 및 해외협회를 두고 있다(2014년 3월 현재). 도요토미 히데요시의 차두(茶頭)였던 센노 리큐는 뛰어난 통찰력과 미의식, 선(禪)을 기반으로 한 이념 속에서 차를 끓이고 대접하고 마시는 종합적인 행위를 수행(修行)의 경지까지 승화시켜 다도의 기초를 완성했다는 평을 받는다.

1964년 센 겐시쓰(千玄室) 대종장(大宗匠, 다도의 최고 장인)이 초대 이에모토(家元)였던 센노 리큐의 정신을 이어 제15대 이에모토가 된 후, 일본 전국에 걸친 동문 조직으로서 담교회를 결성하여 우라센케 차도의 조직화에 힘썼으며 특히 해외 차 문화 보급에 힘 쏟았다. 셴 겐시쓰 대종장은 1923년 교토에서 태어나, 아흔을 훌쩍 넘긴 나이에도 일본 유엔친선대사를 비롯하여 100여 개가 넘는 역직(役職)을 맡은 가운데 세계 각지를 방문하여 차 문화를 통한 국제교류활동을 활발히 전개하고 있다. 철학박사, 문학박사인 그는 저서도 40여 권에 이른다. 20대의 청년기에 "차 한 잔으로 평화를!"을 외치면서 미국을 방문한 이래 지금까지 60개국을 300여 회 순방했다. 다도 보급의 일념으로 힘써 수백만 명의 회원들의 공감과 참여를 이끌어냈다.

차 문화는 중국, 한국, 일본에 공통되는 식음(食飮) 문화이다. 셴 겐시쓰 대종장은 해마다 한중일 3국을 번갈아 돌며 동아시아 차 문화 심포지엄을 개최하여 "차는 옛날에 중국으로부터 한국을 거쳐 일본에 전해진 생활문화"라는 점을 지적하고 이처럼 문화적 토대를 공유하는 동아시아 3국의 평화를 위해 함께 노력할 것을 호소했다. 그는 "동아시아의 문화와 평화"를 주제로 한 패널 디스커션도 매년 한중일 3국을 돌면서 주최하고 있다. 8회째인 2013년 서울회의에서는 최근 갈등을 겪는 중일, 한일관계의 회복을 바라고 나아가서 한중일 3국의 평화를 기원하는 '헌차식'(獻茶式)을 서울 신라호텔에서 주재하여 300여 참석자들의 관심을 끌기도 했다.

교토의 우라센케 본부에는 다수의 외국 원수들이 방문하여 셴 겐시쓰 대종장이 주재하는 차회에서 직접 만들어 대접하는 말차를 음미하기도 했다. 그는 1978년 11월 중국 방문 때에는 덩샤오핑(鄧小平) 국가주석을 예방, 덩샤오핑의 요청에 따라 중국에 다도 학원을 설립하였으며 프랑스의 시라크 대통령과도 오랜 교분을 갖고 있다. 1998년 9월에는 김대중 대통령을 예방하기도 했다. 유네스코 친선대사, 일본 유엔친선대사 등을 맡으면서 다도의 보급에 전념한 그의 국제적 문화교류는 내외에서 높이 평가되어 많은 포상을 받기도 했다.

필자가 셴 겐시쓰 대종장을 처음 만난 것은 2004년 교토에서 열린 한일·일한문화교류회의 때였다. 일본 측 위원이었던 셴 겐시쓰는 필자가 속

우라센케 전통 다기와 다구를 사용하여 말차(抹茶)를 내었다.(사진: 우라센케)

한 한국 측 문화교류위원들을 비롯하여, 참석자 전원을 우라센케 본부로 초청하여 직접 차를 끓여서 대접하는 차 모임을 주재하였다.

또한 2012년에 도쿄에서 개최된 제7회 차 문화 심포지엄과 "동아시아의 문화와 평화" 패널 디스커션에 필자가 한국 측 주제발표자로 위촉되어 센 겐시쓰 대종장 주재의 차 문화 회의에 참석하기도 했다. 2013년 서울에서 개최된 제8회 심포지엄에 온 그를 인터뷰했다.

일생을 일본의 다도를 지키면서 세계에 차 문화를 폭넓게 전파해온 센 겐시쓰 대종장은 우라센케 제15대 이에모토를 이어받아 다도 보급에 헌신해오던 중, 2002년 장남에게 16대 이에모토를 계승했다. 그는 15대 이에모토를 장남에게 넘겨주면서 "여생을 일본문화의 부흥에 힘쓰겠다"고 밝혔다(《生かされている喜び》, 淡交社, 2006). 또한 "앞으로는 도(道)로서의 차, 문화(學)로서의 차, 수행(實)으로서의 차라고 하는 '도·학·실'의 세 가지를 실천하면서, 현대의 급격한 변화에 대처할 수 있는 새로운 인간상을 차도의 학습을 통하여 발견하고자 한다"고 밝혔다(《裏千家茶道》, 今日庵, 2004). 그러한 의미에서 해마다 일본외무성 연수원에서 신입 외교관들에게 다도를 가르치고 있기도 하다.

센 겐시쓰 대종장이 도시샤(同志社) 대학에 재학 중이던 1940년대에 시를 쓴다는 조선인 유학생이 있었다. "나중에 들으니 그가 윤동주(尹東柱)라는 조선의 시인이었다"고 2013년 가을, 교토의 한국거류민단본부 초청 강연에서 밝히기도 했다. "그런데 갑자기 윤(尹)이 사라졌다"고 그는 말했다. 일본군 관헌에게 끌려가서 옥사한 항일시인 윤동주와의 대학에서의 만남을 그는 아직도 기억하고 있었다.

우라센케 차도의 출발점 센노 리큐

센 겐시쓰 대종장이 감수한 《우라센케 다도》(今日庵, 2004)에 의하면 일본 차 문화의 역사는 서기 804년 견당사(遣唐使)로 중국에 간 사이초(最澄)가 이듬해 차나무 씨를 당으로부터 갖고 와서 고노에 사카모토(近江坂本)의 히요시 신사(日吉神社)에 심은 데서 시작되었다. 이후 일본에서 차를 마시는 풍습은 가마쿠라, 무로마치 시대에 유행하여 1550년 후반에는 고려찻잔(高麗茶碗)이 인기리에 사용되었고, 그로부터 30년쯤 후부터 일본찻잔이 차회(茶會)에 자주 등장했다.

일본을 사실상 통일하고 그 여세를 몰아 조선을 침공한 도요토미 히데요시는 차를 매우 즐겨서 당시 차의 명인 센노 리큐에게 명하여 차실을 만들게 했다. 히데요시는 다시 오사카성 안에 황금의 차실을 만들었고 교토의 궁궐에서 천황에게 차를 대접하는 행사를 열며, 천황에게 청하여 센노 리큐에 '리큐 거사'(利休居士)의 칭호를 받게 하고 자신의 차두(茶頭)로 삼아 차회 때마다 진두지휘하게 했다.

센노 리큐가 일본의 차 문화사상 가장 중요한 위치를 차지할 수 있었던 것은 그가 일본을 천하통일한 오다 노부나가와 도요토미 히데요시 등 당대 최고 권력자의 다도를 관장하는 책임자(茶頭)이자 다도 사범의 위치에 있으면서, 일본 각지의 서로 다른 차 풍속을 통합하여 다도를 완성했기 때문이라고 이진수 · 서유선은 《일본다도의 이해》(이른아침, 2013)에서 기술한다.

리큐는 히데요시의 차두로서 특별한 지위를 인정받았으나 다도를 지키고자 하는 일념에 정진하여 권력자들로부터는 오만하다는 오해를 샀다. 히데요시는 센노 리큐가 오만하여 자신의 의도대로 움직여주지 않는다 해서 그를 미워하여 1591년 지방으로 추방한 뒤 다시 자결을 명하여, 리큐는 교토의 한 평 반짜리 다실에서 자결, 70세를 일기로 생을 마감하였다. 그러나 사후 센노 리큐는 다른 차두 2명과 함께 다도의 최고명예인 삼종장(三宗匠)으로 불리게 되었고 오늘날 우라센케의 출발점이 되었다.

리큐가 히데요시의 할복 명령을 받고 비극적인 죽음을 맞이하게 된 원인에 대해서는 여러 가지 설이 있는데, 그가 다이토쿠지(大德寺)에 금모각(金毛閣)을 기증하고 자신의 목상(木像)을 안치하게 하여 히데요시의 노여움을 샀다는 설이 가장 유력하다고 이진수·서유선은 위의 책에서 쓰고 있다.

그러나 작가 야마모토 켄이치(山本兼一)가 쓴 《리큐에게 물어라》(利休に尋ねよ, 한국에서는 권영주의 번역으로 2010년 문학동네에서 출판되었다.—필자 주)에는 리큐가 다도를 지키고 차 문화의 고귀한 순수성을 지키기 위하여 당대의 최고 권력자 히데요시에게 목숨을 구걸하기보다는 죽음을 택한 것으로 되어 있다. 히데요시는 "미(美)의 정점에 군림하는 리큐를 용서할 수 없다"며 질투했다. 리큐를 아끼던 권력 주변에서는 "사죄하면 히데요시가 목숨은 살려주겠다고 한다"며 사과할 것을 권했으나 리큐는 히데요시의 전혀 부당한 트집에 굴하기보다는 죽음을 택하여 차두로서의 명예를 지키고자 했다는 것이다. 히데요시가 리큐를 미워한 이유 가운데 하나는 그가 조선자기로 만든 아름다운 향합을 갖고 있었는바, 이를 달라는 히데요시의 요구를 단연코 거절한 때문이기도 하다고 그의 소설을 통해 추측했다.

한편 리큐의 15대 후예인 센 겐시쓰 대종장은 이번 필자와의 인터뷰에서 히데요시가 센노 리큐를 증오하고 자결을 명한 것은 그의 조선 침략 계획에 반대한 때문이라는 설을 밝혔다. 일설에 의하면 히데요시는 1587년 경부터 조선을 침략하겠다는 야망을 가지고 있었으며 1589년에 리큐는 히데요시의 동생 히데나가(秀長)와 함께 조선 침략을 중지하도록 히데요시에게 진언하였는바 이 때문에 히데요시의 미움을 사게 되었다는 것이다.

히데요시가 차를 즐기고 차를 마시는 대규모 회의를 주최할 무렵, 일본에서는 조선으로부터 여러 경로를 통해 건너온 조선찻잔이 크게 유행하였고 특히 이도(井戸)찻잔은 권세가들의 권력과 부의 상징으로 부러움을 샀다. 권세가들 사이에서는 "좋은 찻잔(茶碗) 하나는 성(城) 하나의 가치가 있다"는 말이 오갈 정도였다는 것으로 명품 찻잔이 높이 평가되었음을 알 수 있다.

히데요시의 조선 침략, 즉 임진왜란과 정유재란은 조선의 찻잔이 일본에서 유행하게 된 결정적인 계기가 되었다. 남원에서는 오늘날 사쓰마야키의 선조인 심수관(본명 심당길) 일행이 끌려갔고, 금강(충남 공주)에서는 아리타야키의 선조 이삼평 일행이 끌려가 각각 도기와 찻잔을 굽기 시작하면서 당시 일본의 부호와 권력자들 사이에 조선의 다기(茶器)가 애용되었다.

당시 조선을 침공한 왜병의 장 또는 지방 영주들은 다기 제조에 동원하고자 조선의 도공들을 앞다투어 '기획 납치'해갔으며, 그들의 한 많은 포로의 삶 속에서 빚어진 찻잔 등 다기들이 일본 차 문화 형성과정에서 빼놓을 수 없는 중요한 요소가 되었다. 차 문화는 차와 잔(茶碗)과 끓이는 기법이 하나가 되어 완성된다고 한다. 따라서 일본의 차 문화 발전과정에서 고려·조선찻잔 그리고 조선 도공들이 만든 일본찻잔 등 한반도 유래의 다기가 기여한 바 적지 않다 하겠으며, 오늘날 일본의 전통적 차도에는 조선의 차 도구가 숨은 역할을 해왔음을 짐작하게 한다.

센 겐시쓰 대종장의 다도 철학

— 센 겐시쓰 대종장은 1964년에 다도 우라센케 제 15대 이에모토에 취임하신 후 한결같이 다도 보급에 힘을 쏟고 계십니다. 이에모토는 전대가 사망한 뒤에야 대를 잇는 것이 관례라고 들었습니다만, 그럼에도 불구하고 2003년 신년에 제 16대 이에모토를 장남에게 물려주셨습니다. 이에모토가 대를 양보하는 것은 센노 리큐 이래 약 500년의 역사 속에서 대종장이 두 번째인데요. 우선 40년 가까이 제 15대 이에모토로서 센 겐시쓰 대종장이 다도에 바친 족적과 철학에 대해 여쭤보고 싶습니다.

"제가 41세 때 아버지가 급사하셨습니다. 아버지가 70세 즈음이었습니다. 아버지는 14대를 이으시고 나서 50년 가까이 이에모토를 하고 계셨지요. 저도 뒤를 이을 각오로 아버지의 옆에서 엄격한 수업을 받고 있었습니다만 갑자기 돌아가셨기 때문에 그 당시에는 정말로 머릿속이 새하얗게 되어서 어떻게 해야 할지 …. 그렇지만 다행히도 저도 아버지 옆에서 젊은 종장(若宗匠)이라는 자격을 얻고 약 20여 년 동안 아버지로부터 무언(無言)의 가르침을 받았습니다. 절대로 이건 이렇다든가 하는 말씀은 하지 않으십니다. 다만 제가 여러 가지 질문을 하면 대답을 해주셨죠. 그리고 제가 바쁜 아버지를 붙잡고 '가르침을 주십시오'라고 말하면 그제야 좋다고 하셨습니다. 그러면 일이 마무리될 때까지 기다리면서 그동안 조용히 자기 나름대로 생각하든지 했지요. 아버지 곁에서 20여 년, 아버지께서 해오신 것을 보았습니다. 세간에서는 '부모의 등을 보고 아이는 자란다'고 합니다만, 우리들은 거기에 하나 더해 엄격함이라는, 스스로 더 수행하지 않으면 안 된다는 인간의 규율(掟)이라고 할까, 그런 것이 있습니다. 자신에게 계속 말하지 않으면 안 됩니다. 그것은 저 스스로에게도 아주 중요한 일이었습니다.

그리고 다도라는 것은 저로부터 15대 전, 약 500년 전에 센노 리큐가 한 잔의 차를 가지고 차의 길, 다도를 만들었습니다. 잘 아시다시피 중국으로부터 차가 들어와서 단 한 잔의 차를 신불(神佛)에게 바칩니다. 그 뒤에 모두가 차를 즐겁게 마신다는 것으로, 나라 시대부터 차를 마시는 풍습이 일본에서 생겨나기 시작합니다. 불교와 함께 들어온 것이 도교, 유교인데 둘 다 가마쿠라 시대 이전까지 그다지 문제가 되지 않았습니다. 그리고 가마쿠라 시대에 헤이안(平安)의, 이른바 귀족사회에서 무가(武家) 제도로 바뀌어갈 때 처음으로 무사도(武士道)라는, 사무라이가 지키지 않으면 안 되는 규율이랄까, 길이지요, 그것이 자연스럽게 가마쿠라 시대에 탄생하게 됩니다. 무사도라는 것은 단지 칼을 휘둘러서 적을 베어버리는 것이 아니라 자신을 지키고 가족을 지키며 나아가서는 자신의 주인에 대해 충성을 다한다는 것입니다. 프랑스 귀족의 노블레스 오블리주(noblesse oblige)라는 개념과 마찬가지로 무사라는 것은 단지 칼을 휘둘러서 전쟁하는 것만이 아니라 역시 떳떳함(潔さ)을 보여주어야 한다는 것이지요. 유교 도덕의 가르침이 강하게 들어온 것입니다.

이렇게 해서 가마쿠라 시대부터 무가의 사람들이 무사도와 함께 차를 소양으로 쌓으며 하나의 최고 교양의 장을 열었습니다. 여기에서부터 차의 길이라는 것이 단지 한 잔의 차를 마시는 것이 아니라 자신들의 검의 길과 마찬가지로 마음을 닦지 않으면 안 됩니다. 마음을 닦기 위해서는 차를 스스로 끓여서 다른 이에게 주는 것입니다. 또한 자신도 마십니다. 이러한 사람과 사람 사이의 교류, 말하자면 '일기일회'(一期一會), 'One time one opportunity', 'One time one chance'라는 하나의 흐름이 생겨나게 됩니다.

무로마치(室町) 시대에 중국과 조선, 한반도를 거쳐 들어온 다양한 생활문화가 헤이안 시대, 그리고 가마쿠라 시대를 거쳐 완전히 일본에서 국풍화(國風化)되었습니다. 그리고 여기에서 새롭게 노(能)가 등장합니다. 노의 세계이지요. 또는 교겐(狂言)이라든가. 산가쿠(散樂)에서 노라는 것이 생겨납니다. 또는 와카(歌)의 길. 지금까지는 만요(万葉)나 고킨슈(古今集) 등 매우 한정된 사람들에게 열려 있던 와카의 장이 많은 서민에게도 열립니다. 그렇게 해서 모두 노래를 읊게 되지요. 또는 그 와카를 한 번 더 응축시킨 하이쿠, 하이카이의 세계에서 일본 특유의 와비, 사비가 태어납니다. • 와비나 사비는 실제로 일본인이 완전히 답할 수 없을 정도로 어려운 하나의 철학입니다. 이것은 단순한 자연의 철학이 아니라 이른바 자기 자신을 바라보고 그 속에서 자신이 걸어가야 할 길의 모습을 발견해 가야 한다는 것입니다.

처음부터 대성하는 사람은 아무도 없습니다. 유치하지요. 확실히 말씀드리자면, 모두 유치하지만 그러한 단계를 밟아 올라감에 따라서 자기 마음속에 하나의 꽃을 피워갑니다. 바로 제아미(世阿弥)가 노가쿠(能樂)의 세계에서 '꽃은 감추는 것이 좋다'는 말을《후시카덴》(風姿花伝)이라는 책에 남겼습니다. 후시(風姿)는 바람의 모습, 카덴(花伝)은 꽃이 전한다는 뜻으로, 후시카덴이라는 말의 의미는 바로 '완전한 것은 없다'입니다. 이 불완전이라는 아름다움이 와비와 사비의 근원 중 하나라고 당시의 사람들은 말합니다. 그리하여 나중에 오카쿠라 텐신이 *The book of tea* 를 썼을 때, 영어로는 *'imperfect beauty'*라는 말을 씁니다. 완벽하지 않은, 불완전의 미(美)라는 것이지요."

• 하이쿠(俳句)는 5·7·5의 17음(音)으로 된 일본의 정형시이다. 세계에서 가장 짧은 정형시로 불린다. 하이쿠는 하이카이(俳諧)에서 생겨난 일본의 근세문예로서 '하이카이 연가(連歌)'라고도 불린다. 하이카이는 무로마치(室町) 시대에 유행했던, 연가의 유희성과 서민성을 높인 문예형식이었으나 17세기 이후 그 예술성을 더욱 높여서 단독으로도 감상할 수 있는 자립성 높은 장르가 되었고 후세 하이쿠의 원류가 되었다.
와비(佗), 사비(寂)는 일본의 미의식(美意識)의 하나로, 일반적으로 소박하고 조용함을 뜻한다. 본래 와비와 사비는 별개의 개념이나 현대에서는 하나로 묶어서 쓰이는 경우가 많다. 차의 세계에서도 '와비차' 또는 '와비차인'(茶人)은 물질을 갖지 않은 자, 가슴속의 각오를 하나 가진 '가난한 차인'을 가리키는 말로 쓰인다. 무로마치 시대에 값비싼 당나라 것을 따르던 풍조에서, 에도 시대에는 일용잡기의 소박한 찻잔에서 새로운 미를 찾아내는 풍조로 바뀌었다. 야나기 무네요시에 의해 시작된 민예사상과도 일맥상통하며 세월이 지나면서 일본을 대표하는 미의식으로 확립되었다.

― 센 겐시쓰 대종장은 차 문화도 여러 생활문화와 함께 중국으로부터 한반도를 거쳐 일본에 전래되었다고 말씀하셨습니다. 차가 일본 특유의 길(道)의 철학, 즉 다도가 된 시대적 배경과 철학에 대해 가르쳐주십시오.

"무로마치 시대에 차의 길이 무사도와 함께 하나의 형태를 이루게 됩니다. 그 정신은 사치를 부리는 것이 아니라 바로 간소함, 심플함입니다. 원칙적인 것 자체를 차의 세계에 집어넣은 것입니다. 거기에 차의 깊은, 앞서 말씀드린 'imperfect beauty'라는 것, 그리고 그와 함께 걸어가는 하나의 길의 철리(哲理), 철학이 탄생하게 되는 것입니다.

단 한 잔의 차를 마시고 바침으로써 그 속에서 정해진 하나의 매우 폭넓은 상호적인 문화가 생겨났습니다. 예를 들어 한 잔의 차를 여러 곳에서 바치고 마시는 시대가 지나고, 와비, 사비의 초암(草庵)이 옵니다. 풀로 된 암자이지요. 이 초암이 다실이라는 모습으로 나타나게 됩니다. 더 이상 좁아질 수 없을 정도로, 손님이 앉는 다다미(疊) 한 장과 차를 끓이는 쪽의 다다미가 반 장. 그리고 다도의 예법(お手前)을 진행하기 위해 다이메(代目)라는 판자를 끼워서 극한까지 좁게 만든 암자 속에서 일대일로, 손님에게 차를 바치는 곳에 인간의 유한함이 있습니다. 그리고 유한함과 함께 서로를 신뢰하게 되지요. 서로 신뢰한다는 것은 인간의 마음이 통하는 커다란 하나의 길로 태어나게 된다는 것입니다."

― 그러한 일본의 다도는 약 450년 전에 대종장의 선조, 다성(茶聖) 센노 리큐의 철학정신이 지금까지도 이어져서 오늘날의 형태로 확립되었습니다. 센노 리큐의 정신세계는 어떠한 것입니까?

"그러한 의미에서 차의 철학을 말로 나타낸 것이 센노 리큐의 '화(和), 경(敬), 청(淸), 적(寂)'이라는 네 개의 개념입니다. 서로 평화롭고 서로 존경하며 맑고 고요하다. '화'에는 평화라는 뜻도 있지만, 단지 온화함이나 부드러움, 서로 적대시하지 않다는 의미가 아닙니다. 화라는 것은 역시 거기에 균형과 조화가 없으면 안 됩니다. 따라서 차에서 말하는 화경청정의

화는 단순한 화가 아니며 거기에는 온화함과 동시에 그것을 지탱하는 하모니가 있어야 합니다. 'Peace and balance'라는 말이 하모니가 되는 것입니다. 따라서 화는 평화와 함께 하모니가 중요합니다. 그리고 경은 단순히 칼을 가지고 다니는 사람만을, 또는 높은 사람만을 존경하는 것이 아니라 인간은 태어날 때부터 똑같다는 의미입니다. 리큐의 정신은 인간이 태어날 때부터 똑같다, 동일하기 때문에 모두 벌거벗은 인간이라는 것입니다. 따라서 다실에 들어갈 때에는 사무라이라 해도 칼을 가지고 들어갈 수 없습니다. 쥘부채 하나만 가지고 모두 허리를 굽혀서 자신을 낮춘 채로 들어가라는 것이지요. 그러한 의미에서 다실의 작은 출입구(躪り口)가 만들어진 것입니다. 어떤 대단한 사람도 그 문을 지나가지 않으면 안 됩니다. 그것이 리큐의, 인간을 벌거벗긴다는 것의 하나의 커다란 포인트지요. 모두가 신분의 상하를 버리고 벌거벗은 인간으로서, 모두 같다는 정신이 경(敬) 속에 있는 것입니다."

— 센노 리큐의 다도를 지켜 오신 지 50년, 대종장께서 깨우친 철학에 대해 들려주십시오.
"리큐의 또 하나의 정신세계로서 청(淸)은 단순히 맑음만을 말하는 것이 아니라 모든 것을 정화해간다는 것이지요. 인간이라는 것은 선인(善人)이 없습니다. 모두 악인(惡人)입니다. 따라서 조금이라도 선인이 되려고 노력하기 위해서는 매일매일 자신의 마음을 갈고 닦는 일이 중요하다고 생각합니다. 그렇지 않으면 저세상에서 어디로 가게 될지 알 수 없습니다. 역시 자신이 열심히 노력해서 자신의 마음이 좋아지도록 한 걸음, 두 걸음이라도 전진하려는 마음이지요. 다도에서는 복사〔袱紗, 다도에서 다구(茶具)를 닦거나 바칠 때 쓰는 보〕를 가지고 모든 것을 정화해갑니다.

그리고 마지막의 적(寂)은 그냥 사라져가는 것이 아니라 거기에 하나 더, 다음 일에 대한 마음가짐입니다. 미리 배를 채워둔다는 것이지요. 말하자면 부동심(不動心)이라는 움직이지 않는 마음. 인간은 여기 갔다가

저기 갔다가 하며 헤맵니다. 그러한 것을 떨쳐버리는 것이지요. 떨쳐버리고서야 비로소 내일을 위한 자기 자신이 태어나게 됩니다. 매일매일 죽고 태어나는 것이 인간입니다. 밤에 잠들면 아침에 일어날 때까지 아무 것도 알 수 없지요. 즉, 죽는 것과 마찬가지입니다. 그리고 아침에 일어나면서 다시 태어나는 것입니다. 이것을 하지 않으면 안 됩니다. 그런데 모두 이것을 알지 못합니다. 다만 밤이 오면 졸리니까 자고 아침이 오면 일어나면 된다고 생각하지요. '졸리지만 일하러 가야 하네, 재미없구나' 해서는 인간은 성장하지 못하고 좋은 일을 할 수 없습니다. 역시 밤에는 '오늘 하루 감사했습니다' 하고, 하루를 끝낼 때 감사하면서 잠들어야 합니다. 아침에 일어나서는 '아, 잘 잤다, 오늘도 살아 있구나', 오늘도 살아 있다는 새로운 기분으로 일을 함으로써 비로소 자신의 삶의 보람을 느낍니다. 삶의 보람은 바로 거기에서 나오는 것입니다. 차는 그러한 것들을 전부 가르쳐주는, 하나의 인간의 도리라고 생각해주십시오."

전쟁체험으로 깨달은 차의 힘

— 대종장께서는 일본의 패전 직후, 다도 보급을 위해 각국을 방문하셨습니다. 1951년 하와이 진출을 비롯하여 세계 각국에 다도 보급을 하기로 결심하였을 때의 마음가짐은 어떠한 것이었습니까? 그리고 여행을 떠났을 때의 상황은 어땠습니까? 들려주십시오.

"저의 생애는 매우 특이했습니다. 센(千) 가문에 태어나서 어렸을 때는 귀여움을 받으며 자랐지만, 결국 뒤를 잇지 않으면 안 되었지요. 이 가문을 등에 업고 가지 않으면 안 된다는…. 힘든 일이었지요. 학교에 가면 모두 의사가 된다든가, 변호사가 된다든가, 혹은 군인이 된다든가, 모두 자신이 가고 싶은 길을 이야기하면서 공부하고 있었습니다. 저는 그렇게 할 수 없었지요. 너는 이 가문을 이어야 한다는 말을 모두에게 들었습니다. 유모(乳母)도 '도련님은 이곳을 이어야 한다'는 말을 했지요. 동생과는 다르게 어느 정도 엄격한 교육을 받으며 자란 셈입니다. 초등학교 이후에는 어째서 나만 가문을 잇지 않으면 안 되는 걸까, 싫다고 생각한 적도 있습니다.

저는 위로 누님이 두 분 있고 그 다음에 생긴 장남입니다. 할아버지도 아버지도 어머니도 모두 후계를 잇게 되었다고 기뻐하셨지요. 그 뒤로 남동생이 둘 태어났습니다. 딱 한가운데지요. 누님 둘, 남동생 둘. 그렇게 해서 줄곧 공부와 함께 몸을 단련해서 차의 길을 확실하게 이을 수 있도록 하라는, 말하자면 이에모토가 되는 '제왕학'을 어렸을 때부터 해야 했습니다. 정말로 고통스러워서 더는 싫다고 생각했습니다만, 결국 중학생이 되어서 단념했다고 할까요. 하지 않으면 안 된다는 기분이 되었습니다.

그런데 전쟁이 격화되어 대학에 진학했을 때 저는 딱 스무 살이었는데, 그때 일본이 이제는 지는 싸움을 하고 있었지요, 잘 아시다시피. 대학생들은 모두 끌려가게 되었습니다. 저도 징병검사를 받아야 했지요. 징병검사를 받았을 때는 옛날의 병약한 도련님이라고는 생각할 수 없을 정도로 훌륭한 몸을 가지고 있었기 때문에 한 번에 합격했습니다. 더군다나 당시 육군과 해군으로 갈라져 있을 때에, 저는 해군이 되었습니다. 그 후 2년 동안 한 명의 해군 사관으로서 비행기를 타게 되어 가혹한 훈련으로 날을 지새웠습니다. 얻어맞거나 발로 차이거나 했지요. 그때 문득 '아, 나는 센 가문을 잇지 못하고 죽겠구나' 하고 생각했습니다. 그러니까 남동생이 뒤를 이어주지 않을까 하고. 그때 순간적으로 맥이 탁 풀리면서 몸이 가벼워진 기분이 되었습니다. 이제 나는 이것으로 군인으로서 죽어야 한다고 생각했지요. 지금 돌이켜보면 '아, 그런가, 그런 것이었나' 하고 생각하게 됩니다.

그 뒤 오키나와(沖縄) 공격, 1945년 5월 26일에 이름이 '하얀 국화'라는 묘하게 가련한 이름의 시라기쿠(白菊) 특별공격대에 들어갔습니다. 폭탄을 채우고 돌격하는 겁니다. 그 훈련을 하면서 나는 이제 언제 죽어도 좋다는 기분이 되었습니다. 그러던 차에 출격과 동시에 저에게 전령이 와서 센 소위는 대기 명령이 떨어졌다고 전했습니다. 세 번 지원했지만 대기 명령이라고 해서 저는 남겨졌고 그 뒤에 마쓰야먀(松山)의 기지로 돌아와서 목숨을 구하게 되었습니다. 하지만 그동안 저의 동료들은 모두 출격해서 지금도 오키나와 주변의 바다 밑에 잠들어 있습니다. 저는 정말로 살아남은 것이 부끄럽고 창피해서 '어째서 나만 남았나, 어째서 나만 남았나' 하고, 그저 그것만 생각하면서 병역에서 해제되어 집으로 돌아왔습니다."

— 마쓰야마 기지에서 패전을 맞이하게 되셨지요. 패전 후 센 가문에 돌아와서 다도를 공부하러온 진주군과 만나셨다고 하더군요.

"돌아와서 저는 바로 남방(南方)에 이송된 부대의 병역 해제 업무를 해야 했습니다. 그들을 병역에서 해제하고 귀향시켜야 했지요. 그 이송업무를 맡고 있었는데 좀 늦어져서 (1945년) 9월 중순이 되었을 때, 진주군이 지프를 타고 왔습니다. 뭐 하러 왔나 생각했는데 나중에 듣고 보니 점령국의 여러 문화를 진주군 장병들이 알아야 하므로 명령이 떨어졌다는 것입니다. 가능한 한 다도나 화도(花道)를 배우고 절이나 신사에 가서 두루 견학하고 오라는 명령이 떨어졌던 것이었습니다. 그래서 제가 있던 곳에 장병들이 많이 왔습니다.

거기에서 저는 아버지가 영어로 능숙하게 다도를 가르치시는 것을 보고, 전쟁에는 졌지만 문화라는 힘이 있다고 생각했습니다. 저 한 잔의 차가 이렇게 큰 힘이 되는구나 하고. 이긴 나라의 군대가 다다미 위에 정좌한 채로 머뭇머뭇 하면서 찻잔을 손에 들고, 아버지의 가르침에 따라서 모두 쓰다는 얼굴을 하고 차를 마시는 것입니다. 그러한 모습을 보면서 문화의 힘은 대단하다고 생각했습니다. 저는 비로소 리큐의 자손으로서 다도는 대단하다고 생각했습니다. 그래서 저는 이제부터 이것을 위해 살아야 한다고 다짐했습니다. 이 잔 하나를 가지고 어떻게든 미국에 건너가서 일본의 진정한 문화의 힘을 알리자, 문화의 마음을 알림으로써 지금까지의 전쟁을 용서받자. 이제 전쟁이라는 것을 없애지 않으면 안 된다고 생각했지요. 요즘도 이지메 같은 것이 있습니다만, 제 체험에서 말하자면 전쟁은 정말로 무서운 이지메입니다. 그런 것은 있어서는 안 되는 것입니다. 더군다나 나가사키와 히로시마에 원자폭탄이 떨어졌지요. 전 세계에서 일본만이 피폭국입니다. 불행하게도 당시 조선인들도 피폭된 분이 있습니다만. 정말로 전쟁이 끝났을 때를 생각하면 슬픈 일입니다. 따라서 그러한 일이 없도록 해야 한다는 것이 저의 기반이 되는 신념이지요."

— 대종장께서 그때 결심하신 것이 차 문화를 통해 평화를 구축하고 싶다, 일본이 가지고 있는 차 문화를 세계에 폭넓게 전파해야겠다는 것이라고 이해합니다. 그러한 생각에서 나라나 인종의 차이를 뛰어넘어 이해받기 위해 세계로 다도 보급의 여행에 나설 결심을 하셨다고 들었습니다.

"그 당시 교토에 있던 점령군 민간정보교육국(CIE, Civil Information and Educational Section)에는 맥팔레인이라는 여성 소령이 있었습니다. 그 소령은 차를 좋아해서 저와 아주 가깝게 지냈기 때문에 여러 이야기를 했습니다. 다소 더듬거리는 영어로 이야기를 했지요. 당시 제6군의 다이크 장군이 와세다대에서 강연을 했습니다. 그는 강연에서 '여러분들은 이제부터 미국 민주주의를 배울 것이지만 미국의 민주주의에만 의지할 필요는 없다'고 말했습니다. '일본에는 훌륭한 민주주의가 옛날부터 있었다. 인간을 차별하거나 구별하지 않고 한 잔의 차를 모두가 서로 권했고 화합해왔다. 그것이 센노 리큐가 만든 다도'라고 다이크 대장이 연설한 것입니다.

마침 와세다대에 복학한 제 친구가 그 이야기를 듣고 제게 전화를 걸어 이러한 이야기를 하는 미국의 장군이 있었다고 말해주었습니다. 그래서 저는 맥팔레인 씨에게 이 이야기를 했습니다. 미국에 가보고 싶은 생각이 조금 있다고 말하니까 맥팔레인 씨는 그러면 다이크 장군에게 편지를 쓰라고 했습니다. 그래서 영어를 배워가면서 편지를 썼습니다. '나는 이러한 집안의 아들이다. 당신이 한 이야기를 듣고 감격했다. 미국에 반드시 이 한 잔의 차를 권하고 소개하고 싶다. 미국에 가고 싶다'고 편지를 써서 보냈습니다. 그러나 한 달이 지나도 두 달이 지나도 답장이 오지 않는 겁니다. 그동안 저는 이에모토를 잇지 않으면 안 되기 때문에 젊은 종장의 자격을 얻기 위해 다이토쿠지라는 절의 승당에 수행승(雲水)으로 들어가 있었습니다.

승당에서 수행을 하고 있을 때 집에서 전화가 걸려왔습니다. 7월쯤이었을까요. 어머니께서 교육국으로부터 편지가 왔다고 하시는 겁니다. 그래서 저는 영어를 모르니까 민간정보교육국의 맥팔레인 씨에게 가서 해석을 부탁했습니다. 그랬더니 당신이 보낸 편지의 답장이 다이크 장군의 비서로부터 왔다고 했습니다. 당신이 미국에 가고 싶다는 것은 아주 좋은 일이고 마침 교토에 CIE가 있으니 그 국장에게 상담하라는 내용이었습니다. 맥팔레인 씨가 깜짝 놀라면서 저에게 아주 잘된 일이라고 했습니다. 이렇게 인연이라는 것은 대단하다고 생각했습니다. 이것은 리큐의 이끄심이라고 생각했지요.

그렇게 해서 강화조약 전이라 아직 도항(渡航) 조건이 어려웠을 때, 저는 도항 허가를 받을 수 있었습니다. 아직 가지고 있습니다만 단지 '점령국 국민, 보호를 바람'이라고 쓰인 한 장의 종이였습니다. 여권이 아닙니다. 굴욕적이지요. '점령국 국민에 대해 도항을 허가함, 센 소요(正興, 겐시쓰의 당시 이름)' 그리고 '보호를 바람'이라고 쓰여 있는 것입니다. 이 종이와 엑스레이 사진을 가지고 미국으로 건너갔습니다. 1951년 1월의 일입니다. 그리고 하와이에 처음 가서 우선 하와이대에 적을 두고 공부했습니다. 하와이에는 일본계 분들이 많이 있었습니다. 일본계뿐만 아니라 당시 저의 집에 모였던 분들 중에는 중국이나 한국의 2세도 많았습니다. 하와이는 예전부터 차가 유명했기 때문에 많은 분들이 모여주셨습니다.

정말로 기뻤던 것은 제가 공부한 학교가 도시샤대학이었던 점입니다. 기독교 학교로 제가 있던 반에도 당시 만주, 경성, 부산 등 한국에서 많은 친구들이 유학을 와 있었습니다. 그들 중 두 명 정도가 하와이에 있었기 때문에 저를 아주 잘 대접해주었습니다."

— 미국에서 한 다도 보급 여행은 어떠했습니까?

"하와이대에서 공부하면서 차를 가르치고 여기저기 돌아다녔습니다. 그러는 동안 1951년 9월 6일에 강화조약이 샌프란시스코에서 발효됩니다. 전후 일본이 처음으로 하나의 나라로 인정받게 되었다는 것을 샌프란시스코에서 알게 되었습니다. 이렇게 해서 한 잔의 차를 가지고 평화를 위해서 처음 간 곳이 미국이었습니다. 미국에서 2년 동안을 보낸 뒤, 앞으로는 미국뿐만 아니라 세계를 걸어 돌아다니지 않으면 안 된다는 신념을 가지게 되었습니다."

다도와 일본문화를 보급하기 위해 세계를 달리다

— 미국은 일본 입장에서는 전쟁을 한 나라이지요. 그러한 나라 미국에 가시는 데에 거부감이나 주저는 없었습니까?

"다행히도 전쟁 전부터 차에 뜻을 둔 미국인들이 아주 많았습니다. 그래서 다실이 미국 여기저기에 비교적 많았습니다. 그리고 일본계 분들도 많이 있었습니다. 한때는 재산을 몰수당하고 수용소에 들어가 있었습니다만 당시에는 풀려나서 활약하기 시작하던 때이지요. 저도 딱 좋은 시기에 가서 한 잔의 차를 전하려 했습니다. 여기저기에서 눈에 띄게 기사를 써준 것도 저널리스트들이 신기하게 생각했기 때문입니다.

당시 유카와 히데키(湯川秀樹) 박사가 물리학으로 노벨상을 받았습니다. 노벨상을 받은 뒤에 뉴욕 컬럼비아대의 고등연구소 최고연구원으로 초빙을 받아서 부부가 뉴욕에 체재하고 있었습니다. 그 부인이 차를 좋아하여 마침 저의 어머니와 친구셨지요. 그 인연으로 뉴욕에 갔을 때 유카와 선생님의 집에서 신세를 졌습니다. 그래서 컬럼비아대에 차를 소개하게 되었는데, 그때 부인이 유카와 박사에게 당신이 영어로 설명하라고 하시는 겁니다. 유카와 선생님이 '나는 차의 치읓 자도 모른다, 다도는 잘 모른다'고 하자 부인께서 오늘 하룻밤이 걸려도 좋으니까 젊은 종장에게 차 이야기를 듣고, 들은 대로 말하면 되니까 정리하라고 하셨습니다. 유카와 선생님은 곤란한 얼굴을 하셨습니다만 결국 설명을 해주시게 되었습니다. 부인은 손님 역할을 하면서 컬럼비아대에서 처음으로 차 시범을 보이게 되었습니다.

그때 스즈키 다이세츠라는 선(禪) 불교의 태두가 계셨습니다. 스즈키 선생님도 뉴욕에서 목사를 양성하는 유니온 신학교에 초청받아 강의를 하러 오셨습니다. 제가 컬럼비아대에서 강연한다는 것을 선생님도 알게 되어서 오셨지요. 그분도 전쟁 전부터 미국에 강의하러 오셨기에 영어를 아주 잘하셨어요. 그래서 스즈키 다이세츠 선생님에게도 '선과 다도'라는 주제로 이야기를 부탁했습니다. 이것이 크게 퍼져서 하나의 계기가 되어 미국 이곳저곳의 부름에 달려가게 된 것이 시작입니다."

— 지금 말씀하셨듯이 다도를 미국, 그리고 세계에 보급하면서 많은 세계인들과 만나고 이야기를 나누셨습니다. 한 잔의 차를 가지고 다도의 협객으로 살아가신다는 것은 저처럼 다도에 무지한 사람은 좀처럼 이해하기 어렵습니다. 그 즐거움은 어떠한 것이었습니까?

"일본이 전후 부흥을 할 때 가장 중요시한 것은 일본인이 일본을 잊어버렸다는 점이었습니다. 말하자면 모두 자포자기하여 언제까지 미국에 점령되는가 하며 희망을 가질 수 없었습니다. 여러 가지 문제가 잔뜩 있었습니다. 그러한 것은 본래 정치, 외교, 경제가 해결해가야 합니다만 좀처럼 잘 되지 않았습니다. 일본에는 예로부터 '야마토 혼'이라는 말이 있습니다. 일본인이 전쟁을 좋아한다거나 평화주의와 상반되는 말로 야마토 혼이라는 말이 쓰인 것은 매우 유감이라고 저는 생각합니다. 헤이안 시대에 무라사키 시키부(紫式部)가 쓴 《겐지 이야기》에는 주인공 히카루 겐지(光源氏)의 아들을 장래 어떻게 가르쳐야 할지를 논하는 대목이 나옵니다. 거기에 야마토 혼, 야마토의 마음(大和心)을 가르치는 것이 가장 중요하다고 했습니다. 옛 나라 시대부터 헤이안 시대에 이르기까지 이러한 야마토, 평화롭게 일본이라는 나라가 태어나고 거기에 살고 있는 사람들이 모두 서로 화합해간다는 것, 이렇게 서로 화합해가지 않으면 안 된다는 것이 야마토 혼이 아닐까 합니다. 이 말이 전쟁 중에 싸운다는 의미로 쓰인 것은 아주 유감입니다.

저는 한 번 더 야마토 혼을 되살려서 일본인이 부흥을 해가기 위한 하나의 지주로 삼는 것이 중요하지 않나 생각합니다. 예를 들어 히노마루(日の丸) 깃발을 들어도, 기미가요(君が代)를 불러도 뭔가 머뭇거리고 주저하면서 보이지 않는 곳에 숨어서 몰래 합니다. 그런 것보다도 정말로 야마토 혼이라는 마음을 가지고 한 번 더 일본을 되돌아보고, 모두 야마토의 나라를 만들었던 시대로 돌아가서 여러 나라의 사람들에게 일본이 전쟁을 한 것은 틀린 일이었다고, 정말로 할 말이 없는 일이었다고 보여주면서 야마토 혼을 가지고 일어서는 것이 중요하지 않나 생각합니다. 당시에 저는 이것을 가르쳐주는 것이 다도라고 높은 정치가나 경제인들에게 이야기했습니다. 무엇보다도 일본이 잘난 체하거나 은근히 건방지게 구는 것이 아니라, 정말로 진지한 마음으로 평화를 바라는 국민이라는 것을 보여주지 않으면 안 된다고 말했습니다. 그것을 보여주는 데 있어 가장 두드러지는 것이 다도라는 점을 저는 강조한 것입니다."

— 지금 말씀하신 것과 관련하여 대종장의 여러 업적 중에서 이에모토를 이으신 뒤에도 일본 문화의 부흥에 힘을 쏟으셨다고 하셨습니다. 저는 일본 문화를 상세하게는 알지 못합니다만, 지금 말씀하신 혼의 부흥을 포함하여 일본 문화의 부흥에 힘을 쏟아오신 여정에 대해 설명해주시겠습니까?

"방금 말씀드렸듯이 일본인은 전쟁에 진 뒤 일본을 잊어버렸습니다. 일본의 전통, 혹은 문화라는 것을 잊고, 그 당시에는 정말로 매일매일 배가 고파서 무언가를 먹지 않으면 안 되었습니다. 먹는 것만 생각하는 시절이었지요. 자주 하는 이야기이지만 인간이 살기 위해서는 역시 먹는 것이 가장 중요하다는 것을 저는 그때 절실하게 깨달았습니다. 먹는 것이 해결되지 않으면 배우는 것도 수행하는 것도 할 수 없다. 공자가 《논어》에서도 말하지요. 빈 하면 궁하다는, 그 속에서 어떻게든 인간이 일어서지 않으면 안 된다는 가르침을 말한들, 그런 것보다 먹을 것을 가지고 오는 편이 좋다는 결론이 나버립니다.

쇼와 20년(1945)부터 24년(1949)까지의 약 4년간은 정말로 심각했습니다. 그 속에서 저는 문화적인 것을 가지고 한 번 더 그 힘을 발휘해야 한다고 생각했습니다. 르네상스는 아닐지라도 역시 무언가 커다란 일본의 전기(轉機)가 되지 않을까, 모든 것을 바꾸는 일은 역사적으로도 매우 중요한 일이라고 생각했지요. 그러한 것을 지도자들이 인식해서 일을 처리해 가지 않으면 안 됩니다. 이러한 것들을 저는 젊었을 때 열심히 여기저기에 말하고 다녔던 것입니다. "

동아시아에서의 차 문화의 의미

— 이번 2013년 11월의 동아시아 차 문화 심포지엄, 그리고 패널 디스커션이 벌써 8회째입니다. 대종장이 이 심포지엄 개최를 시작하신 2004년, 중국 톈진(天津)에서 제1회가 열린 이래 8번째인 올해에는 서울에서 열렸습니다. 동아시아의 문화와 평화를 위해 한중일 3국의 학자들이 모여서 이야기를 나누는 일은 최근의 동아시아 상황에 비추어 보았을 때 아주 중요한 일이라고 생각합니다. 이러한 일들이 동아시아의 안정과 평화에 크게 기여하고 있다고 생각합니다.

"저는 본래 아시아의 인간 중 한 명으로서 아시아라는 것을 소중하게 여겨야 한다고 생각했습니다. 아시아의 인간은 대륙과 이어져 있지 않으니까요. 중국은 저렇게 커다란 하나의 대륙입니다만, 거기에 한반도가 있고 일본이라는 섬나라가 있습니다. 타이완도 하나의 섬이어서 비교적 섬나라가 많습니다. 유럽은 하나로 뭉치기 쉽습니다. 그 증거로 유럽연합(EU)이 생겨났지요. 그러나 아시아의 정세를 보면 같은 피부색을 가지고 다양한 공통된 문화이념을 가지고 있으면서 말은 다릅니다. 공통점을 하나 말하자면 이른바 젓가락을 써서 음식을 먹는다는 것이지요. 중국은 긴 젓가락을 씁니다만 한국은 은으로 된 것을 쓰고 일본은 나무젓가락을 씁니다. 타이완에 가도 동남아시아에 가도 모두 젓가락을 쓰지요. 젓가락을 쓴다는 것은 식(食)에 대한 가장 공통된 이념인 셈입니다.

이러한 점에서 생각해도 하나가 된다는 것은 중요한 일입니다. 서로 물어뜯고 증오할 것만이 아니라, 어딘가 서로 일체화할 수 있는 길을 만들지 않으면 안 됩니다. 그 길이 무엇인지를 생각했을 때 저의 대답은 한 잔의 차입니다. 중국에서는 오랜 옛날부터 차를 마셨습니다. 그리고 그 마시는 차가 조선에 들어와서 약용(藥用)으로도 사용됩니다. 그리고 일본에 들어오지요. 일본에서는 처음에 귀중한 마실 것으로 쓰였다는 차이가 있습니다만, 어쨌든 차를 마신다는 공통된 하나의 장(場)을 가지고 있는 셈입니다.

이를 조금 더 확대해서 서로의 민족 간에 생각해보면 한 잔의 차가 중국의 차, 한국의 차, 그리고 일본의 차, 타이완의 차, 이런 식의 흐름이 모두에게 있습니다. 이러한 장을 하나로 묶고 여러 가지를 함께 생각해서 '차를 마시면서 평화 구상을 짜내면 어떨까? 나아가서는 유럽연합처럼 아시아연합(AU)을 만들자'. 저는 아시아연합을 한 잔의 차로 온화하게 만들 수 있다면 가장 좋겠다고 생각합니다. 여러 문제들을 많이 안고 있습니다만, 그 문제들을 정치, 외교로 해결하려고 생각하니까 서로의 체면 문제나 역사적 인식과 같은 것이 있어서 좀처럼 서로 양보할 수 없습니다. 그러나 한 잔의 차를 함께 마시고 젓가락을 함께 사용해서 먹는다는 점은 모두 같습니다. 모두 똑같으니까 그러한 점에서 출발하여 좀더 부드럽게 서로 이야기를 나누면 해결의 실마리가 나오지 않을까 생각합니다. 서로 양보할 곳은 양보하고, 서로 부딪칠 곳도 한 발씩 물러난다. 물러난 뒤에 차의 정신으로 말하자면 '먼저 드십시오, 잘 마시겠습니다', 이렇게 서로 권하는 마음을 가지고 이야기를 나누면 영토 문제든 어떤 어려운 문제든 해결할 수 있지 않을까? 저는 그렇게 생각합니다."

센 겐시쓰 대종장이 지향하는 앞으로의 과제

— 2014년은 우라센케 대종장이 센노 리큐 거사의 이에모토 15대를 계승한 지 50년째가 되는 해입니다. 1949년 득도(得度)하여 1964년 이에모토를 계승, 그리고 2002년에 이에모토를 물려주는 등, 반세기 이상 다도와 세계평화를 위해 힘을 쏟아오셨습니다. 다도 외길로 차 문화 보급에 전념하신 지금까지의 족적을 스스로 어떻게 평가하고 계십니까?
"저는 제 자신이 정말로 오래 살 것이라고는 생각하지 않았습니다. 어째서일까, 부끄럽다고 생각합니다. 센노 리큐가 70세에 할복을 명받았습니다. 잘 아시다시피 센노 리큐는 히데요시의 야망을 막기 위해 조선 침공을 반대했습니다. 이것은 분명한 사실입니다. 말하자면 리큐는 싸운다는 것에 정면에서 반대하여 평화주의를 한 잔의 차로 부르짖은 사람입니다. 그 때문에 70세에 목숨을 잃어야 했습니다. 저는 정말로 자신이 그렇게 할 수 있을지 생각해보면 리큐와 같은 행동은 도저히 할 수가 없습니다. 하지만 그것과 비슷한 일은 저도 어떻게든 하고 싶어서 지금까지 이를 악물고 해왔습니다. 그렇게 50년을. 스스로 생각하면 정말로 부끄럽습니다. 너는 대체 무엇을 하고 있었는가 하고. 저는 스스로 무언가를 하면 점수를 매깁니다. 성적은 아닙니다만, '오늘은 75점이었구나. 오늘은 60점인가', 스스로 평가를 하는 것이지요. 매일 다도를 하면서 '오늘은 몇 점이지? 오늘은 60점이구나', 지금까지 만점 같은 것은 없습니다.

저도 이 50년 동안 정말로 여러 가지를 해왔습니다만, 스스로를 칭찬해주고 싶습니다. '잘했다, 잘했어, 수고했다'고 말해주고 싶어요. 그러한 장을 마지막에 한 번 만들고 그 뒤에 죽고 싶습니다. 50년, 내년까지 아직 살아 있을지 어떨지 저도 모르겠습니다만, 살아 있다면 적어도 자신에 대해서 100점은 줄 수 없지만 98점 정도였다고, 그렇게 마지막에 스스로에게 들려주고 죽고 싶다고 생각하고 있습니다. 아버지, 어머니, 그리고 먼저 세상을 떠난 아내에게 고맙다는 감사의 뜻을 바치며 살고 있습니다."

— 오늘은 충분히 100점이었습니다.
"요즘 세태를 보아도 정말로 무언가 성에 차지 않는 기분으로 가득합니다. 저는 스스로 생각해도 무언가에 구애받지 않는 성격입니다. 그래서 모두 서로를 받아들이자는 마음은 신기하게도 어렸을 때부터 있었습니다. 그렇기 때문에 그 마음으로 어디든지 갈 수 있는 것입니다. 예를 들어 지금 경 (経) 을 읽고 리큐 앞에서 대대로 전해오는 수행을 이야기하고, 그 다음에는 교회로 달려가서 성경을 펼치고 찬미가를 읽습니다. 성경의 어디에 무엇이 있는지 정도는 도시샤대학에서 배운 적이 있어서 알고 있습니다. 저는 이렇게 아주 유연하게 모든 것을 생각해서 할 수 있기 때문에 어느 나라에 가든지 받아들여지는 것이 아닐까 생각합니다."

— 다도 우라센케의 근원이라고도 할 수 있는 다성, 대종장의 선조이신 센노 리큐의 일생을 소설로 쓴 작가 야마모토 겐이치(山本兼一)의 《리큐에게 물어라》는 나오키(直木) 상을 수상하고 베스트셀러가 되었습니다. 한국에서도 번역출판되었지요. 또한 2013년 12월에는 영화화되어 일본에서 상영되었습니다. 센노 리큐와 선생님은 혈통이 이어져 있습니까?
"저는 직계 제 15대입니다. 그 영화에서도 나왔듯이 센노 리큐는 젊었을 때 요시로(与四郎) 라는 이름으로 사카이(堺) 의 부잣집 아들이었습니다. 당시 사카이는 에고슈(會合衆, 무로마치 시대부터 도시 자치에 지도적 역할을 한 유력 상인의 조직) 라는 사람들이 자치적으로 다스리고 있었습니다. 그 중 한 집의 아들이었으니까 권력이 있지요. 자신의 스승인 다케노 조오(武野紹鷗) 가 오다 노부나가와 아주 친해서 오다 노부나가의 명에 따라 당시의 조선, 중국으로부터 여러 가지를 들여옵니다. 그중에서 조선 귀족의 딸을 일본에 맡기게 되지요. 맡은 뒤에는 그녀를 측실과 같은 형태로 노부나가에게 헌상하려 합니다. 그러한 이야기가 소설이나 영화에 조금 들어 있습니다. 그 딸을 리큐, 그러니까 당시의 요시로가 도와줍니다. 그런 조금 재미있는 장면이 있습니다."

― 그것은 정말로 있었던 일인가요?
"실제 있었던 일은 아닙니다만, 어떻게 해서 그러한 이야기가 나왔는가 하면 히데요시는 덴쇼(天正) 15년(1587) 경부터 조선을 침략하겠다는 야망을 가지고 있었습니다. 덴쇼 17년(1589)에 리큐는 히데요시의 동생 히데나가와 함께 조선 침략을 멈추라고 말합니다. 실은 리큐가 그 전에 조선에 건너가서 조선의 이(李) 씨라는 양반에게 갔다고 합니다. 그러한 재미있는 설이 있습니다."

― 대종장께서는 도시샤대학 재학 중에 조선에서 온 유학생이 한 학년 위의 선배로 있었던 것을 작년 10월 교토에서 있었던 재일한국민단 초청 문화강연회에서 말씀하셨습니다. 그 유학생의 이름은 윤동주였다고 하셨는데요, 윤동주는 일본의 식민지 시대에 저항시인으로서 감시를 받았고 도시샤대학 재학 중에 어딘가로 연행되어 옥중에서 사망하였기에 한국에서는 유명합니다. 대종장께서는 급우 윤동주에 대해 어떠한 이미지로 기억하고 계십니까?
"저의 선배였기 때문에 그다지 자세하게는 알지 못합니다."

― 2013년 11월 서울 신라호텔에서 대종장이 주최하신 '한중일 3국 평화기원 헌다식'에서는 무대 가운데에 한중일 3국의 국기가 걸려 있었고 세 명의 가수가 3국의 국가를 불렀습니다. 드물게 보는 3국 화합의 상징적인 헌다식이었습니다. 최근 중일관계에서 대립과 긴장이 이어지고 있고 한일관계도 냉랭한 상태입니다. 이러한 시기일수록 대종장께서 동아시아

지역의 평화와 화해를 위해 3국 평화기원 헌다식을 한 번 더 주최하도록
추진하시는 것은 어떻습니까?
"반드시 실현하고 싶다고 항상 생각하고 있습니다.

— 센 겐시쓰 대종장, 오늘은 정말 감사했습니다.

• 센 겐시쓰 대종장은 한일국교정상화 50주년인 2015년 4월 23일 한국 동서대 일본연구센터
  의 초청으로 부산 해운데 센텀시티의 동서대 캠퍼스에서 한일화합을 기원하는 헌차식을
  갖는다. (필자 주)

일본국제교류기금고문 오구라 가즈오(小倉和夫)

한중일 풀뿌리 교류의 활성화

일시: 2013년 11월 16일
장소: 제9회 한중일문화교류포럼 회의장 응접실

오구라 가즈오는 1962년 도쿄대 법학부 졸업 후 1964년 케임브리지대 경제학부에서 수학했다. 일본외무성 아시아주북동아 과장, 문화교류부장, 경제국장, 외무심의관을 거쳐 주한일본대사(1997~1999), 주프랑스대사(1999~2002)를 역임했다. 현 한중일문화교류포럼 일본 측 대표(2009~).

들어가며
■ ■ ■ ■

오구라 가즈오 일본국제교류기금 고문은 일본외무성 국장, 심의관 등을 거쳐 주한일본대사, 주프랑스대사를 역임한 정통 외교관이다. 외무성 퇴직 후에는 세계 70여 개국에 거점을 갖고 일본과 세계 각국의 지적 교류 및 해외에서의 일본연구를 지원하는 국제교류기금 이사장을 8년간이나 맡았다.

필자가 그를 처음 알게 된 것은 1982년 〈동아일보〉 도쿄특파원 때로, 그가 외무성 동북아과장, 실질적으로는 '한국과장'이던 때이다. 오구라 고문은 한국특파원들에게 한일 간 현안을 설명하는 간담회를 자주 갖고 대화를 통해 일본의 입장을 설명했다. 당시 제5공화국 출범 초기에 한일 간에는 '100억 달러 경제협력' 문제가 최대의 현안으로 1년 이상의 협상이 계속되었다. 그 와중에 일본 정부의 역사교과서 왜곡 검정 문제가 처음으로 제기되어 연일 한일 양국의 매스컴에 대서특필되는 등, 미디어 전쟁을 방불케 하는 공방 속에 양국의 외교역량이 시험대에 올랐다. 당시 덥수룩한 수염을 기르고 있던 오구라 과장은 "한일 경제협력 문제가 해결될 때까지는 결코 수염을 깎지 않겠다"면서 수개월을 버텼다. 1년 이상을 끈 경협 갈등은 1982년 12월 일본 정부가 세지마 류조(瀬島龍三)・를 한국에 밀사로 보내고 이듬해 초 나카소네 야스히로(中曾根康弘) 수상이 취임 후 첫 방문국으로 한국에 와 전두환 대통령과 정상회담을 가짐으로써 극적으로 타결되었다. 오구라 과장은 그 후 수염을 말끔히 깎았다. 한일 간 일련의 비밀협의 과정을 그는 《秘錄, 日韓1兆円資金》라는 제목의 책으로 내어 30년 만에 당시의 비화를 공개했다. 당시 '1조 엔'은 환산하면 100억 달러에 달한다.

그는 이 책에서 1980년대 초 한일 경협 문제 해결을 위해 힘쓴 양국 정치가와 외교관들의 역할을 되새기면서 최근 악화일로에 있는 한일관계 회복을 위한 정치가, 외교관의 역할을 아쉬워했다. 그는 "한류 붐, 김치가 좋다는 말이 유행하고 한국인과 일본인이 격의 없이 사귀게 되었다고 생각하는 순간, 격렬한 반일데모가 일어나기도" 하는 최근의 한일 갈등을 한탄하면서 "도대체 지난 수십 년간 일한관계에 무엇이 바뀌고 어디가 변하지 않았는가"라고 의문을 제기했다.

외교관 경험자로서 일본 외교에 대한 그의 성찰은 일본이 한국을 식민지화하고 중국을 침략하여 마침내 제2차 세계대전에 뛰어든 20세기 초로 거슬러 올라간다. 2003년 4월, 50년 만에 외무성 극비문서 〈일본 외교의 과오〉가 공표되었다. 중국 침략의 전초전이라 할 만주사변부터 제2차 세

- 세지마 류조(瀨島龍三, 1911~2007)는 일본 육사 출신으로 제2차 세계대전 때 대본영 작전참모 등을 역임하며 남방 각지의 군사작전을 지휘했다. 1945년 7월 관동군 참모로 임명되어 만주에 배치되었다가 일본 항복 당시 관동군 총사령관과 함께 소련군의 포로가 되어 시베리아에서 11년간 억류 생활을 하며 강제노역에 동원되었다.

  1956년 시베리아로부터 귀환하여 1958년 이토추(伊藤忠) 상사에 입사했다. 1978년 회장에 취임하여 1981년 상담역으로 물러나면서 나카소네 수상 정권의 브레인으로 정계에서 활약했다. 권익현 전 민정당 사무총장과의 인연으로 전두환, 노태우 등을 젊은 장교 시절부터 알고 지냈다고 알려졌다. 한일 경제협력, 교과서 왜곡 문제로 한일갈등이 심화됐던 1982년 12월 나카소네 수상의 밀사로 한국에 몰래 파견돼 권익현과 비밀 교섭을 벌여 나카소네 수상의 방한(1983년 1월)에 따른 전두환 대통령과의 한일정상회담 실현에 막후 역할을 했다.

계대전 사이에 일어난 일본 외교의 인식과 정책의 실패 및 그 원인에 대해 분석, 논평한 것으로, 전후 강화외교를 앞둔 요시다 시게루(吉田茂) 수상의 지시로 당시의 외무성 엘리트 외교관이 작성한 기록이다. 이 외무성 극비문서를 다룬 오구라 고문의 저서 《일본 외교의 실패》에서는 비극의 진행을 막지 못했던 일본 외교의 허물을 분석하고 있다. 오구라 고문은 "과거의 잘못이 미래의 실패로 이어지지 않도록 하기 위해서도 '일본의 과오'를 심각하게 받아들이지 않으면 안 될 것"이라고 주장했다. 이 책은 한국에서도 번역출판되었다.

그는 주재국 대사로 있으면서 주재국의 문화 예술에 큰 관심을 갖고 몸소 실행하면서 '문화외교'를 전개했다. 주일한국대사로 근무할 때는 한국의 전통 판소리 창을 배워서 실연하기도 했다. 한국 근무를 마치고 프랑스 대사로 떠나는 그를 위해 한국의 지인들이 마련한 환송회에서 오구라 대사는 안숙선(安淑善) 명창과 함께 판소리 〈춘향가〉 중의 중중머리를 부르며 어깨춤을 추어 참석자들의 박수를 받았다.

최근까지 2020년 도쿄올림픽 유치위원회 사무총장, 언론NPO 공동대표를 맡았다. 언론NPO란 2001년에 설립된 일본의 특정비영리활동법인으로, 〈동양경제신보〉의 〈금융 비즈니스〉지 편집장을 지낸 구도 야스시(工藤泰志)가 대표이사를 맡고 있다. 유식자 500여 명이 멤버로 가입되어 있으며 정치, 경제 등에 관한 토론회와 심포지엄을 개최하여 관련 서적의 출판 및 블로그를 통해 지식을 공유하고 있다. 외교, 통상 등을 논의하는 회의로서 도쿄·베이징 포럼, 한일미래대화 등을 서울에서 개최하기도 했다.

오구라 고문은 민간 문화교류 네트워크인 한중일 문화교류포럼 일본 측 대표를 맡아 한국 측 대표인 필자와 함께 한국, 중국, 일본을 번갈아 돌면서 문화외교와 문화교류의 중요성에 대해 소신을 밝혀왔다. 그는 포럼에서 "문화도 이제 교류의 차원을 넘어 '공유'하는 시대가 되었다"고 지적했으며 "공연과 전시 등 예술 활동도 지역의 주민이 제작과 공연에 함께 참여하는 시대를 열어가자"고 참여를 통한 문화적 소통을 제안했다.

오구라 고문이 공동대표로 있는 일본의 민간단체인 언론NPO는 한국, 중국의 협력기구들과 함께 한중일 3국의 공동여론조사를 실시하고 있다. 2013년 5월 7일 제1회 공동여론조사 발표기자회견에서 오구라 대표는 수백만의 국민이 상호왕래함에도 불구하고 정치적으로는 차가운 한일관계에 대한 정치의 책임론을 제기하기도 했다.

기자회견에서 그는 "문화는 국가를 초월하고 있으나 정치는 국가를 넘어서지 못한다. 국민 사이의 교류는 깊어지고 있음에도 일한관계가 최악의 상태에 있다는 여론조사의 결과는 정치에 문제가 있다는 것을 보여주는 것이 아닐까"라고 한탄했다.

오구라 가즈오 고문에 대한 인터뷰는 두 차례에 걸쳐 이루어졌다. 2013년 12월 일본 니가타(新潟) 시에서 개최된 제9회 한중일 문화교류포럼 때, 그리고 2014년 3월 그가 국제회의 참석차 서울에 왔을 때 각각 인터뷰하였다.

2020년 도쿄올림픽 유치 성공 비결

― 2020년 도쿄올림픽 유치위원회 평의회의 사무총장으로 활약하셨습니다만, 올림픽의 도쿄 유치를 진심으로 축하드립니다.

"감사합니다."

― 이번 2020년 올림픽 유치를 위해 여러 국가를 돌아다니셨을 텐데, 이번 유치활동 중에서 주로 무엇을 들어 도쿄에서 한 번 더 올림픽을 해야 한다고 설득하셨습니까?

"사실 도쿄 유치의 문제점이 크게 두 가지 있었습니다. 하나는 국내의 지지율이 매우 낮았다는 점입니다. 처음에는 열성적인 지지자가 매우 적었지요. 이것이 국제적으로도 문제가 되었습니다. 그리고 또 하나는 동일본대지진입니다. 지진으로 인한 피해가 있었기 때문에 국내적으로도 지진 피해로부터 부흥하는 것을 우선해야 한다는 목소리가 있었습니다. 국제적으로도 후쿠시마의 방사능은 어떻게 되었는가, 동일본대지진 후 또 지진은 없는 것인가 하는 이야기가 있었습니다.

그러니까 마이너스적인 측면에 대해 국제적으로 걱정이 없다는 점을 어떻게 설득할 것인가가 상당히 오랫동안 문제였습니다. 최종단계에서는 그렇게 심하지 않았지만, 역시 긴 기간 동안 국제적인 전략을 세우는 데 있어서 중요한 포인트였습니다.

그러나 잘 생각해보면 이 두 가지는 모두 국제적으로 설명하기 이전에 국내적인 홍보 활동이라고 할까, 국내적인 움직임이 중요한 문제입니다. 따라서 도쿄 도에서도, 정부에서도, 그리고 올림픽 관계자들에게도 우선 일본 국내의 지지를 올리는 것이 하나의 과제였습니다. 또 하나는 지진으로부터의 부흥과 올림픽의 관계를 어떻게 위치 지을 것인가. 이 두 가지를 국제적인 운동과 연동시켜 국내 홍보, 국내에서의 설득을 우선한다는 전략을 취한 것입니다."

— 그렇다면 외국을 대상으로는 주로 어떻게 설명하셨습니까?

"외국을 대상으로 한 설명은 처음과는 조금씩 달라졌습니다. 2020년의 올림픽 유치는 2016년 유치의 연장선에 있었기 때문에, 2020년의 유치가 2016년의 연장이라는 측면과 2016년과는 차별화한 측면의 두 가지가 있었습니다. 이 다른 측면이 바로 2011년에 동일본대지진이 있었다는 점이지요. 따라서 외국에 대한 설명 방식으로는 역시 지진 피해로부터 부흥하는 일본의 모습을 봐주었으면 한다는 것이죠. 그리고 대지진 때 한국도 물론입니다만 여러 나라로부터 원조와 격려를 받았습니다. 거기에 감사하자는 것, 그 일환으로서 올림픽을 유치한다는 것을 전면에 드러낸 것입니다.

또 하나는 역시 도쿄올림픽 본연의 모습으로서 콤팩트하고 매우 능률적인 올림픽을 개최하자고 생각했습니다. 이것은 일본이 아니면 할 수 없다고 하면 지나친 말이 되겠지만 역시 일본이 가장 잘할 수 있는 것이니까요. 능률적이고 안전하며 안심할 수 있는 올림픽을 개최한다는 점을 강조했습니다. 최근의 올림픽은 어쨌든 분위기를 고조시켜서 화려해진 것은 좋지만, 오히려 올림픽의 본래 모습에서 보면 너무 과대하게 화려한 쪽으로 흘러가고 있습니다. 그에 따라 여러 가지 문제도 나오고 있기 때문에 그러한 점들을 고려하여 일본은 콤팩트하고 안전하며 안심할 수 있는, 올림픽 본래의 모습에 가까운 올림픽을 하자는 것입니다. 이 두 가지 점을 강하게 설명했습니다."

— 거의 60년 만에, 56년 만입니까? 일본이 올림픽을 개최하게 되었습니다. 2020년 도쿄올림픽을 계기로 일본의 변한 모습과 이미지를 어떻게 국제사회에 어필하려 하고 있습니까?

"하나는 활력 있는 일본입니다. 이른바 '잃어버린 10년'이라는 말로 상징되듯이 일본의 경제도 그렇고 정치도 다소 불안정하다든가, 그러한 것들이 겹쳐 있었습니다. 왠지 활력이 없는 이미지가 있었지요. 그래서 활력 있는 일본이라는 점을 세계에 보여주고 싶었습니다.

또 하나는 앞의 것과 관련됩니다만 선진국의 도시 중에서도 도쿄는 매우 드물게도 범죄율이 낮고 안심할 수 있으며 안전한 사회입니다. 현대 사회의 도시가 가져야 할 모습을 올림픽이라는 기회를 통해 세계에 보여주고 싶다는 것이지요. 이것이 역시 세계를 대상으로 어필할 수 있는 포인트였습니다. 적어도 처음에는 그랬습니다.

그러나 점차 시간이 흐르면서 대지진 부흥의 과정에서 지진 피해를 입은 사람들이 스포츠를 함으로써 힘을 얻는다는 이야기가 많이 나왔습니다. 스포츠의 힘이라는 것은 지진 피해 부흥이라든가 재해로부터 다시 일어설 때에 매우 중요하다는 것이지요. 그리하여 스포츠의 힘이 얼마나 중요한 것인가를 세계에 보여주는 기회로서 올림픽을 활용하자고 점차 바뀌게 되었습니다."

― 스포츠의 힘이라는 것은 스포츠를 통해 나라와 나라 사이의 유대나 교류를 얻는 것도 있겠습니다.
"그것도 있습니다만, 또 하나는 역시 경제활동이나 사회적인 인연, 그리고 피해를 입고 의기소침해 있는 사람들을 격려하여 일치단결하는 데 있어 스포츠가 하나의 촉매가 된다는 생각입니다."

― 잘 아시다시피 한국은 1988년 서울올림픽을 개최하여 아시아에서는 일본에 이어 두 번째 개최국이 되었습니다. 2018년에는 평창동계올림픽을 개최하게 되었지요. 2018년 한국의 동계올림픽, 그리고 2020년 일본의 하계올림픽 개최를 향하여 일본과 한국이 협력하여 서로 올림픽을 성공시키는 지혜를 짜내야 할 부분이 있다면 가르쳐주십시오.
"한국이 동계올림픽을 개최하게 된 것은 매우 의미가 있다고 생각합니다. 일본도 삿포로, 나가노에서 동계올림픽을 개최했습니다만, 동계올림픽은 보통의 하계올림픽 이상으로 매우 유럽중심적입니다. 더군다나 눈이나 스케이트 등은 아무래도 선진국의 스포츠이지요. 동계 스포츠를 세계로 넓히기 위해서는 이것을 갑자기 아프리카로 가지고 가려 해도 어려울지도 모릅니다. 그래서 우선 아시아에 동계 스포츠를 가지고 와서 넓혀가는 것이 매우 중요하지요. 한국의 노력과 이니셔티브를 일본이 지원해가면 매우 도움이 될 것입니다.

또 하나는 앞서 말씀드렸듯이 스포츠가 사회에서 가지는 의미입니다. 이것은 여러 나라에서 각각 다른 의미를 가진다고 생각합니다. 특히 개발도상국의 입장에서 보면 한국이나 일본처럼 경제발전의 길을 걸어온 나라에서는 스포츠라는 것이 사회 속에서 어떻게 위치 지어져왔는가, 그것이 어떠한 역할을 해왔는가, 이러한 것들을 공유함으로써 많은 이들이 스포츠에 참여할 수 있게 한다는 것이지요. 예를 들어 한국도 일본도 아프리카의 스포츠훈련센터에 협력한다든가 그러한 일을 할 수 있지 않나 생각합니다."

한일관계의 과거와 현재

— 외교관으로서 일관해오셨습니다만 1962년에 외무성에 들어가셨다고 들었습니다. 그리고 2002년 프랑스대사를 마지막으로 40여 년의 외교관 생활을 마치셨지요. 그동안 외교의 최전선에서 활약하는 가운데 1997년부터 1999년까지 한국주재 일본특명전권대사로서 근무하셨습니다. 당시는 한일관계가 매우 안정되어서 우호친선관계가 깊었던 것으로 기억합니다. 1998년의 한일정상회담에서 김대중·오부치(小渕) 선언이 나왔습니다. 지금도 안정된 한일관계에 대해 논할 때에는 반드시 이 김대중·오부치 선언을 말합니다. 당시를 되돌아보신다면 현재의 한일관계를 어떻게 보고 계십니까?

"한일관계가 지금 나쁘다는 사람이 많습니다만, 나쁘다기보다도 한일관계의 긴밀도가 희박해진 것이라고 생각합니다. 한일관계가 좋아졌다고 해야 할까, 매우 긴밀해졌다는 부분도 있습니다. 예를 들어 관광이나 한류 붐

같은 것에서 오는 문화적 교류 말이지요. 일본에서는 한국과의 관계가 오히려 아주 긴밀해진 부분도 있습니다. 그러니까 정치외교적인 측면에서 긴장도 있습니다만 전체적으로 보았을 경우에 나빠지고 있다는 것은 일부의 국민감정 문제를 의미하고 있을 뿐 아닙니까? 저는 관계 그 자체가 그렇게 나빠졌다고는 생각하지 않습니다. 오히려 상호의존이 깊어진 부분도 있으니까요.

다만 약간 희박해졌다고 할까, 예전과 같이 매우 긴밀한 관계가 정치외교적 또는 경제적인 측면에서 조금 옅어졌습니다. 여기에는 몇 가지 이유가 있다고 생각합니다만, 그중 하나는 역시 북한과의 관계입니다. 이것이 매우 크다고 하지요. 말하자면 김대중 정권 때에 남북정상회담도 처음 열리고 남북이 무언가 하려는 태도여서 일본도 이에 협력하려는 자세가 있었습니다. 이것이 지금은 그렇지 않다는 문제가 있습니다.

또 하나는 중국과의 관계입니다. 중국이 급격하게 대두하고 있기 때문에 중국에 대한 정책을 한국으로서는 매우 중시하고 있습니다. 동시에 그러한 의미에서 한중관계가 전략적으로 연결되고 있습니다. 그러나 일본의 경우에는 오히려 전략적인 일치가 없어 중일관계가 나빠지는 경향이 있습니다. 이러한 부분이 한일관계에 영향을 주고 있다고 생각합니다."

— 김대중·오부치 선언이 이루어진 정상회담은 매우 좋았다고 생각합니다. 저는 그때 〈동아일보〉 편집국장이었습니다만 정상회담에서 일본 수상의 역사 사죄를 담은 담화를 작성하여 발표하는 형식에 대해 일본 측으로부터 조언을 요청받았습니다. 거기에서 저는 역사 사죄를 "문서로 정리하면 기록으로 남습니다"라고 말했습니다만 이것이 반영되어서 외교문서로는 처음으로 일본 수상의 사죄가 담긴 담화가 되었습니다.

김대중 대통령은 일본 방문 때 국회 연설을 했지요. 이 연설에서 김대중 대통령은 자신이 정치적으로 탄압받아 일본에 와 있을 때 일본이 도와주었다고 말하였습니다. 이에 대한 감사와 함께 한국의 민주주의를 위해 일본이 여러 가지로 협력해준 것에 대해 높이 평가한다고 말했지요. 김대중·오부치 정상회담 때 채택, 발표된 "21세기 한일 신 파트너십 선언"은 역사적인 사건이었습니다. 당시 정상회담에 대한 뒷이야기가 있습니까?

"당시에는 두 가지 커다란 배경이 있었다고 생각합니다. 하나는 김대중 정권이 민주주의, 민주와 자유라는 가치를 매우 중시했다는 것입니다. 그것이 정권의 중심 이념이 되고 자신의 정치적 사명의 근본에 있다는 것이었지요. 그러한 의식이 매우 강했습니다. 그러한 관점에서 일본을 보았을 때 민주주의 사회로서의 일본과 파트너십을 맺는 것은 역시 중요하다는 인식이 생긴 것입니다. 이 부분이 김대중 씨의 중요한 포인트 중 하나입니다. 동시에 자민당 자체는 물론 보수당입니다만 오부치 씨도 그 안에서는 자유민주적인 사고방식이나 이를 중시하는 흐름에 비교적 가까운 입장에 있었습니다. 이 두 가지가 합쳐진 것이 매우 큰 이유가 되지 않았나 생각합니다.

또 하나의 이유는 김대중 정권에 김종필 씨나 박태준 씨와 같이 여러 가지 의미에서 한일관계를 위해 고생하신 분들의 존재 덕분입니다. 그러한 분이 김대중 대통령과 파트너십을 형성하고 있었지요. 이것 역시 중요했다고 생각합니다."

— 좋은 지적 감사합니다. 오구라 대사가 1982년 외무성 동북아시아 과장으로 재직하던 때에 이른바 100억 달러의 한일 경제협력 문제가 있었지요. 그 뒤에 또 교과서 문제로 한때 한일관계가 삐걱거리기도 했습니다만 잘 타결되어 한국의 신 군부정권, 전두환 정권과 나카소네 야스히로(中曾根康弘) 총리 사이의 관계가 아주 친밀해졌지요. 오구라 대사는 그러한 비화를 책으로 묶어 《秘錄, 日韓1兆円資金》라는 제목으로 고단샤에서 출간하였습니다. 읽어보면 여러 가지 겉으로 드러나지 않았던 이야기가 있습니다. 이 책을 묶어 냈을 때는 어떠셨습니까?

"저는 나카소네 총리의 1983년 한국 방문 과정에서 지금까지 한 번도 빛이 비춰지지 않았던 부분에 빛을 비춤으로써 이후 한일관계를 생각하는 데 있어 여러 가지 재료를 보태고 싶었습니다. 예를 들어 가장 중요한 것은 정치적 리더 간의 신뢰관계입니다. 신뢰가 없으면 안 된다는 것이지요. 신뢰관계가 없이는 그 밖의 실무자 등이 아무리 노력해도 잘되지 않는다는 교훈이 하나 있었다고 생각합니다.

또 하나는 일본과 한국이 전략적으로, 아주 커다란 의미에서의 외교전략이 일치되지 않으면 잘되지 않는다는 점입니다. 예를 들어 1982년 스즈키 내각 때에는 아직 전두환 정권과 전략적인 방침의 일치가 없었습니다. 이것이 교섭이 길어지는 데 영향을 주었다고 생각합니다."

한일관계의 변용 : 양국 간 관계에서 글로벌로

— 제가 도쿄 특파원이었던 1982년, 오구라 대사는 외무성 동북아과장으로 한국 담당과장이었습니다. 수염을 기르고 계셨지요. 당시 우리 한국 특파원들과의 간담회에서 오구라 대사는 "경제협력 문제가 해결되기 전까지는 수염을 깎지 않겠다"고 하셨습니다(웃음). 그 뒤에 나카소네 수상의 방한으로 한일 정상회담이 열리고 경제협력 문제가 한 번에 타결되었습니다. 어느 날 보니 갑자기 수염이 깨끗이 깎인 것을 기억합니다. 수고 많으셨습니다.

"감사합니다."

— 당시 스노베 료조(須之部量三) 차관 등의 한국을 잘 알고 있던 분들이 외무성에 계셨습니다. 그러한 분들이 외무성에 있던 것이 매우 커다란 힘이 되지 않았나 생각합니다.

"확실히 그렇습니다."

— 한국도 그렇습니다만 중국이 급속히 대두해서 현재 외무성은 모두 중국 문제에 집중하고 한일관계는 조금 소홀해진 것이 아닌가 하는 지적도 있

습니다. 한국도 일본도 그렇다고 생각합니다만, 어떻게 생각하십니까?

"글쎄요. 외무성 인사라는 점만 보아도 예를 들어 현재 외무성 차관급 외무심의관 중 정치 쪽을 담당하는 스기야마(杉山)는 한국 재류 경험이 있는 사람입니다. 그러니까 한국 인맥이 외무성의 상당히 상층부에 있는 것입니다. 현재의 벳쇼 고로(別所浩郎) 주한일본대사도 외무심의관을 했고, 예전에 동북아시아과장을 역임한 사람이니까요. 그러한 외무성의 인사 면에서 보면 딱히 중국을 중시하고 한국은 중시하지 않게 되었다고는 생각하지 않습니다. 그러한 일은 없다고 생각합니다.

물론 문제가 없는 것은 아닙니다. 예전에 비하면 정치가들 또는 경제계 인사 간의 긴밀한 관계가, 제가 한국에 있었던 1990년대 후반부터 2000년대 초반에 걸친 시기와 많이 다릅니다. 외무성이라기보다 오히려 외교를 지탱하는 정치가들, 경제계 간의 긴밀한 관계가 약간 무너졌다고 할 수 있지 않을까요.

다만 이것은 일본의 경우에는 꼭 중국 쪽으로 이동했기 때문이라고는 할 수 없다고 봅니다. 경제적인 면에서는 그러한 것이 다소 있다고 생각합니다만, 정치 면에서는 반드시 그렇지도 않고 중일관계도 심한 긴장관계에 있습니다. 저는 정치적인 의미에서 딱히 중국 중시, 한국 경시의 분위기가 되었다고는 생각하지 않습니다. 다만 경제적으로는 그럴지도 모르겠습니다.

저는 오히려 한일관계와 중일관계라는 식으로 비교하는 것은 착각이라고 생각합니다. 왜냐하면 한국과 일본의 비즈니스는 한일관계라는 양국 간 관계에서는 그다지 중요하지 않게 되고 일본과 중국 쪽이 중요해지고 있습니다만, 한국과 일본의 비즈니스는 제3국에서 굉장한 협력을 하고 있습니다. 일본과 한국의 경제관계는 이미 한일을 넘어서, 예를 들어 아프리카나 중동에서 충분히 기업들끼리 협력하고 있으니까요. 한일관계는 경제적으로는 오히려 글로벌화했다고 할 수 있습니다. 중일 간의 경제관계는 아직 거기까지 가지 못했지요."

— 앞서 말씀하셨습니다만 당시 정부 수준, 일본 외무성과 한국 외무부 수준이 아니라 다른 여러 가지 접근 방법이 있었습니다. 재계나 민간 네트워크가 잘 조직되어 서로 잘 이야기할 수 있었다고 생각합니다. 요즘에는 재계 네트워크가 있는지는 모르겠습니다만 정치는 정치, 경제는 경제라는 식의 투 트랙처럼 되고 있다는 느낌이 듭니다. 어떻습니까?

"그러한 경향도 있다고 생각합니다."

— 민간 차원의 네트워크를 통한 교류를 새롭게 구축해야 한다고 봅니다.

"매우 중요한 점이라고 생각합니다. 정치가의 경우, 젊은 정치가가 갑자기 등장하고 다시 갑자기 사라지는 현상이 보입니다. 모처럼 얼굴을 알게 되어도 금세 멀어져버리는 문제가 발생하는 것이지요. 경제계의 경우에는 앞서 말씀드렸듯이 한일관계라는 차원에서 경제를 논하는 시대는 지났다고 생각합니다. 세계의 글로벌한 차원에서 생각하지 않으면 안 되니까요. 새로운 메커니즘, 새로운 방식을 생각하지 않으면 안 된다고 봅니다."

한일관계는 정말로 나빠졌는가

— 1980년대에는 한일 경제협력 문제, 교과서 검정 문제를 잘 타결하고 결착을 지을 수 있었습니다만 최근의 한일관계는 여러 곳에서 내셔널리즘이 격화되어 감정이 앞서게 됩니다. 국민감정 이외에는 관계가 진전되어 안정된 면도 있지요. 그러나 최근에는 정상회담조차 잘 진행되지 않는 등 조금 얼어붙어 있는데요. 최근 30년 동안의 한일관계는 어떻게 바뀌었고 어디가 바뀌었다고 생각하십니까?

"저는 자주 말씀드립니다만 예전에 일본과 한국의 국민감정이 아주 악화되었을 때에 이러한 것을 생각했습니다. 1960년대 서울의 일본대사관에는 총탄이 날아와 박혔습니다. 그 총알이 일본대사 사무실에 보관되어 있었습니다. 지금도 있는지는 모르겠습니다만 제가 대사로 있었을 때는 총알이 있었지요. 대사관을 위협하기 위한 총격을 받았던 것입니다. 돌을 던져서 유리창이 깨지는 일도 있었지요. 제가 한국에 부임했을 때, 저의 선배 대사로부터 계란이나 토마토가 날아올지도 모르니까 준비를 하라는 말을 들었습니다. 그러니까 저보다 조금 앞의 시대에는 총탄이 돌이 되었고, 그 뒤에는 계란이나 토마토가 된 것이지요. 저의 전임자에게는 무슨 일이 있었는가 하면 주먹으로 차 문을 쾅쾅 두들기는 일이 있었다고 합니다. 그러나 제가 대사로 있었을 때는 제 차를 주먹으로 두들기는 일도 없었습니다. 저의 임기 때에는 큰북이나 장구였지요. 대사관 밖에서 북 치는 소리로 데모를 했지요(웃음). 이렇게 총탄이 돌이 되고, 돌이 계란이 되고, 계란이 주먹이 되고, 주먹은 북소리가 되었지요.

그러니까 한일관계를 보면 데모가 있다든가 국민감정이 매우 악화되는 것만을 보면 비슷한 일이 일어나는 것처럼 생각합니다만 그 감정에 기복이 있지요. 예를 들어 예전에는 국민감정이 악화되면 한국에서 일본인을 택시에 태워주지 않는다든가 하는 일이 있었습니다. 지금 그런 일은 없지요. 그러한 의미에서 모두 한일관계가 나빠졌다든가 국민감정이 어떻다고 말하지만, 감정이 나빠졌을 때 어떤 행동이 일어나는가 하면 역시 한국에서는 많이 바뀌었습니다. 이 부분을 놓쳐서는 안 된다고 생각합니다."

― 대사가 쓰신 《일본 외교의 과오》는 한국에서도 번역출판되었습니다. 그 책에서 어떤 일도 터부를 넘어서 논의되는 것 자체가 건전한 흐름이라고 썼습니다. 이와 함께 과거 일본 외교의 실패를 거울삼아 오늘날 논의의 검증을 진행하는 것이 어떠한가라는 제안을 하고 있습니다. 일본에서는 최근 헌법개정이나 집단적 자위권 행사 용인 등이 논의되고 있습니다. 이러한 일본 외교안보정책의 변화 속에서 일본이 어떠한 외교적인 선택지를 택할 것인가를 한국에서도 걱정하며 주의 깊게 살펴보고 있습니다. 어떻게 될까요?

"저는 보통 사람들과 다른 관점을 갖고 있습니다. 우선 일본인이 해야 하는 일은 역시 자신의 과거를 한 번 더 잘 되돌아보는 것이라고 생각합니다. 예를 들어 일본은 자주 한국에 사죄한다든가, 중국에 사죄한다든가, 무라야마 담화가 어떻다든가 하는 말을 합니다. 그러나 가장 문제가 되는 것은 한국에 사죄하거나 중국에 사죄하기 전에 자기 자신의 과거에 대해, 자기 자신의 역사를 어떻게 생각하는가 하는 점입니다.

이렇게 말하는 것은 일본도 제 2차 세계대전 이전에 사회주의자나 공산주의자 등을 고문하고 투옥시키는 등 여러 가지 일을 한 바 있기 때문입니다. 이러한 일을 일본인이 일본인에게 했으니까요. 한국의 식민지화나 중국에 대한 행위가 아니라, 일본인이 일본인에게 한 행동이라는 것입니다. 이것을 어떻게 평가할 것인가. 저는 이 문제가 진정한 의미에서 보았을 때 철저하게 논의되지 않은 문제라고 생각합니다. 이 부분에 대해 100퍼센트 납득할 수 있는 논의는 불가능할지도 모르겠습니다만, 우선 자기 자신을 보다 엄격하게 바라보아야 합니다. 그것을 바탕으로 한국의 식민지 문제나 중국의 문제에 대한 태도를 확실히 해야 하는 것이 아닌가 생각합니다. 지금 일본이 하려는 것은 평화헌법을 고치자고 하거나 하기 이전에, 자기 자신의 과거에 대해 어떻게 제대로 정리할 것인가 일지도 모릅니다.

다만 이것은 100퍼센트 완전하게 정리할 수 없다고 생각합니다. 저는 프랑스에도 있었습니다만 프랑스 페탱(Henri Philippe Pétain) 정권을 예로 들면, 독일과 협력한 페탱 정권에 대한 평가 역시 100퍼센트 논의하여 깨끗하게 정리하려 해도 할 수 없는 것입니다. 그러나 이것을 논의하지 않고 옆으로 치워둔 채로는, 역사를 보는 관점으로서는 잘되지 않을 것이라고 생각합니다. 그러니까 이 부분이 무엇을 의미하는가, 자유나 민주나 인권이라는 것의 가치가 일본에서도 짓밟혔다고 한다면 이것을 우선 반성하는 것이 매우 중요하다고 생각합니다."

한일 문화교류와 반한감정

― 문화에 대해 여쭤보겠습니다. 선생은 한국에서 대사 재임 중에 창, 판소리를 배우셔서 한국의 명창이자 인간문화재인 안숙선 선생과 공동으로 판소리 〈춘향가〉를 부르신 일도 있습니다. 정말로 훌륭한 창이었습니다. "그것은 제가 한국대사에서 프랑스대사로 전근하게 되어 정구종 선생을 비롯한 한국의 친구 분들이 송별회를 열어주셨을 때, 판소리를 해달라는 청을 듣고 불렀습니다. 그때 일에 대해서는 정말로 감사하고 있습니다."

― 이 판소리, 한국의 창에 관심을 기울이게 된 데에는 무언가 계기가 있으십니까?
"1980년대의 일입니다만 일본에 우연히 판소리뿐만 아니라 한국의 전통음악 대표단이 와서 보러 갔습니다. 거기에서 판소리를 듣고 본 뒤 그 예술성에 매우 감격해서 시간이 나면 이러한 것을 공부해보거나 감상하고 싶었습니다. 그러다가 우연히 한국에 부임하게 되었기에 판소리를 하자고 생각했습니다.

또 하나의 큰 이유는 일본인은 자주 한국에 대해 반성한다든가 식민지시대는 나빴다든가 말합니다만, 정말로 나빴다고 생각한다면 역시 그것을 무언가 행동으로 보여야 한다고 생각합니다. 단지 그러한 것을 말하기만 해서는 안 된다는 것이지요. 예를 들어 한국어를 공부한다든가, 한국의 여러 가지를 이해하기 위한 노력을 일본이 해야 한다는 것입니다. 판소리라는 것은 한국 분들에게는 민족의 마음의 결정(結晶)과도 같은 것이므로 이것을 배움으로써 그 마음을 조금이라도 이해하는 하나의 수단이 되지 않을까 생각해서 공부했을 따름입니다."

― 대사 재임 중에 판소리와 창을 배우기 위해 한국의 창 선생으로부터 지도를 받았다고 들었습니다. 또한 당시 일본대사관에 근무한 일본의 외교

관들이 판소리를 공부하는 모임을 만들어서 주말에도 배웠다고도 들었습니다. 요즘도 창을 하고 계십니까?

"가끔은 부릅니다만 북을 쳐주는 사람이 없으니까요. 혼자서 연습해도 좀처럼 연습이 되지 않지요."

— 고수(鼓手)가 없으면 안 되겠지요.

"그렇습니다(웃음)."

— 한국문화와 일본문화는 다른 부분도 있습니다만 여러 가지로 같은 면, 혹은 동질성을 갖고 있습니다. 이러한 문화적인 특성을 서로 인정하고 이해하는 것이 무엇보다도 중요하다고 생각합니다. 양국 관계의 발전에는 각자 다른 문화, 혹은 동질성의 문화가 많은 기여를 했다고 생각합니다. 이번에 저도 니가타(新潟)에 와서 제9회 한중일문화교류포럼에 참석해 오구라 대사의 기조강연을 들었습니다만, 거기에서 지금 시대의 문화라는 것은 예술가와 관객이 하나가 되어 즐기는 시대가 되었다고 지적하셨습니다. 그러한 면에서 앞으로도 일본문화와 한국문화가 서로 사귀면서 나라와 나라의 관계 발전에 기여할 수 있는 길이 있다고 생각합니다만, 어떻게 보십니까?

"저는 두세 가지 해야 할 일이 있다고 생각합니다. 첫째는 합동공연이나 공동제작입니다. 이것은 말하기는 쉽습니다만 실제로 상당히 어려운 일입니다. 영화 하나를 찍더라도 실제로 하나의 영화를 일본과 한국이 공동으로 제작하는 것은 시스템이 다르기에 꽤 어렵다고 합니다. 그러나 이것을 뛰어넘어야 한다는 것이지요. 그리고 음악이나 연극도 함께 연주하고 공연하는 것입니다. 이렇게 공동으로 하나의 예술작품을 만들어가는 일을 해야 한다고 생각합니다.

또 하나는 지금 말씀하신 시민의 참가입니다. 그냥 예술가가 가서 보여주고 그것을 보고 감상하고 이해하는 것도 좋습니다만, 그것만이 아니라 역시 시민이 참가하는 형태의 행사가 중요하다고 봅니다. 매년 서울과 도쿄에서 한일 축제가 열리고 있습니다만 이러한 것은 매우 중요하다고 생각합니다. 바로 그러한 것을 일본 곳곳에서도 하고 서울 이외의 한국의 다른 도시에서도 하는 것입니다. 축제가 좋은 이유는 거기에 시민이 함께 참가하기 때문입니다. 그냥 보고 좋다고 말하는 것만이 아닙니다. 그러한 것을 앞으로 해가는 것이 중요하다고 생각합니다."

― 한일 축제는 매년 도쿄에서도 서울에서도 열리고 있습니다. 한국의 서울에서는 '요사코이〔よさこい, 고치현(高知縣)의 전통민요 또는 축제 이름의 약칭〕아리랑'이라고 해서 일본의 요사코이와 한국의 아리랑을 함께 부르고 시민도 참가하여 춤을 춥니다. 이것은 아주 좋은 일이 아닌가 생각합니다. 그리고 이러한 프로그램을 개발하지 않으면 안 된다고 생각합니다.
"그러한 것이 가장 중요하다고 생각합니다."

― 외교마찰은 여러 가지 있습니다만 문화마찰도 앞으로 일어날 수 있을까요. 어떻습니까?
"어느 정도는 물론 사고방식이나 감성의 차이가 있습니다. 그러나 저는 기본적으로 한류 붐이 보여주듯이, 또는 한국의 음식문화가 일본에 받아들여진 것처럼 서로의 차이 또는 동질성에 대한 인식이 머리로만이 아니라 마음속에도 상당히 스며들었다고 생각합니다. 그러니까 이 정도까지 오면 어느 정도의 반발과 같은 것이 있어도 문화적인 면에서는 기본적으로는 큰 마찰이 일어나지 않을 것이라고 생각합니다."

― 한류가 일본에서 일부 팬을 중심으로 유행하고 있습니다. 이것은 서브컬처로서 일본에서 관심을 보인 것이 아닐까 생각합니다. 이에 대한 반감, 혐한론이나 헤이트 스피치 같은 것도 있습니다. 이것은 걱정해야 할 일입니까, 아니면 일부에 의한 일시적인 문제입니까?

"이것은 일부인 동시에 일시적인 것이 아닐까 생각합니다. 어째서 일시적인가 하면 일본인 중에 '일본이 말해야 하는 것을 말하지 못하고 있는 것 아니냐'고 말하는 사람이 상당히 늘어났습니다. 여기에는 한국과의 관계뿐만 아니라 여러 가지 배경이 있습니다. 그 이유 중 하나는 역시 중국이나 한국이 과거의 역사 문제에 대해 여러 발언을 한다든지 하면 그대로 외교나 정치 문제가 되어서 그것에 대한 반사작용으로 일본에서 '일본인이 더 주장해야 하는 문제는 주장해야 한다'고 말하는 사람이 있습니다. 이 '주장해야 하는 것'을 확실하게 주장하고 있다고 눈에 띄게 보여주기 위해서는, 자극적인 말을 하지 않으면 사람들의 주목을 끌 수 없습니다. 그렇기 때문에 격한 말을 하게 되는 측면이 있습니다.

동시에 이것에 대해 이상하지 않느냐고 반대하는 시민운동도 일어나고 있습니다. 그러한 의미에서 저는 그러한 반한 감정 등이 일반 시민에게 퍼진다든가 하는 일은 생각하기 어렵다고 봅니다. 다만 문제는 그러한 행동을 본 사람들이 한국에서 화를 내기 시작한다는 것입니다. 그렇게 해서 악순환이 시작되면 작은 원이 점점 커질 위험이 있습니다. 그것만은 주의해야 한다고 생각합니다."

— 한중일문화교류포럼은 대사가 일본 측 좌장으로 있습니다만 이번이 9회째입니다. 저는 한국 측 대표로서 어제 기조강연을 했습니다. 그 강연에서 저는 현재 문화가 정치를 꾸짖고 정치가 문화에게 길을 묻는 시기가 되었다고 했습니다. 오구라 대사도 2013년 5월 7일, 일본의 언론NPO와 한국의 동아시아연구원이 실시한 제 1회 한일 공동여론조사에 관한 기자회견에서 "문화는 국가를 뛰어넘지만 정치는 국가를 뛰어넘을 수 없다. 국민들 사이에서 교류하는 기회가 깊어지고 있는데 한일관계가 최악의 상태에 있다는 여론조사 결과는 정치관계에 문제가 있다는 점을 보여주는 것 아닌가"라고 말씀하셨습니다. 어떻습니까? 문화가 그 정도의 힘이 있을까요?

"정치가처럼 정책을 기획하고 실행하는 사람들이 문화의 힘을 보다 잘 이해해야 한다고 생각합니다. 문화라고 하면 많은 사람들이 아마 오락이나 즐거움, 취미의 문제라고 생각할 것입니다. 이것은 커다란 착각입니다. 한편 문화에 정치가 너무 개입해서 뭐든지 정치를 우선하게 되어도 좋지 않습니다. 문화의 힘이라는 것은 어떠한 것이며 어떠한 효과를 가지는지에 대해 정치 지도자가 제대로 된 인식을 가지는 것이 중요하다고 생각합니다."

국제사회에서의 일본과 한국

― 대사는 2003년부터 2011년까지 일본국제교류기금 이사장으로서 일본과 세계 각국, 지역과의 인적·학문적 교류를 추진하였고 여러 가지 프로그램을 세워서 많은 외국인이 일본을 테마로 한 연구활동에 참가하는 기회를 주었습니다. 일본국제교류기금 펠로십(fellowship)에 참가한 외국 학자, 연구자, 언론인, 문화 및 예술가들이 일본을 보다 잘 이해할 수 있게 했다는 점에서 큰 기여를 했습니다. 일본이 전후 추진해온 이러한 프로그램에 의해 일본과 국제사회 사이의 관계가 발전했습니다. 일본 속의 국제화, 또는 국제사회 속의 일본의 국제화, 이것에 대해 어떻게 평가하고 계십니까?

"제가 어떤 논문에도 썼습니다만 일본은 종래에 군국주의에서 평화주의로 바뀌었다, 혹은 가난한 나라에서 개발도상국을 거쳐 부유한 국가가 되었다, 부유한 국가가 되기 위해 목숨을 걸고 땀을 흘리며 일했다, 그 뒤에 국제적으로 부유한 나라로서 공헌하는 나라가 되었다고요. 즉, 이랬던 나라가 아니라 이렇게 되었다는 식으로 과거의 일본을 부정하고 국제적 인식을 바꾸는 데 힘을 쏟아왔습니다. 그러나 저는 이제 일본 스스로 어떠한 가치를 중요하다고 생각한다면 그 가치를 모두와 공유하자는 문화외교로 전환해야 한다고 느끼고 있습니다. 예를 들어 문화를 평화구축에 사용한다든가 혹은 환경정책 속에 문화적인 활동을 넣는다든가. 이러한 것을 국제교류기금 이사장으로 있던 시절에 강조했습니다."

— 일본은 이미 세계 2위, 3위의 경제대국이 되었습니다. 한국도 중진국이라고 할 정도의 수준이 되었습니다. 그렇지만 국제화, 글로벌화를 지향했을 때 무언가가 부족한 듯한, 아직 그 수준에 도달하지 못한 듯한 느낌이 듭니다. 한국이 국제사회에서 인정받는 글로벌 스탠더드에 가까운 국가가 되기 위해서는 무엇이 중요하다고 생각하십니까?

"저는 예전부터 그 점에 대해 한 가지 생각을 갖고 있습니다. 현재 여러 가치관이나 현재의 여러 정책 뒤에 있는 사고방식은 어떻게 해도 유럽적인, 서구적인 사고방식으로 이루어져 있습니다. 물론 이 서구적인 사고방식이 무조건 나쁘다고는 할 수 없습니다. 그러나 그것만으로는 앞으로의 인류가 잘해나갈 수 없는 것 아닌가 생각합니다. 예를 들어 자연과 인간의 관계는 무엇인가. 근저에 있는 가치관의 옳고 그름을 다시 생각하고 새로운 가치관을 만들어 가기 위해서는 역시 아시아의 전통이 거기에서 활용되어야 합니다. 한국, 일본, 중국의 역할이 있습니다. 역시 동아시아의 전통적인 문화, 전통적인 사고방식 속에서 세계를 향해 발신할 수 있는 것, 또 세계와 공유할 수 있는 것, 앞으로는 그러한 것을 자신감을 가지고 내세워야 합니다. 그렇게 하기 위해서는 일본과 한국이 협력하는 일이 매우 중요하지 않은가 합니다."

— 주한일본대사를 비롯하여 한국에서도 오랫동안 근무하셨습니다만 국제 사회 속에서의 한일관계는 앞으로 무엇을 어떻게 해야 한다고 생각하고 계십니까?

"역시 한 가지 목표를 만들어야 한다고 생각하고 있습니다. 예를 들어 경제적 동반자협정(EPA)을 추진한다든가, 아니면 부산과 시모노세키 사이에 터널을 만든다든가, 무언가 커다란 프로젝트를 함께 공동으로 하는 것이지요. 함께 위성을 쏘아 올린다든가. 국민의 눈으로 보았을 때 일본과 한국이 저 목표를 향해 함께하고 있다는 것이 보이는 것이 중요하다고 생각합니다. 거기에는 몇 가지 아이디어가 있습니다. 예를 들어 어류 양식을 하기 위해 커다란 해양 목장을 만드는 것도 괜찮다고 생각합니다. 무언가 하나의 꿈같은 프로젝트를 함께 실현하는 것이 중요하다고 생각하고 있습니다."

— 전에도 한중일문화교류포럼의 회의석상에서 그러한 말씀을 하셨지요. '꿈을 함께한다'는 것이 중요하다는 내용이었습니다.
"그렇습니다. 바로 그런 것입니다."

문화교류를 넘어 문화외교로

— 문화외교와 문화교류의 차이에 대해 어떻게 생각하고 계십니까?
"보통 교류라고 하면 예를 들어 미술이나 음악을 외국에 가져가서 외국 사람들에게 보여주는 것, 그리고 외국의 것을 일본에 가져와서 일본 사람들이 외국의 미술을 감상하거나 음악을 듣는 것, 이것을 교류라고 생각할 수 있습니다. 이 경우에 그 목적이 무엇인가 하는 점입니다. 그것을 통해서 상호 간의 이해를 깊이 한다는 목적도 있습니다만, 그러한 교류에 의해 예술적으로 감동을 받거나 상상력을 자극한다는 것이 본래의 목적이지요. 물론 거기에 일본을 이해해주었으면 한다거나 외국을 이해한다는 측면도 반 정도는 들어 있겠습니다만, 동시에 예술 교류를 통해서 예술의 가치를 높이고 상상력을 자극하는 것이 목적이라고 생각합니다.

이것이 무슨 이야기인가 하면 문화교류를 하는 것 자체에 목적이 있다는 것입니다. 즉, 문화교류라는 것은 수단임과 동시에 오히려 그것 자체가 목적이라는 요소가 아주 강하다고 생각합니다. 그러나 문화외교라고 할 때에는 문화라는 것은 오히려 외교의 수단이 됩니다. 예를 들어 문화를 통해 상상력을 자극하는 것보다도 문화를 통해 외교적 목적을 달성하는 것이 목적이 된다고 생각합니다. 물론 일본을 이해시킨다는 것도 목적 중 하나이고 오해를 푼다는 점도 있겠습니다만. 예를 들어 사회 평화를 위해 문화를 중요시한다는 발상이 있습니다.

미국의 뉴욕 필하모닉 오케스트라가 평양에 간 일이 있습니다. 베이징에도 갔었지요. 평양에 미국 오케스트라가 간 것은 딱히 음악을 진흥하자는 것보다도 그것을 통해 긴장을 완화하고 근대화된 사회의 모습, 서구사회 그 자체의 이미지를 북한 사람들에게 알리자는 것입니다. 그러니까 당시에 연주한 음악도 〈파리의 미국인〉이었습니다. 아주 미국다운 음악, 조지 거슈윈(George Gershwin)의 음악을 연주했지요. 여기에서 문화는 어디까지나 외교적인 수단으로 쓰이고 있습니다. 그리고 팔레스타인에서 이스라엘 사람 등과 함께 그림을 그린다든가, 음악을 하는 것은 하나의 화해 프로세스가 되니까요. 그러한 것을 장려하고 외교적인 목적을 위해 문화적 활동을 활용하는 것, 이것이 문화외교입니다.

그러니까 평화외교, 평화구축도 있고 여러 가지가 있겠지만 한중일 3국의 협력에 대해서도 3국의 음악가 3인이 모여서 참가국의 작곡가가 공동 작곡한 곡을 연주한다든가. 그러한 것은 음악으로서도 의미가 있을지도 모르겠습니다만, 그것보다도 이것이 한중일 3국의 협력을 촉진하는 촉매가 된다는 것이지요. 그러한 의미에서 문화교류와 문화외교는 같은 측면도 있지만 다른 차원의 것입니다. 그러한 것을 말하고 싶었습니다."

— 문화외교와 문화교류의 차이는 어떻게 설명하면 좋겠습니까?
"교류라는 것은 그것 자체에 의미가 있다는 것입니다. 문화외교는 문화를 통해 무언가 정치적인 목적, 경제적인 목적을 달성하는 데 의미가 있다는 것이지요. 그러니까 문화가 어떤 의미에서는 수단이 되는 것입니다. 문화 교류의 경우에는 문화 그 자체는 수단일지도 모르지만 아무래도 목적이라는 것이지요. 극단적으로 말하자면 그렇게 말할 수 있다고 봅니다."

― 대사께서는 문화교류포럼에서 문화를 교류하는 시대를 넘어서 공유하는 시대가 되었다고 하였습니다. 다른 나라 국민과 함께 문화를 즐긴다는 의미이지요?

"그렇습니다. 문화외교와 문화교류 모두 하나가 되었다고 할까, 삼각형을 이루고 있는 것이지요. 여기에 있는 것은 지금 말씀하신 공동제작이나 교류를 뛰어넘어 새로운 것을 함께 만드는 것입니다. 이것이 무엇을 의미하는가 하면 문화적인 유산은 한국과 일본의 독자적인 재산일 뿐만 아니라 세계가 공유하는 모두의 재산이라는 사고방식입니다. 문화가 모두의 재산이라고 생각하면 최대한 함께하자고 하게 될 것입니다."

― 일본은 자국의 문화를 다른 나라에 이해시키기 위해서 문화외교, 또는 문화교류를 추진해왔습니다. 이것을 뒤집어서 말하자면 일본 국민에게 있어서 일본 국내의 국제화에도 기여한 측면이 있지요?

"그렇습니다. 그것은 중요한 포인트라고 생각합니다. 상대에게 일본을 이해시키고 일본의 문화를 상대방에게 소개하려 할 때, 상대 국가의 문화가 어떠한 문화인지, 상대 국민의 성격이 어떠한 성격인지 알지 못하면 무엇을 발신해도 받아들이는 쪽이 받아들일 수 없습니다. 상대 국가를 이해하고 상대의 문화를 이해하고서야 비로소 일본 문화를 내놓는다는 의미가 있습니다. 상대방 국가나 문화를 이해한다는 것은 역시 일본 사회가 국제화해서 상대 국가나 문화를 이해할 수 있는 토양이 일본 자체에 없으면 결국 일본 문화를 밖에 내놓는 것도 불가능하다는 것이지요."

― 작년 니가타의 사도 섬(佐渡島)에서 초등학생들이 한중일 3국어 가사의 노래를 불렀지요. 어느 나라 학생들이라도 각각의 언어로 함께 노래를 부른다는 것은 아주 훌륭한 일이라고 생각합니다.

"그러한 것입니다. 그런 것이 앞으로 하나의 목표이자 해야 할 일이 아닐까요."

— 국제교류기금 이사장을 8년 가까이 역임하셨습니다. 주로 무엇에 중점을 두고 교류기금의 사업을 진행하셨습니까?

"크게 세 가지 기둥이 있었다고 생각합니다. 하나는 일본의 국제공헌의 일환으로서 문화교류를 생각한다는 것입니다. 일본이 세계에 국제공헌을 할 때 경제적인 의미에서의 공헌, 정치적인 공헌도 있습니다만, 문화적인 측면에서 세계인의 행복이나 세계의 안정에 공헌할 수 있다는 것입니다. 그러니까 단지 일본의 것을 밖에 내놓는 것만이 아니라 함께한다는 것입니다. 그리고 세계문화유산의 경우 일본의 것이 아니라 어딘가 다른 나라의 문화유산 보존에 협력한다든가. 국제공헌으로서의 문화교류이지요. 저는 문화교류라는 말 외에도 문화협력이라는 말이 있다고 생각하고 이것을 중시해야 한다고 이야기했습니다.

또 하나는 앞서 말씀드린 문화외교입니다. 문화교류의 의미를 단지 예전의 전통적인 의미에서의 문화교류만이 아니라 새로운 개념, 환경이나 복지, 평화구축과 연결시킨 문화교류를 하자는 것이지요. 이것이 두 번째 기둥입니다.

세 번째 기둥은 상대방의 수신 능력입니다. 즉, 다른 나라가 일본의 것을 이해하고 일본 문화를 일본이 발신했을 때 거기에 관심을 가지고 받아들이는 능력이지요. 이 능력을 관심 있는 곳에 전달한다는 것입니다. 예를 들어 일본어 교육, 일본연구, 이런 것에 얼마나 투자하고 노력하는지입니다. 대체로 이렇게 세 가지 기둥이 있었다고 생각합니다."

— 한국에서의 한국문화와의 만남에 대해 말씀해주십시오.

"다행히도 제가 주한일본대사로 있을 때는 거의 김대중 정권 시기였습니다. 한일관계가 아주 좋아지고 있던 시기였기 때문에 문화적인 면에서도 촉진되었다고 생각합니다. 특히 김대중 정권 때 일본 대중문화의 한국 수입이 완화되었지요. 이것이 아주 큰 진전이었다고 생각합니다. 그렇게 해서 일본의 영화나 드라마, 소설, 만화와 같은 것을 들여오는 일을 했습니다. 그렇게 화려하게는 하지 않았습니다만 조금씩 하게 했습니다.

제가 가장 힘을 기울인 부분은 지적인 교류입니다. 문화라고 하면 아무튼 예술적인 면에서는 바로 교류하기 쉽습니다만 지적인 논의를 조금 더 늘려야 한다는 취지였습니다. 한국과 일본 사이에서 지적 교류를 늘리기 위해 여러 심포지엄을 연다든가 하는 것을 많이 강조했습니다.

또 하나는 일본인이 한국을 이해하는 것이 필요하다는 것이었습니다. 예를 들어 일본 문학은 한국에 상당히 번역되고 있습니다만 한국 문학은 일본에서 별로 번역되지 않지요. 한국 현대문학을 더 일본에 소개해야 한다고 했습니다. 실현된 것은 제가 대사를 한 이후입니다만 좋은 번역서에 상을 준다든가 그러한 것도 했습니다. 다행히 그 뒤에 한류 붐이 일어나서 대체로 잘되었다고 생각합니다만, 그러한 점을 아주 강조했습니다."

— 2005년 시작된 한중일문화교류포럼은 중국도 참여시켜서 함께 문화교류를 한다는 의미이지요. 한일만이 아니라 역시 동아시아의 공통 문화권에서 함께한다는 것입니다. 이것은 아주 좋은 일이지요.
"그렇습니다. 같은 것은 무엇인가, 그것을 서로 공유하고 이해를 깊이 하자는 것입니다. 그리고 비슷하지만 다른 곳도 있습니다. 그것은 무엇인가를 서로 이해하는 것은 아주 중요하지요. 3국에서 이것을 해보면 역시 이러한 것이 같고 이러한 것이 다르다는 것을 잘 알 수 있습니다. 그러한 점에서 아주 의미가 있지 않을까요."

— 이번에 10회째가 된 한중일문화교류포럼은 한국의 부산에서 열리게 되었습니다. 아시아 각국이 참여하는 2014년 10월의 부산국제영화제에 맞추어서 영화를 테마로 포럼을 기획한 것입니다.
"영화제이니까 영화를 예로 들어도 좋다고 생각합니다. 공동제작을 할 때 한일, 중일, 또는 한중 간에 어떠한 문제가 있는가를 논의하고, 중국, 일본, 한국에서 누군가를 불러서 발표를 듣고, 그렇게 해서 이해를 깊이 하는 것이 좋지 않은가 생각했습니다. 왜냐하면 일본과 한국 사이에서는 예를 들어 감독과 배우의 관계가 아주 다릅니다. 일본에서는 감독이 여배우에게 '너는 뭐 하고 있는 거냐'고 다른 이들 앞에서 말해도 딱히 여배우가 화를 내지 않습니다. 한국에서 그러한 말을 하면 상당히 문제가 되지요. 그리고 영화 제작의 책임자와 영화를 만드는 감독과의 관계도 역시 다릅니다. 하나의 영화를 만들 때에도 역시 한국은 한국의 방식, 중국은 중국의 방식, 일본은 일본의 방식이 있습니다. 공동제작을 하려고 할 때는 그 영화를 만드는 방식, 감독과 배우, 감독과 제작자, 또는 배우들끼리, 그리고 작가와의 관계 등이 아주 다릅니다. 어떠한 것이 다른지를 경험자가 말하는 것도 하나의 재미있는 기획이라고 생각합니다. 특히 영화제이니까요."

— 좋은 제안입니다. 지금도 그러한 문제는 일어나고 있습니다. 그러니까 시스템적으로도 다르지만 관객의 받아들이는 방식 역시 다릅니다.
"그렇지요. 관객의 문제도 있습니다. 중국에서는 영화 입장료가 소득 수준에 비해 상대적으로 비쌉니다. 그렇게 되면 보통 사람들보다 약간 중산층인 사람들이 영화를 봅니다. 가난한 사람들은 영화를 보기 어렵지요. 텔레비전으로 보는 일은 있습니다만. 따라서 영화의 관객으로 어떠한 계층의 사람들을 생각하는지도 다릅니다. 그것도 큰 문제이지요. 그러니까 제작상의 차이와 관객층이 어떻게 다른가 하는 부분, 영화 산업이 어떻게 되어 있는지 3국의 전문가들로부터 듣는 겁니다."

— 영화산업으로 말하자면 각 국가에 의한 지원 대책도 다르지요.
"말씀하신 대로입니다. 그러한 차이에 대해 한중일의 영화 관계자, 영화 평론가 등을 초청해서 이야기를 듣는 것이지요. 그리고 3국에서 각각 제작된 영화를 상영해서 보는 것도 괜찮겠지요."

— 그렇군요. 여러 가지 테마로 제작된 단편영화를 보여주는 것도 좋겠습

니다. 그리고 한국은 최근 천만 관객을 동원한 영화가 계속 나오고 있습니다. 전후부터 지금까지 한국에서도 구미 영화에 관객이 몰렸습니다만 10년 정도 전부터 한국 영화를 보는 관객이 늘고 있습니다. 이것은 크게 보면 문화의 아시아 회귀, 아시아로 돌아와서 자신의 것을 소중히 여긴다는 의미도 있지 않을까요?

"그렇지요. 그것도 좋은 테마가 아닙니까? 영화시장에서 자국 영화의 비율이나 미국 영화의 비율이 어떻게 바뀌고 있는지도 아주 중요한 포인트입니다. 그러한 것도 전부 포함해서 여러 가지를 논의할 수 있지 않겠습니까?"

— 충무로 등의 영화계에서는 한국영화를 만들기 위해 투자가를 모집합니다. 펀드로 제작비를 조성한다는 것이지요.

"일본에서도 스미토모(住友) 그룹이 하고 있습니다."

— 실제로 간단한 영화를 만들게 하는 건 어떨까요?

"그렇지요. 예를 들면 3국의 학생을 참여시켜서 한중일포럼의 기록영화를 만들게 하는 방법도 있다고 봅니다. 함께 영화를 만들자는 것이지요. 이것도 재미있을 거라고 생각합니다."

— 좋은 아이디어를 내주셨습니다. 두 차례에 걸친 인터뷰에 긴 시간을 내주시어 정말로 감사했습니다.

후쿠오카-부산 포럼 대표 이시하라 스스무(石原進)

초광역경제권으로
교류의 문턱을 낮추다

일시: 2014년 1월 25일
장소: 후쿠오카 시 규슈여객철도주식회사 회의실

이시하라 스스무는 1960년 도쿄대 법학부를 졸업하고 일본국유철도에 입사했다. 1987년 국철분할민영화 후 JR규슈에 배치되어 상무, 전무 등을 거쳐 2009년 회장에 취임했고, 현재 상담역으로 있다. 규슈경제포럼 회장, 규슈 뉴비즈니스협의회 부회장 등을 맡으며 규슈 경제계에서 활약 중이다.

한일관계의 새 패러다임: 지방으로부터의 발신

부산과 후쿠오카는 직선거리 200킬로미터, 서울과 대전 사이만큼 가까운 거리로, 비행기가 없던 시절에는 뱃길로 사람과 물류의 이동을 맡아오던 한일의 관문이었다. 후쿠오카가 자리한 규슈는 예부터 한반도와 오랜 교류의 역사를 갖고 있는 인연의 땅이다. 미야자키 현의 미사토 정에는 백제마을이 형성되어 있고 아리타에는 조선 도공의 후손 이삼평의 아리타야키, 가고시마에는 심수관의 사쓰마야키의 가마가 있다. 그러한 역사적 인연을 배경으로 부산-후쿠오카 사이에는 지역 간 상호교류가 활발히 이루어졌다. 지금도 일본을 방문하는 한국인의 3분의 1이 후쿠오카를 통해 입국한다.

1965년 국교정상화 이후 한일 간의 외교 및 인적 교류는 양국 정부가 위치한 서울과 도쿄를 축으로 하여 중앙 중심으로 이루어졌고, 정치관계도 그 같은 중앙 주도하에 결정되었다. 중앙 주도의 정치외교 관계는 최근과 같이 한일관계가 마찰과 갈등으로 굳어질 때에는 함께 경직되어 한계를 보이게 마련이다. 그렇기 때문에 지방으로부터의 발신을 통하여 보다 유연한 민간 차원에서 한일관계 회복의 계기를 찾을 필요성이 제기되고 있다. 이 같은 시대적 요청에 부응하여 지역 간 교류의 민간 채널로 발족하여 교류협력의 유대를 착실히 쌓아온 것이 '후쿠오카-부산 포럼'이다.

후쿠오카-부산 포럼은 2006년 두 도시의 기업, 매스컴, 대학, 경제단체의 대표들이 참여하여 설립된 한일 지역 간 민간교류 네트워크이다. 두 도시의 행정, 경제, 교육, 과학기술, 문화 및 민간교류를 활성화하기 위한 협력사업들이 제안, 추진되었다.

설립의 계기는 규슈대 한국연구센터와 동서대 일본연구센터 사이의 학술교류가 진행되던 중, 두 대학이 중심이 되어 두 지역 간 민간포럼 설립이 제안되었고 그 필요성에 공감하는 양 도시의 경제, 학계, 매스컴 대표들이 참여하여 발족되었다. 지난 8년 동안 매년 1회 회합을 열고 각종 우호협력사업을 펼치며 21세기 한일 간의 새로운 지역교류 모델을 만들어나가고자 힘을 합하고 있다.

2014년 8월 현재 포럼 멤버로는 후쿠오카 측에서는 이시하라 스스무 규슈여객철도 상담역을 비롯하여 아리카와 세쓰오 규슈대 총장, 가와사키 다카오 〈서일본신문〉 사장, 스에요시 노리오 후쿠오카 상공회의소 회장, 데라사키 가즈오 TV 서일본 대표 등 12명이, 부산 측에서는 이진호 BS파이낸셜홀딩 고문, 김기섭 부산대 총장, 장제국 동서대 총장, 김명관 〈부산일보〉 사장, 김석환 KNN 사장, 조성제 부산상공회의소 회장 등 13명이 있다.

이 포럼은 지역 간 교류 수준에서 한 단계 높여 협력관계로 발전시켜 나가자는 공동 비전을 제시한다. 그동안의 협력사업으로는 2009년 8월 후쿠오카-부산 초광역경제권 형성을 위한 합의서 체결을 발판으로 하여 2010년에 후쿠오카와 부산의 시청 내에 경제협력사무소를 설치하고 양 도시 간 기업 상담 및 산업·관광·기업정보 교류와 발신 등의 협력사업 등을 전개하고 있다. 양측 상공회의소 주관 아래 네 차례의 '비즈니스 CEO 포럼'을 개최하였고, 네 차례의 기업 간 무역상담회를 열었다. 2012년부터는 유명디자이너들이 참여하는 '후쿠오카 아시아 컬렉션'과 '부산 패션 위크' 등을 통하여 패션 분야의 상호협력사업을 모색한다.

글로벌 인재 양성과 청소년 교류프로그램도 활발히 펼치고 있다. 후쿠오카의 각 학교에서 선발된 중학생 100명이 부산 글로벌 빌리지에 와서 영어체험 학습을 갖는다든지, 부산 시내 대학에서 일본기업 인턴십을 희망하는 대학생들을 매년 10여 명씩 후쿠오카에 보내 각 기업에서 연수활동을 하게 하기도 했다. 또한 서로의 문화와 언어학습의 기회를 마련하기 위하여 《더 알고 싶은 부산·후쿠오카》라는 제목의 부교재를 만들어 양 도시의 초등학교 수업에서 활용하도록 하고 있다. 고교생 간에는 축구, 배구 등 5종목에 걸친 스포츠 교류대회를 해마다 개최한다.

이처럼 지역 간 교류협력 네트워크로서는 드물게 성공한 후쿠오카-부산 포럼은 지역교류의 모델로서 양국의 중앙정부 및 정책당국으로부터도 큰 관심을 모으고 있다. 2014년 8월 7~9일 후쿠오카에서 개최된 한일 민간교류 네트워크인 제22회 한일포럼은 후쿠오카-부산 포럼의 대표들을 초청하여 그동안의 협력사업에 대해 의견을 교환했다.

후쿠오카-부산 포럼의 일본 측 회장인 이시하라 스스무 JR규슈 상담역은 한일포럼에서의 보고에서 "후쿠오카와 부산을 합치면 인구 500만에 GDP가 1,100억 달러 규모로서 동북아에서 서울 다음가는 7번째의 지역경제권을 형성한다"며, "습관, 제도, 언어 등의 벽을 넘어서 지역 내의 경제활동을 활발히 하고 서로의 연계를 강화함으로써 국제경쟁력을 높이고 그것이 지역의 활성화에 되돌아오도록 하는 것이 이 포럼의 목적"이라고 밝혔다.

또한 후쿠오카-부산 포럼의 부산 측 대표간사인 장제국 동서대 총장은 "후쿠오카-부산 포럼은 그동안 다양한 교류협력 프로그램을 통하여 두 도시의 오피니언 리더 사이에 전에 없는 소통을 이루었고 시민 차원의 우호증진에 공헌해왔다"면서 한일국교정상화 50주년을 계기로 65년 체제의 한계를 극복하고 지방으로부터의 발신을 통하여 경직된 양국 간의 갈등을 해소할 수 있는 새로운 패러다임을 제시한다는 뜻에서도 양 도시의 협력 프로그램에 대해 정부 차원의 관심과 정책적 협력지원이 필요하다고 역설했다.

후쿠오카-부산 포럼의 8년

— 후쿠오카-부산 포럼은 2006년 9월에 발족했다고 들었습니다. 이시하라 회장께서는 발족하는 단계에서부터 참가하셨지요. 이 포럼을 세우게 된 계기와 동기는 무엇이었습니까?
"규슈대 한국문화연구센터는 김종필 전 총리의 지원으로 설립되었습니다. 연구센터의 마쓰바라(松原) 교수와 〈서일본신문〉의 다다(多田) 사장이 당시 후쿠오카와 부산의 우호를 촉진하면 한일 우호 촉진으로 이어진다고 하여 포럼을 발족시켰다고 들었습니다."

— 그때부터 8년 동안 줄곧 대표간사(世話人代表)를 맡으셨지요. 포럼을 운영해온 소감은 어떠십니까?
"설립 당초에는 아주 잘되었습니다. 당시 부산 쪽에서는 동서대 장성만 이사장(전 국회 부의장)이 중심이 되었지요. 그렇게 해서 대학, 기업, 언론, 경제단체 등이 참여하여 민간교류를 광범위한 각도에서 검토, 제언하기 위해 포럼이 만들어졌습니다. 그 뒤에 이명박 대통령이 등장해서 후쿠오카-부산 초광역경제권 구상이 나왔습니다. 문화, 교육 등 폭넓은 분야에서 제언 및 교류를 하자는 것이었지요. 양 국민이 문화 및 스포츠 등 다양한 채널을 통해 교류협력함으로써 미래지향적인 신뢰관계를 쌓자는 취지로 추진했습니다.

이때까지는 아주 잘되어왔다고 생각합니다만, 재작년에 독도 문제가 등장했습니다. 게다가 이명박 대통령이 독도를 방문했고 천황에게 사과를 요구하는 듯한 발언이 있었지요. 이것이 한일관계에 아주 마이너스가 되었던 것 같습니다. 우리는 지방의 포럼이니까 그러한 것에 영향을 받지 않고 개최해야 한다고 생각합니다만 그렇게 되지는 않았고, 그래서 우선 연기를 하게 되었습니다. 마찬가지로 한일·일한포럼 전체회의가 2012년 8월 후쿠오카에서 열릴 예정이었으나 이것도 연기가 되었습니다. 그 회의는 12월에 도쿄에서 개최되었습니다."

— 저는 한일포럼 한국 측 대표간사를 맡고 있었는데 당시 후쿠오카에 와서 포럼에 맞추어 심포지엄을 하자고 준비도 하여 실행위원회가 만들어졌습니다. 모처럼 포럼이 후쿠오카에서 열리니까 경제 및 문화 교류에 대해 심포지엄을 하자는 계획이 추진되었지요. 제가 문화 부문의 한국 측 주제 발표자로 여러 가지 준비를 했습니다만 결국 일본 측의 요청으로 연기가 되었습니다.

"유감이었습니다. 연기된 한일포럼은 12월에 도쿄에서 개최되었고 저도 참가했습니다. 이듬해 8월에는 서울에서 개최되었고 2014년 8월에는 후쿠오카에서 한일포럼을 하게 되었습니다. 후쿠오카-부산 포럼은 한일포럼이 개최된 뒤인 작년 2월에 개최했습니다."

한일 초광역경제권 구상과 대학 간 교류

— 후쿠오카와 부산이 초광역경제권이라 불리는 의미를 다른 곳에서는 그다지 잘 알지 못합니다. 이것을 알기 쉽게 설명해주십시오.

"초광역경제권은 이명박 대통령이 제창한 구상입니다. 후쿠오카-부산 간의 거리는 겨우 200킬로미터입니다. 바다를 사이에 두고 떨어져 있기 때문에 양국의 문화도 당연히 다릅니다만, 200킬로미터면 아주 가까운 거리입니다. 그리고 부산도 한국의 끝이고 규슈나 후쿠오카도 일본의 끝입니다. 끝에 있지만 양쪽이 서로 협력하면 거기에서 굉장한 경제효과가 나올 것입니다. 그것을 실현하기 위해서는 여러 가지가 필요합니다. 교육이나 언어 문제도 있을 테고 양 국민의 이해도 깊어지지 않으면 안 됩니다. 그러기 위해서 교육, 스포츠, 문화 등의 교류에 한층 힘을 쏟자는 것이었습니다. 제 1회 포럼에서 장성만 씨는 젊은이의 교육을 위해 교육기금을 만들자는 제언도 했습니다."

— 그 제언이 계기가 되어 한일 공동으로 기금을 만들자는 계획이 진행되었습니까?

"그렇습니다. 당시 아주 커다란 이야기가 나왔습니다. 100억 엔이나 200억 엔 같은. 일본 측은 너무 갑작스러운 것 아니냐는 반응이었지요. 아무튼 금액에 대해서는 다시 별도로 이야기하자는 것이었습니다."

— 그것은 민간 차원에서 모집해서 기금을 만드는 것입니까?

"물론입니다. 그렇지만 민간 차원이라고 간단하지 않습니다. 금액이 크니까요."

— 교육 면, 문화 면에서 교류를 깊이 하여 서로 협력하기 위한 기금조성이군요.

"그렇게 커다란 이야기가 되면 행정의 협력이 아무래도 필요하게 됩니다. 부산 측은 행정과의 연계가 아주 좋았습니다. 후쿠오카 쪽은 그다지 행정과 연계를 취하지 않았습니다만, 이 이야기를 후쿠오카 시장에게 상담했더니 아주 반응이 좋아서 후쿠오카 시 쪽에서도 부산시와 우호관계를 강화하고 싶다는 이야기가 되었습니다.

당시 두 시는 행정우호도시라는 관계가 맺어져 있었습니다. 자매도시가 아닙니다. 한국에서는 하나의 도시, 예를 들어 부산시가 같은 국가의 두 도시와 자매도시를 맺는 것은 안 된다는 규제가 있었다고 기억합니다. 부산시는 오랫동안 시모노세키 시와 자매도시를 맺고 있었기 때문에 후쿠오카와는 행정우호도시가 된 것이라고 생각합니다. 그 뒤에 시 간의 교류가 시작되었고 후쿠오카-부산 경제협력협의회가 설치되었습니다. 이 협의회에서 23개 항목의 큰 테마를 골랐습니다. 각각의 큰 테마 안에서 더상세한 내용을 검토하게 되어 있고 그렇게 하면서 자매도시를 맺게 되었습니다."

― 이러한 협력관계 중에 대학 간의 컨소시엄이 2008년 9월에 구성되었습니다. 한국에서는 11개 대학, 일본에서는 13개 대학이 참가했다지요. 이것은 아주 좋은 일이라고 생각합니다. 두 도시 간의 대학이 그 뒤에 협력 프로그램으로 무엇을 했습니까?

"그 프로그램에서는 규슈대과 부산대를 중심으로 도서관의 교류나 학생들 또는 교원들의 교류 등을 추진했습니다."

― 그것은 지금도 이어서 하고 있습니까?

"지금도 이어지고 있을 겁니다. 중국의 상하이지아통(上海交通) 대학도 참가한 삼각 교류도 있다고 합니다. 그러나 간사 역할을 맡은 규슈대와 부산대 이외의 대학과의 교류는 그다지 잘되고 있지 않은 듯합니다. 그래서 이전의 포럼에서 동서대 장제국 총장으로부터 그 부분을 보다 확실히 할 수 없겠냐는 의견이 나왔습니다."

― 일단 한국에서 11개, 일본에서 13개 대학이 참가했지만 적극적으로 움직이고 있지 않다는 것이군요.

"어떤 방법을 취해야 좋을지가 문제라고 봅니다. 다만 후쿠오카 측에서 참가하고 있는 대학들끼리 의사 통일이 잘되지 않는 듯하여 행정이 연계되어 있지 않습니다. 대학은 지금 경쟁이 아주 심하기도 하여 어려운 부분이 있는 것 같습니다."

― 두 도시의 대학 간에 컨소시엄을 위해서 인턴십을 받아주는 기업을 발굴했다고 들었습니다. 그 결과는 어떠했습니까?

"인턴십은 하고 있습니다. 대학 간 컨소시엄과는 다른 이야기입니다만 후쿠오카 시에서 받아들인 부산 대학생 인턴십은 파견 실적이 있습니다. 이미 38명이지요. 인턴십이 시작된 2009년에는 12명, 2010년이 10명, 2011년은 12명. 그러니까 매년 10명 정도는 지속적으로 후쿠오카 시가 부산의 대학생을 받아들였습니다. 그러나 2012년에는 겨우 4명이 되었습니다. 이것도 양국 간의 외교적인 문제가 원인이 아닐까 합니다."

— 이것은 꼭 이어졌으면 좋겠습니다만.
"그렇습니다. 이것은 어떻게든 이어가고 싶습니다."

깊어지는 후쿠오카-부산 간의 경제·문화교류

— 앞서 2010년, 부산에서 열린 제5회 합동회의에서 경제협력회의를 설립하셨습니다. 이 경제협력회의는 주로 어떠한 협력사업을 추진해왔습니까? 지금까지의 주요 활동으로는 어떠한 것을 들 수 있습니까?
"2010년 1월에 후쿠오카 벤처마켓협회와 부산 테크노파크가 업무연계협정을 맺었습니다. 2월에는 후쿠오카 시와 부산시의 관계기업이 IC카드 판매방법에 관한 협의를 실시했고 3월에는 에어부산이 후쿠오카-부산 간 노선에 하루 2편 운항으로 취항했습니다."

— 지금도 운항하고 있습니까?
"에어부산은 운항하고 있습니다. 그리고 2010년 4월, 후쿠오카 증권거래소에서 외국주식상장제도를 개시했습니다. 부산 기업의 상장을 상정한 것이라고 생각합니다. 그리고 7월에 규슈경제조사협회가 멤버가 되어 한국의 동남권 광역경제개발 위원회와 양해각서(MOU)를 체결했습니다. 8월에 부산시와 후쿠오카 시 양쪽의 청사 내에 경제협력사무소를 설치했습니다. 이 외에도 여러 활동이 있습니다."

— 실적이 상당하군요.
"그렇습니다. 그리고 2009년, 2010년도에 후쿠오카 시의 관광객 유치 촉진을 위해 공동 관광설명회를 했습니다. 부산시와 후쿠오카 시가 함께 관광객을 유치한 것이지요. 그리고 프로야구 교류전 등도 했습니다."

— 인재육성 및 문화협력도 추진하는 목표로 삼고 있습니다. 인재육성을
위해서는 어떠한 프로그램이 있습니까?
"인재육성에 대해서는 '젊은 해협인(海峽人)'이라는 말을 쓰고 있습니다만,
해협을 넘나들면서 살아가는 사람을 말합니다. 상대국의 문화 및 언어 학
습의 기회를 충실히 하고 청소년 교류 촉진을 위한 사업을 하고 있습니다.
예를 들어 양 도시의 초등학교에서는 공통의 부교재를 사용해 상호이해 수
업을 개시했습니다. 그리고 후쿠오카의 중학생들이 부산 글로벌 빌리지에
와서 한국 학생과 함께 영어를 학습하는 프로그램도 진행했습니다."

— 그것은 유스호스텔 같은 것입니까?
"합숙을 하니까 유스호스텔 같은 요소도 있지 않겠습니까? 부산에는 글로
벌 빌리지라는 훌륭한 시설이 있고 거기에서는 모든 것을 영어로 합니다.
한국은 영어 교육에 매우 열심이지요. 저도 가보았는데 도서관에는 그림책
부터 꽤 어려운 책까지 영어로 된 책이 풍부하게 갖추어져 있었습니다. 그
리고 공항 접수 카운터에서 비행기에 탈 때까지의 모의체험을 할 수 있는
설비가 있습니다. 이 글로벌 빌리지에 2012년 8월 일본 중학생 70명을 파견
했습니다. 그 외에 2009년부터는 고등학생 스포츠 교류사업을 매년 실시하
고 있습니다. 축구, 검도, 배드민턴, 배구, 가라데 등 매년 약 100명의 선
수와 임원단을 서로 파견하고 있습니다. 올해는 부산에서 열리지요."

— 시합도 합니까?
"시합도 하겠지요. 교육 교류의 각서 제휴도 2009년 9월에 맺어서 양 도시
의 교육위원회 교류도 2010년 2월부터 이루어지고 있습니다. 그 밖에도 여
러 가지가 진행되고 있을 겁니다."

— 문화협력과 교류 측면에서는 어떠한 프로그램이 있습니까?
"문화교류는 음악이나 회화 등 여러모로 진행되고 있습니다."

— 후쿠오카는 규슈에서 첫 번째 도시이고 부산은 한국에서 두 번째 도시
입니다. 각각의 특징이 있다고 생각합니다만 후쿠오카는 도쿄와 비교했
을 때 어떠한 특징이 있습니까?

"도쿄의 경우에는 일본 전체에서 사람들이 모여 들어 있고, 일본의 중심이
라는 점에서 매우 자부심이 강합니다. 동시에 경쟁 속에서 사람들의 태도
가 딱딱하고 바쁘다는 것이 있겠지요. 후쿠오카는 지방도시이지만 규슈의
중심이고 다른 아시아 도시와도 가깝다는 점이 있습니다. 시민들이 아시
아 사람들과 사이좋게 교류해가는 것이 후쿠오카 발전을 위해 필요하다는
의식을 갖고 있습니다."

— 한국 이외에 주로 아시아의 어느 곳에서 오고 있습니까?
"한국 이외에는 타이완, 홍콩이지요. 그리고 관광객의 수에서 말하자면
중국입니다. 그리고 태국, 싱가포르 등의 국가가 많습니다."

— 후쿠오카-부산 포럼 발족 후에 후쿠오카와 부산 사이에 어떠한 변화가
일어나고 있습니까? 상호이해가 깊어졌다는 것은 있겠습니다만.
"그렇지요. 저는 솔직히 말해서 포럼을 시작할 당시, 부산이나 한국에 대
해 아무런 감정도 없어서 여유롭게 생각하고 있었고 한층 관계를 긴밀하게
할 수 있지 않겠냐고만 생각했습니다. 하지만 최근 양국 관계는 정치적인
문제가 많아서 삐걱거리고 있지요. 이러한 상황을 어떻게 바꿔갈 것인지
가 후쿠오카-부산 포럼의 중요한 역할 중 하나라고 생각합니다. 한일포럼
처럼 역사인식 문제 등을 서로 강하게 말하는 자리와 후쿠오카-부산 포럼
은 다르지 않은가 생각합니다."

― 한일포럼은 외교 문제나 여러 분야의 주제를 발표하고 토론하는 등 다양한 분야를 시야에 넣어 생각하면서 의견을 교환합니다. 후쿠오카-부산 포럼은 그것과 달라서, 지역의 특징을 살린 자유로운 토론이 가능하지 않은가 생각합니다. 앞서 회장께서 말씀하신 것처럼 후쿠오카-부산 포럼에서 현재 삐걱거리는 한일관계를 개선할 수 있는 아이디어나 해결방안을 낼 수 있을 것인가도 앞으로의 관심사입니다.

교통수단의 다양화와 교류

― 부산과 후쿠오카는 각각 한국과 일본의 관문입니다. 부산은 예로부터 하카타(博多), 시모노세키를 포함해서 비행기가 없던 시대에는 배로 왕래했습니다. 회장께서는 부산-후쿠오카 고속페리회사를 운영하고 계시지요.
"JR 규슈고속선 주식회사입니다."

― 부산에서 여기까지 올 때 한 번 타보았습니다. 세 시간 정도 걸리지요.
"2시간 55분입니다."

― 정말 순식간이었습니다.
"그렇습니다."

― 손님은 왕복으로 계산해서 매년 평균 어느 정도입니까?
"최근은 조금 줄어서 연간 왕복으로 50만 명 정도일까요. 최고 65만 명이었던 해도 있었습니다."

― 서로 교류가 왕성히 이루어지던 시기에는 부산-규슈 간에 150만 명이 왕래했다고 하더군요. 그중에 50만, 65만은 엄청난 숫자입니다.

"차지하는 비중이 높았습니다. 그때는 일본항공의 후쿠오카-부산 항공편의 운항이 중지되었고 에어부산이나 저가항공(LCC)이 아직 등장하지 않았던 배경이 있지요. 우리 회사의 제트호일과 대규모 페리선인 카메리아, 그리고 시모노세키-부산 간 페리(부관 페리)를 합치면 배의 수송 비중이 아주 높아집니다."

— 오랜 역사를 가진 부관 페리는 운항에는 시간이 걸리지요.
"그렇습니다. 야간에 운행되고 있지요. 밤에 출발해서 아침 5시나 6시에 부산항에 도착한 뒤 세관이 열리는 6시까지 대기합니다."

— 최근 삐걱거리는 한일관계가 사업 면에서 고속페리 운영에 영향을 끼치고 있습니까?
"영향을 받고 있습니다. 일본인 승객이 상당히 줄고 있습니다. 30~40퍼센트 줄었다고 생각합니다. 가장 큰 요인으로 엔저 현상이 있다고 봅니다. 오히려 한국에서 오는 사람은 대체로 작년과 비슷한 정도입니다. 다만 9월 이후 어째서인지 승객이 줄고 있습니다. 원화가 강세인데도 줄고 있지요. 저가항공 쪽으로 손님이 옮겨가고 있는 부분도 있다고 생각합니다."

— 저가항공은 그다지 많은 인원을 나르지 못하지 않습니까?
"하루 몇 편 정도 운항하면 상당히 다르다고 생각합니다."

지방에서 보는 한일관계의 문제

— 후쿠오카를 비롯하여 규슈는 예부터 한반도와 인연이 깊습니다. 어제 미야자키 현에 다녀왔습니다만 휴가 시 난고손에 백제 마을이라는 곳이 있습니다. 내일은 이삼평 씨의 아리타 도자기로 유명한 아리타에 갑니다. 가고시마에는 심수관 씨의 사쓰마야끼 도원(陶苑)이 있지요.

"심수관 씨와 만나십니까?"

― 만납니다.
"대신 안부 전해주십시오."

― 심수관 씨는 현재 도쿄에서 전시회를 하고 있습니다.
"미쓰코시(三越) 백화점에서 하지요. 심수관 전시회는 항상 거기에서 하니까요."

― 네, 니혼바시(日本橋)의 본점에서 합니다. 가고시마의 심수관 도원에는 세 번 방문한 일이 있습니다. '이번에도 제가 가고시마에 갈까요?' 하고 물으니 도쿄에서 만나자고 하더군요. 심수관 15대째는 그가 젊은 시절 한국에 왔을 때 하룻밤 대화할 기회가 있었습니다. 이렇게 인연이 깊은 곳에서 쓰시마를 비롯한 규슈의 현민들은 최근의 한일관계를 어떻게 받아들이고 있습니까?
"여러 가지 일들이 너무 많이 일어나고 있습니다. 예를 들어 한국에서는 보도되고 있는지 어떤지 모르겠습니다만 쓰시마의 절에서 불상을 도둑맞았지요. 그것이 알려져서 누가 훔쳐갔는지 알고 있는데 돌려주지 않고 있습니다. 또한 일본군 위안부 문제가 있습니다. 이것도 한일만의 이야기가 아니라, 한국이 미국에서 일본군 위안부 동상을 만들게 한다든지 지방의회에서 비난 결의를 하게 하고 있지 않습니까? 그리고 전시징용자(戰時徵用者) 문제도 있습니다. 이러한 문제들은 모두 1965년의 한일기본조약에서 당시 돈으로 5억 달러의 경제협력자금을 한국에 건네고 이후 일절 배상을 요구하지 않기로 결정되었습니다. 그것을 국내의 사정으로 다시 청구하는 식이 되어서는 일본 입장에서는 납득할 수가 없습니다. 또한 야스쿠니 신사에 방화한 중국인은 다른 죄로 한국에서 붙잡혔지만 중국에 인도해버렸습니다. 조약이나 법률보다 한국 국민이 그것을 싫다고 하면 바꿔도 좋다는 의미의 '정서법'(情緒法)이라는 말을 사용한 일본의 신문도 있습니다."

─ 요즘은 피해 당사자의 권익을 찾아주자는 시민운동이 활발해진 면이 있지요.
"일본인은 한국이 국내 문제를 해결하기 위해서 문제를 일본으로 돌린다는 관점을 갖고 있습니다."

─ 그것은 조금 다르다고 생각합니다만.
"그러한 관점을 가진 사람들이 일본 지식인 중에 많습니다."

─ 후쿠오카나 규슈의 리더들도 그러한 생각을 갖고 있습니까?
"규슈의 리더나 지식인들 중에도 그러한 생각을 하는 사람들이 많아지고 있다고 느낍니다. 또한 이른바 역사인식 역시, 한국에서는 올바르다고 생각하지만 일본에서 보면 다른 것도 있습니다. 일반론을 말하자면 역사인식이 완전히 일치하기는 어렵다고 생각합니다. 한국에서도 이러한 인식을 가져주었으면 합니다."

─ 박근혜 대통령이 아직 완고한 자세입니다만, 한국 언론에서는 한일관계를 이대로 내버려두어서는 안 된다고 하는 사설도 꽤 나오고 있습니다.
"최근 바뀌고 있지요."

─ 언론도 칼럼 등을 통해 박근혜 대통령에게도 정상회담을 할 것을 제언하고 있습니다.
"12월 즈음부터 바뀌기 시작했다는 느낌이 있습니다."

─ 양 정부의 발족 이후 1년이 지나고 있는데도 정상회담조차 이루어지지 않고 있기 때문에 한일관계를 걱정하고 있습니다.

"저는 작년 5월에 아시아나항공의 박삼구 회장과 만났습니다. 당시에는 미국 공항에서 착륙사고가 일어나 바쁜 시기였지만, 관광과 관련된 여러 단체, 사장들을 데리고 일본에 와서 관광청 장관 및 게이단렌 관광 담당 부회장과 함께 후쿠오카에 모여 회의를 했습니다. 거기에서 이러한 상황을 조금이라도 해결하기 위해 무엇을 하면 좋은가 하는 논의가 있었습니다. 저는 역시 대화를 해야 한다, 정상회담이 필요하다고 했습니다. 박삼구 회장을 비롯한 한국 분들도 같은 생각이었다고 생각합니다."

— 박삼구 회장은 저의 대학 동기입니다. 그가 규슈에 갔더니 모두 한일관계를 걱정하고 있더라고 말하더군요. 한일관계가 나빠지면 승객이 줄어들어 관광업계는 곤란해지지요.
"그것은 그렇습니다. 역시 우리 경제계는 양국의 우호관계가 양호한 것이 가장 좋습니다. 그래서 최근에는 곤란해 하고 있습니다."

한일관계 개선을 위해서는 무엇이 필요한가

— 그렇다면 이시하라 회장 자신은 한일관계 개선을 위한 어떠한 의견이나 아이디어를 갖고 계십니까?
"우선 앞서 말한 것과 같은 여러 가지 문제가 있습니다만 해결이 가능한 불상 문제 등은 빨리 해결을 해버리면 됩니다. 해결이 되지 않는 문제는 별도로 교섭을 하는 수밖에 없습니다."

— 불상 문제는 일단은 돌려줘야 하는 것인데 현재 소송이 걸렸기 때문에 기다리게 된 상황입니다만, 한국 여론도 역시 돌려줘야 한다는 주장이 강하다고 봅니다. 400~500년 전의 일이기 때문에 당시 기증된 것인지, 아니면 강제적으로 가져간 것인지 알 수 없는데 그것을 한국의 것이라고 해서 훔쳐오면 안 된다는 것이지요. 최근에는 여러 사람들이 자기 하고 싶은

대로 행동해서 외교적인 문제를 일으키고 있습니다.

"그 부분은 박근혜 대통령의 리더십이 필요하다고 봅니다."

― 불상 문제는 박 대통령이 취임하기 전에 일어난 문제입니다. 지금 말씀하신 리더십은 한일관계 개선을 위해서 서로에게 요구되고 있지요.

"정치 문제는 역시 지도자가 중요합니다. 밑에 있는 사람들이 진행하면 어수선하게 여러 문제가 일어나지 않습니까? 아베 정권은 참의원선거 결과 안정된 정권이 되어 수상이 리더십을 발휘하기 쉽게 되었습니다."

― 일본정치는 안정되어 있지만 다른 나라에서 보면 아베 씨가 너무 오른쪽으로 가는 것 아니냐는 생각이 강합니다.

"그렇다기보다 너무 왼쪽으로 치우친 정치를 보통의 국가와 마찬가지로 만들려고 하고 있을 뿐이라고 생각합니다. 일본이 평화국가인 점에는 전혀 변화가 없습니다. 그리고 국민의 과반수가 아베 정권을 지지하고 있다는 점을 한국 측에서도 생각할 필요가 있지 않나 싶습니다."

― 그 부분이 일본 국민과 한국 국민의 이해가 조금 다른 부분입니다. 아베 정권을 어떻게 보고 받아들일 것인가. 그 부분에서 조금 차이가 있지요.

"한일포럼에 가면 한국 측으로부터 아베 우경화, 일본군 위안부, 역사인식, 이러한 이야기만 나와서 그다지 생산적이지 않다고 생각합니다. 역사를 어떻게 볼 것인가에 대해 서로가 확실히 이야기를 나누면, 일치하는 부분이 있다고 해도 마지막에 가서 완전히 일치하는 일은 있을 수 없지 않겠습니까? 양국이 이 차이를 계속 이야기하는 한 양국의 우호평화는 어려울 것이라고 봅니다. 인식의 완전한 일치에 매달리지 말고, 양국이 서로 사이좋게 지내는 것이 세계 평화를 위해서도 중요하니까 미래지향으로 가야 한다고 생각합니다."

— 한일관계가 앞으로 어떻게 되어야 한다고 생각하고 계십니까?

"서로 상대의 시점에 서서 생각하고 미래지향으로 가야 한다고 봅니다."

— 아베 수상은 최근 국회에서 고노 담화를 계승한다고 답변했지요. 무라야마 담화나 고노 담화를 계승한다는 점을 한 번 더 담화 등의 형태로 새롭게 내세우면 어떤가 하는 의견이 한국에 있습니다.

"그렇게 하기 위해서도 정상회담이 필요합니다."

— 앞으로 후쿠오카-부산 포럼의 운영은 어떻게 추진할 생각이십니까?

"이렇게 한일관계가 어려운 시기일수록 이러한 지방의 포럼을 계속해야 한다고 생각합니다. 그 속에서 지금 양국 간의 상황에 대해 이야기를 나누어도 좋지 않은가 생각합니다. 지금까지는 지방 포럼이니까 일부러 그러한 것을 피해왔습니다. 그것을 장제국 총장이나 정구종 교수께서는 어떻게 생각하고 계십니까? 그다지 건드리지 않는 편이 좋은지 어떤지 말입니다."

— 내년은 1965년 국교정상화 50주년이 됩니다. 한국 측으로서는 이번 한일포럼에서 1965년 국교정상화의 좋았던 점과 조금 아쉬운 점을 서로 탁 털어놓고 이야기를 나누자는 의견입니다.

"일본은 역사인식이 전혀 없다는 듯한 말투를 이제 그만두는 것이 어떤가 합니다. 이명박 대통령은 취임 당시 '미래지향'을 말했습니다만 그것이 어째서 마지막에 가서는 그런 식으로 된 것인지 저는 잘 이해가 되지 않습니다."

— 역시 국가 간의 관계는 여러 가지 요인으로 대립하는 일이 있지요.

"한일 양국은 동아시아의 선진국으로서 사이좋게 지내지 않으면 안 됩니다. 특히 안전보장은 틀림없이 그렇습니다. 북핵은 커다란 문제입니다."

— 미국의 실패입니다. 20년 전부터 확실히 해서 북한의 핵무기는 절대 안

된다는 점을 확실히 했어야 했습니다.

"6자회담도 핵에 대해서는 성과가 없었습니다."

— 6자회담으로는 북한에게 이용당할 뿐이라는 지적도 있습니다.

"북한 문제가 위협이 되고 있다는 것은 한국과 일본이 마찬가지입니다."

— 그러니까 안보협력에서는 북한 문제도 있고 중국의 부상도 있지요. 한일 간에서 가장 서로 협력하지 않으면 안 되는 것이 안보협력입니다만 역사인식의 간극으로 좀처럼 진전되지 않습니다.

후쿠오카-부산 자유무역권 구상

— 부산-후쿠오카 초광역경제권 산업 활성화를 위한 방법의 하나로, 후쿠오카-부산을 관세가 없는 자유무역지역으로 설정하는 것은 어떻습니까?

"그러한 일이 정말로 가능하다면 저는 좋습니다. 그렇게 하기 위해서는 한국도 그렇겠지만 일본도 후쿠오카를 관세특별구역으로 하지 않으면 안 됩니다. 그것은 국가 정책과 관련되는 문제이기 때문에 그리 쉽게 되지 않습니다. 지방이 스스로 궁리해서 지역 경영을 할 수 있게 되면 좋겠습니다만. 그런 점은 한국에서도 마찬가지이지 않습니까?"

— 제주도는 자유무역지구로 지정되어 있습니다.

"한국은 특구가 기능을 하고 있군요. 인천도 특구로 지정되어 있지요. 일본에서는 한 지역에 대해 특별한 것을 하면 바로 다른 지역에서 우리 지역도 해달라고 합니다. 그렇게 해서 일본 전체가 같아지게 되기 때문에 아무것도 할 수 없습니다."

— 지금은 국가끼리 FTA나 TPP를 하고 있는데 지역끼리 그러한 것이 어

째서 불가능한가 하는 것이지요.
"일본은 권한을 가지고 독자적인 지방 경영을 하는 국가전략특구를 시작하려 하고 있습니다. 예를 들어 외국인 직접투자(FDI)를 촉진하기 위해 특정 지역의 법인세만 싸게 한다든가 하는 것이지요."

— 한일 간에 예전에는 반드시 비자가 필요했습니다만 지금은 단기간 방문에는 필요 없게 되었지요. 그것과 마찬가지입니다.
"그렇습니다. 비자는 없는 편이 좋습니다."

— 관세를 없앤다는 것도 불가능하지는 않을 것입니다.
"불가능하지는 않겠지요. 일본의 경우 TPP 교섭을 하고 있습니다만 한국도 TPP에 들어오면 같아지게 될 것입니다."

— 그렇군요. 오늘도 감사했습니다.

리츠메이칸대 총장 가와구치 기요후미(川口淸史)

"우리는 아시아의 내일"
한중일 캠퍼스 아시아 프로그램

일시: 2013년 12월 19일
장소: 도쿄 한국문화원 회의실

가와구치 기요후미는 1945년 중국 창춘(長春)에서 태어나 1969년 교토대
경제학부를 졸업했다. 1995년 동 대학원 박사학위를 취득하고 리츠메이칸
대 교수 등을 거쳐 2007년 리츠메이칸대 총장이 되었다. 일한문화교류회의
제3기 일본 측 위원장 등을 역임했다.

들어가며

■ ■ ■ ■ ■

한중일 3국 대학 공동운영 캠퍼스 아시아 프로그램

한국과 중국, 일본 각각의 10개 대학 학부생 및 대학원생 100명씩, 총 300 여 명이 3국의 대학을 돌며 공동으로 개설된 강의를 듣고 학점을 이수한 다, 또한 각 대학이 제공하는 기숙사 등에서 공동생활을 하며 서로 이해하 고 교류하는 가운데 동아시아의 차세대 글로벌 리더로 성장한다는 새로운 형태의 국제협력 교육프로그램이 2012년부터 실시되고 있다.

이러한 '캠퍼스 아시아 프로그램'을 통하여 3국의 젊은 인재가 긴밀한 인적 네트워크를 이루고 이를 바탕으로 새로운 동아시아 협력관계를 만들 어간다는 것이 이 국제 교육협력사업의 목표이다.

캠퍼스 아시아 프로그램은 2010년 5월 한중일 정상회의에서 대학 간 교 류를 확대하기 위한 방안으로 합의, 추진되어 2011년 참여 대학 및 학생 의 선발, 강의과목 선정 등을 거쳐 2012년부터 우선 4개년 계획으로 시작 되었다. 한국에서는 서울대, 고려대, 카이스트, 포스텍, 동서대 등 10개 대학, 일본에서는 도쿄대, 규슈대, 리츠메이칸대 등 10개 대학, 중국에 서는 베이징대, 칭화대, 광동외어외무대 등 10개 대학이 선발돼 참여하고

2014년 7월 오사카의 심포지엄에 참여한 한중일 캠퍼스 아시아 프로그램 참가자들

있다.

캠퍼스 아시아 프로그램의 모태가 된 것은 리츠메이칸대, 동서대, 광동외대 등 3개 대학의 원격 화상강의 프로그램이다. 이들 대학은 2003년부터 "동아시아 문화의 이해"라는 정규과목을 3국 간 원격 화상강의를 통해 공동운영하고 방학을 이용하여 참여 학생들이 함께 모여 토론하는 한중일 집중강의를 실시해왔다. 지난 10년 동안 이 프로그램에 참여한 3국의 대학생 700여 명은 현재 인적 네트워크가 형성되어 한중일에서 학교 및 기업과 통번역 업무 등에 종사하면서 친선 교류에 이바지하고 있다.

캠퍼스 아시아는 이처럼 세 대학 간의 선행적 교류 실적을 토대로 구성되었으며, 3국 정상이 확대실시에 합의함으로써 2012년부터는 30개 대학이 참여하게 되었다. 공동 캠퍼스 프로그램 조합의 하나로 선정된 리츠메이칸대, 동서대, 광동외대는 이미 10년 전부터 운영해온 프로그램에 그대로 참여하게 됨으로써, 원격 화상강의의 차원을 넘어서 정부가 지원하는 이동식 공동 캠퍼스 프로그램에서도 3개 대학 연계로 참여하게 되었다. 지난 4년간 3개 대학에서 강의와 참여 학생들의 공동생활 등이 이루어졌다. 리츠메이칸대 가와구치 기요후미 총장의 인터뷰를 통하여 일본에서의 캠퍼스 아시아 프로그램 운영 실태와 참여 학생들의 반응을 들어보았다. "학생들이 매우 좋아하고 참여에 적극적이어서 3국 대학 공동 캠퍼스 프로그램은 성공했다 하겠습니다. 앞으로 지속적으로 운영하여 보다 더 많은 학생들이 참여할 수 있도록 확대해가는 것이 바람직합니다"고 가와구치 총장은 말한다.

3국 학생들의 공통 언어 '캠퍼스 아시아어(語)'

공동수강, 공동생활을 하는 3대학 학생들 간에는 의사소통의 수단으로 캠퍼스 아시아어가 생겼다. 언어 소통이 완벽하지 못하기 때문에 서로 회화 가능한 언어로 의사를 전달해주는 통역과 몸짓으로 통하는 식이다. 대학이 마련해준 임대 아파트에서 공동생활하는 가운데 함께 시장 보기, 각국의 요리 자랑 등 각각의 식생활도 익힌다. 문화탐방 시간에는 서로의 역사를 이해할 수 있는 현장을 방문하거나 관련 강사를 초빙하여 강의를 듣는다. 대마도 역사탐방 여행에서는 17세기 조선통신사의 일본 방문을 적극 권장하면서 일본과 조선의 교린외교에 앞장섰던 아메노모리 호슈의 유적지를 돌아보는 등 한일친선의 발자취를 재확인하기도 했다. 중국에서 참여한 광동외대 여학생은 심야버스로 도쿄에 가서 부도칸(武道館)에서 열린 동방신기 공연을 보면서 한류열풍의 현장을 만끽하기도 하였다. 중국 학생이 일본에서 한류를 만나는 문화체험의 기회를 갖게 된 것이다.

2013년 캠퍼스 아시아 3학기 동서대 캠퍼스 수강 중에 경주에서 열린 2013 국제인문문화축제에 참석한 리츠메이칸대의 야마모토 이쿠코는 고대 중국의 실크로드 위의 인문학에 관련된 각국 학자들의 연구발표를 관심 깊게 들었다고 했다. 강연 외에도 한국의 전통음악이나 우즈베키스탄의 전통의상 등 실크로드에서 당시 아시아의 종교, 언어, 식생활, 복식문화 등을 보고 배울 수 있었다며, 캠퍼스 아시아 프로그램에서 문화체험의 기회까지 갖게 되어 크게 유익했다고 소감을 말했다.

이 캠퍼스 아시아 프로그램은 4년 동안의 시범운영기간을 거쳐 2015년 이후의 확대 여부가 결정된다. 현재는 선발된 학생 중심의 3국 캠퍼스 순회강의와 공동생활에 한정되어 있으나 일반학생들에게도 개방함으로써 공동학습의 기회를 확대할 필요성이 제기되었다. 지속적인 운영과 확대를 위해서는 '2010년 합의'를 재확인하는 3국 정상의 만남과 대화가 요망된다. 리츠메이칸대, 동서대, 광동외대 총장들은 2014년 7월 5일 오사카에서 캠퍼스 아시아를 테마로 한 심포지엄을 열고 기자회견을 통하여 이 프로그램의 계속을 다짐하면서 한중일 3국 정부의 적극적인 관심을 촉구했다(〈아사히신문〉, 2014년 7월 27일 자).

캠퍼스 아시아의 도전과 리츠메이칸대

— 캠퍼스 아시아 프로그램을 실제로 운영해보니 어떠셨습니까?

"'캠퍼스 아시아'는 현재 일본에서 11개가 운영되고 있습니다. 그중에 사립대학 및 학사과정 학생들도 참가하도록 하는 것은 이 프로그램뿐이지요. 굉장히 힘들지만 각 대학 총장들도 매우 긍정적이고, 교직원들이 시행착오를 하면서도 커리큘럼을 운영하고 있습니다. 학생들의 만족도도 상당히 높고 매우 보람 있는 프로그램이라고 생각하고 있습니다. 문부과학성에서도 상당히 주목하고 있어서 중간평가에서는 최고점인 'S' 평가를 받았습니다."

— 학생들의 반응은 어떻습니까?

"학생들은 활발하게 프로그램에 참여하고 있습니다. 처음에는 일본 학생들은 조금 조용해서 중국과 한국 학생들에게 눌리는 부분이 있었습니다만 지금은 전원이 의견을 주장하면서도 신뢰를 형성하고 있습니다."

— 현재 각각 10명씩이지요. 조금 적다는 느낌도 듭니다만.

"기본적으로는 파일럿 프로그램입니다. 첫 번째 특징은 공통언어를 가지지 않고 각자 자기 나라의 언어로 각국에서 언어는 물론이고 역사나 문학, 사상을 배우는 것입니다. 이것은 이제까지 없었던 도전적인 방식으로, 이것을 뛰어넘으려면 상당히 우수하고 의욕이 있지 않으면 어렵겠지요. 그러한 의미에서 10명으로 출발한 것도 어쩔 수 없지 않나 생각합니다."

— 리츠메이칸에서의 생활은 어떻습니까? 기숙사인가요?

"리츠메이칸대에서는 민간이 운영하는 쉐어하우스를 활용했습니다. 30명이 하나의 쉐어하우스에서 생활했습니다. 각자의 침대가 있는 공동 침실이 있고 부엌과 식당도 공유합니다. 이것에 대한 반응이 엄청나게 좋았습니다. 니시진(西陣) 거리에 위치하여 지역 사람들과의 관계성이 생기면서 일본의 풍토를 보다 잘 체감할 수 있지 않았나 생각합니다."

— 학생들이 직접 음식을 만들어 먹습니까?
"그렇습니다. 함께 장을 보러 가서 자기들이 만듭니다. 어떻게 식재료를 골라서 조리할까 하는 것도 함께 생각하게 했지요. 저도 한번 식사 자리에 초대받아 갔습니다만 한국 학생들이 열심히 한국 요리를 만들어주었습니다. 이것은 정말로 좋은 경험이라고 생각합니다. 함께 배우는 것도 훌륭하지만 함께 생활한다는 것이 결정적으로 서로의 관계성을 깊게 합니다."

— 동서대도 같은 아파트에 2년 동안 전원이 들어가서 생활했습니다.
"그렇다면 마찬가지네요. 그것이 좋습니다. 중국의 공동 프로그램을 맡은 광동외대는 기숙사였던 것 같습니다."

— 동서대도 기숙사가 있습니다만 기숙사에 들어가면 전부 기숙사 규칙에 따르지 않으면 안 되니까 공동생활을 할 수 없지요.
"과연 그렇군요. 현재 리츠메이칸대도 국제 기숙사가 하나 있습니다만, 새롭게 구상중인 기숙사는 이번 경험을 살려서 전부 사양을 바꾸었습니다. 주방도 공동으로 함께 생활할 수 있게 할 겁니다."

— 캠퍼스 아시아 프로그램을 시작한 지 2년이 지났습니다. 리츠메이칸대 자체의 평가는 어떻습니까?
"이번에 문부과학성의 중간 공청회가 있어서 거기에서 보고한바 최고인 'S' 평가를 받았습니다."

— 한국에서도 동서대의 프로그램이 교육부에서 가장 높은 평가를 받았습니다. 지금까지 각 대학 간의 학술교류 프로그램은 있었지만 이것은 새로

운 패턴의 프로그램입니다. 조금 더 규모가 크면 좋지 않은가 생각합니다만 어떻습니까?

"동감입니다. 그러니까 이번에 얻은 여러 가지 교훈을 정리해서 다음 프로그램 설계에 활용하는 것이 중요합니다."

— 리츠메이칸대의 자매학교인 리츠메이칸 아시아태평양대학에서도 국제교육이나 교류에 여러 가지로 힘을 쏟아오셨다고 생각합니다. 종래의 프로그램과 이번 캠퍼스 아시아 프로그램에는 어떠한 장단점이 있을까요?

"리츠메이칸 아시아태평양대학이든 리츠메이칸대든, 그 대학에서 생각한 프로그램에 해외 학생이 참가하는 형태는 지금까지도 있었습니다. '캠퍼스 아시아'의 큰 차이점은 세 개 대학이 공동으로 처음부터 프로그램을 만들었다는 것입니다. 종래의 교환 유학은 이미 있는 서로의 커리큘럼을 이수하는 체제였습니다. 예를 들어 리츠메이칸의 학생을 동서대에 맡기는 것 같은 방식이지요.

'캠퍼스 아시아'는 그렇지 않고 세 개 대학에서 공동으로 프로그램을 만들고 공동으로 학생을 키워나가는 것입니다. 저는 이것을 새로운 형태로 넓히고 싶다고 생각합니다. 요즘 일본에서는 두 대학에서 학위를 취득하는 복수학위(Double Degree)라는 것이 생겼습니다만, 이것도 상대에게 맡기는 방식입니다. 거기에 이번에는 공동학위(Joint Degree)를 하지 않겠느냐는 것이지요. 양쪽 대학에서 하나의 학위를 주는 것이지요. 최근 문부과학성이 이 공동학위제를 한다는 방침을 발표했습니다. 대학 간 연계도 새로운 수준에 이르렀음을 실감합니다."

동아시아에서 '캠퍼스 아시아'의 의미

— 이 프로그램은 한중일 3국의 캠퍼스를 돌면서 수업을 하는 것인데 각 현장의 반응도 다양하겠지요?

"이것을 한중일에서 한다는 것은 또 특별한 의미가 있다고 생각합니다. 캠퍼스 아시아 프로그램 중에서는 역사도 다루고 있습니다. 일본에서 일본의 역사를 일본인 학생과 중국인 학생, 한국인 학생이 함께 배웁니다. 한국에서는 한국의 역사를 마찬가지로 배우지요. 이 과정에서 지금까지 자신이 배워온 역사교육과 전혀 다른 해석에 직면하는 것입니다. 이제까지의 역사관 그 자체가 흔들리는 체험이라고 생각합니다. 이것을 넘으면 대체 그 속에 어떠한 가치관이 형성될 것인지에 굉장히 관심이 있습니다."

— 젊은이들은 역사에 대해 보통 깊은 관심이 없기 때문에 역사인식의 단절이 있지요. 이것이 조금 줄어들게 될까요? 어떻습니까?
"각자의 역사관이 있어서 그것의 차이를 줄인다는 것 이상으로 각자가 가지고 있는 역사를 보는 관점이 크게 바뀌게 되지 않을까 생각합니다. 새로운 역사관, 이것은 바로 차세대의 동아시아인이 나오는 기반이 될 것이라고 봅니다. 공통의 교양, 공통의 역사관, 공통의 사상관과 같은 것이 이러한 도전을 통해 젊은이들 가운데 태어나게 되지 않을까요? 유명한 선생님이 공통의 역사관을 만들어서 공부하라고 하는 방식이 아니라, 전혀 다른 역사관을 각자의 장소에서 배우고 학생들끼리 서로 부딪힘으로써 그들 속에서 새로운 역사에 대한 사고방식이 태어나게 되지 않을까 하는 것입니다."

— 토론도 합니까?
"물론입니다. 수많은 토론을 하지요."

— 싸움이 되거나 하지는 않을는지요?
"싸움이 되는지 어떤지는 모르겠습니다만 깜짝 놀라는 듯합니다."

— 일본에서 보는 역사관, 역사에 대한 사고방식은 한국에서 거의 생각할

수 없지요.

"한국의 역사라는 것도 일본인에게는 전혀 알려지지 않았으니까요. 어째서 한국인들이 이렇게까지 일본의 역사관에 대해 반발하는가를 처음으로 이해하리라 생각합니다. 거기에서부터 한국이 옳은지 일본이 옳은지가 아니라 새로운 역사관과 같은 것이 태어나지 않을까 생각합니다."

― 리츠메이칸대과 동서대, 그리고 중국의 광동외대는 이 프로그램 이전인 2003년부터 공통의 세미나, 화상대화나 강의를 하는 프로그램이 있었습니다. 그것이 이번 프로그램에 도움이 되었다고 생각하시는지요?

"그렇습니다. 그러한 바탕이 있고 교원들 사이에 신뢰도 쌓여서 함께하자는 것으로 이어지게 되었습니다."

중국 학생이 일본에서 한국의 아이돌 공연을 보다

― 가르치는 선생님들의 평가나 반응은 어떻습니까?

"선생님들은 아주 기운이 넘칩니다. 보람을 느끼면서 가르치고 있습니다. 다행히 일본인이지만 한국어나 중국어를 고급으로 구사할 수 있는 선생님이 참가했기 때문에 학생들을 아주 잘 이끌고 있습니다.

몇 가지 에피소드가 있습니다. 하나는 리츠메이칸 가을 프로그램으로 도호쿠(東北) 지진 피해지역 연수를 갔을 때의 일입니다. 피해지역이 얼마나 큰 피해를 입었고 어떠한 부흥의 움직임을 보이고 있는지를 피해지역 사람들을 인터뷰하면서 체험하는 프로그램이었습니다. 이것은 지금이 아니면, 일본이 아니면 할 수 없다고 생각합니다. 그러던 차에 한국의 어느 학생이 자신은 가고 싶지 않다고 말을 꺼냈습니다. 한국에서는 당시에 방사능에 대한 굉장한 알레르기 반응이 있었지요. 그렇지만 학생들 모두에게 설득되어서 싫어하면서 따라갔습니다. 그러고 나서 돌아온 뒤에 정말로 자신이 잘못되었다, 자신은 정말로 현지의 상황을 모르고 있었다,

가 보아서 다행이었다고 그 한국 학생이 말해주었습니다. 역시 실제로 사람들이 어떤 비극을 어떻게 열심히 극복하고 있는지를 자신의 눈으로 본다는 것이 아주 소중하다고 생각했습니다. 이것은 제가 직접 학생들 속에 들어가서 여러 가지 들은 이야기 중의 하나입니다.

또 하나 재미있었던 것은 중국 학생에게 일본에 와서 어딘가 여행했느냐고 물었을 때입니다. 그랬더니 야간버스로 도쿄에 갔다고 하더군요. 야간버스는 요금이 싸니까요. 그래서 무엇을 했느냐고 했더니 도쿄돔에서 동방신기 콘서트를 보고 왔다고 했습니다. 중국인 학생이 일본에서 공부하면서 짧은 시간을 이용해 케이팝 스타의 콘서트를 보기 위해 도쿄에 갔다는 것이지요. 이것이 새롭고 젊은 세대의 문화인 것입니다. 과연 젊은 이들은 일상생활에서 가볍게 국경을 넘고 있습니다."

— 이 프로그램에 참가한 학생과 참가하지 않은 학생과의 반응은 어떻게 다릅니까?
"참가 학생이 그 성과를 가지고 자신이 원래 소속된 반으로 돌아가서 여러 가지로 서로 교류하는 것은 아직 이루어지지 않고 있습니다. 프로그램 자체를 운영하는 것만으로도 열심이어서 말이지요. 여기에서의 성과를 학내에 널리 피드백 하는 것을 앞으로 꼭 해나가려고 생각하고 있습니다."

— 참가하지 못한 학생들은 앞으로 자신도 참가하고 싶다고 희망하는 경우가 있지요.
"그러한 의욕은 있습니다. '부럽다', '참가하고 싶다'는 평판을 여러 가지로 듣고 있습니다."

캠퍼스 아시아 프로그램의 미래

— 현재의 캠퍼스 아시아 프로그램은 국가지원사업이며 2년 뒤인 2016년

에 종료됩니다. 그 뒤는 어떻게 할 생각이십니까?

"리츠메이칸, 동서대, 관동외대의 3개 대학 총장은 2014년 7월 오사카에서 회의를 갖고 2016년도 이후에도 프로그램을 계속할 것을 결정했습니다. 아주 기쁘게 생각합니다. 다만 국가 보조금이 없어지게 될 경우 향후 추진과정에서 가장 어려운 문제는 역시 금전적인 측면입니다. 상당히 고민스러운 문제입니다."

— 현재 한일관계, 중일관계에서 보면 여러 가지로 어렵다고 생각합니다만 내년에는 아마 한중일 정상회담이 열리지 않을까요? 그것을 계기로 이러한 프로그램에 대해서도 관심을 가지도록 영향을 주었으면 싶습니다. 예를 들어 동서대와 리츠메이칸대는 각자 보통 때처럼 한다고 해도 중국은 어떻게 되는지 알 수 없지요. 광동외대는 재정적으로 어떻습니까?

"그 부분은 중국 교육부의 판단이겠지요. 중국의 대학은 상당한 자기 재원을 가지고 있습니다. 이러한 움직임을 중국 정부에서도 평가해주었으면 합니다."

— 예를 들어 계속 이러한 프로그램을 발전시켜서, 대학마다 참가 인원수를 늘리고 언어 수업은 지금의 70퍼센트에서 40퍼센트 정도로 줄이고 스스로 외국어를 공부하도록 준비기간을 두면 비용도 줄어들지 않겠습니까? 그 대신에 전문적인 지식을 보다 높이는 시간배분도 생각할 수 있겠지요.

"그러한 커리큘럼의 구체적인 이야기는 앞으로 조정해야 하겠습니다. 2년째의 성과가 어떻게 될 것인지, 물론 언어능력의 습득 정도도 분석해서 판단하게 될 것이라고 생각합니다.

학생들 사이에서는 '캠퍼스 아시아어(語)'라는 문화가 생겨나고 있습니다. 한 문장에 일본어, 한국어, 중국어가 뒤섞여 있는 겁니다. 그 나라의 말로밖에 표현할 수 없는 것이나 가장 적절한 표현을 사용하려고 하면 자연스럽게 참가국의 말이 섞이게 됩니다. 또한 어학력이 높은 학생이 다른 학생에게 가르쳐주는 이른바 피어 에듀케이션(*peer education*)이 3개국 학생들 사이에서 이루어진다는 점도 주목해야 한다고 생각합니다.”

― 언어를 통해 상부상조하는 것이군요.
“언어의 상부상조입니다. 젊은이들은 정말로 재미있습니다.”

― 알게 모르게 통하는 것이겠지요.
“알게 모르게 통하고 있는 것 같습니다.”

― 그것은 정말로 재미있는 현상입니다.
“젊은이 30명이 정말로 사이좋게 공부하고 새로운 것을 만들고 있다고 생각합니다. 한중일이라는 각자의 틀을 넘어선 세계를 만들고 있다는 인상을 받습니다. 동북아시아 공동체 같은 이야기가 ‘관념’이 아니라, 젊은이들 속에 숨 쉬는 커뮤니티로 성립하고 있습니다.”

― 정말로 마음이 담긴 진정한 우호교류가 가능하다는 것이군요. 중요한 자산입니다.
“그렇습니다. 그렇기 때문에야말로 아시아의 미래를 위해 이 프로그램은 이어가지 않으면 안 됩니다.”

캠퍼스 아시아에 대한 각계의 평가

― 이 세 나라 대학 간의 교류프로그램은 각각의 청소년 교류를 넓히는 데에도 같이 기여했다고 생각합니다.
“그렇습니다. 지금까지도 다양한 도전을 해왔습니다만 질이 한 단계 다르지 않습니까? 규모로는 작아도 이만큼 깊이 있는 교류는 처음이라고 생각합니다. 한일 간 민간 네트워크의 하나인 한일문화교류회의도 양국 간의 교류에서 하이브리드하여 새로운 것을 만들어내고 있습니다. 단순히 서로 알게 되는 것보다 새로운 것을 만들어내는 중이라는 것입니다."

— 만들어내서 그것을 공유한다는 것이지요.
"그렇습니다."

— 일본에서 미디어나 일반의 평가는 어떻습니까?
"미디어의 평가는 아주 높습니다. 매우 주목을 하고 있지요. 오늘 아침 〈니혼게이자이신문〉에서 조인트 프로그램에 대한 문부과학성의 방침을 설명했고 그중에 이 프로그램에 대해 언급했습니다. 또한 〈아사히신문〉 등 다수의 미디어에서 캠퍼스 아시아에 대해 다루었습니다."

— 대학에서 강의도 중요하지만 함께 생활한다는 새로운 경험, 이것도 중요하다고 생각합니다. 각자의 관습이나 식습관 등을 맛보는 것이 가능하다는 것이지요.
"일본에서는 실제로 일반주택을 개조해서 살았기 때문에 쓰레기를 어떻게 내놓는지를 포함해 일본의 시민 생활을 이해할 수 있지요."

— 그것은 정말로 생생한 경험이네요.
"역시 생활하면서 직접 체험하는 것이니까요."

— 2월에는 광동외대에서 캠퍼스 아시아가 진행될 예정이지요?
"네. 2월은 중국 광동외대입니다. 이동 캠퍼스는 중국에서 출발한 것으로 2주째이지요. 2년째는 더 재미있을 거라고 생각합니다. 언어도 많이 숙달되었으니까요."

— 학생들로부터 불만도 있을 것이라고 생각합니다만.

"있겠습니다만 저에게까지 오지 않습니다. 그렇게 큰 불만은 아마 없을 것이고 학생들 스스로 해결하고 있을 거라 생각합니다."

— 동서대도 중간보고서를 위해 참가한 학생들에게 각자 감상을 쓰게 하고 이것을 다음 프로그램에 반영하는 것도 생각하고 있는 듯합니다. 이 수업에 참가하고 있는 대학생이 다른 강의에 참가하여 듣는 것에는 별로 문제는 없습니까?
"일본에서는 수업을 일본어로밖에 하지 않으니까, 한국인 학생이 다른 수업을 들으러 가는 그러한 구성으로는 되어 있지 않을 겁니다. 일본인 학생은 물론 자기 수업을 들으러 가고 있는 듯합니다만."

— 이 프로그램에 참가한 대학생은 각자 긍지를 갖고 있겠지요.
"그렇습니다. 역시 엘리트들이니까요. 아시아를 견인하는 리더가 되어주겠지요."

— 이것을 어떻게 다음 세대의 네트워크를 만들기 위해 잘 활용할까도 중요합니다.
"이 프로그램의 재산 중 하나는 네트워크라고 생각합니다. 앞으로 졸업한 뒤에 일을 할 때 그 네트워크가 역시 아주 중요하다고 생각합니다."

— 일본 정부 또는 교육기관으로부터의 평가는 어떻습니까?
"바로 얼마 전까지 중간보고를 위해 문부과학성에 다녀왔기 때문에 앞으로 평가가 나올 것입니다."

— 문부과학성도 관심을 갖고 있겠지요.
"문부과학성도 관심을 가지고 있습니다. 하나 어려운 부분은 거버넌스의 운영을 하지 않으면 안 된다는 것입니다. 예를 들면 학점을 어떻게 인정할 것인가. 근본적으로 학기가 다릅니다. 그러한 과제의 조정 등에 꽤 수고가 들어 힘듭니다. 이것을 우선 각 대학에서 특례로 하고 있습니다. 2, 3, 4월 동안 이 프로그램을 중국의 광동외대에서 하고 있습니다만 이 기간에 리츠메이칸대는 수업을 하지 않지요. 그럼에도 이것을 하나의 정규 수업으로서 학점을 인정할 필요가 있습니다.

그리고 이 프로그램이 어떻게 보이는가에 대해 외부평가를 하고 있습니다. 교토대의 오구라 기조 교수를 불렀습니다. 오구라 교수의 평가는 아주 높았습니다. 또한 각각의 학생이 제대로 수업을 듣고 있는지, 어떤 성적을 받았는지를 세 대학이 공동으로 봐야 한다는 것이 중요합니다. 그때는 어쩌면 인원수 30명이 한계일지도 모릅니다. 각 대학이 자기 대학의 학생을 돌보라고 하면 괜찮습니다만 30명 전부의 학사 문제를 각 대학에서 챙기는 것이니까요."

캠퍼스 아시아의 현 체제

— 이 프로그램 중에 한중일 각각의 지역사회를 견학하는 프로그램도 있습니까?
"물론입니다. 각국에서의 필드워크는 이 프로그램의 소중한 배움의 장입니다."

— 대체로 어떠한 곳을 데리고 갑니까?
"기업을 방문한다든지 지역 활동에도 참가합니다. 일본에서 가장 큰 경험은 앞서 소개한 동일본대지진 피해지에 가는 것입니다. 부흥 지원을 하고 있는 지역에 데리고 가서 현지의 사람들이나 NPO등의 단체로부터 여러 이야기를 듣고 실제로 자원봉사에도 참가합니다. 거기에서 얻은 체험을 교토에 가지고 돌아와서 대학에서 의견교환 및 과제 공유 등 토론하는 방식의 배움을 펼치고 있습니다."

― 정말로 좋은 경험입니다.

"교실에서의 수업만이 아니라 현실 사회에 접하고 또 그 체험을 가지고 돌아와서 토론을 합니다. 여기에서 궁금해지는 것은 어느 나라 말로 토론을 하는가 이지요. 그것은 '캠퍼스 아시아어'입니다. 일본어로 말한다든가, 자기는 일본어가 좀 약하니까 한국어로 말하면 누군가가 그것을 통역하는 식으로요. 이것저것 섞여 있지만 거기에서 캠퍼스 아시아어와 같은 새로운 그들의 문화가 태어나고 있는 듯합니다."

― 각각 사무국을 설치하면 좋겠습니다.

"물론 사무국은 있습니다. 아주 힘들지만 보람은 크게 느끼고 있습니다."

― 지금은 대학의 어느 부서가 사무국을 맡고 있습니까?

"리츠메이칸대에서는 문학부 사무실이 사무국을 맡고 있습니다."

― 쓸데없는 일이라는 식의 반응은 없습니까?

"하지만 이것은 아주 좋은 프로그램이라고 해서 사무실도 힘을 내고 있습니다."

― 세 나라를 잇는 사무국이 있으면 좋겠습니다만.

"사무국 업무가 힘든 것은 언어의 장벽이 있기 때문입니다. 영어가 가능하여도 중국어나 한국어도 가능한 직원은 별로 없지요."

― 이 프로그램은 처음부터 영어가 아니라 각자의 언어를 기반으로 하고 있지요?

"영어가 아니지요. 이것은 인문학이라는 점에서 역시 고집한 부분입니다. 사회과학이라면 각자의 언어는 딱히 필요 없으니까 공통언어면 됩니다만. 인문학은 각자의 언어로 사상이나 역사를 포함한다는 것이 중요한 사고방식이니까요."

— 각자의 언어를 배우게 되었습니까?
"중간보고에서 어학능력에 대해 중국어에서는 레벨1이 14명. 일단 목표는
달성했습니다. 한국은 레벨1이 10명이고 레벨2의 목표는 4명입니다. 계획
은 순조롭게 진행되고 있습니다."

— 그것만으로도 참가해서 정말로 좋았다고 생각하겠군요. 참가하는 대학
의 총장들끼리 회의도 하고 있습니까?
"2012년 6월 출범행사 때 일본에 와주셨습니다. 그때 동서대 장제국 총장
과 광둥외국어대 쭝웨이허(仲偉合) 총장도 리츠메이칸대에 와서 세 명이
토론하고 기자회견을 했습니다. 그리고 2014년 7월에 오사카에서 〈아사
히신문〉 주최로 이 프로그램을 주제로 한 심포지엄이 개최되었고 그때 세
대학 총장이 다시 모여서 2016년 이후에도 이 프로그램을 3개 대학만이라
도 지속적으로 실행하자는 데 합의했습니다. 사회에 이러한 움직임을 발
표하는 장이 필요할 것이라고 하여 3개 대학 공동으로 참여해서 심포지엄
을 열었고 〈아사히신문〉에 1개면 전면으로 보도되었습니다."

— 각자 중간보고를 발표하고 정부로부터 평가를 받아서, 이러한 프로그
램이라는 것을 세 분 총장이 다시 기자회견에서 발표하면 정부에 대한 강
한 메시지가 될 것이라고 생각합니다.
"네. 그렇겠지요. 열심히 하겠습니다."

— 가와구치 총장께서는 그동안 두 차례 인터뷰에 응해주셨고, 또 한일·
일한문화교류행사로 저와 만날 때마다 이 프로그램의 진행상황과 앞으로
의 계획에 대해서 말씀해주셨습니다. 정말로 감사했습니다.

기획·취재·제작을 도와주신 분들께 감사를 …

이 《한일 교류 2천 년, 새로운 미래를 향하여》 취재는 한일 양측의 많은 분들의 조언과 도움이 없었으면 불가능했을 것이다. 한일관계를 50년간 연구해오신 최서면 국제한국연구원 원장과, 한일친선협회 회장으로서 민간교류에 공헌하신 김수한 전 국회의장, 지난 10년간 한일포럼의 한국 측 대표를 맡으신 공로명 전 외무장관 등 원로의 자문과 충언은 이 기획의 방향 설정과 면담자 선정의 길잡이가 되었다. 후쿠오카-부산 포럼의 한국 측 간사 장제국 동서대 총장은 일본 측 대표와의 면담을 주선해 주었고, 또한 '한중일 캠퍼스 아시아 프로그램'의 한국 측 참여대학(동서대) 대표로서 이 기획의 취재에 많은 도움을 주었다. 장제국 총장은 필자가 동서대 석좌교수로서 2년 가까운 기간 동안 《한일 교류 2천 년, 새로운 미래를 향하여》를 위한 취재와 인터뷰 및 집필에 전념할 수 있도록 허락해주고 지원해주었으며 이에 대해 특별히 감사드린다.

제1부 "과거로부터의 메시지"에서 한일 고대사에 대해서는 김용운 전 한일문화교류회의 위원장, 제2부 "한일 문화유산의 오늘"에 대해서는 서울시립대 교수인 정재정 전 동북아역사재단 이사장의 감수와 지적을 받았다. 제3부 소설·연극·스포츠 교류 취재에서는 한일문화교류회의 이강

645

민 사무국장(한양대 교수)의 도움이 있었다.

이 인터뷰 시리즈의 기획에 큰 관심을 보여주고 또한 예상되는 국내 독자들의 반응에 대해 조언해준 〈동아일보〉심규선 대기자와 허문명 국제부장, 강수진 문화부장 및 오명철 문화전문기자, 그리고 편집과 타이틀 등을 세부적으로 지적해준 〈동아일보〉김지완 전 편집부장, 김사중 동아닷컴 뉴스팀장 등의 도움은 집필과 시리즈의 방향 설정에 큰 힘이 되었다.

일본 측에서 필자를 도와 인터뷰 대상자를 추천해주고 만남을 주선해주며 여러 아이디어를 주신 분들께도 감사드린다. 무엇보다도 바쁜 일정 가운데에서도 귀중한 시간을 2~3시간씩 할애해주신 일본의 면담자들께 심심한 감사를 드린다. 벳쇼 고로 주한 일본국특명전권대사는 일본 다도를 대표하는 우라센케 센 겐시쓰 대종장이 방한했을 때 관저에 초청하여 다시 만날 수 있는 기회를 주었다. 센 겐시쓰 대종장 인터뷰에는 세키네 히데지 우라센케 사무총장과 무라마쓰 가나코 서울사무소장의 지원도 힘이 되었다. 미치가미 히사시 전 일본대사관 공사는 공보문화원장 때에 일본민예관의 후카사와 나오토 관장에게 직접 추천서를 보내어 필자의 인터뷰에 응해주도록 주선해 주었다. 무라타 시이나 서기관이 그 중간 역할을 하면서 직접적인 도움을 주었다.

일한문화교류기금의 사메지마 후미오 회장과 오노 마사아키 이사장은 한일·일한문화교류회의 전체회의를 통하여 일본 측 위원이었던 가와부치 사부로 일본축구협회 최고고문을 비롯하여 가와구치 기요후미, 쓰지하라 노보루, 오구라 기조 등 인터뷰 대상자를 회의 등을 통하여 만날 수 있도록 교류의 기회를 만들어주었다. 또한 동 기금의 오사 히사미츠 부장은 필자의 인터뷰 요청을 연결하여 일본의 문화인들에 대한 인터뷰를 주선해 주는 등 큰 도움을 주었다.

일본 측에서도 이 프로젝트에 참여하여 한국 지식인들을 인터뷰하고 있는 〈아사히신문〉의 와카미야 요시부미 전 주필은 후지와라 기이치 교수와의 인터뷰를, 가이세 아키히코 서울 지국장은 필자의 인터뷰 대상자에 대한 자료를 〈아사히신문〉 라이브러리에서 찾아 여러 차례 도움을 주었고 나카노 아키라 특파원도 필자의 인터뷰 대상자에 대한 교섭과 자료 수집에 도움을 주었다. 하코다 테츠야 〈아사히신문〉 전 서울지국장과 사와다 가츠미 〈마이니치신문〉 서울지국장, 아오야마 슈지 〈홋카이도신문〉 전 서울지국장, 코야 유키코 〈서일본신문〉 서울특파원 등은 인터뷰 대상자에 대해 필자에게 아이디어를 제공함은 물론 개별 대상자에 대한 협의에 응해줌으로써 큰 도움을 주었다.

〈동아일보〉 배극인 도쿄지국장은 자신이 인터뷰하여 〈동아일보〉에 게재되었던 아라이 신이치 한국·조선 문화재 반환운동대표 및 요코다 히로시 한류 10주년 실행위원장과의 인터뷰를 주선함과 동시에 관련 정보와 자료 등을 참고하도록 도와주었다. 도쿄 한국문화원의 심동섭 원장에게도 깊은 감사의 말씀을 드린다. 심 원장은 지난 3월 도쿄 한국문화원에서 개최된 〈조선 도공 심수관, 이삼평 전〉의 자료를 보내주었고 14대 이삼평의 인터뷰 교섭을 비롯하여 2013년 12월 한일 문화공연 참석차 도쿄 한국문화원을 방문한 가와구치 기요후미 리츠메이칸대 총장 등 세 명에 대한 인터뷰 때에 장소를 제공하는 등 큰 도움을 주었다. 일본에서 한류 연구와 보급에 힘쓰고 있는 한국문화콘텐츠진흥원의 김영덕 도쿄사무소장도 대중문화평론가 후루야 마사유키의 면담과 인터뷰에 큰 도움을 주었다.

한국에서 한일 연극교류의 일선에서 활약하고 있는 연극인 이시카와 쥬리는 히라타 오리자, 쓰가와 이즈미, 호시노 다카시 등 일본의 연극인들을 소개하여 인터뷰를 주선하여주었고 방문 인터뷰 약속 등 일정까지 잡아주었음은 물론 연극 부문 인터뷰 내용의 녹취와 정리까지 맡아줌으로써 큰 힘이 되었다.

그리고 인터뷰 대부분의 녹취와 번역 등을 정확하게 정리해준 게이오대 박사과정의 허원영 연구원은 일본 정부 국비유학생으로 도쿄에서 연구생활 중인 가운데 필자와 함께 인터뷰 현장까지 가서 사진촬영 등 어시스턴트에 결정적인 도움을 주었음을 밝히며 그동안의 수고에 감사드린다. 이

기획의 방향성과 내용을 인정하여 단행본으로 출판해준 도서출판 나남의 조상호 회장과 고승철 사장 및 방순영 편집장, 강가람 편집자를 비롯한 제작진 여러분들께 심심한 감사를 드린다.

끝으로 필자의 집필 과정에서 정리 작업에 힘을 빌려준 동서대 일본연구센터의 전·현직 연구원들, 특히 최종 마무리와 정리를 맡아준 김아정 연구원의 노고가 큰 힘이 된 데 대해 감사드린다. 아시아연구기금의 허정화 연구원 역시 최종보고서의 마무리 과정에서 도움을 주었음을 밝혀둔다.

한편 조선도공의 후예인 제 15대 심수관·제 14대 이삼평의 도쿄전시회 사진 등을 제공해준 〈동아일보〉 도쿄지사 박형준 특파원에게도 감사드린다. 화보사진의 배치와 인물사진의 선정 등을 위하여 포토데스크의 황종건 사장이 귀중한 시간을 내어 여러 차례 도와준 데 대해 감사드린다.

많은 협력자들의 도움이 시리즈의 완성에 힘이 되었다. 한일문화교류회의 조유정 간사와 서태희 간사, 동서대 일본연구센터의 김아정 연구원은 인터뷰를 위해 10여 차례 일본을 방문한 필자의 일정 정리에 큰 도움을 주었다. 그동안 《한일 교류 2천 년, 새로운 미래를 향하여》의 기획 및 전개 과정에서 좋은 의견과 조언을 보내주고 관심을 보여주신 한일의 관계자 여러분들께 다시 한 번 감사드리며 그 같은 조언과 관심이 한일 관계 회복 및 정상화에 큰 힘이 될 것으로 믿어 의심치 않는다.

— 저 자

인터뷰이 23인 약력 (인터뷰 게재순)

■ ■ ■ ■

하라다 스미오

1946년 난고손에서 태어났다. 미카도 신사의 신관(神官)의 후손으로 난고손 백제마을 조성 당시 난고손 사무소(洞會)의 기획관광과장을 지냈다. 어릴 때부터 미카도 신사를 지켜온 조상들의 전통을 이어받아 백제왕족을 모시는 마을의 풍습과 축제 등의 준비와 진행을 체험으로 익혔다. 그는 다바르 마사토 촌장을 도와 백제마을 복원의 기획, 섭외, 실행 등에 앞장섰다. 백제마을 조성에 앞서 한국 부여에 파견되어 백제 왕족의 뿌리를 확인하는 작업에서부터 마을 복원의 기획을 시작하기도 했다. 1986년 기획관광계장으로 있을 때 사업특별담당으로 임명되었고, 과장이 되면서 백제마을 조성에 본격적으로 나섰다. 그동안 한국을 18차례나 방문하여 난고손 백제마을과 부여 등을 잇는 교류사업, 대전엑스포 전시와 개막식 행사 등에 난고손이 참여하는 데 힘써왔다. 2006년 시(市), 정(町), 촌(村) 합병에 따라 난고손 미사토 정(美郷町)으로 행정구역명칭이 바뀌면서 정의 사회복지협의회 사무국장이 되었다. 2007년 정년퇴직 후에도 미사토문화재 보존조사위원으로 활동하고 있으며 백제마을을 찾는 국내외 관광객 안내 자원봉사를 하고 있다. 저서로는 《小さな村の大きな挑戰》, 《とっておき神門物語》, 《西野正倉院事業報告書》, 《師走祭り》, 《神門物語》(공저) 등이 있다.

다바르 마사토

1925년 미야자키 현 난고손에서 태어났다. 1942년 미야자키 현립 다카나베 농업학교를 졸업한 뒤 1949년 수의사 면허를 취득했다. 1961년 4월 난고손 사무소에 임용되어 경제과장, 농업진흥과장, 촌장보좌 등을 거쳤으며 1986년 7월 난고손 촌장에 취임했다. 백제왕전설과 시와스마쓰리, 마을에 전해 내려오는 국보급 유물 등을 주제로 하여 백제마을 부흥운동에 앞장섰다. 촌장을 4회 연임한 후에 2001년 12월 퇴임했다. 하라다 과장과 함께 백제마을 복원의 주역으로 꼽힌다.

마쓰나가 도시오

1942년 기타규슈 야와타(八幡)에서 출생하여 와세다대 정경학부를 졸업하고 1966년 〈서일본신문〉에 입사해 정치 및 경제부를 거쳤다. 지역보도부장, 편집기획위원장, 종합프로젝트 실장, 관련회사 임원 등으로 일했다. 2010년 5월부터 공익재단법인 무나카타(宗像) 유릭스 관장으로 재직 중이다. 현역 기자 시절에는 당시 일본의 각 지방에서 일어나던 '지역 부흥'을 테마로 한국에서도 몇 번의 교류를 경험하였는바, 특히 전주, 순창, 김제 등에서 인상적인 교류 체험을 하며 난고손과 인연을 맺었다.

15대 심수관

15대 심수관은 1959년 14대 심수관의 장남으로 태어났다. 와세다대를 졸업한 후 가업을 이어받기 위해 교토시립공업시험장과 교토도공고등기술전문학교에서 본격적으로 도예 기술을 익혔다. 이탈리아 국립미술도예학교에서 2년 동안 창작 디자인을 전공했으며, 귀국 1년 뒤에는 사쓰마 도자기의 초석을 다지기 위해 선조의 땅 한국에서 옹기 제작기술을 습득하고자 경기도의 김일만 토기공장에서 김칫독 제작 수업을 받았다. 15대 심수관의 이름을 이어받은 1999년부터 현재에 이르기까지 일본에서 수차례의 개인전을 열었다. 경기도 이천에서 열린 〈2001 세계도자기엑스포〉와 뉴욕의 아시아 소사이어티 미술관(Asia Society Museum)에서 열린 〈New way of Tea〉 등 국제적인 전시회에 출품했으며, 2004년 가고

시마에서 한일정상회담이 열릴 때에는 수관도원을 방문한 고 노무현 대통령을 맞이하는 등 한일 양국의 문화교류에 힘써왔다. 2010년에는 프랑스 파리의 미쓰코시(三越) 갤러리에서 〈역대 심수관전〉을 개최했고, 그 후에는 일본 전역을 순회하며 1대부터 현재까지 심수관 가문의 발자취를 널리 알리고 있다.

14대 이삼평

14대 이삼평은 1961년 현재의 아리타 정에서 제13대 이삼평의 차남으로 태어났다. 사가현립 아리타요업시험장에서 도자기 수업에 정진하였고 부친 13대 이삼평이 재점화한 아리타야키의 가마에서 도자기 제작 수업을 받던 2005년 8월 11일, 초대 이삼평의 350주기 기일에 13대로부터 이삼평이라는 이름을 계승하였다. 초창기 도자기에서 느껴지는 조선 도공들의 생각과 기술을 되살리고자 재래식 가마를 복원하고 청화백자에 주력하고 있다. 2016년은 일본에서 도조(陶祖), 즉 도자기의 조상으로 추앙받는 그의 선조 초대 이삼평이 아리타도자기를 창업한 지 400주년을 맞는 해이다.

후카사와 나오토

1956년 야마나시 현에서 태어났다. 다마미술대학 미술학부 프로덕트디자인과를 졸업했다. 이후 무사시노미술대학 교수, 다마미술대학 객원교수, 도쿄대 정보학 대학원(情報學環) 사회정보학부(學際情報學府) 특별강사, 무인양품(無印良品) 디자이너, 어드바이서 멤버 등을 거쳐 IDEO Japan을 설립하고 1996년 일본지사장에 취임했다. 2003년에는 자신의 이름을 내세워 새로이 나오토 후카사와 디자인(Naoto Fukasawa Design)을 설립했다. 경제산업성 전략적 디자인활용 연구회 위원, 굿디자인상 심사위원장(2010~2011년) 등을 거쳐 2012년 일본민예관 관장에 취임했다. 주요 수상경력으로는 IDEA상 금상(미국), iF Design상 금상(독일), DDC상(독일), 레드도트디자인상(독일), D&AD상 금상(영국), 마이니치디자인상(일본), 제5회 오리베상(일본), 굿디자인상(일본) 등이 있다. 《デザインの輪郭》, 《デザインの生態學》, 《デザインの原形》, 《Naoto Fukasawa》, 《THE OUTLINE 見えていない輪郭》 등의 저서가 있다.

스기야마 다카시

1957년 시즈오카 현에서 태어났다. 와세다대 문학부 졸업 후 일본민예관에서 학예원으로서 근무하였고 2008년부터 민예관 학예부장에 취임하여 민예관 소장품의 보존, 전시, 홍보업무를 전담하고 있다. 설립자인 야나기 무네요시 초대관장의 민예관 철학 등을 일반에 역설하는 강연, 강의, 연구 저술 등의 활동을 활발히 전개하고 있다. 주요 논문으로 "柳宗悦のこと－その生涯と仕事について", "柳宗悦と河井寬次郎: 見えざる力に呼ばれし二人", "柳宗悦から宗理へ: その眼差しの交わる處", "柳宗悦と芹澤銈介: 美の喜びに導かれて", "民藝運動と高島屋: 展覽會との關わりを中心に", "柳宗悦の生涯とその仕事", "柳宗悦の蒐集: 眼の遍歷と美術館への夢" 등이 있다.

아라이 신이치

1926년 도쿄에서 태어났다. 1949년 도쿄대 서양사학부를 졸업하고 이바라키대 명예교수, 스루가대 명예교수로 있다. 전공은 서양사, 국제관계사이며, 대학 퇴직 후에는 일본 전쟁책임 자료센터 공동대표, 한국·조선 문화재 반환문제 연락회의 대표간사 등을 맡았다. 제국주의와 제2차 세계대전, 전쟁책임 등을 연구하면서 정기적·비정기적 심포지엄을 개최하고, 각종 미디어에서의 집필활동 등을 활발히 전개하고 있다. 저서로는 《平和の歷史》, 《戰爭責任論》, 《歷史和解は可能か》, 《コロニアリズムと文化財》, 공편저에는 《現代史における戰爭責任論》, 《從軍慰安婦と歷史認識》, 《歷史敎科書をめぐる日韓對話》, 《歷史の壁を超えて》, 《歷史と責任》 등이 있다.

쓰지하라 노보루

1945년 와카야마(和歌山) 현에서 태어나 문화학원(文化學院) 문과를 졸업 후 동인지 〈제2차 문학공화국〉에 참가하며 작가로서의 가능성을 타진했다. 1967년에는 고향인 다나베 시에 돌아와 가사에 종사하다 1970년 도쿄에서 중국 관계의 무역회사에 취직했다. 직장생활을 하면서 소설을 집필했고 1985년 중편소설 〈犬かけて〉으로 데뷔했다. 1990년 중국의 벽지를 무대로 하여 자신이 태어나고 자란 와카야마 현의 모습을 모티브로 한 중편 〈村の名前〉로 제 103회 아쿠타가와상을 수상했다. 1992년에 회사를 퇴직하고 집필에 전념하면서 1999년에는 제 50회 요미우리문학상을, 2000년 제 30회 다니자키 준이치로상을 수상하는 등 2013년 현재까지 일본의 10개 문학상을 휩쓸었으며, 일본 문화훈장인 자수포장(紫綬褒章)을 수훈했다. 2014년 현재 가와바타 야스나리문학상, 시바 료타로상 등 권위 있는 문학상 심사위원으로 위촉되어 활동 중이다. 2012년부터는 가나가와 근대문학관 관장 겸 이사장으로 있다.

히라타 오리자

극작가 겸 연출가로 1962년 도쿄에서 태어났다. 고등학교 2학년이던 16세에 고등학교를 휴학하고 자전거로 세계일주를 떠나 26개국을 여행했다. 그 경험담을 엮어 책으로 펴내기도 했다. 대학 재학 중에 극단 '청년단'을 설립했으며 부친의 도움으로 극장을 세우고 지배인이 되었다. 1980년대에 일상화법을 연극에 도입한 현대구어연극을 제창했다. 다수의 작품을 쓰고 무대에 올리는 등 일본현대연극의 새로운 스타일을 개척하였다. 현재 도쿄예술대학 교수, 오사카대학 커뮤니케이션디자인센터 객원교수, 시고쿠학원대학 객원교수를 맡고 있다. 학장 특별보좌, 공익재단 무대예술재단 연극인회의 이사장, 일본극작가협회부회장, 일본연극학회이사, (재)지역창조이사 등을 역임했다. 대표 연출작으로는 〈도쿄 노트〉(1994), 〈서울 시민〉 3부작(1989~2006) 등이 있고, 주요 수상 경력으로는 기시다 구니오 희곡대상(1995), 토에우리연극대상 우수연출가상(1998), 은다우리연극대상 우수작품상, 몽블랑 국제문화상 등이 있다. 저서에는 《芸術立國論》, 《幕が上がる》, 《地図を創る旅: 靑年団と私の履歴書》, 《演技と演出》, 《演劇のことば》, 《新しい廣場をつくる: 市民芸術概論綱要》외 희곡집 등이 있다.

쓰가와 이즈미

1949년 이바라키(茨城) 현에서 태어났다. 1970년대 소극장운동에 참여했고 1975~1976년 창작 라디오드라마 현상공모에 당선되면서 방송작가로 활동을 시작했다. 1989년 예술선장 문부대신 신인상(芸術選奨文部大臣新人賞) 방송부문,

제 3회 골든안테나 국제텔레비전축제 그랑프리를 수상했다. 1990년부터 한국어를 배워 2001~2003년 서강대 어학당에서 유학했다. 일본각본가연맹원, 일한연극교류센터 전문위원으로 있다. 일한연극교류회 대표로 〈대학로, 1980년대〉전을 기획했다. 저서로는 《JODK 消えたコールサイン》, 《90年から韓國語を學び, 01~03年韓國西江大學語學留學》, 《韓國現代戲曲集》, 《讀んで演じたくなるゲキの本》가 있고, 공역서로는 한국 집문당에서 출간된 한일 대역 창작 시나리오 선집 《金志軒韓日對譯創作シナリオ選集》가 있다.

호시노 다카시

1972년 효고(兵庫) 현에서 태어났다. 메이지대 대학원에서 연극학 전공 박사과정을 수료하고 와세다대 쓰보우치 박사 기념연극박물관 조수를 거쳐 현재 동 박물관 초빙연구원으로 있다. 다이쇼 시대 제국극장을 중심으로 일본의 근현대 연극사를 전문으로 연구한다. 주요 논문으로는 "'タイフーン'再考", "帝劇の時代: 〈ヴァラエティ・シアター〉としての大正期帝國劇場"이 있고, 기획·운영한 전시로는 〈つかこうへいの70年代〉, 〈佐野碩と世界演劇〉, 〈大學路1980's: 韓國現代演劇とソウル〉, 〈今日もコロッケ, 明日もコロッケ: "益田太郎冠者喜劇"と大正〉 등이 있다.

가와부치 사부로

1936년 오사카에서 태어났다. 1957년 와세다대 상학부 입학해 축구부에서 활약하던 중, 1958년 일본 대표선수로 선발되어 1959년 로마올림픽 예선, 1960년 칠레 W컵 아시아예선 등에 출전했다. 1961년에 후루가와전공으로 옮겨 1964년 도쿄올림픽 일본 대표선수를 거쳐 1976년 일본축구리그(JSL) 상임운영위원, 1980년 올림픽 일본대표팀 감독을 역임했다. 1991년 일본축구협회 프로리그설립준비실장에 취임하면서 J리그 설립을 준비했다. 일본프로축구리그 J리그 체어맨에 취임해 1996년 2002년 월드컵개최 준비위원회 실행부위원장, 2002년 일본축구협회회장, 2008년 일본축구협회 캡틴, 2012년 일본축구협회 캡틴 최고고문을 지내며 일본 축구의 역사에 큰 획을 그었다. 2013년에는 공립대학법인 수도대학동

경 이사장에 취임했다. 저서로는 《虹を摑む》, 《Jの履歷書: 日本サッカーとともに》, 《51歲の左遷: からすべては始まった 大逆轉のリーダーシップ論》, 《采配力》 등이 있다.

요코다 히로시

1957년 도쿄에서 태어나 츄오대학 경제학부를 졸업하고 1979년 〈산케이신문〉에 입사했다. 1981년에는 현재 유니버설뮤직의 전신인 폴리도르 레코드에 입사하여 도쿄 제1영업소에서 근무했다. 1986년부터는 워너브라더스영화 워너홈비디오에서 영업본부 판매기획을 담당했으며 1990년에는 20세기 폭스홈엔터테인먼트 마케팅부에서 근무했다. 일본의 대형 연예기획사인 SPO의 영업부장을 거쳐 2003년에는 이사에 취임했다. SPO에서는 〈궁〉, 〈꽃보다 남자〉 등의 한국드라마 외에도 〈삼국지〉 등의 중국드라마, 〈유성화원〉 등의 대만드라마의 마케팅을 지휘했다. 2013년 영상제작사, TV방송국, 출판사 등 한류 비즈니스에 관련한 기업 43사를 결집한 한류 10주년 실행위원회를 발족, 위원장으로서 활동하고 있다. 한류 10주년 실행위원회는 2013년 10월, 한국드라마대상 시상식을 마쿠하리 멧세 국제전시장에서 개최했다.

후루야 마사유키

1974년 홋카이도에서 태어나 홋카이도대 의료간호복지학부 졸업 후 조지대학 대학원에서 신문학 박사과정을 수료했다. 캐나다 유학 중 한국으로 건너와 고려대에 유학했다. 귀국 후 FM라디오국에서 DJ로 활약했다. 2000년 FM 노스웨이브에서 처음으로 케이팝 전문 프로를 시작해 한일 양국의 FM 및 전문 케이블TV DJ 등으로 케이팝, 제이팝 해설과 소개에 힘썼다. 홋카이도대 객원교수 등 대학에서 한일 대중문화를 강의하는 한편, FM 라디오 프로그램에서 한류, 케이팝 등의 진행을 맡고 있다. 《韓國MUSIC・VIDEO讀本》, 《K-GENERATION: K-POPのすべて》, 《韓流入門》, 《古家正亨の ALL ABOUT K-POP》, 《韓國の暮らしと文化を知るための70章》, 《韓國・朝鮮の知を讀む》, 《古家正亨の韓流塾》 외 다수.

오구라 기조

1959년 도쿄에서 태어나 도쿄대 독문과 졸업 후 서울대 박사과정에서 동양철학을 공부하는 등 동아시아 연구에 몰두하였다. 오구라 기조 교수는 현대의 한국과 한일 관계를 한중일의 동아시아적 관점에서 연구하고 해석하려는 철학자다. 현재 한중일의 문화문명적 관계 속에서 동아시아의 역사와 국가 관계를 연구하는 교토대 대학원 인간·환경학 연구학과 교수로, 주된 연구 주제는 '일본과 한반도의 관계는 어떻게 설정되어야 하는가'이다. 한국철학, 한국문화사, 동아시아 비교사상을 주제로 한 그의 저서에는 한국과 한류를 새로운 시각에서 바라보고 독특한 해석을 통해 분석하는 내용이 많아 관심을 끈다. 위키피디아에서는 그를 '한국철학 전문가'로 분류한다. 주요 저서로는 《韓國は一個の哲學である》, 《韓國人のしくみ》, 《韓流インパクト》, 《韓國, ひき裂かれるコスモス》, 《心で知る, 韓國》, 《韓國, 愛と思想の旅》, 《日中韓はひとつになれない》, 《朱子學化する日本近代》, 《入門 朱子學と陽明學》 등이 있다.

후지와라 기이치

1956년 도쿄 출생으로, 도쿄대 대학원 정치학 연구교수이다. 전문 연구분야는 국제정치, 비교정치, 동남아 현대정치다. 1979년 도쿄대 법학부 졸업 후 1984년 박사과정을 수료했다. 이후 예일대 대학원에서 유학하고 지바대 조교수 등을 거쳐 1994년부터 도쿄대 교수로 있다. 2010년 4월부터 2011년 9월까지 TV아사히 〈선데이 프론트라인〉에 고정 출연하기도 했다. 2011년부터는 〈아사히신문〉에 칼럼을 연재하는 등 대중과의 접점을 넓히고자 했다. 2013년 10월부터는 대규모 온라인 대중강좌(MOOC) 코세라(Coursera)에서 도쿄대 강의 중 하나인 "Conditions of War and Peace"(전쟁과 평화의 조건)를 개강했다. 일본비교정치학회 회장, 일본정치학회 이사 등을 역임했으며, 2001년 제10회 남북문화커뮤니케이션상, 2005년 제26회 이시바시 탄잔상 등을 수상했다. 《戰爭を記憶する: 廣島·ホロコーストと現在》, 《デモクラシーの帝國: アメリカ·戰爭·現代世界》, 《'正しい戰爭'は本当にあるのか: 論理としての平和主義》, 《平和のリアリズム》, 《映畵のなかのアメリカ》, 《國際政治》, 《戰爭解禁: アメリカは何故, いらない戰爭をしてしまったのか》, 《これは映畵だ！》, 《戰爭の

條件》등이 있다.

고바야시 요시아키

게이오대 법학부 교수, 일본학술회의 부회장, 일본정치학회 고문·전이사장, 일본선거학회 회원·전이사장, 공공선택학회 회장을 역임했다. 1954년 도쿄 출생으로 게이오대 법학부와 동대학원에서 공부하고 법학박사를 취득했다. 1984부터 1985년까지는 미국 미시간대 정치학부 객원조교수, 동대학 사회의식연구소 객원연구원으로, 이듬해인 1986년까지는 프린스턴대 국제문제연구소 객원연구원, 1986년부터 현재까지 게이오대 법학부 교수로 재직 중이며 캘리포니아대 버클리캠퍼스 일본연구소 객원연구원, 캠브리지대 객원교원을 역임했다. 《選擧·投票行動》, 《現代日本の政治過程》, 《現代日本の選擧》, 《公共選擇》, 《選擧制度》, 《計量政治學》, 《制度改革以降の日本型民主主義》, 《政權交代》, *Malfunctioning Democracy in Japan* 등이 있다.

와카미야 요시부미

1948년 도쿄에서 태어났다. 1970년 도쿄대 법학부를 졸업하고 〈아사히신문〉에 입사했다. 1981년에는 한국으로 유학해, 연세대 한국어학당에서 1년간 연수했다. 일본으로 돌아와 〈아사히신문〉 논설위원, 정치부장, 논설주간을 역임하였고, 2001년에는 미국 브루킹스(Brookings) 연구소 객원연구원으로 활동했다. 이후 도쿄대 객원교수, 〈아사히신문〉 주필을 거쳐 현재 류고쿠대학과 게이오대의 객원교수로 근무하고 있다. 2013년 이후로는 일본국제교류센터 시니어펠로 및 한국 동서대 석좌교수, 서울대 일본연구소 객원연구원, 서강대 한국어교육원 연수 등 한일을 오가며 강연 및 집필활동 중이다. 저서로는 《ルポ。現代の被差別部落》, 《忘れられない國會論戰》, 《戰後保守のアジア觀》, 《靖國と小泉首相》, 《和解とナショナリズム》, 《韓國と日本國》, 《右手に君が代左手に憲法》, 《鬪う社說─朝日新聞論說委員室2000日の記錄》가 있다.

센 겐시쓰

1923년 교토에서 태어났다. 도시샤대학 졸업 후 하와이대에서 수학했다. 1949년 다이토쿠지(大德寺)의 관장(管長) 고토즈이간(後藤瑞巖) 대사(老師)로부터 가르침을 받고 득도했다. 1964년 10월, 우라센케 제15대 이에모토(家元)가 되어 종실을 물려받았다. 2002년에는 적자 자보사이(坐忘齋)에게 이에모토를 이양하고 대종장이 되었다. 현재 유네스코 친선대사(2012), 일본·국제연합 친선대사(2005, 외무성), 공익재단법인 로터리일본재단 회장, 공익재단법인 일본국제련합협회 회장, 중국 난카이대학 동방예술학부 고문교수, 하와이대학 역사학부 교수 등 100개 이상의 공직(公職)을 역임 중이다. 1991년 외국인으로는 처음으로 논문심사에 의한 철학박사 학위를 난카이대학으로부터 수여했고, 2008년 한국 중앙대에서 문학박사 학위를 수여했다. 또한 세계 여러 대학에 일본문화 다도강좌를 개설하고, 일본 국내외의 15개 대학에서 명예학위 및 박사학위를 받았다. 일본 자수포장(紫綬褒章), 남수포장(藍綬褒章) 및 문화공로자 국가현창, 훈이등욱일중광장(勳二等旭日重光章), 문화훈장을 받았다. 해외에서도 문화예술공로훈장(l'Ordre des Arts et des Lettres), 코만도르 레지옹 도뇌르 훈장(프랑스), 문화교류공헌상(중국), 국제 로터리영예상 외 각국으로부터 다수 수상했다. 저서로는 《茶に生きる心》, 《茶の心》, 《茶経》, 《と我が國の茶道の　歷史的意義》, 《一碗からピースフルネスを》, 《生かされている喜び》 외 다수.

오구라 가즈오

1938년 도쿄에서 태어났다. 1962년 도쿄대 법학부 졸업 후 1964년 케임브리지대 경제학부에서 수학했다. 외무성 아시아주 동북아과장, 문화교류부장, 경제국장, 외무심의관을 거쳐 주한일본대사(1997~1999), 주프랑스대사(1999~2002)를 역임했다. 국제교류기금 이사장(2003~2011), 아오야마학원대학 석좌교수를 지냈다. 2011년부터는 도쿄 2020올림픽·패럴림픽 유치위원회 사무총장으로 도쿄 올림픽 유치활동에 앞장섰으며, 2009년부터 한중일문화교류포럼 일본 측 대표로 있다. 저서로는 《日米経濟摩擦》, 《權力の継承》, 《パリの周恩來》, 《中國の威信日本の矜持》, 《吉田茂の自問―敗戰, そして報告書"日本外交の過誤"》, 《グローバリズムへの叛逆―反米主義と市民運動》 등이 있다.

이시하라 스스무

1945년 도쿄에서 태어났다. 1960년 도쿄대 법학부를 졸업한 후 일본국유철도에 입사했다. 1973년부터 1975년까지 2년간 사원 해외연수프로그램으로 프랑스에 유학했고, 1987년 국철분할 민영화 후에 JR규슈에 배치되었다. 1997년 상무, 전무 등을 거쳐 2002년 6월 대표취체역, 2009년 6월 회장, 2014년 6월 상담역에 취임했다. 후쿠오카 경제동우회 대표간사, 규슈경제포럼 회장, 규슈 뉴비즈니스협의회 부회장 등을 맡으며 규슈 경제계에서 활약했다. 2010년 12월 규슈 지방대표로서 NHK 경영위원에 위촉되었으며, 2013년 정권교체 후에도 경영위원으로 재선임되었다.

가와구치 기요후미

일본의 경제학자로, 1945년 중국 창춘(長春)에서 태어나 1969년 교토대 경제학부를 졸업했다. 1995년 동 대학원에서 박사학위를 취득하고 리츠메이칸대 교수 등을 거쳐 2007년 학교법인 리츠메이칸대 총장이 되었다. 전문분야는 경제·사회시스템, 경제사정 및 정책학이며, 일한문화교류회의 제3기 일본 측 위원장 등을 역임했다. 저서로는《ヨーロッパの福祉ミックスと非營利·協同組織》, 《協同組合 新たな胎動》, 《非營利セクターと協同組合》, 《アスベスト問題: 何が問われ, どう解決するの か》, 공저로는《市民がつくるくらしのセーフティネット―信賴と安心のコミュニティをめざして》, 《政策科學の基礎とアプローチ》 등이 있다.

참고문헌
■ ■ ■ ■

1. 한국

노무라 미술관 편, 《임진왜란 조선인 포로의 기억: 2010 국제교류전 도록》, 아우라, 2013.

김향수, 《일본은 한국이더라》, 문학수첩, 1995.

국립진주박물관 편, 《임진왜란 조선인 포로의 기억: 2010 국제교류전 도록》, 지앤에이 커뮤니케이션, 2010.

국립현대미술관, 《야나기 무네요시(柳宗悅): 국립현대미술관 주최 〈柳宗悅展〉 도록》.

서울대학교 일본연구소·한일친선협회, 《한일 간 풀뿌리 교류와 국가친선》, 제이엔씨, 2013.

센 겐시쓰, 《한잔의 차로부터 피스풀니스를》, 박전열 옮김, 그린헬스, 2013.

야마모토 겐이치, 《리큐에게 물어라》, 권영주 옮김, 문학동네, 2013.

오구라 가즈오, 《일본 외교의 과오》, 가와모토 가네요시 옮김, 제이엔씨, 2005.

유홍준, 《나의 문화유산 답사기 일본편 1, 2》, 창비, 2013.

홍원탁, 《백제와 대화일본의 기원》, 구라다인터내셔널, 1994.

2. 일본

アイノバ 編, 《柳宗悦展 図録》, NHKプロモーション, 2013.

荒井信一, 《平和の歴史》, 福村書店, 1951.

_____, 《戰爭責任論》, 岩波書店, 1995/2005.

_____, 《歴史和解は可能か》, 岩波書店, 2006.

_____, 《コロニアリズムと文化財: 近代日本と朝鮮から考える》, 岩波新書, 2012.

石田佐惠子・木村幹・山中千惠, 《ポスト韓流のメディア社會學》, ミネルブァ 書房, 2007.

NHK, 《日本と朝鮮半島 2000年 上,下》, NHK出版, 2010.

小倉和夫, 《東西文化摩擦》, 中央公論社, 1990.

_____, 《吉田茂の自問: 敗戰, そして報告書 '日本外交の過誤'》, 藤原書店, 2003.

_____, 《日本のアジア外交, 二千年の系譜》, 藤原書店, 2013.

_____, 《秘録, 日韓1兆円資金》, 講談社, 2013.

小倉紀藏, 《創造する東アジア 文明・文化・ニヒリズム》, 春秋社, 2011.

_____, 《ハイブリッド化する日韓》, NTT出版, 2012.

_____, 《〈いのち〉は死なない》, 春秋社, 2012.

_____, 《東アジアとは何か》, 弦書房, 2012.

小倉紀藏・小針進 編, 《韓流ハンドブック》, 新書館, 2007.

川淵三朗, 《'J'の履歴書 日本サッカーとともに》, 日本経濟新聞出版社, 2009.

_____, 《'51歳の左遷'からすべては始まった 大逆轉のリーダーシップ論》, PHP 新書, 2009.

_____, 《采配力》, PHP新書, 2010.

金達壽, 《渡來人と渡來文化》, 河出書房新社, 1990.

クォンヨンソク, 權容奭), 《'韓流'と'日流'》, NHK Books, 2010.

小林良彰, 《計量政治學》, 成文堂, 1985.

_____, 《公共選擇》, 〃, 1988.

_____, 《現代日本の選擧》, 〃, 1991.

_____, 《現代日本の政治過程》, 〃, 1997.

_____, 《選擧・投票行動》, 東京大學出版會, 2000.

_____, 《制度改革以降の日本型民主主義》, 木鐸社, 2008.

_____, 《政權交代》, 中公新書, 2012.

司馬遼太郎, 《韓のくに紀行: 街道をゆく》, 朝日新聞社, 2005.

司馬遼太郎・上田正昭・金達壽 編,《日本の朝鮮文化》, 中央公論社, 1975.

千玄室,《一碗からピースフルネスを》, 淡交社, 2003.

_____,《生かされている喜び》, 淡交社, 2006.

_____ 編,《國を想う》, 〃, 2005.

辻原登,《韃靼の馬》, 日本経濟新聞出版社, 2011.

陶祖 李參平 ギャラリー 編,《陶祖李參平窯》, 14代李參平歸鄉展圖錄, 2009.

原田須美雄,《小さな町の大きな挑戰》, 金廣脈社, 1994.

韓永大,《柳宗悅と朝鮮》, 明石書店, 2008.

平田オリザ,《芸術立國論》, 集英社新書, 2001.

_____,《演技と演出》, 講談社現代新書, 2004.

_____,《幕が上がる》, 講談社, 2012.

藤原歸一,《戰爭を記憶する: 廣島・ホロコーストと現在》, 講談社, 2001.

_____,《平和のリアリズム》, 岩波書店, 2010.

_____,《新編 平和のリアリズム》, 岩波現代文庫, 2010.

_____,《戰爭の條件》, 集英社新書, 2013.

古家正亨,《韓國MUSIC・VIDEO讀本》, キネマ旬報, 2013.

_____,《K-GENERATION~K-POPのすべて》, DHC, 2013.

_____,《韓流入門》, K-POP分野執筆, ピーア, 2013.

_____,《古家正亨の ALL ABOUT K-POP》, ソフト・バンククリエイチブ,
    2013.

松永年生,《百濟へ, そして未來へ―南鄉村の挑戰》, 西日本新聞社, 1993.

湯原公浩 編,《柳宗悅の世界》, 平凡社, 2006.

若宮啓文,《戰後保守のアジア觀》, 朝日選書, 1995.

_____,《韓國と日本國》, 對談, 朝日新聞社, 2004.

_____,《靖國と小泉首相》, 對談, 朝日新聞社, 2006.

_____,《和解とナショナリズム》, 朝日選書, 2006.

_____,《闘う社說: 朝日新聞論說委員室2000日の記錄》, 講談社, 2008.

_____,《新聞記者》, 筑摩書房, 2013.

李義則,《陶磁器の道: 文祿・慶長の役と朝鮮陶工》, 新幹社選書, 2011.

<table>
<tr><td>필
자
소
개</td><td>

정구종(鄭求宗, 1944년 충북 영동 출생)은 부산 동서대 국제학부 석좌교수(2009~현재) 겸 일본연구센터 소장이다.

대전고, 연세대 국어국문학과를 졸업하고 동 행정대학원에서 외교안보 전공으로 석사과정을, 일본 게이오대 법학부대학원에서 한일 비교정치 전공으로 박사과정을 마쳤다.

〈동아일보〉수습기자(1967)로 입사하여 사회부장(1985~1989), 편집국장(1997~1999), 이사·출판편집인 등을 역임하고 동아일보 인터넷신문 〈동아닷컴〉의 대표이사 사장(2001~2009)을 지냈다.

일본에 대한 연구 및 교류활동은 〈동아일보〉도쿄 특파원(1983~1985), 지사장(1991~1994), 게이오대학 방문연구원(1989~1990), 〈아사히신문〉파견근무(1990~1991), 가쿠슈인대학 동양문화연구소 객원연구원 (1991~1992) 등이 있으며, 한일포럼 대표간사(2003~2014), 한일미래 포럼 대표(2005~2010), 한일문화교류회의 위원장(2009~)을 역임하며 한일민간교류 네트워크의 인맥을 축적해 왔다. 현재 일본선거학회·일본 정치학회 회원으로 있다. 저서로 《21세기 일본의 국가전략》(한국전략문 제연구소) 등이 있다.

동서대 일본연구센터 서울사무소에서 한일양측의 전·현직 외교관, 언론인, 경제인, 대학 교수 등이 참가하는 한일지식인토론회를 매달 1회씩 개최, 2015년 2월 현재 53회를 기록하고 있다.

</td></tr>
</table>